Le processus politique

Environnements, prise de décision et pouvoir

Sylvie Arend
Christiane Rabier
avec la collaboration de
Jean Angrand

Le processus politique

Environnements, prise de décision et pouvoir

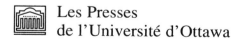
Les Presses
de l'Université d'Ottawa

REGROUPEMENT DES UNIVERSITÉS
DE LA FRANCOPHONIE HORS-QUÉBEC

Données de catalogage avant publication (Canada)

Arend, Sylvie
    Le processus politique : environnements, prise de décision et pouvoir

Comprend des références bibliographiques et un index.
ISBN 2-7603-0503-1

1. Science politique. 2. Administration publique. 3. Culture politique. 4. Relations internationales. 5. Canada – Politique et gouvernement. I. Rabier, Christiane, 1947- . II. Titre.

JA67.A73 2000   320   C99-901645-8

Cet ouvrage est publié en collaboration avec le Regroupement des universités de la francophonie hors-Québec (RUFHQ), grâce à la contribution financière du Programme de perfectionnement linguistique du ministère du Patrimoine canadien. Le RUFHQ est un réseau universitaire regroupant treize établissements au service de la francophonie canadienne vivant en milieu minoritaire. Ces universités membres unissent leurs efforts dans la réalisation de projets ou de buts communs, dont des projets d'édition de volumes en langue française, des séminaires d'été sur la francophonie canadienne, des ententes de prêts entre bibliothèques avec le Québec, une collaboration interuniversitaire sur le plan du perfectionnement linguistique et un réseau national d'enseignement à distance. Les universités membres sont la Faculté Saint-Jean de la University of Alberta, le Collège universitaire de Saint-Boniface, l'Université Laurentienne, l'Université de Sudbury, le Collège militaire royal du Canada, le Collège universitaire Glendon de l'Université York, l'Université d'Ottawa, l'Université Saint-Paul, le Collège dominicain de philosophie et de théologie, l'Université de Moncton, l'Université Sainte-Anne, l'Institut de formation linguistique de la University of Regina et le Collège universitaire de Hearst.

Les Presses de l'Université d'Ottawa remercient le Conseil des Arts du Canada et l'Université d'Ottawa de l'aide qu'ils apportent à leur programme de publication.

Nous reconnaissons l'aide financière du gouvernement du Canada par l'entremise du Programme d'aide au développement de l'industrie et de l'édition (PADIÉ) pour nos activités d'édition.

Couverture : Robert Dolbec
Mise en pages : Typolitho composition

ISBN 2-7603-0503-1

© Les Presses de l'Université d'Ottawa, 2000
    542, King Edward, Ottawa (Ont.), Canada K1N 6N5
    press@uottawa.ca   http://www.uopress.uottawa.ca

Imprimé et relié au Canada
2e impression, 2003

À Emmanuel, Leïla, Mathilde,
Yvonne, Huguette et François

Table des matières

Troisième partie – L'environnement externe du système politique

Chapitre 19 – L'évolution des relations internationales

Chapitre 20 – Les acteurs en relations internationales

Avant-propos

Les représentants des départements de science politique, lors d'une réunion tenue en 1994 à l'initiative du Regroupement des universités de la francophonie hors Québec (RUFHQ), ont souligné le besoin d'un ouvrage de science politique qui initie les étudiants et étudiantes à l'étude du processus politique en tenant spécifiquement compte des réalités de la francophonie canadienne hors Québec. Toutes deux professeures de science politique dans des universités bilingues hors Québec, nous étions conscientes des lacunes que présentent, à cet égard, les manuels de science politique publiés dans les pays francophones. Nous avions déjà élaboré un projet visant à combler ce vide. C'est le résultat de notre travail, mené à bien grâce au soutien du RUFHQ, que nous présentons aujourd'hui.

Le but premier de cet ouvrage est de donner la place qui leur revient aux réalités de la francophonie canadienne hors Québec, mais en ne négligeant pas les réalités québécoises, placées dans le contexte de l'ensemble canadien et nord-américain, voire mondial. Ainsi, plusieurs chapitres mettent l'accent, après le Canada, sur les États-Unis, le Royaume-Uni et la France.

Par ailleurs, lors de la réunion tenue en 1994, nous avons fait remarquer que, pour donner aux femmes la place qui leur revient en politique, consacrer une section de chapitre aux idéologies féministes ne suffisait pas. Nous avons donc décidé de faire état, autant que possible, dans les différents chapitres, de la contribution des femmes et des consé-quences des politiques et du processus politique sur la situation des femmes. En tenant compte de ces deux premiers buts, nous nous sommes efforcées d'inclure des questions intéressant les communautés canadiennes de langue française et les femmes, telles que celles ayant rapport aux minorités et à l'altérité.

Nous nous sommes assigné, comme troisième but, de fournir aux étudiants et étudiantes des universités de la francophonie canadienne hors Québec des données et des pistes de recherche, notamment dans les références, qui leur seront utiles à un niveau plus avancé de leurs études.

L'approche et le cadre d'analyse adoptés dans cet ouvrage sont essentiellement dynamiques. L'approche est souvent historique ; l'étude du passé nous permet d'expliquer le présent et de dégager des perspectives d'avenir. Notre approche permet aussi de passer en revue les auteurs, les théories et les événements importants du passé. Comment expliquer, par exemple, l'identité acadienne en faisant abstraction du Grand Dérangement, l'identité franco-ontarienne sans mentionner le Règlement 17 ou le nationalisme québécois sans faire référence à la Conquête ? De même, pour comprendre les constitutions du Canada, des États-Unis, du Royaume-Uni ou de la France, il faut connaître le cadre dans lequel elles ont été établies. Toute étude des idéologies doit ainsi tenir compte du passé pour expliquer les facteurs qui ont contribué à les faire naître. Enfin, comment parler des relations internationales sans

1

prendre en considération le contexte historique ? Cette approche permettra aux étudiants et étudiantes, du moins nous l'espérons, de se familiariser aisément avec la science politique.

Les concepts et les phénomènes politiques sont traités en fonction du système politique. C'est en analysant les éléments de ce système qu'il est possible de comprendre son fonctionnement ainsi que les divers mécanismes du processus politique. Les première et deuxième parties du livre se rapportent à l'environnement interne du système politique. Elles dégagent les caractères de cet environnement, les mécanismes de régulation, d'agrégation et d'articulation des intérêts qui lui sont propres ainsi que les principaux éléments de son centre décisionnel. Comme le processus politique ne se déroule pas en vase clos, nous avons réservé la troisième et dernière partie aux relations internationales.

Les premier et deuxième chapitres constituent en quelque sorte une introduction générale. Le premier chapitre retrace les origines et définit l'objet de la science politique, et le deuxième décrit les différentes approches utilisées en science politique et présente le cadre d'analyse que nous avons adopté.

Nous traitons, dans la première partie, des divers éléments de l'environnement du système politique. Le chapitre 3 porte sur les clivages de l'environnement du système politique, les mécanismes de régulation de la culture politique et le processus de socialisation politique. L'agrégation des intérêts fait l'objet des chapitres 4 à 8 en ce qui concerne les idéologies et des chapitres 9 et 10 pour les partis politiques et la représentation politique. Le libéralisme, le conservatisme, les socialismes et leurs origines lointaines dans l'anarchisme, le nationalisme, le fascisme et le nazisme ainsi que les idéologies non traditionnelles du pacifisme, de l'écologisme et du féminisme sont examinés du point de vue de la dynamique de leur évolution historique, de leur logique interne et de leur incitation à l'action. Dans le chapitre 9, nous décrivons les fonctions, les modes de financement et les structures des partis politiques, en dégageant les divers types de systèmes partisans. Le chapitre 10 est consacré à l'évolution de la composition du corps électoral, à l'exercice du droit de vote, aux moyens de représentation, et les divers systèmes électoraux y sont examinés. Le rôle

des sondages et des médias dans la représentation politique y est également défini. Le chapitre 11 porte sur les groupes d'intérêt, spécialement sur leurs fonctions et leur mode d'action.

Dans la deuxième partie, nous considérons les éléments du centre décisionnel. Le chapitre 12, consacré à l'État dans le système politique, analyse les origines et les éléments constitutifs de l'État et étudie les différentes formes que peut prendre ce dernier. Les différents types de régimes politiques sont présentés au chapitre 13. Y sont notamment traités les origines diverses de ces régimes, leur histoire, leurs valeurs essentielles et leurs modes de prises de décision. Les constitutions dans le processus politique font l'objet du chapitre 14. Nous y examinons les principaux genres de constitution, leur élaboration et leur contenu. Les procédures de modification constitutionnelle ainsi que la sauvegarde de la constitutionnalité des lois sont également décrites. Les chapitres 15, 16 et 17 définissent la nature des pouvoirs exécutif, législatif et judiciaire. Nous portons spécialement notre réflexion sur leur structure et sur leur fonctionnement dans les régimes présidentiel américain, semi-présidentiel français, et parlementaire britannique et canadien. Le chapitre 18 rend compte du pouvoir administratif et de ses rapports avec les autres pouvoirs et il précise le rôle qui est le sien aux diverses étapes du processus de décision politique. Il se termine sur l'examen du leadership politique, qui est envisagé comme un processus dynamique.

La troisième partie de notre ouvrage concerne l'environnement externe du système politique. Les deux derniers chapitres sont ainsi consacrés aux relations internationales. Le chapitre 19 traite de l'évolution des relations internationales tandis que le chapitre 20 met l'accent sur les principaux acteurs de la scène internationale.

Les tableaux, les graphiques, les figures et les synthèses insérés dans bon nombre de chapitres ont pour objet de permettre aux étudiants et étudiantes de mieux comprendre certains éléments du processus politique ou certaines séries d'événements liés à ce processus. D'autres servent à résumer des points essentiels ou des théories, d'autres encore font ressortir la diversité des mécanismes ou des institutions politiques. Enfin, la liste de lectures suggérées sur laquelle se clôt chaque chapitre fournit aux étudiants et étudiantes des éléments de bibliographie leur permettant d'approfondir leurs connaissances ou de s'orienter dans leur recherche. Il ne s'agit, bien sûr, que de suggestions. Chaque professeur pourra compléter ou modifier cette liste en fonction de ses objectifs. Quant aux nombreuses notes, elles visent non seulement à identifier nos sources de référence, mais aussi à orienter une recherche plus approfondie.

Les bouleversements actuels que connaissent les sociétés se produisent avec une telle rapidité et sont d'une telle ampleur que même les esprits les plus perspicaces sont parfois déconcertés. La réalisation d'un ouvrage de science politique implique nécessairement que certains choix dans les approches, les données, les interprétations et les analyses se fassent en fonction d'une optique particulière. Nous sommes conscientes que nos idées peuvent être soudainement infirmées par des faits nouveaux et qu'il existe des points de vue différents des nôtres. Nous assumons l'entière responsabilité de nos propos. Les

chapitres 1, 9, 11, 12, 14, 15, 16, 17 ainsi que la conclusion sont l'œuvre de Christiane Rabier et les chapitres 2, 3, 4, 5, 6, 7, 8, 10, 13 et 18, celle de Sylvie Arend. Jean Angrand, professeur de relations internationales à l'Université Laurentienne, a collaboré à cet ouvrage en rédigeant les chapitres 19 et 20.

Un projet tel que le nôtre suppose la participation de plusieurs personnes. Nous tenons à remercier le RUFHQ pour son appui et son soutien financier ainsi que Dyane Adam, Principale du Collège Glendon, pour son rôle d'intercesseur auprès du RUFHQ, ses encouragements et sa bienveillance. Nous tenons aussi à exprimer notre gratitude aux professeurs Tran Quan Ba et Naguy Helmy de l'Université du Nouveau-Brunswick ainsi qu'au professeur François-Pierre Gingras de l'Université d'Ottawa. Leurs commentaires ont été précieux et ont certainement aidé à faire avancer notre ouvrage. Enfin, nous désirons remercier les étudiants et étudiantes de science politique qui ont inspiré notre travail et nous ont apporté la stimulation nécessaire pour le mener à terme.

Sylvie Arend
Département de science politique
Collège Glendon, Université York

Christiane Rabier
Département de science politique
Université Laurentienne

Introduction

1

Qu'est-ce que la science politique?

« Politique », « science politique » : voilà deux termes qui sont, pour un bon nombre de personnes, synonymes de complexité et qui portent à confusion. Il n'est pas rare d'ailleurs d'entendre des étudiants et étudiantes inscrits en première année à l'université demander : « Peut-on prendre un cours de science politique sans rien connaître à la politique ? » Afin d'éclaircir la question, nous retracerons d'abord les origines et l'évolution de la science politique, puis nous définirons son objet et examinerons ses récents développements.

Au préalable, il convient de préciser que, dans un cours de science politique, le but est non pas de faire de la politique, mais plutôt d'étudier les phénomènes politiques. Il est donc nécessaire de distinguer entre une personne qui *exerce* la politique et une personne qui *analyse* la politique. Brian Mulroney, Kim Campbell, Jean Chrétien, Peter Lougheed, Louis Robichaud, Catherine Callbeck, René Lévesque, par exemple, ont un point en commun : ces personnages ont tous été premiers ministres, soit au niveau fédéral, soit au niveau provincial. Ils ont été des personnages politiques parce que la politique était leur métier. Ces chefs de partis politiques ont obtenu d'une majorité de l'électorat, à un moment ou un autre de l'histoire canadienne, le mandat de gouverner. Dès lors, ils ont pu prendre des décisions. Ils ont fait de la *politique*, mais certainement pas de la *science politique*. Il revient aux *politicologues* ou *politologues* (ou *politistes*) de faire de la science politique. En d'autres termes, les politicologues étudient et analysent les phénomènes politi-

ques. Lorsqu'un gouvernement décide de procéder à des compressions budgétaires dans le domaine de l'éducation, par exemple, le rôle des politicologues consiste à rechercher les motifs d'une telle décision et à en tirer les conséquences. Lorsqu'un gouvernement est défait à une élection, les politicologues sont amenés à s'interroger sur la signification du changement. Ils analysent les résultats électoraux en vue de déterminer les tendances du vote. Ils essaient aussi d'expliquer les raisons qui ont motivé les électeurs et les électrices d'une région à voter différemment de ceux d'une autre région. Bref, alors que les hommes et les femmes politiques prennent des décisions qui peuvent satisfaire ou mécontenter l'électorat, les politicologues tentent de comprendre les phénomènes politiques. En d'autres termes, si les uns pratiquent l'« art de la politique », pour reprendre l'expression consacrée, les autres en sont les interprètes, les décodeurs[1]. Cette distinction étant maintenant établie, il y a lieu de retracer les origines de la science politique.

1. LES ORIGINES ET L'ÉVOLUTION DE LA SCIENCE POLITIQUE

On dit généralement que la politique est un « art ». Celui-ci est, faut-il le préciser, très ancien. Les Grecs de l'Antiquité maîtrisaient fort bien l'art de la politique (ou *politikê*) et l'exerçaient avec passion au point que le vocabulaire que nous utilisons en porte encore les traces. Le terme « politique » a, en effet, sa source dans la Grèce antique. À cette époque, la Cité ou *polis* était le cadre dans lequel se déroulait l'activité politique. D'ailleurs, les grands philosophes grecs, tels Platon (428–347 av. J.-C.) et Aristote (384–322 av. J.-C.), ont été des observateurs attentifs des phénomènes politiques de leur époque. Platon, à la recherche de la Cité idéale, examine, par exemple, les conditions géographiques et démographiques susceptibles de favoriser l'édification d'une telle cité. Aristote, quant à lui, dans *La Politique,* a tenté, en s'appuyant sur des observations conduites pendant plusieurs années, de cerner quelle devait être la forme d'un gouvernement[2]. Il est donc possible de dire que la science politique plonge ses racines dans la Grèce antique. Cependant, les grands philosophes grecs ont fait de la science politique sans le savoir car, à leur époque, la discipline n'existait pas encore.

À la différence des mathématiques, de l'astronomie et de la médecine, qui ont une origine très ancienne, et bien qu'elle ait été en gestation pendant plus de 2 000 ans, la science politique demeure une discipline relativement jeune dont la création est liée au développement de la philosophie et de la morale politique. Elle s'est constituée progressivement par l'apport d'un grand nombre de penseurs (tableau 1.1).

Au XVIIIe siècle, la science politique se manifeste avec plus de vigueur sans pour autant gagner son autonomie. Le libéralisme, dans le domaine politique comme dans le domaine économique, est en plein développement. En France, François Quesnay (1694–1774) fonde l'*école des physiocrates* en 1750. Préoccupés par diverses questions telles que la production, la richesse, la liberté de posséder ou de produire, les physiocrates allient au libéralisme économique une certaine forme d'autoritarisme éclairé dans le domaine politique. Ainsi, le droit naturel, l'économie, la sociologie et la politique sont autant d'éléments constitutifs de la discipline appelée économie politique. En Grande-Bretagne, la tendance est la même et les idées des physiocrates font école. Adam Smith (1723–1790) publie, en 1776, l'*Essai sur la nature et les causes de la richesse des nations*, qui constitue l'un des ouvrages de base du libéralisme économique. Mais, tout comme les physiocrates, Adam Smith ne s'intéresse pas unique-

ment à l'économie. Il fait aussi référence à l'histoire et à la politique. Ainsi, le XVIIIe siècle est celui de l'économie politique. Cette tendance se maintient tout au moins dans la première partie du XIXe siècle grâce, entre autres, à l'économiste britannique Ricardo (1772–1823), qui publie en 1817 les *Principes de l'économie politique et de l'impôt*. En fait, pendant toute cette période, la science politique se rattache à l'économie politique par le fait qu'elle étudie le gouvernement et l'État comme des agents économiques. À partir de la seconde moitié du XIXe siècle, les choses vont cependant changer.

La combinaison de deux courants d'idées contribue à donner une plus grande autonomie à la science politique. D'une part, la rigueur mathématique et statistique force l'économie politique à prendre ses distances de ses composantes. D'autre part, sous l'influence d'Auguste Comte (1798–1857), considéré comme le *père de la sociologie moderne*, un mouvement visant à étudier l'ensemble des phénomènes sociaux se développe. La sociologie devient alors une discipline en plein essor sous l'impulsion de Vilfredo Pareto (1848–1923), de Herbert Spencer (1820–1903) et de George Herbert Mead (1863–1932). Écartée de plus en plus de l'économie politique, la science politique est prise en charge par la sociologie, passant ainsi d'une dépendance à une autre. N'est dès lors retenue des phénomènes politiques que leur dimension sociale. La science politique aurait ainsi pu vivre à l'ombre d'une discipline comme la sociologie, n'eût été la prise de conscience chez certains sociologues américains que la compréhension de la société dans sa totalité est une tâche gigantesque qui ne peut être vraiment menée à bien sans d'importants développements. Aussi, au sein de la sociologie américaine se dessine bientôt une tendance centrifuge qui favorise l'éclosion, entre autres, de la sociologie politique — ou science politique — qui acquiert, peu à peu, son autonomie. L'attention se concentre alors sur l'étude des comportements individuels. Les phénomènes politiques, l'étude scientifique et la compréhension des mécanismes de la vie politique deviennent les principaux centres d'intérêt des chercheurs américains. Cela se traduit, dès 1880, par la création du département de science politique à l'Université Columbia de New York. De nombreuses autres universités américaines

Tableau 1.1
Tableau sélectif des contributions de quelques penseurs

Penseurs	Œuvres choisies	Thèmes développés
Saint Augustin (354–430)	*La Cité de Dieu*	– Relation Église-État
Saint Thomas d'Aquin (1225–1274)	*De regimine Principum*	– Pouvoir et société
Nicolas Machiavel (1469–1527)	*Le Prince*	– Politique comme science du pouvoir
Jean Bodin (1530–1596)	*Six heures de la République*	– Souveraineté étatique
Thomas Hobbes (1588–1679)	*Léviathan*	– Nouvelle légitimité du pouvoir absolu
John Locke (1632–1704)	*Deux traités de gouvernement*	– Rejet du pouvoir absolu – Doctrine des droits naturels des individus
Jean-Baptiste Vico (1668–1744)	*Principes d'une science nouvelle relative à la nature commune des nations*	– Théorie de l'évolution des nations et des gouvernements
Montesquieu (1689–1755)	*De l'esprit des lois*	– Nature et principes des gouvernements – Séparation des pouvoirs
Jean-Jacques Rousseau (1712–1778)	*Discours sur l'inégalité* *Du contrat social*	– Origines sociales des inégalités – Théorie de la volonté générale
Jeremy Bentham (1748–1832)	*Introduction aux principes de morale et de législation*	– Utilitarisme démocratique
Olympe de Gouges (1748–1793)	*Déclaration des droits de la femme et de la citoyenne*	– Égalité politique, sociale et économique des femmes
Mary Wollstonecraft (1759–1797)	*Défense des droits de la femme*	– Égalité économique et sociale des femmes
Flora Tristan (1803–1844)	*Union ouvrière*	– Solidarité de la classe ouvrière
Alexis de Tocqueville (1805–1859)	*De la démocratie en Amérique*	– Tyrannie de la majorité – Évolution des sociétés vers l'égalité
John Stuart Mill (1806–1873)	*De la liberté*	– Affirmation des libertés individuelles – Droit des minorités
Harriet Taylor Mill (1808–1858)	*Enfranchisement of Women*	– Droit des femmes
Karl Marx (1818–1883)	*Manifeste du parti communiste* *Le Capital*	– Lutte des classes – Prépondérance de l'économique sur le politique
Rosa Luxemburg (1871-1919)	*Réforme sociale ou Révolution ?*	– Révolution spontanée – Grève de masse

emboîtent le pas. En 1886, la première revue spécialisée à caractère scientifique voit le jour avec la fondation du *Political Science Quarterly*[3]. En 1903, les politicologues américains se regroupent au sein de l'American Political Science Association. La science politique est ainsi érigée en discipline autonome au sein des sciences sociales, mais cette évolution ne se fait pas partout au même rythme.

En Europe, la science politique met plus de temps à acquérir son autonomie. La Suède fait exception, car elle possède une « véritable tradition de science politique » en raison de l'établissement précoce de liens entre la science politique appliquée et l'enseignement[4]. Ce n'est pas le cas de la Grande-Bretagne : l'étude de la science politique à Oxford est une « entreprise morale et philosophique[5] » et, à Cambridge, vers la fin du siècle dernier, elle se limite à l'histoire et aux institutions étatiques. Ce n'est qu'en 1950 qu'est fondée la British Political Science Association qui se dote, en 1953, d'une revue, *Political Studies*[6]. La situation est la même en France et en Allemagne.

Dans ces pays, la science politique relève d'abord du droit dont elle n'est souvent qu'une annexe. Ainsi, plusieurs générations de politicologues français ont été des juristes, et, plus précisément, des constitutionnalistes, qui enseignaient dans les facultés de droit, tentant d'associer le droit et des disciplines telles que la sociologie ou l'histoire. Même l'École libre des sciences politiques, fondée à Paris en 1872, offrait un programme basé sur l'histoire, le droit, l'économie et la philosophie politique normative. Elle mettait l'accent sur deux modes d'analyse principaux : l'analyse historique et l'analyse « formelle-légale » de l'État et de ses institutions, principalement du point de vue du droit public[7]. En 1913, André Siegfried innovait en imprimant à la science politique une tendance plutôt orientée vers la sociologie électorale avec la publication d'une étude approfondie intitulée *Tableau politique de la France de l'Ouest sous la IIIᵉ République*[8]. À partir de la fin des années 1940, certains constitutionnalistes comme Maurice Duverger s'inspirent du modèle américain pour façonner la science politique française. En 1949, l'École libre des sciences politiques est remplacée par l'Institut d'Études politiques de Paris et l'Association fran-

çaise de science politique est formée. Au cours des années 1950, l'essor de la science politique française se confirme. En 1951, c'est la création de la *Revue française de science politique*, publiée sous le patronage de la Fondation nationale des sciences politiques, et, en 1955, des cours de science politique sont donnés dans les facultés de droit[9]. Aujourd'hui, la science politique cohabite toujours avec le droit dans les facultés de droit mais elle demeure cependant tout à fait autonome. Cette autonomie se manifeste, en 1972, par l'institution d'une *agrégation* de science politique. Les politicologues français ont donc pris leurs distances à l'égard du droit et se sont surtout orientés vers une approche sociologique de la discipline. Aussi n'est-il pas surprenant de constater que, si plusieurs parlent encore de science politique[10], beaucoup préfèrent la dénomination de sociologie politique[11].

Au Canada, la science politique est défendue principalement par des universitaires d'origine britannique, dès le XIXᵉ siècle, ce qui s'explique par le statut de colonie du Canada[12]. La discipline est alors empreinte d'un certain juridisme dans la pure tradition européenne. Elle est également du ressort de l'économie, comme en témoigne la création du département d'économie politique de l'Université de Toronto en 1888. Au XXᵉ siècle, la science politique au Canada subit diverses transformations. La première transformation importante réside dans la canadianisation de la science politique, en partie grâce à l'influence d'une nouvelle génération de politicologues d'origine canadienne, parmi lesquels il convient de mentionner Robert MacGregor Dawson et C. B. Macpherson. On assiste alors à la production d'un plus grand nombre de travaux portant sur le Canada. Cependant, l'accent continue d'être mis surtout sur l'étude des institutions. De plus, en dépit de cette évolution, la science politique est encore étroitement liée à l'économie politique et elle continue de coexister avec celle-ci dans certaines universités. C'est ce qui explique la fondation, après une première tentative infructueuse en 1913, de la Canadian Political Science Association / Association canadienne de science politique en 1929, qui rassemble politicologues et économistes, puis la mise sur pied du *Canadian Journal of Economics and Political Science* en 1935. Cet aménagement de la discipline ne doit pas, malgré tout, être surestimé car, en

1950, la science politique est encore un domaine qui reste à développer puisqu'on ne dénombre, à cette date, au Canada que 30 politicologues[13]. Avec la prospérité des années 1950 et 1960 et l'intervention plus grande des gouvernements, qui favorise la création d'universités et le développement des études universitaires, l'économie tend à être moins « politique » et plus « statistique » ou « mathématique ». La situation politique du Canada, à partir de 1960, fait en sorte que la science politique y devient une discipline à part entière, libérée de la tutelle exercée par l'économie politique. Le nombre de politicologues s'accroît très rapidement, passant à 200 en 1965 et à 750 en 1973–1974[14]. Des départements de science politique font leur apparition dans un grand nombre d'universités. Par exemple, en 1967, le département d'économie politique de l'Université Laurentienne se scinde en deux nouveaux départements : le département de science politique et celui de science économique. Dans d'autres universités comme celles de Toronto ou de la Saskatchewan, les départements de science politique sont créés au cours des années 1980[15]. Les politicologues se donnent aussi des instruments : on assiste ainsi au départ des économistes de la Canadian Political Science Association / Association canadienne de science politique en 1967, puis à la création de deux revues, l'une destinée aux économistes et l'autre aux politicologues, la *Canadian Journal of Political Science / Revue canadienne de science politique*. En 1970–1971 est publié le *Directory of Political Scientists in Canada / Répertoire des politologues du Canada*[16]. Ce bref aperçu historique de la science politique au Canada ne serait cependant pas complet si l'on ne parlait pas du Canada français.

Du côté francophone, le développement de la science politique est plus lent et il est lié à la situation politique du Canada français. Au Québec, avant 1960, l'Église catholique toute-puissante se méfie des sciences sociales comme la sociologie ou la science politique, susceptibles de contester son idéologie et son pouvoir. Par ailleurs, le gouvernement québécois, et celui de Maurice Duplessis en particulier, n'apprécie guère les intellectuels, d'autant que l'un des plus impitoyables adversaires du régime Duplessis, le père Georges-Henri Lévesque, est le doyen de la Faculté des sciences sociales de l'Uni-

versité Laval[17]. La conjoncture n'est donc guère propice au développement de la science politique. Cela explique aussi pourquoi la Faculté des sciences sociales de l'Université Laval, créée en 1943, n'offre qu'un petit nombre de cours de science politique et n'a pas encore de département de science politique[18]. À Montréal, l'École des sciences sociales, économiques et politiques, créée en 1920 à l'initiative d'Édouard Montpetit et qui deviendra une faculté en 1942, offre, elle aussi, seulement quelques cours de science politique[19]. D'une façon générale, l'État ne favorise pas le développement des sciences sociales. Qui pis est, le Premier ministre Duplessis s'oppose à l'entrée de diplômés en sciences sociales dans la fonction publique[20]. Ainsi, avant 1955, l'on ne compte qu'un seul diplômé en science politique dans la fonction publique québécoise[21]. À partir des années 1950, cependant, la situation change. Des départements de science politique sont créés dans les universités. Entre 1955 et 1958, à l'Université de Montréal, la réorganisation de la Faculté des sciences sociales par Esdras Minville conduit à la formation de divers départements, dont celui de science politique[22]. C'est également le cas, en 1954, à l'Université Laval[23]. Diverses raisons peuvent expliquer cet essor soudain. On peut noter, par exemple, l'affaiblissement du pouvoir de l'Église, qui se traduit par le déclin graduel du nombre de clercs enseignant dans les universités québécoises. Ces derniers sont remplacés par de jeunes professeurs formés en Europe et aussi aux États-Unis, où ils ont pu se familiariser avec une discipline en pleine expansion. Léon Dion, Louis Balthazar, Gérard Bergeron sont ainsi appelés à tracer la voie à cette nouvelle discipline au Québec. Le développement de la science politique conduit, en 1964, à la mise sur pied de la Société canadienne de science politique, qui est unilingue française. Celle-ci prend, en 1979, le nom de Société québécoise de science politique et se dote, en 1982[24], d'un périodique spécialisé, *Politique*, qui devient, en 1990, la *Revue québécoise de science politique*, puis en 1995, *Politique et Sociétés*. La discipline s'enrichit également grâce aux contributions apportées par la revue *Recherches sociographiques*, mise sur pied, en 1960, par le département de sociologie de l'Université Laval. Pour compléter ce portrait, mentionnons l'existence d'autres véhicules d'analyse politique qui ont joué aussi un rôle important au

Québec : des revues telles que *Cité libre* ou *Parti pris*, des journaux comme *Le Devoir* et de nombreuses commissions gouvernementales d'enquête[25].

À l'extérieur du Québec, l'École des hautes études politiques de l'Université d'Ottawa, qui sera remplacée par l'actuel département de science politique, est créée en 1936. Cependant, dans les années 1960, alors que le pouvoir de l'Église commence à s'affaiblir, la création de programmes en français dans les universités bilingues et la mise sur pied d'établissements universitaires de langue française favorisent l'expansion des études en science politique. Les politicologues canadiens-français ne disposent cependant pas de leur propre association.

Pour conclure, soulignons que, actuellement, au Canada, les politicologues s'intéressent à divers domaines de la science politique tels que la pensée politique, la théorie politique, les relations internationales, l'administration publique, la politique comparée. Dans le domaine de l'étude de la politique canadienne, bon nombre de politicologues canadiens-anglais ou canadiens-français font surtout porter leurs recherches sur le système politique canadien, alors que leurs homologues québécois s'intéressent plutôt au système politique québécois.

2. L'OBJET DE LA SCIENCE POLITIQUE

Il importe d'abord de retenir que l'objet de la science politique a varié considérablement au cours des temps. Dans la Grèce antique, Aristote affirme, dans *La Politique*, que «l'homme est par nature un animal politique[26]». Pour ce philosophe, l'homme est poussé, par besoin naturel, à vivre et à s'épanouir au sein de la communauté, la *polis* ou Cité-État.

Aristote ne peut concevoir l'homme sans la Cité-État. Conséquemment, pour lui, la politique a pour objet l'étude du gouvernement. D'ailleurs, il analyse les diverses formes de gouvernement en fonction de la fin que le pouvoir poursuit et de la nature de l'autorité politique. Selon Aristote, il existe «trois bonnes formes de gouvernement» : la monarchie, l'aristocratie et la république; la tyrannie, l'oligarchie et la démocratie constituent pour lui de «mauvaises formes de gouvernement» (tableau 1.2).

Cette conception qui consiste à placer la Cité-État au cœur de la politique nous a été léguée par la Grèce antique. En tout lieu et en tout temps, la politique se définit alors comme la science de l'État. Cette tendance va s'accentuer avec l'apparition des premiers États, puis, plus tard, au XIXe siècle, avec le renforcement de l'État-nation. La science politique devient alors la science de l'État. Ainsi, le philosophe et juriste français Jean Bodin tente d'établir une théorie de l'État. Dans *Six livres de la République*, il recherche les origines de l'État. Il se penche également sur le but de l'État, qui est, selon lui, de pourvoir au bien-être et à la vertu du peuple. Pour ce faire, l'État doit être souverain, suprême, c'est-à-dire que rien ne peut lui être supérieur. La souveraineté, inhérente à l'État, est un moyen de réaliser une fin. Cette souveraineté pleine et entière est définie comme «la puissance absolue de la République». Elle repose entre les mains du roi, seul représentant de l'État. Bodin justifie ainsi le pouvoir du roi de France dans un État alors en proie à l'instabilité. Pour lui, le cœur du politique, c'est l'État, c'est le gouvernement. D'autres philosophes apporteront leur contribution à ce courant de pensée et, souvent, pour des raisons diamétralement opposées à celles de Bodin. C'est le cas, par

Tableau 1.2
La classification des gouvernements selon Aristote

Nombre de gouvernants	Action des gouvernants dans leur propre intérêt	Action des gouvernants pour le bien commun
Un	Tyrannie	Monarchie
Quelques-uns	Oligarchie	Aristocratie
Beaucoup	Démocratie	République

exemple, de Montesquieu, qui s'oppose au pouvoir absolu des rois. Pour ce philosophe, seul « le pouvoir arrête le pouvoir ». C'est pourquoi, dans *De l'esprit des lois*, il propose la séparation des pouvoirs. La théorie de la séparation des pouvoirs de Montesquieu implique l'existence de trois pouvoirs : l'exécutif, le législatif et le judiciaire. Chacun des ces trois pouvoirs agit dans sa propre sphère. Le législatif ne peut empiéter sur l'exécutif ou le judiciaire et vice versa. Ainsi, le pouvoir ne peut être concentré entre les mains d'un seul homme. À sa façon, Montesquieu contribue à renforcer la conception selon laquelle la science politique est la science de l'État, la science de l'étude et du fonctionnement des gouvernements.

Pour un grand nombre de politicologues, particulièrement au XXe siècle, cette conception constitue un carcan. Ils critiquent le fait que les institutions gouvernementales sont étudiées comme si elles étaient totalement détachées de toute activité de nature politique. De plus, ils s'élèvent aussi contre le fait que le politique ne semble avoir de sens que dans un État. Est-ce à dire que les sociétés amérindiennes, par exemple, organisées selon le mode tribal, ne connaissent pas la politique? Aussi au statisme de la science politique, science de l'État, vont-ils opposer alors le dynamisme de la science politique, science du pouvoir.

Cette conception dynamique est relativement ancienne. Machiavel, considéré comme le *père de la science politique moderne*, a fait ressortir l'importance du pouvoir. Dans une Italie en quête d'unité, Machiavel, diplomate florentin en poste auprès des cours de France, d'Allemagne et de divers États italiens, observe les dirigeants de son temps et la façon dont ils gouvernent. De ses observations, Machiavel tire des enseignements qu'il expose, entre autres, dans *Le Prince*. Cet ouvrage renferme un ensemble de conseils à l'usage des dirigeants, leur indiquant comment faire pour prendre et conserver le pouvoir. Vu ainsi, le pouvoir est au cœur de la politique et Machiavel l'assimile à la contrainte. À cet égard, il affirme que « le prince doit se faire craindre de telle sorte que, s'il ne peut gagner l'amitié, du moins il n'inspire aucune haine, car ce sont là deux choses qui peuvent très bien s'accorder[27] ». Cet intérêt que manifeste Machiavel pour le pouvoir se re-

trouvera plusieurs siècles plus tard chez un grand nombre de politicologues.

Dans les pays anglo-saxons et spécialement aux États-Unis au début du XXe siècle, certains contestent que la politique puisse être définie comme la science de l'État. Ils veulent élaborer une approche plus dynamique de la politique, estimant que les politicologues ne peuvent se contenter uniquement d'étudier les institutions gouvernementales. Ils estiment devoir aussi tenir compte d'autres aspects tout aussi importants tels que la constante interaction entre les groupes d'intérêt et les partis politiques avec les institutions. En outre, ils critiquent le fait que l'étude axée sur les institutions accorde peu d'importance au caractère scientifique : les politicologues conduisent des études de cas qui, en l'absence de toute méthodologie, constituent, le plus souvent, des descriptions détaillées de la réalité. Graham Wallas et Arthur Bentley sont les deux principaux critiques de l'approche normative. En 1908, Graham Wallas, dans *Human Nature in Politics*, affirme que les institutions politiques ne peuvent être étudiées pour elles-mêmes[28]. Selon lui, il est nécessaire de considérer le processus politique et, sur ce plan, de prendre en compte la nature humaine dont on ne peut ignorer la complexité. Arthur Bentley abonde dans le même sens. Dans *The Process of Government*, il propose, entre autres, de délaisser l'étude institutionnelle et de s'occuper plutôt des groupes et de leurs interactions[29].

Ces deux auteurs sont, à leur tour, l'objet de nombreuses critiques. Ils ouvrent cependant la voie à un courant de pensée, apparu quelques décennies plus tard, qui fait de ce phénomène social qu'est le pouvoir, l'objet de la science politique. Charles E. Merriam est, à cet égard, le précurseur moderne de la science politique, science du pouvoir[30]. Harold D. Lasswell s'inscrit également dans ce courant avec son ouvrage, publié pour la première fois en 1936, *Politics : Who Gets What, When and How*[31]. Le pouvoir est, ici, synonyme de domination exercée par un groupe, l'élite, sur un autre groupe, la masse. Le premier groupe utilise des symboles, des mythes, voire la violence, pour légitimer le pouvoir qu'il exerce sur le second. Le pouvoir est donc, selon Lasswell, associé étroitement à la contrainte. Mais, peut-on rétorquer, tout pouvoir n'est pas forcément politique. Un individu X, usant de son pouvoir, peut forcer un individu Y à faire quelque chose. Ce pouvoir que possède X n'est pas de nature politique pour autant. Par contre, il en va tout autrement du pouvoir qu'un gouvernement ou qu'un État exerce vis-à-vis des citoyens. Ces derniers sont contraints de respecter les décisions du gouvernement et de l'État. Le concept de pouvoir politique est donc complexe. Georges Burdeau, juriste français, préfère parler de « Pouvoir élastique », car cette notion en appelle d'autres [32]. Il fait intervenir, par exemple, la capacité d'influencer les individus. Il s'agit de persuader ces derniers d'accepter quelque chose d'autre que ce qu'ils désiraient obtenir ou d'agir autrement qu'ils prévoyaient d'agir.

Avoir le pouvoir politique, c'est donc être en mesure d'exercer une influence. Cela implique aussi le fait de détenir un pouvoir coercitif. En effet, lorsque s'exerce la capacité de contraindre autrui à faire quelque chose, le refus d'obtempérer entraîne des sanctions. La coercition peut donc être utilisée lorsque les circonstances le commandent. Par exemple, au Canada, le gouvernement de Brian Mulroney a fait voter une loi au Parlement, qui imposait la taxe sur les produits et services, la TPS, à partir du 1er janvier 1991. Face à cette TPS, les avis sont partagés. Certaines personnes la trouvent nécessaire, d'autres la décrient. Mais que cela nous plaise ou non, nous sommes tous et toutes assujettis à cette taxe. Si une personne refuse de la payer, le gouvernement a le droit d'user de son pouvoir coercitif. La police et la justice entreront alors en scène, et la personne paiera la TPS ou se verra imposer une amende ou pourra être condamnée à une peine de prison. Le pouvoir coercitif est utilisé par tous les gouvernements dans l'exercice du pouvoir politique. La coercition est présente, tant dans les régimes politiques démocratiques que dans ceux qui le sont moins. Cela dit, il existe des degrés de coercition. Il apparaît tout à fait normal qu'un gouvernement s'appuie sur le pouvoir coercitif pour faire respecter les lois. C'est le cas au Canada, aux États-Unis et dans d'autres États. Mais, dans certains d'entre eux, le pouvoir politique utilise la coercition à ses propres fins. Par exemple, en Chine, le pouvoir politique n'a pu tolérer l'opposition au régime en place et les demandes répétées des étu-

diants chinois en faveur d'une plus grande démocratie dans le pays. Il a préféré utiliser le pouvoir coercitif en guise de réponse, en envoyant les tanks contre des opposants non armés, en 1989, sur la place Tien An Men à Beijing. Cependant, il convient de noter que, quels que soient les degrés de coercition, c'est souvent la peur engendrée par la coercition, plutôt que la coercition elle-même, qui incite à l'obéissance.

Le pouvoir politique appelle aussi l'autorité politique. Ces deux concepts sont étroitement liés. L'autorité, c'est le droit de diriger et de commander. Il en résulte que toute autorité implique le pouvoir et que le pouvoir sous-tend l'autorité. Il existe cependant des exceptions qui confirment la règle, où le pouvoir politique est séparé de l'autorité. Par exemple, lorsque l'Irak a envahi le Koweït en août 1990, le cheikh El Sabah s'est réfugié à l'étranger. Il était alors incapable, en raison de l'occupation de son pays par l'Irak, d'exercer le pouvoir politique. Il continuait, malgré tout, de détenir l'autorité aux yeux de son peuple et du reste du monde. Mais parler de pouvoir politique et d'autorité, c'est aussi parler de pouvoir légitime. Nous pouvons aimer ou ne pas aimer la politique d'un gouvernement, mais nous acceptons son autorité parce qu'il a été légalement élu.

La légitimité peut donc se définir comme l'acceptation du pouvoir politique, laquelle sanctionne le droit de gouverner et implique le devoir d'obéissance de la part des gouvernés. La légitimité s'acquiert de diverses façons. Elle peut, tout d'abord, émaner du processus électoral comme c'est le cas dans un grand nombre d'États. Au Canada, tous les gouvernements, au palier fédéral, provincial comme municipal, acquièrent leur légitimité par l'élection. Ces gouvernements sont, dès lors, acceptés par la population même si leurs politiques peuvent être contestables. Mais l'élection ne constitue pas la seule et unique façon d'obtenir la légitimité. Dans certaines sociétés tribales, il peut en aller différemment. Le chef de tribu peut acquérir sa légitimité du fait qu'il est en mesure de subvenir aux besoins des membres de la tribu, parce qu'il sait conduire celle-ci vers des territoires de chasse ou de cueillette abondantes et parce qu'en période de disette, il arrive à procurer à la tribu la nourriture nécessaire pour survivre. La communauté dans son ensemble le reconnaît comme chef et cette reconnaissance confère la légitimité à son pouvoir. La légitimité peut aussi prendre sa source dans la tradition ou la coutume. La reine Élisabeth n'a jamais été élue par le peuple britannique ni, à plus forte raison, par les populations des pays du Commonwealth. Elle est montée sur le trône en 1952 en vertu du principe de l'hérédité. Pouvoir politique, influence, coercition, autorité, légitimité sont donc des notions que l'on rencontre fréquemment en science politique.

Certains auteurs vont, d'une manière ou d'une autre, s'employer à cerner l'objet du politique. C'est le cas de David Easton pour qui la science politique est l'allocation autoritaire des choses de valeur[33]. Le pouvoir est présent, mais, autant que faire se peut, il est circonscrit à la sphère politique. Easton adhère au nouveau courant de pensée issu de l'Université de Chicago, le *behaviorisme*, qui veut redéfinir la science politique en lui imprimant un caractère scientifique par le recours à l'observation. Un autre behavioriste, Robert Dahl, voit le politique comme un ensemble de rapports humains souvent conflictuels, impliquant nécessairement une certaine forme de pouvoir, de domination voire d'autorité[34]. Mais, pour Dahl, l'État et le gouvernement doivent aussi être pris en considération dans la définition du politique[35]. Cette approche est controversée. En effet, on reproche aux *behavioristes* d'avoir conçu des modèles qui permettent de comprendre la réalité, mais qui sont incapables de rendre compte de la totalité des éléments.

3. LE CARACTÈRE SCIENTIFIQUE DE LA SCIENCE POLITIQUE

La science politique peut-elle prétendre à une entière objectivité? Quoi qu'on en dise, l'observation des phénomènes politiques comporte une certaine part de subjectivité. De plus, nombre de faits peuvent être chargés émotivement. Lors du référendum du 30 octobre 1995 sur la souveraineté du Québec, les observateurs politiques ont pu apprécier la charge d'émotivité des interventions des tenants du OUI comme de ceux du NON. Les politicologues doivent pouvoir analyser les résultats du scrutin référendaire, par exemple, en se dépouillant de toute forme de subjectivité. Or, ils sont après tout des êtres humains avec leurs émotions et leurs sentiments. La tâche, on le voit, est donc gigantesque, d'autant que, bien souvent, les politicologues, tout en continuant de faire de la recherche, peuvent également travailler pour un parti politique. Lorsque l'on soulève la question de l'objectivité en science politique, il est donc nécessaire de la considérer comme un idéal à atteindre.

Les politicologues ou les étudiants et étudiantes en science politique doivent se prémunir contre les dangers de la subjectivité. Ils doivent donc continuellement distinguer *faits* et *valeurs*. Les faits peuvent être observés, mesurés, quantifiés, vérifiés. Les valeurs supposent un jugement sur ce qui est bon ou mauvais. En tout état de cause, elles ne peuvent être prouvées (tableau 1.3).

Tableau 1.3
La distinction entre faits et valeurs

Faits	Valeurs
• Les Franco-Ontariennes de la région de Sudbury ont tendance à voter en faveur du Parti libéral fédéral.	• Un gouvernement libéral est meilleur qu'un gouvernement conservateur.
• En 1993, le Parti libéral fédéral remporte les élections grâce à la division du vote d'opposition entre le Parti réformiste et le Parti conservateur.	• Les conservateurs ont une meilleure politique que les néo-démocrates.
• En 1971, 34 % de la population du Nouveau-Brunswick avait le français comme langue maternelle.	• Un régime présidentiel est moins bon qu'un régime parlementaire.

Tableau 1.4
Les étapes suggérées relativement
à la méthodologie de recherche en science politique

1. Choix du sujet.

2. Détermination de la problématique provisoire.
   Il s'agit d'établir des lignes directrices d'analyse centrées autour de la question
   principale. Cela équivaut à énoncer une hypothèse de base.

3. Observation des faits.
   Cette étape consiste à faire des lectures, à utiliser des sondages, à réaliser des entrevues, etc.

4. Classement des faits en catégories.

5. Conceptualisation.
   Il s'agit de créer des concepts en partant de catégories déjà établies.

6. Hypothèse opérationnelle.

7. Analyse et interprétation des données.

8. Conclusion.

Parfois, ce qui peut apparaître de prime abord comme un jugement de valeur peut se révéler par la suite être un fait vérifiable. C'est, par exemple, le cas de l'affirmation suivante : « Le gouvernement conservateur a eu tort (ou bien a eu raison) de signer l'Accord de libre-échange nord-américain. »

Les politicologues, conscients des difficultés à surmonter, doivent recourir à une méthodologie qui confère un plus grand degré de rigueur scientifique à leur démarche analytique[36]. Cette méthodologie, à laquelle ont recours non seulement les politicologues, mais aussi les étudiants et étudiantes en science politique, comporte diverses étapes, ainsi qu'il apparaît dans le tableau 1.4. Les explications des politicologues sont probabilistes, et la vérification des hypothèses permet d'établir des tendances générales et non de prédire avec exactitude des cas particuliers. Cependant, dans certains cas, il est possible d'obtenir un aperçu de certaines conditions réelles de la vie politique en société. En d'autres termes, ce qui fait que la science politique est une discipline scientifique, c'est sa démarche rigoureuse et sa capacité de confronter la théorie aux faits observables.

La démarche analytique nécessite l'utilisation de sources fiables d'information. Cette information peut provenir d'ouvrages scientifiques, d'articles publiés dans des périodiques à caractère scientifique, d'enquêtes, etc. L'Internet peut aussi servir comme outil de recherche. Cependant, l'abondance des données que l'on y trouve et la facilité avec laquelle on y accède ne sont pas forcément synonyme d'informations précises, fiables, à caractère scientifique. Il est donc nécessaire de vérifier les sources d'information et de ne recourir à l'Internet qu'avec circonspection. C'est la raison pour laquelle un travail de recherche ne peut être entièrement basé sur des données recueillies sur Internet.

Les sources doivent toujours être consignées dans une bibliographie. Elles peuvent aussi faire l'objet de citations[37]. La présentation de la bibliographie et des références est importante. Elle est régie par des règles qui assurent une certaine homogénéité. Généralement, la présentation utilisée est celle dite de l'école de Chicago, bien qu'il soit possible de recourir à la présentation de l'APA (American Psychological Association), aussi appelée « méthode auteur-date »[38]. Quelle que soit la présentation choisie, elle doit être utilisée tout au long d'un travail de recherche afin de donner à celui-ci l'uniformité souhaitable.

La science politique est donc une discipline complexe qui, après de nombreux tâtonnements, est parvenue à acquérir une certaine autonomie. Son développement rapide au cours du XXe siècle lui a permis de couvrir différents champs d'intérêt. Traditionnellement, elle se divise en quatre grands domaines d'études. Le premier est relatif à la théorie : l'accent est mis sur les idées, les philosophies politiques et les théories régissant l'analyse politique. Le second domaine d'études concerne l'analyse du processus politique ; cette dernière peut porter sur un système politique en particulier, comme celui du Canada ou des États-Unis, par exemple, ou peut être comparative. Le troisième domaine d'études est relatif à la politique et à l'administration publique, et le dernier s'intéresse aux relations internationales en examinant les rapports politiques et les institutions sur le plan international.

Lectures suggérées

Bélanger, André-J. et Vincent Lemieux (1996), *Introduction à l'analyse politique*, Montréal, Les Presses de l'Université de Montréal.

Braud, Philippe (1994), *Sociologie politique*, Paris, LGDJ.

Brooks, Stephen et Alain G. Gagnon (1988), *Social Scientists and Politics in Canada : Between Clerisy and Vanguard*, Montréal, McGill-Queen's University Press.

Dahl, Robert A. (1973), *L'analyse politique contemporaine*, introduction par Pierre Birnbaum, Paris, Robert Laffont.

Duverger, Maurice (1964), *Introduction à la politique*, Paris, Gallimard, collection « Idées ».

Gauthier, Benoît (1997), *Recherche sociale : de la problématique à la collecte des données*, 3e éd., Sainte-Foy, Presses de l'Université du Québec.

Gingras, François-Pierre (1998), « Guide de rédaction des travaux universitaires », http://www.uottawa.ca/academic/socsci/guide-fr.html (9 avril).

Guillaume, Marc *et al.* (1986), *L'état des sciences sociales en France*, Paris, La Découverte.

Labelle, Gilles *et al.* (1996), *Introduction critique à la science politique,* Montréal, Chenelière/McGraw-Hill.

Notes

1 Cette distinction est faite notamment dans Max Weber, *Le savant et le politique,* Paris, Plon, 1959.

2 Aristote, *La Politique,* introduction, notes et index par Jean Tricot, Paris, Librairie Philosophique J. Vrin, 1989. Voir également Aristote, *Les politiques,* traduction de Pierre Pellegrin, Paris, Flammarion, 1990. Pour avoir un bref aperçu des différents philosophes cités, on pourra consulter des ouvrages plus généraux tels que : Michel Duquette et Diane Lamoureux, *Les idées politiques de Platon à Marx,* Montréal, Les Presses de l'Université de Montréal, 1993.

3 Michael B. Stein, « Major Factors in the Emergence of Political Science as a Discipline in Western Democracies : A Comparative Analysis of the United States, Britain, France, and Germany », dans David Easton, John G. Gunnell et Michael B. Stein (dir.), *Regime and Discipline : Democracy and the Development of Political Science,* Ann Arbor, The University of Michigan Press, 1995, p. 174.

4 Madeleine Grawitz, *Méthodes des sciences sociales,* 3e éd., Paris, Dalloz, 1976, p. 277.

5 Michael B. Stein, *op. cit.,* p. 177 (traduction libre).

6 *Ibid.*

7 Jean Leca, « La science politique dans le champ intellectuel français », *Revue française de science politique,* 32, 4–5, août–octobre 1982, p. 659.

8 Madeleine Grawitz, *op. cit.,* p. 276.

9 Jean Leca, *op. cit.,* p. 665.

10 Voir, par exemple, Yves Schmeil, *La science politique,* Paris, Armand Colin, 1994.

11 Jean-Pierre Cot et Jean-Pierre Mounier, *Pour une sociologie politique,* tomes 1 et 2, Paris, Seuil, 1974 ; Roger-Gérard Schwartzenberg, *Sociologie politique – Éléments de science politique,* Paris, Montchrestien, 1974 ; Phillippe Braud, *Sociologie politique,* Paris, LGDJ, 1994.

12 Alan C. Cairns, « Political Science in Canada and the Americanization Issue », *Revue canadienne de science politique,* 8, 2, juin 1975, p. 192.

13 *Ibid.,* p. 197.

14 *Ibid.*

15 Mark O. Dickerson et Thomas Flanagan, *An Introduction to Government and Politics – A Conceptual Approach,* 3rd ed., Scarborough, Neilson Canada, 1990, p. 5.

16 C. B. Macpherson, « After Strange Gods : Canadian Political Science, 1973 », dans T. N. Guinsburg et G. L. Reuber (dir.), *Perspectives on the Social Sciences in Canada,* Toronto, University of Toronto Press, 1974, p. 66. Avant de devenir *Répertoire,* l'appellation française était *Annuaire des politicologues du Canada.*

17 Stephen Brooks et Alain-G. Gagnon, « Politics and the Social Sciences in Canada », dans Alain-G. Gagnon et

James P. Bickerton (dir.), *Canadian Politics – An Introduction to the Discipline*, Peterborough, Broadview Press, 1990, p. 46–47.

18 En fait, la Faculté des sciences sociales de l'Université Laval tire son origine de la création, en 1932, de l'École des sciences sociales du soir qui devient, en 1938, l'École des sciences sociales, économiques et politiques avant d'acquérir le statut de faculté en 1943.

19 Jean-Charles Falardeau, *L'essor des sciences sociales au Canada français*, Québec, Ministère des Affaires culturelles, 1964, p. 43.

20 Kenneth McRoberts, *Quebec – Social Change and Political Crisis*, Toronto, McClelland and Stewart, 1988, p. 94–95.

21 Stephen Brooks et Alain G. Gagnon, *Social Scientists and Politics in Canada : Between Clerisy and Vanguard*, Montréal, McGill-Queen's University Press, 1988, p. 26.

22 Jean-Charles Falardeau, *op. cit.*, p. 43–45.

23 John E. Trent et Michael B. Stein, « The Interaction of the State and Political Science in Canada : A Preliminary Mapping », dans David Easton, John G. Gunwell et Luigi Graziano (dir.), *The Development of Political Science – A Comparative Study*, London, Routledge, 1991, p. 63. Voir également Alan C. Cairns, *op. cit.*, p. 197–198, ainsi que Jean-Charles Falardeau, *ibid.*, p. 44.

24 Stephen Brooks et Alain G. Gagnon, *Social Scientists and Politics in Canada*, p. 47.

25 Voir François-Pierre Gingras, « L'essor des études politiques au Canada français », communication présentée au Congrès de l'Association canadienne de science politique, Québec, 1976.

26 Il est à noter qu'Aristote ne faisait nullement référence aux femmes. Il faut dire qu'à l'époque les femmes, les esclaves et les étrangers n'avaient pas le droit de citoyenneté et, donc, de participer à la vie politique de la Cité.

27 Machiavel, *Le Prince*, Paris, Le Livre de Poche, 1972, p. 88.

28 Graham Wallas, *Human Nature in Politics*, Londres, s.é., 1908.

29 Arthur F. Bentley, *The Process of Government*, Cambridge (Mass.), Harvard University Press, 1967. Cet ouvrage a été publié originellement à Chicago en 1908.

30 Charles E. Merriam, *Political Power*, avec une introduction par Harold D. Lasswell, New York (N.Y.), Collier Books, 1964. Charles E. Merriam a publié cet ouvrage pour la première fois en 1934, sous le titre : *Political Power : Its Composition and Incidence*.

31 Harold D. Lasswell, *Politics : Who Gets What, When and How*, New York, The World Publishing Company, 1958.

32 Georges Burdeau, *Traité de science politique*, tome 1 : *Présentation de l'univers politique*, volume 1 : *Société, politique et droit*, 3ᵉ éd., Paris, LGDJ, 1980, p. 6, note 9.

33 David Easton, *A System Analysis of Political Life*, New York, John Wiley and Sons, 1965, p. 21.

34 Robert A. Dahl, *L'analyse politique contemporaine*, introduction par Pierre Birnbaum, Paris, Robert Laffont, 1973, p. 10.

35 Robert A. Dahl, « What Is Political Science ? », dans Paul W. Fox, *Politics : Canada*, 5th ed., Toronto, McGraw-Hill Ryerson, p. 5–7.

36 En ce qui concerne la méthodologie, divers ouvrages peuvent être consultés : Jocelyn Létourneau, *Le coffre à outils du chercheur débutant – Guide d'initiation au travail intellectuel*, Toronto, Oxford University Press, 1989 ; *Cahier de méthodologie*, 4ᵉ éd., Montréal, Université du Québec à Montréal, 1987 ; Benoît Gauthier, *Recherche sociale : de la problématique à la collecte des données*, 3ᵉ éd., Sainte-Foy, Presses de l'Université du Québec, 1997.

37 La citation est très importante. Citer des idées, des statistiques ou des phrases sans en indiquer la provenance constitue un plagiat.

38 Pour la présentation des références et de la bibliographie, on peut se reporter à Jocelyn Létourneau, *op. cit.*

2

Les emprunts et les approches de la science politique : le modèle systémique

La science politique a acquis le statut de discipline et a gardé en même temps des liens avec d'autres sciences sociales. Ainsi, elle leur emprunte certains éléments et crée aussi ses propres approches. Elle dégage une vue d'ensemble particulière des mécanismes essentiels de la société et des relations de pouvoir touchant l'État et les gouvernants.

1. LES EMPRUNTS ET LES APPROCHES DE LA SCIENCE POLITIQUE

En général, les emprunts faits par la science politique, comme, d'ailleurs, les approches qu'elle adopte, ont évolué sous l'influence de divers facteurs. L'édification de nouvelles disciplines, l'apparition de nouvelles idéologies et théories politiques, et aussi les transformations des systèmes politiques eux-mêmes jouent, sans aucun doute, un rôle important à cet égard. Les débats entre politicologues sur l'objet de la science politique contribuent aussi à favoriser des emprunts à d'autres disciplines ou la mise en œuvre d'approches spécifiques. À partir des années 1960, la décolonisation, qui amène la création de nouveaux États-nations, fait surgir la question du développement et sert de catalyseur à l'élaboration de nouveaux modèles. Enfin, sur le plan technologique, l'avènement des ordinateurs permet à la théorie empirique de prendre son essor.

Après avoir fait un rapide survol des emprunts et des approches que l'on trouve en science politique, il convient de décrire le modèle qui, dans cet ouvrage, sert de cadre à l'étude des divers éléments de cette discipline.

1.1. L'HISTOIRE

Dès ses débuts, la science politique emprunte à l'histoire afin de retracer et d'expliquer l'origine des États, des institutions politiques, des conflits entre nations, des cultures politiques, des philosophies et des idéologies politiques. Elle se sert parfois de l'histoire pour justifier le présent ou concevoir des politiques. Idéalement, pour certains, la sagesse tirée de l'expérience passée devrait aider à connaître et comprendre le présent et à préparer des actions futures[1].

De même, l'approche historique est utilisée très tôt en science politique, laquelle est souvent liée à l'histoire politique et véhicule diverses idéologies. Une idéologie conservatrice, par exemple, a tendance à expliquer le présent par le passé pour considérer la continuité comme la meilleure façon d'assurer le développement d'un système politique. Une approche historique peut être idéaliste ou matérialiste, selon l'élément majeur de changement intervenant dans la dynamique de l'histoire. L'histoire peut guider les gouvernants quant aux actions à entreprendre, comme l'a fait voir Machiavel dans *Le Prince*. L'expérience historique est indispensable pour la formulation de lois propres à corriger les erreurs du passé. La faible représentation des

17

Canadiens français dans la fonction publique fédérale a été, par exemple, l'un des facteurs à l'origine de la *Loi canadienne sur les langues officielles* de 1969. Dans les études portant sur la culture et la socialisation politiques, l'histoire d'un peuple donné joue un rôle important. Elle est sa mémoire, souvent sélective, et une partie de son identité, transmise à la génération suivante. Un événement historique malheureux peut marquer l'identité d'une communauté linguistique et culturelle. C'est le cas du Grand Dérangement de 1755 en Acadie et du Règlement 17 de 1912 pour les francophones de l'Ontario[2]. Comme l'a révélé le *Rapport* de la Commission royale d'enquête sur le bilinguisme et le biculturalisme, même l'enseignement de l'histoire a une dimension politique, non seulement parce qu'il concerne l'éducation des citoyens, mais aussi parce qu'il fait partie du processus de socialisation politique et peut réduire ou accentuer les clivages existant dans la citoyenneté. Ainsi, le rapport fit ressortir que le thème dominant des manuels de langue française était « l'évolution et la survivance de la société canadienne-française », alors que celui des manuels de langue anglaise était « la fondation du Canada et sa survie comme entité politique en Amérique du Nord »[3]. L'approche historique en politique ne consiste toutefois pas simplement à énoncer et à décrire une succession d'événements ou d'idées. Elle exige que l'on recherche les faits qui paraissent saillants pour expliquer, comprendre ou justifier, par exemple, un événement ou une décision politique, les origines d'une culture ou, encore, une idéologie politique. Le fait de ne voir dans la Deuxième Guerre mondiale qu'une simple succession de dates n'a aucun rapport avec la science politique. Analyser et expliquer les origines de cette guerre ou en dégager les conséquences politiques pour un pays comme le Canada constitue une approche historique qui convient à la science politique.

1.2. LES ÉTUDES ADMINISTRATIVES ET JURIDICO-LÉGALES

La science politique, comme les sciences administratives et juridiques, s'intéresse aux institutions et à leur fonctionnement, aux constitutions et aux décisions les concernant et aussi à l'élaboration de politiques en matière d'administration. Ce type d'études utilise des approches juridico-légales, institutionnalistes et fonctionnalistes et met l'accent sur les cadres juridiques du processus politique. C'est la partie de l'administration publique ressortissant à la science politique qui s'occupe principalement de ces aspects.

Les origines de ces études sont très anciennes et leurs approches ont reçu des apports de l'anthropologie et de la sociologie. Aristote a étudié et classé les constitutions ainsi que les institutions des régimes politiques qui en découlaient[4]. Étant donné son approche fonctionnaliste basée sur la biologie, il considère que la Cité a pour fonction d'assurer le plein épanouissement du citoyen. Cette approche présente un point de vue descriptif et affirme que toute institution a des fonctions qui lui sont propres. Herbert Spencer ainsi que les anthropologues matérialistes ont perfectionné cette approche. Spencer suggère l'idée de la différenciation fonctionnelle qui, à son tour, entraîne l'interdépendance, ainsi que la perspective de systèmes autorégulateurs[5]. Selon lui, tout individu remplit une fonction déterminée et dépend des autres. Ainsi, un menuisier ne peut faire le travail d'un forgeron, mais il a besoin du labeur de ce dernier. En même temps, Spencer affirme qu'aux différentes étapes de l'évolution de toute société, il existe une concordance générale qui cherche à se maintenir entre les institutions et les opinions. Cette tendance à la stabilité nécessite des ajustements continuels pour que l'adaptation aux nouvelles circonstances soit possible. Les institutions possèdent ainsi une sorte d'instinct de conservation[6]. Bronislaw Malinowski définit la culture comme un mode de vie et considère que les fonctions de l'institution consistent à répondre à certains besoins primaires ou biologiques ainsi qu'aux besoins accessoires, c'est-à-dire ceux dont le potentiel est favorisé par le contexte culturel[7]. Le sociologue Robert K. Merton fait également sienne cette approche fonctionnaliste. Il remarque qu'elle peut être tantôt conservatrice et encline à justifier le *statu quo*, tantôt radicale, critique des conditions présentes pour préconiser des changements de nature pragmatique. Il fait aussi une distinction entre les fonctions manifestes et les fonctions latentes des institutions. Les premières renvoient aux conséquences objectives et voulues et les secondes, aux conséquences non voulues entrant en contradiction avec les fins pour lesquelles l'institution avait été créée[8]. Ainsi, outre l'exercice d'une influence modératrice sur les décisions de la Chambre des communes, la fonction manifeste du Sénat canadien était, comme celui des États-Unis, d'assurer une représentation des régions. Dans la pratique, sa fonction latente est devenue généralement partisane.

L'étude des constitutions, des droits des communautés et des individus et de la jurisprudence constitutionnelle fait aussi partie de la science politique. Les approches peuvent être légales et littérales : elles examinent le sens actuel des mots ou l'intention des personnes qui ont rédigé les constitutions ou rendu les jugements. Elles peuvent également être interprétatives : elles portent alors sur les clauses ou sur les causes en tenant compte de l'évolution de la société. Pour les chartes des droits ou les *bills of rights*, l'examen se fait aussi en prenant en considération l'évolution de la définition des concepts politiques[9].

L'étude de la formulation des politiques administratives repose sur les théories des organisations et porte notamment sur des cas précis. Elle recourt aussi à la simulation pour montrer aux autorités les conséquences des différentes politiques et faciliter leur prise de décision[10].

1.3. LA PHILOSOPHIE

À la philosophie, la science politique emprunte contenu et approches en vue d'élaborer des théories et des idéologies politiques. Elle adopte ici une approche « normative », c'est-à-dire une approche reposant sur des jugements de valeur. Cette dernière remonte à l'Antiquité et considère les « grandes questions » et les définitions de concepts et de relations propres à la science politique. Elle tente de répondre à des questions telles que : Qu'est-ce que la justice ? Qu'est-ce que l'égalité ? Quel est le régime politique idéal ? Les idéologies ajoutent aux constructions théoriques une exhortation à l'action en vue d'atteindre l'idéal désiré. Toutefois, les théories comme les idéologies politiques comportent une logique interne consistant dans une suite ordonnée de raisonnements. Ainsi, pour être conséquente avec elle-même, l'idéologie libérale ne peut s'opposer à

la liberté individuelle. La définition des concepts nécessite elle-même une approche analytique. De même, nous verrons en étudiant les idéologies qu'à partir d'une définition de la nature humaine comme bonne, mauvaise ou ni bonne ni mauvaise, on arrive logiquement, par déduction, à une représentation de l'État idéal.

Un autre emprunt méthodologique est celui de la dialectique de thèse, antithèse et synthèse utilisée par Platon[11] pour rendre encore plus précises les définitions des concepts et parvenir à un plus haut degré de connaissance. Karl Marx a recours également à la dialectique pour expliquer la marche de l'histoire vers la fin des rapports de domination. Dans leur démarche, Platon et Marx recherchaient, chacun à leur façon, un idéal de justice.

Certaines idéologies, telles que le pacifisme, sont tantôt en faveur, tantôt en défaveur, selon l'état des relations internationales. D'autres, comme l'écologisme, apparaissent en même temps que certaines forces ou inquiétudes. La prise de conscience de leur force politique par les femmes, avec la redécouverte et l'étude de philosophes politiques féminins et l'avènement de la deuxième et de la troisième vagues du féminisme, a donné lieu à la formation d'idéologies alliant féminisme et marxisme ou féminisme et libéralisme. En outre, un nouveau féminisme radical redéfinit et élargit les notions de politique et de pouvoir et rejette l'État patriarcal et ses institutions. Ces idéologies remettent en question les fondements des idéologies classiques.

1.4. LA GÉOGRAPHIE

Les emprunts de la science politique à la géographie ont suivi les développements de la politique internationale. L'un des premiers à lier géographie et politique a été Montesquieu dans *De l'esprit des lois*. Il remarque, par exemple, que les lois portant sur les relations entre les sexes, comme la polygamie et la servitude domestique des femmes, la polyandrie, la nature despotique ou démocratique des régimes politiques varient suivant les climats. Selon lui, même le type de terrain influe sur les lois[12].

À cette approche selon laquelle les systèmes politiques sont influencés par le milieu géographique, il faut ajouter l'approche géopolitique apparue au début du XIXe siècle. Adoptée par Carl von Clausewitz[13], elle est liée à l'art de la guerre en tant qu'instrument rationnel servant les intérêts de la nation et en tant que moyen « naturel » d'étendre le territoire de cette dernière. Elle est ensuite déformée par l'Allemand Karl Haushofer et mise au service de la politique nazie. L'approche géopolitique refait timidement surface en 1965[14], puis retrouve graduellement sa place en science politique, en raison des défis que présentent l'écart grandissant entre pays riches et pays pauvres, les nouvelles demandes nationalistes, la mondialisation, la conquête de l'espace, le régionalisme et l'expansion urbaine[15]. Elle traite des divers rapports entre l'espace et la politique[16]. Au Canada, elle est appliquée, notamment dans le contexte de l'avenir du Québec, dans des comparaisons avec les cas du Danemark, de la Suède, de la Norvège, des Pays-Bas et du Portugal[17].

Dans le domaine des études internationales, l'approche géopolitique sert à rendre compte des alliances, des pactes, des traités et des différends entre pays[18]. La géopolitique de l'information constitue un autre secteur particulièrement important à l'heure actuelle[19]. La géopolitique peut aussi être mise à contribution pour expliquer le partage, entre les grandes puissances, des zones d'influence et de domination à l'ère de la mondialisation[20]. La géographie joue également un rôle déterminant dans l'explication des mythes ou des thèmes collectifs de certaines cultures tels que la « frontière du Nord », invoquée en 1957 par le Premier ministre canadien John Diefenbaker, ou la *New Frontier*, thème traité par John F. Kennedy lors de la campagne présidentielle de 1960. Un pays peut être identifié à sa géographie, comme le Canada avec sa devise : *D'un océan à l'autre*. Lors du référendum tenu au Québec en 1980, les Canadiens anglais pour le NON qui avaient cette vision géographique étaient accusés par les partisans du OUI de « mappisme » et, donc, de percevoir le Canada uniquement comme entité géographique. Enfin, la géographie, liée à la politique dans toutes les études concernant les régionalismes, permet d'analyser les relations de pouvoir entre les régions et l'État ou entre les zones périphériques et les centres économiques et politiques[21].

1.5. LES SCIENCES ÉCONOMIQUES

La science politique a commencé à emprunter à l'économie quand les liens entre l'économie et le pouvoir politique, d'une part, et l'influence de l'économie sur la politique, d'autre part, ont été examinés par Adam Smith, David Ricardo et Malthus. Redéfinissant les devoirs de l'État, Smith conçoit la nation comme un espace de marché, et rejette le mercantilisme, la protection et les monopoles pour préconiser le libre marché[22]. Ricardo examine les causes de la fluctuation du cours des changes et les effets de cette fluctuation sur les prix du marché. Il soutient que la libre concurrence internationale est seule capable d'amener des « prix naturels ». Il critique également la législation concernant l'aide aux pauvres[23]. Malthus, quant à lui, s'oppose à certaines interventions de l'État en matière d'économie. Il insiste aussi sur la nécessité du libre échange entre individus pour éviter les désordres et assurer, selon le principe d'utilité, le plus grand bonheur au plus grand nombre[24].

Chez les marxistes, Engels retrace l'origine matérialiste de l'État[25]. Karl Marx et Engels construisent une théorie matérialiste de l'histoire, qui, décrite de façon très sommaire, soutient que les changements d'ordre économique — mode principal de production et rapports de production — entraînent des changements dans la superstructure, c'est-à-dire dans le régime politique et dans les domaines juridico-légal et culturel[26]. Ces théories matérialistes ont été remodelées par des structuralistes, tels que Louis Althusser et Maurice Godelier[27]. Le premier présente la pensée elle-même comme le fruit d'interactions internes et soutient que la dialectique de Marx implique un jeu d'interactions et de contradictions internes. Certains lui ont reproché de vouloir remplacer l'analyse des processus marxistes par celle des structures. Le second apporte l'idée de fonction dominante des structures sociales dans les rapports entre changements historiques et structures[28]. Enfin, le relativisme postmoderniste de Michel Foucault remet en question l'objectivisme et la vision totalisante du marxisme[29]. D'autres théories marxistes récentes débattent des questions telles que l'expansion de la nature de l'État et les groupes sociaux qu'il représente dans les démocraties occidentales contemporaines[30]. Certaines même sont impliquées plus spécialement dans l'étude de la nature spécifique de l'État canadien ou du rôle de l'État dans le phénomène contemporain de la mondialisation[31].

Sont liées aussi aux sciences économiques les approches développementalistes que l'on peut qualifier de marxistes ou de néomarxistes, de libérales ou de néolibérales. L'approche de Lénine se range parmi les premières. Sa théorie de l'impérialisme explique, d'une part, la survie du capitalisme par la transformation du colonialisme et, d'autre part, l'exploitation économique accrue des colonies par le capital international monopoliste, financier et industriel. L'approche libérale d'Harold Innis[32] en économie politique appartient à la seconde catégorie. Les approches libérales décrivent les rapports entre le développement de l'économie et les moyens de communication des nouvelles nations telles que le Canada. Elles mettent aussi l'accent sur l'histoire du commerce avec les pays européens et, principalement, avec les métropoles. Elles s'appliquent également à l'étude de l'influence du développement des moyens de communication sur les régimes politiques dans l'histoire[33]. Ces thèmes ont été repris, modifiés et développés plus récemment par d'autres politicologues du Canada anglais[34].

Du côté développementaliste, une récente extension du thème impérialiste fait intervenir les relations de domination et d'exploitation entre, d'une part, métropoles et *hinterlands* et, d'autre part, centres et périphéries. Elle incorpore les éléments de classes sociales et l'évolution, à l'échelle internationale, du capital, expliquant, par exemple, le sous-développement de l'Amérique latine par la structure coloniale du développement capitaliste mondial[35].

Du côté néolibéral, on trouve les approches de modernisation nées du désir de donner aux nouvelles nations issues de la décolonisation un certain modèle occidental de développement en suggérant que ce modèle permet également au régime politique d'évoluer vers la démocratie[36].

Enfin, l'évolution des sciences économiques a ouvert la science politique à d'autres domaines d'études et donné lieu à de nouvelles approches et méthodes. Citons les méthodes de mise en marché des chefs politiques[37], l'emploi du modèle de l'individu ou du consommateur rationnel[38] dans son comportement politique ainsi que les méthodes de simulation pour la mise sur pied et l'analyse des politiques et des stratégies[39].

1.6. LA SOCIOLOGIE

La sociologie, qui a pour objet l'étude des groupes et qui est partagée entre diverses tendances, offre aussi d'autres apports et approches à la science politique. À l'approche sociologique marxiste centrée principalement sur l'étude des classes sociales et des rapports entre classes, elle oppose la conception plus idéaliste de Max Weber. Dans *L'éthique protestante et l'esprit du capitalisme*[40] et dans ses autres ouvrages sur les religions, Weber s'est efforcé de démontrer que les principes, les traditions et les obligations morales des religions ont une incidence sur le développement de systèmes économiques qui correspondent à certains régimes politiques. Il lie, par exemple, l'éthique protestante à l'essor du capitalisme. Il a également élaboré un schème de rapports entre le stade de développement culturel et organisationnel des sociétés et les bases de légitimité des chefs politiques.

En outre, diverses approches marxistes ont continué à étudier la composition interne des classes sociales, les rapports de celles-ci entre elles et avec l'État et leur situation à la suite de changements d'ordre politique[41]. Certains politicologues ont étudié plus spécialement le rôle de l'intelligentsia ou celui des femmes dans les différentes classes sociales[42].

Les emprunts à la sociologie sont nombreux. La sociologie politique constitue, du reste, un secteur de la science politique du fait qu'elle s'intéresse aux partis politiques, aux groupes d'intérêt, aux théories des organisations dans la fonction publique et aux décideurs politiques. Pour l'étude de ces derniers, la sociologie fournit une optique complètement différente de celle du marxisme et de sa notion de classe dirigeante, avec les théories des élites, de leur recrutement et de leur renouvellement, édifiées par Vilfredo Pareto, Gaetano Mosca et Robert Michels[43].

Enfin, la sociologie politique a permis le récent développement des études sur les femmes en tant que groupe social dans leurs rapports avec la politique, leur présence en politique, leur influence sur la politique, leur participation politique et leurs actions dans les groupes d'intérêt[44]. En même temps, de nouveaux concepts sont apparus, tels ceux de « classe sexuelle » et de « fossé des sexes », alors que d'autres, plus anciens, ont été adaptés à ce domaine.

La sociologie et la science politique ont deux approches communes : l'approche « holistique » et l'approche individualiste. L'approche « holistique » envisage l'ensemble des comportements individuels et leurs effets sur la collectivité. Quant à l'approche individualiste, elle privilégie les études de cas et d'individus appartenant à des groupes.

1.7. LA PSYCHOLOGIE

Au XXe siècle, la science politique emprunte à la nouvelle discipline qu'est la psychologie des concepts et des approches en vue d'étudier les moyens de manipulation de masse utilisés, en Europe, par les fascistes. Elle procède à des analyses psychopolitiques du phénomène fasciste lui-même et des chefs de ces mouvements. Elle dégage des types de personnalités politiques, depuis la personnalité démocratique jusqu'à l'autoritaire[45]. Avec l'apparition de nouveaux médias et l'importance croissante des conseillers politiques et du « leadership » dans les démocraties occidentales, un nouvel élément entre en jeu. Il se rapporte aux images des leaders politiques, à l'aspect psychologique des campagnes électorales, au rôle des moyens de persuasion et d'influence dans les régimes démocratiques, ainsi qu'à l'analyse des attitudes et des comportements politiques. La psychanalyse freudienne, combinée ou non à d'autres théories, est aussi employée pour expliquer ou prédire le comportement des leaders politiques une fois qu'ils seront arrivés au pouvoir. Elle cherche également à expliquer le leadership charismatique en termes de relations dynamiques par rapport aux besoins et aux attentes psychologiques de la masse[46].

Certaines approches psychologiques s'appuient aussi sur les mathématiques. C'est le cas de la théorie des jeux qui associe une approche psychologique à des procédés mathématiques en vue de prédire les comportements des individus dans des jeux à deux ou plusieurs personnes.

1.8. LES MATHÉMATIQUES, LES STATISTIQUES ET LES SCIENCES PURES

La théorie des jeux, employée notamment dans le domaine de la politique administrative et en études stratégiques, témoigne de la nature hybride de plusieurs domaines et approches de la science politique. Elle résulte aussi du travail amorcé par des positivistes comme Auguste Comte, pour lesquels toute proposition significative est une proposition empirique vérifiable par l'observation. Ce travail se poursuit dans les années 1930 et après la Deuxième Guerre mondiale. Il vise à accroître le caractère scientifique de la science politique et, pour ce faire, il emprunte des modèles, approches, méthodes et sujets aux sciences exactes. Cette démarche a été rendue possible grâce à l'apparition de techniques qui facilitent les opérations mathématiques et statistiques. Ces dernières permettent de calculer les probabilités, les tendances, d'apprécier les intentions et les corrélations dans les nouveaux domaines des sondages de l'opinion publique et des intentions de vote, de la simulation, de l'analyse lexicographique et aussi de concevoir des modèles de causalité[47].

L'approche privilégiée est celle des sciences physiques, et l'on tente de créer une méthode empirique basée sur l'observation et les mesures quantitatives des sujets observés. La théorie empirique se distingue donc de la théorie normative qui, elle, est basée sur des jugements de valeur. Un long débat a opposé les tenants de l'une et l'autre. Les deux sont maintenant considérées comme valables à condition que l'on sache quelles sont leurs faiblesses. L'approche empirique utilisée pour un sondage d'opinion ne peut, par exemple, jamais tenir compte de tous les facteurs susceptibles de jouer un rôle dans la formation de l'opinion. L'approche normative posant comme principe que l'idée de justice est un idéal auquel devrait tendre toute société, aurait de la difficulté à démontrer la vérité de ce principe. La plupart des analystes connaissent les limites de l'approche empirique et savent quelle peut être son utilité dans certains domaines. Du point de vue empirique, la science politique emprunte aussi à des disciplines telles que la psychologie des échelles servant à mesurer, entre autres, les attitudes.

Plus récemment, les études empiriques ont également démontré l'utilité de la méthode et de l'analyse qualitatives. Celles-ci permettent de préciser les motifs des comportements. Les méthodes qualitatives d'entrevues à questions ouvertes, les méthodes de recherche-action ou d'intervention sociale, des scénarios, des biographies d'individus ayant des caractères communs et des monographies traitant en profondeur d'un groupe social sont les plus couramment employées[48].

La notion de modèle en science politique est un autre emprunt « scientifique » aux sciences économiques et mathématiques. En s'appuyant sur des concepts et sur leurs rapports mutuels[49], un modèle donne une représentation simplifiée de la réalité. Étant donné son degré d'abstraction, un modèle de science politique peut difficilement contenir toutes les variables et tous les événements contingents de la réalité. Le fait d'évaluer l'étendue d'application du modèle, son degré d'utilité pour comprendre la réalité et le sujet étudié et l'importance des éléments particuliers qu'il n'a pas inclus nous permet d'avoir une idée de ses limites.

Un autre emprunt aux sciences physiques est la théorie des systèmes. Cette théorie met l'accent sur l'ensemble des rapports permanents d'interdépendance entre les éléments d'un système qui visent des objectifs précis et qui forment une structure. Elle a été appliquée au système politique de diverses façons. Ainsi Karl Deutsch a élaboré un modèle complexe basé sur la cybernétique[50]. David Easton a construit un modèle théorique plus simple qui a l'avantage de pouvoir aussi s'appliquer à l'étude des sous-systèmes politiques ou des supersystèmes des relations internationales[51]. En adaptant et en complétant ce modèle conceptuel, nous sommes parvenues à établir un cadre d'analyse du système politique qui permet d'examiner les divers éléments de la science politique (figure 2.1, p. 24).

2. LE MODÈLE SYSTÉMIQUE ET SES CARACTÉRISTIQUES

Le modèle systémique constitue un cadre conceptuel détaillé qui permet d'incorporer les principaux éléments du système politique et d'étudier les relations dynamiques entre ces divers éléments par rapport au centre décisionnel. Il facilite donc l'étude des sujets de la science politique et évite, sans les négliger, des perspectives trop spécialisées et incomplètes. Un tel modèle doit pouvoir être adapté à tous les systèmes politiques, quel que soit leur degré de développement, et expliquer le maintien ou la disparition d'un système politique en considérant son adaptation aux changements du milieu. Le maintien peut impliquer la modification des structures du système ou même de ses objectifs. La conservation de l'équilibre du système peut exiger l'abandon de l'ancien système et la mise en place d'un nouveau système[52].

2.1. LA DÉFINITION DU SYSTÈME POLITIQUE ET LES DIFFÉRENTES PARTIES

Selon David Easton, le système politique consiste dans l'ensemble des interactions qui répartissent les ressources valorisées par voie d'autorité dans une société[53]. Ce modèle étudie donc le processus politique en tenant compte des interactions des différents éléments du système. Il met également l'accent sur les raisons qui permettent d'expliquer le degré de fonctionnement optimal, les crises ou la désintégration d'un système.

2.1.1. L'ENVIRONNEMENT

Tout système politique national est placé dans un environnement qui comporte deux composantes. La première est d'ordre intrasociétal et renvoie aux multiples dimensions culturelles, démographiques, historiques, géographiques, économiques et sociales ainsi qu'aux clivages (ou divisions) d'ordre, par exemple, religieux, linguistique ou socio-économique. Cette composante comprend également des sous-systèmes comme les gouvernements locaux, municipaux et régionaux.

La seconde composante est d'ordre extrasociétal. Elle se rapporte à tous les systèmes situés à l'extérieur d'un système national, tels que les supergroupes, les alliances, les coalitions et les organisations. Elle inclut également le système international sous tous ses aspects : démographique, politique, linguistique, culturel, géographique, historique, économique, ainsi que ses clivages. Les systèmes supranationaux peuvent exercer une influence sur le système

Figure 2.1
Un modèle de système politique

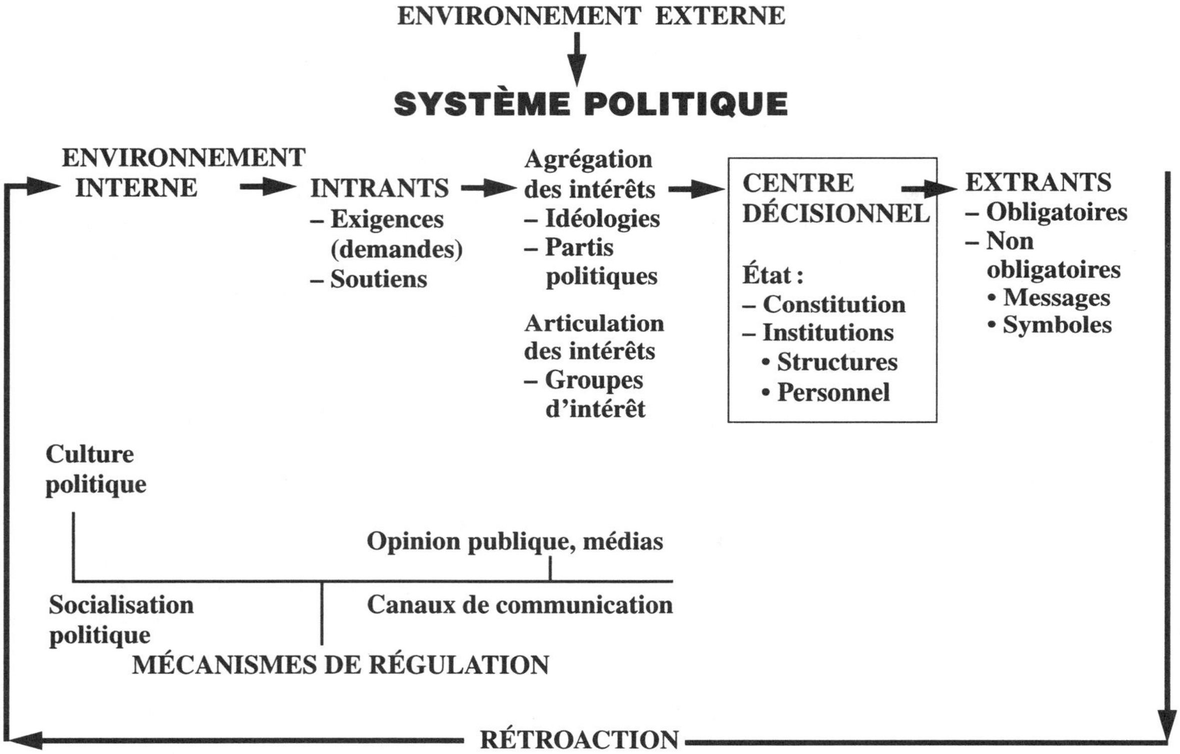

ENVIRONNEMENT EXTERNE

SYSTÈME POLITIQUE

ENVIRONNEMENT INTERNE	INTRANTS	Agrégation des intérêts	CENTRE DÉCISIONNEL	EXTRANTS
	– Exigences (demandes)	– Idéologies		– Obligatoires
	– Soutiens	– Partis politiques	État :	– Non obligatoires
			– Constitution	• Messages
		Articulation des intérêts	– Institutions	• Symboles
		– Groupes d'intérêt	• Structures	
			• Personnel	

Culture
politique

Opinion publique, médias

Socialisation
politique
Canaux de communication

MÉCANISMES DE RÉGULATION

RÉTROACTION

24

national. Le soutien apporté par les États-Unis à l'armée chilienne pour écarter, en 1973, le président socialiste Salvador Allende constitue un exemple d'action dirigée vers le centre décisionnel chilien. Un autre exemple, plus général, est l'influence des fluctuations du système monétaire international sur les différentes parties du système politique. Les fluctuations forcent, en effet, les dirigeants à prendre des décisions ; les hausses ou les baisses des taux d'intérêt qui en résultent touchent la population, et les crises économiques que ces fluctuations peuvent provoquer sont susceptibles d'entraîner des crises politiques.

2.1.2. LES INTRANTS

Deux types d'intrants sont issus de l'environnement du système politique : les exigences ou demandes et les soutiens. Les exigences sont formulées, combinées, filtrées et dirigées par des canaux de transmission vers ce qui, dans notre modèle, est appelé le centre décisionnel. Ce centre doit répondre aux exigences par des extrants, qui, eux-mêmes, par un phénomène de rétroaction, agissent sur l'environnement et sur les intrants à venir. Les soutiens, quant à eux, sont des dispositions positives ou négatives visibles ou tacites envers un régime — c'est-à-dire envers l'organisation particulière du centre décisionnel —, envers les dirigeants de ce dernier et la structure du système. Notre modèle inclut l'influence des idéologies sur les soutiens. Les soutiens peuvent aussi être communiqués au centre décisionnel par les canaux de transmission. Le modèle ajoute la possibilité pour les autorités de sonder l'environnement en vue d'évaluer son degré d'adhésion à une politique et de soutien envers le régime.

2.1.2.1. LES EXIGENCES OU DEMANDES

Une exigence concerne la volonté de voir une autorité faire ou ne pas faire une action attributive dans un domaine particulier[54]. Selon notre modèle, elle peut émaner de l'environnement extra- ou intra-sociétal. Elle peut être simple et précise comme, par exemple, une protestation contre une augmentation des frais de scolarité à l'université. Elle peut être de nature plus générale, comme une action en faveur du respect des droits de la personne. Elle peut être inspirée par des motifs personnels ou par des motifs sociaux.

Ces exigences obligent les autorités à accomplir des actions. Elles n'ont pas le caractère latent des attentes de l'opinion publique et des idéologies, qui, elles, aident à formuler et à soumettre les demandes. Par exemple, l'idéologie libérale qui prône la liberté d'expression peut aider à formuler une demande de libération d'une personne incarcérée pour ses opinions politiques.

Les exigences forment le principal type d'intrants dans le système. Elles peuvent mettre celui-ci en danger. En effet, pour que le système se maintienne, le centre décisionnel doit faire un choix judicieux parmi les exigences de manière à satisfaire l'environnement. Si ce processus ne fonctionne pas, le système peut ainsi subir plusieurs formes de stress. Selon Easton, il existe quatre sortes de surcharge positive ou négative à l'origine de ce stress :

- la surcharge peut être due à un trop grand nombre d'exigences ;

- les canaux de transmission ne sont pas assez nombreux ou assez puissants pour traiter le volume d'exigences et les communiquer aux autorités ;

- le contenu des exigences peut être tel qu'il est impossible de produire des extrants dans les délais impartis ;

- le stress peut être dû à l'insuffisance des extrants produits par un système, et ce, compte tenu des exigences ;

- les exigences peuvent être trop diverses et trop opposées pour que l'environnement ou une portion importante de cet environnement puisse accepter aucun des extrants proposés.

2.1.2.2. LES MÉCANISMES DE RÉGULATION

Pour amoindrir les risques de stress, les exigences doivent suivre une certaine filière et passer à travers divers mécanismes régulateurs avant d'être communiquées aux autorités. Il s'agit de canaux de flux qui convertissent les désirs en exigences et les réduisent en « problèmes » par combinaison, modification, élimination et transformation. Ces mécanismes de régulation sont constitués des normes culturelles et des valeurs essentielles de la culture politique transmises d'une génération à l'autre grâce au processus de socialisation politique, lequel diminue les possibilités de contradictions dans l'environnement. Il existe, par exemple, des sujets tabous dans les sociétés parce qu'ils vont à l'encontre des normes ou des valeurs officielles ou traditionnelles; ils rendent donc impossible la formulation de certaines exigences. C'est le cas, par exemple, du respect des droits de la personne, qu'on ne peut exiger des autorités d'un régime totalitaire, ou de la légalisation de la polygamie, qui est rejetée par les sociétés occidentales parce que contraire à la tradition judéo-chrétienne.

La régulation des exigences se fait par des canaux de communication qui, dans les sociétés modernes très différenciées, ont des structures diverses et distinctes et peuvent avoir des rapports entre elles. Citons ici les partis politiques, les groupes d'intérêt, les médias et les autres structures qui servent à filtrer l'opinion publique. Ces canaux réduisent le nombre de demandes en les modifiant, en les rassemblant, en les combinant, ou en les laissant de côté. Ils peuvent être des causes de stress pour le système, surtout lorsqu'ils sont surchargés, qu'ils ne communiquent pas bien les exigences aux autorités ou qu'ils ne sont pas assez diversifiés pour répondre aux exigences.

2.1.2.3. LES SOUTIENS

En ce qui concerne les soutiens, nous avons ajouté à notre modèle la diversité des soutiens, leur degré de tolérance, l'influence des idéologies sur ceux-ci, les crises qu'entraîne une perte de soutien et les moyens dont dispose l'État pour les prévenir.

Tout d'abord, la nature des soutiens peut être positive, négative ou neutre. Elle est positive si les soutiens ont les mêmes valeurs et principes que le régime, comme le principe de l'obéissance aux lois ou celui de l'importance de la participation à la politique dans une démocratie. Elle est négative quand le soutien s'oppose au régime par des manifestations, une révolte ou la désobéissance aux lois. Elle est neutre quand le soutien témoigne de l'indifférence à l'égard du régime. Le soutien, de quelque nature qu'il soit, est relatif aux normes et aux procédés légitimes, aux rôles des autorités, à leur pouvoir et à la structure de l'autorité et du régime politique. Il est spécifique s'il est lié au degré de satisfaction des différentes catégories d'extrants. Il est diffus s'il consiste en un ensemble de dispositions ou d'attentes favorables ou défavorables à l'égard du système et

de ses extrants. Le soutien diffus, positif ou négatif, s'exprime par une attitude de loyauté ou de déloyauté envers le système. Le soutien peut avoir un caractère permanent; il reste cependant que sa tolérance comporte des limites.

Une perte du soutien positif conduit à différents genres de désordres dans l'environnement social, à la fin du « nous » et à la désintégration du système. Elle détruit la cohésion existant entre des individus unis pour satisfaire leurs besoins sociaux et individuels[55]. Pour fonctionner, un système a besoin d'un minimum de consensus. Le stress apparaît quand il existe une trop grande diversité dans l'environnement ou que, du fait que la fidélité à un groupe ou à certaines convictions l'emporte sur la fidélité au régime, une menace de sécession ou de désunion plane sur le système.

L'instabilité peut menacer le régime politique, c'est-à-dire l'organisation politique interne d'une société. Cette instabilité peut provenir de la rupture du consensus concernant la manière d'exercer la politique, la forme du régime politique, les mécanismes de résolution des conflits, la crédibilité des autorités et la violation, par les gouvernants, des lois, des normes et des valeurs de la culture politique. Ces crises politiques peuvent être liées à des crises économiques dues à une modernisation trop rapide qui entre en conflit avec les valeurs et les normes sociales existantes. Elles peuvent également découler de nouvelles aspirations non comblées malgré des changements économiques favorables ou d'une augmentation de la participation politique coexistant avec une forte différenciation sociale.

Pour remédier à ces causes de stress, le système peut intégrer la diversité de façon non conflictuelle et dépolitiser les problèmes. Il peut recourir à des moyens coercitifs pour obtenir l'intégration. C'est le cas, entre autres, sur le plan linguistique. Par exemple, dans l'ancienne Union soviétique, le russe était la langue d'usage dans les universités. De la même façon, en Ontario, le Règlement 17 imposait l'usage de l'anglais comme langue de communication et d'enseignement dans les écoles de l'Ontario français.

Le système peut solliciter la représentation formelle ou non formelle des éléments de diversité en créant des structures ayant la consultation pour objet. C'est le rôle, par exemple, des comités consultatifs, des conseils ainsi que des divers processus de consultation qui peuvent être mis en place par les autorités.

Les idéologies jouent plusieurs rôles en ce qui concerne le soutien donné au système. Les idéologies légitimantes, en particulier le nationalisme, servent à agréger et à mobiliser le soutien diffus, à créer la notion d'intérêt partagé et à faire naître un sens communautaire. À côté de celles-ci se trouvent les idéologies partisanes. Elles peuvent accepter ou non les autorités, le régime et les structures du système. Il existe également des idéologies séparatistes qui donnent lieu à une fidélité à une communauté déterminée, plus grande que celle manifestée à l'égard du système lui-même.

2.1.3. LE CENTRE DÉCISIONNEL

Le modèle présenté ici dépasse le cadre établi par Easton. Il examine en détail le centre décisionnel formé des autorités, du régime et de structures dont les rôles et les pouvoirs sont habituellement définis par une constitution.

Les autorités se divisent en trois groupes : les représentants du gouvernement, les autorités administratives dans la fonction publique et les autorités judiciaires. Leurs rôles, leurs pouvoirs, leurs interactions et leurs personnalités entrent en jeu dans le processus décisionnel. Les structures des branches exécutive, législative, administrative et judiciaire témoignent du partage des pouvoirs et des relations de pouvoir entre les autorités.

Les régimes politiques se rapportant à l'organisation politique interne d'une société exercent une contrainte sur le processus politique, avec leurs structures, règles et traditions. Ainsi le processus de prise de décision d'un régime parlementaire diffère sensiblement de celui d'un régime présidentiel.

Les structures internes du centre décisionnel témoignent du partage des pouvoirs qui existe notamment entre les branches exécutive, législative et judiciaire ainsi que des relations de pouvoir entre les autorités. Ainsi, certains régimes ont adopté à divers degrés le principe de la séparation des pouvoirs.

La légitimité du système et, donc, sa stabilité peuvent aussi être renforcées par la personnalité d'un leader, tel qu'un premier ministre ou un président charismatique. À l'opposé, la croyance dans la corruption des dirigeants d'un régime se traduit habituellement par une baisse du soutien à celui-ci. Outre les études consacrées aux constitutions et aux institutions politiques, celles portant sur les divers types de leaders politiques et de modes de prise de décision des autorités sont donc importantes pour comprendre cet aspect particulier du centre décisionnel et ses effets possibles sur la stabilité du système.

2.1.4. LES EXTRANTS

Le volume, la qualité et la nature des extrants dépendent du degré de réceptivité des autorités face aux exigences de l'environnement. Les autorités peuvent refuser d'acquiescer aux demandes, les regarder défavorablement ou les traiter avec beaucoup de lenteur. Leur degré de réceptivité dépend également de certains facteurs, dont leur propre compétence, les ressources dont elles diposent et les capacités du milieu. Il est fonction aussi des expériences passées et du degré de rigidité des règles, des normes et des valeurs du milieu.

Les extrants sont soit obligatoires, soit non obligatoires. Les extrants obligatoires peuvent être des choses concrètes ou non concrètes, comme des lois, des règlements, des décisions judiciaires ou administratives ou des déclarations comme le discours du Trône au Canada ou le message sur l'état de l'Union des présidents américains. Les extrants non obligatoires sont constitués par les déclarations, les messages, les informations et les symboles qui visent à favoriser le soutien au système. Ce dernier groupe d'extrants substitue la satisfaction symbolique à la satisfaction matérielle des exigences par des moyens de contrôle, de propagande et de persuasion, soit par le message lui-même, soit par des moyens de médiatisation d'interprétation de ces extrants. L'adoption de l'unifolié en 1964 par le Premier ministre canadien Lester B. Pearson appartient à ce groupe d'extrants. En effet, le drapeau représente un symbole national et doit susciter, chaque fois qu'il est déployé, des sentiments d'appartenance et de fidélité envers l'État et son système politique.

2.1.5. LE PHÉNOMÈNE DE RÉTROACTION

Ces extrants constituent, à leur tour, des stimuli favorisant un processus de rétroaction. En d'autres termes, un intrant peut engendrer un extrant, et vice versa. Ce phénomène de rétroaction peut se manifester à divers endroits du système politique. Il peut contribuer à maintenir, à augmenter ou à diminuer le soutien accordé au système et entraîner la formulation d'autres exigences. Les extrants exercent donc des effets, d'une part, sur les attentes, les exigences et les soutiens de l'environnement et, d'autre part, sur les agents de régulation qui en font part aux autorités et au centre décisionnel. Dans ce processus, l'information joue un rôle essentiel, car elle permet, entre autres, aux autorités de créer des extrants et d'en comprendre les effets.

2.2. LES CRITIQUES DU MODÈLE ET LES CONTRIBUTIONS AU MODÈLE

Les critiques selon lesquelles le modèle d'Easton était « conservateur », limité ou uniquement valable pour les démocraties occidentales ne sont plus justifiées. Ce modèle a été qualifié de « conservateur », de favorable au *statu quo*, car, étant « systémique », il cherche, comme tout système, à se stabiliser et, conséquemment, à se maintenir. Cette tendance à l'équilibre et à la stabilité du système est, ainsi, inhérente au modèle. Toutefois, ce dernier, ainsi que nous l'avons décrit, tient compte non seulement des conditions de crise du système, mais aussi de celles qui conduisent à sa destruction, donc à la fin du *statu quo*. On n'est pas justifié non plus de dire que le modèle est limité, car il peut s'appliquer à l'étude des sous-systèmes et à celle des supersystèmes. Enfin, il présente les conditions de fonctionnement optimal basées sur un système démocratique à l'américaine, mais il peut aussi englober les particularités d'autres systèmes dans ses canaux de transmission et dans son environnement. Le modèle pourrait être, par exemple, appliqué à un système corporatiste où tous les groupes sont représentés ou à un régime dictatorial répressif ayant un seul canal de transmission sous la forme d'un parti unique ou bien à des sociétés où règne l'inégalité.

Selon d'autres critiques, le modèle serait normatif parce que, du fait que seuls les groupes représen-tés peuvent influer sur les décisions, il accepte que la société et le processus politique soient dirigés par certaines classes ou certaines élites. En d'autres termes, il ne tend pas à supprimer les inégalités existant à l'intérieur de la société[56]. Il semble que ce genre de critiques confond modèle et réalité. En effet, ce n'est pas au modèle à changer. Dans la réalité, c'est aux sociétés à le faire en combattant les inégalités et en offrant davantage d'occasions aux groupes non organisés et non privilégiés de se faire entendre auprès des centres décisionnels. En fait, le modèle peut servir à critiquer la réalité, car il permet de mettre en évidence les inégalités qui existent dans la société. Les seuls régimes qui demande-raient une modification du modèle seraient ceux des communes anarchistes ou ceux des tribus. Dans ces systèmes, les individus servent eux-mêmes de ca-naux de transmission des intrants et jouent, du même coup, un rôle actif dans les centres de déci-sion que constituent ces communes ou ces tribus, car les rôles et les institutions ne sont pas définis. De plus, l'environnement social et économique basé sur certains types d'échanges tels que le troc entre individus égaux ne comporte pas de clivages.

La critique d'Edward Shils se justifie davantage, car elle souligne qu'il est difficile d'appliquer le modèle d'Easton à certains nouveaux États à cause de sa forme optimale. Shils note que, bien que la plupart de ces nouveaux États désirent accéder à la modernité et à la démocratie à l'occidentale, peu parviennent à atteindre ce but. Pour cet auteur, le modèle systémique est difficile à utiliser en raison de la grande décentralisation et du manque de ratio-nalisation et d'administration de ces sociétés[57]. Bien qu'il mentionne les sous-systèmes et en encou-rage l'étude, il ne considère pas véritablement leurs interactions avec le centre décisionnel.

Le modèle d'Easton a fait l'objet de critiques, mais il a bénéficié aussi de l'apport de divers cher-cheurs. David Apter considère que la coercition po-litique et l'information sont en raison inverse l'une de l'autre et qu'ainsi plus la coercition augmente, plus l'information diminue dans le système. Il re-marque que les systèmes très ouverts qui reçoivent trop d'informations se mettent à paralyser. Il souli-gne également le fait que les systèmes très coercitifs qui réduisent les valeurs politiques à des codes symboliques qui ne veulent plus rien dire, parce qu'ils font obstacle à la communication entre les décideurs et l'environnement, font face à une « famine » de demandes et à une crise de légitimité. Il note également que les systèmes mobilisateurs nécessitent un niveau assez élevé d'information[58]. Jean-William Lapierre élargit l'analyse des extrants en y ajoutant deux dimensions. Il estime que les extrants dépendent des ressources du système et des contraintes auxquelles est soumis ce dernier ou qui sont à sa disposition. Les contraintes et les ressources peuvent être soit internes et provenir du système lui-même, soit externes et provenir de sous-systèmes ou d'autres systèmes et transcender les systèmes moraux[59]. Enfin, Malcolm G. Taylor adapte le modèle d'Easton à l'analyse des politiques administratives en incluant comme intrants les motifs des décisions, les contraintes auxquelles les politiques sont soumises, les risques ou les incertitudes ainsi que l'influence des forces externes sur le contenu et l'application des politiques. Il distingue aussi les intrants internes propres au centre décisionnel, lesquels proviennent des sphères politiques et administratives. En ce qui concerne les extrants, il ajoute aux politiques et aux programmes les stratégies employées par les gouvernements pour les introduire et les appliquer. Ces extrants influent sur une autre catégorie, celle des *outcomes*, c'est-à-dire des résultats des politiques et des programmes politiques qui, eux, sont directement liés au processus de rétroaction[60].

En conclusion, la science politique emprunte contenus, approches et méthodes à diverses disciplines, mais spécialement à l'histoire, à l'administration publique, à la philosophie, à la géographie, à l'économie, à la sociologie, à la psychologie, aux mathématiques, aux statistiques et aux sciences pures. Elles les adapte à l'étude du pouvoir dans ses relations avec les gouvernements, les États et les dirigeants, tout en suivant le développement de ces disciplines et en tenant compte des changements qui s'opèrent dans le monde politique.

Nous avons modifié le modèle de David Easton de manière à obtenir un cadre d'analyse dynamique qui incorpore les divers éléments d'un système politique — environnements, intrants, mécanismes régulateurs, canaux de transmission, centre décisionnel, extrants — et qui prend en compte le phénomène de rétroaction. Ce modèle systémique permet également d'étudier, comme les chapitres suivants le montreront, les éléments principaux de la science politique. En outre, il offre la possibilité de déceler les défauts du système et les sources potentielles des crises qui peuvent l'affecter. Enfin, il rend possible l'examen des relations intersystémiques et celles qui existent entre les systèmes politiques et les organisations supra-nationales.

Lectures suggérées

Attali, Jacques (1972), *Les modèles politiques*, Paris, PUF.

Bernstein, Robert Alan (1992), *An Introduction to Political Science Methods*, 3rd ed., Englewood Cliffs (N.J.), Prentice Hall.

Deslauriers, Jean-Pierre *et al.* (dir.) (1985), *La recherche qualitative : résurgence et convergences*, Université du Québec à Chicoutimi.

Duverger, Maurice (1959), *Méthodes de la science politique*, Paris, PUF, collection « Thémis ».

Easton, David (1974), *Analyse du système politique*, traduction de Pierre Rocheron, Paris, Librairie Armand Colin.

Guay, Jean H. (1991), *Sciences humaines et méthodes quantitatives : les principes d'application et la pratique de la recherche*, Laval, Beauchemin.

Hayward, Alker R. (1973), *Mathematical Approaches to Politics*, Amsterdam, Elsevier Scientific.

Landry, Réjean (1993), « Les traditions de recherche en science politique », *Revue québécoise de science politique*, 23, p. 7–20.

Lapierre, Jean-William (1973), *L'analyse des systèmes politiques*, Paris, PUF.

Manheim, Jarol B. (1995), *Empirical Political Analysis : Research Methods in Political Science*, 4th ed., White Plains (N.Y.), Longman.

Mucchielli, Alex (1991), *Les méthodes qualitatives*, Paris, PUF.

Tremblay, Marc-Adélard (1968), *Initiation à la recherche dans les sciences humaines*, Montréal, McGraw-Hill.

Notes

1 Bertrand de Jouvenel, « La politique comme histoire », dans *De la politique pure*, Paris, Calmann-Lévy, 1963, p. 19–68.

2 L'année 1755 est celle où les Acadiens furent déportés par les Anglais du territoire qui est à présent les Provinces maritimes. Le Règlement 17 interdisait l'emploi du français comme langue d'instruction et de communication dans les écoles de l'Ontario.

3 Commission royale d'enquête sur le bilinguisme et le biculturalisme, *Rapport,* volume 2, Ottawa, Roger Duhamel, Imprimeur de la Reine, 1968, p. 283.

4 Aristote, *La Politique*, introduction, notes et index par Jean Tricot, Paris, Librairie Philosophique J. Vrin, 1989, livres II à VI. Voir le chapitre 1.

5 Talcott Parsons, « Introduction », dans Herbert Spencer, *The Study of Sociology*, Ann Arbor, The University of Michigan Press, 1966, p. vii.

6 Herbert Spencer, *op. cit.*, p. 17–18, 323, 356, 361.

7 Les besoins biologiques sont ceux de reproduction, d'alimentation, de bien-être corporel, de sécurité, de santé, de mouvement et de croissance. Un blocus contre un pays peut affecter, par le manque de nourriture, un besoin primaire de la population de ce pays, et aussi nuire à son moral comme à son attachement au système politique dans lequel elle vit, un besoin dérivé. (Bronislaw Malinowski, *Une théorie scientifique de la culture et autres essais*, traduit par Pierre Clinquart, Paris, François Maspéro, 1968, p. 134). Au Canada, Gérard Bergeron utilise l'approche fonctionnaliste dans *Le fonctionnement de l'État,* Québec, Presses de l'Université Laval, 1965, et dans « Structure des "fonctionnalismes" en science politique », *RCSP*, 3, 1970, p. 205–240.

8 Robert K. Merton, *Social Theory and Social Structure*, revised and enlarged edition, Glencoe (Ill.), The Free Press, 1959, p. 36–38, p. 63.

9 Voir Gérald-A. Beaudoin, *La Constitution du Canada — Institutions, partage des pouvoirs, droits et libertés*, Montréal, Wilson et Lafleur, 1990. Voir aussi Beaudoin *et al.*, *La Charte canadienne des droits et libertés*, 3ᵉ éd., Montréal, Wilson et Lafleur, 1996.

10 Voir Réjean Landry, *Rational Choice and Canadian Policy Studies*, The Canadian Law and Economics Association, Faculty of Law, University of Toronto, 1995; Réjean Landry (dir.), *Introduction à l'analyse des politiques*, Québec, Presses de l'Université Laval, 1980; James Iain Gow, *Administration publique québécoise: textes et documents*, Montréal, Beauchemin, 1970, et J. I. Gow *et al.*, *Introduction à l'administration publique, une approche politique*, Boucherville (Québec), Gaëtan Morin, 1993; William A. Nesbitt, *Simulation Games for the Social Studies Classroom*, 2nd ed., New York, Crowell, 1971; Michel Bellavance (dir.), *L'analyse des politiques gouvernementales*, 2ᵉ éd., Montréal, Agence D'Arc, 1988.

11 Voir Platon, *La République*, introduction d'Auguste Diès, Paris, Gonthier, 1966.

12 Montesquieu, Charles de Secondat, baron de, *De l'esprit des lois*, dans *Œuvres complètes*, préface de Georges Vedel. Présentation et notes de Daniel Oster, New York, Macmillan, 1964; voir, par exemple, livres XIV–XIX.

13 Carl von Clausewitz, *De la guerre*, traduit par Denise Naville, Paris, Éd. de Minuit, 1976 (1955).

14 Avec la première édition de *Géographie du sous-développement. Géopolitique d'une crise* d'Yves Lacoste, Paris, PUF, 4ᵉ éd., 1981 (1965).

15 Jean Gottman, *Megalopolis*, New York, The Twentieth Century Fund, 1961, et Jean Gottman et Robert A. Harper (dir.), *Metropolis on the Move*, New York, John Wiley & Sons, 1967.

16 Philippe Moreau Defarges, *Introduction à la géopolitique*, Paris, Seuil, 1994, p. 9.

17 J. R. M. Sauvé, *Géopolitique et avenir du Québec*, Montréal, Guérin, 1994, p. xvi.

18 Voir, par exemple, au sujet des tiraillements du Canada entre les États-Unis et l'Europe, les études de Douglas Desrosiers, « Les défis d'Ottawa », et de Derek Quinn, « Le Canada entre l'Europe et les États-Unis », dans Gérard A. Montifroy (dir.), *Géopolitiques internationales*, Montréal, Éditions Sciences et Cultures, 1994, p. 13–35 et p. 159–201.

19 Henry Bakis, *Géopolitique de l'information*, Paris, PUF, 1987.

20 Gérard Chaliand, *L'enjeu africain, géostratégies des puissances*, Paris, Éditions Complexes, 1984.

21 Un récent exemple de cette approche est le livre de Janine Brodie, *The Political Economy of Canadian Regionalism*, Toronto, Harcourt Brace Jovanovich, 1990.

22 Voir Adam Smith, *Recherches sur la nature et les causes de la richesse des nations*, livre IV, *Les grands thèmes*, édité et préfacé par Gérard Mairet, Paris, Gallimard, 1976, p. 233–253.

23 David Ricardo, *Principes de l'économie politique et de l'impôt*, préface de Christian Schmidt, Paris, Calmann-Lévy, 1970, p. iii, vi–vii, xix.

24 Malthus, *Principes d'économie politique considérés sous le rapport de leur application pratique*, préface de J.-F. Faure-Soulet, Paris, Calmann-Lévy, 1969, p. xxx–xxxii.

25 Friedrich Engels, *L'origine de la famille, de la propriété privée et de l'État*, Paris, Éditions Sociales, 1983.

26 Voir Karl Marx, *Le capital : critique de l'économie politique*, Paris, Éditions Sociales, 3 volumes, 1950–1973.

27 Maurice Godelier, *Horizon : trajets marxistes en anthropologie*, Paris, François Maspéro, 1973.

28 Jean Piaget, *Le structuralisme*, Paris, PUF, collection « Que sais-je ? », 1968, p. 106–107.

29 Madan Sarup, *An Introductory Guide to Poststructuralism and Postmodernism*, Athens, The University of Georgia Press, 1993, p. 87.

30 Telles celles de Ralph Miliband, *The State in Capitalist Society*, London, Quartet Books, 1984, et de Nicos Poulantzas, *Les classes sociales dans le capitalisme aujourd'hui*, Paris, Seuil, 1974, et *L'État, le pouvoir et le socialisme*, Paris, PUF, collection « Quadridge », 1981.

31 Voir Leo Panitch (dir.), *The Canadian State. Political Economy and Political Power*, University of Toronto Press, 1977, *Globalization and the State*, Mexico, La Universidad Nacional Autonomia de Mexico, 1994, ou Dimitrios I. Roussopoulos (dir.), *The Political Economy of the State*, Montréal, Black Rose Books, 1973.

32 Lénine, *L'impérialisme, stade suprême du capitalisme*, Moscou, Éditions du Progrès, 1969.

33 Harold Innis, *The Fur Trade in Canada. An Introduction to Canadian Economic History*, 2nd ed., The University of Toronto Press,1956; *The Cod Fisheries: The History of an International Economy*, 2nd ed., The University of Toronto Press, 1954; *Empire and Communications*, revised by Mary Q. Innis, foreword by Marshall McLuhan, University of Toronto Press, 1972 (1950); Mary Q. Innis (dir.), *Essays in Canadian Economic History*, University of Toronto Press, 1969.

34 Notamment par Wallace Clement et Daniel Drache, *A Practical Guide to Canadian Political Economy*, Toronto, Lorimer, 1978; et Daniel Drache, *Politique et régulation: modèle de développement et trajectoire canadienne*, Montréal, Méridien, 1990.

35 André Gunder Frank, *Le développement du sous-développement: l'Amérique latine*, traduit de l'anglais par Christos Passadéos, Paris, François Maspéro, 1979, p. 8.

36 Walter Rostow, *Les étapes de la croissance économique*, Paris, Seuil, 1970 (1963).

37 Michel Noir, *Réussir une campagne électorale : suivre l'exemple américain ?*, Paris, Les Éditions d'Organisation, 1977; Jacques Benjamin, *Comment on fabrique un premier ministre québécois. De 1960 à nos jours*, Montréal, L'Aurore, 1975; Bruce I. Newman, *The Marketing of the President. Political Marketing as Campaign Strategy*, Thousand Oaks (Calif.), Sage Publications, 1994.

38 Concept selon lequel un individu ne s'engage dans l'action collective que s'il pense que c'est dans son intérêt de le faire. Il a été élaboré par Mancur Olson dans *La logique de l'action collective*, traduit et préfacé par Raymond Bourdon, Paris, PUF, 1978 (1966). Ce modèle de l'individu rationnel est employé dans les études consacrées aux intentions de vote, dans l'analyse des résultats d'élections et dans les modes de prises de décision des gouvernants.

39 Pour la théorie du comportement rationnel des individus, des partis politiques et des gouvernements, voir Anthony Downs, *An Economic Theory of Democracy*, New York, Harper and Row, 1957, et « Théorie économique et théorie politique », *Revue française de science politique*, XI, 2, 1961, p. 380–412. Voir aussi André Blais et Elizabeth Gudengil, *La démocratie représentative : perceptions des Canadiens et Canadiennes*, Ottawa, Commission royale sur la réforme électorale, Approvisionnements et Services Canada, Toronto, Dundurn Press, 1991; François-Pierre Gingras, « Les caractéristiques sociales et psychologiques des militants d'un parti indépendantiste québécois : essai d'analyse en psychosociologie politique », thèse de maîtrise, Université McGill, 1969.

40 Max Weber, *L'éthique protestante et l'esprit du capitalisme*, Paris, Plon, 1967.

41 Pour le Canada, citons Stanley Bréhaut-Ryerson, *Le capitalisme et la Confédération*, Montréal, Parti pris, 1972; Pierre Fournier, *Le capitalisme au Québec*, Montréal, Éditions coopératives Albert Saint-Martin, 1978; Arnaud Sales, *La bourgeoisie industrielle au Québec*, Montréal, Presses universitaires de Montréal, 1979.

42 Anne Légaré, *Les classes sociales au Québec*, Montréal, Les Presses de l'Université du Québec, 1977.

43 Vilfredo Pareto, *Manuel d'économie politique*, New York, AMS Press, 1969; Gaetano Mosca et Gaston Bouthoul, *Histoire des doctrines politiques depuis l'Antiquité*, Paris, Petite Bibliothèque Payot, 1966; Gaetano Mosca, *The Ruling Class*, traduit par Hanna D. Kahn, New York, McGraw-Hill, 1939; Robert Michels, *Les partis politiques*, traduit par S. Jankelevitch, Paris, Flammarion, 1971.

44 Pour les travaux les plus récents, voir Kathy Megyery (dir.), *Les femmes et la politique canadienne : pour une représentation équitable*, Toronto, Dundurn Press et Wilson et Lafleur, 1991; François-Pierre Gingras (dir.), *Gender and Politics in Contemporary Canada*, Toronto, New York, Oxford University Press, 1995; Manon Tremblay et Caroline Andrew (dir.), *Femmes et représentation politique au Québec et au Canada*, Montréal, Éditions du remue-ménage, 1997.

45 Theodor Adorno, *The Authoritarian Personality*, 1st ed., New York, Harper, 1950; Harold D. Lasswell, *Psychopathology and Politics*, new edition with after thoughts by the author, New York, Viking Press, 1960, et *Politics: Who Gets What, When and How*, New York, Meridian Book, 1972, chap. 8 et chap. 9, p. 131–147 et p. 148–163.

46 Sigmund Freud et William C. Bullitt, *Le président Woodrow Wilson. Portrait psychologique*, traduction de Marie Tadié, Paris, Albin Michel, 1967; Irving Schiffer, *Charisma. A Psychoanalytic Look at Mass Society*, University of Toronto Press, 1973; James David Barber, *The Presidential Character*, 3rd ed., Englewood Cliffs (N.J.), Prentice Hall, 1985.

47 Voir, par exemple, Vincent Lemieux, *Les cheminements de l'influence : systèmes, stratégies et structures du politique*, Québec, Presses de l'Université Laval, 1979.

48 Harold Bhérer, Jean-Pierre Deslauriers *et al.*, *Le renouveau méthodologique en sciences humaines : recherche et méthode qualitative*, Chicoutimi, Groupe de recherche et d'intervention régionales, collection « Renouveau méthodologique », 1985; Jean-Paul Resweber, *La recherche-action*, Paris, PUF, collection « Que sais-je ? », 1995; Alex Mucchielli, *Les méthodes qualitatives*, Paris, PUF, collection « Que sais-je ? », 1991.

49 Jacques Attali, *Les modèles politiques*, Paris, PUF, 1972.

50 Karl Deutsch, *The Nerves of Government. Models of Political Communication and Control*, New York, The Free Press, 1963.

51 David Easton, *Analyse du système politique*, traduit par Pierre Rocheron, Paris, Librairie Armand Colin, 1974.

52 *Ibid.*, p. 10, 16, 20–21.

53 *Ibid.*, p. 23.

54 *Ibid.*, p. 38.

55 *Ibid.*, p. 170, 174.

56 Denis Monière, *Critique épistémologique de l'analyse systémique*, Ottawa, Éditions de l'Université d'Ottawa, 1976.

57 Edward Shils, *Political Development in the New States*, London, Mouton & Co., 1965 (1962).

58 David E. Apter, *Some Conceptual Approaches to the Study of Modernization*, Englewood Cliffs (N.J.), Prentice Hall, 1968.

59 Jean-William Lapierre, *L'analyse des systèmes politiques*, Paris, PUF, 1973, p. 63, 65.

60 Malcolm G. Taylor, *Health Insurance and Canadian Public Policy*, Kingston et Montréal, McGill-Queen's University Press, 1987, p. xv.

Première partie

L'environnement interne du système politique

3

Les clivages, la culture politique
et la socialisation politique

Dans le modèle systémique, les intrants ont leur source dans l'environnement du système politique. Or, cet environnement est rarement homogène. Il présente habituellement des aspects démographiques, historiques, culturels, géographiques, sociaux et économiques.

Cet environnement n'est pas non plus statique. Sa composition démographique est affectée par les déplacements internes, par l'immigration et l'émigration, par les taux de natalité et de mortalité, par l'endogamie et l'exogamie et par les épidémies. Les événements du moment, les interprétations toujours changeantes du passé et les perceptions de l'avenir influent sur son histoire. Les religions, les langues et les traditions sont des éléments culturels par lesquels se distinguent les habitants d'un pays. La géographie sépare la population en régions avec des modes de production et de vie distincts. Le paysage physique peut être modifié par les désastres, les irrégularités du climat et l'action des individus. L'avènement de l'urbanisation et de l'industrialisation, le développement du capitalisme, la création de réseaux d'établissements d'enseignement ont favorisé l'émergence de classes socio-économiques séparées par des différences de revenus, d'occupation, de niveau d'instruction et de statut social.

Les divisions de cet environnement les plus susceptibles d'influer sur le système politique et de mobiliser politiquement les groupes sont étudiées, en science politique, en tant que « clivages ». À la limite, ces clivages peuvent diviser l'environne-

ment d'un système au point de le bouleverser et de faire naître un nouveau régime politique. Ils peuvent aussi le fragmenter ou contribuer à le détruire. Ils permettent l'émergence de nouveaux systèmes politiques. Les dirigeants politiques disposent cependant de plusieurs moyens d'empêcher cette rupture. Toutefois, par-delà ses divisions, et sans qu'il y ait intervention spéciale des dirigeants, tout environnement est habituellement renforcé, dans une certaine mesure, par ce que l'on appelle la culture politique. Le travail de renforcement, appelé agrégation dans notre modèle, peut se poursuivre d'une génération à l'autre grâce au processus de socialisation politique.

1. LES CLIVAGES

Les clivages sont des divisions entre des groupes à l'intérieur d'une même société. Ils sont générateurs de mobilisation politique et influent sur les attitudes et les orientations politiques des individus, y compris celles qui touchent le système dans lequel ils se trouvent. Ils contribuent également à déterminer leurs actions et, donc, le type d'intrants présentés au centre décisionnel[1]. La nature et la profondeur des clivages varient selon les sociétés. Les clivages peuvent être renforcés quand ils s'additionnent ou s'affaiblir quand ils s'opposent les uns aux autres. Les clivages ethnolinguistiques, religieux, socio-économiques, géographiques et générationnels ainsi que le « fossé des sexes » ont été, jusqu'à présent, ceux qui ont été les plus susceptibles d'affecter le système politique.

1.1. LE CLIVAGE ETHNOLINGUISTIQUE

Le clivage ethnolinguistique porte sur la langue et l'origine ethnique. Le système politique doit le contrôler par des mesures structurelles et législatives, sinon il y a risque de guerre civile. La Suisse offre un exemple d'atténuation de clivages de ce type. Dans certains États, l'aggravation des divisions peut provoquer un désordre dangereux pour le système politique, et conduire même à une guerre civile, comme au Rwanda et dans l'ancienne Yougoslavie. Dans d'autres, comme dans l'ancienne Tchécoslovaquie en 1992, la fragmentation du système se fait pacifiquement.

Ce clivage ethnolinguistique comporte un risque pour la viabilité d'un système quand il concerne un groupe concentré sur un même territoire. Il peut amener alors la volonté de se séparer d'un régime unitaire ou d'un régime fédéral. Au Canada, ce clivage s'est exprimé dans la formulation, par des mouvements et des partis politiques québécois, de projets d'autonomie ou d'indépendance. Deux de ces projets élaborés par un gouvernement du Parti québécois ont été soumis à la population par référendum, en 1980 et en 1995. Par contre, dans l'Ontario français, la dispersion de la population franco-ontarienne sur l'ensemble du territoire ne favorise pas un projet de séparation. La dissémination de la population acadienne dans trois provinces ne lui a pas permis de réaliser le projet de réclamation d'un territoire présenté, en 1977, par le Parti acadien[2].

Les nouvelles nations créées artificiellement à la suite de l'occupation coloniale et comprenant, comme le Zaïre[3], un grand nombre de tribus aux origines et dialectes divers, ont de la difficulté à neutraliser ces clivages. Il leur faut imposer une seule langue officielle, souvent celle de l'ancien colonisateur, pour faciliter la communication entre les tribus et avec les autorités politiques. Elles doivent aussi chercher des moyens d'harmoniser les intrants émanant des divers groupes dans un seul système politique et de favoriser les bonnes relations entre ceux-ci.

Le clivage ethnique peut aussi exister seul, tel celui de la communauté noire aux États-Unis. Répartie sur l'ensemble du territoire américain, celle-ci veut mettre fin à la ségrégation et à la discrimination, et cherche à obtenir non pas la séparation, mais l'égalité des chances[4].

1.2. LE CLIVAGE RELIGIEUX

Le clivage religieux joue encore un rôle important dans certains États, et il s'exprime par la discrimination, voire la persécution, envers les membres de certaines religions ou par les liens privilégiés entre la religion d'État et la classe dominante. Ainsi, l'élite anglaise était habituellement membre de l'Église anglicane. À présent, les pairs ecclésiastiques anglicans siègent toujours à la Chambre des lords. Parmi les religions d'État encore en existence à la fin du XXe siècle, on compte, en Égypte, l'islam, et en Norvège, en Islande, en Suède et au Danemark, le luthéranisme. Ce n'est qu'en 1978 que le catholicisme a cessé d'être religion d'État en Espagne et que la liberté religieuse y a été reconnue[5]. Au Japon, la religion d'État shintoïste ainsi que le culte de l'Empereur ont été abolis par les Alliés après la Deuxième Guerre mondiale de manière à affaiblir la société en permettant à d'autres religions d'y créer des clivages[6]. Au Canada, le serment du Test, nécessaire jusqu'à l'*Acte de Québec* de 1774 pour accéder à des fonctions politiques ou administratives, ne pouvait être prononcé par des catholiques, ce qui assurait la domination de l'élite anglo-protestante sur la majorité francophone et catholique. La propension à considérer une religion comme minoritaire ou inférieure est parfois si enracinée dans la culture politique que ses membres ont de la difficulté à être acceptés comme candidats à de hautes fonctions. Aux États-Unis, c'est le cas des catholiques qui briguent la présidence.

La persécution de certains groupes religieux dans une société est encore plus violente quand la religion renvoie à un clivage ethnique ou nationaliste. Elle peut se faire par le groupe dominant au pouvoir dans l'État. L'Holocauste planifiée par les nazis durant la Deuxième Guerre mondiale visait ainsi l'élimination des Juifs. Le facteur religieux peut aggraver une coexistence déjà difficile entre divers groupes ethniques et contribuer à envenimer des guerres civiles. Les cas du Liban en 1975, de l'Irlande du Nord jusqu'aux accords de paix de 1998, et de l'ancienne Yougoslavie témoignent de cette situation. Dès 1991, la mosaïque linguistique, ethnique et religieuse formée par les républiques de Bosnie-Herzégovine, de Croatie, de Macédoine, du Monténégro, de Slovénie et de Serbie s'est défaite sous le poids du clivage nationaliste[7].

Dans certains systèmes politiques, les clivages religieux s'expriment pacifiquement par l'entremise des groupes de pression constitués par les institutions formelles des diverses confessions ou associations religieuses. Les groupes religieux peuvent aussi se faire entendre par l'entremise de partis politiques[8] et se faire reconnaître par les institutions étatiques et politiques qui revêtent une signification pour eux[9]. Certains d'entre eux jouent aussi un rôle pour changer la politique ou le régime — l'organisation particulière du centre décisionnel — de leur État. C'est le cas de l'Église catholique qui a collaboré, à partir des années 1980, avec le mouvement Solidarité en Pologne. Par contre, au Québec et en France, l'Église catholique s'est efforcée au début du XXe siècle de neutraliser les forces sociales issues de nouveaux clivages socio-économiques, en formant, par exemple, des syndicats catholiques pour contrer l'influence communiste[10].

1.3. LE CLIVAGE DES CLASSES SOCIALES

Les clivages d'ordre socio-économique apparus avec l'industrialisation et l'urbanisation ont, en effet, entraîné la formulation d'autres demandes, souvent menaçantes pour les régimes en place. En Europe, dans le passé, les clivages entre classes sociales s'exprimaient habituellement soit en s'identifiant politiquement suivant un axe idéologique gauche-centre-droite[11], soit, et souvent en outre, par l'adhésion à des partis politiques chargés de défendre leurs intérêts et de les mener vers leur destin historique. On peut ainsi rattacher l'institution des partis ouvriers, communistes et travaillistes, avant 1914, à l'apparition d'une classe ouvrière plus large et mieux organisée[12].

En Amérique du Nord, l'audience de ces partis a toujours été faible, la conscience de classe étant moins développée dans la population. De récentes études révèlent aussi que, si les couches privilégiées et les plus défavorisées sont chacunes conscientes de leur situation respective, la grande majorité de la population pense appartenir à la classe moyenne. Les nouvelles techniques de production et la perte d'importance du travail manuel au profit du secteur des services contribuent à renforcer cette tendance.

Du reste, l'affaiblissement de la conscience de classe se manifeste aussi à la fin du XXe siècle en Europe, spécialement depuis l'effondrement des régimes communistes et la hausse constante de la popularité des politiques de la nouvelle droite[13]. En outre, dans les années 1990, au Canada, au Royaume-Uni et en France, les partis socio-démocrates, courtisant un électorat plus large afin d'obtenir le pouvoir, cherchent plus à présenter une façon de gérer l'État et l'économie qu'à se faire les porte-parole de la classe ouvrière ou des employés syndiqués[14]. Et pourtant, les crises économiques et les compressions budgétaires créent des conditions favorables aux manifestations des clivages socio-économiques, telles que protestations, grèves et formations de nouveaux mouvements ou partis.

Au Canada, à l'époque de l'essor de l'urbanisation et de l'industrialisation, les clivages entre professions se sont traduits par la formation de mouvements ou de partis voués à la défense des agriculteurs et par la création de partis ouvriers[15]. Le monde rural voit alors diminuer son pouvoir, tandis que la classe ouvrière s'emploie à accroître le sien. Ces formations n'ont cependant pas toutes eu un rôle politique de premier plan et de longue durée.

1.4. LES CLIVAGES GÉOGRAPHIQUES

Les clivages géographiques peuvent se rapporter à des inégalités politiques et économiques entre les diverses régions d'un pays. Le clivage urbain-rural ou centre-périphérie (régions défavorisées, régions riches) peut influer sur les orientations politiques et amener la création de partis de protestation d'importance régionale lorsque les partis traditionnels semblent indifférents aux besoins et aux demandes de ces régions. Dans le système politique canadien, l'émergence du Parti créditiste en Alberta dans les années 1930 et dans les années 1990, celle du Parti réformiste s'expliquent, en partie, par le mécontentement des provinces de l'Ouest qui se sentent négligées par les politiques du gouvernement fédéral.

Le clivage territorial est particulièrement important quand il se superpose au clivage ethno-linguistique. Il peut expliquer les revendications des minorités nationales qui, en s'appuyant sur le principe d'autodétermination des nations reconnu dans la *Charte des Nations unies*, désirent former leur propre État ou obtenir un plus grand degré d'autonomie. Des revendications nationalistes liées aux clivages territoire-langue-ethnie ont été formulées, par exemple, par le Québec, la Corse, la Catalogne et l'Écosse.

1.5. LE CLIVAGE ENTRE GÉNÉRATIONS

Le clivage entre générations s'exprime par l'appartenance à des mouvements, par des appuis plus prononcés à certains partis ainsi que par des attitudes et des attentes particulières. Selon Huntington, il peut être étudié de plusieurs façons[16]. Une première théorie, celle des cycles de vie, associe les jeunes aux demandes de changement et à un certain radicalisme et pose que tout groupe d'âge devient de plus en plus conservateur à mesure qu'il vieillit. De fait, au Canada, plusieurs sondages indiquent que les jeunes ont davantage tendance à préférer un projet souverainiste (au Québec) ou autonomiste (pour l'Acadie) que les personnes plus âgées[17]. On attribue généralement aux jeunes, aux « soixante-huitards[18] », la création des mouvements réformistes et révolutionnaires en Europe et en Amérique du Nord à la fin des années 1960. En France, un récent sondage montre que plus les électeurs sont âgés, moins ils appuient les partis de la gauche[19].

Une autre théorie, celle des interactions, explique les différences entre les générations par les conflits qui opposent celles-ci à propos, surtout, de leurs valeurs et de leurs buts, par suite des changements qui surviennent dans leur environnement[20]. On pourrait ajouter à cela des conflits d'intérêt économique, vu la plus grande rareté des ressources dans les années 1990. La participation des personnes âgées en Amérique du Nord à des mouvements voués au maintien des pensions et des services sociaux en est un exemple[21].

Une troisième théorie, celle des « expériences partagées », considère que chaque génération forme un groupe particulier ayant vécu les mêmes expériences à des moments identiques de leurs vies. Elle étudie les effets d'événements importants, telles les guerres ou les dépressions économiques, que certaines générations ont vécus à une époque cruciale de la vie, c'est-à-dire durant leur jeunesse ou au début de l'âge adulte, sur la formation de leurs opinions et leurs attitudes politiques. Les médias, par exemple, mettent de plus en plus en évidence le poids représenté par les *baby boomers* dans le domaine de la politique. Cette génération, née juste après la Deuxième Guerre mondiale, présente des demandes particulières au centre décisionnel à chaque époque de vie — demandes qui ne peuvent être ignorées en raison du poids numérique de ce groupe. Il faut, cependant, noter que le clivage des générations peut être nuancé par le phénomène de mimétisme qui porterait les jeunes à imiter le comportement électoral et les attitudes des personnes plus âgées[22].

1.6. LE FOSSÉ DES SEXES

Le fossé des sexes (*gender gap*), ou « conflit des sexes », est un concept d'origine récente. Il est apparu aux États-Unis dans les analyses des campagnes pour l'*Equal Rights Amendment* (ERA)[23]. Il est aussi utilisé, à partir de 1984, dans les analyses concernant le soutien accordé aux partis et aux candidats de la droite lors des élections fédérales américaines et canadiennes[24], et, plus récemment, en Europe, dans des études portant sur les intentions de vote ou les résultats électoraux. Ce fossé ressort également de sondages comparant les attitudes et les opinions des femmes et des hommes sur des questions précises telles que le financement gouvernemental des services sociaux, l'avortement, l'augmentation des dépenses militaires, la peine de mort et l'action positive[25].

L'apparition récente du concept du fossé des sexes est ironique pour deux raisons. Tout d'abord, avant la fin de la Première Guerre mondiale, en Europe et en Amérique du Nord et dans certains pays comme la Suisse jusqu'en 1971, les femmes ne possédaient pas de droits politiques. Elles n'avaient ni le droit de voter aux élections, ni le droit de s'y présenter comme députées[26]. Un « fossé des sexes » était certainement présent dans ces systèmes politiques, car la démocratie ne s'y exerçait qu'au masculin. En outre, quand les femmes ont pu voter, les analystes masculins ont interprété pendant longtemps leur participation de façon stéréotypée. Passivité et conservatisme en politique leur étaient automatiquement attribués, donc des comportements distincts de ceux des hommes, un autre type de « fossé des sexes ». Ce n'est que grâce aux travaux révisionnistes féministes que ces assertions ont pu être critiquées[27].

Dans certains États, le fossé des sexes s'exprime également par le « gynocide » et une discrimination systématique à l'égard des femmes. Sur le plan international, jusqu'à récemment, la discrimination se traduisait par le refus de la communauté internationale de considérer les viols des femmes en temps de guerre comme des crimes contre l'humanité[28].

Cet examen des clivages susceptibles d'être présents dans une société n'est pas exhaustif. Tout système politique comporte des clivages et les différents groupes qui le soutiennent ont un intérêt politique à les accentuer, par exemple, pour obtenir un changement de structures qui soit avantageux pour eux ou une représentation plus forte dans le système politique, ou encore d'autres groupes exaspèrent à l'extrême les clivages afin d'ébranler ou de détruire le système politique. Les clivages ne menacent pas tous la survie du système, car les centres décisionnels des systèmes politiques ont à leur disposition des moyens pour les neutraliser et les rendre fonctionnels.

1.7. LES MOYENS UTILISÉS PAR LES ÉTATS POUR RÉDUIRE LES CLIVAGES

La réduction des clivages peut se faire de différentes façons. On peut soit créer ou encourager d'autres clivages qui recoupent les clivages existants, soit utiliser le nationalisme. Ainsi, le système ne s'écroule pas parce que plusieurs types de clivages, au lieu de se renforcer, s'entrecroisent (phénomène de *cross cutting*). Par exemple, les Canadiens français n'habitent pas tous au Québec, et ceux du

Québec ne sont pas tous souverainistes. Les clivages régionaux et les tendances politiques affaiblissent ainsi le clivage linguistique et, indirectement, la menace de sécession. Un État peut aussi utiliser des critères changeants d'exclusion ou d'inclusion de certains groupes sociaux afin de brouiller leurs identités et de diminuer la menace de division[29].

Le nationalisme qui exige de la population, comme signe de loyauté, une forte cohésion, réduit les clivages. C'est ce qui s'est produit pour les clivages entre classes sociales et sexes lors des deux guerres mondiales. Plusieurs partis socialistes ont soutenu alors des guerres qu'ils qualifiaient, auparavant, d'impérialistes. De même, la majorité des organisations en faveur du suffrage des femmes qui étaient pacifistes avant la Première Guerre mondiale ont soudainement abandonné leur pacifisme ainsi que leurs activités féministes pour appuyer l'effort de guerre de leurs pays. Enfin, dans les États totalitaires, la notion d'ennemi interne ou externe de la nation sert à mobiliser en permanence la population et, de ce fait, contribue à supprimer les dissensions internes.

Afin de réduire les clivages régionaux, un État peut décentraliser ses ministères et ses organismes. Le gouvernement fédéral canadien a agi dans ce sens dans les années 1980. Un État fédéral peut donner une représentation égale à ses États membres dans certaines institutions. Aux États-Unis, par exemple, chaque État possède deux sièges au Sénat américain. Des partis politiques à vocation nationale peuvent aussi adopter une structure de fédération avec des branches régionales quasi autonomes[30].

L'État a la possibilité d'ériger de nouvelles structures pour montrer qu'il reconnaît un clivage devenu important et apaiser les demandes qui s'y rapportent. Ainsi, il peut créer un ministère de la Jeunesse ou un ministère responsable de la condition des femmes. La mise sur pied de comités consultatifs ou d'un bureau pour remédier au manque de représentation politique officielle de certains groupes régionaux, ethniques ou linguistiques est un autre moyen de les reconnaître et de les neutraliser[31].

Certains mécanismes de consultation peuvent être institués pour prévenir les divisions à l'intérieur d'une société. Il peut s'agir de délibérations et d'accommodements entre les élites de groupes distincts et séparés dans un même État[32]. Les élites de ces groupes doivent toutefois avoir la volonté de préserver le système politique et être prêtes à trouver des compromis pour satisfaire aux demandes des groupes qu'ils représentent. Les réunions au sommet organisées par les gouvernements entre des représentants du patronat et des syndicats, surtout en période de crise économique, pour désamorcer des conflits entre classes sociales, constituent un exemple de ces mécanismes de consultation[33].

Afin de réduire les risques de fragmentation que comportent les clivages, chaque État doit s'employer à sonder et à consulter l'opinion publique afin de connaître les changements qui y sont survenus. Il doit chercher à assimiler ces changements, à s'y adapter et, surtout, principalement, à comprendre la nature des nouveaux clivages. Certains clivages sont plus en évidence à une époque et exigent une réponse. Par exemple, en Amérique du Nord et en Europe, les femmes ayant acquis, à partir des années 1960, une conscience plus aigüe des inégalités sociales, économiques et politiques qui les affectent ont forcé les États à agir, et l'action de ces derniers, le plus souvent, a consisté d'abord à instituer une commission d'enquête en vue de mieux connaître leur situation[34].

Albert Breton et Raymond Breton, dans leur étude portant sur les tensions de la société canadienne, identifient un autre moyen d'atténuer les conflits. Selon eux, ceux-ci sont dus au fait que certains groupes linguistiques et régionaux sont insatisfaits de la structure des organisations politiques et de leurs centres décisionnels. La solution qu'ils préconisent consiste à faciliter, pour ces groupes, l'accès à ces organisations et à leurs centres décisionnels. Ils proposent donc une redistribution du pouvoir décisionnel entre les groupes pour éviter une fragmentation croissante de la société et pour en augmenter la cohésion[35].

Dans ses efforts pour réduire les clivages de manière à garder au système toute sa stabilité, l'État doit faire en sorte de ne pas enfreindre les normes et les valeurs essentielles de la société. Le degré de tolérance de cette société peut aussi varier selon les époques. En fait, la culture politique joue le rôle de ciment, car, dans une certaine mesure, elle rend les clivages inoffensifs en les unissant et empêche le régime de s'affaiblir.

2. LA CULTURE POLITIQUE

Qu'est-ce donc que la culture politique, quelles sont ses origines, comment peut-on la définir et quels sont les moyens qui permettent de l'étudier ?

2.1. LES ORIGINES DE LA CULTURE POLITIQUE

A posteriori, les créateurs de l'expression « culture politique » indiquent qu'on peut en trouver une ébauche chez Platon, Aristote, Machiavel, Montesquieu, Rousseau et Tocqueville, dans la doctrine du libéralisme, ainsi que dans la sociologie, la psychologie sociale et la psychoanthropologie, à leurs débuts[36]. De façon générale, ce terme correspond à ce qu'on appelait, dans le passé, le « caractère national ». Il a également englobé la nouvelle définition que certains anthropologues matérialistes donnent de la culture : une manière de vivre, de s'organiser, de répondre à ses propres besoins et de créer ses institutions[37]. En outre, les ordinateurs ainsi que les méthodes d'enquête et de sondage ont permis aux politicologues, notamment à partir des années 1950, de procéder de façon plus scientifique à des collectes de données sur les attitudes et les intentions en matière de politique[38].

Toutefois, l'expression « culture politique » n'apparaît pour la première fois qu'en 1963, dans The Civic Culture de Gabriel Almond et Sidney Verba[39]. Cet ouvrage présente une analyse des attitudes, des connaissances et des orientations politiques d'un échantillon des populations de cinq pays : les États-Unis, le Royaume-Uni, l'Allemagne, l'Italie et le Mexique. Les auteurs spécifient qu'ils ont étudié la culture politique de la démocratie ainsi que les structures sociales et les manières d'agir propres à cette démocratie afin de fournir un modèle aux vieux États instables et aux nouvelles nations. La culture politique devient alors un nouveau domaine d'analyse politique.

2.2. LES DIVERSES DÉFINITIONS DE LA CULTURE POLITIQUE

Almond et Verba distinguent, dans la culture politique, des aspects cognitifs-perceptifs, affectifs et d'évaluation envers le système politique et en donnent une définition fonctionnelle. D'après eux, l'expression réfère aux orientations politiques et aux attitudes envers le système politique ainsi qu'aux attitudes envers les rôles qu'on peut jouer dans le système[40].

Léon Dion, quant à lui, la définit comme l'ensemble des valeurs et des signes liés au système politique[41]. D'autres, comme André Bernard, en donnent une définition plus restrictive en rapportant l'expression aux structures de pouvoir et d'autorité et en insistant sur les particularismes qui permettent de la distinguer[42]. En fait, toutes ces définitions diffèrent peu de celle d'Almond et Verba. Elles reconnaissent que la culture politique d'une nation se réfère à la distribution particulière des connaissances et des évaluations du système politique qui existe dans la population ainsi que des sentiments éprouvés à l'égard de ce dernier.

L'étude d'Almond et Verba a fait l'objet de nombreuses critiques. Elle n'établit pas de lien solide entre culture politique et structure politique et entre comportements individuels et système politique, cette étude demandant dans quelle mesure les attitudes politiques peuvent affecter le système politique sans poser la question inverse[43]. Certes, l'existence d'une charte des droits et libertés ne signifie pas nécessairement qu'elle sera appliquée de façon uniforme dans une société où la majorité place ses droits avant ceux de la minorité[44]. En outre, quelle que soit la culture politique, cette étude ne tient pas compte du fait que l'individu actif en politique peut, à un degré ou un autre, poursuivre son intérêt personnel[45].

2.3. LES DIFFÉRENTES APPROCHES POUR L'ÉTUDE DE LA CULTURE POLITIQUE

Jusqu'à présent, quatre approches principales ont été utilisées pour étudier la culture politique. La première adopte les catégories établies par Almond et Verba, tandis que la deuxième concerne les grands courants culturels. La troisième est la théorie des fragments de Louis Hartz, et la quatrième, conçue par Seymour Martin Lipset, présente une échelle des valeurs essentielles des cultures politiques.

2.3.1. L'APPROCHE D'ALMOND ET VERBA

En s'appuyant sur des enquêtes et en utilisant une méthode empirique et une analyse quantitative, Almond et Verba sont conduits à diviser les cultures politiques en trois catégories. La culture « de clocher » (parochial) est plus traditionnelle ou primitive. Elle existe dans un régime sans rôles politiques définis et où la population ne connaît pas les rouages du système, n'y participe pas et n'entretient aucune attente à son sujet. La culture sujette est propre à un régime autoritaire et centralisé dont les rôles sont définis et où la population connaît le système mais ne peut y jouer aucun rôle ni l'influencer. La culture participante ou civique est celle dans laquelle la population connaît les rôles spécialisés du régime politique et se sent efficace, sachant comment influencer les intrants et subir les extrants de ce dernier. À l'aide d'échelles d'efficacité politique, de confiance dans le système et de sentiment de compétence politique, les auteurs mesurent les attitudes de nature affective, cognitive et évaluative envers le système des échantillons de population de chaque pays.

Cette approche a inspiré plusieurs études portant sur le Canada entre 1960 et 1980. Ainsi, Richard Simeon découvre, en se basant sur des données de 1968 et de 1974, que, sur l'échelle d'efficacité politique, une plus grande proportion de la population des provinces atlantiques et des francophones hors Québec se situe à des rangs assez bas, alors que la population de l'Ontario et de la Colombie-Britannique occupe dans une plus grande proportion les rangs élevés[46]. Une autre étude lie l'influence des régions et des classes socio-économiques aux opinions de la population canadienne sur le système politique[47]. Cette étude témoigne de la faiblesse d'une approche qui privilégie l'étude des comportements généraux. Sa prémisse implicite de l'homogénéité des cultures politiques peut conduire à des conclusions trop générales, alors qu'en réalité une culture politique comprend habituellement des sous-cultures qui peuvent amener de profonds clivages dans la société.

2.3.2. L'APPROCHE WÉBÉRIENNE

L'approche wébérienne, inspirée de celle de Max Weber, explore les grands courants culturels, en particulier les courants religieux, susceptibles d'influer sur le développement de la vie politique et des institutions[48]. Weber retrace l'influence de la doctrine calviniste sur le développement du capitalisme et de l'individualisme propre au libéralisme, par suite de l'importance donnée, dans cette doctrine, à la réussite matérielle de l'individu, à l'abnégation et à l'épargne. Reinhard Bendix et quelques autres analystes ont aussi étudié le rôle de certaines grandes structures sociales, telles que les institutions religieuses, leurs doctrines et leurs symboles, dans le processus politique de modernisation et d'industrialisation de plusieurs pays[49].

2.3.3. L'APPROCHE HARTZIENNE

Une autre approche, exposée par Louis Hartz dans *Les enfants de l'Europe*, examine l'origine et le développement des principales valeurs des cultures politiques de nouvelles nations issues de colonies de peuplement. Selon cette approche, la culture dominante d'un nouveau pays — États-Unis, Australie, ou Canada anglais et Québec — résulte du surdéveloppement des valeurs du fragment idéologique qui a été apporté de l'Europe par le peuple colonisateur sur le nouveau territoire et qui s'est figé à une certaine époque de l'histoire. Du fait qu'il a été déraciné, ce fragment a perdu son dynamisme interne. Il ne peut continuer à cultiver, et ceci à l'extrême, que les valeurs apportées dans le nouveau pays, alors qu'en Europe, l'évolution naturelle de l'idéologie part du conservatisme pour aboutir au libéralisme, puis au socialisme[50]. Kenneth McRae affirme qu'au Québec le fragment idéologique s'est figé au temps de la Nouvelle-France et qu'il ne pouvait ainsi contenir, avant son ouverture au monde extérieur durant la révolution tranquille, que les valeurs conservatrices propres à l'absolutisme français : corporatisme, coopération et paternalisme d'État. Hartz soutient que le fragment libéral qui s'est implanté aux États-Unis est incapable d'évoluer vers le socialisme[51].

Plusieurs politicologues canadiens se sont inspirés de ce modèle. Au Québec, Léon Dion développe la thèse de McRae selon laquelle le libéralisme est un courant étranger à la culture de la province, tandis qu'André-J. Bélanger insiste sur l'apolitisme des idéologies québécoises. Au Canada anglais,

David V. J. Bell analyse l'influence des loyalistes sur la culture politique des anglophones alors que Gad Horowitz étudie l'origine et le développement du courant socialiste dans l'Ouest canadien[52].

2.3.4. LIPSET ET LES VALEURS CENTRALES

Dans *The First New Nation*, Seymour Martin Lipset dégage les valeurs essentielles des cultures politiques et les dispose sur une échelle d'élitisme-égalitarisme, d'*ascription*-accomplissement, de particularisme-universalisme et de *diffuseness*-spécificité. Il place les États-Unis, le Canada, l'Australie et la Grande-Bretagne sur cette échelle en examinant l'influence de ces valeurs sur le caractère national et le système politique de ces pays[53].

2.4. REGARDS SUR LE PRÉSENT ET L'AVENIR

Dans les années 1980–1990, les cultures politiques subissent diverses tensions qui se répercutent sur l'ancien noyau de valeurs identitaires. La mondialisation, le postmodernisme et le développement des télécommunications et, en particulier, de l'autoroute électronique entraînent l'effritement des valeurs centrales des cultures politiques dominantes. Cet effritement permet aussi aux cultures des minorités d'être reconnues et à ces mêmes minorités d'acquérir le statut d'acteurs sociaux et politiques et d'établir entre elles des réseaux de communication sans passer par l'ancien centre de pouvoir[54]. À l'ère postmoderne, il importe moins de définir la culture politique d'un État[55] en raison de l'importance prise par le pluralisme, la fragmentation et le polyculturalisme, et de la multiplication des approches relativistes et subjectivistes[56].

Certaines études sont axées alors davantage sur les conflits entre les groupes attachés aux valeurs traditionnelles des anciennes cultures politiques et les groupes qui ont adopté celles de la nouvelle politique[57]. D'autres cherchent à ranger les cultures politiques dans de nouvelles catégories, en tenant compte des priorités que ces cultures accordent aux valeurs matérialistes, telles l'individualisme, la satisfaction immédiate, et aux valeurs postmatérialistes, telles l'écologisme, la solidarité, le pacifisme et l'absence de sexisme[58]. D'autres encore font état d'une renaissance de l'éthique. Pour Fernand Dumont, l'éthique implique une nouvelle universalisation de la morale[59], seul point d'ancrage dans un monde qui connaît le désordre et la multiplication des valeurs. Pour George Grant, elle constitue un moyen de défendre les valeurs morales contre l'impératif de rationalité-efficacité de la technologie[60].

Une dernière caractéristique de la culture politique contemporaine est la formation de supracultures, encouragée par l'apparition de grands ensembles tels que l'Union européenne et par le système d'économie et de télécommunications dirigé par les multinationales. Cette mondialisation de la culture peut produire des effets contradictoires dans le domaine politique. Elle peut amener un nivellement des valeurs et des attitudes politiques chez les nations développées et faire encore plus prendre conscience aux pays pauvres du fossé qui les sépare des pays riches, ce qui est de nature à leur faire rejeter le système politico-économique occidental dominant ou même à les inciter à se révolter contre lui.

Les transformations actuelles des cultures politiques n'ont pas surgi spontanément. On peut appliquer à la culture politique la remarque de Fernand Dumont à propos de la culture qui, selon lui, est une distance et une mémoire[61]. Elle se transmet, en effet, d'une génération à l'autre et elle évolue constamment grâce à l'influence des agents et des milieux de socialisation politique.

3. UNE DÉFINITION COMPRÉHENSIVE DE LA SOCIALISATION POLITIQUE

La socialisation politique se réfère au processus de transmission de la culture politique, donc des valeurs, des orientations, des comportements et des attitudes en rapport avec le système politique. Le terme « socialisation » a été utilisé depuis assez longtemps par les sociologues et, en particulier, par Émile Durkheim dans ses ouvrages sur l'éducation, et l'expression « socialisation politique » apparaît pour la première fois dans le titre du livre de H. Hyman paru en 1959[62]. Selon David Easton, la socialisation, en tant que processus de transmission de la culture politique, contribue au maintien du système politique de façon verticale, d'une génération à

l'autre et, de façon horizontale, à l'intérieur d'une même génération[63]. Cette définition a cependant besoin d'être complétée. Tout d'abord, il faut souligner que, bien que plusieurs études portent sur la période où se décident certaines orientations politiques, à savoir entre 10 à 14 ans[64], et qu'elles indiquent que ces orientations fondamentales évoluent peu, le processus de socialisation politique dure toute la vie[65]. Ensuite, la socialisation politique peut comporter une vision positive ou négative du système politique et contribuer de la sorte au maintien, à la transformation ou à l'abolition de celui-ci. Il peut s'agir aussi, dans le cas des femmes politiques qui embrassent une carrière où dominent les hommes, d'une « socialisation à rebours » par rapport aux rôles traditionnels assignés à chaque sexe dans une société[66]. Il faut ajouter également le processus peu étudié de la « resocialisation » des nouveaux citoyens adultes, lequel s'avère particulièrement important dans un pays comme le Canada, qui accueille bon nombre d'immigrants[67]. Le processus de resocialisation pourrait aussi englober la volonté manifestée par les groupes colonisateurs de faire disparaître ou, tout au moins, d'assimiler la culture des autochtones minoritaires[68]. Enfin, la socialisation des communautés minoritaires reconnues officiellement par l'État devrait être considérée à part, car elle comporte une double contrainte : d'une part, la transmission par l'État de valeurs et d'orientations générales applicables à tous les citoyens et, d'autre part, l'identification à une communauté possédant ses propres attitudes, valeurs et sentiments envers l'État majoritaire.

3.1. LES MILIEUX ET LES AGENTS DE SOCIALISATION POLITIQUE

Le processus de socialisation se fait par l'entremise d'agents et de milieux de socialisation. Un milieu de socialisation est une communauté organisée où se déroule le processus de socialisation politique : famille, école, groupe d'amis, milieu de travail, milieu religieux, université, parti politique, groupe d'intérêt, voisinage, association culturelle, sportive ou de loisirs. Les agents de socialisation sont les médias, les individus dans les milieux de socialisation politique et les événements marquants[69].

Dans la famille, les principaux agents de socialisation sont les parents et les sœurs et frères. La parenté plus éloignée peut aussi jouer un rôle dans la socialisation politique. Dans ce milieu, le modèle d'autorité et de prise de décision proposé aux enfants peut être démocratique ou autoritaire. Ils se forment une première idée de la justice selon les sanctions et les récompenses qu'ils reçoivent ainsi qu'un sentiment de confiance ou de méfiance envers les autorités. Ils sont témoins de l'emploi de moyens pacifiques ou violents pour résoudre les conflits. Ils acquièrent le sens des responsabilités et une conscience morale selon les rapports qui existent entre les membres de la famille[70].

Un deuxième milieu de socialisation politique est l'institution religieuse et ses normes. Le rôle joué par ce milieu varie selon les époques et selon les États. Ce milieu donne une idée de ce qui est bien et mal, des amis et des ennemis et de l'ordre idéal voulu par Dieu ou la divinité. Il véhicule une certaine éthique, des principes moraux à suivre. Il incite, dans une certaine mesure, à l'action, pour que soit marquée l'appartenance à l'institution. Par sa dimension irrationnelle, ses dogmes et ses rites, il exerce une influence difficile à contrarier par toute personne ou toute institution n'appartenant pas à cette religion. Par ailleurs, les institutions religieuses s'impliquent souvent indirectement ou directement en politique. Certaines religions possèdent aussi leurs propres écoles et exercent ainsi leur influence socialisatrice dans plusieurs milieux. Par l'intermédiaire des institutions religieuses se développent la conscience morale, le sens des responsabilités individuelles et collectives et la notion de justice. Cela influe sur les orientations des institutions et des autorités politiques à des degrés variables selon que celles-ci adhèrent ou non à la même religion et qu'elles sont tolérantes ou intolérantes à l'égard des autres religions. Par exemple, pour les communautés canadiennes-françaises, les institutions paroissiales ont offert, dans le passé, un milieu de protection de l'identité tout en prêchant l'acceptation du *statu quo* politique. Les principaux agents de socialisation dans ce milieu sont les autorités religieuses et leurs représentants[71].

Les établissements d'enseignement constituent un milieu de socialisation qui commence par l'école et qui continue, pour un certain nombre, par les établissements postsecondaires, les cours de recyclage ou d'alphabétisation des adultes. Dans ce milieu, on se forme des sentiments et des orientations à l'égard de l'autorité, des règles sociales, de la discipline, ainsi qu'une idée de la justice, d'après les sanctions et les évaluations subies. On y adopte un comportement conformiste ou non-conformiste, de chef ou d'exécutant. Les cours, particulièrement ceux d'histoire, de géographie, de sciences sociales et de civisme, procurent certaines connaissances de base au sujet du système politique. Certains rôles sociaux y sont appris. Des modèles de vie et de comportement sont offerts par les héros et héroïnes des manuels, les membres du corps enseignant et les autres élèves. Dans ce milieu, les camarades de classe et le personnel de l'école sont des agents de socialisation. Pour les communautés ethnolinguistiques minoritaires officiellement reconnues dans le système politique, ce milieu revêt une importance particulière, car il permet de prévenir l'assimilation des jeunes à la majorité. Les établissements d'enseignement doivent à la fois développer chez les jeunes de ces communautés le sentiment d'appartenance à la communauté minoritaire et leur apprendre à faire valoir leurs droits face à l'État et à être fidèles à ce dernier[72].

Le travail constitue le troisième milieu de socialisation. Les agents principaux de ce milieu sont les collègues et les supérieurs. On apprend ici un certain conformisme, le sens des responsabilités, la discipline, on adopte une idée de la justice et de l'injustice par le traitement du personnel et une attitude envers la solidarité, par exemple dans le syndicalisme. Cette socialisation peut inclure la reconnaissance de droits et d'un certain prestige aux membres des classes laborieuses d'une communauté linguistique dont la langue est officiellement reconnue par l'État comme langue officielle de travail[73].

D'autres milieux de socialisation sont constitués par les partis politiques, les associations professionnelles, les syndicats, les divers autres groupes d'intérêt et les associations culturelles. Leurs membres, aux différents échelons, sont des agents de socialisation politique. Les associations culturelles sont particulièrement importantes dans la lutte des communautés minoritaires contre l'assimilation. Elles constituent des moyens de défense, de définition et d'élargissement des droits de ces communautés. Elles jouent ainsi un rôle d'agents de changement de la culture politique dominante quand elles réussissent à réduire l'intolérance et la discrimination présentes à divers degrés dans les valeurs de la majorité[74].

Les médias sont des agents de socialisation politique qui communiquent des idées et des interprétations politiques, adoptent des attitudes envers la violence et donnent une opinion, officielle ou non, sur les événements politiques. La publicité qu'ils offrent donne des modèles de la « bonne vie » et les moyens d'y parvenir. Les médias présentent au public des renseignements et des images à partir desquels il doit faire des choix politiques, soit à l'occasion d'élections ou de changements constitutionnels, soit lorsqu'il s'agit de se prononcer sur la légitimité des chefs et du système politiques. Les médias de langue française jouent un rôle de premier plan en assurant la liaison entre les divers États francophones. Ceux du Canada sont essentiels pour la survie des communautés canadiennes-françaises. Par ailleurs, les programmes et les messages publicitaires télévisuels peuvent contribuer à réduire les clivages ethniques, sexuels, linguistiques ou de classe et favoriser ainsi l'intégration et l'homogénéité sociales d'un État. L'État, pour sa part, peut affecter le processus de socialisation politique en censurant ou en menaçant de censurer, par exemple, les médias. Le contrôle, par un État, de ses propres chaînes de diffusion, peut également servir à entretenir le soutien de la population[75].

Enfin, les événements marquants sont aussi à considérer comme des agents de socialisation politique. En effet, ils peuvent contribuer à un changement assez soudain d'attitude, d'orientation ou de sentiment envers le système politique et à des transformations des valeurs essentielles de la culture politique. Un exemple frappant est fourni par la crise économique de 1929. La population marquée par cette crise a demandé alors à des États auparavant libéraux d'intervenir dans l'économie et les services sociaux ou a mis au pouvoir des partis non traditionnels.

Les milieux et les agents de socialisation n'ont pas tous la même influence sur l'individu, car le processus d'apprentissage de la socialisation s'exerce de différentes manières. Les études de psychologie sociale et de sociologie indiquent que cette socialisation se fait de la façon suivante[76]: 1) par répétition, ce qui amène un réflexe, comme celui du chien de Pavlov[77]; 2) par imitation des parents, puis des personnes qu'on admire, tels les leaders d'opinion; 3) par attribution de récompenses ou de sanctions; et 4) par expérience.

Ainsi, on peut être « socialisé » à accepter de s'arrêter au feu rouge et, donc, de respecter un règlement, pour diverses raisons : par répétition et imitation (tout le monde le fait, donc on le fait), par désir d'une récompense ou par peur d'une sanction (pour éviter une contravention) et par expérience (on a été témoin d'un accident dû au fait d'avoir grillé un feu rouge).

3.2. L'AVENIR DE LA SOCIALISATION POLITIQUE

Les études consacrées à la socialisation politique ont été très peu nombreuses dans les années 1990. Plusieurs raisons expliquent ce manque d'intérêt. L'une est le coût de ce genre d'études qui demande un échantillonnage assez vaste et, autant que possible, des enquêtes sur plusieurs groupes d'âges. Une autre raison est l'importance grandissante, comparativement à celle des autres agents, de la télévision et, plus récemment, de l'autoroute électronique dans la formation des opinions et des valeurs des jeunes. Il est difficile d'apprécier l'impact de l'autoroute électronique en raison de la complexité de son influence. Les dernières études se concentrent sur le milieu de travail à cause de la place de premier plan que ce dernier occupe dans la société à notre époque. Enfin, plusieurs préfèrent au concept de socialisation politique qui, à leur avis, suggère l'adaptation à une culture qui ne tient pas compte de la diversité de la réalité, le processus de construction d'identité, davantage centré sur le développement individuel; ils mettent ainsi de côté toute analyse de la société dans son ensemble[78].

Figure 3.1
Facteurs de fragmentation et de cohésion de l'environnement du système politique

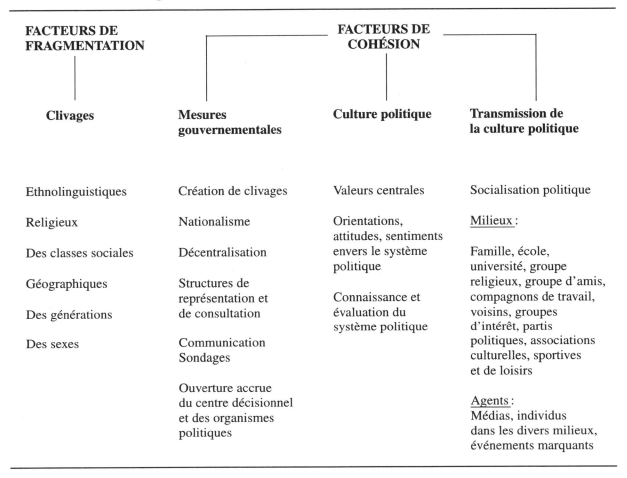

FACTEURS DE FRAGMENTATION		FACTEURS DE COHÉSION	
Clivages	Mesures gouvernementales	Culture politique	Transmission de la culture politique
Ethnolinguistiques	Création de clivages	Valeurs centrales	Socialisation politique
Religieux	Nationalisme	Orientations, attitudes, sentiments envers le système politique	Milieux :
Des classes sociales	Décentralisation		Famille, école, université, groupe religieux, groupe d'amis, compagnons de travail, voisins, groupes d'intérêt, partis politiques, associations culturelles, sportives et de loisirs
Géographiques	Structures de représentation et de consultation	Connaissance et évaluation du système politique	
Des générations			
Des sexes	Communication Sondages		
	Ouverture accrue du centre décisionnel et des organismes politiques		Agents : Médias, individus dans les divers milieux, événements marquants

Lectures suggérées

Dion, Léon (1971), *Société et politique : la vie des groupes* : tome I, *Fondements de la société libérale*, Québec, Presses de l'Université Laval.

Dubar, Claude (1995), *La socialisation. Construction des identités sociales et professionnelles*, 2ᵉ éd. revue, Paris, Librairie Armand Colin.

Easton, David (1969), *Children in the Political System. Origins of Political Legitimacy*, New York, McGraw-Hill.

Gibbins, John R. (1989), *Contemporary Political Culture. Politics in a Postmodern Age*, London, Sage Publications.

Guardet, R. (1986), *Mythes et mythologies politiques*, Paris, Seuil.

Hartz, Louis (1968), *Les enfants de l'Europe*, Paris, Seuil.

Inglehart, R. (1993), *La transition culturelle*, Paris, Economica.

Percheron, Annick (1993), *La socialisation politique*, Paris, Librairie Armand Colin.

Rocher, Guy (1969), *Introduction à la sociologie générale*, tome 1, 2ᵉ éd., Montréal, HMH.

Notes

1 John Meisel, dans *Cleavages, Parties and Values in Canada*, London, Sage, 1974, p. 6.

2 Roger Ouellette, « Analyse de l'émergence du Parti acadien », *Revue de l'Université de Moncton*, 16, 1, 1983, p. 71–88 ; Rita Godin, « Le développement d'un tiers parti : le Parti acadien de son origine à 1982 », thèse de maîtrise en science politique, Université Laval, avril 1983 ; Roger Ouellette, *Le Parti acadien. De la fondation à la disparition : 1972–1982*, Chaire d'études acadiennes, Université de Moncton, 1992.

3 En 1997, le Zaïre est devenu la République démocratique du Congo.

4 C'est une généralisation. Il a existé des factions, comme celle des Panthères noires, qui ont demandé un territoire distinct et cherché à valoriser une identité distincte de ce groupe. Voir Philip S. Foner (documents rassemblés par), traduit par Serge Poznanski, « Le manifeste et le programme » du Parti des *Panthères noires. Ses règlements* », dans *Les Panthères noires parlent*, Paris, François Maspéro, 1971, p. 35–40, et notamment le point 10 du programme à la p. 37.

5 Voir Hugues Portelli, *Les régimes politiques européens*, Paris, Librairie générale française, 1994, p. 150–151.

6 Roland Robertson, *Globalization Social Theory and Culture*, London, Sage, 1992, p. 85–96.

7 Par exemple, les Musulmans ayant le statut de nation en vertu de la Constitution yougoslave de 1963, le « nettoyage ethnique » des Serbes visait certainement plus que la seule destruction d'un groupe religieux (Mihailo Crnobrnja, *The Yugoslav Drama*, McGill-Queen's University Press, 1994, p. 21–22).

8 Citons les démocrates chrétiens (CDA) aux Pays-Bas, au Luxembourg (PCS), en Italie (PPI), en Irlande (Fine Gail), en Autriche (OVP), en Allemagne (CDV-CSU) et, en Belgique, les démocrates chrétiens flamands (CVP) et les démocrates francophones (PSC) (Hugues Portelli, *op. cit.*, p. 176–191).

9 En Ontario, par exemple, un système public d'écoles catholiques côtoie un réseau non confessionnel. En 1995, les clivages religieux se sont exprimés à Terre-Neuve dans la campagne référendaire sur le maintien ou l'abolition du système scolaire confessionnel.

10 Citons comme exemples, au Canada, la Confédération des travailleurs catholiques du Canada (CTCC), fondée au Québec au début des années 1920 et, en France, la Confédération française des travailleurs chrétiens (CFTC), fondée en 1919.

11 Des sondages en Europe révélaient ainsi que les membres de la classe ouvrière étaient plus susceptibles de s'identifier à la gauche, et les classes bourgeoises à la droite. Quand les classes sociales étaient définies par les professions, les agriculteurs apparaissaient comme plus portés à se situer à droite. Voir Yves Mény, *Politique comparée*, 3ᵉ éd., Paris, Montchrestien, 1991, p. 27.

12 Ces partis, toutefois, ont été créés non par le prolétariat, mais par des intellectuels ou des activistes sociaux. C'est le cas du Parti travailliste en Grande-Bretagne en 1900 et de la SFIO (Section française de l'Internationale ouvrière) en 1905.

13 Une étude des intentions de vote en Grande-Bretagne des années 1980 indique que seulement un cinquième de l'électorat basait son choix de parti sur des questions de classe. Voir Dennis Kavanagh, « Political Culture in Great Britain : The Decline of the Civic Culture », dans Gabriel A. Almond et Sidney Verba (dir.), *The Civic Culture Revisited*, Newbury Park, Sage Publications, 1989, p. 144.

14 Au Royaume-Uni, cette stratégie permet au Parti travailliste de gagner les élections générales de 1997.

15 Ainsi, les progressistes firent élire 65 membres à la Chambre des communes en 1921, par les électeurs du Manitoba, de l'Ontario, de l'Alberta, de la Saskatchewan et du Nouveau-Brunswick. La Nouvelle-Écosse ne réussit pas à élire de député de ce mouvement, mais lui donne un soutien assez substantiel en votes populaires. En Ontario, une coalition composée des Fermiers unis de l'Ontario (UFO) et du Parti travailliste indépendant (ILP) forme le gouvernement de 1919 à 1923.

16 Samuel P. Huntington, « Generations, Cycles, and Their Role in American Development », dans Richard J. Samuels (dir.), *Political Generations and Political Development*, Lexington (Mass.), Lexington Books, 1977, p. 11.

17 Daniel Latouche, « Jeunesse et nationalisme au Québec. Une idéologie peut-elle mourir ? », *Revue française de science politique*, 35, 2, avril 1985, p. 236–261 ; André Blais et Richard Nadeau, « L'appui au Parti québécois : évolution de la clientèle de 1970 à 1981 », et « La clientèle du OUI », dans Jean Crête, *Comportement électoral au Québec*, Chicoutimi, Gaëtan Morin Éditeur, 1984, p. 279–318, 321–334 ; Richard Nadeau, « Le virage souverainiste des Québécois 1980–1990 », *Recherches sociographiques*, 33, 1992, p. 9–28 ; Pierre Martin, « Générations politiques, rationalité économique et appui à la souveraineté au Québec », *Revue canadienne de science politique*, XXVII, 2, juin 1994, p. 345–359 ; Jean-Guy Finn, Harley d'Entremont et Philippe Doucet, « Le nationalisme acadien à travers la Convention d'orientation nationale de 1979 », *Revue de l'Université de Moncton*, 13, 3, 1980, p. 45–74.

18 Nom de la génération de ceux qui étaient jeunes durant les événements de mai 1968 en France.

19 Le vote pour les partis de gauche au premier tour des élections législatives françaises de 1997 variait entre 41 et 47 % pour les groupes d'âge de 18 à 44 ans pour glisser de 37 à 32 % pour ceux de 49 à 70 ans et plus. Voir « La sociologie des électorats. Vote au premier tour », *Le Point*, nᵒ 1289, 2 juin 1997, p. 68.

20 Huntington, *op. cit.*, p. 11–12. Souvent chaque génération reçoit un nom distinct tel que hippie ou granola pour la jeunesse des années 1960 et 1970, ou génération X, pour celle des années 1990.

21 Pierre Noreau, « Nouveaux groupes sociaux et nouveaux enjeux politiques : exemple des personnes âgées aux États-Unis », *Revue québécoise de science politique*, 17, hiver 1990, p. 5–29.

22 Un exemple canadien de mimétisme est le vote des jeunes au Québec en 1966 et à Terre-Neuve en 1968 lorsque le vote à 18 ans a été introduit.

23 Du reste, à cause du mouvement anti-ERA de femmes traditionnelles, les sondages voient ce fossé se rétrécir. Voir

Table A2, p. 212, dans Jane J. Mansbridge, *Why We Lost the ERA*, Chicago, University of Chicago Press, 1986.

24 Naomi Black, « Le fossé des sexes : société dimorphique et État monomorphique », dans Pierre Guillaume *et al.* (dir.), *Minorités et État*, Bordeaux, Presses universitaires de Bordeaux, p. 215–232.

25 Pour certaines de ces questions, voir Janine Brodie et Célia Chandler, « Women and the Electoral Process in Canada », dans Kathy Megyery (dir.), *Women in Canadian Politics. Towards Equity in Representation*, Toronto, Dundurn Press, 1991, p. 23.

26 Les femmes du Québec n'ont reçu le droit de vote aux élections provinciales qu'en 1940, et celles de la France, au niveau national, qu'en 1945.

27 Pour le Québec, voir Chantal Maillé, *Les Québécoises et la conquête du pouvoir politique*, Montréal, Éditions Saint-Martin, 1990, p. 39–48 ; pour l'Ontario français, voir Sylvie d'Augerot-Arend, « Les Franco-Ontariennes et le nationalisme minoritaire : cadre théorique et applications 1913–1927 », dans *Les femmes francophones en milieu minoritaire. État de la recherche*, Sudbury IFO, collection « Fleur-de-trille », mai 1993, p. 61–97.

28 En Inde, l'avortement des fœtus de sexe féminin est un gynocide (40 000 à Bombay en 1984). La discrimination à l'égard des filles y sévit ; celles-ci sont moins bien nourries, ont moins accès à l'instruction (50 % d'entre elles à l'école élémentaire par rapport à 80 % des garçons) que les garçons et sont forcées, dans des mariages arrangés, à subir sans recours la violence conjugale. Voir Indira Jaising, « Violence Against Women : The Indian Perspective », dans Julie Peters et Andrea Wolper (dir.), *Women's Rights. International Feminist Perspectives*, New York, Routledge, 1995, p. 51–56. En ce qui concerne les viols, ils ont toujours fait partie des privilèges des conquérants et des militaires, mais on ne les mentionnait pas dans les récits de guerre. Et pourtant, ces actes criminels sont nombreux : exemples, l'esclavage sexuel de 200 000 à 400 000 Coréennes pour le « confort » des troupes japonaises durant la Seconde Guerre mondiale, celui de plus de 200 000 femmes bengalies dans la guerre avec le Pakistan et les viols qui ont été pratiqués lors des nettoyages ethniques en Yougoslavie. Voir Rhonda Copelon, « Gendered War Crimes : Reconceptualizing Rape in Time of War », dans Julie Peters et Andrea Wolper (dir.), *Women's Rights. International Feminist Perspectives*, New York, Routledge, 1995, p. 197–214.

29 Yuki Shiose et Louise Fontaine, « La construction des figures de "l'autre" : les communautés culturelles au Québec », *Revue canadienne de sociologie et d'anthropologie*, 32, 1, 1995, p. 92–110.

30 Le Parti libéral en Grande-Bretagne possède ainsi des branches séparées pour l'Angleterre, le pays de Galles, l'Écosse et l'Ulster.

31 En Ontario, le Conseil consultatif des affaires francophones fut créé en 1974, abandonnant sa fonction consultative en 1977. Ensuite, en 1986, la *Loi sur les services en langue française* a institué l'Office des Affaires francophones pour veiller à l'application de cette loi. Celui-ci est devenu, alors, une partie officielle de l'appareil gouvernemental provincial.

32 Le modèle est celui de la démocratie consociationnelle d'Arend Lipjhart (*The Politics of Accommodation*, Berkeley, University of Berkeley Press, 1969).

33 Quand ces mécanismes de consultation des corps professionnels et des associations sont employés de façon hiérarchique à une grande échelle jusqu'aux hautes sphères politiques, on obtient un régime corporatiste.

34 Par exemple, au Canada, en 1967, la Commission royale d'enquête sur le statut de la femme et, aux États-Unis, en 1961, la Commission Eleanor Roosevelt sur le statut des femmes.

35 Albert Breton et Raymond Breton, *Why Disunity ? An Analysis of Linguistic and Regional Cleavages in Canada*, Montréal, Institut de recherche politique, 1980.

36 Gabriel A. Almond, « The Intellectual History of the Civic Culture Concept », dans Almond et Verba, *op. cit.* (1989), p. 1–36.

37 Comme Bronislaw Malinowski, *Une théorie scientifique de la culture et autres essais*, Paris, François Maspéro, 1968.

38 C'est, cependant, dès 1935 que les trois premiers instituts de sondages commerciaux, Gallup, Roper et Crossley ont été fondés (voir Loïc Blondiaux, « L'invention des sondages d'opinion : expériences, critiques et interrogations méthodologiques », *Revue française de science politique*, 41, 6, décembre 1991, p. 757), mais ce n'est qu'en 1946 que le premier ordinateur a été utilisé.

39 Gabriel A. Almond et Sidney Verba, *The Civic Culture : Political Attitudes and Democracy in Five Nations*, Princeton University Press, 1963.

40 *Ibid.*, p. 12.

41 Léon Dion, *Société et politique : la vie des groupes.* Tome I : *Fondements de la société libérale*, Québec, Les Presses de l'Université Laval, 1971, p. 179.

42 André Bernard, *La politique au Canada et au Québec*, Montréal, Les Presses de l'Université du Québec, 1976, p. 75.

43 Carole Pateman, « The Civic Culture : A Philosophic Critique », dans Almond et Verba, *op. cit.* (1989), p. 57–102.

44 Paul Sniderman *et al.*, « Political Culture and the Problem of Double Standards : Mass and Elite Attitudes Toward Language Rights in the Canadian Charter of Rights and Freedoms », *Revue canadienne de science politique*, XXII, 2, juin 1989, p. 259–284.

45 Pour des analyses stratégiques du comportement électoral, voir Philippe Braud, *Sociologie politique*, 2e éd., Paris, L.G.D.J., 1994, p. 299–303.

46 Richard Simeon et David Elkins, « Provincial Political Cultures in Canada », dans David J. Elkins et Richard Simeon (dir.), *Small Worlds : Provinces and Parties in Canadian Political Life*, Toronto, Methuen, 1980, p. 30–76.

47 Michael Ornstein, H. Michael Stevenson et A. Paul Williams, « Region, Class and Political Culture in Canada », *Revue canadienne de science politique*, XIII, 2, juin 1980, p. 227–271.

48 Voir Max Weber, *L'éthique protestante et l'esprit du capitalisme*, Paris, Plon, 1964.

49 Reinhard Bendix, *Nation-Building and Citizenship. Studies of Our Changing Social Order*, New York, John Wiley & Sons, 1964.

50 Louis Hartz (dir.), *Les enfants de l'Europe*, traduit par Gérard Durand, Paris, Seuil, 1968.

51 Kenneth McRae, « Structure historique du Canada », et Louis Hartz, « Les États-Unis, fondements d'une nouvelle perspective historique », dans *ibid*, p. 81–135 et p. 222–277.

52 Léon Dion, *Nationalismes et politique au Québec*, Montréal, Hurtubise HMH, 1975; André-J. Bélanger, *L'apolitisme des idéologies québécoises*, Québec, Les Presses de l'Université Laval, 1974; David V. J. Bell, *The Roots of Disunity. A Study of Canadian Political Culture*, revised edition, Toronto, Oxford University Press; Gad Horowitz, « Conservatism, Liberalism and Socialism in Canada : An Interpretation », *Revue canadienne de science politique*, 32, 1966, p. 143–171 et « Notes on Conservatism, Liberalism and Socialism in Canada », *Revue canadienne de science politique*, XI, 2, juin 1978, p. 383–399.

53 Seymour Martin Lipset, *The First New Nation. The United States in Historical and Comparative Perspective*, Anchor Books, 1967 (Basic Books Inc., 1963).

54 Voir Andrée Fortin, « Territoires culturels et déterritorialisation de la culture », dans André Fauchon (dir.), *La production culturelle en milieu minoritaire*, Winnipeg, Presses universitaires de Saint-Boniface, 1994, p. 7–27.

55 Pauline-Marie Rosenau, *Post-Modernism and the Social Sciences*, Princeton (N.J.), Princeton University Press, 1992, p. 138–184.

56 John R. Gibbins, « Contemporary Political Culture : An Introduction », dans John R. Gibbins (dir.), *Contemporary Political Culture. Politics in a Post-modern Age*, London, Sage Publications, 1989, p. 1–30. Annick Percheron, dans « Peut-on encore parler d'héritage politique en 1989 ? », remarque qu'à l'époque actuelle on ne peut plus s'attendre à une transmission identique des comportements (Yves Mény (dir.), *Idéologies, partis politiques et groupes sociaux*, Paris, Presses de la Fondation nationale des sciences politiques, nouvelle édition, 1991, p. 157–174).

57 Pour une micro-analyse, voir Jean-Pierre Gaboury et Robert J. Jackson, « Political Culture, Cleavages and Politics in a Quebec Village », dans Robert J. Jackson *et al.* (dir.), *Contemporary Canadian Politics*, Scarborough (Ont.), Prentice Hall, 1987, p. 44–58; pour une macroanalyse, voir Douglas V. Verney, *Three Civilizations, Two Cultures, One State : Canada's Political Traditions*, Durham, Duke University Press, 1986.

58 John R. Gibbins (*op. cit.*, p. 8–11) mentionne les travaux de Ronald Inglehart qui présente ses « Observations on Cultural Change and Postmodernism », p. 251–156.

59 Fernand Dumont, *Le sort de la culture*, Montréal, L'Hexagone, 1987, p. 197–198.

60 Peter C. Emberley, « Values and Technology : George Grant and Our Present Possibilities », *Revue canadienne de science politique*, XXI, 3, septembre 1988, p. 465–494.

61 Fernand Dumont, *Le lieu de l'homme. La culture comme distance et mémoire*, Montréal, Hurtubise HMH, 1971.

62 Herbert Hyman, *Political Socialization. A Study in the Psychology of Political Behaviour*, Glencoe, The Free Press, 1959.

63 David Easton et Jack Dennis, *Children in the Political System. Origins of Political Legitimacy*, New York, McGraw-Hill, 1969, p. 30.

64 Outre les travaux de David Easton, voir, par exemple, A. F. Davies (« The Child's Discovery of Nationality », dans J. Dennis (dir.), *Socialization to Politics : A Reader*, John Wiley & Sons, 1973, p. 105), qui mentionne que l'enfant a, à 12 ans, un sens solide de sa nationalité, et les études de Charles Roig et F. Billon-Grand (*La socialisation politique des enfants*, Paris, Librairie Armand Colin, 1968), qui soulignent l'importance de la coupure qui se produit vers 10 ou 11 ans dans la pensée sociale des enfants.

65 Voir Léon Dion, *Société et politique*, p. 182.

66 Les premiers auteurs, comme Easton et Dion, oublient cet aspect possiblement négatif de la socialisation politique (*ibid.*, p. 194). La socialisation politique comme facteur de changement est souligné par Annick Percheron dans *L'univers politique des enfants*, Fondation nationale des sciences politiques, Librairie Armand Colin, 1974, p. 25. Pour la socialisation à rebours, voir Diane L. Fowlkes, « Ambitious Political Woman : Countersocialization and Political Party Context », *Women and Politics*, 4, 4, 1984, p. 5–32.

67 Cet terme est mentionné par Percheron, *op. cit.*, p. 10.

68 Louis-Jacques Dorais, « Les autochtones canadiens et leur identité », dans Pierre Guillaume *et al.* (dir.), *Minorités et État*, Québec, Les Presses de l'Université Laval, p. 89–100.

69 Bien que l'étude de la culture et de la socialisation politiques soit apparue avec le courant behavioriste en science politique, l'approche marxiste de Nicos Poulantzas considère aussi l'influence des milieux et agents de socialisation qu'il appelle des appareils idéologiques d'État (Nicos Poulantzas, *L'État, le pouvoir, le socialisme*, Paris, PUF, collection « Quadrige », 1981, p. 31–38).

70 Voir Léon Gérin, « La famille canadienne-française, sa force, ses faiblesses », dans *La société canadienne-française*, Montréal, HMH, 1971, p. 45–67; Philippe Garigue, *La vie familiale des Canadiens français*, Montréal, Les Presses de l'Université de Montréal, 1962; Ercilia Quintin, *Rapport sur le colloque « La famille et la socialisation de l'enfant »*, Université du Québec à Trois-Rivières, janvier 1982.

71 Au Québec, du temps de Sir Wilfrid Laurier (Premier ministre du Canada de 1896 à 1911), quand le libéralisme était qualifié de « rouge », certains curés du haut de leurs chaires essayaient d'influencer leurs ouailles en clamant, au moment des élections, que l'enfer est rouge et que le ciel est bleu, le bleu étant associé au Parti conservateur. Dans la religion musulmane, l'imam remplit le double rôle de guide religieux et de guide politique. Sur la religion et la politique, voir Richard Figuier (dir.), *Dieux en sociétés. Le religieux et le politique*, Paris, Éditions Autrement, 1992.

72 Voir Jon H. Pammett et Jean-Luc Pépin, *Political Education in Canada*, Halifax, Institut de recherches politiques, 1988, et dans le même ouvrage, en particulier Jean Mercier, « L'apprentissage politique des jeunes Québécois dans les écoles », p. 53–63, et Maurice Pinard et Patricia Fitzsimmons-Le Cavalier, « L'éducation politique des masses et des élites », p. 25–31. Pour les francophones hors Québec, voir, par exemple, Annette Saint-Pierre, « Manuels scolaires dans les écoles de l'Ouest », dans Pierre-Yves Moquais, André Lalonde et Bernard Wilhelm, *La langue, la culture et la société des francophones de l'Ouest*, Université de Regina, Centre d'études franco-canadiennes de l'Ouest, 1983, et Normand Fortin, « L'éducation préscolaire des petits Canadiens français », *ibid.*, p. 195–201. Voir aussi Diane Gérin-Lajoie, « Les programmes scolaires et l'éducation franco-ontarienne : la pédagogie critique comme moyen d'intervention »,

dans Linda Cardinal (dir.), *Une langue qui pense. La recherche en milieu minoritaire francophone*, Ottawa, Les Presses de l'Université d'Ottawa, 1993, p. 112–119.

73 Pour un exemple de proposition d'intervention de l'État dans le monde du travail, des arts, de la communication, des industries culturelles et de l'éducation, voir *La politique québécoise de développement culturel. Volume 2 : Les trois dimensions d'une politique : genres de vie, création, éducation*, Québec, Éditeur officiel, 1978.

74 Voir, dans le cas de l'Alberta, Gratien Allaire, « Pour la survivance. L'Association canadienne-française de l'Alberta », dans Monique Bournot (dir.), *Les outils de la francophonie*, CEFCO, Vancouver, Université de Colombie-Britannique, 1988, p. 67–100.

75 Voir Stuart B. Proudfoot et Jon H. Pammett, « Children, Television and Politics : Is the Medium the Message ? », dans Jon H. Pammett et Michael S. Whittington, *Foundations of Political Culture. Political Socialization in Canada*, Toronto, Macmillan, 1976, p. 134–148 ; Frederick J. Fletcher, *Les médias et l'électorat dans les campagnes électorales canadiennes*, vol. 18, Toronto et Oxford,

Dundurn Press, 1991 ; John McIlroy, « Television Today… and Tomorrow », dans Bill Jones (dir.), *Political Issues in Britain Today*, Manchester, New York, Manchester University Press, 1989, p. 109–133 ; numéro 2 de *Politique. Les médias et les pouvoirs*, automne 1982. Sur la controverse du contrôle de la violence dans les médias, voir Carol Wekesser (dir.), *Violence in the Media*, San Diego, Greenhaven Press, 1995.

76 Voir Guy Rocher, *Introduction à la sociologie générale*, tome 1, 2e éd., Montréal, HMH, 1969, p. 111.

77 Ce chien salive quand il entend une sonnerie particulière parce que ce son dans des expériences passées était associé à une récompense alimentaire. Ces expériences étaient conduites par Ivan Petrovich Pavlov (1849–1936), prix Nobel en 1904 pour son travail sur la physiologie de la digestion. Pavlov a appliqué ensuite ces principes de conditionnement à la psychiatrie.

78 Claude Dubar, *La socialisation. Construction des identités sociales et professionnelles*, 2e éd., Paris, Librairie Armand Colin, 1995.

4

Les idéologies : le libéralisme et le conservatisme

Les idéologies forment des canaux où s'agrègent et se formulent les intrants — exigences autant que soutiens. Elles influencent le soutien ou l'opposition de l'environnement à l'égard d'un régime ou de politiques et imprègnent les extrants — politiques ou actes symboliques — issus du centre décisionnel. Elles accompagnent des changements majeurs dans l'environnement et provoquent des réactions qui souvent font naître d'autres idéologies.

Qu'est-ce donc qu'une idéologie ? En quoi se distingue-t-elle de la culture politique, de l'utopie et de la philosophie politique ? Comment la définir, décrire ses fonctions principales et établir un cadre d'analyse pour en comprendre la logique interne ? Comment appliquer ce cadre aux idéologies classiques et, notamment, dans ce chapitre, au libéralisme et au conservatisme ? Vu le caractère d'incitation à l'action de l'idéologie, quelles ont été les principales conséquences positives et négatives des idéologies par rapport à l'évolution des courants de pensée politique, des régimes et des décisions politiques ? Voilà les questions auxquelles ce chapitre tente de répondre.

1. LES IDÉOLOGIES

1.1. LES DISTINCTIONS À ÉTABLIR

Avant de définir l'idéologie et ses éléments principaux, il importe de la différencier de l'utopie, de la culture politique et de la philosophie politique.

Selon Karl Mannheim, une utopie est une orientation qui transcende la réalité et qui en même temps brise ses liens avec l'ordre existant. Une idéologie, par contre, même si elle contient des idées qui transcendent l'ordre existant, telles celles de la société idéale ou de l'État idéal, les harmonise dans la vision du monde du moment[1]. De son côté, la culture politique détermine la nature du soutien — positif ou négatif — donné au régime politique.

Les idéologies rassemblent certains éléments de cette culture, définissent l'ordre des valeurs à défendre, telles l'égalité et la liberté, et traduisent valeurs et orientations en suggestions d'actions concernant les régimes politiques. Une idéologie peut renfermer, par exemple, certains éléments de cette culture qui s'opposent à un régime politique et inciter ainsi à le modifier ou l'abolir. En outre, une idéologie n'embrasse habituellement pas la totalité de la culture politique. Elle n'en constitue qu'un élément[2] et elle peut se rapporter seulement à un groupe ou à une classe sociale. Comme la philosophie politique, elle a un système logique de valeurs, d'idées et de jugements qui interprète et explique la réalité, mais elle s'en distingue : 1) par son caractère d'incitation à l'action politique à laquelle elle donne un sens[3] ; 2) par sa recherche de l'unanimité[4] ; et 3) par sa conviction d'être la seule détentrice de la vérité.

1.2. L'ORIGINE, LES FONCTIONS ET LES DÉFINITIONS DE L'IDÉOLOGIE

1.2.1. L'ORIGINE DE L'IDÉOLOGIE

Le terme « idéologie » désignait avant la Révolution française la « science des idées » et il est apparu en même temps que les nouvelles forces sociales et les nouveaux moyens d'appréhender la réalité. La raison et la science commencent alors à supplanter la religion comme mode d'acquisition des connaissances. Confrontant les anciennes formations sociales, de nouveaux groupes sociaux liés au développement des forces modernisatrices de l'industrialisation et de l'urbanisation cherchent à défendre leurs intérêts dans la sphère politique. Le libéralisme, qui est la première idéologie moderne occidentale, va ainsi conduire à la Glorieuse Révolution de 1688 en Angleterre, à la révolution américaine de 1776 et à la Révolution française, contribuant ainsi à changer les régimes politiques de ces trois pays.

1.2.2. LES FONCTIONS INDIVIDUELLES ET COLLECTIVES

Ces événements révolutionnaires montrent que l'idéologie n'est pas neutre. En outre, cette dernière exerce certaines fonctions sur le plan individuel ou collectif et peut servir à légitimer ou à contester un régime politique.

L'idéologie offre aux individus une certaine sécurité intellectuelle et un sens d'identité en présentant :

- un cadre théorique qui explique le monde et la société, ainsi que la réalité politique ;
- un guide pour juger et agir et, comme elle se donne pour la vérité, un moyen d'évaluer les autres pensées et de baser les valeurs adoptées sur des définitions cohérentes ;
- une façon de se regrouper et d'obtenir une certaine solidarité ;
- une base d'organisation de la société politique.

Sur le plan collectif, la fonction d'une idéologie est mise en évidence par Karl Marx[5]. Selon lui, toute idéologie est mystificatrice. Issue de la classe dominante, elle représente une explication de la réalité et des buts de la société qui se veut universelle et universellement acceptée, alors qu'en fait elle ne sert qu'à protéger et à défendre les intérêts particuliers de cette classe.

Enfin, dans le cadre de l'analyse systémique, les idéologies se divisent en trois types selon le soutien qu'elles apportent au système politique :

- les idéologies légitimantes, qui agrègent et mobilisent le soutien diffus, créent la notion d'intérêt commun et veulent accroître le sens de la communauté ;
- les idéologies partisanes, qui légitiment ou attaquent les autorités, le régime et les structures du système politique ;
- les idéologies séparatistes, qui favorisent plus la fidélité à une communauté qu'à un système politique[6].

1.2.3. LE CARACTÈRE DYNAMIQUE DES IDÉOLOGIES

Le caractère dynamique des idéologies se vérifie lorsqu'on étudie leur formation, leur évolution et leurs distorsions. Ironiquement, la démarche intellectuelle matérialiste de Marx fait ressortir le caractère également idéaliste du processus dynamique de formation idéologique — sa propre idéologie, sa propre conception de la réalité et des moyens de changer cette dernière, ayant été élaborée en réaction contre le libéralisme. Aux causes matérialistes de la naissance des idéologies se joindrait ainsi une dynamique propre des idées. En outre, non seulement les idéologies apparaissent, mais aussi leurs valeurs évoluent à la faveur des changements matériels de l'environnement politique, du combat d'idées et d'une acclimatation à un nouvel environnement. Le socialisme n'aurait pu naître s'il n'y avait d'abord eu une importante classe de travailleurs. Le féminisme est né quand les femmes sont devenues conscientes de leur force numérique et de leur infériorité politique et économique. Le sens de l'égalité des droits dans l'idéologie libérale américaine s'est élargi considérablement en deux cents ans, face aux diverses vagues de mouvements de droits civils. Le marxisme est devenu le marxisme-léninisme en URSS et le maoïsme en Chine. Robert Dahl remarque qu'une idéologie peut aussi être conçue par un chef politique qui cherche à

Figure 4.1
La logique interne des idéologies

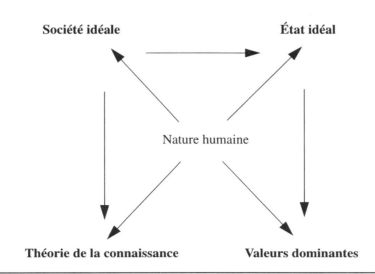

légitimer son pouvoir dans un système politique[7]. Un dernier aspect du caractère dynamique des idéologies a trait aux distorsions que peut susciter une situation de colonialisme dans le développement idéologique des pays conquis, comme le décrit Denis Monière dans le cas du Québec[8].

1.2.4. LES DÉFINITIONS DE L'IDÉOLOGIE

Il existe plusieurs définitions de l'idéologie. Celles des marxistes, comme Louis Althusser, sont essentiellement une critique de la société libérale, du système capitaliste et de leurs institutions[9]. D'autres, comme Fernand Dumont, Raymond Aron ou Guy Rocher, ont une optique sociologique, plus descriptive et politiquement neutre[10].

De ce bref examen de l'origine, des caractères et des fonctions de l'idéologie et des définitions existantes, il ressort qu'une idéologie est *un ensemble d'idées et de croyances d'une certaine cohérence qui offre un guide à l'action et une vision du monde présent et à rechercher pour l'avenir.* La définition suivante nous fournit des paramètres susceptibles de servir dans l'étude des idéologies : *une idéologie politique est un système de pensée ayant une logique interne et comportant une interprétation de la na-ture humaine, une théorie de la connaissance, un idéal de société et d'État, une description des moyens d'atteindre cet idéal et une hiérarchie des valeurs de base.*

Il faut noter que, bien que les partis libéraux, conservateurs et socialistes aient été à l'origine créés pour appliquer certains principes des idéologies classiques, leur pragmatisme, avec le temps, ne leur en a fait garder souvent que des vestiges. Souvent, le contenu de leurs politiques ou de leurs programmes ne correspond nullement à celui que ces partis sont censés véhiculer.

2. LE LIBÉRALISME

Avant d'examiner la logique interne du libéralisme classique, les principales conséquences qui en découlent, son évolution et ses variantes canadiennes-françaises, il convient, en premier lieu, d'en retracer les origines. Apparu en même temps que les nouvelles forces sociales et économiques, il est issu de trois courants de pensée à caractère politique et économique qui se sont manifestés en Angleterre, aux États-Unis, en France et dans le reste de l'Europe.

53

2.1. LES ORIGINES ET LE DÉVELOPPEMENT DU LIBÉRALISME

2.1.1. LES ORIGINES SOCIALES ET ÉCONOMIQUES

Les débuts du libéralisme classique remontent au Moyen Âge. Le troc s'efface progressivement alors que la monnaie prend une place de plus en plus importante. Les rois et les nobles ont besoin de fonds pour financer les guerres et s'endettent auprès des marchands. Profitant de cette situation, la classe marchande, d'abord itinérante, puis professionnelle et urbaine, devient progressivement une nouvelle force sociale.

Le développement des modes de production et l'introduction d'une nouvelle division du travail créent des conditions favorables à l'industrialisation et à l'urbanisation. L'Angleterre joue, à cet égard, un rôle de pionnier. Avec le déclin du féodalisme, le développement des activités commerciales et financières engendre, entre autres, le mouvement des clôtures. Ce mouvement qui conduit les seigneurs à se lancer dans l'élevage du mouton pour répondre aux besoins de l'industrie textile naissante a pour effet de mettre fin au servage. Les paysans constituent alors une force de travail bon marché qui peut être utilisée dans les villes par une nouvelle classe d'entrepreneurs, notamment dans le textile.

Les nouveaux acteurs socio-économiques, marchands et entrepreneurs qui forment la bourgeoisie naissante, ne peuvent s'accommoder du pouvoir absolu des monarques et des privilèges de la noblesse. En France, la bourgeoisie conteste également le pouvoir du clergé. Ces privilèges, tels ceux attachés au mercantilisme avec ses monopoles de commerce, constituent des freins à l'expansion économique. La bourgeoisie, en effet, veut être « libre » de s'enrichir, de développer le commerce et l'industrie. Elle désire mettre ses possessions à l'abri du pouvoir arbitraire des monarques absolus et prendre part aux décisions qui touchent à ce qu'elle considère être ses droits, sa liberté et ses biens. L'ordre social, politique, religieux et économique traditionnel disparaît progressivement pour laisser la place aux éléments de la société moderne et du libéralisme classique.

2.1.2. LES ORIGINES INTELLECTUELLES

Le libéralisme classique prend ses racines dans la loi naturelle des Grecs de l'Antiquité, dans l'individualisme des stoïciens, dans la recherche du bonheur par les épicuriens et dans la conception chrétienne de l'égalité des individus devant Dieu. La Réforme, d'après Max Weber dans *L'éthique protestante et l'esprit du capitalisme*[11], encourage un ascétisme qui favorise l'accumulation des biens. L'éthique protestante aurait ainsi contribué à façonner la bourgeoisie et autorise celle-ci à accumuler le capital.

Le cheminement des idées libérales particulier à chaque pays, en Angleterre, aux États-Unis et, en Europe continentale, spécialement en France, entraîne des retombées différentes. Ces différences témoignent de l'importance de l'environnement politique dans le développement d'une idéologie. Cet environnement n'est, cependant, pas impénétrable. Les courants de pensée se développent grâce aux échanges entre intellectuels et à l'accessibilité plus grande de leurs écrits par suite de l'invention de l'imprimerie. En fin de compte, les courants anglais, américains et français ont contribué à édifier et à enrichir les différents aspects de l'idéologie que représente le libéralisme classique.

2.1.2.1. LES ORIGINES DU LIBÉRALISME EUROPÉEN

2.1.2.1.1. LES ORIGINES ANGLAISES

L'essor de la bourgeoisie en tant que nouvelle force socio-économique en Angleterre est lié à une série de mesures et de nouvelles idées qui aboutissent à une demande de libération des contraintes politiques, culturelles et économiques traditionnelles. Cette demande porte principalement sur la protection des droits individuels contre l'arbitraire de l'absolutisme. Son succès se traduit par l'adoption d'une série de lois et l'apparition de changements institutionnels. Ainsi, la *Grande Charte* de 1215 présente, entre autres, le principe « pas d'impôt sans représentation », le droit de révolte si le souverain n'obéit pas aux lois et le droit à un jugement par ses pairs. La *Grande Remontrance* de 1641 dénonce le pouvoir arbitraire de Charles Ier, pouvoir arbitraire qui conduit à la guerre civile et à l'exécution du roi en 1649. Après un court gouvernement républicain, Charles II reconnaît en 1679 l'*habeas corpus*, qui a pour but d'empêcher les emprisonnements arbitraires et d'instruire un procès dans les 20 jours de l'arrestation. Son successeur, Jacques II, catholique et partisan du pouvoir absolu, provoque une autre révolution, sans effusion de sang[12]. Il est remplacé par une monarchie constitutionnelle gouvernée par Guillaume III d'Orange, époux de Marie II Stuart. Le nouveau souverain signe en 1689 le *Bill of Rights* qui, entre autres, limite les pouvoirs du roi et institue ceux du Parlement. Certains principes sont ainsi enchâssés, tels celui selon lequel toute levée de fonds par la Couronne doit être approuvée par le Parlement et celui qui accorde la liberté de parole au Parlement. L'*Acte de tolérance*, adopté la même année, reconnaît la liberté de religion, mais le *Test Act*, qui interdit aux catholiques l'accès aux offices publics[13], est maintenu jusqu'au début du XIXᵉ siècle.

Certains théoriciens anglais ont aussi contribué par leurs idées à cette transformation ainsi qu'à l'essor du libéralisme classique. Ils ont, en particulier, posé plusieurs principes fondamentaux :

- les principes de la rationalité des êtres humains et de l'existence de droits naturels situés hors du domaine religieux ;

- préalables à l'aménagement de structures politiques, les principes de la liberté des êtres humains de changer le régime politique, de la nécessité de leur consentement à ce régime comme base de sa légitimité et du devoir de ce régime de protéger les droits de la citoyenneté ;

- les principes de la tolérance religieuse et du pouvoir de la raison humaine de rechercher les lois de la nature et de faire avancer le genre humain.

Faisant partie des premiers ouvrages qui défendent des idées libérales, *Utopie* (1516)[14] de Thomas More critique indirectement les structures politiques et sociales de l'époque, la corruption des clercs et des monarques, les guerres continuelles auxquelles ceux-ci se livrent et conçoit une société basée sur l'égalité sociale et politique et sur la tolérance. Le *Vindiciae contra Tyrannos* (1579)[15] énonce le droit d'enfreindre les prescriptions contraires à la loi divine et de s'opposer aux princes qui violent les lois religieuses ou oppriment et ruinent la société. Il spécifie que la légitimité du souverain vient du peuple

et que tout roi qui établit des impôts pour son intérêt personnel est un tyran. Hooker, dans ses ouvrages publiés à la fin du XVIᵉ siècle, estime que l'humanité est raisonnable et, donc, capable d'accepter d'être gouvernée. Enfin, dans *La Grande Restauration des sciences*, publié entre 1605 et 1621, Francis Bacon annonce la révolution scientifique en mettant l'accent sur la méthode expérimentale pour comprendre, contrôler et exploiter la nature et faire progresser les connaissances[16].

Thomas Hobbes (1588–1679) apporte une contribution de premier plan au développement du libéralisme. Considéré comme le père à la fois du conservatisme et du libéralisme pour les idées qu'il présente dans *Le Léviathan*, il élabore de façon systématique une nouvelle base de légitimité qui remplace le droit divin des monarques. Ce droit divin légitimait un pouvoir héréditaire absolu conféré par Dieu au moment de l'accession au trône des monarques. Ce Dieu était quelque peu inconséquent, car, en Angleterre, il transmettait la souveraineté aux deux sexes, alors qu'en France, avec la *loi salique*, il ne transmettait ce droit qu'aux héritiers de sexe masculin. La nouvelle base de légitimité que propose Hobbes est le consentement du peuple. Hobbes décrit un état de nature fictif où les êtres humains cherchent principalement à satisfaire leurs passions et, sans contrôle, sont en perpétuel état de guerre. La vie y est donc « solitaire, misérable, dangereuse, brutale et courte ». Toutefois, il reconnaît qu'avant la constitution d'une autorité politique, les êtres humains jouissent de droits naturels et, avant tout, du droit de protéger leurs vies. Afin d'assurer cette protection, ils consentent à remettre la liberté qu'ils possédaient dans l'état de nature à un pouvoir souverain — individu ou institution. À son tour, ce pouvoir souverain doit adopter des lois et administrer la justice de façon impartiale afin d'imposer l'ordre et de garantir la sécurité.

Le caractère conservateur de la théorie de Hobbes tient :

- au caractère quasi absolu du souverain, limité seulement par son devoir d'assurer la sécurité de la population, si bien qu'une révolte n'est justifiée que si ce devoir n'est pas rempli ;

- au fait que cette révolte entraînerait un retour à l'anarchie de l'état de guerre ;

- à sa perception de la nature humaine, à la fois rationnelle, prête à être protégée, et irrationnelle, devant être contrôlée parce qu'agitée constamment par ses passions.

L'élément libéral de la théorie de Hobbes est développé plus tard par John Locke (1632–1704) dans le *Traité du gouvernement civil* (1690)[17]. Dans l'état de nature qu'il y présente, les êtres humains sont raisonnables et leur esprit à la naissance est comme une feuille blanche. Ils sont travailleurs et accumulent des biens, car, quand ils ont mêlé leur labeur à une chose, ils la possèdent. La propriété est ainsi acquise par le travail. La propriété est donc un droit naturel qui existe avant la formation de la société. Le fait que, dans l'état de nature, l'individu est aussi juge des empiètements à ses droits entraîne des risques et du désordre. Les êtres humains décident donc, en premier, dans le but de protéger leurs droits, de se constituer en société. Cette société se choisit ensuite un souverain (individu ou assemblée) qui la représente et auquel ses membres ne remettent qu'une partie de leur liberté. Celui-ci a le devoir de protéger leurs vies et leurs biens, autrement les individus ont le droit de se révolter et de changer de souverain. Du fait de cette théorie du double consentement (ou contrat), la révolte n'entraîne pas un retour à l'anarchie comme chez Hobbes, mais à une société raisonnable.

2.1.2.1.2. LES AUTRES ORIGINES EUROPÉENNES DU LIBÉRALISME

Dans l'Europe continentale, les origines intellectuelles du libéralisme classique remontent aux savants et aux physiciens de la Renaissance. Ils laïcisent le savoir et propagent la foi dans la science et dans la méthode scientifique pour découvrir et maîtriser le monde matériel, abandonnant l'intuition religieuse comme mode d'acquisition des connaissances. Les idées formulées par les théoriciens politiques s'ajoutent à ce courant de pensée pour constituer les divers éléments du libéralisme.

À Florence, Machiavel, dans *Le Prince*[18], contribue à détacher le pouvoir du souverain du droit divin et à le dégager des obligations morales. En France, Étienne de La Boétie, dans *Discours de la servitude volontaire* (1549)[19], examine les sources de la légitimité et de l'autorité du pouvoir politique. Jean Bodin, dans *Six livres de la République* (1576)[20], avance l'idée d'une loi naturelle à laquelle toute l'humanité, y compris les souverains, est soumise. Quatre ans après le massacre de la Saint-Barthélemy, il prône également la tolérance religieuse. S'interrogeant sur la nature et la formation de l'État, il conclut que les êtres humains choisissent librement le pouvoir unifié auquel ils se soumettent. Jean Bodin et Grotius (1583–1645) défendent également deux droits individuels qu'ils disent sanctionnés par la loi naturelle et divine : le droit à la liberté et le droit à la propriété privée. Grotius soutient aussi l'existence d'une loi naturelle dont les principes sont issus de la raison et applicables aux relations internationales. Descartes, dans le *Discours de la méthode* (1637), distingue deux mondes, l'un divin et l'autre physique. Ce dernier monde possède ses propres lois qui sont accessibles à la raison de tout être humain[21]. Aux Pays-Bas, Althusius développe une théorie du droit de résistance à la tyrannie, appuyant ainsi les calvinistes français contre le roi[22].

Les idées des philosophes du XVIIIe siècle s'inspirent des écrits de Hobbes et de Locke. Elles adoptent, en France, un ton plus virulent et conduisent à la violence par suite des conditions sociopolitiques et économiques régnant dans le pays, du degré avancé de décadence de la monarchie absolue et des privilèges excessifs de la noblesse et du clergé catholique.

Jean-Jacques Rousseau tente de retracer, par exemple, en 1753, les origines de l'inégalité du régime de l'époque[23]. Dans *Le Contrat social* (1792)[24], il élabore une théorie de régime idéal, remontant, comme l'avaient fait Hobbes et Locke, à un état de nature mythique. Toutefois, dans celui qu'il décrit, les êtres humains sont égaux, libres, mais barbares. Pourquoi deviennent-ils inégaux ? Selon lui, trois causes expliquent cette inégalité : l'établissement de la loi et du droit de propriété, qui crée des riches et des pauvres ; l'institution de la magistrature, à l'origine de l'état de puissant et de l'état de faible ; la transformation du pouvoir légitime en pouvoir arbitraire, qui crée l'état de maître et celui d'esclave. Il conseille donc d'abolir certaines institutions et d'établir un contrat social qui fonderait une société juste, basée sur une loi tirée de la volonté générale raisonnable. Si la volonté particulière d'un individu est raisonnable, elle correspondra à la volonté générale et, par le fait même, la liberté individuelle sera préservée, chaque être n'obéissant ainsi qu'à lui-même. Sinon, il faudra forcer les individus à être libres, à se conformer à la volonté générale. Au nom de la liberté, il y a un glissement du libéralisme vers le totalitarisme.

Montesquieu et Voltaire s'inspirent également des idées libérales anglaises pour critiquer le régime français et proposer des changements. Montesquieu offre d'abord une satire de sa société en décomposition et du despotisme de Louis XIV ainsi qu'une première recherche de l'ordre idéal dans les *Lettres persanes* (1721)[25]. Dans *De l'esprit des lois* (1748), il présente, dans le livre XI, un régime inspiré de ce qu'il pense être un modèle anglais qui permettrait d'éviter le despotisme de son pays en divisant les pouvoirs, régime qui assure la liberté politique et la sécurité des citoyens en séparant les puissances législative, « exécutrice » et judiciaire[26]. Dans ses *Lettres sur les Anglais* (1733–1734)[27], sous couvert de faire connaître le système anglais, Voltaire critique la monarchie absolue, la corruption de l'Église et les privilèges accordés à la noblesse et au clergé en France. Il y fait l'éloge de la philosophie de Locke. Plus tard, dans *Candide* (1759)[28], il se moque des superstitions, des prêtres corrompus, de la folie et du despotisme des puissants. D'autres, comme Diderot, attaquent également la religion[29], sont en faveur de la liberté individuelle et politique et de la liberté de commerce, s'opposent au despotisme et à l'intolérance et regardent le droit d'opposition comme « un droit naturel, inaliénable et sacré ». Diderot est aussi en faveur d'un système d'éducation publique, écrivant qu'« instruire une nation, c'est la civiliser[30] ».

Enfin, plusieurs penseurs professent leur foi dans la science et la raison humaine, capables de faire avancer la civilisation vers un monde meilleur, avec l'idée que le progrès d'une société est fonction de celui des personnes qui la composent. Parmi ces penseurs, il faut distinguer Condorcet. Défenseur des opprimés, il condamne l'esclavage et reconnaît aux femmes des droits politiques et des droits à l'éducation, qu'il veut publique, sur un pied d'égalité avec les hommes. Il est en faveur du libre échange et pense qu'il est essentiel au progrès de l'humanité

de débarrasser la société de toutes les formes de superstitions, et en particulier des religions. Il croit dans la perfectibilité indéfinie de l'humanité dans sa propre nature et dans tous les domaines de la connaissance[31], chaque être humain se perfectionnant par l'expérience et la somme des expériences accumulées conduisant au progrès. C'est à l'État de supprimer les inégalités artificielles provenant de l'organisation sociale, de la division des richesses et d'une instruction inaccessible à la majorité, de garantir les droits à la sécurité, à la propriété, à résister à l'oppression, à la représentation, et à une liberté formée de libertés précises : libertés politiques, individuelles, de conscience et de la presse. Il pose ainsi certains principes libéraux qui seront sanctionnés en 1789 dans la *Déclaration des droits de l'homme et du citoyen*.

Cette déclaration, qui veut être démocratique, tourne cependant à l'exclusivisme masculin et glisse vers le nationalisme. Les Jacobins exécutent Olympe de Gouges qui avait osé, entre autres, demander des droits égaux pour les femmes. Cette déclaration confond en définitive citoyenneté et communauté nationale, et ne résout pas le conflit qui oppose souveraineté nationale et droits individuels.

2.1.2.2. LES ORIGINES DU LIBÉRALISME AMÉRICAIN

Les principaux théoriciens du libéralisme américain sont activement engagés dans la politique de leur pays. Les premières requêtes libérales concernent le droit à la représentation des contribuables et sont formulées, dès 1754, par Benjamin Franklin, puis par James Oris en 1764. Ensuite, trois penseurs engagés jettent les bases du libéralisme américain et les principes qu'ils défendent seront déterminants pour le destin politique des colonies américaines.

Les idées de Thomas Paine, Anglais installé de fraîche date en Amérique, rallient la population à l'indépendance. Son pamphlet *Common Sense*, publié au début de 1776[32], est un plaidoyer en faveur de l'indépendance et contre la monarchie anglaise. Il y définit le principe du droit d'un peuple à se révolter contre un gouvernement injuste et non représentatif et celui de l'autodétermination des nations.

John Adams considère qu'un gouvernement légitime est basé non pas sur la crainte, mais sur la vertu, et que son devoir est d'assurer non seulement la protection et la sécurité des citoyens, mais aussi leur prospérité et leur bonheur[33]. Le peuple a ainsi le droit de changer de gouvernement quand sa sécurité, sa prospérité et son bonheur l'exigent. Le droit au bonheur s'ajoute donc aux droits individuels. Dans la Constitution du Massachusetts qui servira de modèle à la Déclaration des droits, il déclare que tous les êtres humains sont nés libres et indépendants et ont certains droits naturels, essentiels et inaliénables. Son insistance sur l'origine populaire de tout pouvoir politique et son principe de la responsabilité des représentants envers les électeurs représentent aussi des apports importants au libéralisme américain.

Enfin, Thomas Jefferson[34] offre deux contributions majeures à ce type de libéralisme. Il soutient que, bien que la citoyenneté ait créé l'État pour protéger ses droits naturels, elle doit également protéger ses libertés contre l'ingérence de l'État. Une déclaration des droits devient ainsi nécessaire pour limiter les pouvoirs du gouvernement et déterminer les domaines qu'il ne peut envahir. En outre, sa foi dans un peuple éduqué et éclairé pour assurer un bon gouvernement l'amène à demander, comme Adams, un système d'éducation publique accessible à toute la population. Il présente d'autres idées plus communes aux autres « rebelles », telle la division des pouvoirs, inspirée de Montesquieu, combinée à un système de freins et d'équilibre[35] pour assurer un « bon » régime, ainsi que le droit d'autodétermination des nations qu'il appelle « son étoile polaire[36] ». Enfin, il distingue la structure d'un gouvernement d'avec l'esprit dans lequel il est administré.

2.2. LE LIBÉRALISME POLITIQUE : UNE IDÉOLOGIE ?

Les points communs de ces variations libérales politiques démontrent la cohérence interne de ce courant de pensée, qui permet de le qualifier d'idéologie. Celle-ci, partant d'une définition de la nature humaine, construit sa théorie de la connaissance et élabore sa vision de l'État et de la société. Fondée sur une nature humaine rationnelle, possédant des droits naturels, principalement à la vie, à la possession de biens et à la liberté, elle affirme que tout être humain doit avoir accès à l'instruction. Avec l'expérience, l'instruction devient la principale source de connaissances et de progrès individuel et collectif. Étant rationnels, les êtres humains sont capables de céder une partie de leur liberté à un corps souverain et représentatif dont les pouvoirs sont limités à la protection de leurs droits. Ce corps peut être remplacé et changé s'il ne remplit pas son rôle de façon satisfaisante. L'État a, ainsi, une nature mécanique dont on peut améliorer et modifier les éléments. La société est la somme des individus, libres d'apprendre, de développer leurs talents et d'entrer mutuellement en compétition. L'avancement de la société dépend de l'effort de ses membres. Les valeurs dominantes du libéralisme politique classique sont donc la liberté, l'inviolabilité des droits naturels, l'individualisme, la méritocratie, tandis que la foi dans la raison, l'instruction et la concurrence doivent engendrer le progrès. Le libéralisme classique est une idéologie parce qu'il incite les individus à l'action, que ce soit à apprendre, à se faire concurrence, à accumuler des biens et des connaissances, à poursuivre leurs intérêts, à participer à la politique par le vote et la représentation ou à se révolter contre tout système qui ne protège pas leurs droits de façon satisfaisante.

2.3. LES CONTRIBUTIONS AU LIBÉRALISME ET LES PERSPECTIVES D'AVENIR

2.3.1. LE LIBÉRALISME ÉCONOMIQUE

À côté du libéralisme politique se développe le libéralisme économique dont les conséquences politiques vont se répercuter sur le libéralisme politique. Adam Smith (1723–1790), auteur de *La richesse des nations*, est regardé comme le père du libéralisme économique parce que sa pensée est centrée sur la liberté économique : liberté de commerce sur les plans national et international, liberté pour les prix de flotter selon l'offre et la demande. Selon lui, cette liberté apportera le progrès et la richesse aussi bien individuelle que collective[37]. La libre circulation des marchandises est un commerce « naturel » qui a donné lieu à la division du travail, à la mécanisation accrue et à la monnaie, donc à une plus grande productivité et au développement économique avancé des nations. À l'intérieur de l'État, grâce à la libre concurrence, les individus placent leurs capitaux dans les secteurs les plus profitables à la société, guidés par la « main invisible du marché ». Cette libre recherche du bien individuel aboutit à la richesse collective et, donc, à la satisfaction de l'intérêt national[38]. À l'échelle internationale, le libre-échange est également le meilleur système de commerce, car il permet, là aussi, au capital de se diriger vers les activités les plus productives. En bref, la liberté économique engendre naturellement le bien individuel et collectif.

Adam Smith se démarque des physiocrates et des économistes en soutenant qu'aucun secteur économique, y compris l'agriculture, ne devrait être favorisé, parce que toute préférence est une entrave à la liberté économique et empêche la société de s'enrichir. Le corps souverain doit donc intervenir le moins possible dans le secteur économique. Toutefois, l'État libéral a le droit de lever des impôts justes et équitables afin de pouvoir s'acquitter des fonctions qui sont les siennes, c'est-à-dire assurer la défense de la nation, administrer la justice et développer l'éducation.

2.3.2. LES CONSÉQUENCES DU LIBÉRALISME POLITIQUE ET SES TRANSFORMATIONS

Le libéralisme classique, lié ou non au libéralisme économique, a eu des répercussions dans la vie pratique et il a subi des transformations diverses. En Occident, le libéralisme classique a amené un certain nombre de changements importants dans la vie

Tableau 4.1
Retombées démocratiques du libéralisme classique au XIXe siècle et au début du XXe siècle

❑ Abolition de l'esclavage et du servage entre 1808 et 1888 dans des pays comme les États-Unis, l'Angleterre, la France, les Pays-Bas, l'Argentine, le Portugal et le Brésil.

❑ Tolérance religieuse qui met fin aux guerres de religion entre catholiques et protestants en France et en Angleterre.

❑ Adoption des libertés de presse, de parole et d'association en Europe occidentale, dans les dominions anglais et aux États-Unis. La liberté d'association permet la reconnaissance légale du syndicalisme à la fin du XIXe siècle.

❑ Institution de systèmes d'éducation publique en Europe occidentale.

❑ Le libéralisme justifiant le droit de représentation pour les classes possédantes, il soutient, dans la plupart des pays d'Europe, l'établissement de gouvernements représentatifs de ces classes, comportant des assemblées élues. À mesure que la franchise électorale s'étend à tout contribuable, le droit de vote devient « universel », dans le sens uniquement masculin jusqu'au début du XXe siècle et, dans certains pays, jusqu'à la moitié de ce siècle.

❑ Apparition de la première vague du féminisme, les femmes se considérant comme des êtres humains. En tant que tels, elles réclament des droits politiques, civils et économiques.

❑ Le principe du droit des peuples à choisir leur propre destinée, proclamé par le libéralisme, appuie, au XIXe siècle, les mouvements qui conduisent à l'indépendance de la Grèce (1827–1829), de la Belgique (1830) et de la Norvège (1905), préfigurant les mouvements de décolonisation du milieu du XXe siècle.

sociale et politique du XIXᵉ siècle et du début du XXᵉ siècle (tableau 4.1). Seul ou lié au libéralisme économique, le libéralisme politique a eu des conséquences néfastes, comme le manque de protection légale des travailleurs contre l'exploitation et l'oppression des minorités. Plusieurs théoriciens se sont attachés à exposer ces défauts du libéralisme et ont cherché des moyens d'en modifier et d'en démocratiser certains aspects, le faisant évoluer vers ce qu'il est convenu d'appeler le libéralisme démocratique. En même temps, un néolibéralisme conservateur s'inspire des idées d'Adam Smith, de Malthus, de Ricardo et du darwinisme socio-économique.

Le droit à la poursuite du bonheur que défendaient les libéraux américains se retrouve au centre de la pensée des utilitaristes dont les plus connus sont Jeremy Bentham (1748–1832) et James Mill (1773–1836)[39]. Ils poussent ce droit plus loin, appliquant leur principe d'utilité à l'examen critique, entre autres, du gouvernement, de l'éducation, du système pénal et des institutions judiciaires en vue de suggérer des réformes. En vertu de ce principe, les comportements individuels et collectifs se basent sur le désir de rechercher ce qui est agréable et d'éviter ce qui est désagréable. Le gouvernement est, dans cette optique, considéré comme le moyen nécessaire d'accroître le bonheur individuel et général[40]. Comment peut-il y arriver ? Posant que les humains sont par nature dépendants les uns des autres, Bentham, en particulier, définit la société comme un système de services échangés entre les membres. Tout service est une action qui donne du plaisir ou qui atténue ou supprime ce qui est désagréable. Ces services créent ainsi les bases de la définition des droits et des obligations qu'impose tout gouvernement. De plus, le gouvernement a, en sus du devoir de veiller au bonheur des citoyens, celui de leur éviter les souffrances les plus pénibles, entre autres, les maux corporels, la perte de la réputation, la famine et la mort. À cette fin, il doit procurer lui-même certains services essentiels. Le gouvernement devient ainsi une institution qui fournit des services. Il doit donc favoriser, par exemple, la liberté d'expression et la tolérance religieuse, ainsi que le développement de l'économie, former une main-d'œuvre professionnelle et réduire les inégalités. Il est d'ailleurs dans l'intérêt du gouvernement d'agir de la sorte : en identifiant son bien à

celui de la population, il remplit son rôle utilitaire et assure sa réélection.

La pensée utilitaire dépasse ainsi celle des libéraux américains qui donnaient aux citoyens le droit à la poursuite du bonheur. Les utilitaristes constatent que cette compétition sans contrainte amène trop souvent des inégalités qui font le malheur de la majorité. En conséquence, ils donnent au gouvernement les moyens de permettre à la majorité de la population d'obtenir ce bonheur et ils le chargent, à cette fin, d'intervenir activement dans la vie de la communauté.

Dans une autre veine, Alexis de Tocqueville (1805–1859) et John Stuart Mill (1806–1873) font ressortir les conséquences négatives découlant de l'égalité sociale, de la croissance économique et du pouvoir social et politique de la majorité. Le premier examine le système libéral des États-Unis et met en évidence les inconvénients de l'égalité sociale et politique de ses habitants d'ascendance européenne. Il fait valoir que l'égalité des droits politiques reposant sur le suffrage universel ne garantit pas le choix des meilleurs, le peuple n'ayant ni le temps ni la capacité de bien juger et pouvant se laisser prendre par ceux qui savent plaire[41]. Le peuple a donc besoin d'une éducation politique et il peut l'acquérir en prenant part activement aux institutions locales d'un système politique décentralisé. Tocqueville soutient que l'égalité sociale entraîne davantage de corruption en politique quand personne n'est très riche et que chacun cherche à améliorer sa situation. Il déplore que cette égalité conduise à la tyrannie de la classe moyenne, attachée presque uniquement à la poursuite du bien-être matériel. Enfin, cette égalité sociale est loin d'être assurée à long terme, selon Tocqueville, car la division du travail entraîne de l'irresponsabilité de la part des maîtres et des ouvriers et aboutit à des inégalités sociales, économiques et psychologiques qui sont contraires au bien commun. Enfin, il souligne qu'un gouvernement basé sur les principes libéraux peut entraîner le despotisme de la majorité dans tous les aspects de la vie, étouffant, en pratique, la liberté d'esprit et le génie et opprimant les minorités[42].

Admirateur de Tocqueville, John Stuart Mill[43], relève aussi les inégalités entre êtres humains que tolèrent, sinon encouragent, les systèmes libéraux de l'époque et, particulièrement, celles qui se rapportent aux femmes. Il soutient, avec Harriet Taylor Mill, la cause de l'émancipation politique, sociale et économique des femmes, et celle du contrôle des naissances, qu'il juge essentiel pour leur permettre de se libérer du rôle de reproductrices auquel les confine la société. Il est aussi conscient des conséquences négatives de l'égalité politique, maints citoyens n'ayant pas l'éducation et la compétence nécessaires pour comprendre la moralité et la politique, étant incapables de faire des choix politiques. La participation politique étant essentielle à l'éducation politique d'un peuple[44], il recommande l'établissement d'un système d'éducation nationale pour former ce dernier à la politique. Pour éviter le despotisme d'une majorité peu éclairée[45], il conseille d'instituer un système de représentation proportionnelle et de vote pluraliste susceptible de donner aux plus intelligents et instruits plus de voix qu'aux autres. Afin de garantir une bonne administration et d'empêcher le patronage et la corruption, il propose aussi de choisir les administrateurs publics par examens et concours[46].

Selon Mill, la majorité, en exerçant son pouvoir, impose une conformité sociale et intellectuelle qui entraîne l'intolérance et limite la liberté, en particulier la liberté d'opinion, nivelant la pensée et empêchant les idées nouvelles de s'exprimer et de contribuer au progrès général. Il insiste donc sur la nécessité, d'une part, de garantir la liberté d'expression et, d'autre part, d'être instruit et convaincu par un bon raisonnement. Mill critique la foi optimiste du libéralisme dans le progrès économique. Selon lui, ce progrès ne peut amener une amélioration des conditions d'existence s'il réside uniquement dans l'augmentation de la production et de l'accumulation. Il s'attaque aux coûts de la croissance économique en termes de dommages qu'elle inflige à la nature, aux espèces animales, à la campagne et à la qualité de la vie humaine.

Enfin, il présente des tendances socialistes en suggérant que le comportement des êtres humains peut être motivé par la vertu et le souci désintéressé des autres plutôt que par l'unique recherche de l'intérêt personnel. Il appuie des projets qui diminueraient les considérables écarts entre les conditions de vie et favoriseraient la coopération. Il valorise l'égalité comme une fin en soi et décrit, dans ce sens, des possibilités de comportements individuels et sociaux.

Les quatre théoriciens présentés ici cherchent ainsi à corriger les défauts du libéralisme classique et du libéralisme économique dont ils observent les conséquences: les disparités socio-économiques qui entraînent la misère extrême des ouvriers, résultat d'un capitalisme sauvage et de la concurrence individualiste vers la poursuite du bonheur en termes d'accumulation de biens matériels; l'oppression des minorités, en raison du despotisme intellectuel et politique de la majorité qui impose une conformité médiocre dans tous les aspects de la société; la foi trop optimiste dans un progrès sans égard à la protection de l'environnement physique et social; et la médiocrité et la corruption du gouvernement élu par une majorité sans formation intellectuelle, politique ni morale.

Deux principaux facteurs vont permettre la transition du libéralisme classique au libéralisme démocratique. Cette dernière est acceptée par les systèmes politiques et économiques libéraux désireux d'enrayer la menace représentée par les idéologies rivales ainsi que les crises engendrées par le libéralisme. L'expansion du socialisme comme idéologie et comme pratique en Russie, à la suite de la révolution bolchevique de 1917, met en danger le libéralisme et le système capitaliste. Malgré que l'idéologie socialiste s'attendait à ce que la révolution surgisse dans les pays où l'exploitation du prolétariat était la plus forte, l'exemple soviétique montre qu'elle peut se produire dans les pays où la classe ouvrière n'est pas très développée. Cette menace contraint les gouvernements libéraux à prendre des mesures pour gagner la classe ouvrière et à réduire quelque peu les inégalités socio-économiques.

La crise économique de 1929 et la Deuxième Guerre mondiale poussent l'État à intervenir dans l'économie et les services sociaux. Les mesures issues du *New Deal* aux États-Unis illustrent ce changement dans les valeurs de la culture politique américaine et sont copiées par plusieurs pays occidentaux, notamment par le Canada. Dans ce contexte, les théories de l'économiste John Maynard Keynes (1883–1946) sont déterminantes par leur critique du laisser-faire lié au libéralisme économique et par les mesures qu'elles préconisent[47]. Il recommande que l'État investisse dans le domaine économique et social afin d'encourager la production et l'emploi et de réduire les écarts entre riches et pauvres. L'État libéral adopte donc graduellement un rôle interventionniste et acquiert une conscience sociale. Il évolue peu à peu vers l'État-providence, l'État pourvoyeur de services prôné par Bentham.

2.3.3. LES CONTRIBUTIONS AU LIBÉRALISME AU CANADA

Au Canada anglais, les théoriciens libéraux sont rares. Le libéralisme s'y exprime principalement par l'engagement de certains individus. Il commence, lors des rébellions de 1837 au Haut-Canada, par la lutte démocratique de William Lyon Mackenzie en faveur d'un « gouvernement au bénéfice des gens ordinaires[48] » et contre les privilèges du *Family Compact*. Il se continue dans la pensée et l'action de son petit-fils, le Premier ministre William Lyon Mackenzie King. Il mise sur la raison plutôt que sur la force pour régler les conflits, aussi bien dans le domaine du travail que dans les relations internationales, comme il l'affirme dans son ouvrage *Industry and Humanity*[49]. Sa foi dans la raison lui fait étendre la pratique du compromis de Wilfrid Laurier, présente aussi dans sa façon de gouverner un pays aux profonds clivages religieux, linguistiques, régionaux et économiques. Lester B. Pearson, autre Premier ministre libéral, fait également appel à la raison lorsqu'il recommande la création d'une force internationale pour maintenir la paix. Certains intellectuels du domaine de l'économie politique[50] ont aussi, dans leurs travaux pour des organismes gouvernementaux, contribué aux réformes visant à obtenir un plus grand degré de justice sociale et une distribution plus équitable des richesses[51].

Bien que Mackenzie King ait défendu le droit à l'indépendance du Canada et que celui-ci ait obtenu le statut d'État-nation, lui et les autres libéraux sont moins préoccupés de préserver son indépendance économique. Certains, comme Goldwin Smith, sont partisans du continentalisme économique ou d'autres formes de libre-échange avec les États-Unis, sans égard à ses conséquences sur l'indépendance politique du pays[52]. Pour cette raison, cette forme de libéralisme est critiquée par des intellectuels sociaux-démocrates qui lui reprochent aussi d'être « informe », d'apporter des solutions moyennes, en empruntant des réformes au CCF-NDP tout en cédant aux pressions de la droite[53], et de neutraliser la conscience de classe de la population. Ces intellectuels reconnaissent cependant que le libéralisme canadien-anglais diffère du libéralisme américain, en ce qu'il est moins individualiste, moins populiste et plus enclin à faire intervenir l'État du fait qu'il demeure au centre, influencé à la fois par le *toryisme* et le socialisme[54].

Au Canada français, il convient plus de parler de « libéralismes », étant donné les formes diverses que cette idéologie y revêt[55]. Ces libéralismes diffèrent par les types de nationalismes auxquels ils sont associés[56] et par leurs sources d'inspiration. La première forme de libéralisme canadien-français, apparue à l'époque des rébellions de 1837–1838, s'inspire du libéralisme américain. Chez les Patriotes, elle s'accompagne d'indépendantisme et de républicanisme et, chez les plus radicaux, de sécularisme et d'annexionnisme aux États-Unis[57]. Certains, durant le gouvernement de l'Union, considèrent aussi la solution annexionniste comme le meilleur moyen d'en finir avec l'héritage oppressif d'un peuple conquis et d'accéder à la liberté, au bien-être, au progrès et à la justice dans une « démocratie pure »[58] où le peuple est souverain, comme dans le modèle américain.

La deuxième forme du libéralisme canadien-français au XIXᵉ siècle est décrite en 1877 dans le célèbre discours de Wilfrid Laurier[59]. Face aux attaques des ultramontains du Québec, il y affirme que le libéralisme canadien est différent du libéralisme catholique de l'Europe continentale condamné par le pape et s'inspire plutôt du modèle anglais. Il insiste sur le fait que ce libéralisme n'est ni anticlérical ni révolutionnaire. Basé sur les libertés garanties par les traditions politiques anglaises, sur la tolérance et la conciliation entre francophones et anglophones et entre catholiques et protestants, il requiert seulement de l'Église catholique de cesser de s'occuper officiellement de politique. Ce libéralisme croit au progrès et dans la perfectibilité de l'être humain. Sur le plan politique, le but du libéralisme « lauriériste », allié au nationalisme canadien, est de préserver l'unité du pays et d'obtenir pacifiquement son indépendance de la Grande-Bretagne.

La dernière forme de libéralisme canadien peut être représentée par la pensée de Pierre Elliott Trudeau. Ce dernier s'élève d'abord contre la tyrannie du régime nationaliste traditionnel, paternaliste et obscurantiste de Maurice Duplessis au Québec. Dans une série d'articles publiés à la fin des années 1950, Trudeau se démarque des libéraux précédents par son adhésion aux principes abstraits du libéralisme classique. Il se réfère à la liberté, au droit à une instruction convenable, au droit de se révolter contre l'injustice et la tyrannie et à la source de légitimité de l'autorité politique. Il reproche aux Canadiens français de n'avoir pas mis l'État au service de la collectivité et de se soumettre servilement aux autorités politiques et religieuses. Ensuite, en politique active comme ministre de la Justice, puis comme Premier ministre en 1968, il défend un autre principe libéral, celui de l'« égalité des chances », valable pour tous les Canadiens, quelles que soient la région économique où ils vivent et la langue — française ou anglaise — qu'ils parlent[60]. Partisan des droits individuels, il parvient à enchâsser la *Charte des droits et des libertés* dans la Constitution canadienne adoptée en 1982, malgré le refus des représentants du Québec d'y apposer leur signature. Le conflit Ottawa-Québec illustre l'ambivalence du libéralisme, celui-ci protégeant à la fois des droits individuels et les droits collectifs à la base du droit à l'autodétermination des peuples[61].

2.3.4. L'AVENIR DU LIBÉRALISME

Depuis les années 1980, l'idéologie et la pratique du libéralisme démocratique sont attaquées sur deux flancs. Un courant de pensée ainsi que des mouvements néolibéraux veulent un retour aux principes du libéralisme classique et, en partie, à ceux du libéralisme économique. Ils incorporent certaines idées conservatrices dans un néolibéralisme/néoconservatisme. En même temps, le libéralisme économique réapparaît dans les accords de libre-échange et de commerce international liés au processus actuel de mondialisation. Ce type de libéralisme exige l'abolition des mesures nationales de protection sociale et économique et donc la fin ou, tout au moins, une diminution de l'intervention des gouvernements des régimes sociaux-démocrates dans les domaines social et économique. Sur le plan théorique, certains

éléments du libéralisme refont surface dans les théories des choix rationnels de l'individu économique. Certains intellectuels[62] mettent en doute la rationalité libérale ou, encore, comme Rawls, continuent à vouloir humaniser le libéralisme en l'ancrant dans un concept de justice basé sur un ensemble de libertés et de droits fondamentaux[63].

Sur les scènes nationale et internationale, l'élément libéral le plus persistant et, à l'heure de la mondialisation, le plus propre à améliorer les conditions d'existence est celui de l'avancement et de la sauvegarde des droits de la personne. Depuis 1948, des déclarations émanant d'organismes internationaux ont soutenu certains de ces droits[64], bien qu'elles n'aient pas été endossées par tous les pays membres de la communauté internationale et que les signataires n'observent pas tous les conventions. Les technologies modernes de communication et les enquêtes des organismes gouvernementaux et non gouvernementaux font cependant que les violations de ces droits sont de plus en plus difficiles à cacher. Les nouvelles idéologies de l'écologisme, du pacifisme et du féminisme réservent aussi une place importante à l'avancement de ces nouveaux principes. Enfin, il est impossible de séparer ces droits des problèmes majeurs auxquels fait face la planète à la fin de ce siècle, tels les guerres et la pauvreté[65].

3. LE CONSERVATISME

3.1. LES ORIGINES ET LE DÉVELOPPEMENT DU CONSERVATISME

Le libéralisme a entraîné des réactions qui ont donné naissance à des idéologies rivales. La première de ces idéologies qui est apparue est le conservatisme.

3.1.1. LES ORIGINES SOCIALES ET ÉCONOMIQUES DU CONSERVATISME

Avant la Révolution française, le conservatisme en Europe constitue une réponse formulée par les groupes qui critiquent la modernisation et la disparition de l'ordre ancien. Il s'agit aussi bien d'aristocrates qui soutiennent le pouvoir absolu des monarques que de membres des corporations de métiers concurrencés par de nouvelles entreprises qui ne sont plus soumises à leurs règles ou de villageois forcés d'utiliser de nouvelles techniques ou d'exploiter de nouvelles cultures.

3.1.2. LES ORIGINES INTELLECTUELLES DU CONSERVATISME

Chez les Anciens, en particulier à Rome, il existait déjà un courant organiciste qui valorisait les privilèges des élites. Au XVIIIe siècle, certains intellectuels européens expriment des idées qui manifestent un conservatisme du *statu quo*, opposé au changement, préservateur de certaines institutions et des rapports sociaux existants. Par exemple, Montesquieu en France, dans *De l'esprit des lois*, recommande de maintenir la monarchie héréditaire. Justus Möser, en Allemagne, soutient le féodalisme, affirmant la nature divine de l'ordre social et la stabilité des villages et des corporations[66]. Contrairement au libéralisme, le conservatisme n'a jamais été développé dans une grande œuvre théorique. Ses principaux éléments, sous sa forme réactionnaire, se trouvent notamment dans le texte d'Edmund Burke intitulé *Réflexions sur la révolution de France* (1790). C'est donc sur la base de ce document que le conservatisme classique comme idéologie potentielle est examiné. Il faut cependant noter que le terme « conservateur » lui-même n'est apparu qu'en 1819 en France et celui de *Conservative Party* qu'en 1830 en Angleterre[67].

3.2. LE CONSERVATISME : UNE IDÉOLOGIE ?

Edmund Burke ne cherche pas à construire une théorie. Il déteste les idées abstraites et leurs auteurs, les théoriciens[68]. Leur crime est d'avoir provoqué la Révolution française qu'il condamne en la comparant à la Glorieuse Révolution. Néanmoins, les *Réflexions* permettent de présenter la logique de cette nouvelle idéologie élaborée par lui. Celle-ci est influencée, de part en part, par la religion et elle réinterprète à sa façon, dans des termes obscurs, les principaux concepts du libéralisme.

L'être humain y est une créature divine, dont la nature, viciée par le péché originel, est imparfaite. Il ne peut être sauvé qu'en suivant la morale religieuse[69]. Bien que doté du libre choix, il doit se soumettre à celle-ci et à l'ordre voulu par la divine Providence. La raison ne possède ni le caractère abstrait ni l'individualisme de la raison libérale. Elle consiste en une « manière traditionnelle de penser d'une communauté collective[70] », assujettie à une morale d'origine divine. L'être humain a non pas des droits abstraits, mais un droit naturel venant de Dieu et qui n'existe que s'il suit la volonté divine. Quant à ses droits matériels, il ne possède que ceux dont il hérite.

Étant donné l'importance donnée à la religion dans le conservatisme, l'acquisition des connaissances se fait par la révélation ou l'intuition venant de Dieu et par l'expérience, non individuelle, mais puisée dans l'histoire de la communauté. La société est le produit de la volonté divine. C'est un organisme vivant, une chaîne de générations dans laquelle chaque individu a une place attribuée par la tradition selon une aristocratie naturelle[71]. La destruction de cet ordre voulu par Dieu constitue un sacrilège. Assise de la société, des premiers rapports et devoirs sociaux et modèle des relations d'autorité[72], la famille occupe une place de premier rang.

Lien entre les générations d'une communauté nationale, l'État possède également une nature organique. Ses institutions sont le fruit du travail de plusieurs siècles. Le contrat qui a créé l'État et ses institutions est, à l'origine, un contrat entre Dieu et l'humanité. Le contrat social a donc des bases divines, car « Dieu a voulu l'État pour la perfection de l'homme[73] ». Il ne faut pas modifier ces institutions de façon abrupte et, encore moins, les détruire, comme l'a fait la Révolution française. Celle-ci est une révolte contre Dieu, puisqu'elle ne considère plus la Providence comme moteur de l'histoire. L'être humain, seul, du fait de son imperfection, ne peut aller qu'au désastre. Selon Burke, le seul progrès véritable bâtit sur les accomplissements du passé et suit la volonté divine. Cet auteur concède qu'il existe un droit de résistance, mais seulement comme dernier recours si le pouvoir ruine le bien des gouvernés et devient tyrannique[74].

Les concepts de souveraineté populaire et de peuple subissent également une transformation. Pour Burke, le peuple est bien le fondement de l'autorité politique, mais cette autorité n'est qu'une délégation de pouvoir, car tout pouvoir vient de Dieu. Le pouvoir doit donc accomplir la volonté de Dieu. En outre, le peuple lui-même constitue non pas la majorité, mais une minorité éclairée guidée par l'aristocratie[75].

Les valeurs principales du conservatisme sont donc la continuité, l'ordre, le respect des traditions, du passé, de la morale religieuse et de l'aristocratie, l'inégalité dans la distinction des rangs et la vénération de la nature organique de la communauté et des institutions politiques. Burke rejette le concept d'égalité, la « notion abstraite de majorité de la démocratie française » et la liberté absolue des libéraux, qui, sans la sagesse et la vertu, sans protection ni contraintes, « est le plus grand des maux possible ». Il accepte une liberté sociale limitée comme un privilège, car « la société a le droit et le pouvoir d'exercer une pression sur l'individu pour le libérer du despotisme de ses passions au profit de la vertu[76]».

Quand il épouse les idées énoncées par Adam Smith dans *Thoughts and Details on Scarcity* (1796), la logique de sa pensée dérive quelque peu et annonce le néoconservatisme contemporain. Au nom de la liberté du marché, il s'oppose aux mesures interventionnistes de l'État destinées à aider les pauvres. L'idée qu'il ne faut pas déranger l'ordre naturel des choses va ainsi à l'encontre des fins morales que, d'après cet auteur, l'État devrait poursuivre[77].

Le conservatisme résiste à l'action de trois façons. Il demande de ne pas déranger le *statu quo*, de sauvegarder les privilèges tout en encourageant la résignation. Si des réformes sont nécessaires, il recommande qu'elles ne soient faites que très lentement. Enfin, dans une certaine mesure, il préconise un retour au passé.

3.3. LES CONTRIBUTIONS AU CONSERVATISME ET LES PERSPECTIVES D'AVENIR

3.3.1. LES CONTRIBUTIONS EUROPÉENNES ET AMÉRICAINES

En Prusse, au début du XIXᵉ siècle, le conservatisme se développe contre les réformes de l'Empire.

Friedrich von der Marwitz considère la Prusse comme un État patriarcal construit sur le modèle de la famille traditionnelle. Son élitisme antilibéral s'accompagne de racisme et de sexisme. Il s'oppose ainsi à la libération des serfs, à l'émancipation des Juifs et aux droits des femmes[78]. Certaines figures politiques, telles celles de la Sainte-Alliance de 1815 en Prusse, en Autriche et en Russie, appuient ce conservatisme antilibéral. Celui-ci se développe aussi en Espagne.

Un autre type de conservatisme, basé sur un désir nostalgique de retour au Moyen Âge et à son sens de la mission, apparaît aussi un peu plus tard, notamment chez les romantiques autrichiens. Les romantiques anglais, quant à eux, s'opposent à l'utilitarisme matérialiste de Bentham. Certains, comme Samuel Taylor Coleridge, affirment que l'on ne peut séparer État et religion[79]. En France, le conservatisme s'exprime alors dans le mouvement de restauration de la monarchie, soutenu par les ultras et des intellectuels, comme Joseph de Maistre (1753–1821) et Louis de Bonald (1754–1840). Tous deux sont monarchistes et pensent que toute « bonne » société doit être théocratique[80].

Aux États-Unis, au XIXᵉ siècle, les fédéralistes expriment leur préférence pour des idées aristocratiques et un État fort. Les sudistes John Randolph et John Coldwell Colhoun préfèrent des changements graduels aux innovations abruptes, la vie rurale aux activités commerciales et industrielles, et s'opposent à certains principes libéraux. Randolph rejette, par exemple, le principe selon lequel les êtres humains sont nés libres et égaux. Colhoun qualifie le gouvernement par la majorité de despotisme populaire. Il répudie la théorie du contrat et l'hypothèse de l'état de nature. Il formule le principe des « majorités concurrentes », c'est-à-dire d'une majorité qui représente un compromis entre les intérêts de tous les éléments importants de la population et qui respecte ainsi les droits de ceux-ci[81].

Vers la moitié du XIXᵉ siècle, les idées sur l'inégalité prennent une autre forme en Angleterre. Thomas Macaulay affirme qu'au meilleur gouvernement correspondent les plus grands écarts de conditions. Disraeli et Newman abondent dans le même sens. Selon eux, la démocratie britannique repose sur l'existence continue d'un sens aigu des différences de classe, sens qui concourt à maintenir un esprit de communauté. Ils sont convaincus que la présence des classes sociales et des inégalités est essentielle au maintien de l'ordre et de la loi[82].

À la fin du XIXe siècle, dans les pays germaniques, le conservatisme prépare le chemin au nazisme par son racisme, son sexisme et son principe d'un État fort. En Prusse, Heinrich von Treitschke défend un conservatisme nationaliste, expansionniste et opposé à la gauche. Il est antisémite, considère les Slaves comme des êtres inférieurs et s'oppose à ce que les femmes aient accès à des études supérieures et aient le droit de vote. Selon lui, le pouvoir de l'État est la garantie du bien-être de la communauté et des individus, et ceux-ci doivent être prêts à sacrifier leur vie à cet État pour le bien commun. Il croit dans la supériorité des peuples germaniques, supériorité qui leur permet tout et leur donne le droit de dominer le monde, et ce, avec la bénédiction de Dieu[83], puisque la volonté divine s'exprime au plus haut degré dans les institutions prussiennes. Ces éléments antisémites, antisocialistes et expansionnistes sont aussi présents dans le conservatisme pangermanique de Georg von Schonerer[84].

En France, aux propositions corporatives conservatrices émises en réaction aux événements de 1848 succède, à la fin du XIXe siècle, une droite radicale et antisémite. Maurice Barrès, Charles Maurras et *L'Action française* ainsi que les antidreyfusards s'opposent au libéralisme et au rationalisme, qu'ils considèrent comme des ennemis des traditions et de la solidarité communautaire. Ils s'appuient sur le darwinisme social pour justifier leur racisme, leur droit absolu à la propriété privée et leur dénonciation des réformes sociales. Leur conservatisme, comme celui de leurs confrères allemands, est teinté de nationalisme et fait intervenir la doctrine du « sol et du sang » qui les amène à rejeter les étrangers et les Juifs.

Au tournant du siècle, l'idée d'un impérialisme racial fait aussi son apparition aux États-Unis dans les idées du révérend Josiah Strong. Henry et Brooks Adam, quant à eux, sont représentatifs d'un conservatisme pessimiste qui nie le progrès et condamne la science, le déclin des croyances religieuses et la « dégradation » de la société.

Les diverses formes de conservatisme européen et américain ont ceci de commun : elles constituent une réaction aux idées et aux réformes du libéralisme. La forme d'action préconisée est celle qui maintient le *statu quo*, mais, le plus souvent, c'est un retour au passé empreint d'un nationalisme agressif et d'un racisme expansionniste s'arrogeant le droit de dominer les autres peuples. La religion qui est mise à contribution dans la plupart des formes de conservatisme sert à justifier et à perpétuer les inégalités.

3.3.2. LES CONTRIBUTIONS CANADIENNES À L'IDÉOLOGIE CONSERVATRICE

Au Canada français, le conservatisme s'exprime au XIXe siècle dans l'ultramontanisme de certains membres du haut clergé du Québec et dans les articles et le « bon » roman du journaliste Jules-Paul Tardivel[85]. Selon cette forme de conservatisme, l'État doit être au service de l'Église et non le contraire, toute autorité vient de Dieu et est représentée dans la société par celle du père de famille. Les individus doivent obéir docilement aux autorités et s'il y a conflit entre les autorités religieuses et les autorités civiles, ils doivent prendre le parti des premières. Cet ultramontanisme s'associe au nationalisme traditionnel qui veut que les Canadiens français soient appelés par Dieu à une vocation rurale et qu'ils aient été placés par la Providence sur ce continent pour échapper aux maux de la Révolution française et y propager la religion catholique et la civilisation française. Leur devoir est donc de rester fidèles à ces traditions — religion, langue et culture — et, pour accomplir ce devoir de messianisme, d'avoir une nombreuse progéniture. Denis Monière souligne que cet ultramontanisme est, essentiellement, un élément importé, qui s'explique par la crainte peu fondée que le libéralisme européen puisse être transposé tel quel au Québec[86].

Au Canada anglais, le conservatisme le plus clairement exprimé se trouve dans les écrits de George Grant et, en particulier, dans *Lament for a Nation*. Intimement lié au nationalisme canadien, ce type de conservatisme s'oppose au continentalisme, tenu pour un bien uniquement dans la doctrine libérale du progrès. Grant estime que le progrès est la préservation des acquis. Il déplore que le Canada abandonne peu à peu ses traditions — certaines manières d'être qui distinguent les Canadiens des Américains, telles le respect des droits collectifs du Québec et la souveraineté nationale — et se laisse absorber par les États-Unis[87]. Le conservatisme sert encore une fois à justifier le nationalisme, cette fois-ci canadien, et constitue une réaction contre le libéralisme qui voit le progrès en termes de continentalisme et d'ordre international.

3.3.3. LES PERSPECTIVES D'AVENIR DU CONSERVATISME

Dans un contexte de crises économiques récurrentes, face aux progrès accomplis par le libéralisme démocratique et face au socialisme, l'Occident, à la fin du XXᵉ siècle, formule une idéologie hybride qu'on appelle indistinctement néolibéralisme ou néoconservatisme. Elle est néolibérale parce qu'elle s'appuie sur les principes d'Adam Smith pour réclamer la diminution de l'interventionnisme d'État et recommander la privatisation ainsi que la déréglementation du domaine économique. Elle est aussi teintée de conservatisme du fait qu'elle met au premier plan la moralité, les traditions, les religions et la famille traditionnelle. Ses principes économiques ressemblent à ceux de Friedrich von Hayek et de Milton Friedman.

Hayek, dès 1944, dans son ouvrage le plus célèbre, *La route de la servitude*, critique les mesures de planification du libéralisme démocratique et des États totalitaires de droite comme de gauche. L'apparition du totalitarisme serait dû à l'abandon par la civilisation occidentale de ses traditions intellectuelles, au nombre desquelles figurent les idées d'Adam Smith. En outre, tout système de planification étatique, à son avis, mène à la dictature et constitue le moyen de coercition le plus efficace qui soit. D'après lui, il ne peut exister de liberté politique sans liberté économique. Tout système économique centralisé n'a, donc, que des effets négatifs. Il entraîne des inégalités et l'abandon de toute moralité — la fin de la planification justifiant les moyens — et laisse le champ libre aux leaders sans conscience. Il conduit à l'asservissement des masses par une propagande mensongère. Hayek conclut que, pour tout individu, la politique de liberté représente la seule politique progressiste[88].

Friedman, de son côté, est en faveur d'une limitation du rôle de l'État dans l'économie et du monétarisme. Ce monétarisme implique des compressions budgétaires, et il s'oppose ainsi à l'idée keynésienne suivant laquelle les dépenses publiques et les déficits budgétaires permettent d'éviter les crises économiques. Friedman unit, comme Hayek, liberté politique à liberté économique, affirmant que l'entreprise privée et la liberté politique constituent les deux piliers d'une société libre[89]. Selon lui, la liberté économique est aussi importante que la liberté de parole et l'une ne va pas sans l'autre. Ces principes ont des conséquences tant à l'échelle nationale qu'internationale, car ils ont pour effet, par exemple, de nier la responsabilité sociale des grandes entreprises et de justifier un refus d'aide aux pays à planification économique centralisée.

Chez ces deux auteurs comme chez ceux qui appliquent leurs principes en Occident, le retour aux sources du libéralisme tant politique qu'économique se lie à certains éléments du conservatisme, en réaction à la fois contre l'État-providence et le socialisme. En 1964, Barry Goldwater se présente à la présidence des États-Unis avec un programme basé sur des principes anti-interventionnistes. Margaret Thatcher, Première ministre de la Grande-Bretagne en 1979, pratique une politique de privatisations, de déréglementations et de compressions budgétaires en matière de services sociaux qui est imitée aussi bien au Canada qu'en France et aux États-Unis.

Cette politique s'accompagne habituellement de la deuxième variante du néolibéralisme, le conservatisme de la nouvelle droite (ND). La ND est clairement conservatrice par les liens qui l'unissent à la religion, par l'importance qu'elle accorde à la famille patriarcale, aux traditions, à l'ordre, à la moralité et parce qu'elle tolère, sinon encourage, les inégalités sociales et économiques. Elle comporte plusieurs degrés de conservatisme unis par certains thèmes et objectifs et comprend également une aile extrémiste fascisante. Les thèmes des quatre branches principales de la ND américaine sont en partie identiques à ceux des autres pays. De nature antidémocratique, ils soutiennent à différents degrés l'autoritarisme, la xénophobie, la théorie de la conspiration, le nativisme, le racisme, le sexisme[90], l'homophobie, l'antisémitisme, la démagogie et le recours aux boucs émissaires (le communisme, dans le passé), et ils présentent diverses conceptions de la nation idéale (tableau 4.2)[91]. Aux États-Unis, la ND est présente dans les milieux urbains et ruraux, dans les Églises protestantes non traditionnelles et l'aile conservatrice catholique, dans le Parti républicain et un nombre important de mouvements. Elle bénéficie de l'appui de millionnaires et de grandes entreprises. Son influence en politique se fait sentir non seulement au moment des élections mais aussi de façon continue par l'action de ses représentants au Congrès et dans l'administration. À cause des incertitudes du tournant du siècle, elle arrive à étendre son pouvoir auprès des masses grâce à son discours populiste et à ses appuis dans les Églises fondamentalistes. Les politiques qu'elle défend tendent à anéantir les progrès accomplis dans le domaine des interventions sociales et économiques et dus aux luttes des femmes, des Noirs, des classes laborieuses et des pauvres[92]. Elle a contribué à la défaite de l'*Equal Rights Amendment*. Son opposition à l'interventionnisme de l'État en économie se manifeste surtout en matière d'aide sociale, mais elle s'étend également à plusieurs autres domaines, dont celui de l'éducation.

Tableau 4.2
Les formes de la nouvelle droite aux États-Unis

❑ La droite théocratique est liée au Parti républicain avec une base religieuse fondamentaliste, évangéliste, charismatique, pentecôtiste et orthodoxe. Elle soutient le *dominionisme*, l'idée que les Écritures ont donné la terre aux chrétiens qui doivent donc en diriger la société. Sa société idéale est de nature autoritaire et fondée sur la religion. La justification des actions et des lois des leaders est qu'ils accomplissent la volonté de Dieu. Les femmes n'y sont que des auxiliaires des hommes. Les enfants y sont la propriété des parents. Les problèmes sociaux sont causés par des conspirations sataniques qui reçoivent l'aide des libéraux, des homosexuels, des féministes et des humanistes séculiers.

❑ Le populisme régressif est de nature antidémocratique et s'appuie sur des groupes comme la John Birch Society et les mouvements de milices armées qui souvent tournent au fascisme. Son idéal est la société ultra-patriotique et xénophobe de America First qui accepte également le darwinisme économique et sans restriction du capitalisme entrepreneurial. Il est partisan d'un leader fort qui exprime la volonté du peuple de mettre fin au désordre et à l'immoralité. Les problèmes sociaux sont causés, aux dépens de la population, par la corruption et la paresse des politiciens et des administrateurs qui font partie d'une conspiration d'étrangers encouragée secrètement par une élite.

❑ Le nationalisme racial blanc varie de l'autoritarisme brutal au fascisme dans son soutien à la suprématie des hommes blancs. Il appuie à l'extérieur le militarisme unilatéral et, à l'intérieur, une répression sévère pour forcer l'obéissance. L'idéal est la restauration de l'« ordre biologique naturel » grâce à une révolution des Blancs pour abolir les régimes corrompus. Les problèmes sociaux sont causés par les gens de couleur « non civilisés », les étrangers des basses classes et les Juifs à double loyauté qui manipulent les gens de couleur.

❑ L'extrême droite comprend les suprémacistes blancs déclarés, les membres du Ku Klux Klan, les patriotes chrétiens, les *skinheads* racistes, les néonazis et les révolutionnaires de droite. Plus importante dans les régions rurales, elle incite aussi, par sa propagande, les jeunes des régions urbaines à commettre des crimes haineux contre les gens de couleur, les Juifs et les homosexuels. Elle partage les points de vue du nationalisme racial blanc.

Source : Adapté et traduit librement de Chip Berlet et Margaret Quigley, « Theocracy and White Supremacy », dans Chip Berlet (dir.), *Eyes Right!* Boston (Mass.), South End Press, 1995, p. 15–43. Reproduit avec la permission des auteurs.

En France, les fusions et divisions de la droite sont nombreuses. On peut distinguer cependant quatre droites: les monarchistes, les gaullistes, les démocrates-chrétiens et l'extrême droite. Jusqu'en 1981, la droite refusait les catégories partisanes de droite et gauche, croyant en une société unie, organique et sans divisions. À présent, les trois premières ont accepté l'appellation de partis de droite, et la problématique libérale, tout en gardant des valeurs centrées sur la famille, la patrie et la morale. À la fin des années 1990, la droite se trouve en minorité, n'ayant pu, dans son optique libérale, trouver de solutions satisfaisantes aux problèmes économiques du pays[93]. Elle est aussi menacée par l'avance de l'extrême droite du Front national de Jean-Marie Le Pen.

Au Canada, le Parti réformiste de Preston Manning fait pendant à la ND américaine[94]. Il exploite les insécurités et exacerbe les craintes, les haines secrètes et le régionalisme. Il veut réduire l'immigration, la fonction publique, les pouvoirs du gouvernement fédéral et les interventions de l'État dans l'économie et les services sociaux. Il est, en général, partisan de la privatisation. Il s'oppose au bilinguisme et au multiculturalisme. Il soutient la démocratie directe et le droit au rappel des élus si l'électorat n'est pas satisfait d'eux. En faveur du maintien de l'ordre à l'aide de mesures punitives sévères, il demande un retour à la peine de mort. Admirateur de la majorité morale américaine, anti-féministe, il met l'accent sur l'importance de la famille et des valeurs traditionnelles et reçoit l'appui des religions évangélistes. Il sait donner à ses discours une allure populiste qui les présente sous un jour inoffensif de « gros bon sens », alors que le parti a été créé grâce au soutien de grandes entreprises et de personnes appartenant à la ND américaine. Le Parti réformiste est favorable à une réduction des impôts, du déficit et des services sociaux. Devant cette ND, le parti progressiste-conservateur national, également à droite, se cherche péniblement une place, sans doute plus à gauche, du côté du *Red Toryism*. Certains partis conservateurs provinciaux, en Alberta et en Ontario plus particulièrement, s'inspirent, dans leurs politiques gouvernementales, des idées de la ND.

Cette ND qui prend diverses voies en Amérique du Nord et en Europe de l'Ouest comme de l'Est et inspire les politiques des gouvernements de certains pays à religion fondamentaliste n'est-elle qu'un remède temporaire à l'anxiété qu'éprouve une partie de l'humanité face aux difficultés que le nouveau siècle aura à résoudre ? Il semble que deux conditions doivent être remplies pour qu'elle se maintienne. Premièrement, il faudrait que la ND parvienne à absorber la droite modérée. Deuxièmement, il faudrait que les éléments auxquels s'oppose la ND et ceux qui se situent à sa « gauche » soient incapables d'expliquer à la population les causes réelles de ses difficultés à s'adapter aux changements rapides, notamment dans la technologie. Il leur faut adopter un langage plus accessible à la population pour faire comprendre les causes réelles de l'incapacité des gouvernements des États-nations à apporter des solutions satisfaisantes aux problèmes engendrés par la mondialisation accrue, par les décisions des organisations internationales et par le pouvoir tentaculaire des entreprises transnationales. Les élections législatives de 1997 en France et au Royaume-Uni, où les partis de droite ont été défaits, démontrent que ce cheminement est amorcé. Enfin, un obstacle majeur à l'expansion de la ND est une application plus efficace du vieux principe libéral du respect des droits de la personne par les gouvernements et les organismes internationaux pour contrer directement la haine et l'intolérance qu'elle encourage.

En somme, les idéologies sont des filtres d'interprétation de réalités mouvantes, définissant et redéfinissant des concepts tels que le progrès ou la raison pour appuyer leur interprétation et inciter à l'action, dans un processus dynamique qui comprend des réactions et des emprunts mutuels. Le conservatisme naît ainsi en réaction contre le libéralisme. Ces deux idéologies s'opposent dans un dialogue conflictuel continu portant sur leurs conceptions différentes de la nature humaine, de l'acquisition des connaissances, de leurs idéaux de société et d'État et des valeurs qu'elles considèrent comme supérieures.

Lectures suggérées

Bénéton, Philippe (1988), *Le conservatisme*, Paris, PUF, collection « Que sais-je ? ».

Burdeau, Georges (1979), *Le libéralisme*, Paris, Seuil.

Dumont, Fernand (1974), *Les idéologies*, Paris, PUF.

Gérin-Lajoie, Michelle (dir.) (1992), *Idéologies et régimes politiques*, Ottawa, Éditions MGL.

Liebich, André (1985), *Le libéralisme classique*, Sillery (Québec), Presses de l'Université du Québec.

Manent, Pierre (1987), *Histoire intellectuelle du libéralisme français. Dix leçons*, Paris, Calmann-Lévy.

Monière, Denis (1977), *Le développement des idéologies au Québec des origines à nos jours*, Montréal, Québec/Amérique.

Roy, Yves (1988), *Autorité politique et liberté*, Montréal, VLB éditeur.

Vachet, André (1988), *Idéologie libérale. L'individu et sa propriété*, Ottawa, Les Presses de l'Université d'Ottawa.

Notes

1 Karl Mannheim, *Ideology and Utopia*, New York et London, Harcourt Brace Jovanovich, traduit par Louis Wirth et Edwards Shils, 1936, p. 192–193.

2 Guy Rocher, *Introduction à la sociologie générale*, tome 1, 2e éd., Montréal, HMH, 1969, p. 101.

3 Léon Dion, *Société et politique : la vie des groupes,* tome 1, Québec, Les Presses de l'Université Laval, 1971, p. 89; Guy Rocher, *op. cit.,* p. 100–101 ; Pierre Ansart, *Les idéologies politiques*, Paris, PUF, 1974, p. 36.

4 Voir Rocher, *op. cit.*, p. 102.

5 Karl Marx et Friedrich Engels, *L'idéologie allemande*, présenté et annoté par Gilbert Badia, Paris, Éditions Sociales, 1968, en particulier p. 75–76.

6 David Easton, *Analyse du système politique*, traduit par Pierre Rocheron, Paris, Librairie Armand Colin, 1974.

7 Robert Dahl, *L'analyse politique contemporaine*, Paris, Robert Laffont, 1970, p. 105.

8 Denis Monière, *Le développement des idéologies au Québec des origines à nos jours*, Montréal, Québec/Amérique, 1977. Pour la Tunisie, voir Albert Memmi, *Portrait du colonisé* précédé du *Portrait du colonisateur* et d'une préface de Jean-Paul Sartre, Paris, J. J. Pauvert, 1966. Pour l'Algérie, voir Frantz Fanon, *Les damnés de la terre*, Paris, François Maspéro, 1966.

9 Althusser cite les définitions que Marx a données de l'idéologie dans ses premières œuvres et affirme que « l'idéologie est une "représentation" de la relation imaginaire que les individus entretiennent avec leurs conditions réelles d'existence »; l'idéologie existe toujours de façon matérielle dans des « appareils idéologiques d'État » ou dans des pratiques. Voir Louis Althusser, *Essays on Ideology*, London, Verso, 1984 (1971), p. 32, 33, 36, 39, 40 (traduction libre).

10 Fernand Dumont définit l'idéologie comme étant une parole : « une pensée qui combat et qui parle pour combattre; une pensée qui se veut davantage soucieuse de ses fondements et de ses visées, qui cherche à se donner un destin théorique, n'a d'autres recours que d'interroger la parole intempérante des idéologies et de reconnaître sa terrible puissance de suggestion »; voir Fernand Dumont, *Les idéologies*, Paris, PUF, 1974, p. 7 ; pour Raymond Aron, « les idéologies politiques mêlent toujours, avec plus ou moins de bonheur, des propositions de fait et des jugements de valeur. Elles expriment une perspective sur le monde et une volonté tournée vers l'avenir… Une idéologie suppose une mise en forme, apparemment systématique, de faits, d'interprétations, de désirs, de prévisions »; voir Raymond Aron, *L'opium des intellectuels*, Paris, Gallimard, 1968, p. 324, 412. Enfin, Guy Rocher en donne une définition sociologique générale : « un système d'idées et de jugements, explicite et généralement organisé, qui sert à décrire, expliquer, interpréter ou justifier la situation d'un groupe ou d'une collectivité et qui, s'inspirant largement de valeurs, propose une orientation précise à l'action historique de ce groupe ou de cette collectivité ». À cette définition principalement « de situation », Rocher ajoute qu'elle revêt une forme assez « systématique, cohérente et organisée », qu'elle implique des valeurs réorganisées dans son schème de pensée et qu'elle présente une fonction conative, c'est-à-dire incitant à l'action; voir Guy Rocher, *Introduction à la sociologie générale,* tome 1, Montréal, HMH, 1969, p. 100–101.

11 Max Weber, *L'éthique protestante et l'esprit du capitalisme* suivi de *Les sectes protestantes et l'esprit du capitalisme*, Paris, Plon, 1964 (1893).

12 Elle est appelée « glorieuse » pour souligner qu'elle a évité toute effusion de sang.

13 Alors qu'au Canada l'*Acte de Québec* avait enlevé du *Test Act*, dès 1774, les provisions contraires à la religion catholique.

14 Thomas More, *Utopie*, traduit par Victor Stouvenel, Paris, Éditions Sociales, 1976.

15 *Vindiciae contra tyrannos*, translated and edited by Julian H. Franklin, *Constitutionalism and Resistance in the Sixteenth Century*, New York, Pegasus, 1969, p. 138–199.

16 André Barre, *Bacon. Choix de textes*, Paris, Albert Méricant, Éditeur, 1908.

17 John Locke, *Traité du gouvernement civil*, traduit de *Two Treatises of Government* par David Mazel, introduction, bibliographie, chronologie et notes par Simone Goyard-Fabre, 2e éd., Paris, Garnier-Flammarion, 1992.

18 Machiavel, *Le Prince* suivi de *Choix de lettres*, préface de Raymond Aron, traduit par Jean Anglade, Paris, Livre de Poche, Librairie générale française, 1974.

19 Étienne de La Boétie, *Le discours de la servitude volontaire*, Paris, Payot, 1976.

20 Voir Jean Bodin, *Œuvres philosophiques,* traduit par Pierre Ménard, Paris, PUF, 1951.

21 René Descartes, *Discours de la méthode*, avec une notice biographique et des notes par André Robinet, Paris, Librairie Larousse, 1972. Descartes écrit que « la puissance de bien juger..., proprement ce qu'on nomme le bon sens ou la raison, est naturellement égale en tous les hommes » (p. 27).

22 Voir Althusius, *Politics*, traduit par Frederick S. Carney, préface de Carl J. Friedrich, Boston, Beacon Press, 1964.

23 Jean-Jacques Rousseau, *Discours sur l'origine et les fondements de l'inégalité parmi les hommes*, présentation par Bertrand de Jouvenel, Paris, Gallimard, 1965. Ce discours est prononcé en 1753.

24 Jean-Jacques Rousseau, *Du contrat social*, chronologie et introduction par Pierre Burgelin, Paris, Garnier-Flammarion, 1966 (1762).

25 Montesquieu, *Lettres persanes*, texte établi, avec introduction, bibliographie, notes et relevé de variantes, par Paul Vernière, Paris, Garnier, 1960.

26 Montesquieu, *De l'esprit des lois*, tome I, Paris, Garnier, 1961, p. 164. Pour Montesquieu, « la liberté politique ne se trouve que dans les gouvernements modérés » (*ibid.*, p. 162).

27 Voltaire, *Lettres sur les Anglais*, introduction et notes par Arthur Wilson-Green, Cambridge at the University Press, 1959. Elles sont parues en anglais en 1733 et en français en 1734.

28 Voltaire, *Candide*, publié sous la direction de Marie-Hélène Prat, édition présentée par Jacques Popin, Paris, Classiques Bordas, 1994.

29 Particulièrement dans *La promenade du sceptique ou Les allées*, publié en 1747. D'autres philosophes comme Helvétius et le baron d'Holbach ont des idées libérales. Helvétius souligne l'importance de l'éducation et s'oppose au despotisme dans *De l'esprit*.

30 Diderot, *Œuvres*. Tome III : *Politique,* Paris, Robert Laffont, 1995, p. 272 et p. 415. Ami de Quesnay, fondateur de la physiocratie, il partage aussi ses idées.

31 Condorcet. *Esquisse d'un tableau historique des progrès de l'esprit humain*, texte revu et présenté par O. H. Prior, nouvelle édition présentée par Yvon Belaval, Paris, Librairie Philosophique J. Vrin, 1970. Condorcet est un théoricien engagé qui participe activement à la Révolution française. Son texte est terminé en prison, où il mourra, lorsque la révolution de 1789 fait place à la Terreur.

32 Thomas Paine, « Common Sense », dans William M. Van der Weyde (dir.), *The Life and Works of Thomas Paine*, vol. II, New Rochelle (N.Y.), Thomas Paine Historical Association, 1925, p. 97–182.

33 John Adams (1735–1826) fut délégué du Massachusetts au 2e congrès continental et est le principal auteur de la Constitution américaine. Il deviendra président des États-Unis en 1825. Voir John Adams, *His Political Writings*, edited by George A. Peek, Jr., Indianapolis, Bobbs-Merrill, 1954, p. 97.

34 Futur président des États-Unis, délégué à deux des congrès qui ont créé la nouvelle nation, il est l'auteur d'un projet de constitution pour la Virginie en 1776, de la Déclaration d'indépendance de 1776 et d'un projet de constitution dont le préambule est placé au début de la Déclaration des droits.

35 En anglais, *checks and balances*.

36 Edward Dumbault (dir.), « Introduction », *The Political Writings of Thomas Jefferson. Representative Selections*, Indianapolis (N.Y.), Bobbs-Merrill, 1955, p. xxxi.

37 Il écrit sur un sujet qui a touché sa vie, son père étant contrôleur des douanes et lui-même étant nommé, à partir de 1778, au poste de commissaire des douanes. Voir Louis Salleron, *La richesse des nations. Adam Smith. Analyse critique*, Paris, Hatier, 1973, p. 7, 9.

38 Gérard Mairet, préface, *Adam Smith. Recherches sur la nature et les causes de la richesse des nations. Les grands thèmes,* Paris, Gallimard, 1976, p. 13.

39 Parekh Bhirhu (dir.), *Bentham's Political Thought*, London, Croom Helm, 1973.

40 Térence Bale (dir.), *James Mill. Political Writings*, Cambridge, Cambridge University Press, 1992, p. 4. On retrouve aussi dans la pensée de Bentham le calcul agrégatif simpliste de Smith, à savoir que la somme totale des bonheurs des individus compose le bonheur collectif. Pour montrer son appréciation, Smith légua à Bentham un exemplaire de ses œuvres. Voir Charles Milner Atkinson, *Jeremy Bentham, His Life and Work*, Westport, Connecticut, Greenwood Press, 1970.

41 Alexis de Tocqueville, *De la démocratie en Amérique*, Paris, Librairie Larousse, 1975, p. 70.

42 Selon lui, « la majorité trace un cercle formidable autour de la pensée. Au dedans de ces limites, l'écrivain est libre ; mais malheur à lui s'il ose en sortir » (*ibid.* p. 80, p. 93).

43 John Stuart Mill est le fils aîné de James Mill. Il avait été le secrétaire de Bentham de 1824 à 1826. En 1826, après une dépression, il tourne le dos à l'utilitarisme.

44 R. J. Halliday, *John Stuart Mill*, New York, Harper and Row, 1976, p. 128.

45 Selon lui, la majorité manque d'individualité, elle ne désire pas la liberté, elle n'a pas d'opinion ou de sentiments, seule une minorité est capable d'autonomie et de créativité (*ibid.,* p. 111).

46 *Ibid.*, p. 138.

47 John Maynard Keynes, *Théorie générale de l'emploi, de l'intérêt et de la monnaie*, Paris, Petite Bibliothèque Payot, 1977, p. 366.

48 G. P. de T. Glazebrook, «*History of Canadian Political Thought*, Toronto, McClelland & Stewart, 1966, p. 80.

49 William Lyon Mackenzie King, *Industry and Humanity*, University of Toronto Press, 1973 (1918).

50 Tels ceux de l'Université Queen's au début du XXe siècle.

51 Il s'agit principalement d'Adam Shortt, de W. Clifford Clark, de O. D. Skelton et William A. Mackintosh ; voir Barry Ferguson, *Remaking Liberalism*, Montréal et Kingston, McGill-Queen's University Press, 1993.

52 Voir Frank H. Underhill, *In Search of Canadian Liberalism*, Toronto, Macmillan, 1960.

53 Ces critiques se retrouvent dans C. B. Macpherson, *The Real World of Democracy*, Toronto CBC Publications, 1965, ainsi que dans une réévaluation de ces critiques dans Frank Cunningham, *The Real World of Democracy Revisited*, Atlantic Highlands (N.J.), Humanities Press International, 1994. Voir également Patricia Marchak,

Ideological Perspectives on Canada, 2nd ed., Toronto, McGraw-Hill Ryerson, 1981.

54 Gad Horowitz, « Conservatism, Liberalism, and Socialism in Canada : An Interpretation », dans Janet Ajzenstat et Peter J. Smith (dir.), *Canada's Origins. Liberal, Tory, or Republican ?*, Ottawa, Carleton University Press, 1995, p. 21–44.

55 Ce serait un anachronisme de les qualifier de québécoises, ces opinions ayant été formulées, sauf pour la dernière, avant que l'identité québécoise s'affirme par rapport à l'identité canadienne-française.

56 Léon Dion, *Nationalismes et politique au Québec*, Montréal, Hurtubise HMH, 1975. Kenneth McRae, « Structure historique du Canada », dans Louis Hartz (dir.), *Les enfants de l'Europe*, traduit par Gérard Durand, Paris, Seuil, 1968, p. 222–277.

57 *Papineau*, textes choisis et présentés par Fernand Ouellet, Sainte-Foy, Les Presses universitaires Laval, 1959, p. 56–59, 82–84. Louis-Joseph Papineau, par exemple, se réfère au droit à l'indépendance et à la révolte contre l'oppression. Il présente les institutions américaines comme un modèle à suivre et arrive même à préconiser l'annexion aux États-Unis.

58 Louis-Antoine Dessaules, « Six lectures sur l'annexion du Canada aux États-Unis (1851) », dans André Liebich (dir.), *Le libéralisme classique*, Sillery (Québec), Presses de l'Université du Québec, 1985, p. 457.

59 Wilfrid Laurier, « Political Liberalism, Lecture delivered at the Academy of Music, Quebec, on the invitation of the Club Canadien, on the 26th June 1877 » (translation), dans Ulric Barthe (dir.), *1871–1890 : Wilfrid Laurier on the Platform*, Québec, Turcotte & Menard, 1890, p. 51–80.

60 Pierre Elliott Trudeau, *Les cheminements de la politique*, Montréal, Éditions du Jour, 1970, p. 382–383. Ces articles ont été publiés à l'origine dans *Cité libre*.

61 Pierre Elliott Trudeau, « De quelques obstacles à la démocratie au Québec », dans *Le fédéralisme et la société canadienne-française*, Montréal, HMH, 1967, p. 107–128.

62 John Ralston Saul, *Voltaire's Bastards,* New York, Free Press, 1992.

63 John Rawls, *Political Liberalism,* New York, Columbia University Press, 1993. Cette justice accepte comme équitables les inégalités sociales et économiques tant qu'elles sont limitées par des principes d'égalité d'opportunité et du plus grand bien pour les membres les plus défavorisés de la société, et ce dans un contexte idéal de coopération sociale.

64 Par exemple, la *Déclaration universelle des droits de l'homme* de 1948, la *Déclaration des droits de l'enfant* de 1959, la *Déclaration sur le droit au développement* des Nations unies (1986), la *Déclaration universelle d'Alger des droits des peuples* de 1976 et la *Charte africaine des droits de l'homme et des peuples* adoptée en 1981 par l'Organisation de l'unité africaine.

65 Norberto Bobbio, *The Age of Rights*, Cambridge, Polity Press, 1996, p. 30.

66 Voir John Weiss, *Conservatism in Europe 1770–1945*, s. l., Harcourt Brace Jovanovich, 1977, p. 10–13.

67 Philippe Bénéton, *Le conservatisme*, Paris, PUF, collection « Que sais-je ? », 1988, p. 5.

68 Il les identifie aux philosophes qu'il qualifie d'« agitateurs », de « gangs de voleurs et d'assassins » et de « fous aspirant à devenir des coquins » ; voir Michel Ganzin, *La pensée politique d'Edmund Burke*, Paris, Librairie générale de droit et de jurisprudence, 1972, p. 108–109 ; voir également Edmund Burke, *Reflections on the Revolution in France*, introduction by A. J. Grieve, London, J. M. Dent & Sons, 1960.

69 Burke adopte ainsi une vue pessimiste de la nature humaine comme Hobbes, mais avec des conséquences différentes. Alors que, pour Hobbes, une telle nature entraîne la nécessité d'une soumission à un pouvoir absolu, pour Burke, cette soumission doit se rapporter à la morale, à Dieu, à la religion, à la société et aux traditions.

70 Ganzin, *op. cit.*, p. 145.

71 Cet organicisme se retrouve à l'époque moderne avec l'idée populaire qu'« il y a des gens faits pour diriger ».

72 Ganzin, *op. cit.*, p. 207.

73 *Ibid.*, p. 269.

74 *Ibid.*, p. 245. Il qualifie ce droit à la résistance de façon hobbesienne, de « droit à l'anarchie ».

75 Ganzin le décrit comme un groupe restreint d'hommes riches, de propriétaires ou de membres d'un corps responsable capables « d'appréhender les éléments de la politique » (voir p. 226).

76 *Ibid.*, p. 134, 135, 248.

77 Philippe Bénéton, *op. cit.,* p. 24–25.

78 Weiss, *op. cit.*, p. 29.

79 Russell Kirk, *The Conservative Mind*, Washington (D.C.), Regnery, 7th revised edition, 1995, p. 138.

80 Dmitri Georges Lavroff, *Histoire des idées politiques depuis le XIXᵉ siècle*, 4ᵉ éd., Paris, Dalloz, 1991, p. 40–41.

81 Kirk, *op. cit.*, p. 158–178.

82 Macaulay s'oppose en 1831 au suffrage universel masculin. Impérialiste, il pense que les institutions et les idées qui conviennent à un peuple peuvent être greffées à un autre peuple très différent et il applique ce principe à l'Inde. Voir *ibid.*, p. 189–191 et p. 264–269.

83 La volonté divine s'exprime, selon lui, au plus haut degré, dans les institutions prussiennes.

84 Il fonde en 1885 le Parti pangermanique et est le chef du mouvement pangermanique.

85 Jules-Paul Tardivel, *Pour la patrie*, Montréal, Cadieux et Derome, 1895.

86 Monière, *op. cit.*, p. 225.

87 George Grant, *Est-ce la fin du Canada ? Lamentation sur l'échec du nationalisme canadien*, traduit par Gaston Laurion, Montréal, Hurtubise HMH, 1987 (édition anglaise, 1965), p. 72, 92.

88 Friedrich A. Hayek, *The Road to Serfdom*, with foreword by John Chamberlain, The University of Chicago Press, 1944, p. 13, 150–152, 154–155, 240.

89 Anna J. Schwartz, « Introduction », dans Kurt R. Leube (dir.), *The Essence of Friedman*, Stanford (Calif.), Hoover Institution, Stanford University Press, 1987, p. xxvii.

90 Sur l'impact des politiques de la nouvelle droite au Canada, voir *Atlantis*, 21, 2, printemps 1997.

91 Chip Berlet et Margaret Quigley, « Theocracy and White Supremacy », dans Chip Berlet (dir.), *Eyes Right ! Challenging the Right Wing Backlash*, Boston (Mass.), South End Press, 1995, p. 15–43.

92 Rosalind Pollock Petchevsky, «L'antiféminisme et la montée de la Nouvelle Droite aux États-Unis», *Nouvelles Questions Féministes*, printemps 1984, 6–7, p. 55–104.

93 Sur la droite en France, voir Jean-François Sirinelli (dir.), *Les droites françaises de la Révolution à nos jours*, Paris, Gallimard, 1992; sur l'extrême droite: Ariane Chebel d'Appollonia, *L'extrême-droite en France de Maurras à Le Pen*, Bruxelles, Éditions Complexes, 1996.

94 Voir Preston Manning, *The New Canada*, Toronto, Macmillan Canada, 1992, et Murray Dobbin, *Preston Manning and the Reform Party*, Toronto, James Lorimer & Company, 1991.

5

Les socialismes

Le terme « socialisme » et de création récente et l'adjectif « socialiste » est apparu en 1822 en Angleterre et en 1831 en France. Ce mot, qui désignait un siècle plus tôt les disciples de Grotius, acquiert un nouveau sens quand Pierre Leroux l'emploie, en 1832 ou 1833, dans *La Revue encyclopédique*, pour décrire les revendications de la classe ouvrière[1] et quand Robert Owen, en 1841, dans *What Is Socialism ?*, traite des moyens d'améliorer la situation de cette classe. Il marque l'apparition d'un nouveau clivage dans le système politique.

1. LES ORIGINES ET LE DÉVELOPPEMENT DES SOCIALISMES

1.1. LES ORIGINES INTELLECTUELLES DES SOCIALISMES : L'ANARCHISME ET SES SOURCES LOINTAINES

Le socialisme comporte plusieurs variantes, d'où l'emploi du mot au pluriel dans ce chapitre. Toutefois, sa forme moderne comprend un dogme central de référence, appelé marxisme, du nom de Karl Marx qui, avec Friedrich Engels, l'a élaboré de façon si systématique qu'ils l'ont présenté comme une doctrine « scientifique ».

Le but final visé par les socialismes (y compris le marxisme) est l'établissement d'une société communiste, une société semblable à la société idéale des anarchistes. Les socialismes et l'anarchisme s'inspirent de certains courants de pensée qui visent essentiellement à supprimer l'État et la propriété privée et à instaurer une société de personnes égales vivant en liberté. S'appuyant sur les promesses non réalisées du libéralisme, sur les limites que ce dernier impose à la liberté et à l'égalité, les socialismes vont reprendre certains de ses éléments, notamment la promesse de bonheur, l'optimisme et la foi dans le progrès pour améliorer le sort de l'humanité. Ils ont pour objet de remédier aux maux engendrés par le capitalisme tributaire du libéralisme, à savoir l'exploitation des nouvelles classes laborieuses sur le dos desquelles la bourgeoisie s'enrichit et l'accroissement des inégalités sociales et économiques, un progrès dont ne bénéficie pas toute l'humanité, la mécanisation de la production entraînant, par exemple, une division du travail qui rend les conditions de production plus pénibles. Enfin, leur vision d'une société divisée en classes, leur stratégie de révolution violente conduite par une élite et leur dirigisme étatique comme moyen d'assurer le passage vers le communisme proviennent de sources distinctes de celles de l'anarchisme.

1.1.1. L'ANARCHISME, SES ORIGINES ET SON DÉVELOPPEMENT

Le mot « anarchie » vient du grec et, étymologiquement, signifie « sans chef » ou « sans gouvernement ». Pris dans un sens négatif, il évoque le chaos et le désordre, et dans un sens positif, un système où les individus sont dégagés de toute autorité, y compris de celle de l'État et du gouvernement. Toutefois, l'anarchie, dans ce dernier sens, n'apparaît en premier que dans les écrits de Proudhon (1809–1865). Dans un célèbre dialogue, cet auteur se qualifie ainsi d'anarchiste et précise plus loin ce qu'il entend par anarchie : une forme de gouvernement sans maître ni souverain [2].

Les idées anarchistes remonteraient à un passé aussi lointain que celui du développement du taoïsme et du bouddhisme. Elles emprunteraient au taoïsme le principe de non-interférence avec le flux des choses et de la nature, un idéal collectiviste et une critique de l'État, et au bouddhisme, un libertarisme individualiste, la recherche de l'accomplissement de soi dans l'identification avec l'univers et le rejet de la propriété privée. Ce courant libertaire individualiste se trouve également chez les Grecs, en particulier chez Socrate, dans son questionnement de l'autorité et, ensuite, chez les épicuriens, les cyniques et les stoïciens [3].

Le courant anarchiste se continuerait, selon certains, dans les Églises catholique et protestante, chez les chrétiens des premiers siècles, dans la pensée de saint Thomas d'Aquin, qui considère que le surplus des biens devrait être distribué aux pauvres, que l'Église devrait être séparée de l'État et que la politique est un lieu de corruption, et chez saint François d'Assise, pour qui Dieu est présent dans toute la création [4]. Au Moyen Âge, des penseurs chrétiens, des esprits libres hérétiques et certaines révoltes paysannes attendent l'avènement sur terre d'un nouvel âge de parfaite liberté. Des sectes protestantes à tendances anarchistes tentent même de devancer l'histoire en établissant des sociétés idéales sur ce modèle, comme les tabourites en Bohême, les hussites en Moravie, les bêcheurs en Angleterre [5].

Plusieurs idées et mouvements de tendance anarchiste émergent aux XVIIIe et XIXe siècles. Certaines idées anarchistes pointent déjà dans les utopies françaises et anglaises de la Renaissance et du Siècle des Lumières [6]. Le mouvement des Enragés formé en 1793, donc à l'époque de la Révolution française, s'oppose au principe jacobin du pouvoir de l'État et propose une forme de communisme économique. Les courants libertaires français, allemands, anglais et américains de cette époque s'inscrivent dans la foulée anarchiste par les idées qu'ils défendent, que

ce soit la liberté individuelle, les attaques contre l'État et la religion et, de là, les critiques du libéralisme et du socialisme. Certains libertaires américains [7] préfigurent l'anarchisme plus contemporain de la contre-culture, de l'écologisme, de la désobéissance civile et de l'écologie sociale.

1.1.1.1. L'ANARCHISME : UNE IDÉOLOGIE ?

Peut-on regarder l'anarchisme comme une idéologie ? À cause du principe posé par l'anarchisme que la liberté individuelle est toute-puissante et doit être respectée, il n'existe pas de « dogme » anarchiste. Ce courant présente, du moins, le premier trait distinct d'une idéologie, car ses diverses expressions partagent un ensemble d'idées sur la nature humaine, l'acquisition des connaissances, la société et l'État, qui s'enchaînent logiquement et s'insèrent dans une hiérarchie de valeurs. Les variantes de l'anarchisme classique sont principalement représentées par l'anarchisme égoïste ou individualiste de Max Stirner (1806–1856), l'anarchisme mutuelliste [8] de Pierre-Joseph Proudhon qui inspire l'anarchisme syndicaliste ou anarcho-syndicalisme et l'anarchisme collectiviste de Michel Bakounine (1814–1876). Cette dernière forme s'est exprimée au congrès de la Ligue de la paix et de la liberté à Berne en 1867 et, plus tard, dans l'anarchisme espagnol et l'anarchisme ou communisme libertaire de l'Italien Errico Malatesta (1853–1932). Pour compliquer le tout, certains anarchistes importants, tel William Godwin (1756–1836), ne se désignent jamais eux-mêmes comme des anarchistes et emploient le mot « anarchie » de façon péjorative.

L'anarchisme possède le deuxième trait distinctif d'une idéologie, qui est l'incitation à l'action, et il se définit aussi à travers celle-ci. Par exemple, l'anarchisme est engagé chez Proudhon, marqué par la révolution de 1848, chez Louise Michel (1830–1905), qui participe à la Commune de Paris en 1871 et soutient la révolte des colonisés de la Nouvelle-Calédonie où elle est déportée [9], et chez Emma Goldman (1869–1940), emprisonnée pour son anarchisme féministe et pacifiste. L'anarchisme s'exprime aussi dans l'expérimentation sociale de Joseph Warren (1798–1874) [10].

Comme toute idéologie, l'anarchisme présente un ensemble d'idées concernant la nature humaine, la théorie de la connaissance, la société et l'État, et lié par une hiérarchie de valeurs fondamentales. Pour tous les anarchistes, la nature humaine est douée de raison — une raison qui permet aux êtres humains de s'approcher de la vérité et de l'idée de justice. Cette nature est une, sans dualité cartésienne. Outre leur égalité morale découlant de l'usage de la raison, les êtres humains sont aussi égaux dans leur individualité, laquelle ne peut se réaliser qu'en jouissant d'une pleine liberté dans un contexte social[11]. Godwin, qui présente la théorie anarchiste la plus développée, précise que l'égalité réside dans le fait que nul être humain ne peut se permettre d'exercer une autorité sur ses semblables sans leur consentement. Enfin, pour les anarchistes, la nature humaine a, comme trait le plus caractéristique, la perfectibilité[12].

En ce qui a trait à la nature humaine, le courant anarchiste égoïste (ou individualiste) et le courant mutuelliste s'opposent. Dans le premier, les individus cherchent principalement à développer leur personnalité. C'est dans la mesure où ils peuvent poursuivre leurs intérêts qu'ils se considèrent comme membres d'une société, laquelle doit leur donner la possibilité de s'épanouir de façon autonome et sans être liés par aucune obligation envers les autres. Pour Stirner, le théoricien principal de ce courant de pensée, la société est comme une mère pour l'enfant, lequel doit s'éloigner de celle-ci en grandissant. Toutefois, il peut renouer des liens plus lâches avec elle, liens qui n'impliquent ni subordination ni sacrifice des buts personnels[13].

Selon le courant mutuelliste et d'anarchisme social représenté en particulier par Godwin, Proudhon et Kropotkine (1842–1921), il existe chez les êtres vivants une tendance innée à l'assistance mutuelle. Kropotkine relève cette tendance chez les animaux et dans les sociétés primitives. Il précise, contrairement aux darwinistes sociaux, que l'entraide est nécessaire à la survie, qu'elle est à la base de nos conceptions éthiques et que, moyennant l'élimination de la compétition, elle améliore les conditions de vie[14].

Les anarchistes sont également divisés sur la question de la nature humaine. Certains, comme Proudhon, ne considèrent pas les femmes comme égales aux hommes et ne s'arrêtent qu'à leurs fonc-

tions sexuelles et maternelles. D'autres, tels Bakounine et Kropotkine, croient qu'il y a égalité des sexes et critiquent le libéralisme pour n'avoir pas apporté l'égalité politique, économique et sociale des femmes[15]. Louise Michel, comme en témoignent ses mémoires[16], et Emma Goldman, dans sa vie et ses ouvrages, ont travaillé pour la cause de l'égalité entre femmes et hommes[17]. Ce groupe d'anarchistes féministes est en faveur de l'amour libre, le mariage étant, pour eux, une institution issue d'un État qu'il faut supprimer, un pacte économique qui entraîne la dépendance des femmes. Ils reconnaissent également aux enfants le droit à des conditions de vie égales et libres.

L'acquisition des connaissances dans l'anarchisme se fait par la raison. Chacun apprend pour développer son individualité et se rapprocher de la vérité et de la justice[18] et doit être entièrement libre de faire son cheminement personnel d'acquisition des connaissances et d'épanouissement individuel. En conséquence, les anarchistes s'opposent à tout système d'éducation universel et, encore plus, national, parce qu'il ne tient pas compte de la personnalité de chaque individu. Le système d'éducation nationale sert à perpétuer et à renforcer les institutions et enseigne aux enfants à vénérer l'État et ses errements au lieu de rechercher la vérité[19].

Le genre d'éducation que recommandent les anarchistes n'est habituellement pas précisé. Seuls Kropotkine et Bakounine s'étendent sur le sujet. Kropotkine estime que l'éducation, ayant comme unique fin l'émancipation des enfants à la majorité, est une initiation à la liberté, par le développement physique et intellectuel et par la formation de la volonté[20]. Une telle éducation doit être complète, rationnelle, mixte et libertaire, formant des êtres libres qui respectent la liberté des autres[21]. Les enfants y apprennent l'amour de la liberté et de la vérité, la justice, le respect de leurs semblables, un métier et l'amour du travail[22].

Quelle est la nature de la société anarchiste? Les anarchistes regardent tous la société comme un bien et comme ayant une fin en elle-même, car elle est le lieu où, par besoin de se sentir solidaire des autres ou par intérêt personnel, l'individu peut se réaliser complètement. Cette société diffère ainsi de la société libérale qui est une étape vers l'établissement d'un corps souverain. La société anarchiste est la société humaine par excellence, un genre de paradis sur terre de paix et d'harmonie qui peut répondre aux besoins de chaque être[23].

Peu d'anarchistes, à l'exception de Proudhon et des anarchistes sociaux, ont étudié de façon systématique la société de leur temps. Proudhon s'est livré à une analyse des classes sociales dans laquelle la classe ouvrière ne constitue pas nécessairement une force libératrice. D'après lui, bien que possédant une conscience de classe, les membres de la classe ouvrière font l'apprentissage de la liberté dans les communautés de travail et, en général, dans les associations mutuelles. Ce courant de pensée, qualifié de « mutuelliste », inspire l'anarcho-syndicalisme.

Comment le monde peut-il fonctionner sur la base de ces associations volontaires ? Certains anarchistes, appelés parfois anarcho-communistes, préconisent l'établissement de petites sociétés volontaires formant des communes, elles-mêmes fédérées en provinces et ainsi de suite jusqu'à une ultime fédération qui les englobe toutes. Les anarchistes collectivistes, quant à eux, voient dans les associations de travail les unités de base de la société. Aucune ne disposerait du pouvoir de coercition, le localisme éclairé se basant sur la censure des comportements antisociaux par l'opinion publique et, sur le plan de l'individu, par l'exercice d'une censure mutuelle.

Pour mieux comprendre le rôle de la société dans l'idéologie anarchiste, il faut savoir que l'État représenté par les institutions et le gouvernement, pour tous les anarchistes, est l'ennemi, le mal, qu'il soit monarchique, républicain, démocratique, libéral ou socialiste. Toute institution et tout organisme dépendant de l'État, comme les Églises d'État, ou soutenu par l'État est également indésirable et doit disparaître.

L'hostilité des anarchistes envers l'État ou le gouvernement (souvent les deux termes sont employés indifféremment) s'appuie sur les raisons suivantes :

- le gouvernement « de l'homme par l'homme », selon Proudhon, de quelque manière qu'il se définisse, est oppressif[24] ;
- le contrat social invoqué par les libéraux pour légitimer l'État est une pure invention, ce dernier n'étant qu'une création récente et artificielle ayant pour but d'usurper le pouvoir de l'individu[25] ;
- le gouvernement et l'État agissent sur les esprits et perpétuent les erreurs, car ils impliquent que le pouvoir et les privilèges sont réservés à un groupe. À toutes les époques, les lois ont été faites dans l'intérêt des classes privilégiées[26]. L'État crée les divisions sociales et, par les lois et les privilèges qu'il admet, invente les crimes ;
- l'État usurpe et la conscience et le jugement personnels tout en ne définissant jamais les conditions d'une véritable justice sociale[27] ;
- l'État-nation a été une source de guerres dans l'histoire[28]. (Les plus antinationalistes sont Godwin, Tolstoï et Stirner. Proudhon reste nationaliste alors que Kropotkine et d'autres cesseront d'être antinationalistes au moment de la Première Guerre mondiale. En général, les anarchistes se considèrent comme des citoyens du monde[29]) ;
- l'État peut conduire au despotisme et ses lois consacrent l'inégalité des conditions. Son administration de la justice et les châtiments qu'il inflige sont contraires à la conscience et à la justice. Une loi qui regarde toutes les actions comme semblables alors qu'elles ne le sont pas ne peut être juste[30] ;
- l'État veut donner aux êtres humains un autre guide que la raison, alors que la loi qui doit guider les individus est leur conscience, c'est-à-dire leur raison qui, seule, mène à la justice[31] ;
- l'État considère que les individus ont tous la même nature, alors que chaque individu possède une nature unique, libre, toute-puissante et créatrice de moralité[32].

Cette opposition à l'État, à ses institutions, à sa justice et à ses lois entraîne le droit, sinon le devoir, de résister. Toutefois, contrairement à la croyance populaire, l'anarchisme ne tient pas la violence pour le meilleur moyen de résister à l'État et de l'abolir. Ainsi, Godwin préfère la résistance passive, la *moralsuasion* à la résistance violente et active, de même que Tolstoï et, dans une certaine mesure, Proudhon[33]. Bakounine précise que, si la révolte devient sanglante dans les premiers jours, elle ne doit pas le rester, car la guerre est contre les institutions et non contre les hommes[34]. Cela ne veut pas dire que des anarchistes engagés n'ont pas posé de gestes violents de façon isolée ou n'ont pas formé des unités de combat en vue de la guérilla révolutionnaire.

L'antiétatisme des anarchistes les distingue des libéraux et des conservateurs qui considèrent que l'État est nécessaire pour assurer l'ordre et administrer la justice de façon impartiale. Au nationalisme de l'État libéral, l'anarchisme substitue un type de fédéralisme mondial, issu de la base, et où toute unité aurait le droit de sécession. Bakounine voit en premier dans la création des États-Unis d'Europe le seul moyen d'empêcher la guerre entre les différents membres de la famille européenne[35].

Cet antiétatisme est ce qui distingue également les anarchistes des marxistes (ou communistes autoritaires). En effet, les anarchistes acceptent la révolte, mais non la révolution, quoiqu'ils ne fassent pas tous cette distinction. Stirner précise qu'une révolution a comme seul but de créer de nouvelles institutions, alors qu'une révolte vise à transformer l'ordre établi et à faire tout s'écrouler pour s'affranchir de toute institution[36]. Les anarchistes s'opposent à la lutte violente des classes, à la formation d'autres institutions sous la dictature du prolétariat et au principe léniniste de centralisme démocratique. Ils prédisent qu'ils aboutiront à la dictature d'une élite qui ne voudra pas disparaître[37], alors que de l'absence d'institutions et d'autorité naîtra l'harmonie entre les êtres humains[38]. La révolte anarchiste se fait contre des institutions, contre un État, symbole de la force, de l'autorité et de l'exploitation, et non contre des êtres humains. Les paysans, les déclassés, tout comme le prolétariat ou toute personne qui le veut, peuvent participer à la révolte. Celle-ci se fait au bénéfice de tous les individus dans le nouvel ordre anarchiste[39]. Certains anarchistes engagés plus contemporains se sont, toutefois, convertis au communisme libertaire[40].

Pour la majorité des anarchistes, la nouvelle société est régie non pas par des lois émanant de l'État, mais par une « loi naturelle » qui permet aux humains et à la nature de se développer sans contrainte, en toute liberté. Les humains ne peuvent être libres que s'ils vivent conformément à cette loi, que Proudhon appelle la justice, et d'autres la

loi de sociabilité (Bakounine) ou la grande loi de solidarité (Malatesta)[41]. De manière à sauvegarder cette liberté, aucune nouvelle forme d'association ne possède de moyens de coercition.

Le rejet de l'État et de ses lois implique, pour les anarchistes, l'abolition de la propriété privée ainsi que des inégalités et des injustices qui en résultent[42]. S'appuyant sur le principe des antinomies — des contradictions de sens dans la réalité —, Proudhon énonce son mot célèbre : « La propriété, c'est le vol ! » Toutefois, les anarchistes font une distinction entre possession et propriété. Chaque personne, quels qu'aient été son statut ou sa position auparavant, aura, dans la nouvelle société, des possessions, en vertu de son droit à la satisfaction de ses besoins essentiels — logement, vêtements, nourriture —, et la possibilité de développer ses facultés intellectuelles, à la condition de prendre part aux tâches communes. Le surplus, ou propriété, appartiendra à la collectivité et sera partagé pour assurer son bien-être. Il n'y aura plus ainsi de propriété individuelle. Contrairement à la doctrine marxiste, c'est la consommation, c'est-à-dire les besoins des individus, et non pas la production, qui devient l'élément le plus important de l'économie et qui guide la production organisée en autogestion[43].

Quelles sont les valeurs essentielles de l'anarchisme ? Soutenant, comme Bakounine, qu'il n'y a pas de vraie liberté sans égalité et que la liberté sans égalité ne profite qu'aux riches, les anarchistes vont tenter de concilier liberté et égalité, individualisme et collectivisme, et d'arriver à une nouvelle définition de la justice comme ensemble harmonique de ces valeurs. Cet échafaudage idéologique délicat repose sur une conception d'un être humain unique et raisonnable, doté d'une conscience et d'un jugement moral et rationnel dont l'épanouissement optimal ne peut se réaliser que dans la société avec le plein usage de la liberté[44].

La liberté est définie comme le droit égal de chaque personne d'agir sans contrainte et d'être juge et responsable de ses actes devant la société et les autres individus. Cette liberté suppose l'absence de toute autorité spirituelle et temporelle, qu'elle soit attachée aux religions ou aux lois. Elle est, néanmoins, limitée sur le plan individuel par la conscience et, sur le plan collectif, par la censure de l'opinion publique, qui est une manifestation de la conscience morale sociale. C'est aussi une liberté qui allie individualisme et collectivisme, car elle ne se réalise qu'en relation avec les autres. Bakounine affirme qu'un être humain ne peut être libre que si les autres sont libres aussi et que l'étendue de cette liberté individuelle est fonction de celle des autres[45].

L'égalité des individus réside dans la raison, la conscience et la faculté de jugement moral ainsi que dans la liberté que possède chaque individu. Elle s'exprime aussi dans le besoin qu'a ce dernier de vivre en société pour pouvoir s'épanouir. C'est une égalité qui accepte la diversité, chacun des individus étant un être unique, bien que ses besoins essentiels soient identiques à ceux des autres. L'égalité des individus résulte aussi de l'abandon de toute forme de propriété privée et de la satisfaction des besoins essentiels de chacun.

La justice est, pour les anarchistes, l'harmonie entre la liberté et l'égalité dans une combinaison d'individualisme et de collectivisme. Elle est donc définie de façon à la fois collective et individualiste. La justice fait ainsi partie de la conscience individuelle et de la conscience collective, du domaine des idées et du domaine de l'action[46].

La dernière valeur primordiale de l'anarchisme est l'optimisme. Il en faut pour avoir foi dans la perfectibilité humaine et le progrès naturel des choses, dans le caractère bénéfique des lois naturelles et le jugement individuel, dans la possibilité d'arriver spontanément à l'harmonie désirée et de maintenir le nouvel ordre.

1.1.1.2. LA SITUATION ACTUELLE ET LES PERSPECTIVES D'AVENIR DE L'ANARCHISME

L'anarchisme a laissé des traces au Canada, avec le succès de Kropotkine et de Tolstoï à y faire s'installer les doukhobors[47] et avec l'influence des visites d'Emma Goldman à Montréal et Toronto[48]. L'anarcho-syndicalisme y a aussi connu une brève existence avec la One Big Union (OBU), particulièrement dans l'Ouest canadien, et avec l'influence du mouvement américain des Industrial Workers of the World (IWW ou Wobblies).

Dans le reste du monde, l'anarchisme a été à l'origine de maints mouvements de révolte et courants de pensée. En Europe, mentionnons en France la Commune de 1871, certains attentats commis par des individus, l'influence de l'anarchisme dans la communauté artistique et l'anarcho-syndicalisme ouvrier. Entre autres mouvements d'appartenance anarchiste, mentionnons les collectivités espagnoles de 1936, qui recourent à l'autogestion et à la collectivisation du sol, les unités de guérillas espagnoles durant la guerre civile ainsi que l'anarcho-communisme italien de Malatesta. Le courant anarchiste est aussi présent en Allemagne, avec Stirner et Johann Most, en Grande-Bretagne, refuge des anarchistes exilés, ainsi qu'en Suède, en Norvège et en Hollande. L'anarchisme s'exprime aux États-Unis, entre autres, dans les actions et les écrits d'Emma Goldman et d'Alexandre Berckman, avant leur déportation en 1919, dans les écrits de Voltairine de Cleyre et dans l'anarcho-syndicalisme des IWW de Bill Haywood[49]. Grâce aux voyages des exilés, à la diffusion de textes anarchistes ou de manière spontanée, l'anarchisme fait sa marque en Amérique latine ainsi qu'au Japon, en Chine, en Corée et en Inde. La révolution mexicaine du début du XXe siècle s'est faite pour la terre et la liberté, et l'anarcho-syndicalisme continue d'exister en Argentine. Dans ce pays comme en Uruguay et au Brésil, l'anarchisme devient l'idéologie radicale dominante au début du siècle[50]. En Russie, les révoltes et les mouvements anarchistes sont réprimés, comme la révolte de Cronstadt de 1921 ou le mouvement anarchiste ukrainien de Makno (1889–1935), et leurs membres et penseurs sont emprisonnés, comme Kroptokine, exécutés ou exilés[51]. Dans presque tous les pays, tel a été le sort des anarchistes. Leur ennemi étant l'État, tous les États les ont regardés comme des ennemis, même la Russie bolchevique[52].

Malgré cette persécution, la pensée anarchiste est demeurée vivante et elle imprègne les idéologies de la nouvelle gauche, de la droite libertaire et de l'écologisme social ainsi que le mouvement de mai 1968. L'anarchisme coexiste maintenant avec de nouvelles idéologies (voir chapitre 8). Enfin, actuellement, on assiste à un regain d'intérêt pour l'anarchisme proprement dit, et de nouvelles formes de pensée anarchiste apparaissent[53].

1.1.2. LES ORIGINES INTELLECTUELLES LOINTAINES DES SOCIALISMES

Selon les historiens, les origines de la pensée socialiste remontent aux utopies organisées des philosophes grecs[54], à l'étatisme dirigiste du Bas-Empire romain, au socialisme étatique de l'Égypte des pharaons, aux pratiques de l'époque nomade des peuples de la Bible et, sporadiquement, à l'étatisme de la Chine antique.

Depuis l'époque du Bas-Empire romain, en sus du courant anarcho-communiste des premiers chrétiens, des millénaristes et des anabaptistes, on trouve un socialisme dirigiste dans les monastères et couvents ainsi que dans les communautés villageoises qui se forment un peu partout. Marx, du reste, cite certaines de ces dernières comme exemples de communisme primitif. De même, plusieurs pratiques ou associations, comme la jouissance des biens communaux à l'époque médiévale, les associations marchandes, les clans familiaux et les mirs en Russie[55], témoignent d'une certaine solidarité communiste dans une organisation souvent hiérarchique.

Les historiens notent la présence sur le continent américain, à l'époque précolombienne, de tendances socialistes dans l'organisation communautaire des tribus ou dans le dirigisme d'État des Incas. Après Colomb, ces tendances sont présentes dans les colonies expérimentales, habituellement d'inspiration religieuse, établies par les Européens[56].

En Europe, plusieurs utopies des XVIIᵉ et XVIIIᵉ siècles offrent des orientations à la fois anarchistes et socialistes[57]. Des sectes protestantes du temps de la Glorieuse Révolution d'Angleterre, comme les bêcheurs[58] et les niveleurs, présentent aussi des aspects socialistes. Du reste, Marx considère le mouvement des niveleurs comme une première révolution prolétarienne bien qu'elle ait pris une forme religieuse[59].

1.2. LES SOURCES DU SOCIALISME DANS LES TEMPS MODERNES

La faillite du libéralisme à remplir ses promesses offre des conditions favorables à la naissance des socialismes. Ainsi, au XIXᵉ siècle, les classes laborieuses, sans droit de vote ni représentation politique et, jusqu'à la fin de ce siècle, sans associations légales de travail, n'ont aucun moyen de se protéger contre l'exploitation. Au Canada, par exemple, jusqu'en 1872, le fait d'être membre d'un syndicat constitue un crime contre la liberté du commerce. La charité individuelle ou publique ne suffit pas à améliorer les conditions de vie des pauvres. De plus, l'économie libérale soumise aux variations du marché est sujette à des dépressions cycliques qui affectent encore plus ces derniers. En Europe, la Révolution française ne semble pas avoir libéré toute l'humanité, elle a plutôt favorisé une partie seulement de celle-ci en lui donnant la liberté d'exploiter les autres et d'accumuler du capital. En France, le peuple se révolte en 1848 et en 1871. Les œuvres artistiques et littéraires du courant réaliste dans les arts et les lettres font connaître au grand public les conditions des pauvres et s'opposent au conservatisme des romantiques. De nouvelles formes d'inégalités accompagnent le colonialisme, puis l'impérialisme.

Deux révolutions, l'une, politique, l'autre, économique, jouent un rôle important, principalement par leurs retombées, dans le développement de la pensée socialiste. La révolution de 1789 montre qu'une révolution violente peut amener une autre classe sociale au pouvoir. Certaines des idées qui l'ont préparée annoncent les socialismes. C'est le cas de celles de Jean Meslier (1664–1729), lequel critique les inégalités sociales et invite le peuple dans la misère à se révolter[60], et de celles de Simon Linguet, qui, dans sa *Théorie des lois civiles* (1767), introduit le terme de « classe » et divise la société en deux classes, celle des riches et celle des pauvres[61]. À cette époque, un courant révolutionnaire socialiste, qui inspirera d'autres penseurs, paraît dans les écrits de François Noël, dit Gracchus Babeuf (1760–1797). Dans le *Manifeste des plébéiens*, celui-ci exhorte les pauvres à faire une révolution sociale au nom du principe de l'égalité de fait, en vue d'obtenir la collectivisation des terres, la rémunération selon les besoins, la suppression de la propriété privée et l'abolition des institutions. Il prône par la suite une organisation insurrectionnelle élitiste et hiérarchique[62].

Après la Révolution française, d'autres penseurs vont critiquer les défauts du système capitaliste façonné par le libéralisme. La libre concurrence, le laisser-faire économique et social et le culte du « privé », en particulier de la propriété privée, ne font qu'accroître les inégalités sociales et économiques. Saint-Simon (1760–1825) réprouve l'anarchie du capitalisme et vise à construire une nouvelle société dirigée par des technocrates, plus aptes à organiser l'économie. Charles Fourier (1772–1837) voit dans le capitalisme et l'État qui le protège des instruments d'oppression des classes laborieuses. Il préconise l'établissement de phalanges sociales et économiques vivant en autarcie et conçues comme les nouvelles unités d'une harmonie universelle. Saint-Simon et Fourier suscitent des disciples et la création de communautés expérimentales[63]. Louis Blanc (1811–1882) cherche à organiser la production dans des ateliers sociaux financés par l'État et l'emprunt; les salaires y sont égaux et les gérants élus. Auguste Blanqui (1805–1881) présente l'idée d'un parti à organisation militaire ayant pour but l'instauration d'une dictature ouvrière[64]. Enfin, il convient de mentionner Flora Tristan (1803–1844), d'origine ouvrière elle-même, puisant à la fois dans la doctrine de Saint-Simon et dans celle de Fourier. Frayant la voie à l'Internationale des travailleurs, elle s'adresse aux prolétaires en 1843, les incitant, par son pamphlet *Union ouvrière* et par ses discours prononcés dans son tour de France, à former l'Union internationale des ouvriers et ouvrières[65].

La révolution industrielle, qui touche d'abord l'Angleterre et qui, vers la moitié du XIXe siècle, s'étend aux continents européen et américain, crée des conditions favorables à l'éclosion de la pensée socialiste. Elle s'accompagne d'innovations techniques, telle que la machine à vapeur, d'industrialisation, d'abord dans les textiles puis dans le secteur métallurgique, et d'un usage plus extensif du crédit, de l'épargne et de la monnaie, en particulier sous la forme de billets de banque. La propriété d'actions et d'obligations remplace la propriété foncière comme principale forme d'accumulation des biens. Cette révolution accélère l'urbanisation en premier, en Angleterre, par le mouvement des clôtures (*enclosures*). Elle entraîne l'exploitation d'une nouvelle classe urbaine laborieuse, femmes, hommes et enfants, qui n'a à vendre que son travail dans des économies libérales où il n'existe pas encore de lois sociales pour la protéger. La misère de cette classe laborieuse concentrée dans des quartiers désignés des villes fait l'objet des premières études sociologiques de Flora Tristan (*Promenades dans Londres*, 1840)[66] et de celles, plus tardives, de Friedrich Engels.

Les conséquences de la révolution industrielle sont décrites dans les écrits de Robert Owen, directeur et copropriétaire d'un établissement textile, qui réalise des expérimentations sociales à New Lanark en Angleterre, puis à New Harmony aux États-Unis. Dans des entreprises, puis dans des communautés modèles, il cherche à éliminer l'exploitation et la pauvreté de la classe ouvrière en établissant de nouvelles conditions de production et de consommation et en organisant la vie sociale des ouvriers et ouvrières. Après l'échec de ces tentatives, il fonde une association de travailleurs qui ne dure que deux ans. Il préconise dans certains ouvrages la création de coopératives de production et de consommation à l'échelle internationale de manière à faire la transition du capitalisme au communisme. Il a été critiqué par les marxistes pour n'avoir pas prôné la lutte des classes[67], mais Marx le considère malgré tout comme un de ses maîtres à penser à cause du fait qu'il a condamné le profit et reconnu que le travail était la source unique de la valeur[68]. Engels, alors engagé dans les luttes des chartistes, le critique en 1844, mais change d'avis en 1878, faisant l'éloge de sa contribution à l'avancement des classes laborieuses[69].

Avec l'owenisme, le chartisme est le deuxième mouvement important qui annonce et accompagne le développement du socialisme en Angleterre. Fondé à l'échelle nationale en 1837 en même temps que le journal *Northern Star,* il tire son nom de la *Charte du peuple* publiée en mai 1838 et présentée à la Chambre des communes en 1839[70]. Il diffère des mouvements précédents par son envergure nationale et son organisation, qui renferme diverses tendances dans des associations ouvrières et politiques déjà existantes. Dans les pétitions remises à la Chambre des communes en 1839, 1842 et 1848, les chartistes demandent l'extension du droit de vote aux ouvriers, le suffrage universel par conséquent, afin d'obtenir des réformes qui améliorent leur condition. Vers 1844, le mouvement se tourne vers la coopération et le socialisme et, au début des années 1850, vers un programme de redistribution des terres et une idéologie plus radicale. Les manifestations et les grèves organisées par le mouvement provoquent une sévère répression qui contribue à le faire disparaître comme mouvement de masse vers 1851–1852. Engels fait la connaissance des chartistes en 1844 et écrit des articles dans le *Northern Star*. Le *Red Republican*, qui lui succède, publie la première traduction anglaise du *Manifeste du Parti communiste*[71]. Marx et Engels, qui ont suivi le mouvement, constatent qu'il a échoué à amener des changements par des moyens pacifiques.

2. LE NOYAU DU SOCIALISME : LE MARXISME

D'autres sources d'inspiration de Karl Marx (1818–1883) et de Friedrich Engels (1820–1895) sont leurs propres vies et leurs expériences intellectuelles. Tous deux de famille bourgeoise, Marx et Engels sont des théoriciens qui connaissent la classe dont ils sont issus et qui observent les conditions de la classe ouvrière ainsi que les mouvements ouvriers avec un certain recul. Les deux abandonnent la religion dans laquelle ils ont été élevés, se marient hors de leur classe sociale et étudient à l'Université de Berlin où ils sont influencés par deux philosophes, le matérialiste Ludwig Feuerbach (1804–1872) et l'idéaliste Friedrich Hegel (1770–1831)[72]. Marx se destine à une carrière de journaliste, devient rédacteur d'un journal libéral de Cologne en 1843, puis participe à *Vorwarts*, hebdomadaire allemand publié à Paris, ainsi qu'à des organisations révolutionnaires, avant d'être expulsé de cette ville. À partir de sa deuxième rencontre avec Marx à Paris en 1844, Engels commence à le soutenir financièrement, alors qu'il continue ses contributions journalistiques. Les deux se joignent à la Ligue des communistes en 1847. Ils correspondent et travaillent de concert en vue d'élaborer une nouvelle conception de l'histoire et de la société. Marx rédige son célèbre *Manifeste du Parti communiste* en 1848, inspiré par la révolution qui a lieu en France. Expulsé de Belgique, de Cologne et, de nouveau, de France, il passe le reste de sa vie à Londres où il écrit, entre autres, *Le Capital*. En 1864, il adhère à l'Association internationale des travailleurs d'où il fera expulser les anarchistes. À la suite du décès de sa femme, Engels qui était devenu industriel quitte la

direction de l'établissement de Manchester et s'installe en 1869 près de Marx à Londres. Après la mort de Marx en 1883, il se consacre à l'édition et à la publication du *Capital*[73]. Lui-même meurt en 1895.

Leur contribution théorique principale est l'élaboration d'une perspective matérialiste de la nature humaine et de l'histoire, ou matérialisme historique. Celle-ci annonce la venue inexorable du communisme au terme d'une série d'étapes historiques où s'affrontent violemment l'ancienne et la nouvelle classe dominante, pour aboutir à la disparition des classes sociales et de l'État. Le marxisme qui se dit « scientifique » offre donc une construction logique de ses éléments principaux. Le marxisme a aussi, pour confirmer son caractère idéologique, le but précis d'inciter à l'action, à la « praxis ». Marx, du reste, exprime sa volonté de changer le monde dans sa 11e thèse sur Feuerbach[74].

2.1. LE DÉVELOPPEMENT DE LA THÉORIE DU MATÉRIALISME HISTORIQUE ET SCIENTIFIQUE

Marx et Engels croient avoir découvert les lois de l'histoire, pouvoir en expliquer les cheminements et en prédire la fin. Inspirés des discours de Platon, ils appellent méthode dialectique le mécanisme de ces cheminements qui avancent par conflits d'éléments opposés pour arriver à un niveau plus élevé, une méthode qu'Hegel avait déjà employée pour expliquer la marche de l'histoire[75]. Toutefois, ils mettent la dialectique idéaliste hégélienne sens dessus dessous. L'histoire ne progresse plus vers l'idée absolue par des conflits d'ordre rationnel. S'inspirant de la philosophie matérialiste de Feuerbach sur les rapports matériels entre les êtres humains, et entre ces derniers et la nature[76], ils soutiennent que l'histoire se dirige vers le prochain stade par suite des changements survenus dans les moyens de production et les modes principaux de production, par les conflits entre les classes possédant ces moyens et les classes non possédantes.

La philosophie matérialiste cherche également à expliquer, à partir d'une base économique spécifique, toute la superstructure. Ainsi, à une base économique capitaliste correspondent un système politique, des lois, un système juridique, une culture et des religions qui protègent la classe bourgeoise et le système capitaliste, le mode de production de la vie matérielle inspirant le développement des autres aspects de la vie sociale, politique et intellectuelle[77]. Toutefois, la correspondance base-superstructure n'est pas toujours exacte, car, à la suite d'un changement de base économique, l'édifice de la superstructure précédente tendrait souvent à disparaître lentement en laissant des vestiges parfois très longs à s'effacer.

2.2. LE MARXISME : UNE IDÉOLOGIE ?

À partir de ce cadre de matérialisme historique, le marxisme développe sa logique concernant la nature humaine, l'acquisition des connaissances, la société, l'État et ses valeurs fondamentales.

2.2.1. L'ÊTRE HUMAIN ET SON EXPLOITATION DANS L'IDÉOLOGIE MARXISTE

Dans l'idéologie marxiste, la manière d'envisager la nature humaine repose donc sur le matérialisme. Selon Marx, le travail productif est ce qui différencie les humains des animaux, tous deux capables de reproduction. Comme l'animal ne se distingue pas de la nature, il ne peut, contrairement à l'humain, la transformer profondément[78]. Les individus sont, par nature, créatifs, égaux et libres. Marx s'inspire du matérialisme de Feuerbach pour mettre en relief une définition de ce qui est humain et de la conscience humaine. Il soutient que les individus ne peuvent s'accomplir que dans le travail. La conscience est issue du travail et de la production et non pas le contraire. Comme Locke, Marx affirme que l'individu qui mêle son travail à une chose en a la possession inaliénable. Or, dans le système capitaliste, les ouvriers ne jouissent pas d'une identité libre et égale, ils sont privés du fruit de leur labeur, qui n'est plus un facteur d'épanouissement, mais un objet dont ils n'ont pas la possession et qui est destiné au marché. Ils sont exploités par les classes qui possèdent les moyens de production et auxquelles ils doivent vendre leur travail. Afin de se libérer et d'être vraiment eux-mêmes, ils doivent abolir ces divisions sociales et cette exploitation. Il leur faut ainsi faire en sorte que tous les moyens de production soient possédés collectivement dans une nouvelle société.

2.2.2. L'ACQUISITION DES CONNAISSANCES DANS L'IDÉOLOGIE MARXISTE

Suivant les principes du matérialisme, les humains développent leur conscience dans l'expérience créatrice du travail et c'est par celle-ci que se dégage leur individualité. Avant la révolution, cette expérience peut cependant être insatisfaisante. En effet, les individus ne peuvent se réaliser dans leur travail que s'ils en obtiennent le fruit. En outre, la conscience de classe des travailleurs peut être obscurcie par les appareils idéologiques de la bourgeoisie, qui donnent leurs propres définitions, par exemple, de la liberté et de l'égalité[79]. Le prolétariat a donc besoin d'être formé en politique par des personnes éclairées pour prendre connaissance de son aliénation et de son exploitation, saisir les véritables rapports de causalité dans la société et accroître ainsi sa conscience de classe.

2.2.3. LA PLACE DE LA SOCIÉTÉ ET DE L'ÉTAT DANS LE MARXISME

Dans l'idéologie marxiste, la société transcende l'individu et le précède. Elle possède une vie indépendante tout en étant composée des rapports entre individus. Au terme de l'époque primitive, elle s'est partagée en classes sociales, celles qui possèdent les moyens de production et celles qui ne les possèdent pas, et ont donc à subir l'exploitation des premières. Il en résulte des luttes de classes comme la révolte des esclaves dans l'Antiquité et le combat de la classe bourgeoise et de la noblesse avec la Révolution française. Comme Marx l'indique dans le *Manifeste du Parti communiste*[80], parvenue au faîte de sa domination, la classe bourgeoise retire un surplus de la production réalisée par le prolétariat et le convertit en capital, en machines, en valeurs, en obligations et en épargne. Marx pense qu'ultimement, à l'échelle mondiale, les sociétés se scinderont en deux classes. Les prolétaires y seront de plus en plus nombreux et exploités. Cela les conduira à se soulever contre leurs oppresseurs en faisant une révolution dont, étant donné leur nombre, le succès est assuré. Après l'abolition de la classe bourgeoise et du capitalisme, ils pourront instaurer une société communiste, sans division de classes et, par conséquent, sans exploitation.

Marx affirme qu'il peut exister d'autres classes ou fractions de classes dans la société. La classe petite-bourgeoise comprend les commerçants et les paysans. Il la considère comme une classe intermédiaire entre la classe bourgeoise et la classe ouvrière, parce que ses membres se pensent indépendants, mais, en fait, dépendent des intérêts de la classe dominante. Cette classe est une alliée possible des deux autres classes et la classe ouvrière doit, donc, à la fois s'en méfier et essayer de la gagner à sa cause. L'intelligentsia est une autre classe qui peut soutenir l'un ou l'autre camp. Enfin, Marx range dans le lumpenprolétariat les individus qui vivent « hors des classes », comme ceux qui appartiennent à la pègre [81].

La société idéale doit être instituée après la dictature du prolétariat, durant laquelle les vestiges de la classe dominante et de la propriété privée sont éliminés. Cette société communiste est composée d'une seule classe qui possède en commun les moyens de production et ne peut donc s'exploiter elle-même. Dans cette société communiste, la part des biens collectifs reçue par chaque individu dépend de son travail et de ses besoins [82]. Toutefois, Marx indique que deux conditions doivent être remplies pour que cette ultime révolution ait lieu : 1) il doit y avoir, dans la société, une polarisation extrême entre la classe prolétaire et la classe bourgeoise ; et 2) la société doit posséder un niveau de technologie et d'industrialisation suffisamment avancé pour soutenir l'existence d'un prolétariat largement majoritaire et permettre, au stade communiste final, la disparition des travaux pénibles.

Dans le marxisme, l'État et toutes les institutions qui dépendent de lui représentent et protègent les intérêts de la classe dominante. L'État bourgeois doit être détruit par une révolution violente suivie d'une dictature du prolétariat qui éliminera les vestiges de la classe bourgeoise et de la propriété privée. Ceux-ci éliminés, il n'existe plus de divisions de classe dans la société et, donc, de classe privilégiée. L'État n'a plus de raison d'être et disparaît.

2.2.4. LES VALEURS DOMINANTES DU MARXISME

Le marxisme est une idéologie qui, tels le libéralisme et l'anarchisme, fait preuve d'un très grand optimisme. De même que le libéralisme, il professe que les progrès techniques sont indispensables au bien-être de l'humanité, et de même que l'anarchisme, il affirme que l'être humain est perfectible et capable de vivre socialement en harmonie avec les autres sans autorité étatique pour l'y contraindre. Le marxisme croit aussi dans la marche irréductible de l'histoire vers la disparition de l'oppression, de l'exploitation et du travail pénible, dans la réussite de la révolution et dans le passage de la dictature du prolétariat au communisme, lequel marquera la fin de l'histoire telle qu'on la connaît. Il partage l'optimisme de l'anarchisme en ce qui concerne la possibilité d'une société communiste et la nature altruiste des êtres humains au stade communiste final.

Enfin, comme le libéralisme et l'anarchisme, le marxisme cherche à concilier les valeurs d'égalité et de liberté. Pour le marxisme, l'égalité et la liberté ne deviennent des réalités que dans la société communiste et au prix d'une révolution violente. Les membres de la classe à supprimer ne sont pas considérés comme des individus égaux puisqu'ils doivent être éliminés en raison de leur exploitation de la classe laborieuse. Avant et durant la révolution, les membres du prolétariat ne sont pas égaux non plus, les moins éclairés devant obéir à ceux qui sont plus avancés dans le marxisme. Enfin, l'inégalité entre les sexes, selon Engels [83], découle de la propriété privée (voir le chapitre 10). Selon lui, une fois la propriété privée abolie durant la dictature du prolétariat, les inégalités entre les sexes devraient disparaître.

3. LES CONTRIBUTIONS À L'IDÉOLOGIE MARXISTE ET LES PERSPECTIVES D'AVENIR

La doctrine de Marx et Engels est en partie déterminée par les conditions régnant à leur époque. Or, les deux principales révolutions communistes se produisent plus tard en Russie et en Chine, dans des pays où le prolétariat et l'industrialisation sont peu développés. Les théoriciens de ces révolutions, Lénine, Staline et Mao, sont donc contraints, pour justifier leurs actions tout en pouvant se dire fidèles aux dogmes du marxisme, de modifier ceux-ci. En même temps, plusieurs théoriciens sont accusés de « déviationnisme » pour leur fidélité au marxisme ou leurs contributions à celui-ci, alors que d'autres, préférant la voie parlementaire à la révolution pour arriver au socialisme, sont traités de « révisionnistes ».

3.1. LE DÉVELOPPEMENT DU MARXISME-LÉNINISME

La pensée de Lénine (1870–1924) s'est développée par une réflexion sur les problèmes politiques de son époque[84]. Vladimir Ilitch Oulianov, né d'une famille de la petite noblesse, est marqué à 17 ans par l'exécution de son frère aîné qui a conspiré contre le tsar. Après avoir reçu une formation d'avocat, il étudie les œuvres de Marx et d'Engels et il organise des cercles marxistes. Arrêté en 1895, il est exilé en Sibérie jusqu'en 1900. Il fonde cette année-là le journal *Iskra* (*L'Étincelle*) et écrit *Que faire ?* en 1902, ouvrage dans lequel il apporte au marxisme ses premières contributions. Ses idées triomphent au deuxième congrès du Parti ouvrier social-démocrate de Russie, qui se divise en bolcheviques (majoritaires) et en mencheviques (minoritaires). Il accroît son autorité aux deux congrès suivants et réussit à faire adopter ses thèses au cinquième congrès tenu à Londres en 1907. En 1910, il fonde le Parti bolchevique. Il n'a fait qu'observer le début de la période révolutionnaire en 1905 avec le « dimanche sanglant » de Saint-Pétersbourg, la grève générale et la révolte des marins du *Potemkine*. Quand vient la guerre de 1914, il s'installe en Suisse et écrit plusieurs articles sur le socialisme et la guerre, qu'il qualifie d'impérialiste, et rédige plusieurs ouvrages, dont *L'impérialisme, stade suprême du capitalisme*. Il regagne la Russie en 1917, informe les bolcheviques de ses objectifs de donner tout le pouvoir aux soviets (ou comités élus) et de lutter contre les partis bourgeois et les mencheviques. Pour éviter d'être arrêté comme ses partisans, il s'enfuit en Finlande. Finalement, en octobre, le principe de l'insurrection est accepté par le Comité central du Parti bolchevique. Les bolcheviques prennent le pouvoir, en excluent tous les autres partis, déclarent l'abolition de la propriété de la terre et demandent une paix immédiate[85].

Comment accomplir une révolution socialiste en Russie, étant donné son stade économique peu avancé et la faiblesse numérique de son prolétariat ?

Comment la révolution socialiste peut-elle évoluer vers le communisme dans un tel pays, les communistes une fois au pouvoir ? Pour organiser la révolution dans de telles circonstances, Lénine développe sa *théorie du parti* et son principe du *centralisme démocratique*. Il déclare que la révolution russe doit être faite par un parti de révolutionnaires professionnels qui peuvent ainsi mener le prolétariat vers le socialisme et la victoire. La révolution ne peut être spontanée, par conséquent le rôle du parti et des intellectuels révolutionnaires est important. De plus, la base du mouvement peut être élargie en incluant les masses paysannes pauvres. Le parti doit agir de façon disciplinée et s'appuyer sur le principe du centralisme démocratique en acceptant les décisions votées par la majorité et communiquées d'en haut aux niveaux inférieurs. Une fois au pouvoir, le Parti communiste s'identifie au prolétariat et devient l'unique parti, car il représente le peuple et sa dictature. Le parti est le seul détenteur de la vérité, il doit expulser les critiques et punir les « ennemis du peuple » qui le contredisent. Pour suivre la voie qui mène au communisme, Lénine décide également que les étapes des révolutions bourgeoise et socialiste doivent être accélérées. Il remplace rapidement la « dictature de la bourgeoisie » de février 1917 par celle des ouvriers et des paysans pauvres lors de la révolution d'octobre[86]. Afin de parvenir plus rapidement à un stade avancé d'industrialisation, nécessaire pour la transition au communisme, Lénine met sur pied diverses politiques en vue de planifier le développement de l'économie.

Finalement, sa théorie de l'*impérialisme*[87] explique pourquoi les révolutions n'ont pas toujours lieu dans les pays les plus industrialisés. L'impérialisme, selon Lénine, correspond au stade de développement monopolistique et financier du capitalisme. À ce stade, l'économie a besoin de nouveaux marchés et d'autres sources de matières premières et appelle une politique expansionniste. La bourgeoisie des nations à capitalisme avancé, en surexploitant les nations colonisées ou celles dominées par son impérialisme financier, peut acheter, dans les métropoles, la coopération de la couche supérieure de la classe ouvrière en la faisant bénéficier de ses profits. Lénine explique aussi les raisons du succès de la révolution russe en faisant valoir que le maillon le plus faible de la chaîne impérialiste a été brisé, la

Russie ayant été affaiblie par les crises économiques, politiques, nationales et internationales qui ont suivi la révolution de 1905 et par la guerre impérialiste de 1914[88].

3.2. LE STALINISME: LE SOCIALISME DANS UN SEUL PAYS ET LE RÔLE DE L'ÉTAT

Joseph Staline (1879–1953), à partir de la révolution d'octobre 1917, est membre du Comité central du parti et reçoit deux tâches: lutter contre les armées contre-révolutionnaires et résoudre le problème des nationalités. Élu en avril 1922 secrétaire général du Comité central, il conservera cette fonction jusqu'à sa mort. Après la mort de Lénine, il accapare le pouvoir et se débarrasse progressivement de ses rivaux, tels Trotsky, Zinoviev et Kamenev. Il se sert de ses ouvrages sur le léninisme pour identifier les nouveaux ennemis du peuple, et notamment Trotsky, qui ne se conforment pas au dogme modifié[89]. Il continue la politique de planification économique de Lénine, mais il l'accélère pour rattraper le retard, procédant, en 1930, à la collectivisation forcée de la terre et à la nationalisation de l'industrie. Cet énorme effort de développement place l'URSS au deuxième rang des puissances industrielles en 1937.

Il gouverne en s'appuyant sur une bureaucratie qu'il a élargie considérablement afin d'appliquer les plans économiques et d'éduquer la population en vue de la familiariser avec l'économie moderne. En outre, il crée une police qui, bientôt, détient plus de pouvoir que le parti. Il l'utilise à ses fins et pratique une politique d'épuration permanente, pour éliminer tous les critiques, les anciens dirigeants et cadres de la révolution et, par la suite, même des membres de sa famille et ses plus fidèles collaborateurs[90].

Au point de vue de la pensée, il apporte deux contributions principales. La première est que l'on peut construire le *socialisme dans un seul pays* comme étape vers le socialisme mondial. Cela est nécessaire pour augmenter la puissance militaire de la Russie, pour la défendre contre les pays non socialistes, développer l'économie et servir de modèle aux autres pays[91]. La seconde est l'*assimilation de*

l'État et de ses institutions à la dictature du prolétariat: leur disparition sera envisageable seulement après que le capitalisme mondial aura lui-même disparu. Ainsi, l'avènement du communisme dépend de facteurs extérieurs. Du reste, la situation internationale joue un grand rôle dans la politique de Staline, car, après la Deuxième Guerre mondiale jusqu'à la mort de Staline, la scène internationale est le lieu d'une rivalité et d'un affrontement constants entre le bloc communiste et le bloc capitaliste dominé par les États-Unis.

3.3. LES DÉVIATIONS DU DOGME MARXISTE-LÉNINISTE-STALINISTE

Le dogme marxiste-léniniste-staliniste n'a pas été accepté à l'unanimité par les socialistes de l'époque révolutionnaire et postrévolutionnaire. Il fait l'objet de trois déviations principales et d'une révision. La première déviation est la doctrine de la révolution permanente de Trotsky (1879–1949), expulsé de l'Union soviétique en 1929. Elle implique une révolution internationale et sa propagation dans les pays industrialisés. Elle s'oppose donc à la thèse stalinienne de la construction du socialisme dans un seul pays[92]. La deuxième est celle de marxistes orthodoxes qui n'acceptent pas que la révolution soit dirigée par un parti élitiste et qui préconisent une grève de masse et une révolution spontanée. Rosa Luxemburg (1870–1919) a défendu cette position et l'a appliquée dans le mouvement Spartacus et le bref soulèvement auquel elle a participé en Allemagne. Elle fut assassinée en 1919[93].

Alexandra Kollontaï (1872–1952) présente la troisième déviation, soutenant que la révolution marxiste-léniniste doit s'accompagner d'une révolution sexuelle. Elle ne croit pas que les inégalités entre les sexes disparaîtront d'elles-mêmes avec le passage au communisme. Faisant partie du mouvement de l'Organisation ouvrière, Kollontaï appuie aussi les mouvements ouvriers qui veulent s'organiser à partir de la base, au lieu de se plier aux directives de la hiérarchie du parti. Échappant (mais non son mari) aux purges de Staline, elle fut éloignée du pays en 1925, en étant nommée ambassadrice en Norvège[94]. À l'époque de Lénine, Édouard Bernstein est accusé de révisionnisme. Dans une

Allemagne possédant un parti social-démocrate assez développé, il soutient que la révolution socialiste peut se faire par des moyens parlementaires.

3.4. LES CONTRIBUTIONS MAOÏSTES À L'IDÉOLOGIE MARXISTE

Un théoricien dont les contributions sont acceptées par le courant de pensée socialiste est Mao-Zedong (1893–1977). Après avoir participé à la fondation du Parti communiste chinois en 1921, il se distingue de ses chefs dès 1926. Son analyse des contradictions principales de son pays lui fait conclure que la paysannerie peut être la force principale d'une révolution qui encerclerait les villes, foyers de l'impérialisme[95]. Suivant la quasi-destruction de la base urbaine du parti en 1926 par Chiang-Kai-shek, alors que les communistes espéraient une entente avec le Kuomintang en vue de former un front uni pour la libération nationale, Mao proclame en 1927 une république soviétique chinoise dans la province du Kiansi. L'organisation de celle-ci est principalement paysanne, se départant de la ligne du Komintern imposée par Moscou. En 1934, lui et ses troupes entreprennent une longue marche pour se regrouper dans le nord-ouest de la Chine. En 1935, il devient le chef officiel du Parti communiste. Son armée triomphe finalement de ses ennemis nationalistes en 1949. Mao, déjà président du parti, devient alors président de la nouvelle République populaire de Chine[96].

Il va « siniser » considérablement le marxisme-léninisme pour l'adapter à la Chine, celle-ci se trouvant sous le contrôle économique de plusieurs pays d'Europe, étant peu industrialisée, avec une population majoritairement paysanne attachée fortement à sa culture et à ses traditions millénaires[97]. Il donne ainsi un rôle important à la *paysannerie* dans la révolution et dans le parti, lequel demeure toutefois le parti du prolétariat. Il accepte la *collaboration de la bourgeoisie nationale* à la guerre d'indépendance contre l'impérialisme. En outre, l'accession au socialisme se fait en *deux étapes* : une guerre de libération nationale contre l'impérialisme avec l'aide de la bourgeoisie nationale sous la direction de l'Armée rouge et, ensuite, pour unifier la société chinoise, l'instauration de la dictature démocratique du peuple, basée sur quatre classes dirigées par le parti (ouvriers, paysans, petite-bourgeoisie et bourgeoisie nationale)[98]. Cette dictature peut durer jusqu'au communisme. Enfin, s'inspirant des traditions chinoises, Mao présente l'univers comme un flux perpétuel et sujet à des *contradictions*. La révolution n'est ainsi jamais terminée, il y a toujours des contradictions concrètes ou intellectuelles à surmonter, d'où la nécessité, par exemple, de révolutions culturelles et d'examens de conscience individuels périodiques pour se débarrasser de toute influence bourgeoise, même à l'époque communiste. La résolution des contradictions importantes fait faire des « bonds en avant » qui non seulement transforment des aspects concrets, de nature économique ou autre, mais aussi tendent à transformer le comportement et la pensée de la population[99]. Dans les *Pensées*, datées, pour refléter l'évolution de l'histoire, Mao se révèle non seulement comme un philosophe, mais aussi comme un psychologue et un tacticien militaire. Mao conçoit également un modèle révolutionnaire susceptible d'être suivi par les peuples colonisés. Cependant, dans ses disputes territoriales et idéologiques avec l'Union soviétique et dans sa rivalité avec cette dernière pour aider les pays du tiers monde, il fait montre de fierté nationaliste, une contradiction par rapport à l'internationalisme du dogme marxiste, à laquelle ni lui ni ses successeurs n'ont voulu faire face.

3.5. LES AUTRES CONTRIBUTIONS À L'IDÉOLOGIE SOCIALISTE

3.5.1. LES CONTRIBUTIONS DU TIERS MONDE ET DE L'AMÉRIQUE LATINE

Les révolutions russe et chinoise ont inspiré plusieurs mouvements de libération nationale dans les pays du tiers monde. Toutefois, étant donné que la situation du Vietnam et de l'Afrique noire, par exemple, était autre, leurs analyses de classes, leurs contributions théoriques ainsi que leurs méthodes et pratiques durant et après la révolution varient considérablement. L'analyse des classes et des forces révolutionnaires et les stratégies recommandées sont parfois difficiles, erronées ou prématurées et peuvent provoquer des défections[100]. Le Vietnam, après une longue lutte (1945–1976) en plusieurs étapes pour sa libération et sa réunification organisée par le Viet Minh (Ligue d'indépendance du Vietnam), une lutte qui a impliqué principalement le Japon, la France, les États-Unis et la Chine, est parvenu à établir un régime communiste stable. Ses institutions politiques, dominées par le Parti communiste sur les bases du centralisme démocratique et d'un leadership collectif, comprennent également des organisations de masse qui éduquent le peuple et informent membres et parti, et qui demeurent ainsi en contact avec la base. Dans cette lutte, le leadership intellectuel de Ho Chi Minh a joué un rôle essentiel. Avant Mao, il affirme que la révolution dans les régions coloniales doit se faire par les masses paysannes. Le maoïsme est cependant à la source de la théorie des trois étapes de « La résistance vaincra » de Truong Chinh et de l'inclusion d'une troisième force nationaliste non communiste dans la lutte contre les pouvoirs impérialistes[101]. En Afrique, par contre, le marxisme et le maoïsme servent souvent aux élites occidentalisées à prendre le pouvoir. Après la libération nationale et la création de structures politiques, économiques et administratives, le marxisme cède alors le pas au libéralisme ou aux mouvements religieux ou ethniques. L'État devient bureaucratique, accepte le capitalisme et règne parfois en employant la terreur et la répression. Une révolution anti-impérialiste ne va ainsi pas automatiquement de pair avec une révolution socialiste, comme l'illustrent les crises qui affectent la plupart des régimes socialistes en Afrique[102].

En outre, les États-Unis tolèrent difficilement l'existence de régimes socialistes, surtout s'ils sont proches, comme en Amérique du Sud où des partis communistes ont vu le jour au début des années 1920[103]. Salvador Allende, pourtant élu démocratiquement au Chili, a été assassiné après avoir perdu rapidement le pouvoir en 1973. La révolution cubaine contre le régime proaméricain de Batista avait été conduite en 1959 par environ 1 000 personnes appartenant à trois partis dont le Parti populaire socialiste (PPS) (communiste), sous le commandement en chef de Fidel Castro (alors non membre du PPS). L'installation d'un régime communiste se heurte à des difficultés dues à l'hostilité américaine, à l'invasion de la baie des Cochons en 1961, aux machinations de la CIA et au blocus économique. L'organisation et

l'orientation idéologique du régime sont aussi influencées par Che Ernesto Guevara ainsi que par la dépendance économique et commerciale à l'égard de l'URSS et par son démembrement ultérieur. En 1962, à l'instigation de Guevara, les trois partis se fondent dans le Parti uni de la révolution. Il s'ensuit une purge des anciens marxistes militants qui se partageaient postes, fonctions et patronage et une tentative de se rapprocher du peuple en incorporant les meilleurs travailleurs et étudiants dans le parti, qui change de nom de nouveau en 1965, devenant le Parti communiste de Cuba (PCC). Une autre déviation, cette fois-ci idéaliste, est combattue lors de l'échec du plan de production en 1970 et est suivie d'une réorganisation des mesures de contrôle du parti et de l'État en 1972–1973 et d'une décentralisation de la production et des unités de services sous l'autorité du Pouvoir du peuple. En 1974, le centralisme bureaucratique est officiellement remplacé par le centralisme démocratique sur le modèle soviétique. Cependant, la fin des années 1980 est marquée par une autre période de rectification, « la Révolution dans la Révolution », qui décide de réduire la taille de la fonction publique, d'abandonner le modèle soviétique et de revenir aux idées de Che Guevara afin de valoriser le travail et la conscience, l'« homme nouveau ». Cet abandon correspond aussi à la fin du soutien économique et commercial de l'ancienne URSS et à son démembrement, et une nouvelle voie doit donc être trouvée pour remédier à la grave crise économique dont souffre le pays dans les années 1990 et pour ranimer la foi de la population dans le communisme[104]. La continuité du régime est assurée par la permanence au pouvoir du commandant Castro qui, dans de longs discours, explique à la population les raisons de ces divers changements.

3.5.2. LE SOCIALISME ET LE COMMUNISME EN EUROPE

Tandis que la Chine se concentre principalement sur l'aide aux forces révolutionnaires, sous forme d'armes et d'entraînement, l'Union soviétique accroît son influence dans le monde en établissant des partis communistes qui doivent suivre la ligne tracée par le Komintern. Les changements de ligne en fonction des intérêts de Moscou, puis la déstalinisation et, quelques décennies après, l'effondrement du régime communiste en Union soviétique affectent la crédibilité et les effectifs de ces partis.

En Europe, le socialisme se présente habituellement sous deux formes : le courant communiste, sous l'égide d'un parti communiste, et le courant socialiste ou social-démocrate, représenté par un ou plusieurs partis et souvent lié aux syndicats. La division en deux formes est survenue quand les partis socialistes ont refusé d'obéir aux mots d'ordre du deuxième congrès de la IIIe Internationale communiste en 1920, qui portaient que les partis communistes (PC) seraient constitués sur la base du « centralisme démocratique », qu'ils s'opposeraient à la bourgeoisie et au réformisme et qu'ils avaient pour but la dictature du prolétariat. Ces partis devaient aussi combiner actions légales et illégales dans l'armée, les campagnes et les syndicats, soutenir les mouvements de libération dans les colonies, et faire obstacle au « social-patriotisme » et au « social-pacifisme »[105]. En conséquence, en Allemagne, Belgique, Espagne, France, Italie, les partis communistes vont occuper une place notable pendant plusieurs décennies. Par contre, leur importance est moindre dans les pays qui ont un parti travailliste, comme en Grande-Bretagne, ou un parti social-démocrate puissant, comme en Hollande, au Danemark et en Suède. L'influence et la force des effectifs des PC sont affectées par le devoir d'obéissance aux directives changeantes de Moscou[106].

En effet, en 1924, la directive de Staline est « le socialisme dans un seul pays », accompagnée d'une demande d'éliminer les éléments internationaux du parti. Mais, en 1928, son mot d'ordre est d'accentuer l'internationalisme de la lutte et du prolétariat dont la « seule patrie » est l'URSS. En 1932, la ligne à observer devient : « classe contre classe », alors qu'en 1935 c'est la lutte mondiale contre le fascisme dans un front commun avec la bourgeoisie et des sociaux-démocrates. Quand l'URSS signe le pacte de non-agression avec l'Allemagne, au début de la Deuxième Guerre mondiale, la politique est de s'opposer à cette guerre « impérialiste », mais lorsque, trois ans plus tard, l'URSS se joint aux Alliés pour combattre l'Allemagne, cette guerre devient une lutte contre le fascisme[107]. Le processus de démembrement de l'Union soviétique et le déclin de l'idéologie marxiste-léniniste dans le monde commencent à la mort de Staline, en 1953, avec la liquidation de Béria (1953), la répression de l'insurrection hongroise (1956), le processus de déstalinisation déclenché en 1956 au XXe Congrès du Parti communiste de l'URSS et l'incapacité des chefs à concevoir une autre idéologie comme « mythe unificateur ». Il en est résulté une crise et une baisse d'effectifs dans les partis communistes, lesquels durent réhabiliter les morts et les victimes d'emprisonnements arbitraires. Dans les pays satellites, l'espoir d'obtenir l'indépendance renaît, avec des noyaux d'agitation de la part d'intellectuels en Pologne et en Hongrie. La crise hongroise éclate en 1956. L'autorité idéologique de Moscou, déjà affaiblie par le rayonnement du maoïsme, et, au plan interne, par la fin de la terreur, par des crises économiques et, finalement par l'ouverture à l'Ouest, avec la *glasnost* et la *perestroïka*, cède devant les clameurs nationalistes de certains pays satellites et les besoins de financer ses dettes à l'Ouest. L'échec de l'expérience communiste en URSS entraîne alors la disparition ou la transformation des PC européens. Selon François Furet, le communisme soviétique est mort à la suite d'une décomposition interne[108]. Mais est-il vraiment mort ? Aux élections présidentielles du 3 juillet 1996, près de la moitié de la population du pays lui avait encore exprimé son attachement[109].

Parmi les courants sociaux-démocrates européens, celui du Royaume-Uni présente la particularité d'avoir subi l'influence des intellectuels de la Fabian Society, qui préfèrent le réformisme graduel, la voie de la persuasion et du parlementarisme à la violence pour obtenir des réformes et qui veulent non pas une lutte de classes, mais une transformation de toute la société de manière à réduire les disparités sociales, économiques et sexuelles. En plus de l'inspiration et du soutien des fabiens, le Parti travailliste britannique bénéficie de l'appui des syndicats. Il n'est donc pas d'orientation marxiste. Parvenu au pouvoir pour la première fois en 1945, il exécute son programme réformiste en appliquant de nouvelles politiques sociales et en nationalisant des industries importantes[110]. Dans les autres pays d'Europe, les mouvements et les partis sociaux-démocrates restent souvent attachés à certains éléments du marxisme, surtout à son idéal. Les partis optent, toutefois, pour ce que certains appellent un compromis social et national qui vise généralement à obtenir des conditions plus avantageuses pour les classes laborieuses et les groupes moins favorisés. Ils demandent des réformes pour ce faire, des interventions de l'État dans les domaines de l'économie, de la santé, de l'éducation, du travail et des politiques sociales. Pour obtenir ces réformes et le pouvoir, ils sollicitent l'appui d'autres partis ou mouvements, le plus souvent de type libéral. Ils sont favorables à l'État, acceptent de coopérer avec d'autres groupes et partis et peuvent vivre avec un capitalisme tempéré par des réformes tout en essayant d'aller vers une société sans classe[111]. Ils contribuent, comme le Parti travailliste au Royaume-Uni, à instaurer l'État-providence. Dans les années 1970 et 1980, cependant, en raison des crises économiques, les partis sociaux-démocrates européens acceptent en général l'économie mixte et même la privatisation de certains secteurs[112].

3.5.3. LA CONTRIBUTION DU CANADA À L'IDÉOLOGIE SOCIALISTE

Le marxisme-léninisme, défendu par le Parti communiste du Canada (PCC) ou les partis apparentés, n'a jamais été une force importante au Canada et encore moins au Québec, et cela pour plusieurs raisons. D'abord, le Parti communiste a été interdit de 1921, l'année de sa fondation clandestine, à 1924, puis de 1931 à 1936 et de 1940 à 1943[113]. Il prend divers noms d'emprunt, mais se heurte continuellement à l'opposition des autorités politiques qui, à plusieurs reprises, arrêtent certains de ses membres[114]. Ainsi, en 1946, durant la guerre froide, vingt communistes sont arrêtés et deux condamnés, dont l'un, le député fédéral Fred Rose, pour espionnage[115]. Au Québec, Maurice Duplessis et le gouvernement de l'Union nationale font la chasse aux communistes et, par la *Loi du cadenas* de 1937, ferment les maisons servant à leurs réunions ou à la distribution de leurs publications.

Ensuite, au Canada anglais comme au Québec, le Parti doit faire concurrence à des organismes ou des partis qui s'occupent aussi de la question ouvrière et sont plus populaires que lui. Il s'oppose à certains, comme à l'OBU et aux réformistes sociaux. Il est habituellement rejeté quand il tente de s'allier à d'autres. Il infiltre les syndicats, cherchant à gagner

les syndicats de métiers, mais est battu en brèche par l'AFL (American Federation of Labour). Le Canadian Labour Party, formé en 1917, expulse ses membres communistes en 1925. Au Québec, l'Université ouvrière d'Albert Saint-Martin, créée en 1925, est d'orientation socialiste, mais Saint-Martin et la plupart de ses membres refusent de s'allier avec le PCC en 1927[116]. Au Québec, le Code du travail adopté par le gouvernement de Duplessis interdit aux communistes d'occuper des postes dans les syndicats de la province. Au début, le PCC, sous le nom de Parti ouvrier canadien, avait tenté de se rapprocher des sociaux-démocrates, mais quand il reprend son premier nom en 1923 et devient orthodoxe, les partis ouvriers déjà existants expulsent les membres communistes de leurs rangs. Au Canada anglais, le parti CCF (Cooperative Commonwealth Federation), fondé en 1932, chasse également les communistes et refuse l'offre d'alliance présentée par le PCC à l'époque où il cherche à appliquer la nouvelle ligne du front commun imposée en 1935 par le Komintern[117].

Enfin, au Québec, le PCC rencontre l'hostilité de l'Église catholique, de ses organismes et du réformisme social de l'École sociale populaire, conçu, dans les années 1930, pour résoudre les problèmes engendrés par la Grande Dépression. Le PCC ne peut infiltrer tous les syndicats, bon nombre d'entre eux étant alors, dans cette province, dirigés par des catholiques. De plus, l'adoption, dans les années 1930 de la ligne antifasciste du Komintern va à l'encontre du corporatisme adopté temporairement par l'élite catholique comme troisième voie possible. Cela n'empêche pas des marxistes plus ou moins engagés de manifester leur présence en publiant des ouvrages sur la situation du pays. Parmi ceux-ci, Stanley Bréhaut Ryerson laisse un héritage intellectuel d'importance avec ses analyses de l'histoire politique du Québec et du Canada et des contradictions liées au capitalisme et à la question nationale[118].

Le PCC, visant une révolution nationale, aurait négligé la voie d'accès provinciale habituellement utilisée dans le système fédéral canadien par les partis marginaux pour gagner des adhérents. Pourtant, dans les années 1930, les communistes obtiennent des succès électoraux sur la scène municipale au Manitoba et en Ontario. En 1940, Dorise W. Nielsen, candidate dans North Battleford (Saskatchewan), devient le premier membre communiste à siéger au Parlement canadien et est suivie, en 1943, de Fred Rose, élu dans Montréal-Cartier. Le PCC remporte des victoires aux élections provinciales du Manitoba en 1941 et de l'Ontario en 1945. Son échec au Québec est en partie attribuable à son manque d'intérêt pour la question nationale, le PCC préférant s'occuper en premier lieu de la classe ouvrière canadienne. C'est seulement en 1942 que le parti reconnaît que le Québec est une nation, en 1947, qu'il a le droit à l'autodétermination, et en 1959, qu'il peut revendiquer le droit de sécession[119]. Il travaille, en même temps, à unifier la classe ouvrière canadienne en vue d'accentuer la lutte contre les monopoles et la domination américaine. En 1966, le Parti communiste du Québec obtient le droit d'avoir une entité distincte au sein du parti canadien. Toutefois, les syndicats ne répondent pas à sa demande de former un parti ouvrier de masse.

Les revirements dus à son obéissance aux lignes changeantes du Komintern lui ont aussi fait du tort, même si, au Québec et dans le reste du Canada, certains ont amené parfois un accroissement momentané de ses membres. Cet accroissement s'est fait sentir au Québec notamment quand le PCC s'est opposé à la participation à la Deuxième Guerre mondiale. Mais les dissensions internes lui font perdre des membres, avec, en 1928, l'expulsion des trotskystes et, en 1930, celle des « opportunistes » de droite. Certaines divisions s'expliquent par la difficulté à analyser la situation au Canada et à cibler les ennemis à combattre. Toutefois, une certaine unité, notamment chez les anglophones du Canada anglais et du Québec, se crée à propos de la lutte antifasciste du PC en Espagne[120]. La déstalinisation entraîne, par la suite, des conflits importants à l'intérieur du PCC, déjà déchiré par le révisionnisme de certains membres, conflits accentués par son appui à l'intervention soviétique dans le soulèvement hongrois. Le démantèlement de l'URSS entraîne finalement la dissolution du parti.

La social-démocratie et le nationalisme ont nui considérablement au succès du Parti communiste du Canada. La social-démocratie est à la base du programme du CCF, fondé en 1932 par des représentants d'ouvriers, d'agriculteurs et de députés du Ginger Group, eux-mêmes porte-parole d'agriculteurs et d'ouvriers, appuyés par les intellectuels et les autres membres actifs de la Ligue de restauration sociale. Le CCF se veut une fédération de groupes et de classes qui travaillent ensemble en vue d'établir une société démocratique. Dans le *Manifeste de Regina*, publié en 1933, il affirme vouloir « déraciner le capitalisme » et instituer, pour le bien-être du peuple, un Commonwealth coopératif[121]. Outre une critique du capitalisme, son programme comprend, entre autres, l'étatisation des industries clés, des services publics, des sociétés de transport, le maintien d'une économie mixte et l'adoption de politiques de sécurité sociale (assurance-chômage, pension à 60 ans, allocations familiales et maternelles et assurance-santé). Le CCF reçoit l'appui des syndicats du Canada anglais et abrite plusieurs tendances idéologiques, depuis le marxisme jusqu'au réformisme. Sa gauche, toujours minoritaire, suscite souvent des débats internes. Progressivement, le discours du parti, devenu le Nouveau Parti démocratique en 1961, emploie de moins en moins, dans ses manifestes, des termes « marxistes » et tend à faire ressortir ses différences avec les autres mouvements socialistes[122]. Il continue de défendre son programme de réformes graduelles sans recours à la violence et de prôner une forme d'économie mixte. Au pouvoir dans plusieurs provinces, comme en Saskatchewan dès 1944[123], le CCF-NPD réussit à faire adopter d'importantes réformes sociales et économiques. Son succès est moindre au niveau fédéral où, à ce jour, il n'est jamais parvenu à former le gouvernement. Dans les années 1980 et 1990, il essaie, en mettant plus l'accent sur la décentralisation, de tenir compte de l'opinion publique, qui semble craindre les grands syndicats et l'expansion du pouvoir de l'État et de ses dépenses en matière de politique sociale. Défendant le nationalisme canadien souvent plus que le socialisme, il rencontre peu de succès au Québec du fait qu'il ne comprend pas les besoins particuliers des francophones et leurs aspirations souverainistes.

Au Québec, la social-démocratie est défendue d'abord par des intellectuels anglophones de Montréal, membres de la Ligue de restauration sociale, comme Frank R. Scott. Comme le PCC et à peu près pour les mêmes raisons, le CCF ne gagne que peu d'adeptes dans les milieux francophones. À la suite de la crise économique, les élites de ces milieux formulent une critique morale et nationaliste du libéralisme et du capitalisme et voient dans le corporatisme un remède à cette crise[124]. Pendant la Deuxième Guerre mondiale, le CCF continue d'être marginal chez les Québécois francophones, ne comprenant pas leurs aspirations nationales et essuyant l'hostilité des élites religieuses et politiques qui ne le distinguent pas toujours du PC. Les idées sociales-démocrates commencent, malgré tout, à attirer, dans les années 1950, certains intellectuels et militants anti-duplessistes de *Cité libre* et des syndicats radicalisés par une série de grèves importantes. Les socialistes francophones fondent en 1956 une branche québécoise du CCF, dirigée par Thérèse Casgrain. L'appel du CTC (Congrès du travail du Canada) visant la formation d'un nouveau parti regroupant CCF, travailleurs, agriculteurs et personnes d'esprit libéral, soutenu par la FTQ (Fédération du travail du Québec) en 1958 et 1961, est finalement entendu. Mais le Nouveau Parti démocratique (NPD), qui s'est divisé en une aile fédérale et un parti provincial (le Parti socialiste du Québec), voit ce dernier parti disparaître en 1968, et les syndicats du Québec se tournent alors vers le Parti québécois (PQ). Le PQ, dont le programme de 1976 était social-démocrate et souverainiste, reçoit, du reste, l'appui officiel de la FTQ. Le mouvement syndical va, en dépit des déceptions éprouvées, demeurer fidèle au PQ. Le gros de l'effectif soutient officiellement ou officieusement le « oui » au référendum de 1980[125], mais, en 1981, à la suite des mesures de restriction prises par le PQ, un certain nombre de syndicalistes et d'universitaires forment le Comité des cent pour un mouvement socialiste. Ce comité ne dure que quelques années et certains membres se regroupent dans le NPD-PQ en 1984. Ce parti ne reçoit qu'un appui verbal de la FTQ au moment des élections qui suivent. Sous les gouvernements libéraux de 1984 et de 1989, le mouvement syndical continue la politique de concertation sur le plan économique commencée sous les gouvernements péquistes. Toutefois, sur le plan politique, il s'oppose au libre-échange avec les États-Unis et à l'accord constitutionnel du lac Meech. Les grandes centrales syndicales du Québec se prononcent aussi en faveur de l'indépendance. Cette position leur fait rejeter le NPD fédéral et, dans les années 1990, appuyer les candidats du Bloc québécois. Le NPD fédéral, en effet, a, de façon continue, prôné l'unité nationale, soit en défendant le principe des deux nations (culturelles et linguistiques) dans un partenariat canadien en 1961 et en 1963, un nouveau fédéralisme institué par une assemblée constituante des divers peuples en 1971, soit, depuis 1977, en reconnaissant au Québec le droit à l'autodétermination tout en précisant que ses aspirations ne peuvent être véritablement réalisées que dans une nouvelle union canadienne[126]. L'alliance entre le mouvement syndical et le PQ semble se maintenir dans le nouveau gouvernement péquiste élu en 1995 par suite de l'inclusion, dans le conseil des ministres, de plusieurs importants dirigeants syndicalistes.

Parallèlement à l'attraction exercée par la social-démocratie nationaliste sur les syndicats, le Québec voit, à partir des années 1950, l'apparition de revues et d'ouvrages socialistes francophones[127], et, lors de la révolution tranquille, d'un courant marxiste chez les intellectuels et universitaires, qui pénètre, dans une certaine mesure, les syndicats et l'administration municipale[128]. L'idéologie marxiste est présente dans les manifestes des fronts communs syndicaux de 1972 et 1976, bien qu'elle ne soit pas embrassée par la majorité de la base. Le mouvement syndical crée aussi un bref Comité indépendance-socialisme. De petits groupes d'extrême gauche, comme En Lutte, essaient de percer la communauté francophone[129]. Cependant l'analyse marxiste de la société québécoise divise encore les intellectuels et les dirigeants de ces mouvements. Le débat porte sur la nature du Parti québécois (nationaliste bourgeois, petit-bourgeois, petit-bourgeois technocratique ou « parti pluriclassiste sous hégémonie bourgeoise[130] »; la situation du Québec (colonie du Canada[131], région où règne l'impérialisme, ou partie d'une lutte de classe nationale ou de fractions de classes dominées[132] ou d'une lutte à l'échelle continentale[133]); et la stratégie à suivre (lutte d'indépendance nationale de forme révolutionnaire, soutien à l'option souverainiste du PQ, priorité à la lutte contre la bourgeoisie québécoise ou contre la bourgeoisie canadienne[134]). En somme, au Québec, la question nationale est un élément avec lequel la social-démocratie et le marxisme doivent composer. Elle exerce une influence profonde sur la vitalité et le contenu de ces courants de pensée.

3.6. LES PERSPECTIVES D'AVENIR DES IDÉOLOGIES SOCIALISTES

Les bilans des expériences d'inspiration marxiste-léniniste-staliniste ou maoïste soulignent leurs erreurs et leurs oublis : 1) l'abandon de la recherche de la société idéale communiste ou l'impossibilité de la réaliser ; 2) les dangers du dogmatisme, qui entraîne terreur et totalitarisme ; 3) leur manque d'intérêt pour la cause des femmes ; 4) leur destruction de l'environnement par suite d'une industrialisation rapide ; 5) leur violation des droits individuels ; 6) leurs difficultés à accepter les nouveaux nationalismes, même si, sous une forme maoïste, elles ont inspiré des luttes pacifiques ou violentes pour l'indépendance nationale. Enfin, on regrette que la chute du communisme se soit faite dans le désordre, sans projet de rechange en vue [135].

Les partis et les mouvements sociaux-démocrates rencontrent d'autres difficultés. Après avoir apporté des réformes qui ont contribué à transformer l'État libéral en État-providence, souvent en liaison avec d'autres partis, ils doivent parfois, dans les années 1980 et 1990, changer leurs promesses [136]. Leur rôle de défenseurs de l'État-providence n'est plus aussi clair et est difficile à remplir étant donné que les institutions financières mondiales souhaitent la réduction des déficits nationaux [137]. Il semble pourtant dangereux que l'ascendance de l'extrême droite et l'hégémonie du modèle américain à l'époque de la mondialisation ne soient pas équilibrées par un programme politique émanant de la gauche. Un tel programme pointerait-il dans l'espoir d'une société meilleure que présentent de nouveaux partis et mouvements, bien que certains ne cherchent d'abord et avant tout qu'à réparer les erreurs commises par les générations précédentes [138] et d'autres, à retourner aux origines anarchisantes du socialisme ?

Lectures suggérées

Beaud, Michel (1982), *Le socialisme à l'épreuve de l'histoire, 1800–1981*, Paris, Seuil.

Comeau, Robert et Bernard Dionne (1989), *Le droit de se taire. Histoire des communismes au Québec*, Outremont (Québec), VLB éditeur.

Cornu, Auguste (1962), *Karl Marx et Friedrich Engels. Leur vie et leur œuvre*, Paris, PUF.

Denis, Roch et Serge Denis (1992), *Les syndicats face au pouvoir*, Ottawa, Éditions du Vermillon.

Guérin, Daniel (1970), *Ni Dieu ni maître. Anthologie de l'anarchie*, 3 vol., Paris, François Maspero.

Lamoureux, André (1985), *Le NPD et le Québec : 1958–1985*, Montréal, Éditions du Parc.

Schram, Stuart (1963), *Mao Tse-Toung*, Paris, Librairie Armand Colin.

Sédillot, René (1977), *Histoire des socialismes*, Paris, Fayard.

Notes

1 René Sédillot, *Histoire des socialismes*, Paris, Fayard, 1977, p. 5 et p. 191.

2 Pierre-Joseph Proudhon, *Qu'est-ce que la propriété ?*, chronologie et introduction par Émile James, Paris, Garnier-Flammarion, 1966, p. 295, p. 300.

3 Peter Marshall. *Demanding the Impossible. A History of Anarchism*, London, Fontana Press, 1993, p. 53–60 et 60–65 ; Atindranath Bose, *A History of Anarchism*, Calcutta, The World Press Private, 1967.

4 Voir George Woodcock, *Anarchism. A History of Libertarian Ideas and Movements*, Cleveland et New York, Meridian Books, 1962 ; Peter Marshall, *op. cit.*

5 Pour les bêcheurs, la véritable liberté repose sur la communauté de biens et d'esprit, la propriété est la source des conflits sociaux et l'État asservit les basses classes (Woodcock, *op. cit.*, p. 49).

6 En France, les auteurs de ces utopies sont Rabelais, Étienne de La Boétie, Fénelon, Mesley, Morelly, Diderot et Jean-Jacques Rousseau et, en Angleterre, Jonathan Swift. Comme œuvre isolée, voir *A Vindication of Natural Society* (1756), un écrit de jeunesse d'Edmund Burke, le « père » du conservatisme ; voir Marshall, *op. cit.*, p. 134. La seule vision utopienne qui a plu aux anarchistes est celle de William Morris dans *News From Nowhere*, se rapprochant des idées d'un des leurs, Pierre Kropotkine (1842–1921) ; voir Woodcock, *op. cit.*, p. 24.

7 Comme Henry David Thoreau, Ralph Waldo Emerson et Walt Whitman (Marshall, *op. cit.*, p. 182–188).

8 Le principe de la mutualité est accepté par la 1re Internationale des travailleurs et par des révolutionnaires de la Commune de Paris.

9 Louise Michel, *La Commune*, Paris, P.-V. Stock Éditeur, 1898, et *Souvenirs et aventures de ma vie*, Paris, Découverte/Maspéro, 1983.

10 Woodcock, *op. cit.*, p. 455–459; Atindranath Bose, *A History of Anarchism*, Calcutta, The World Press Private, 1967, p. 351–371.

11 Pour Bakounine, par exemple, l'être humain ne peut se réaliser qu'en société; voir « Dieu et l'État », dans Daniel Guérin, *Ni Dieu ni maître. Anthologie de l'anarchisme*, tome I, Paris, François Maspéro, 1970, p. 163–166.

12 Voir la traduction de *Political Justice* de William Godwin par Benjamin Constant, *De la justice politique*, édité par Burton R. Pollin, Québec, Les Presses de l'Université Laval, 1972, p. 102, p. 79, p. 91.

13 Max Stirner, *The Ego and Its Own*, David Leopold, Cambridge University Press, 1995.

14 Peter Kropotkin, *Mutual Aid. A Factor of Evolution*, Boston (Mass.), Extending Horizons Books, 1955, p. 72.

15 Bakounine, « La Société ou Fraternité naturelle révolutionnaire », dans Guérin, *op. cit.*, tome I, p. 172. Pierre Kropotkine, *Œuvres*, textes revus et présentés par Martin Zemliak, Paris, François Maspéro, 1976, p. 113.

16 Louise Michel, *La Commune*, et *Souvenirs et aventures de ma vie*.

17 Voir Emma Goldman, *L'épopée d'une anarchiste*, traduit par Cathy Bernheim et Annette Lévy-Willard, Paris, Hachette, 1979, et « The Traffic in Women », « Marriage and Love », « Woman Suffrage », dans *Anarchism and Other Essays*, 3rd revised edition, New York, Mother Earth Publishing Association, 1917, p. 183–200, 217, 233–246.

18 Godwin, dans Constant, *op. cit.*, p. 111.

19 Voir Max Stirner, « Les faux principes de notre éducation », dans Guérin, *op. cit.*, tome I, p. 19.

20 Kropotkine, « La Société ou Fraternité internationale révolutionnaire (1865) », dans Guérin, *op. cit.*, tome I, p. 202–203.

21 Kropotkine, *Œuvres*, p. 202.

22 Michel Bakounine, *Le socialisme libertaire*, textes établis et présentés par Fernand Rude, Paris, Denoël-Gonthier, 1972, p. 132.

23 Pour Godwin, la société idéale ne connaît ni guerre, ni crime, ni administration de la justice, ni gouvernement, ni maladie, ni angoisse, ni mélancolie, ni ressentiment. Chaque personne recherche le bien de tous; voir William Godwin, *Political Justice*, Book VIII : On Property, H.S. Salt, ed., London, George Allen & Unwin, 4th impression, 1949, p. 127. Le livre VIII n'a pas été traduit par Benjamin Constant. Voir aussi p. 101 dans Constant, et Malatesta, dans Guérin, *op. cit.*, tome III, p. 9.

24 Proudhon, « La propriété, c'est le vol », dans Guérin, *op. cit.*, tome I, p. 53

25 Proudhon, « L'Unique et sa propriété », dans Guérin, *op. cit.*, tome I, p. 22, et dans Pierre Ansart, *Proudhon*, Librairie générale française, 1984, p. 131.

26 Voir Godwin, p. 75, dans Woodcock; Proudhon, « Du principe d'autorité », dans Guérin, *op. cit.*, tome I, p. 87; voir les opinions de Bakounine, Kropotkine, Malatesta, dans Daniel Guérin, *L'anarchisme : de la doctrine à l'action*, Paris, Gallimard, 1965, p. 17–23, et celles de Malatesta, dans « L'anarchie ». dans Guérin, *op. cit.* , tome III, p. 18.

27 Godwin dans Woodcock, *op. cit.*, p. 80, et Stirner, *op. cit.*, p. xxvi.

28 Constant, *op. cit.*, p. 72, 78.

29 Pour Bakounine, par exemple, la nation doit disparaître et personne ne peut imposer aux autres sa manière de se vêtir, ses coutumes, sa langue, ses opinions et ses lois; voir Guérin, *op. cit.*, tome I, p. 171.

30 Constant, *op. cit.*, p. 310.

31 *Ibid.*, p. 121–123.

32 Stirner, p. 163 et p. 170.

33 Godwin, introductions aux 1re et 2e éditions de *Political Justice*, dans Constant, *op. cit.*, p. 62, 1re éd., et p. 64, 2e éd. Il remarque que la violence est le dernier recours des justes (Woodcock, *op. cit.*, p. 79–80) et également que le raisonnement est le seul moyen de faire la révolution (Constant, *op. cit.*, p. 322).

34 Bakounine, « La Société ou Fraternité révolutionnaire (1865) », dans Guérin, *op. cit.*, tome I, p. 180. Louise Michel n'approuve la violence que si elle devient nécessaire et Emma Goldman, après l'attentat raté d'Alexandre Berckman, condamne l'usage de la violence. Marshall (*op. cit.*, p. 423–427) inclut parmi les anarchistes Mohandas Gandhi, qui est le symbole de la résistance passive. Tous les anarchistes n'acceptent pas la désobéissance civile, qui, selon eux, implicitement respecte les lois (Stirner, *op. cit.*, p. xxvii).

35 Marshall, *op. cit.*, p. 33.

36 Stirner, *The Ego and Its Own*, p. 128, et « l'Unique et sa propriété », dans Guérin, *op. cit.*, tome I, p. 29–30.

37 Emma Goldman, dans « Une lettre prophétique, 30 juillet 1919 » (Guérin, *op. cit.*, tome III, p. 53–55). Ces divergences conduiront Marx à faire expulser les anarchistes du congrès de l'Internationale de La Haye en 1872. Bakounine y accuse Marx de ne pas voir que l'établissement d'une dictature universelle tuera la révolution et faussera les mouvements populaires; voir « L'excommunication de La Haye » (Guérin, *op. cit.*, tome II, p. 11, p. 14).

38 Marshall, *op. cit.*, p. 16.

39 Bakounine, « La Société ou Fraternité. . . », dans Guérin, *op. cit.*, tome I, p. 219.

40 Malatesta, « Révolution et réaction », dans Guérin, *op. cit.*, tome III, p. 8–9. Le communisme libertaire croit nécessaire de créer des institutions pour organiser la société dans la solidarité et la coopération.

41 Marshall, *op. cit.*, p. 39.

42 Godwin, *Political Justice. A Reprint of the Essay on Property*, edited by H. S. Salt, London, George Allen & Unwin, 4th impression, 1949, p. 39.

43 Godwin, dans Woodcock, *op. cit.*, p. 86. Voir aussi Kropotkine, dans Zemliak, *op. cit.*, p. 46.

44 Les anarchistes emploient souvent « raison », « conscience » et « jugement » de façon interchangeable.

45 Bakounine, « Dieu et l'État (1871) », dans Guérin, *op. cit.*, tome I, p. 166.

46 Bakounine, « La Société. . . », *ibid.*, p. 170; Ansart, *op. cit.* (1984), p. 264.

47 Les doukhobors ou « personnes en lutte spirituelle », secte religieuse vivant en communauté, d'une philosophie de non-violence, et dont le mot d'ordre est « travail et vie pacifique », étaient en exil au Caucase, persécutés par le tsar pour leur refus de porter les armes.

95

48 Goldman reste au Canada de 1926 à 1928, y retourne brièvement en 1933 et revient pour fêter son 70e anniversaire à Toronto où elle meurt le 14 mai 1940. Voir Goldman, *L'épopée*, p. 301.

49 Max Nettlau, *Histoire de l'anarchie*, traduit par Martin-Zemliak, Éditions du Cercle, Éditions de la Tête de Feuilles, 1971.

50 Marshall, *op. cit.*, p. 507.

51 Voir Voline, « La révolution inconnue », dans Guérin, *op. cit.*, tome III, p. 139.

52 Emma Goldman, *My Disillusionment in Russia*, Garden City (N.Y.), Doubleday, Page & Co., 1923, *My Further Disillusionment in Russia*, Garden City (N.Y.), Doubleday, Page & Co., 1924.

53 Voir, par exemple, les textes dans Dimitrios I. Roussopoulos (dir.), *The Anarchist Papers*, vol. I, II, III, Montréal, Black Rose Books, 1986. Les punks et la cybernautique sont de nouvelles expressions de l'anarchie plutôt que de l'anarchisme.

54 Dont le communisme autoritaire et hiérarchique de *La République* de Platon.

55 Sédillot, *op. cit.*, p. 77–76, 87–88. Les millénaristes attendaient le règne du Messie pour mille ans avant le jugement dernier. Dans les mirs, l'exploitation des terres se fait par l'assemblée d'un village sous l'autorité des chefs de famille.

56 Ainsi les mormons abandonnèrent leurs tendances socialistes une fois installés à Salt Lake City, les colonies des *shakers* ou la république de Guarani au Paraguay ne durèrent que quelques années (voir Sédillot, *op. cit.*, p. 105–113, 117–119, 121).

57 Comme l'*Utopie* de Thomas More (1478–1535). D'autres étaient plus dirigistes, telle l'*Oceana* de James Harrington (1656).

58 Ils demandent le droit de bêcher, de labourer et d'ensemencer les terres royales (Sédillot, *op. cit.*, p. 140).

59 Une exagération, car leurs requêtes principales sont le suffrage universel et l'abolition des lords et de la monarchie.

60 Reconnu officiellement en 1919 comme un précurseur du socialisme scientifique, son nom a été gravé sur un obélisque à Moscou (Sédillot, *op. cit.*, p. 150, p. 152).

61 Marx reconnut la contribution de Linguet au socialisme. D'autres penseurs prérévolutionnaires et précurseurs du socialisme sont l'abbé de Mably (1709–1785), auteur du *Traité de la législation* (1776), et Morelly, auteur de *La Basiliade* (1753). Voir Sédillot, *op. cit.*, p. 149–150, et Gian Mario Bravo, *Les socialistes avant Marx*, tome I, Paris, François Maspéro, 1970, p. 5.

62 Sédillot, *op. cit.*, p. 181–182.

63 Deux fouriéristes éminents sont Victor Considérant (1808–1893) et Pecqueur (1801–1887).

64 Voir Jean Roux, *Précis historique et théorique de marxisme-léninisme*, Paris, Robert Laffont, 1969, p. 92–94.

65 Flora Tristan, *Union ouvrière*, sous la dir. de Daniel Armogathe et Jacques Grandjonc, Paris, Éditions des femmes, 1986. Tristan et Marx avaient le même imprimeur, Worms & Cie, qui fit trois impressions de la brochure entre 1843 et 1844. Il est très probable que Marx fut inspiré par le contenu de cet écrit, mais ne le reconnut jamais, car le socialisme de Tristan était teinté d'esprit religieux. Ce n'est précisément qu'en 1843–1844 et après avoir lu, entre autres, les écrits de Proudhon, que Marx et Engels abandonnent le libéralisme, pour épouser la cause du prolétariat ; voir Ansart, *op. cit.* (1984), p. 48–49, ainsi que Bravo, *op. cit.*, tome I, p. 9.

66 Flora Tristan, *Promenades dans Londres*, Paris, Maspéro, 1978.

67 Robert Owen, « Workers Must Abandon Class Antagonism » et « Against Class Antagonism », dans A. L. Morton, *The Life and Ideas of Robert Owen*, New York, International Publishers, 1969, p. 162, p. 196 ; et Robert Owen, « Le livre du nouveau monde moral. 1836–1844 », dans Bravo, *op. cit.*, tome II, Paris, François Maspéro, 1970.

68 Sédillot, *op. cit.*, p. 199.

69 A. L. Morton, *The Life and Ideas of Robert Owen*, New York, International Publishers, 1969, p. 67. Voir Michel Beaud, *Le socialisme à l'épreuve de l'histoire, 1800–1981*, Paris, Seuil, 1982, p. 53.

70 Dorothy Thompson, *The Chartists*, London, Temple Smith, 1984, p. 30.

71 Voir Sédillot, *op. cit.*, p. 200–201.

72 Le père de Marx est avocat, ses deux grands-parents sont rabbins. Le père d'Engels est un industriel allemand qui possède, entre autres, une manufacture de coton à Manchester. Marx avait épousé une femme de la haute bourgeoisie et Engels, une ouvrière militante de la manufacture de Manchester. Marx avait commencé ses études à l'Université de Bonn.

73 La légende de la vie misérable de Marx ne résiste pas à l'examen des faits. S'il a vécu, parfois, proche de la misère, il a été aidé financièrement par Engels. Il hérite de sa mère et d'un ami anglais, joue à la Bourse, a suffisamment de revenus pour voyager considérablement et suit régulièrement des cures, dont plusieurs dans le midi de la France. Sa famille a toujours une servante-gouvernante, la première qu'il exploite en ne la payant pas, la deuxième à laquelle il fait un fils qu'il refuse de reconnaître (Sédillot, *op. cit.*, p. 244, p. 248).

74 Auguste Cornu, *Karl Marx et Friedrich Engels. Leur vie et leur œuvre*, troisième partie, Paris, PUF, 1962, p. 258. Le matérialisme historique est plus spécialement développé dans les *Thèses sur Feuerbach* (rédigées en 1845 et publiées de façon posthume par Engels en 1888), *La Sainte Famille* (1844) et *L'idéologie allemande* (1846) (voir Cornu, *op. cit.*, tome IV, Paris, PUF, 1970, p. 131).

75 Chez Platon, il s'agissait de thèse, d'antithèse et de synthèse pour se rapprocher de la vérité.

76 Cornu, *op. cit.*, p. 141.

77 Karl Marx, *Œuvres, Économie*, I, traduit par M. Rubel, Paris, Gallimard, La Pléiade, 1965, p. 272–273.

78 Cornu, *op. cit.*, p. 258.

79 Ceux-ci sont, par exemple, la religion, l'éducation, les médias.

80 Karl Marx et Friedrich Engels, *Manifeste du Parti communiste*, Paris, Éditions Sociales, 1966.

81 Ou les personnes déclassées, au chômage, ou vivant de la prostitution, du crime ou de travail illégal.

82 Marx et Engels ont été ici inspirés par les écrits de Proudhon ; voir Ansart, *op. cit.* (1984), p. 50.

83 Voir Friedrich Engels, *L'origine de la famille, de la propriété privée et de l'État*, traduit par Jeanne Stern, Paris, Éditions Sociales, 1983.

84 Jean-Marc Piotte, *Sur Lénine*, Montréal, Parti pris, 1972, p. 9–10.

85 Jean Roux, *Précis historique et théorique de marxisme-léninisme*, Paris, Robert Laffont, 1969, p. 121. Henri Lefebvre, *Pour connaître la pensée de Lénine*, Paris, Bordas; et Staline, *Les bases du léninisme*, présenté par Patrick Kessel, Union Générale d'Édition, 1969.

86 Piotte, *op. cit.*, p. 42.

87 Lénine, *Imperialism, the Highest Stage of Capitalism*, New York, International Publishers, 1939.

88 Roux, *op. cit.*, p. 129.

89 Staline, *op. cit.*, p. 179–224. Trotsky est expulsé du parti en 1927.

90 Pour les références des deux derniers paragraphes, voir Sédillot, *op. cit.*, p. 325–326, et p. 142–148.

91 Roux, *op. cit.*, p. 354; Lavroff, *op. cit.*, p. 101.

92 Sédillot, *op. cit.*, p. 320.

93 Daniel Guérin, *Rosa Luxemburg et la spontanéité révolutionnaire*, Paris, Flammarion, 1971.

94 Alexandra Kollontaï, *Conférences sur la libération des femmes*, Paris, Éditions La Brèche, 1978.

95 Voir « La critique de Hunan. 1920 » et le « Rapport sur le Hunan. 1927 », dans *Mao Tse-Toung*, textes traduits et présentés par Stuart Schram, Paris, Librairie Armand Colin, 1963, p. 39–41.

96 Schram, *op. cit.*, p. 52.

97 André Bouc, *Mao-Tse-Toung ou la révolution approfondie*, Paris, Seuil, 1975, p. 23–25.

98 Schram, *op. cit.*, p. 53

99 Voir Alain Roux, *La révolution culturelle en Chine*, Paris, PUF, 1976, p. 33–34.

100 Comment appliquer, par exemple, une analyse de classes dans certaines régions d'Afrique qui n'ont pas de classes ? L'appel à la libération nationale de l'Algérie et de la Tunisie en 1922 a provoqué, par exemple, la défection des militants européens du PC algérien (voir Beaud, *op. cit.*, p. 211).

101 Pour ses références, voir Melanie Beresford, *Vietnam. Politics, Economics and Society*, London and New York, Pinter Publisher, 1988.

102 Voir Ferran Iniesta, *L'univers africain*, Paris, Éditions L'Harmattan, 1995; Bonnie K. Campbell, *Libération nationale et construction du socialisme en Afrique*, Montréal, Nouvelle Optique, 1977; Beaud, *op. cit.*, p. 229.

103 En Uruguay, en Argentine, au Brésil, au Chili et au Mexique.

104 Sur Cuba, voir Marta Harnecker, *Cuba : Dictatorship or Democracy*, Westport (Conn.), Laurence Hill & Co., 1979; Mary Alice Waters, *Che Guevara and the Fight for Socialism Today*, 2nd ed., New York, Pathfinder Press, 1995; et Steve Clark et Jack Barnes, « The Politics of Economics. Che Guevara and Marxist Continuity », dans *New International*, 8, 1991, p. 99–149. Che Guevara quitte Cuba en 1965 pour d'autres luttes révolutionnaires et est tué en 1967.

105 Beaud, *op. cit.*, p. 129.

106 Ainsi, les effectifs du PC français sont ramenés de 110 000 à 52 000 entre 1921 et 1927–1928 (Beaud, *op. cit.*, p. 137).

107 *Ibid.*, p. 133–138.

108 François Furet, *Le passé d'une illusion. Essai sur l'idée communiste au XXe siècle*, Paris, Robert Laffont/Calmann-Lévy, 1995, p. 571.

109 Eltsine obtient 53,7 % des voix, le candidat communiste, 40,4 %. Voir Malcolm Gray, « Four More Years ? », *Maclean's*, 15 juillet 1996, p. 33.

110 Ces politiques furent aussi inspirées par les idées du libéral Beveridge. Voir Beaud, *op. cit.*, p. 261.

111 Ainsi, en Allemagne, le Parti socialiste, devenu en 1921 le Parti du peuple, collabore à une série de réformes et disparaît sous le national-socialisme. En France, de 1919 à 1936, le Parti socialiste, aidé des syndicats, fait adopter des réformes.

112 Par exemple, en Italie et, en France, en 1984, après les nationalisations de 1981–1982.

113 Robert Comeau et Bernard Dionne, « Introduction », dans *Le droit de se taire. Histoire des communistes au Québec de la Première Guerre mondiale à la fin de la Révolution tranquille*, Outremont (Québec), VLB éditeur, 1989, p. 15.

114 En 1931, et par la *Loi sur les mesures de guerre*, en 1939 et en 1970, durant la crise d'Octobre.

115 Sur le seul témoignage d'Igor Gouzensko.

116 Marcel Fournier, *Communisme et anticommunisme au Québec (1920–1950)*, Laval (Québec), Éditions coopératives Albert Saint-Martin, 1979, p. 21.

117 Diplomatiquement, le PCC décide d'abandonner alors le concept maintenant déclaré erroné de « fascisme social » dont il qualifiait le CCF. Voir *Canada's Party of Socialism. History of the Communist Party of Canada 1921–1976*, Toronto, Progress Books, 1982, p. 113.

118 Secrétaire du PC (Québec) de 1935 à 1941, directeur national de l'éducation au Labour Progressive Party de 1943 à 1948, il est professeur d'histoire à l'UQAM de 1970 à 1991. Ses principaux ouvrages traduits en français sont *Les origines du Canada*, Montréal, VLB éditeur, 1997 (1960–1963), *Le capitalisme et la Confédération (1760–1873)*, Montréal, Parti pris, 1972, *Le Canada français : sa tradition, son avenir*, Montréal, Éditions de la Victoire. Sous le pseudonyme de R. Roger, il a aussi publié des ouvrages en 1937 et 1940 pour le PCC.

119 *Canada's Party of Socialism*, p. 256.

120 Avec l'envoi du Dr Norman Bethune et du bataillon McKenzie-Papineau.

121 David Lewis et Frank Scott, *Un Canada nouveau*, Montréal, Bernard Valiquette, 1944, p. 156–157.

122 Dont plus récemment le Waffle et le Caucus de la gauche; voir Alan Whitehorn, « Introduction : An Overview of the Party », dans *Canadian Socialism, Essays on the CCF-NDP*, Don Mills (Ont.), Oxford University Press, 1992, p. 13.

123 Le CCF ou NPD a formé le gouvernement en Colombie-Britannique de 1972 à 1975 et de 1991 à 1996, année où il est réélu; en Saskatchewan de 1944 à 1964 et de 1971 à 1982 et il a été réélu en 1991; au Manitoba de 1969 à 1977 et de 1981 à 1988; au Yukon de 1985 à 1989 et en Ontario de 1990 à 1995 (*ibid.*, p. 5–9).

124 Paul-André Linteau *et al.*, *Histoire du Québec contemporain*, tome II, Montréal, Boréal, 1989, p. 112–121.

125 Un « oui conditionnel » de la FTQ, un « oui critique » de la CSN et une abstention de position de la part de la

CSN; voir Roch Denis et Serge Denis, *Les syndicats face au pouvoir. Syndicalisme et politique au Québec de 1960 à 1992*, Ottawa, Les Éditions du Vermillon, 1992, p. 128.

126 André Lamoureux, *Le NDP et le Québec 1958–1985*, Montréal, Éditions du Parc, 1985, p. 97, 174, 183.

127 Exemples : *La Revue socialiste au Québec*, en 1959, *Parti pris* dans les années 1960 jusqu'en 1968, *Socialisme québécois* et *Les Cahiers du socialisme*, lancés en 1978.

128 Un exemple en politique municipale est la fondation du Front d'action politique (FRAP) à Montréal en 1976.

129 Un autre mouvement est la Ligue ouvrière révolutionnaire (LOR) qui, en 1978, fusionne la Ligue socialiste ouvrière et le Groupe marxiste révolutionnaire.

130 Gilles Bourque et Gilles Dostaler, « Introduction », dans *Socialisme et indépendance*, Montréal, Boréal Express, 1980, p. 24.

131 Approche adoptée par André d'Allemagne du Rassemblement pour l'indépendance nationale et par Pierre Vallières dans *Les nègres blancs d'Amérique*, Montréal, Éditions Parti pris, 1968.

132 Anne Légaré, *Les classes sociales au Québec*, Montréal, Les Presses de l'Université du Québec, 1977.

133 Voir la thèse de Ryerson, dans *Le capitalisme…*

134 Voir Jorge Niosi, *Le contrôle financier du capitalisme canadien*, 2ᵉ éd., Sillery (Québec), Presses de l'Université du Québec, 1982.

135 Voir « La gauche européenne après la chute du communisme », *Revue politique et parlementaire*, 957, janvier/février 1992, p. 5–15.

136 Comme Mitterrand en France en 1984 et le gouvernement NPD en Ontario en 1990.

137 Anne Sa'adah, « Demain, quelle gauche ? », dans Yves Mény (dir.), *Idéologies, partis politiques et groupes sociaux*, Paris, Presses de la Fondation des sciences politiques, p. 115–125.

138 Furet, *op. cit.*, p. 572.

6

Le nationalisme

Le nationalisme est l'idéologie qui suscite le plus grand nombre de débats entre politicologues, débats qui portent sur ses origines et sa nature, sa définition, ses types et ses chances même de survivre à la mondialisation. Ce chapitre fournit un aperçu de ces divers débats et, pour en donner une illustration, considère plusieurs nationalismes minoritaires au Canada.

1. LES ORIGINES ET LE DÉVELOPPEMENT DU NATIONALISME

Les origines du nationalisme ont donné lieu à beaucoup de discussions. Quant à son développement, on ne peut l'examiner de façon linéaire, car il comporte de multiples éléments concomitants.

1.1. LES ORIGINES DU NATIONALISME

Tout d'abord, l'origine du nationalisme divise les spécialistes. Est-elle principalement historique, divine, psychologique, politique ou encore tout cela à la fois ?

1.1.1. LES ORIGINES HISTORIQUES DE L'IDÉOLOGIE NATIONALISTE

Les explications historiques de l'origine du nationalisme adoptent habituellement une interprétation sélective, plus descriptive qu'analytique. Elles font ressortir que les bases du statut juridique et po-litique du nationalisme reposent sur la reconnaissance par le Traité de Westphalie de 1648 des droits et de la souveraineté des États-nations. Elles veulent que le nationalisme moderne se soit développé en Europe sous l'effet de l'emprise exercée par la révolution américaine de 1776 et de la Révolution française[1] ou qu'il se soit formé en réaction contre les guerres de l'Empire ou qu'il en soit une des conséquences[2]. De plus, mais selon des points de vue différents, elles considèrent que le remplacement du droit divin par la souveraineté populaire comme source d'autorité et de légitimité des régimes politiques représente un point tournant pour le nationalisme moderne[3].

Ces explications divergent entre elles sur plusieurs points. Le premier point concerne les origines plus lointaines du nationalisme et leurs éléments principaux. Certains font coïncider son apparition avec celle du concept de nation, soit vers 1250 en Angleterre[4] et au Moyen Âge en France, et ce concept se réfère à un groupe possédant un ou plusieurs traits similaires, tels qu'une même provenance régionale[5]. Cependant, il y a désaccord sur le contenu de ce concept. Les *modernistes* considèrent que la nation est une forme d'organisation politique qui correspond aux sentiments ethniques à l'époque moderne[6] et ils identifient les nations à des « ethnies », c'est-à-dire à des groupes d'appartenance n'ayant pas nécessairement des institutions ou des aspirations politiques. Ce sont, pour eux, de simples constructions historiques, dépourvues de tout germe de nationalisme[7]. Par contre, les *primordialistes* affirment que ces « nations », appelées ou non « ethnies », sont des nations modernes en puissance, que leurs membres peuvent défendre un embryon de nationalisme, que les nations existent depuis toujours et qu'elles continueront à exister parce qu'elles répondent à un besoin instinctif de regroupement. Certains avancent même qu'une nation est une ethnie consciente d'elle-même[8].

Un courant *idéaliste* assigne, dans la naissance du nationalisme et son évolution, un rôle de premier plan aux attitudes, aux sentiments, aux idées, ainsi qu'à la culture et à l'influence des intellectuels[9]. Le courant *matérialiste* insiste sur l'importance des facteurs économiques dans ce développement. Plusieurs, encore, donnent une explication *politique* assez limitée du nationalisme moderne, tandis que d'autres regardent l'histoire d'un point de vue *sociologique* pour rechercher les conditions propices à la naissance du nationalisme.

Parmi les théories matérialistes, il faut distinguer trois écoles de pensée : le courant marxiste, les théories du développement et la position industrialiste, présentée par John Gellner. Dans le courant marxiste, le nationalisme peut prendre trois formes. Pour Karl Marx et Friedrich Engels, le nationalisme européen est le produit du développement du capitalisme à une certaine époque de l'histoire. Le développement du mode capitaliste de production et la prédominance de la classe bourgeoise entraînent la naissance d'une nouvelle forme de légitimité politique, à savoir la souveraineté populaire à la base de la démocratie libérale. L'idée de la nation et le nationalisme rattachés à ce concept de souveraineté populaire sont des armes puissantes employées par la classe dominante en vue de donner une fausse conscience au prolétariat et ainsi d'assurer sa docilité. Pour Lénine, le développement du capitalisme monopoliste entraîne une nouvelle forme de nationalisme, l'impérialisme, que le prolétariat des nations développées accepte, vu le bénéfice qu'il tire de l'exploitation des peuples colonisés. Ce nationalisme divise aussi la conscience internationale de classe du prolétariat. Enfin, le maoïsme offre une autre forme de nationalisme, celui des peuples opprimés dans leurs guerres ou révolutions de libération contre l'impérialisme économique ou politico-économique.

Les théories du développement avec leur matérialisme moderne à caractère conservateur se manifestent principalement en Amérique du Nord durant la période de décolonisation qui suit la Deuxième Guerre mondiale. Elles adoptent la thèse des stades de développement des nations de Walter Rostow ou celle de l'importance des moyens de communication dans le nationalisme de Karl Deutsch. Rostow, pour guider les nouveaux États, indique les facteurs concrets de nature économique nécessaires au lancement (*take-off*) de la nation et du nationalisme qui, selon lui, accompagnent le développement d'un régime politique démocratique inspiré du modèle américain[10]. Deutsch concentre son analyse sur la nécessité de réseaux adéquats de moyens de communication et de transport internes pour définir et sauvegarder l'identité d'une nation[11].

Gellner, enfin, établit des rapports entre nationalisme et modernisation économique et pense que le nationalisme est tributaire des conditions objectives des sociétés modernes et des exigences qu'elles suscitent. Le processus d'industrialisation, pour apparaître et se maintenir, exigerait un État fortement centralisé qui soit capable de construire un système d'éducation également centralisé pour répondre à des besoins changeants et divers. Parmi ceux-ci figure la division spécialisée du travail. C'est à l'éducation publique que Gellner confie la tâche de former le nationalisme, c'est-à-dire de créer une culture commune homogénéisante adaptée aux besoins économiques du pays et de la transmettre comme élément d'identité du citoyen[12].

Pour les modernistes, tel John Breuilly, le nationalisme moderne a une origine politique. Ce dernier a pour but principal de contrôler l'État. Ce contrôle achevé, l'État sert à transmettre cette idéologie. Le nationalisme naît ainsi soit dans la résistance à un État de la part d'un groupe considéré comme étranger, soit dans la collaboration du groupe avec un État reconnu comme sien[13]. Selon Wieviorka, le nationalisme de résistance pourrait aussi se développer chez les personnes qui se sentent exclues ou rejetées par les changements économiques qui accompagnent le développement de l'État moderne[14].

Dans le débat général sur la nature des ethnies et des nations et leurs relations avec l'État, une dernière position *littérale* ou *réaliste* refuse d'appeler

« nations » les groupes ethniques qui ne sont pas déjà organisés en unités politiques reconnues par la communauté internationale [15]. L'existence d'une nation et, donc, du nationalisme dépendrait ainsi de cette reconnaissance.

Les théories sociologiques offrent plusieurs approches qui font ressortir l'importance des conflits dans la naissance du nationalisme. Selon l'une d'elles, le nationalisme est le produit de la désintégration des empires, des grands ensembles culturels et des structures traditionnelles. Il accompagnerait un effort de reconstruction sociale et individuelle à la suite de l'affaissement des valeurs et des normes essentielles d'une société entraînée par la modernisation et la sécularisation [16]. Selon une autre approche, le nationalisme, en particulier le nationalisme anti-colonialiste ou anti-impérialiste, est le fruit d'un conflit né de l'oppression étrangère.

1.1.2. LES ORIGINES DIVINES OU NATURELLES DU NATIONALISME

L'école de pensée *essentialiste* [17], à laquelle se rattachent les romantiques allemands et italiens, attribue au nationalisme une origine divine ou naturelle [18]. Elle s'inspire de certaines idées de Jean-Jacques Rousseau, d'Edmund Burke et d'Ernest Renan [19] et comporte trois principes essentiels. Le premier concerne le caractère naturel de la diversité nationale : Dieu, la Providence ou la nature a divisé le monde en nations, chacune représentant un aspect de l'image divine ou idéale. Chaque nation a reçu un rôle, une langue, une culture ou d'autres traits qui lui sont propres et elle doit les protéger et les développer. À ceci s'ajoute un esprit naturel particulier qui lie les membres de la nation. Le deuxième principe veut que les nations doivent poursuivre leurs buts, principalement ceux qui se rapportent à leur protection et à leur développement, dans des luttes politiques. Pour ce faire, toute nation doit non seulement posséder son propre État et un espace vital suffisant, mais aussi combattre le cosmopolitisme. Les États plurinationaux, selon Herder, sont artificiels, oppressifs et voués à l'échec [20]. Le troisième principe, présent notamment dans le nationalisme allemand, se rapporte au caractère organique de la nation. Selon ce principe, le nationalisme n'est pas rattaché en premier à

l'État mais à une culture nationale composée principalement de la langue, du sang et du sol. La nation transcende les individus et ceux-ci lui doivent une fidélité totale et aveugle. À cette vision organique ou « à l'allemande » du nationalisme, certains opposent la vision rationnelle ou « à la française », qui fait dériver les éléments du nationalisme principalement du sol et de la citoyenneté [21].

1.1.3. LES ORIGINES PSYCHOLOGIQUES DU NATIONALISME

Le nationalisme ressort-il de l'instinct, du sentiment, de la névrose ? La nature exacte des origines psychologiques du nationalisme soulève aussi des débats.

On peut répondre, tout d'abord, que le nationalisme n'est pas un instinct, parce qu'un instinct ne s'apprend pas [22]. Le nationalisme doit être appris par chaque nouvelle génération à travers le processus de socialisation politique. Deuxièmement, le nationalisme est, tout au moins en partie, reconnu par plusieurs comme étant un sentiment individuel et collectif d'identification à des symboles qui représentent le groupe auquel appartiennent les individus. Les analystes qui considèrent la nation comme un mythe devenu réalité ou une communauté imaginaire [23] s'efforcent de décrire la genèse de cette conscience nationale et de ce sentiment d'identification à la nation. La conscience et le besoin d'identité individuelle seraient apparus vers la fin du Moyen Âge et auraient ensuite été renforcés à la Renaissance, à l'époque de la Réforme, puis à celle du romantisme. Ce que le nationalisme a fait est de *définir l'identité individuelle par rapport à l'identité collective en se basant sur les différences entre les groupes.*

La différenciation entre les groupes s'accroît par la création de symboles, de mythes, de rituels, de cérémonies, de fêtes, par la vénération des héros issus du groupe et des monuments à leur mémoire, par l'historiographie et diverses expressions de la culture nationale, le tout contribuant à maintenir la cohésion du « nous » et à réaffirmer la manière de voir collective. Selon Durkheim, le nationalisme aurait rempli ainsi le vide créé par le déclin de la religion en Europe [24].

Le nationalisme répondrait également au besoin de sécurité et de protection des individus en leur procurant un sentiment d'appartenance à un groupe. Mais le nationalisme peut alors devenir névrotique quand il donne lieu à l'expression de sentiments d'agression et d'anxiété de la part d'un groupe ou d'individus qui se sentent infériorisés et frustrés psychologiquement ou matériellement ; ou quand il se change en schizophrénie et exprime une hostilité profonde envers celles et ceux qui appartiennent à un autre groupe. Cette hostilité s'accompagne alors d'une indifférence totale à l'égard de la vérité et de la justice, ce qui conduit à se permettre tous les outrages puisqu'ils visent les « Autres »[25]. Camille Laurin, père de la *Charte de la langue française*, remarque, par exemple, que des motivations névrotiques inconscientes peuvent exister tout aussi bien chez les antiséparatistes que chez les séparatistes québécois[26]. De son côté, dans le cadre de son examen du nationalisme de décolonisation, Frantz Fanon, autre psychiatre engagé, soutient qu'il est nécessaire que les colonisés, pour recouvrer fierté et dignité, utilisent la violence dans les luttes de libération nationale afin de se libérer de la violence du colonisateur et de la névrose des opprimés[27].

En somme, le nationalisme européen aurait une origine psychologique en tant que réponse, à l'époque moderne, à un besoin d'identité et de sécurité. Ce besoin, qui peut dégénérer en névrose, pourrait être satisfait par une autre idéologie, basée également sur l'attachement à des grands ensembles. Ce nationalisme est aussi le produit de l'évolution de l'économie et de la politique, et l'essentialisme des romantiques ne constitue qu'une étape très courte de cette évolution. Il apparaît aussi qu'une autre forme de nationalisme, celui de libération, a des origines à la fois politiques, économiques et psychologiques, constituant une réaction contre le nationalisme européen sous ses formes colonialiste et impérialiste.

1.2. LE DÉVELOPPEMENT DU NATIONALISME

Il est difficile de ranger le nationalisme dans des typologies quelconques. Il présente trop de diversité et, étant instable et complexe, il ne peut être analysé sous l'angle de son développement ou d'un parcours linéaire vers un but. Anthony D. Smith critique, par exemple, pour sa réification, la typologie qui divise le nationalisme en quatre phases : 1) intégrative (1815–1871) ; 2) perturbatrice (1871–1900) ; 3) agressive (1900–1945) et 4) contemporaine avec une expansion globale à partir de 1945[28]. En général, le nationalisme n'évolue pas, mais s'adapte aux lieux, aux circonstances ou aux époques. Pour établir une typologie historique de certaines de ses transformations, apparitions et réapparitions, il est donc préférable de les considérer dans le cadre de « périodes » comme nous l'avons fait au tableau 6.1, lequel présente, par ailleurs, quelques exemples.

Certains analystes ont tenté de découvrir, dans leurs travaux sur les nationalismes, les circonstances qui sont favorables à la naissance du nationalisme, et ils ont remarqué qu'il a tendance à apparaître lorsque des empires[29] ou d'autres grands ensembles politiques se désintègrent. Plusieurs, comme Marshall McLuhan, ont souligné l'importance d'inventions, telles que l'imprimerie, dans la naissance et l'essor du nationalisme ainsi que le rôle des intellectuels et, en général, des médias, dans son expansion. Certains, enfin, renoncent à fournir toute explication et s'attachent plutôt à rechercher les conditions qui ont réglé l'apparition de tel ou tel nationalisme.

2. LE NATIONALISME : UNE IDÉOLOGIE ?

Tenant compte des débats sur les origines du nationalisme, les analystes font remarquer qu'il est impossible de donner une définition univoque des termes « nationalisme » ou « nation », que la signification du nationalisme varie en fonction des fins poursuivies par les nationalistes, des croyances et des situations[30]. Cependant, on s'accorde de façon presque unanime[31] à dire qu'il diffère totalement du patriotisme. Le patriotisme est l'amour profond de son pays ou du groupe auquel on appartient, un sentiment universel qui pousse l'individu à défendre le pays ou le groupe. Le patriotisme n'est pas lié à une doctrine de l'État ou à des relations entre les individus et l'État[32]. Le nationalisme, par contre, est l'attachement à une nation mythique, idéale[33] ou réelle, différant par certains traits des autres nations. Cet attachement est accompagné du désir chez ce qui est présenté comme son peuple de décider, du moins en partie, de la destinée politique de cette nation et d'être ainsi capable de protéger et de développer les principaux éléments de son

Tableau 6.1
Exemples de types de nationalisme du XVIIIe au XXe siècle

Période	Unificateur	Religieux	Sécessionniste ou perturbateur	Colonial ou impérialiste	Anticolonial ou anti-impérialiste	D'expansion territoriale	D'expansion économique
XVIIIe siècle	Révolution française				Révolution américaine	Révolution française	
XIXe siècle	Royaume d'Italie Empire allemand	Irlande	Belgique Norvège Grèce	Pays-Bas Belgique Espagne France Grande-Bretagne			
XXe siècle – 1re moitié	IRA* (pour une Irlande unie)	État libre d'Irlande			Chine	Allemagne nazie Italie fasciste Japon	
– 2e moitié	IRA		Québec Tchétchénie Crimée Kurdes (en Irak) Tchèques Slovaques En Bosnie-Herzégovine : Serbes, Croates, Musulmans		Libye Tunisie Maroc Algérie Soudan Sénégal Angola Namibie		États-Unis Japon Allemagne

* Irish Republican Army.
Source : Ces catégories sont partiellement inspirées de typologies décrites dans Louis L. Snyder, *Encyclopedia of Nationalism*, New York, Paragon House, 1990.

identité. Le nationalisme, ensuite, se distingue du fascisme à la fois pour des raisons analytiques et parce qu'il n'en constitue qu'un des éléments[34]. Ces distinctions étant faites, il est indéniable que le nationalisme est une idéologie, parce qu'il incite à l'action et que la doctrine qui le sous-tend possède une certaine cohérence. Il a la particularité de reposer sur une base concrète, les caractères imaginés ou réels du groupe national, et sur une base abstraite, les aspirations psychologiques des individus et du groupe.

2.1. LA NATURE HUMAINE ET LA THÉORIE DE LA CONNAISSANCE DANS LE NATIONALISME

Tout être humain, selon le nationalisme, fait partie d'un groupe national qui possède certains caractères auxquels il s'identifie. C'est uniquement en appartenant à ce groupe que l'individu acquiert une identité et peut s'épanouir. L'identité et

103

l'accomplissement de ce dernier sont ainsi liés à l'existence de la nation.

2.2. LA NATION COMME SOCIÉTÉ IDÉALE

La nation constitue la société idéale pour ses membres, et ceux-ci la tiennent pour différente des autres et veulent en préserver le caractère distinctif. Elle se définit donc par rapport aux autres en utilisant des critères d'inclusion et d'exclusion. Quand la différenciation du groupe national d'avec un autre groupe s'accompagne, en la justifiant, de l'infériorisation de ce dernier, on observe habituellement une certaine forme de racisme. Il peut s'agir de discrimination, de préjugés, de ségrégation, ou d'actes de violence commis à l'endroit du groupe étranger[35].

Un ou plusieurs des éléments suivants sont généralement regardés comme les éléments distinctifs d'une nation : langue[36], culture, passé commun, religion, territoire, histoire ou système politique. Les membres de cette société doivent aussi avoir la volonté d'affirmer leur identité nationale[37]. Une fois cette conscience du « nous » reconnue, des mécanismes de renforcement du sentiment national apparaissent sous forme, par exemple, de mémoire commune dans l'historiographie ou de célébrations collectives des héros. La nation existe alors au-dessus des individus qui la composent, fait appel à leur fidélité et leur dévouement et leur assure le plein épanouissement.

2.3. L'ÉTAT IDÉAL DANS LE NATIONALISME

L'État par excellence du nationalisme est la nation-État, un État dans lequel les frontières de la société nationale coïncident avec celles de l'État politique. La nation, grâce à l'État, a la possibilité de protéger et de développer son caractère distinctif. Toutefois, l'emploi du terme « État » en politique peut prêter à confusion. Certains États ont été formés à la suite de pressions de certains groupes ou communautés qui avaient des traits en commun, de nations en puissance ou déjà conscientes d'elles-mêmes. Il s'agit de *nations-États,* à ne pas confondre avec les *États-nations* qui sont des nations réunissant des populations diverses qui ont été culturellement homogénéi-

sées. Les États peuvent aussi être *plurinationaux* et se distinguer alors, en général, par une certaine répartition des pouvoirs entre les « nations » qui les forment. Enfin, il existe des *États sans nation*, c'est-à-dire dépourvus de conscience nationale. Ce qui est source de confusion, c'est que ces divers types d'État sont souvent indistinctement appelés, dans la pratique, des *États-nations* et sont reconnus comme tels par la communauté internationale.

L'action principale demandée par le nationalisme est, pour les nations qui n'ont pas leur État, de lutter pour obtenir davantage de pouvoir politique et, donc, davantage d'autonomie pour protéger et développer leur identité, dans le but optimal de posséder leur propre État. Quand une nation a son propre État, le nationalisme étatique mobilise la population pour un autre genre d'action, la lutte contre les ennemis intérieurs ou extérieurs. Il continue son travail d'homogénéisation et de socialisation lié à l'identité nationale, cette fois-ci avec des armes puissantes telles que l'éducation publique et l'encouragement des arts. Il s'exprime aussi dans les politiques visant à définir les éléments démographiques et idéologiques qui seront acceptés ou exclus.

Le nationalisme, par les buts qu'il s'assigne et sa base démographique nationale, entraîne généralement une définition fonctionnaliste des femmes. À cet égard, il peut imposer des mesures étatiques, sociales et culturelles (souvent religieuses) pour contrôler leurs fonctions de reproduction physique et culturelle. Afin de répondre à un idéal démographique national, l'État peut décider d'encadrer leurs fonctions reproductrices, grâce à des politiques et des consignes pour augmenter ou réduire, selon le besoin, leur taux de fécondité, sans considérer leurs aspirations individuelles et leur santé[38]. Le nationalisme attelle aussi les mères et les enseignantes à la tâche de transmettre la culture et l'identité nationale aux générations suivantes[39]. Ainsi, au Canada, les études sur les mariages mixtes dans les communautés canadiennes-françaises hors Québec comme facteurs d'assimilation à la majorité anglophone tendent à attribuer une responsabilité spéciale aux femmes, vu que, dans le cadre d'analyse privilégié des sociologues, elles jouissent de l'avantage d'être des « productrices d'ethnicité[40] ».

Lors des luttes de libération et de révolutions nationales, les femmes sont souvent admises comme participantes sur un pied d'égalité. Or, dès que la nation a obtenu son État, cet État national prend des mesures pour limiter et contrôler leur liberté — mesures qui favorisent aussi le pouvoir machique dans la société[41]. Même le développement économique national peut servir à « domestiquer » davantage les femmes, principalement quand un élément dominant du nationalisme est une religion qui ne reconnaît pas leurs droits[42] ou qu'une large portion du PNB (produit national brut) repose sur le tourisme sexuel. Dans le nationalisme conservateur ou traditionnel, ces limites sont imposées à toutes les facettes de leur existence.

Les valeurs principales du nationalisme reposent, d'une part, sur la valorisation de l'altérité comme sentiment individuel et collectif et, d'autre part, sur l'importance d'appartenir à un groupe avec lequel on partage un ou plusieurs traits communs pour développer son identité et répondre au besoin de sécurité. Du côté positif, le nationalisme encourage les valeurs de solidarité entre les membres de la nation et de fidélité à la nation, ce qui favorise l'ordre interne. Du côté négatif, par son exclusivité, surtout s'il crée un sentiment de supériorité, il peut encourager un mépris pour les personnes qui n'appartiennent pas à cette nation, mépris qui peut aller jusqu'à la xénophobie et au génocide et entraîner des politiques dangereuses pour la coopération internationale.

Le nationalisme incite à l'action en soulevant les émotions de la population et en créant des mythes, comme ceux de l'intérêt national, de la sécurité nationale ou de la solidarité nationale, pour rallier le peuple à des causes essentielles pour le bien de la nation. Il accepte ainsi plus facilement de se sacrifier en son nom et de se battre pour la défendre contre ses ennemis intérieurs et extérieurs.

Le nationalisme a ainsi tous les caractères d'une idéologie. Il incite à l'action et présente une construction logique basée sur une conception particulière des êtres humains, ses idéaux sociaux et politiques et ses valeurs essentielles. Cette description générale du nationalisme n'est cependant qu'une vaste simplification de sa nature, le propre du nationalisme étant de revêtir plusieurs formes.

3. LES CONTRIBUTIONS AU NATIONALISME ET LES PERSPECTIVES D'AVENIR

Les contributions au nationalisme se rapportent surtout à la nécessité de mettre un certain ordre dans ses multiples formes en utilisant plusieurs schèmes. Les perspectives d'avenir font l'objet de conjonctures tout aussi diverses.

3.1. LES CONTRIBUTIONS THÉORIQUES AU NATIONALISME

Les principales contributions théoriques apportées au nationalisme s'attachent à classer, à définir et à évaluer les différentes formes de ce dernier. Les caractères du nationalisme varient selon les lieux, les époques, les circonstances, ses liens avec l'État et les fins qu'il se propose de réaliser. Les typologies retenues concernent le nationalisme en tant qu'idéologie, et, par conséquent, celles qui touchent uniquement les nations ou les mouvements nationalistes ne sont pas mentionnées. Parmi les typologies choisies, certaines divisent les nationalismes selon leurs liens avec d'autres doctrines politiques ou d'après leur nature politique ou économique. D'autres offrent une division binaire du nationalisme. Enfin, deux typologies considèrent le nationalisme dans le contexte de ses relations dynamiques avec l'État. Certains nationalismes minoritaires au Canada illustrent la diversité de ces relations.

3.1.1. LES NATIONALISMES LIÉS À D'AUTRES IDÉOLOGIES

Le premier groupe de typologies considère le nationalisme dans son association avec d'autres idéologies politiques. Dans la typologie la plus simple, ce dernier est divisé en nationalisme de droite et en nationalisme de gauche, ce qui constitue une division instable, le nationalisme étant capable d'évoluer de gauche à droite et vice versa[43]. Une typologie plus étendue, celle d'E. H. Carr, distingue cinq courants de pensée auquel il peut être associé, le qualifiant de : 1) jacobin (le nationalisme vise à protéger et à propager l'égalité et la solidarité tout en ne tolérant pas l'opposition); 2) traditionnel (il va à l'encontre des forces et des idées de la Révolution française); 3) libéral (il favorise la souveraineté nationale et défend les principes de liberté individuelle et de paix universelle); 4) humanitaire (il reconnaît à chaque nationalité le droit de se développer); et 5) intégral (il s'accompagne de militarisme et d'impérialisme, exige une fidélité aveugle à l'État national et s'oppose à l'humanitarisme, au libéralisme, à la coopération internationale et aux libertés personnelles si elles interfèrent avec les buts de l'État[44]).

3.1.2. LE NATIONALISME POLITIQUE ET LE NATIONALISME ÉCONOMIQUE

Un deuxième groupe de typologies divise le nationalisme en nationalisme politique, celui que nous avons décrit et qui vise à faire correspondre nation et État, et en nationalisme économique. Le nationalisme économique, souvent lié à un nationalisme culturel fort, se rapporte à la volonté des États d'acquérir leur autonomie en matière économique, de protéger et de développer les divers secteurs de leurs économies. Il peut conduire, d'abord, à l'érection de barrières tarifaires à l'égard des produits des autres nations, à une lutte avec celles-ci pour les marchés, les matières premières et les capitaux, et, ensuite, au protectionnisme. Associé à l'impérialisme, le nationalisme économique est devenu une force importante à une certaine époque de la civilisation occidentale[45]. Sous sa forme anticolonialiste, par ses manifestations individuelles et collectives de boycottage des produits de la métropole[46], il a contribué à répandre le nationalisme politique de libération et à lui faire atteindre son but. Le nationalisme économique fait encore partie de la politique des États-nations[47]. L'autarcie économique totale des nations est toutefois un objectif abandonné à l'heure actuelle et, du reste, le blocus économique ou l'embargo économique imposé à certains pays, comme Cuba et l'Irak, dans les années 1990, par les États-Unis, est une mesure punitive.

3.1.3. LES TYPOLOGIES BINAIRES DU NATIONALISME

Les typologies binaires du nationalisme ont parfois des connotations éthiques. L'une de ces typologies présente à la fois une face concrète basée sur les éléments qui « font » les nations (comme la géographie, la langue, la culture) et une face abstraite qui repose sur un idéal ancré dans la psychologie individuelle et communautaire exprimée en un sentiment socialement construit et conditionné[48]. Plusieurs typologies renferment implicitement ou explicitement des jugements moraux sur les différentes formes de nationalisme, les partageant en « bonnes » et en « mauvaises »[49]. Pierre Elliott Trudeau, par exemple, oppose le nationalisme basé sur des mythes et des sentiments au nationalisme rationnel du fédéralisme[50].

Une autre typologie binaire reprend les termes des premiers débats sur les origines du nationalisme, mais les utilise pour analyser les nationalismes contemporains[51], en les divisant en *nationalisme civique* et en *nationalisme ethnique*. Dans le nationalisme civique, la nation comprend toutes les personnes qui embrassent son credo politique, quels que soient leurs traits particuliers. On l'appelle ainsi parce que la nation y est vue comme une communauté de citoyennes et de citoyens qui ont des droits égaux et partagent les mêmes valeurs et les mêmes pratiques politiques. Ce nationalisme est aussi qualifié de démocratique parce qu'il repose sur la souveraineté populaire. Son opposé est le nationalisme ethnique, qui se fonde sur le sentiment d'appartenance, celle-ci n'étant acquise que par la naissance dans cette communauté et étant donc « héritée ». Ici, c'est la communauté nationale qui définit l'individu et non le contraire. Ce type de nationalisme ne parvient pas toujours à obtenir une bonne cohésion sociale et il peut s'associer à une forme d'État autoritaire, en particulier lorsque l'État renferme plusieurs ethnies et qu'il épouse les intérêts de l'ethnie la plus populeuse ou la plus puissante[52]. Jean-Pierre Derriennic a appliqué récemment cette typologie binaire aux nationalismes du Québec, qualifiant le nationalisme traditionnel d'ethnique ou identitaire parce qu'il sépare la nationalité de la citoyenneté[53]. Il l'oppose au nationalisme civique, qui inclut la citoyenneté dans la solidarité nationale d'un État. Selon lui, le nationalisme québécois peut être civique dans la mesure où il ne pose pas immédiatement la question de l'indépendance, sinon il se crée une division entre les personnes qui appuient le nationalisme civique et celles qui optent pour la solution souverainiste. Défendant un autre point de vue, Diane Lamoureux estime que, bien que le nationalisme québécois ait progressé dans la voie du civisme, il ne cessera d'être ethniciste que lorsque le Québec sera devenu souverain[54].

3.1.4. LE NATIONALISME MAJORITAIRE ET LE NATIONALISME MINORITAIRE

Le nationalisme, dans d'autres typologies, est surtout envisagé de façon dynamique, à travers ses rapports avec les groupes et avec l'État. La typologie établie par Max Wirth[55] fait, dans ce contexte relationnel entre nationalismes majoritaire et minoritaire, une distinction entre :

- le nationalisme hégémonique, qui intègre les petites principautés ou communautés dans de plus grandes unités avec des visées impérialistes agressives ;

- le nationalisme particulariste, qui, préconisant la sécession en vue d'obtenir l'autonomie nationale, cherche d'abord à faire accepter ses particularités, puis à obtenir l'autonomie culturelle et, enfin, la séparation politique ;

- le nationalisme marginal, qui se rencontre dans les populations à culture mixte des régions frontalières, plus aptes à garder vivantes leurs traditions ;

- le nationalisme de minorité, qui s'efforce de faire reconnaître sa propre nationalité traditionnelle et de sauvegarder sa propre culture au sein d'une autre nationalité.

Dans ce même ordre d'idées, en s'inspirant partiellement des scénarios que décrit Guiberneau[56] et qui concernent les nations sans État, on arrive à une typologie des stratégies que l'État majoritaire peut utiliser pour répondre aux aspirations des minorités à faire reconnaître leur existence et leurs droits. L'État peut soit satisfaire à certaines demandes des minorités par divers moyens tout en leur refusant le statut de nation, par crainte de voir sa propre légitimité s'effriter, soit chercher à les faire disparaître. Dans le premier cas, l'État peut ainsi :

- reconnaître les particularités culturelles de ces minorités en leur permettant de protéger et de développer leur culture ;

- leur accorder une autonomie relative dans l'État, donc une certaine reconnaissance politique ;

- leur offrir un plus haut degré d'autonomie culturelle, sociale, économique et politique, en intégrant ces minorités nationales dans une fédération de manière à éviter une scission.

Dans le second cas, l'État peut chercher à les faire disparaître et à les intégrer à la culture de la majorité, et ce par la persuasion ou par la force[57]. Si les efforts de l'État échouent, il en résultera une plus grande aliénation chez les minorités, lesquelles élaboreront alors, suivant le type de répression employé par l'État, des contre-stratégies de résistance culturelle et, le cas échéant, de résistance armée, pour s'opposer à l'homogénéisation.

3.1.4.1. DES EXEMPLES CANADIENS DE NATIONALISME MINORITAIRE

Pour illustrer la diversité des formes de nationalisme, de leurs origines et de leur développement, spécialement dans leurs rapports avec un État majoritaire, trois types de nationalisme de minorité que l'on trouve au Canada[58] sont examinés : les nationalismes des peuples autochtones, les nationalismes québécois et les nationalismes acadien et des communautés canadiennes-françaises hors Québec.

3.1.4.1.1 LES ORIGINES ET LE DÉVELOPPEMENT DES NATIONALISMES AUTOCHTONES

Les relations entre l'État canadien et les peuples autochtones témoignent des stratégies qu'un État majoritaire peut utiliser pour gouverner une nation minoritaire[59] ainsi que des réactions qu'elles provoquent. L'État canadien a d'abord eu recours à diverses stratégies visant à effacer l'identité nationale et, donc, le nationalisme des autochtones. Dans une première période, il a appliqué une vigoureuse politique d'assimilation qu'il a enrobée hypocritement de paternalisme. La *Loi sur les sauvages (sic)* de 1876 considère les autochtones comme de perpétuels mineurs qui doivent toujours être gardés sous la tutelle du gouvernement fédéral. L'objectif des lois fédérales est de faire disparaître la culture, la langue, les traditions, les mœurs, les coutumes, le mode d'organisation sociale et politique et le mode de survie économique des autochtones. Un système d'éducation forcée, en particulier par le moyen des écoles résidentielles, cherche à effacer tout vestige d'identité nationale dans la jeune génération. En outre, le gouvernement fédéral s'arroge le droit de décider des critères d'inclusion ou d'exclusion des tribus autochtones et des modes et des conditions de nomination et de destitution des chefs de la communauté. Dès les débuts de la Confédération canadienne, durant et après les rébellions au Manitoba et dans le Nord-Ouest et, à partir de 1911, en se servant d'autres mesures législatives, l'État canadien a cherché à enlever aux autochtones les droits de propriété et d'exploitation des terres où il les avait confinés[60]. Ainsi, dans la période 1876–1951, l'État canadien a suivi une politique systématique d'assimilation et de suppression des droits des peuples autochtones, une politique visant à faire disparaître les principaux éléments constitutifs de ces nations.

À cette politique, bien des autochtones opposent une tactique de résistance passive qui fait échouer les tentatives d'assimilation massive. La violente répression des Métis est aussi une leçon. Le prix de cette résistance est une vie passée dans la pauvreté, privée d'instruction, des soutiens culturels de la communauté et des services essentiels, avec une autorité exercée par des chefs « choisis » par l'État fédéral, sans égard au bien-être de la population. Celle-ci triple entre 1934 et 1978 en dépit de cette oppression et de ces conditions de vie déplorables.

Un nouveau nationalisme autochtone revendiquant des droits perdus prend alors forme et débouche, dans les années 1980, sur une demande d'autonomie locale. Plusieurs facteurs favorisent son essor. Dès 1951, du fait de la révision de l'*Acte sur les Indiens*, certaines traditions telles que les cérémonies et les festivités sont maintenant autorisées. La clause en vertu de laquelle les autochtones possédant un diplôme d'études supérieures ou exerçant une profession libérale sont privés de leur statut particulier est supprimée et le droit de vote est accordé aux femmes dans les élections des conseils de bande. Cependant cette loi maintient l'autorité fédérale concernant les critères d'inclusion et d'exclusion du statut d'Indien. Ainsi, ce statut est enlevé à toute Indienne qui a épousé une personne établie hors de la réserve et aux enfants issus du mariage.

Les autochtones du Canada sont aussi témoins du nationalisme de type « libérateur », parfois violent, des autochtones des États-Unis, qui fondent, en 1968, l'American Indian Movement et s'impliquent aussi dans le Red Power Movement. En 1972, au Canada, les Mohawks créent la Société des Warriors à Kahnawake pour défendre la communauté et, en 1973, ils tentent d'expulser les non-autochtones de la réserve. Ils participent à plusieurs manifestations violentes, à une prise d'otages et au blocage du pont Mercier en 1979. Dans les réserves de Kahnawake, d'Akwesasne et de Kanesatake, ils défient les lois canadiennes en faisant la contrebande du tabac et de la drogue, en vendant l'essence sans taxe et en administrant des salles de jeux[61]. Des bandes autochtones participent à des actes de désobéissance civile pour s'opposer à la dévastation de leur environnement ou aux règlements contraires à leur style de vie traditionnel. La manifestation des Haïda contre la coupe de bois sur l'île Lyell et la désobéissance aux règlements sur la chasse au caribou chez les Innu du Labrador du Nord en sont des exemples. Cette désobéissance civile constitue aussi une nouvelle expression du nationalisme des autochtones, qui, auparavant, évitaient les tactiques de confrontation[62].

Un événement qui a favorisé l'union des peuples autochtones et un renouveau de leur nationalisme a été la publication, en 1969, du livre blanc du gouvernement fédéral. Ce livre, en effet, provoque leur indignation, car il propose de les priver de leur statut particulier. Grâce à la formation d'un front commun, ils forcent le gouvernement fédéral à retirer ce document.

La Convention de la Baie-James signée en 1975, malgré ses faiblesses[63], marque une autre étape dans la reconnaissance des droits territoriaux des autochtones, de leurs droits à une compensation directe pour l'utilisation de leurs territoires et de leurs droits à une autonomie locale. À partir de 1975, à côté du nationalisme de défiance prêt à recourir, au besoin, à des moyens extralégaux pour arriver à ses fins, se développe plus ouvertement un nationalisme qui vise, par des moyens légaux, à faire inclure les droits des autochtones dans les lois et la Constitution canadiennes. Enfin, la *Loi constitutionnelle de 1982* reconnaît les droits existants, ancestraux et issus de traités des peuples autochtones. À cela s'ajoute ensuite la reconnaissance par les premiers ministres fédéral et provinciaux des droits autochtones issus des revendications territoriales ou susceptibles d'être acquis. Les luttes se font ici principalement dans le cadre de négociations visant à obtenir cette reconnaissance des droits sur les plans légal et constitutionnel.

Ces luttes favorisent aussi la création d'une union nationale des peuples autochtones, qui leur permet de vaincre leur dispersion géographique. Cette union se manifeste par les déclarations des chefs et par la formation d'institutions pour représenter ce front unifié. En 1980, la première réunion de la majorité des chefs autochtones aboutit à une déclaration de principes nationalistes et, en 1985, tous les chefs du Canada adoptent la *Charte de l'Assemblée des Premières Nations*. Ce document établit des institutions qui, à certains égards, se modèlent sur les institutions canadiennes, avec un grand chef, un Conseil des anciens, une Assemblée et un Secrétariat. Cette unité est cependant quelque peu ébranlée par l'action des femmes autochtones qui se rendent aux Nations unies pour se plaindre de la clause discriminatoire à leur égard contenue dans l'*Acte sur les Indiens*. Finalement celle-ci est abolie en 1985[64].

Deux confrontations avec l'État canadien auraient aussi permis à l'ensemble des autochtones de prendre conscience de l'étendue de leur pouvoir face à cet État. La première a fait suite à leur opposition, en 1990, à l'Accord du lac Meech qui ne reconnaissait pas leurs droits[65]. La deuxième, celle de Kanesatake à l'été de 1991, a aussi montré aux citoyens du monde entier le manque persistant de considération, de la part de l'État fédéral, des traditions autochtones et de respect de l'intégrité des territoires attribués aux autochtones[66].

Sur le plan de la dynamique des rapports entre les nations minoritaires et l'État, on peut dire qu'à partir de la deuxième moitié des années 1980, les demandes nationalistes des peuples autochtones concernant la reconnaissance de leurs droits à l'autonomie sont davantage écoutées. Face aux empiètements et à la violation de leurs lieux sacrés par les Blancs, leur nationalisme devient plus clairement territorial et remporte des succès[67]. Le mois d'août 1995 marque aussi le début d'un nouveau processus de négociation des accords sur l'autonomie gouvernementale des autochtones avec le gou-

vernement fédéral. Ceux-ci veulent que cette autonomie soit reconnue comme un droit fondamental dans la Constitution.

Les stratégies de l'État canadien pour assimiler, puis pour reconnaître la culture nationale des peuples autochtones et l'évolution du nationalisme de ces peuples vers l'obtention de l'autonomie illustrent la dynamique de l'idéologie nationaliste ainsi que sa force. L'affirmation du caractère distinct des peuples autochtones, de leur conscience nationale et de leurs droits s'est exprimée aussi, plus récemment, dans le contexte des conflits entre Ottawa et Québec. En tant que nation, les peuples autochtones n'acceptent de négocier que de nation à nation, donc, uniquement avec le gouvernement fédéral, qui aurait ainsi la possibilité de jouer un nationalisme contre un autre[68]. Ces deux nationalismes sont difficilement conciliables : celui des autochtones, basé sur les droits des premiers occupants à conserver leur territoire, leur genre de vie et à assurer leur développement, et celui des souverainistes québécois, qui vise à proclamer la souveraineté sur un territoire pour un peuple majoritairement francophone, qui inclut également plusieurs ethnies[69].

3.1.4.1.2 LES ORIGINES ET LE DÉVELOPPEMENT DES NATIONALISMES QUÉBÉCOIS

Reflétant, dans une certaine mesure, les débats sur les origines du nationalisme, les études sur les origines des nationalismes québécois ont fait couler beaucoup d'encre. Historiens, politicologues et sociologues présentent diverses thèses, plus ou moins d'obédience fédéraliste ou souverainiste, sur les répercussions et les enjeux de ces nationalismes pour le présent et l'avenir. En ce sens, on peut dire que ces interprétations sont politiques.

Un groupe d'historiens et de politicologues traite de l'origine de la nation et du nationalisme dans ce qui est le Québec actuel en se fondant sur la même prémisse : pour apparaître et s'épanouir normalement, le nationalisme doit être défini et soutenu par la classe bourgeoise. Les études portent sur l'analyse des classes sociales à l'époque de la Nouvelle-France, sur les effets de la Conquête sur celles-ci, et sur le soutien et la direction du nationalisme exprimé au moment des insurrections de 1837–1838.

Certains historiens avancent qu'un embryon de nation et de nationalisme urbain valorisant la liberté existait déjà en Nouvelle-France. La Conquête ayant « décapité » la colonie de sa bourgeoisie et ainsi déformé sa structure sociale, le nationalisme libéral des Patriotes était sans avenir parce que formulé par des petits-bourgeois[70]. D'autres historiens, sur la base d'études empiriques, nient la présence d'une bourgeoisie en Nouvelle-France, minimisent les effets de la Conquête et voient dans les rébellions de 1837–1838 la première manifestation de nationalisme « canadien », vouée, par ailleurs, à l'échec en raison du caractère réactionnaire de la petite-bourgeoisie qui les a fomentées[71].

D'autres adoptent une approche néomarxiste, tels Stanley Ryerson et Gilles Bourque, ou un cadre d'analyse de colonisation, tel Denis Monière. Ryerson présente le nationalisme des Patriotes comme un soulèvement spontané des paysans dirigé par les membres de la petite-bourgeoisie libérale et commerçante avec une aile bourgeoise modérée qui paralyse le mouvement. Il attribue son échec au manque de développement de la bourgeoisie et du prolétariat[72]. Gilles Bourque reconnaît l'existence d'une bourgeoisie, mais de nature mercantile, en Nouvelle-France. Ses attaches commerciales avec la métropole ayant été coupées par la Conquête, une bourgeoisie canadienne-française ne peut donc se former, et cette ancienne bourgeoisie disparaît. L'autorité dans les domaines social et politique est exercée par une classe conservatrice et réactionnaire, une aristocratie cléricale, qui accepte une politique de collaboration et de conciliation avec les autorités coloniales et une nouvelle bourgeoisie marchande d'origine anglo-saxonne. Le premier nationalisme, celui des Patriotes, suivra l'apparition d'une nouvelle élite de petits-bourgeois (marchands généraux, petits entrepreneurs et membres des professions libérales) et le rejet par le peuple de la politique de collaboration. Cette élite se forme dans le contexte des conflits entre les structures économiques des deux sociétés, canadienne-française et anglaise, et des décisions politiques[73] et économiques de Londres qui gouvernent les rapports de forces dans la colonie[74].

Monière interprète le nationalisme au Québec dans le cadre de la situation « coloniale » déjà utilisé par plusieurs auteurs, dont André d'Allemagne, Pierre Vallières et les Milner[75]. Monière replace donc les insurrections de 1837–1838 dans le contexte d'une double structure de classes superposées, l'une coloniale et l'autre colonisée. Les rébellions sont ainsi conduites non par une bourgeoisie libérale, forte et dynamique capable de remporter la victoire, mais par des petits-bourgeois qui s'appuient sur un système économique de propriété paysanne et de petite production dirigé contre le capitalisme commercial et la bourgeoisie marchande[76].

Une plus récente étude réfute les thèses précédentes suivant lesquelles les rébellions sont l'expression d'un sentiment anticolonisateur ou anti-anglais et elle les attribue davantage à l'oppression sociale qu'à l'oppression nationale. Elle les envisage ainsi non pas seulement sous l'angle du nationalisme, mais sous l'optique plus large du passage au capitalisme industriel et des difficultés qu'il entraîne pour les diverses couches de la société[77].

D'autres événements de l'histoire du Québec sont ainsi examinés dans l'optique d'une analyse des classes sociales pour expliquer l'apparition, la nature, les origines et les chances de succès d'un type défini de nationalisme. La paternité du nationalisme moderne qui accompagne la révolution tranquille[78] ainsi que la naissance et la nature de classe du Parti québécois[79] ont ainsi fait l'objet d'un tel examen.

Une autre interprétation de l'origine et de la nature des nationalismes au Québec est contenue dans la thèse de Louis Hartz sur la formation de l'identité des nouvelles nations, qui résulterait du « surdéveloppement » de l'idéologie véhiculée par les colons et de son acclimatation sur un nouveau territoire. Cette acclimatation empêcherait l'idéologie d'avoir le même développement que l'idéologie d'origine, née en Europe. Kenneth McRae est d'avis que l'identité nationale du Canada français résulte du surdéveloppement de l'idéologie de l'Ancien Régime, d'un féodalisme doux qui offre sécurité, ordre et cohésion sociale dans un milieu plein de dangers potentiels. Comme ce nouveau milieu favorise aussi l'indépendance et l'insubordination, les colons ne souffrent pas de la rigidité de l'absolutisme. L'*Acte de Québec* de 1774 facilite la continuité de cette identité nationale. Les seules menaces à cette identité viennent de l'extérieur et laissent peu de marques profondes. Le nationalisme des Patriotes et le rougisme représentent cependant un courant de nationalisme radical plus persistant. Mais il faut attendre plusieurs décennies pour voir le fragment canadien-français entamer sa révolution libérale. Ce stade de libéralisme n'est toutefois qu'un passage vers une transformation de l'identité nationale qui, à la fin des années 1960, perpétue, d'une certaine manière, d'anciennes valeurs et peut se transformer en nationalisme socialiste postlibéral ou en une forme de nationalisme autoritaire[80].

Le nationalisme au Québec fait aussi l'objet de plusieurs typologies. La typologie de Léon Dion, formulée un peu avant la première victoire électorale du Parti québécois, divise les nationalismes en fonction des liens qui les unissent aux idéologies politiques. Le nationalisme « conservatiste » implique ainsi, avec la bénédiction des anglophones, une fusion de la culture politique des élites supérieures, des notables régionaux ou locaux et des masses. Il s'appuie sur une identité nationale qui privilégie le passé, la langue, la foi et les traditions, qui s'appuie sur la famille, la paroisse rurale et l'Église, et qui regarde l'urbanisation et le développement industriel comme des sources d'assimilation. Contrairement à la thèse d'André-J. Bélanger, celle de Dion fait ressortir le caractère politique de ce nationalisme qui incorpore un fédéralisme décentralisé, un corporatisme paternaliste, l'anti-impérialisme et l'antilibéralisme ainsi que l'image d'une patrie canadienne-française aux contours flous. Selon sa thèse, le nationalisme libéral de *Cité libre* n'a eu qu'une influence limitée, mais il a été, toutefois, une source d'inspiration pour d'autres groupes désireux de s'ouvrir à la modernité. D'après Dion, le rôle du nationalisme libéral de la révolution tranquille a été de ménager une transition. Il contribue à affaiblir le nationalisme « conservatiste » pour ouvrir la voie à deux tendances nationalistes qui font écho à la culture d'origine et qui, donc, assurent la présence continue de certaines valeurs : le nationalisme social-démocrate pragmatique du type de celui défendu par le Parti québécois ou le nationalisme socialiste du type marxiste-léniniste autoritaire et doctrinal[81].

Louis Balthazar[82] propose un autre cadre d'analyse dans lequel le nationalisme québécois est divisé en périodes. Il distingue ainsi :

- de 1791 à 1838, le nationalisme « canadien » des Patriotes, sur le modèle du nationalisme moderne, inspiré de la Révolution française et des luttes pour l'autodétermination nationale ;

- de 1840 à 1960, le nationalisme traditionnel réactionnaire canadien-français, sur le modèle conservateur opposé aux idées libérales de la Révolution française, et qui, de nature apolitique, se manifeste principalement dans des instances minoritaires quand la bourgeoisie est faible et là où la nation ne coïncide pas avec l'État ;

- de 1960 à 1970, le nationalisme étatique québécois moderne, sur le modèle établi par Karl Deutsch ; il accompagne la mobilisation sociale, l'urbanisation, le développement des moyens de communication, notamment quand le peuple dominé se sent linguistiquement aliéné du contrôle de ces derniers ;

- à l'époque actuelle, une adaptation du nationalisme autonomiste ethnique qui peut conduire à une volonté de sécession. Opposé à un État bureaucratique et technocratique envahissant, ce nationalisme s'accompagne de romantisme, de la valorisation du « petit », d'écologisme et de fierté à l'égard du patrimoine.

3.1.4.1.3 LES ORIGINES ET LE DÉVELOPPEMENT DES NATIONALISMES ACADIENS ET CANADIENS-FRANÇAIS MINORITAIRES

Les communautés de langue française hors Québec présentent un type de nationalisme minoritaire qui réclame une autonomie relative dans l'État et non leur propre État. Le développement de leur identité nationale se fait par étapes et est fonction de la différenciation successive d'avec plusieurs « autres ». Le premier choc qui suscite chez elles une prise de conscience aiguë de leur altérité, et donc de leur identité, serait une manifestation concrète et profonde d'oppression à leur égard de la part de la majorité anglophone, une loi ou un règlement qui a gravement affecté la vie de la communauté et qui marque encore la mémoire collective. Citons, par exemple, le Grand Dérangement de 1755 des Acadiens, le Règlement 17 en Ontario et les luttes scolaires dans l'Ouest[83]. Toutefois cette interprétation n'est pas unanime. Un de ses critiques ferait plutôt correspondre la naissance du nationalisme acadien avec celle du mouvement fondé à la suite du premier Congrès national acadien de 1881[84].

La communauté acadienne se distingue en effet des autres communautés par sa volonté, vers la fin du XIXe siècle, d'affirmer sa différence par rapport à l'« autre », que représentent les Canadiens français, en adoptant, dès ses premiers congrès, des symboles nationaux qui lui sont propres[85]. Après avoir été convoqués en 1880 par la Société Saint-Jean-Baptiste de Québec au congrès du 24 juin, les Acadiens organisent l'année suivante leur propre congrès durant lequel ils décident que la fête nationale des Acadiens des Provinces maritimes aura lieu le jour de l'Assomption. La Société L'Assomption, qui voulait être une organisation permanente des Acadiens, prit en charge les congrès jusqu'en 1955. Elle fut remplacée ensuite par une fédération des sociétés des Acadiens de chaque province maritime, la Société nationale des Acadiens et des Acadiennes (SNAA)[86]. En ce qui concerne les autres communautés, elles avaient conscience d'appartenir à la grande famille canadienne-française, dont le cœur, les origines et la force se trouvaient au Québec[87]. Plusieurs institutions ont joué un rôle important dans la conservation de cette conscience collective. L'Ordre de Jacques-Cartier encourageait la solidarité par des activités et des pressions diverses, telles que campagnes de souscription, démarches en vue d'obtenir des nominations à des postes élevés et des médias de langue française. La Société Saint-Jean-Baptiste (SSJB) s'est rapidement fait le porte-parole du peuple canadien-français, soutenant de façon persistante les communautés canadiennes-françaises dans leurs luttes, leurs associations et leurs activités[88]. La modernité, avec l'urbanisation, l'industrialisation et la sécularisation accrues, au Québec, avec la révolution tranquille et, dans les communautés, au cours des années 1960 et 1970, a contribué à fragmenter cette identité commune basée sur la religion, la culture, la langue et les origines et à la séparer de l'« autre », le Québec. L'Ordre de Jacques-Cartier se dissout en 1965 après avoir opté pour un Québec fort. La SSJB, en 1969, se prononce en faveur de la souveraineté du Québec sans, toutefois, retirer son soutien aux autres communautés canadiennes-françaises. La nouvelle identité nationale québécoise, accompagnée du mouvement souverainiste, et les conséquences de la modernisation dans leurs propres milieux ont ensuite forcé les communautés de langue française autres qu'acadiennes à se redéfinir, d'une part, comme « communautés francophones hors Québec ». D'autre part, celles-ci ont dû définir les éléments constitutifs de leur nationalisme à partir de leur spécificité territoriale (franco-ontarienne, franco-manitobaine, franco-albertaine, fransaskoise, franco-colombienne) et de la conjoncture du moment, en abandonnant l'appellation « canadienne-française » et l'ancien nationalisme conservateur orienté principalement vers le passé, les traditions religieuses et le souvenir des origines. Au Nouveau-Brunswick, le Parti acadien, fondé en 1972, vise à partir de 1977 à créer une province acadienne autonome, mais ce parti disparaît en 1982[89].

En vertu de la politique officielle de bilinguisme du gouvernement fédéral, les communautés acadienne et canadiennes-françaises hors Québec ont reçu des subventions de ce gouvernement pour faire fonctionner leurs associations, institutions et écoles, et des garanties législatives et constitutionnelles concernant les droits et les privilèges des minorités de langues officielles. La nouvelle identité nationale de ces communautés, hormis celle des Acadiens, est basée sur l'appartenance à leur province et sur la possession d'un espace identitaire culturel et linguistique, et aussi, le cas échéant, géographique. Pour toutes ces communautés, cette identité s'appuie sur l'obtention d'établissements autonomes[90], telles que les écoles et les centres culturels, et sur l'accès à des services en français. Elle s'est aussi définie par son bilinguisme[91]. Dans certains cas, cette nouvelle trilogie au centre de leur nationalisme — espace culturel, bilinguisme, établissements — les a fait se détourner du Québec et favoriser l'universalité, le dialogue plutôt que l'hostilité envers l'anglophone[92], et l'ouverture à l'égard des autres francophones[93]. De leur côté, les Acadiens des Provinces maritimes s'ouvrent à cette universalité au cours du congrès mondial de 1994, sans encore choisir entre un nationalisme basé sur les retrouvailles de l'Acadie imaginaire de la diaspora, un nationalisme moderne basé sur une communauté territoriale ou, à mi-chemin entre les deux, une forme de nationalisme intermédiaire[94].

Les conséquences du bilinguisme et de l'ouverture à l'« autre », anglophone, et aux « autres » francophones font l'objet de controverses[95]. Entraînent-ils l'assimilation à long terme, la réduction des communautés à de simples ethnies ou leur conservation et leur épanouissement ? Dans l'interrogation au sujet de cet avenir, deux facteurs jouent un rôle important : d'une part, la volonté des communautés de résister à l'assimilation et, d'autre part, celle de l'État canadien, des tribunaux et des gouvernements provinciaux de soutenir ces communautés, leurs institutions et le statut du français dans le pays, quelle que soit la décision prise par les Québécois sur le sort de leur nation.

Cet examen de divers nationalismes minoritaires « en situation » montre donc que les éléments constitutifs de leurs identités et de leurs altérités, ainsi que leurs assises sociales et leurs liens dynamiques avec l'État, sont fluctuants. Enfin, il fait ressortir que les interprétations du nationalisme varient en fonction de l'orientation idéologique des analystes.

3.2. LES PERSPECTIVES D'AVENIR DU NATIONALISME

L'avenir du nationalisme donne lieu à plusieurs interprétations. À l'époque actuelle, deux phénomènes opposés exercent une influence différente sur le nationalisme et on ne peut prédire avec certitude quels effets ils auront à long terme. Le premier phénomène est l'érosion du pouvoir des États-nations modernes. Il est difficile de prévoir l'effet que cette érosion aura sur leur altérité, si l'altérité constitue vraiment la base de l'identité nationale. Le second phénomène est l'émergence des nationalismes minoritaires, tels ceux de l'Europe de l'Est et des Balkans, à la suite de l'effondrement de l'URSS.

D'abord, il est évident que les souverainetés nationales sont affectées par des interconnexions de divers types et de plus en plus larges. Les organisations supranationales se multiplient dans les domaines de l'économie (par exemple, l'Union économique européenne), de la défense (l'OTAN), des normes légales et juridiques (le Conseil de l'Europe

et le Tribunal de La Haye) et des systèmes politiques (l'Europe fédérale en gestation). La souveraineté culturelle des nations, qui protège leurs traits distinctifs, est aussi minée par les communications par satellite et par l'Internet qui se moquent des normes et des réglementations nationales. En outre, les grandes entreprises transnationales imposent par leurs produits et les médias qu'elles contrôlent une culture de consommation homogénéisante sur toute la planète, réduisant ainsi le pouvoir dont disposent les États pour protéger leur culture nationale. Le capitalisme à monopoles exerce une influence majeure par sa diffusion de cette culture de consommation de masse et, dans les médias, d'une culture de la violence. Les différences linguistiques entre les nations ne font plus obstacle à cette pénétration[96]. Le nationalisme subit aussi les effets de la révolution dans les communications de la communauté scientifique et culturelle mondiale, qui permettent à présent des collaborations qui rendent floues et démodées les frontières du « bagage » culturel et des découvertes scientifiques propres à chaque nation.

Étant donné la rapidité de la communication, les humains sont aussi de plus en plus conscients qu'une grande partie des problèmes auxquels font face les États touche également l'ensemble des nations et demande une solution globale. Les nouvelles idéologies pacifistes, écologistes et féministes témoignent de cette conscience, mais le soutien dont elles bénéficient n'est encore que marginal. Si jamais cette conscience mondiale se développe sur les bases d'une solidarité et de l'idéal d'une égalité entre les êtres humains, qu'adviendrait-il du nationalisme ? Verra-t-on l'effacement des différences entre les nations et donc la disparition du nationalisme ? On revient ainsi à la question de l'altérité comme élément essentiel de l'identité individuelle et collective. Dans cette confrontation avec l'altérité, les femmes des pays développés, en gagnant le pouvoir de réduire en toute légalité leur taux de fécondité, ont forcé bon nombre de nations, en sus d'autres raisons humanitaires, à s'ouvrir davantage à l'immigration et au pluralisme pour renouveler leurs populations. L'altérité, à présent, est ce à quoi les nations doivent faire face à l'intérieur comme à l'extérieur.

Il est peu probable que l'érosion du nationalisme identitaire conduise à un attachement profond à de grands ensembles politiques ou à des pannationalismes à l'échelle continentale ou intercontinentale. Le pannationalisme est basé sur le principe que les peuples de culture et d'origine similaires gagnent à s'unir politiquement: Les politicologues soulignent que nombreux sont les obstacles à surmonter lorsqu'il s'agit d'établir une identité et une solidarité qui transcendent les frontières nationales. Ainsi, Guibernau pense qu'il sera difficile de construire une identité nationale européenne, même si l'Europe devenait un État fédéral. En effet, elle devrait, pour ce faire, créer des mythes et des symboles et concevoir une histoire que tous ses membres puissent accepter, ce qui, selon lui, est une tâche presque impossible[97]. Guibernau examine aussi la possibilité d'avoir deux consciences nationales dans cet État fédéral, l'une nationale, et l'autre européenne. En cas de conflit, les citoyens seraient-ils prêts à défendre l'Europe autant que leur ancien État?

Si on examine le sort des pannationalismes passés et présents, les chances de succès des nationalismes qui dépassent les frontières d'un État ne paraissent pas très élevées. Les pannationalismes du passé n'ont pas survécu. Le panslavisme des années 1830 et 1840 s'est révélé utopique, à cause des intérêts opposés et des anciennes et nouvelles rivalités entre les peuples slaves. Le pangermanisme apparu après la Première Guerre mondiale a disparu après la Deuxième Guerre.

Les deux pannationalismes qui existent actuellement semblent devoir connaître des sorts différents. Le panafricanisme, né en 1900 avec la lutte des Noirs aux États-Unis[98], s'est étendu ensuite, avec les luttes anticolonialistes des élites noires, aux pays d'Afrique et aux Antilles. Le panafricanisme demandait l'égalité de traitement entre les Noirs d'origine africaine et les Blancs ainsi que la solidarité dans les luttes contre l'oppression exercée par les Blancs. Après 1945, son porte-parole ghanéen visait à la fois l'unité africaine et un socialisme tenant compte des traditions africaines. L'unification à laquelle visait le panafricanisme a été empêchée par la création d'États distincts qui ont refusé d'abandonner leur souveraineté nouvellement acquise pour créer une seule nation africaine. L'Organisation de l'unité africaine, fondée en 1963, ne réunit pas tous les nouveaux États africains et sa charte reconnaît le maintien des frontières coloniales de ces nouveaux États. Vu la grande hétérogénéité de leur population, plusieurs États n'ont pas encore réussi à créer leur « nation ». Enfin, les leaders africains ne s'entendent pas toujours sur le sens à donner à l'unité africaine. Aussi, bien que le panafricanisme ait gardé son caractère intercontinental et culturel, ses programmes et ses projets politiques sont-ils devenus très modestes[99].

Le panislamisme fondamentaliste, par contre, est en voie d'expansion. Certains ne le considèrent pas comme un nationalisme. Il fait, cependant, intervenir des éléments essentiels du nationalisme — la religion, la culture et la politique — et identifie un ennemi dont il faut condamner les traits principaux en s'appuyant fortement sur l'altérité. Il est perçu comme une réponse à l'échec du libéralisme et du socialisme, principalement dans les pays arabes. Il est marqué par le refus de la modernité, de la sécularisation, du féminisme et de tout ce qui, selon lui, caractérise l'Occident. Il défend une doctrine basée sur la religion et les valeurs traditionnelles et culturelles, qui donne à ses membres un sens très fort d'identité et de dignité. Sa force réside dans son caractère totalitaire, qui refuse toute séparation entre religion et politique, réglemente vie privée et vie publique et encourage l'usage de la violence. Toutefois, le panislamisme emploie la technologie moderne pour diffuser son message et mobiliser plus d'un milliard de personnes dans 45 pays[100]. L'intégrisme islamique peut être aussi le prolongement de régimes nationalistes à parti unique qui imposaient l'unité culturelle et religieuse. Ceux-ci auraient ainsi ouvert la voie à l'expression, tout aussi unifiée politiquement et culturellement, des frustrations des mécontents devant les promesses non tenues de la modernité, et à l'expression de l'indignation de la population devant la corruption de la classe politique[101].

Quant à la renaissance du nationalisme des minorités ethniques, A. D. Smith la considère comme une réaction identitaire culturelle et territoriale à l'uniformité des nouvelles technologies et d'une économie centrée sur l'efficacité. Il rejette la thèse voulant que les nations et le nationalisme ne sont que des vestiges d'une autre époque et qu'à long terme ils sont donc condamnés à disparaître [102]. Il n'appuie pas non plus la thèse [103] suivant laquelle les nations et le nationalisme sont des produits inévitables de la modernité et qu'ils ne disparaîtront que lorsque tous les points du globe, ayant atteint à peu près un même niveau de modernité, seront parvenus à un stade de postmodernité où ils n'auront plus leur place. Selon lui, les nations et le nationalisme ne sont ni des reliques d'une autre époque ni un phénomène qui accompagne seulement le processus de modernisation. Ce sont, au contraire, les forces de base des époques modernes et prémodernes. Du fait qu'ils assurent la cohésion sociale et l'ordre, les nationalismes sont indispensables, même à l'époque de la mondialisation. A. D. Smith soutient que la nation et le nationalisme constituent le seul cadre socioculturel réaliste d'un ordre mondial moderne en taxant de « folie » tout pronostic défavorable concernant l'avenir du nationalisme et le remplacement de celui-ci par une conscience planétaire. La formation de cette conscience appelée à remplacer le nationalisme est, d'après lui, impossible, car les appartenances collectives se sont toujours affirmées en s'opposant aux autres. Une conscience planétaire n'aurait pas d'« autre » auquel s'opposer [104]. En outre, selon Schnapper, la construction d'une identité collective sur des principes abstraits tels que les droits de la personne a peu de chances de réussir, car ces principes ne peuvent remplacer la charge émotionnelle que comporte tout nationalisme. Même si on réussissait à la construire, Schnapper doute de la solidité de cette nouvelle identité [105].

En bref, la nature, les origines, les éléments principaux et même l'avenir du nationalisme provoquent des controverses. Celles-ci témoignent de la difficulté à saisir l'essence de ce dernier, à le définir et à établir des typologies, car il n'évolue pas mais se métamorphose selon les lieux, les périodes, les circonstances et sa situation par rapport à l'État. Dans ses métamorphoses, les transformations de ses relations avec les « autres » jouent également un rôle primordial.

Lectures suggérées

Balthazar, Louis (1986), *Bilan du nationalisme au Québec*, Montréal, L'Hexagone.

Dion, Léon (1975), *Nationalismes et politique au Québec*, Montréal, Hurtubise HMH.

Gellner, Ernest (1989, 1983), *Nations et nationalisme*, traduit par Bénédicte Pineau, Paris, Payot.

Guiomar, Jean-Yves (1990), *La nation entre l'histoire et la raison*, Paris, La Découverte.

Létourneau, Jocelyn (dir.) (1994), avec la collaboration de Roger Bernard, *La question identitaire au Canada francophone*, Sainte-Foy, Les Presses de l'Université Laval.

Shafer, Boyd C. (1964), *Le nationalisme : mythe et réalité*, traduit par J. Métadier, Paris, Payot.

Notes

1 Selon Louis L. Snyder (*The Meaning of Nationalism*, Westport (Conn.), Greenwood Press, 1977 (1954), p. 16), la Révolution française est la première grande manifestation du nationalisme.

2 Les opinions des auteurs varient sur la question de l'effet des guerres de l'Empire sur le nationalisme. Ont-elles apporté de nouvelles idées aux nations européennes, favorisant ainsi la naissance et le développement du nationalisme, ou bien ont-elles créé chez les peuples une réaction adverse qui, à son tour, a suscité chez eux une conscience et des comportements qui annonçaient le nationalisme ? Voir Elie Kedourie, *Nationalism*, revised edition, New York, Frederick A. Praeger, 1969 (1961), p. 97-99.

3 Certains remontent aux idées de John Locke, d'autres à celles de Jean-Jacques Rousseau, d'autres isolent principalement les concepts d'égalité, de fraternité et de solidarité issus de la Révolution française, tandis que d'autres encore attribuent les demandes d'un gouvernement représentatif au sentiment de spécificité répandu dans une population. John Stuart Mill appelle un tel sentiment la nationalité. Cette forme de gouvernement, pour cette population, est, selon lui, le meilleur garant de sa liberté (Kedourie, *ibid.*, p. 132). Lord Acton contredit ce point de vue, en affirmant que le meilleur État est celui dans lequel plusieurs nations vivent en liberté (*ibid.*, p. 133).

4 Dominique Schnapper, *La communauté des citoyens sur l'idée moderne de nation*, Paris, Gallimard, 1994, p. 29.

5 Par exemple, les états généraux en France comportaient, en 1484, six nations (Kedourie, *op. cit.*, p. 14.). Les élèves de l'Université de Paris se divisaient en nations de France, de Picardie, de Normandie et de Germanie (Schnapper, *op. cit.*, p. 29).

6 *Ibid.*, p. 32. Pour John Breuilly, par exemple (*Nationalism and the State*, 2nd ed., The University of Chicago Press, 1994, p. 3), il existait peut-être une conscience nationale en Europe médiévale et des patriotes actifs au XVIe siècle, mais cet auteur refuse de qualifier de tels phénomènes de « nationalistes ». Kedourie critique les primordialistes de se servir du passé pour déstabiliser le présent en élaborant le mythe de nations qui émergent lentement et qui doivent s'affirmer dans des États territoriaux souverains (Kedourie, *op. cit.*, p. 75–77).

7 Voir Anthony D. Smith, *Theories of Nationalism*, London, Duckworth, 1971.

8 Schnapper, *op. cit.*, p. 31–32.

9 Comme Kedourie.

10 Walter W. Rostow, *Les étapes de la croissance économique*, traduit par M. J. du Rouret, Paris, Seuil, 1970 (1963).

11 Karl Deutsch, *Nationalism and Social Communication*, Cambridge (Mass.), M.I.T. Press, 1966.

12 Ernest Gellner, *Nations et nationalisme*, traduit par Bénédicte Pineau, Paris, Payot, 1989 (1983 en anglais).

13 Schnapper, *op. cit.*, p. 177, et Breuilly, *op. cit.*, p. 2.

14 Michel Wieviorka, *La démocratie à l'épreuve. Nationalisme, populisme, ethnicité*, Paris, La Découverte, 1993, p. 37.

15 Schnapper, *op. cit.*, p. 47.

16 Voir N. J. Smelser, *Essays in Sociological Exploration*, Englewood Cliffs, Prentice Hall, 1968 ; S. N. Eisenstadt, *Modernization, Protest and Change*, Englewood Cliffs, Prentice Hall, 1966.

17 Voir Montserrat Guibernau, *Nationalisms. The Nation-State and Nationalism in the Twentieth-Century*, Cambridge (U.K.), Polity Press, 1996, p. 56.

18 Tels les Allemands Johann Gottfried Herder (1744–1803), Johann Gottlieb Fichte (1762–1814), Adam Müller (1779–1829) et l'Italien Giuseppe Mazzini (1805–1872), fondateur du mouvement Jeune Italie en 1831 et responsable du mouvement Jeune Europe en 1834, qui croyait que l'Europe était divisée en un nombre de nationalités distinctes et que l'établissement d'États-nations était la volonté de Dieu et du peuple (Breuilly, *op. cit.*, p. 102).

19 Boyd Shafer remarque que Jean-Jacques Rousseau a contribué à l'identification de la nation à une communauté naturelle et que d'autres, tel Edmund Burke, voyaient la nation comme une chaîne humaine qui comprenait les générations passées, présentes et à venir. Voir *Le nationalisme : mythe et réalité*, traduit par J. Métadier, Paris, Payot, 1964, p. 24, 26–27.

20 Cité dans Kédourie, *op. cit.*, p. 58–59.

21 Wieviorka, *op. cit.*, p. 30–31. Ainsi qu'il a été défini, dès 1694, par l'Académie française (Shafer, *op. cit.*, p. 105).

22 Snyder, *op. cit.*, p. 89.

23 Benedict Anderson, *Imagined Communities*, revised edition, London, Verso, 1991 (1983).

24 Montserrat, *op. cit.*, p. 83.

25 Snyder, *op. cit.*, p. 34, 89, 96, 99, 110.

26 Il note que l'antiséparatisme peut être ancré dans des mécanismes d'inhibition, de crainte, d'infériorité ou de dénégation tout comme dans des arguments rationnels. L'Anglais est alors un substitut paternel envié et redouté qui fait sentir à l'individu son impuissance et l'invite à s'assimiler à lui par peur de l'anéantissement. Les séparatistes peuvent aussi s'alimenter à des sources troubles si, pour ces personnes, l'Anglais représente une image parentale toute-puissante à abattre (Camille Laurin, *Ma traversée du Québec*, Montréal, Éditions du Jour, 1970).

27 Frantz Fanon, *Les damnés de la terre*, Paris, François Maspéro, 1970.

28 A. D. Smith (1971), p. 194.

29 Comme la fin de l'empire de Charlemagne se séparant en partie latine et en partie germanique, la fin de la toute-puissance de l'Église romaine médiévale après la Réforme, la fin des empires espagnol et portugais, la fin de l'Empire ottoman, avec les mouvements d'indépendance de la Serbie, de la Roumanie, de la Bulgarie contre les Turcs, en 1870–1880, la fin des empires coloniaux après la Deuxième Guerre mondiale et le démembrement récent de l'URSS.

30 Shafer, *op. cit.*, p. 13.

31 Louis Balthazar (*Bilan du nationalisme au Québec*, Montréal, L'Hexagone, 1986) rejette une telle distinction parce qu'elle en entraîne une autre entre un « bon » patriotisme et un « mauvais » nationalisme (p. 18).

32 Voir Kedourie, *op. cit.*, p. 74, et Snyder, *op. cit.* (1977), p. 4.

33 Voir Anderson, *op. cit.*, p. 6–7. Pour lui la nation est une communauté imaginée dont on ne connaît jamais tous les membres et dont on invente les limites et la souveraineté.

34 Nous adoptons ici la position de plusieurs politicologues, dont celle d'A. D. Smith, suivant laquelle il est préférable de considérer le nationalisme comme une doctrine et un phénomène sociologique distinct du fascisme. Le fascisme fait donc l'objet d'un chapitre séparé. Voir Smith, *op. cit.* (1971), p. 200.

35 Wievorka, *op. cit.*, p. 48.

36 Le critère linguistique suscite une autre controverse. Pour Fichte, une nation est une masse linguistiquement homogène (Kedourie, *op. cit.*, p. 68), alors que, pour Gellner, ce critère est critiqué si la logique nationaliste est suivie, vu qu'il existe plus de 8 000 langues dans le monde et seulement environ 200 États reconnus par la communauté internationale et que la répartition de ces langues ne coïncide pas souvent avec des territoires ou des États distincts (voir Schnapper, *op. cit.*, p. 77).

37 A. D. Smith, *op. cit.*, p. 11.

38 Quand l'État national impose des limites de naissance, l'accès au statut social important que certaines cultures attribuent aux mères fécondes est ainsi réduit. Les méthodes de contraception et de stérilisation employées peuvent aussi nuire à leur santé. Pour le Mexique, voir Arlette Gautier, « Programme de planification familiale et liberté reproductrice au Yucatan, Mexique », dans Huguette Dagenais et Denise Piché (dir.), *Femmes, féminisme et développement*, ICREF-McGill-Queen's University Press, 1994, p. 294. Au Québec, à l'époque du nationalisme traditionnel, l'Église catholique prônait la « revanche des berceaux ».

39 Pour une description des faux raisonnements nationalistes du courant nataliste (et implicitement anti-immigration) en France, voir Maryse Jasparp, « Mythes et réalités de la démographie française », *Nouvelles questions féministes* (NQF), 13, 3, 1992, p. 5–28. L'enseignement aux niveaux primaire et secondaire est encore souvent le domaine des femmes.

40 Voir les réflexions de Linda Cardinal, « Femmes et francophonie : une relecture du rapport ethnicité-féminité », dans Caroline Andrew *et al., L'ethnicité à l'heure de la mondialisation,* Ottawa, Acfas-Outaouais, 1992, p. 99–114.

41 Les lois passées après la révolution de 1979 en Iran paraissent, d'après les normes occidentales, illustrer ce processus ; par exemple, le divorce redevient la compétence du mari, qui seul peut répudier son épouse ; si un homme tue sa femme, il peut échapper à la peine capitale ou à la prison s'il paie le prix du sang de la défunte ; les lois et mesures postrévolutionnaires interdisent aux femmes toute une série d'études et de postes, dont celui de juge. Voir Fariba Adelkhah, *La révolution sous le voile. Femmes islamiques d'Iran,* Paris, Karthala, 1991, p. 65, 66, 74.

42 Cecilia Ng, « Women and Rice Production in West Malaysia », dans Huguette Dagenais et Denise Piché (dir.), *op. cit.,* p. 181–203. Voir aussi comment le nouveau nationalisme des femmes islamiques turques considère le féminisme comme un mal importé de l'Occident, dans Cedef Ozturk, « The Islamic Movement and Women in Turkey », *NQF,* 13, 3, 1992, p. 45–60. Pour le traitement des femmes par les régimes postrévolutionnaires, voir « Revolution and National Liberation Struggles », dans Georgina Waylen, *Gender in Third World Politics,* Boulder (Colo.), Lynne Rienner, p. 70–91.

43 Par exemple, ceux de Mazzini en Italie et de Kossuth en Hongrie (Kedourie, *op. cit.* (1977), p. 89–90).

44 Edward Hallett Carr (*Nationalism and After,* London, Macmillan, 1968, p. 19) mentionne le nationalisme révolutionnaire des Jacobins, qui aurait semé le germe de l'alliance entre le socialisme et le nationalisme.

45 Snyder, *op. cit.,* p. 117.

46 Comme le boycottage des produits provenant de l'Angleterre, préconisé par la septième résolution adoptée à l'assemblée de Saint-Ours, organisée par les Patriotes du Bas-Canada le 7 mai 1837. Voir Denis Monière, *Le développement des idéologies au Québec des origines à nos jours,* Montréal, Québec/Amérique, 1977, p. 133.

47 Snyder, *op. cit.,* p. 135.

48 *Ibid.,* p. 110.

49 Ernest Gellner (*op. cit.,* p. 178) critique la vision négative du nationalisme qu'adopte Kedourie, conséquence, selon lui, d'une telle approche sélective.

50 Voir Pierre Elliott Trudeau, « De quelques obstacles à la démocratie au Québec » et « Fédéralisme, nationalisme et raison », dans *Le fédéralisme et la société canadienne-française,* Montréal, HMH, 1967, p. 105–128 et 191–215.

51 Michael Ignatieff, *Blood and Belonging. Journeys Into the New Nationalism,* Toronto, Viking, 1993, p. 3–5.

52 *Ibid.,* p. 5.

53 Jean-Pierre Derriennic, *Nationalisme et démocratie,* Montréal, Boréal, 1995.

54 Diane Lamoureux, « L'autodétermination comme condition du multiculturalisme québécois », *Politique et Sociétés,* 28, automne 1995, p. 53–69.

55 Max Wirth, « Types of Nationalism », *American Journal of Sociology,* 41, 1936, p. 723–757, cité dans Snyder, *op. cit.,* p. 124–125.

56 Guiberneau, *op. cit.,* p. 101.

57 Deux exemples d'essai d'annihilation violente sont ceux des Tibétains par la Chine et des Kurdes par la Turquie.

58 Voulant privilégier les sources et les sujets francophones, les nationalismes du Canada anglais, dont celui, minoritaire, des Anglo-Québécois, ne sont donc pas examinés.

59 Cette section et la chronologie s'appuient en partie sur Jill Wherrett et Jane Allain, *L'autonomie gouvernementale des autochtones,* Bulletin d'actualité 89–5F, Service de recherche, Bibliothèque du Parlement, le 15 mars 1989, révisé le 22 août 1995.

60 Pour le nationalisme des Métis, voir A. Kienetz, « Metis Nationalism and the Concept of a Metis Land Base in Canada's Prairie Provinces », *Canadian Review of Studies in Nationalism,* 15, 1–2, 1988, p. 11–18.

61 Maurice Tugwell et John Thompson, *The Legacy of Oka,* Toronto, The Mackenzie Institute, 1991, p. 15.

62 J. Anthony Long et Menno Boldt, « Self-Determination and Extra-Legal Action : The Foundations of Native Indian Protests », *Canadian Review of Studies in Nationalism,* 15, 1–2, 1988, p. 115.

63 Jean-Jacques Simard donne une analyse de ses faiblesses et des difficultés à définir le concept d'autonomie gouvernementale, dans « Développement et gouvernement autochtones : l'expérience de la Baie James et du Nord québécois », *Politique et Sociétés,* 28, automne 1995, p. 71–85.

64 La validité de cette abolition, qui avait été contestée devant les tribunaux, est confirmée, en 1995, par une décision de la Cour fédérale.

65 Voir Pauline Comeau, *Elija. No Ordinary Hero,* Vancouver/Toronto, Douglas & McIntyre, 1993. Ce livre relate que, plusieurs mois après, les autochtones se souviennent encore où ils se trouvaient quand Elijah a parlé en leurs noms, ayant ressenti que sa force était leur force (p. 182).

66 Des 33 000 acres qui leur avaient été accordés sous la tutelle des sulpiciens en 1717, puis sous celle du gouvernement fédéral en 1945, à la suite de la vente de terres par les sulpiciens et de l'expropriation d'autres terres par la municipalité du village d'Oka, en 1947, il n'en restait plus que 11 000 en 1991, et la municipalité d'Oka voulait exproprier la pinède où se trouvait le cimetière de leurs ancêtres pour agrandir son terrain de golf. Voir Tugwell et Thompson, p. 19, et Gilles Boileau, *Le silence des Messieurs. Oka, terre indienne,* Montréal, Méridien, 1991.

67 En 1984, l'administration locale sur leurs territoires donnée aux Cris et aux Naskapis du Québec ; en 1986, la loi sur l'autonomie gouvernementale de la bande indienne séchelte ; en 1994, la loi sur l'autonomie des Premières Nations du Yukon et, en juin 1993, la loi qui annonce la création du territoire du Nunavut, enlevé aux Territoires du Nord-Ouest le 1er avril 1999.

68 Michelle Tisseyre Robinson, « Vive les autochtones libres ! », *L'Actualité,* 1er décembre 1991, p. 30–36. Les Premières Nations s'opposent à toute déclaration unilatérale d'indépendance du Québec (p. 30).

69 Pour cette distinction, voir Francine Lalonde, « Préface », dans Robin Philpot, *Oka : dernier alibi du Canada anglais,* Montréal, VLB éditeur, 1991, p. 13.

70 Ramsay Cook, dans *The Maple Leaf Forever* (Toronto, Macmillan, 1971), appelle l'École de Montréal ce groupe

d'historiens formé de Guy Frégault, Maurice Seguin (voir *L'idée d'indépendance au Québec. Genèse et historique*, Montréal, Boréal Express, 1971) et Michel Brunet. Jean Lamarre se réfère aussi à cette école; voir *Le devenir de la nation québécoise selon Maurice Seguin, Guy Frégault et Michel Brunet, 1944–1969*, Sillery, Septentrion, 1993, p. 22.

71 Cook et Lamarre (p. 23) s'y réfèrent comme étant l'École de Laval. Les œuvres principales de leurs membres sur ce sujet sont celles de Jean Hamelin, *Économie et société en Nouvelle-France*, Québec, Les Presses de l'Université Laval, 1960, et de Fernand Ouellet, *Histoire économique et sociale du Québec 1760–1850*, Montréal, Fides, 1966.

72 Stanley-Brehaut Ryerson, *Le capitalisme et la Confédération*, traduit par André d'Allemagne, Montréal, Parti pris, 1972.

73 La décision de diviser le Canada en deux provinces, chacune avec une assemblée élue, a certainement donné une voix et une chance de formulation et de propagation au nationalisme canadien-français du Bas-Canada.

74 Voir Gilles Bourque, *Question nationale et classes sociales au Québec 1760–1840*, Montréal, Éditions Parti pris, 1970.

75 Voir André d'Allemagne, *Le colonialisme au Québec*, Montréal, Parti pris, 1966; Pierre Vallières, *Les nègres blancs d'Amérique: autobiographie précoce d'un « terroriste » québécois*, Montréal, Parti pris, 1968; Sheilagh Hodgins Milner et Henry Milner, *The Decolonization of Quebec*, Toronto, McClelland & Stewart, 1973.

76 Monière, *op. cit.*

77 Gérald Bernier et Daniel Salée, « Les insurrections de 1837–1838 au Québec: remarques critiques et théoriques en marge de l'historiographie », *Canadian Review of Studies in Nationalism*, 13, 1, 1986, p. 13–29.

78 Cette paternité revient-elle à Louis-Alexandre Taschereau, à Georges-Émile Lapalme ou à Jean Lesage et son équipe du tonnerre? Voir Bernard L. Vigod, *Quebec Before Duplessis*, Kingston (Ont.), McGill-Queen's University Press, 1986, et Jean-François Léonard (dir.), *Georges-Émile Lapalme*, Sillery, Presses de l'Université du Québec, 1988.

79 Voir, par exemple, les débats dans Jean-François Léonard (dir.), *La chance au coureur*, Montréal, Nouvelle Optique, 1978.

80 Kenneth D. McRae, « The Structure of Canadian History », dans Louis Hartz (dir.), *The Founding of New Societies*, New York, Harcourt, Brace & World, 1964, p. 219–274.

81 Léon Dion, *Nationalismes et politique au Québec*, Montréal, Hurtubise HMH, 1975.

82 Louis Balthazar, *Bilan du nationalisme au Québec*, Montréal, L'Hexagone, 1986.

83 Voir Wilfrid Denis, « Les lois et la langue: l'oppression des Fransaskois de 1875 à 1983 », dans Pierre Yves Mocquois, André Lalonde, Bernard Wilhelm (dir.), *La langue, la culture et la société des francophones de l'Ouest*, The University of Regina, Institut de recherche du Centre d'études bilingues, 1983, p. 75–110.

84 Joseph-Yvon Thériault, *L'identité à l'épreuve de la modernité*, Moncton, Éditions d'Acadie, 1995, p. 219–244.

85 P. D. Clarke, « "Sur l'empremier" ou récit et mémoire en Acadie », dans Jocelyn Létourneau (dir.), *La question identitaire au Canada francophone*, Sainte-Foy, Les Presses de l'Université Laval, 1994, p. 3–44.

86 Emery LeBlanc, *Les Acadiens*, Montréal, Éditions de L'Homme, 1963, p. 42–43.

87 Gratien Allaire, dans « De l'Église à l'État: le financement des organismes francophones de l'Ouest 1956–1970 », dans Jean Lafontant (dir.), *L'État et les minorités*, Saint-Boniface, Éditions du Blé, Presses universitaires de Saint-Boniface, 1993, se réfère à leur vision d'un Canada français pancanadien qui, du reste, permit une entraide financière et morale dans les luttes scolaires et servit de courroie de transmission du mouvement coopératif (p. 232); voir aussi Marcel Martel, « De la certitude au doute: l'identité canadienne-française de l'Ontario de 1937 à 1967 », dans Linda Cardinal (dir.), *Une langue qui pense. La recherche en milieu minoritaire francophone au Canada*, Ottawa, Les Presses de l'Université d'Ottawa, 1993, p. 65–76; cet auteur souligne l'importance de l'espace culturel canadien-français dans l'identité franco-ontarienne entre 1937 et 1967.

88 Cet ordre secret fut créé en 1926 à Ottawa avec des cellules au Québec, en Ontario, dans l'Ouest et dans les Maritimes. Voir Gabriel Bertrand, « L'Ordre de Jacques Cartier et les minorités francophones », dans Gratien Allaire et Anne Gilbert (dir.), *Francophonies plurielles*, Sudbury, Institut franco-ontarien, 1998, p. 13–58. La Société Saint-Jean-Baptiste fut incorporée en 1849 et fonda des branches dans les communautés francophones du Canada et des États-Unis. Voir Robert Rumilly, *Histoire de la Société Saint-Jean-Baptiste de Montréal*, Montréal, L'Aurore, 1975.

89 Thériault, *op. cit.*, p. 244.

90 Anne Gilbert, « Espaces francophones et rapport à l'État », dans Jean Lafontant (dir.), *op. cit.*, p. 247–259. Selon cette auteure, ces communautés considèrent que la création d'institutions autonomes est essentielle à leur survie et à leur développement.

91 Paul Dubé, « Je est un autre… et l'autre est moi. Essai sur l'identité franco-albertaine », dans Jocelyn Létourneau *op. cit.*, p. 79–99; il remarque que le Franco-Albertain est passé du catholique français au bilingue francophone, un être hybride qui parle deux langues et vit à l'intérieur de deux cultures.

92 Raymond-M. Hébert, « Essai sur l'identité franco-manitobaine », dans Jocelyn Létourneau, *op. cit.*, p. 63–78.

93 L'adoption par leur association du terme « francophone » dans son nom indique cette volonté d'ouverture vers les francophones qui ne sont pas « de souche ».

94 Thériault, *op. cit.*, p. 296–297.

95 Roger Bernard perçoit de façon pessimiste ce bilinguisme, le voyant reléguer le français au niveau d'une langue dont l'usage est limité au domaine privé. Il qualifie aussi la nouvelle identité des francophones de « francophone hors francité ». Voir « Du social à l'individuel: naissance d'une identité bilingue », dans Jocelyn Létourneau, *op. cit.*, p. 162. Sheila McLeod Arnopoulos, dans *Hors du Québec, point de Salut?*, traduit par Dominique Clift, Montréal, Libre Expression, 1979, pense que le Franco-Ontarien a une place privilégiée dans le monde culturel et économique canadien comme charnière entre deux cultures et deux langues.

96 William Coleman soutient que, dans le cas du Québec, la francisation a permis une pénétration invisible de la culture étrangère sur ce marché au lieu de l'en protéger. Voir *The Independence Movement in Quebec, 1945–1980,* University of Toronto Press, 1984.

97 Guibernau, *op. cit.*, p. 114.

98 Ses premiers grands chefs furent les Nord-Américains William E. B. DuBois et S. Williams, le Haïtien Price Mars et Marcus Garvey, de la Jamaïque, dont le nationalisme séparatiste présente l'Afrique comme le territoire de la mère patrie. Plus tard, un petit groupe demande une république noire dans le sud des États-Unis. Le nationalisme de Malcolm X et celui des Panthères noires ne présentent pas de demande spécifique d'autonomie territoriale.

99 Breuilly, *op. cit.*, p. 282.

100 Guibernau, *op. cit.*, p. 137.

101 Voir Ahmed Rouadjia, « Du nationalisme du FLN à l'Islamisme du FIS », *Les Temps modernes*, 580, janvier-février 1995, p. 115–136.

102 Anthony D. Smith, *Nations and Nationalism in a Global Era*, Cambridge, Polity Press, 1995, p. 3–5.

103 Telle celle de Breuilly, *op. cit.*, p. 401.

104 Anthony D. Smith, *op. cit.* (1995), p. 159–160.

105 Schnapper, *op. cit.*, p. 183.

7

Le fascisme et le nazisme

« Fasciste » et « nazi » sont devenus des termes in-jurieux dont les personnes qui les profèrent ignorent habituellement l'histoire, le sens et la portée. Ce genre d'emploi cache les sombres réalités du fascis-me et du nazisme. En vue de les découvrir, nous exa-minerons d'abord les facteurs qui ont favorisé la naissance et l'essor de ces deux idéologies en Italie et en Allemagne. Nous en rechercherons ensuite les éléments principaux et tenterons d'évaluer leur in-fluence passée et présente dans le monde.

1. LES ORIGINES ET LE DÉVELOPPEMENT DU FASCISME ET DU NAZISME

Le fascisme et le nazisme sont des idéologies nées en Italie et en Allemagne dans une conjoncture économique, politique, sociale et technologique particulière et de cultures politiques spécifiques, sans en être toutefois les conséquences inévitables. Dans leurs formes initiales, ils représentent égale-ment des réactions contre le libéralisme et le socia-lisme. Les libéraux et les socialistes, affaiblis par des divisions internes et sous-estimant la gravité de la menace fasciste ou nazie, n'étaient nullement en mesure d'y faire face. Le fascisme et le nazisme mi-sent aussi sur l'irrationalité et font appel aux pas-sions élémentaires qu'ils partagent avec le nationalisme, qui en est d'ailleurs un des éléments.

Apparus à peu près à la même époque et ayant certains traits en commun, Hitler s'étant inspiré du

modèle italien[1] et Mussolini, en 1936, ayant adopté le racisme nazi, ces deux courants de pensée présen-tent cependant des différences importantes.

1.1. LES CULTURES POLITIQUES NON DÉMOCRATIQUES DE L'ITALIE ET DE L'ALLEMAGNE

Le fascisme et le nazisme sont liés à certaines conditions de l'environnement politique de l'Italie et de l'Allemagne, en particulier aux problèmes causés par leur unification tardive et inachevée[2], au manque de traditions démocratiques de leurs cultu-res politiques respectives et à la faiblesse de leurs régimes parlementaires.

En Italie, le processus d'unification entamé par l'élite entraîne un conflit entre les dirigeants politi-ques et le Vatican. L'Italie entre en guerre en 1915 principalement pour achever son unification grâce aux territoires promis par les Alliés dans le traité de Londres signé cette année-là. Quand, la guerre ter-minée, le président Woodrow Wilson refuse de re-connaître les termes de ce traité, les frustrations des nationalistes ont pour effet d'aggraver la crise poli-tique de 1919.

En Allemagne, Bismarck avait canalisé le natio-nalisme populaire des soulèvements de 1848 contre l'oppression napoléonienne et le nationalisme ro-mantique des universitaires vers la cause « grande prussienne ». Ce nationalisme repose sur des tradi-tions d'autoritarisme, de brutalité en politique,

121

d'amour de la guerre, d'exercice du droit des plus forts et sur le sentiment de la supériorité des Aryens, renforcé par des victoires militaires. L'unité allemande n'ayant pas été achevée par Bismarck, une aspiration à la *weltpolitik* (politique globale) et au pangermanisme apparaît d'abord dans la petite-bourgeoisie, puis à l'extérieur de la Prusse et même hors du Reich, dans le parti pan-allemand de Bohême et d'Autriche[3]. Cette volonté expansionniste conduit à la Première Guerre mondiale et donne à l'armée une importance démesurée dans l'État et la société. Quand le discours nationaliste se fait anti-impérialiste ou anticapitaliste, il obtient l'appui du peuple et même des ouvriers.

Les cultures politiques de l'Allemagne et de l'Italie ne possèdent pas de valeurs ou de traditions nées de l'expérience d'une révolution démocratique. Leurs systèmes parlementaires manquent de bases solides et présentent des faiblesses dont peuvent tirer parti leurs adversaires afin de les détruire. Dans les deux pays, l'élite est hostile à toute redistribution du pouvoir et des richesses et la population est dépourvue d'expérience politique. Enfin, les deux États ne font rien pour décourager une tradition souvent violente de règlements de compte et d'intimidations.

En Italie, l'établissement du régime parlementaire a un caractère artificiel. La corruption qui règne au Parlement en éloigne encore plus les masses[4]. La plus grande partie du peuple, exploitée comme prolétariat rural dans le Sud et comme prolétariat urbain dans le Nord, est en 1870 encore analphabète, peu représentée politiquement et peu renseignée sur le fonctionnement du régime. En outre, malgré le début du suffrage quasi universel masculin en 1913[5] et de la représentation proportionnelle en 1919, la majorité catholique de la population s'abstient de voter, sur la demande du pape, jusqu'à cette dernière date. Il existe aussi dans les classes privilégiées et les classes laborieuses une tradition de contestation, en dehors de la légalité parlementaire, peu combattue par le gouvernement. Le fascisme peut donc s'établir aisément dans cette culture politique divisée et peu démocratique où règne une atmosphère de guerre civile entre 1914 et 1920[6].

Le régime italien est à certains égards très peu démocratique, ce qui permet à un petit nombre de dirigeants de prendre seuls des décisions importantes, comme celle de faire entrer l'Italie dans la Première Guerre mondiale en 1915[7]. Durant la guerre, le gouvernement suspend le droit de réunion et la liberté de la presse. En même temps, il tolère, dans la vie politique, la corruption, le clientélisme et la violence, surtout de la part des grands propriétaires terriens du Sud, en échange de l'appui que ceux-ci lui accordent.

Le système parlementaire allemand n'est pas solidement établi. La République de Weimar, instaurée à la suite des insurrections de 1918, n'est pas pleinement acceptée par le peuple allemand. Les classes dirigeantes et nationalistes complotent en vue de la remplacer par un régime autoritaire, alors que les classes ouvrières la perçoivent comme une transition, pour les communistes, à une révolution bolchevique et, pour les socialistes et les sociaux-démocrates, à un régime plus démocratique. La bourgeoisie, centriste et assez favorable à cette formule, est trop faible pour la soutenir seule et, forcée d'appuyer la gauche ou la droite, choisit de collaborer avec les groupes réactionnaires. La Constitution de Weimar présente des aspects démocratiques[8], mais aussi des failles que les nazis exploiteront pour abolir la démocratie. L'article 48 de la Constitution permet au président du Reich de faire intervenir l'armée et d'annuler les droits fondamentaux en cas de menace grave à la sécurité ou à l'ordre public[9]. À cause de sa culture militariste, l'Allemagne tolère les associations paramilitaires de gauche et de droite (voir, en annexe, la synthèse 7.1), formées après la guerre et les insurrections de 1918. Sous prétexte de rétablir l'ordre, des terroristes de droite agissent sans crainte d'être inquiétés par l'armée ou des forces parallèles, comme la SA et les SS, exercent une politique d'intimidation dans les institutions et de répression violente de la gauche qui aidera Hitler à prendre le pouvoir.

1.2. LES ORIGINES ÉCONOMIQUES ET SOCIALES DU FASCISME ET DU NAZISME AVANT ET APRÈS LA PREMIÈRE GUERRE MONDIALE

Selon certaines théories sur les origines économiques du fascisme et du nazisme : 1) une modernisation rapide nécessitait un gouvernement autoritaire du type fasciste; 2) la crise économique a engendré le fascisme; 3) le fascisme et le nazisme sont le résultat d'un complot de la classe petite-bourgeoise ou de la bourgeoisie industrielle unifiée[10]; 4) la crise économique qui a précédé l'avènement d'Hitler s'explique par les réparations que l'Allemagne devait aux Alliés selon les termes du Traité de Versailles. En réponse aux trois premiers points, il est possible de dire que les crises économiques vécues par ces deux pays ainsi que l'avènement du fascisme et du nazisme sont dues à des conjonctures beaucoup plus complexes qui méritent d'être éclaircies[11]. Le dernier point, ainsi que nous le verrons dans la suite, doit être nuancé.

L'économie de l'Italie a une structure déséquilibrée et elle a subi plusieurs crises (1907–1908 et après 1918), que les dirigeants n'ont pu résoudre de façon satisfaisante. La Première Guerre mondiale freine un développement déjà tardif et inégalement réparti entre les régions et les secteurs d'activité. Elle favorise le dirigisme étatique de l'économie, ce qui permet ensuite de blâmer encore plus l'incapacité des dirigeants à régler les crises.

Dans les régions rurales du Sud, afin de conserver le soutien financier qu'il reçoit des grands propriétaires fonciers et malgré que plus de la moitié de la population active travaille encore dans le secteur agricole en 1918, l'État n'ose intervenir pour moderniser la production et améliorer les conditions de vie des paysans[12]. L'entrée en guerre de l'Italie en 1915 aggrave les difficultés du secteur rural du fait de la mobilisation d'une fraction importante de la paysannerie et du manque d'engrais. L'Italie doit, par conséquent, importer les denrées nécessaires à l'entretien de la population, ce qui accroît le déficit de la balance commerciale ainsi que la pénurie de capitaux.

Le secteur industriel fait face aussi à des difficultés. L'État doit emprunter beaucoup à l'étranger pour obtenir les capitaux nécessaires à la construction d'une infrastructure nécessaire au développement industriel. Le nouveau prolétariat, qui augmente rapidement, dispose d'un revenu largement inférieur à celui de la population des autres pays industriels[13] et connaît des conditions déplorables de travail. Étant donné l'aide financière accordée par les industriels du Nord, l'État répugne à

entreprendre les réformes sociales qui s'imposeraient dans ce domaine.

L'exploitation du prolétariat rural et urbain est d'autant plus dangereuse que, avant les réformes de 1913 et 1919, ce dernier n'a pas de voie légale pour s'exprimer et se trouve exclu de la scène politique, qui reste le monopole des classes privilégiées. Cette crise de « famine », d'après le modèle systémique, entraîne, d'une part, une ligne de conduite souvent anarchiste dans le prolétariat, des insurrections et des grèves révolutionnaires[14], et, d'autre part, une émigration vers d'autres pays d'Europe, les États-Unis, le Brésil et l'Argentine[15], mais négligeable dans les territoires obtenus en Libye en 1912 à la suite de la guerre contre la Turquie, car ils sont incapables de l'absorber[16].

La Première Guerre mondiale provoque de graves conséquences économiques pour l'Italie. Les autorités ont déclaré la guerre sans penser aux coûts qu'elle pourrait entraîner ni au mécontentement que ce geste pourrait susciter. Ils mettent sur pied, tant bien que mal, une économie de guerre qui amène un développement encore plus déséquilibré et accroît le mécontentement dans la classe ouvrière. La crise économique mondiale de 1920–1921 et les difficultés éprouvées à reconvertir l'économie de guerre ont dans les diverses couches de la société des répercussions qui vont encourager, par l'insatisfaction générale qu'elles engendrent, l'ascension du fascisme[17]. Ce mécontentement se traduit par des occupations de terres et d'usines, des grèves nombreuses et parfois violentes et des insurrections, mais celles-ci ne sont ni orchestrées ni organisées nationalement. Le Parti socialiste, en effet, refuse de canaliser ce mécontentement, de l'exprimer dans le gouvernement ou de déclencher une révolution. Les industriels et les grands propriétaires en profitent pour se constituer en confédérations et former leurs propres milices armées. La crainte du socialisme révolutionnaire et des réformes démocratiques les pousse dans les bras du fascisme, tandis que le mouvement socialiste se désintègre. Le fascisme offre aux anciens combattants un exutoire nationaliste à leurs revendications et à leur désir de vengeance, et à la petite et moyenne bourgeoisie un espoir de voir cesser leur déclassement. Le fascisme canalise la colère des classes populaires en empruntant aux autres partis des formules et des idées qu'il a vidées de toute substance. Il s'impose aussi par l'intimidation, l'État faisant peu pour arrêter ou réprimer la violence des uns comme des autres et encourageant même certaines actions des fascistes qui plaisent aux classes privilégiées.

L'Allemagne jouit, avant la guerre, d'une économie plus florissante que celle de l'Italie[18]. Une partie du secteur agricole dépend du système quasi féodal des *Junkers*[19], dirigés par des propriétaires monarchistes soucieux de garder leurs privilèges, et donc hostiles aux réformes et à la république[20]. Les industriels et les grands commerçants allemands bénéficient du développement du capitalisme et de l'exploitation des classes laborieuses sur une bien plus grande échelle que leurs homologues italiens, tandis que les petits et moyens fermiers allemands sont attirés par le nazisme. La révolution de 1918 ne change pas la situation économique du pays, mais la guerre de 1914–1918 l'affecte de plusieurs façons, entraînant un accroissement du développement industriel, de l'intervention de l'État dans l'économie et de la centralisation étatique. La guerre crée aussi des problèmes de financement qui conduisent à l'inflation et obligent à faire des emprunts considérables. Comme en Italie, l'imprévision du gouvernement en ce qui concerne les coûts réels de la guerre est en partie à l'origine des crises économiques et financières qui suivent.

Après la guerre, l'Allemagne se remet d'abord, rapidement, des pertes de population et de territoire résultant des traités de Versailles et de Saint-Germain, tandis que son économie est marquée par une augmentation de la concentration, en particulier dans l'industrie lourde. La première crise économique qui, en 1922–1923, touche l'Allemagne, est en partie la conséquence d'une clause du Traité de Versailles en vertu de laquelle des livraisons importantes de matériel seront faites après l'armistice. Elle est aussi provoquée par la spéculation et par l'arrêt de la production de 1923 à la suite de l'occupation de la Rühr, mais elle n'affecte qu'une partie de la population[21]. La prospérité revient entre 1924–1929 grâce à l'instauration d'une nouvelle monnaie et aux plans Dawes (1924) et Young (1930), qui réduisent les montants des réparations. Durant la deuxième crise économique, les accords de Lausanne de 1932 mettent officiellement un terme aux réparations. On ne peut donc affirmer que ces paiements, limités en définitive à une moyenne de deux milliards de Reichsmark (RM) par an sur 12 ans[22], ont été la cause principale de la deuxième crise économique[23].

Les causes principales de cette crise sont la concentration de l'économie en cartels et *Konzerns*[24], sa reconstruction sur le modèle américain, les liens étroits qui existent entre les banques et certaines industries, le déficit de la balance commerciale et l'énorme apport de capitaux étrangers, surtout américains, qui permet cet essor économique. L'État allemand a aussi voulu trop en faire et il a mécontenté tout le monde quand il n'a pu trouver de solution satisfaisante à la crise. Après la guerre, il poursuit sa politique interventionniste en nationalisant, en 1919, les secteurs miniers et sidérurgiques et les chemins de fer. L'État et les *Länder* créent également leurs propres banques qui aident, par leurs crédits et leurs spécialisations, à la reconstruction économique. Or, cette rapide reconstruction repose sur une base fragile. L'économie s'effondre en partie quand les capitaux américains sur lesquels elle s'appuie se retirent lors de la crise de 1929. Le secteur bancaire est vulnérable, car il est axé sur les crédits à court terme et ne dispose pas de suffisamment de capitaux pour les couvrir. Après la faillite d'une des plus grosses banques (la DANAT), qui suit celle d'un trust lainier pour lequel la DANAT s'était endettée, le gouvernement Brüning prend en mains les banques et les industries qui y sont liées et instaure des mesures d'austérité. Non seulement la crise provoque un effondrement de la production et une baisse des prix et des salaires, mais aussi elle met un nombre considérable de personnes au chômage, dont seule une partie est admissible à une forme d'assistance. Ces personnes non protégées et celles relevant des secteurs les plus touchés de l'artisanat et du commerce ainsi que des petites et moyennes entreprises agricoles perdent confiance dans l'État et offrent un terrain favorable au national-socialisme. Les grands industriels, dont certains avaient appuyé Hitler dès 1927, se tournent en bloc vers lui en 1932, une fois assurés qu'il servira leurs intérêts. Les *Junkers*, déjà hostiles à la république et au parlementarisme, vont, cette année-là, opter pour Hitler plutôt que pour les réformes agraires du gouvernement von Schleicher. Hitler obtient ainsi le pouvoir grâce à l'antirépublicanisme des classes dominantes agrariennes et militaires, à l'appétit des financiers et des industriels et, par suite de la crise économique, à la perte de confiance dans la République de Weimar de près de la majorité de la population.

1.3. LES ORIGINES POLITIQUES ET INTELLECTUELLES DU FASCISME ET DU NAZISME
(voir, en annexe, les chronologies du nazisme et du fascisme)

En Italie, le système, les dirigeants et la culture politiques ne s'ouvrent pas au pluralisme. De la fin du XIXe siècle jusqu'à l'arrivée au pouvoir des fascistes, les partis et les dirigeants politiques sont incapables d'intégrer démocratiquement les aspirations des différents secteurs de la population. En outre, de nouveaux courants d'idées préparent la voie au fascisme. Les gouvernants libéraux recherchent en premier leur majorité parlementaire et visent à satisfaire les intérêts des classes privilégiées et non à intégrer les masses dans l'État. Le Parti libéral manque de cohésion. Soutenu principalement par les industriels du Nord et les grands propriétaires terriens, il ne peut accueillir les représentants des classes qu'ils exploitent ou mettre en œuvre les réformes que celles-ci demandent. Quand l'État libéral, entre 1901 et 1914, tente d'adopter des réformes démocratiques, il ne gagne pas l'appui des classes laborieuses et perd la confiance de sa base traditionnelle. Les classes privilégiées perçoivent le suffrage universel comme une menace à leur hégémonie politique. Enfin, de 1918 à 1922, le système politique n'offre pas de cadre unique dans lequel les classes sociales pourraient chacune jouer un rôle.

Après 1919, les catholiques[25] manquent d'expérience démocratique et se rangent sous la bannière du Parti populaire italien, qui abrite diverses tendances. Le caractère hétéroclite de ce parti et ses liens non officiels avec le pape ne lui permettent pas de s'allier aux autres partis contre le fascisme. Il accorde même, par la suite, un soutien conditionnel à celui-ci, qu'il prétend tactique et non idéologique. Bientôt, son aile droite se convertit officiellement au fascisme et le parti est dissous.

Le prolétariat urbain et rural, sans droit de vote avant 1913, soutient des organismes locaux à tendance anarchisante ou révolutionnaire, ce qui empêche ces derniers d'être actifs dans les institutions politiques existantes[26]. Il est éloigné du Parti socialiste italien (PSI), dirigé par des intellectuels et des journalistes dont la majorité, jusqu'en 1912, choisit la voie parlementaire pour instaurer le socialisme. Le PSI semble alors devenir plus militant par sa condamnation de la politique impérialiste du gouvernement Giolitti. C'est ainsi que Benito Mussolini parvient à prendre la direction de l'organe socialiste *Avanti!* Son exclusion du parti en 1915, en raison de son appui à l'entrée en guerre de l'Italie, est accompagnée du départ des membres aux tendances révolutionnaires et anarchisantes qui pensent que cette entrée en guerre est le prélude à la révolution. Le refus du PSI, le plus grand et le mieux organisé des partis italiens, de prendre part au gouvernement en 1912 semble marquer le début de la crise qui conduira au fascisme. Le PSI aurait pu, avec le suffrage universel de 1919, profiter de sa majorité pour gouverner et imposer des réformes, mais il change de stratégie, écartant la voie de la collaboration parlementaire et gouvernementale pour adopter celle de la révolution spontanée, qui attend que l'État bourgeois s'effondre de lui-même. En 1920, de fortes divisions internes entraînent le départ des communistes qui forment le Parti communiste italien et, en 1921, l'affaiblissement du mouvement marxiste, rendant impossible un front commun contre le fascisme. Contrairement à un mythe forgé par les fascistes, le socialisme révolutionnaire n'a pas été enrayé par le fascisme, il s'est autodétruit[27].

Le fascisme s'établit plus aisément en raison de sa capacité à emprunter à plusieurs courants d'idées, et notamment au nationalisme. Le nationalisme, issu du milieu intellectuel et journalistique bourgeois, exalte la force, la puissance et le prestige de l'Empire romain, et s'oppose aux valeurs positivistes[28]. Il s'appuie sur les idées de race et de darwinisme social qui encouragent la guerre entre les peuples en vue de la survie et de l'obtention de l'espace jugé vital pour freiner l'émigration, laquelle est considérée comme une menace à la « force » démographique. Le fascisme prend dans le futurisme, un mouvement nationaliste, des idées antidémocratiques et antiparlementaristes et le culte de l'irrationnel[29]. Le nationalisme est invoqué, tel l' « égoïsme national », par les dirigeants politiques pour justifier l'entrée en guerre de l'Italie. C'est par nationalisme que les Faisceaux d'action révolutionnaire [30] réclament une intervention immédiate. Après la guerre, les intellectuels, à l'instigation du poète Gabriele D'Annunzio et soutenus par les *arditi* [31], Mussolini, dans le *Popolo d'Italia*, ainsi que les Faisceaux utilisent le thème de la « victoire mutilée » pour agiter les sentiments de la masse contre les Alliés et pour appuyer l'invasion et l'occupation de Fiume par D'Annunzio et ses militaires. Ce thème exploite le désir de venger l'humiliation nationale causée par la décision de Woodrow Wilson de ne pas remplir toutes les promesses du Traité de Londres [32]. Le nationalisme va aider les fascistes à prendre le pouvoir. Le coup de D'Annunzio révèle les déchirements internes du gouvernement [33] et son impuissance à arrêter les mouvements minoritaires et à contrôler les militaires [34]. Cette crise d'autorité de l'État favorise la montée du fascisme. En 1920, les libéraux acceptent d'inclure les fascistes dans la liste du « bloc national ». De plus, le gouvernement semble débordé par les occupations de terres et d'usines, la menace révolutionnaire socialiste et les agitations nationalistes, et incapable de remédier à l'instabilité générale que le fascisme suscite à l'échelle nationale.

Le pouvoir de Mussolini, qui favorise cette instabilité, repose sur les Faisceaux. À son appel, divers faisceaux et associations s'étaient regroupés, en 1919, en organisation nationale. Mussolini vide de sens les principes du programme adopté par celle-ci, les trouvant trop à gauche, et déclare que tout ce qui compte, ce sont l'action et l'opportunisme, le reste n'appelant aucun principe [35]. Il présente cette organisation comme un antiparti pour éviter de la lier à une doctrine et pour la définir uniquement en fonction de l'action. Il crée un comité d'entente et d'action pour canaliser les actes de violence et le mécontentement. Encouragé par les élections de 1920, le fascisme commence alors à ressembler à un mouvement de masse. Dans les régions rurales, les fascistes imposent, au niveau local, leurs chefs. En 1921, l'organisation fasciste compte 200 000 membres, 36 députés fascistes entrent à la Chambre, tandis que les actes de violence de ses squadristes s'accroissent en nombre et en importance [36], pour réduire toute opposition. Mussolini réussit en 1922

à empêcher la création d'un regroupement antifasciste qui aurait pu former le gouvernement. En outre, il s'aperçoit rapidement que la violence peut rester impunie. Déçu par les résultats des élections de 1919, il fait lancer des bombes sur l'assemblée qui célèbre la victoire des socialistes et incendier le siège d'*Avanti!* Protégé par les industriels, il n'est condamné qu'à un an et demi de prison. S'inspirant du coup de Fiume et des idées de D'Annunzio, il adopte l'uniforme noir des *arditi*, crée sa propre armée et prépare une marche sur Rome.

La prise du pouvoir par Mussolini se fait grâce à la création d'un parti qu'il va diriger, à sa capacité d'éliminer l'opposition et à la complicité des dirigeants et des classes privilégiées. Mussolini convainc d'abord les membres du mouvement fasciste de la nécessité de créer un parti discipliné. Après avoir appuyé un programme d'extrême droite et, pour plaire aux classes privilégiées, abandonné l'idée d'un pacte de pacification avec les socialistes, il fonde le Parti national fasciste (PNF) le 9 novembre 1921. En tant que chef, Mussolini annonce que le PNF se substituera à l'État chaque fois que celui-ci se révélera impuissant à combattre les éléments qui menacent la solidarité nationale.

Mussolini contribue ensuite à faire tomber le ministère de Bonani en 1922 [37], affaibli par la faillite de la Banque d'escompte, en refusant de dissoudre ses escouades organisées en armée qui, selon lui, sont indissociables du PNF. La dernière tentative des organisations ouvrières et socialistes de faire front contre le fascisme, en juillet 1922, par une grève « légalitaire » fournit aux fascistes l'occasion de se substituer à l'État pour rétablir l'ordre. Mussolini utilise la violence pour remplacer les autorités locales par des dirigeants fascistes. Ayant déclaré le 13 août que la prochaine étape du fascisme était de devenir l'État par la voie parlementaire ou par la force, Mussolini obtient l'appui des capitalistes, de la famille royale et des libéraux tout en préparant un coup de force armée par une marche sur Rome des chemises noires. Celles-ci s'emparent de la direction de tous les services publics et des principaux postes gouvernementaux dans l'Italie du Nord et du Centre. Les dirigeants ne font rien pour arrêter les 26 000 hommes qui se dirigent vers Rome. Refusant toute participation fasciste à un gouvernement, Mussolini obtient du roi l'autorisation de former le prochain gouvernement. C'est alors seulement qu'il se rend en wagon-lit à Rome et qu'il demande à ses escouades de défiler comme s'il s'agissait d'une victoire insurrectionnelle, alors qu'en réalité il n'a fait que combler le manque de leadership politique[38] qui affectait l'Italie.

Une fois au pouvoir, il emploie la violence des chemises noires et des chemises bleues nouvellement créées pour attaquer les journaux de l'opposition et les forcer à fermer. Il rassure la droite et le centre parlementaires, obtient la confiance de la Chambre par la menace et la conciliation et en reçoit les pleins pouvoirs pendant un an jusqu'en décembre 1923 pour « normaliser » le gouvernement. Il se débarrasse ensuite de ses rivaux et de ses anciens alliés trop modérés et mène une grande campagne de répression et d'arrestation dirigée contre toute forme d'opposition[39]. Il amnistie les actes de violence fasciste et organise la défense de l'État et de sa personne par les fascistes. Il utilise ses pouvoirs pour affirmer sa mainmise sur l'État et identifier le parti à celui-ci, donnant au Grand Conseil du fascisme la tâche de prendre les décisions politiques et réduisant le gouvernement à un simple organisme administratif. Il fait voter une loi électorale qui, avec la violence et la corruption, lui garantira la majorité des sièges. Pour se débarrasser de l'opposition, il fait enlever et assassiner Matteotti, chef du PSI, et ce geste entraîne le départ de certains de ses alliés. L'opposition parlementaire décide alors de boycotter le Parlement. Mussolini fait quelques concessions, faisant arrêter ou démissionner certains complices du meurtre, mais il s'arrange pour dominer la Chambre et le Sénat et reçoit toujours l'appui du roi. En janvier 1925, il se sent assez fort pour supprimer ce qui reste de l'État libéral, aidé de nouveau par la violence des fascistes. Il se présente alors comme le chef du fascisme, responsable de toutes les violences, et donc un dictateur. Toute opposition, y compris parlementaire, est interdite, ses journaux, associations et organismes sont dissous, et un grand nombre de ses membres arrêtés. Tous les fascistes accusés d'agression et de meurtre sont amnistiés.

La dictature, l'emploi de la terreur et l'ordre fasciste sont institués à la fin de 1925 et au début de 1926. Les lois du ministre de la Justice Alfredo Rocco précisent que Mussolini est le chef du gou-

vernement, qu'il possède la totalité de l'autorité exécutive, qu'il n'est responsable que devant le roi et que le gouvernement peut légiférer sans l'autorisation du Parlement. Les préfets deviennent les seuls représentants de l'État dans les provinces et les membres des communes sont désormais nommés. L'État est autorisé à supprimer toute opposition, même dans la fonction publique, et à poursuivre les émigrés qui ont fui le fascisme. Les lois de « défense de l'État » ou *fascistissimes* suppriment toute liberté[40] et créent une police politique et un tribunal spécial de défense de l'État. Ce système de terreur entre aussitôt en action. Les dirigeants de l'opposition qui n'ont pas réussi à fuir sont arrêtés.

Le fascisme l'emporte ainsi dans une conjoncture complexe. Une crise politique que l'État n'arrive pas à résoudre s'ajoute à une crise économique et provoque une perte totale de foi dans le système libéral. Cela survient dans une culture politique déjà peu démocratique et empreinte d'antiétatisme, donc plus ouverte à d'autres solutions. Comme les classes privilégiées craignent une révolution de type bolchevique et que le Parti socialiste ne saisit pas l'occasion de prendre le pouvoir, l'extrême droite a le champ libre. Outre cette conjoncture politique et économique, le fascisme, afin de devenir un mouvement de masse, avait aussi besoin de la complicité ou, du moins, de la tolérance des dirigeants, de la police, de la magistrature et de l'armée. Il obtient cette complicité, chacun pensant pouvoir se servir du mouvement pour poursuivre ses propres fins. Le fascisme prend le pouvoir à la suite d'un coup d'État auquel certaines portions des classes dirigeantes et privilégiées ont prêté la main. Le régime fasciste ne sera cependant jamais aussi totalitaire que le nazisme, le Duce devant composer avec la monarchie, le Vatican et les officiers supérieurs de l'armée. En 1943, il est mis en minorité par le Grand Conseil et révoqué par le roi Victor-Emmanuel III. Mussolini est obligé de fuir et instaure la République de Salo à partir de l'Allemagne, un régime de terreur et de pillages au service des nazis.

En Allemagne, la représentation proportionnelle introduite en 1919 favorise le multipartisme. Tout gouvernement est exposé à devoir compter sur des coalitions, et celles-ci sont difficiles à créer dans un pays aux prises avec des divisions profondes non seulement de culture et de classe, mais aussi d'attitudes envers la République de Weimar. Ce mode de représentation menace aussi l'hégémonie politique des classes dirigeantes. Le centre, qui appuie la république, se compose des sociaux-démocrates (SPD), du Centre catholique (Zentrum) et du Parti démocrate (voir, en annexe, la synthèse 7.2). Le nazisme s'infiltre dans cette coalition et la fait disparaître. Le but de la République, qui était d'instaurer un État-providence, échoue par deux fois à cause de la conjoncture économique et de certains éléments de la structure sociale qui sont opposés aux réformes.

Comme en Italie, les socialistes ratent l'occasion de prendre en mains la destinée politique du pays. La révolution de 1918 n'est qu'une révolution manquée, bien que le SPD ait joué un rôle important dans les réformes qui l'ont accompagnée. Il a signé l'armistice et le Traité de Versailles. Dominé par son aile réformiste, avec une aile gauche en expansion, il participe au gouvernement de 1918 à 1920 et de 1928 à 1930. Il contrôle aussi le gouvernement prussien, allié aux centristes jusqu'en 1932. Toutefois, malgré sa prudence politique, le SPD ne réussit pas à attirer l'appui des forces traditionnelles et reste isolé des bolcheviques. Il affirme représenter la classe ouvrière, mais celle-ci est aussi courtisée, à sa gauche, par le Parti socialiste indépendant (USPD), qui se divise en 1920, et par le KPD, ou Parti communiste, fondé par les spartakistes et disposant d'une milice, le Front rouge. La faiblesse du KPD est qu'il ne considère pas le nazisme comme l'ennemi principal et qu'il ne cherche pas à former un front commun contre ce dernier[41]. Adoptant la ligne du Komintern, le soutien à l'URSS et la lutte des classes, son discours de révolution imminente alarme la droite alors qu'il n'a aucun plan concret pour préparer la révolution. La ligne du Komintern le fera même s'unir aux nazis, en 1932, contre les syndicats dans la grève des transports.

À la droite de l'échiquier politique, deux partis côtoient les nazis: le DVP ou Parti populiste et le DNVP. Le DVP est le porte-parole du grand capital et veut faire disparaître le système démocratique républicain. Le DNVP est un vieux parti conservateur regroupant des nationalistes allemands, des monarchistes avec, à leurs côtés, les Casques d'acier et leurs organisations paramilitaires d'anciens com-

battants[42]. Quant au Parti national-socialiste, le NSDAP, il est créé par Hitler à partir d'un groupe, le DAP[43], qu'il est chargé de surveiller et qu'il domine rapidement. Il recrute de fidèles compagnons, se constitue une armée parallèle et reçoit le soutien de militaires importants. Le programme du NSDAP mêle, au début, nationalisme, antisémitisme, esprit de revanche et idées empruntées à d'autres partis. Par la suite, il n'a plus d'autre fonction que de servir le Führer. Comme dans le fascisme italien, ce qui compte ce n'est pas une doctrine, mais l'obéissance à la volonté du chef. Celle-ci s'exprime dans des discours de plus en plus exaltés assortis d'une mise en scène réalisée par Goering. En 1923, Hitler tente un putsch à Munich contre le gouvernement régional et le manque. Condamné à cinq ans de prison, la peine minimale pour ce genre de crime, il n'en fait que neuf mois durant lesquels il écrit *Mein Kampf* où il expose ses idées. Comme Mussolini, il est témoin de la faiblesse de l'appareil judiciaire du pays. Sorti de prison, Hitler reconstitue son parti, prend le contrôle des SA et crée ensuite sa propre garde, les SS (synthèse 7.1). À l'exemple de Mussolini, il utilise sa propre armée pour se débarrasser de ses ennemis et pratiquer l'intimidation et tente, d'abord, de se concilier et de diviser la droite et la gauche. Les promesses qu'il fait dans ses discours renchérissent sur celles de la gauche pour attirer la classe ouvrière. En outre, leur esprit nationaliste et ultraconservateur, face à l'ultragauchisme du KPD, séduit certains éléments du Centre catholique qui se déplacent vers la droite, ainsi que de grands industriels et des nationalistes allemands. Ces derniers s'allient avec les nazis dans leur lutte contre le plan Young.

Hitler attribue l'échec de cette lutte et la crise économique à la coalition de Weimar et aux partis de droite. Incapable de faire face à cette crise économique et politique, le gouvernement Müller démissionne en mars 1930[44]. La démocratie parlementaire s'écroule et, avec elle, les principes fondamentaux de la Constitution de Weimar. Le président Hindenburg, se fondant sur l'article 48, décide de désigner lui-même un gouvernement avec un chancelier dont le pouvoir émane de lui et non du Reichstag, et de gouverner par décrets. Les mesures d'austérité financière sont décriées par les socialistes alliés aux communistes, les nationaux allemands et les nazis. Aux élections de septembre 1930, la représentation du NSDAP passe de 12 à 106 députés, le SDP restant le principal parti. Se présentant comme la solution de remplacement à un régime parlementaire déjà peu soutenu et comme la seule force capable de tenir en respect le parti communiste et les sociaux-démocrates, le NSDAP voit sa popularité s'accroître. Le gouvernement Brüning, formé en 1930, tombe en 1932, bien qu'il ait réglé la question des réparations et qu'il s'emploie à instaurer un système néomonarchique. La droite, dont les nazis, ne voit que son échec à faire accepter par les Alliés le traité commercial avec l'Autriche, critique ses tentatives de pactiser avec les socialistes et, bien que ce gouvernement soutienne le système quasi féodal de l'Est, son projet d'établir des chômeurs sur les terres en friche. Le président refuse de signer les ordonnances gouvernementales relatives à ce projet ainsi que le budget. Tromperies, intrigues et détermination conduisent ensuite Hitler au pouvoir. Adoptant un discours modéré pour plaire à la droite, Hitler arrive second aux élections présidentielles. Les nazis dominent aussi celles des *Länder*. Hitler accepte en avril 1932 de dissoudre les SA et les SS et en fait simplement des membres du parti, obtenant que la milice de la République, le Front de Fer, soit aboli. Le chancelier suivant, von Papen, nommé par le président Hindenburg, abroge, en juin 1932, les décrets d'interdiction des SA. Le nazi Kerrl devient président du Landtag de Prusse, à la suite d'une vive persécution de la gauche qui y détenait le pouvoir depuis longtemps. Alors que les SA multiplient les actes de violence, Hitler refuse d'entrer au gouvernement, voulant tout le pouvoir et sans condition. Le Reichstag est dissous en septembre 1932 après une motion de défiance contre von Papen. Celui-ci offre à Hitler la chancellerie s'il obtient la majorité, ce qu'il refuse. En novembre, le mécontentement de la classe ouvrière contre le régime se traduit par la grève des transports à Berlin. Les nazis aident à la réprimer et perdent ensuite deux millions de voix aux élections du Reichstag. Von Schleicher, nommé chancelier en décembre 1932, propose sans succès au président de proclamer l'état d'urgence afin de forcer la dissolution des partis communiste et nazi, puis offre la vice-chancellerie à Hitler qui la refuse. Il démissionne le 28 janvier 1933 et est remplacé par Hitler, qui bénéficie de l'appui de von Papen et de la droite qui pense pouvoir le contrôler.

C'est une illusion, car Hitler va imposer un seul Führer, un seul parti. Il place sous l'autorité du Parti nazi la police et le ministère de l'Intérieur tandis que Goebbels contrôle l'Institut du peuple et de la propagande. Il joue Église contre parti et fait ainsi disparaître le Zentrum. Il réprime la gauche par la terreur policière, aidée des SA et des Casques d'acier, tout en visant, par des promesses plus généreuses que celles la gauche, à gagner la faveur des classes laborieuses. En avril 1933, il crée la Gestapo et ouvre les premiers camps de concentration. L'incendie du Reichstag, qui fait suite à l'annonce par Goering de la découverte d'un complot communiste, fournit l'occasion de procéder à des arrestations massives de députés communistes et sociaux-démocrates et à la destruction de leurs bureaux. Aux élections de 1933, le NSDAP n'obtient que 43,9 % des voix, et le DNVP 52 %, tandis que les petits partis centristes et le KPD disparaissent. Hitler demande les pleins pouvoirs et élimine tous les autres partis, y compris le DNVP. Il intègre les Casques d'acier dans les SA. Les syndicats se mettent au service de l'État pour garder leurs organisations. À leur grande surprise, les dirigeants syndicaux sont arrêtés et leurs organisations pillées après les célébrations du 1er mai. Le Front allemand du travail, organisme nazi, remplace les syndicats. Le SPD est dissous, certains de ses chefs s'échappent ou sont tués, d'autres se joignent à Hitler. Celui-ci orchestre, le 30 juin 1934, les assassinats massifs de la « Nuit des longs couteaux » dans plusieurs régions du pays, visant tous ceux qui se sont opposés à lui[45]. Il ne reste plus qu'un parti et qu'un Führer, dont le travail de destruction va continuer. Après la mort de Hindenburg en avril 1934, Hitler abolit la fonction de président. Pour arriver à ses fins, il a su, aussi, manipuler l'opinion publique internationale. Il s'allie les gouvernements étrangers, les assurant qu'il sert leurs intérêts[46]. Ces gouvernements, n'ayant d'ouïe que pour ce qu'ils veulent entendre, ferment les yeux sur les autres aspects du nazisme.

En jouant la carte du nationalisme, le nazisme exploite les rêves de la droite et de la gauche. La droite s'en sert pour déplacer la lutte des classes vers la lutte nationale, affirmant que l'Allemagne est une nation prolétaire asservie par le grand capital des Alliés et que les corps francs sont solidaires des ouvriers qu'ils viennent de massacrer. Au nom de l'Union sacrée, les politiciens demandent l'unité afin de résister aux occupants français et belges de la Rühr. Le nationalisme rend confuses aussi les divisions entre partis en favorisant une alternance de haine et de collusion entre l'extrême droite et l'extrême gauche[47]. Les adversaires de la République de Weimar font appel au nationalisme, en recourant au slogan « On nous a trompés et menti[48] ». Au lieu d'accuser les dirigeants d'avoir plongé le pays dans cette guerre sans prévoir les coûts énormes et les conséquences, ce slogan attribue la défaite et ses suites à la trahison et au défaitisme de l'arrière. Ceux qui ont participé à la révolution de 1918 tout comme ceux qui ont instauré la République de Weimar et signé le Traité de Versailles sont accusés d'avoir trahi la nation. Les jeunes gens démobilisés et sans travail sont fort disposés à adopter ce genre de nationalisme. Ils sont prêts à se joindre aux organisations paramilitaires qui surgisssent à droite et à gauche et que l'État tolère (synthèse 7.1). La génération encore plus jeune, dont le quart est au chômage en 1932, va aussi gonfler leurs rangs[49].

2. LE FASCISME ET LE NAZISME : DES IDÉOLOGIES ?

L'examen des origines du fascisme et du nazisme révèle qu'ils remplissent le premier critère d'une idéologie, l'incitation à l'action, mais qu'en est-il du deuxième, sa logique interne ? Mussolini insiste sur l'incohérence du fascisme et Hitler, après avoir exposé ses idées dans *Mein Kampf*, affirme, comme Mussolini, que tout ce qui doit compter est la volonté du chef. C'est *post facto*[50] que les philosophies officielles fasciste et nazie sont élaborées. Peut-on trouver une logique qui lie, dans le nazisme et le fascisme, la nature des êtres humains, leur acquisition des connaissances, la vision de la société et de l'État idéal, ainsi que les valeurs essentielles de ces courants de pensée ?

2.1. LA NATURE HUMAINE, SES INÉGALITÉS ET L'ACQUISITION DES CONNAISSANCES DANS LE FASCISME ET LE NAZISME

Le fascisme et le nazisme partagent l'idée que les êtres humains sont animés par un instinct de vie.

Leur épanouissement se fait au cours d'une lutte historique pour l'existence et pour l'expansion de l'espace vital de leur groupe, représenté dans l'État. Il requiert leur reddition totale, jusqu'à la mort, à cet État et à sa volonté, telle que l'interprète son chef suprême. La vie humaine est ainsi un combat qui doit assurer la conservation et le développement du groupe qui se renouvelle depuis des générations. C'est dans la créativité et la brutalité de ce combat que les êtres humains révèlent leur grandeur. Ce combat est dirigé contre ce que le fascisme et le nazisme regardent comme des menaces à l'unité et à l'identité du groupe : libéralisme, socialisme, bolchevisme, démocratie, parlementarisme, pacifisme, Société des Nations, matérialisme, capitalisme et finance internationale, individualisme, émancipation des femmes et races et individus jugés « inférieurs ». Dans le nazisme et, avec un certain retard, dans le fascisme, les Juifs sont les boucs émissaires contre lesquels la propagande dirige les ressentiments[51].

Pour identifier les cibles et exiger une obéissance aveugle de la masse, nazisme et fascisme présentent une doctrine dans laquelle les êtres humains apparaissent fondamentalement inégaux. Ces inégalités s'expriment sur plusieurs plans, spécialement, entre les masses et le chef, entre les personnes « normales » et utiles à l'État et les autres, entre les races et entre les fonctions de chaque sexe.

Antidémocratiques et antilibéraux, le fascisme et le nazisme nient que la masse ou la majorité puisse se gouverner elle-même. L'humanité se compose, donc, d'une masse malléable et ignorante et de quelques individus supérieurs seuls capables de la diriger, de s'élever au-dessus de leurs propres intérêts et de réaliser les aspirations de la société comme entité collective et historique. Le héros-chef, incarné par Mussolini dans le fascisme, est le porte-parole de la nation choisi par la destinée, qui possède un pouvoir mystique de divination de la vérité[52].

Les masses, dans le nazisme, sont à manipuler, à gagner par l'éducation, la propagande aidée des nouvelles techniques de communication, la violence et la brutalité. Elles acquièrent leurs connaissances par l'entremise de la volonté du chef qui leur dicte leur conduite et façonne leur physique et leur moralité. Mais, elles ne peuvent être « nationalisées » que si les forces internationales qui, selon Hitler, les emprisonnent sont exterminées. Les Juifs étant associés à l'internationalisme, le nazisme préconise leur extermination. Quant au Führer, il doit être tout-puissant, lui seul peut représenter le peuple et sa mission historique, il est plus que le chef de l'État et le chancelier du Reich. Son omnipotence, comme celle du Duce en Italie, repose sur une prétendue omniscience. Le parti et l'État ne sont que des moyens d'imposer ses objectifs et ses plans d'action. Tous ses subalternes, de fait, prêtent serment à sa personne et non à l'État[53].

La lutte de la nation pour la vie justifie, dans le nazisme, une politique d'eugénisme « purificateur » qui prétend garantir la santé héréditaire, l'efficacité sociale et la loyauté idéologique de la race supérieure. La victoire du plus fort, grâce au processus de sélection, doit aboutir à la suprématie mondiale du meilleur groupe. Dans le fascisme et le nazisme, les êtres de la race supérieure doivent aussi se rapprocher d'un modèle idéal, physique et moral, par l'exercice, le sport et l'endoctrinement.

L'euthanasie organisée, commencée dès 1939, supprime 70 000 personnes dans les chambres à gaz de cliniques de la mort[54]. Puis, elle est appliquée à des groupes de plus en plus divers [55], et près de 200 000 personnes sont éliminées. D'autres individus sont déportés dans des camps de concentration, ouverts dès 1933, à cause de leurs opinions politiques, de leurs mœurs sexuelles, de leurs croyances religieuses, de leur pacifisme, de leurs actes criminels ou de leur « débilité ». Une distinction doit être faite entre les camps réservés surtout aux Allemands, susceptibles, parfois, de rééducation, et les camps qui suivent, dont le but est principalement de se débarrasser des Juifs, des Gitans et des ennemis étrangers[56].

Le fascisme italien n'a pas de politique d'euthanasie. Son racisme est de moindre portée que celui des nazis. Bien que le fascisme invoque les origines romaines du peuple italien, son racisme manque de stridence et ses cibles varient avec le temps. À l'époque des expéditions coloniales, le racisme est dirigé contre les indigènes. Alors qu'il n'était nullement antisémite à ses débuts, le dogme fasciste le devient avec le rapprochement italo-allemand amorcé en 1936 et officialisé par le pacte d'amitié et d'alliance de 1939. En 1938, Mussolini admet officiellement la doctrine de l'inégalité des races. Il adopte ensuite des mesures visant à exclure les Juifs de la nation et à les persécuter [57], avec, toutefois, des critères de discrimination et d'exclusion moins rigoureux que ceux des nazis.

Le racisme allemand s'inspire des idées sur l'inégalité des races du comte de Gobineau, des concepts du surhomme et des « seigneurs de la terre » de Nietzsche, de la vision de l'histoire de Houston Chamberlain[58] et des courants de pensée antisémites avivés durant l'affaire Dreyfus en France[59]. Cette théorie repose aussi sur le mythe d'une race « aryenne » supérieure dont descendrait le peuple allemand.

Selon l'interprétation du darwinisme social faite par le nazisme, une lutte de vie et de mort doit être entreprise pour protéger la race supérieure de la contamination non seulement des personnes « anormales », « imparfaites » ou « déviantes », mais aussi des races ou « sangs » prétendus inférieurs. Parmi ces races, les nazis ciblent en tête de liste les Juifs. Dès 1919, l'antisémitisme occupe, en effet, la première place dans la pensée d'Hitler[60]. Il s'exprime, en période de paix, par une suite d'actes de terreur, de discrimination, de boycottage et de persécution, entrecoupée de quelques accalmies. Ces actes s'accompagnent de mesures qui privent les Juifs de leur citoyenneté, de tout droit et qui les forcent, d'abord, à émigrer, chaque fois que c'est possible[61]. En 1941, après avoir suivi une politique d'expulsion pendant une courte période, on adopte la solution finale à la question juive, c'est-à-dire le génocide industriel des Juifs.

Pour justifier cette politique raciste, Himmler affirme que les peuples autres qu'allemands ne sont que des animaux humains, des esclaves dont le sort ou la mort doit laisser les Allemands indifférents. Seul compte leur travail pour le bien du pays. Le génocide des Juifs est vu comme une partie glorieuse du programme des SS[62]. Ce racisme se qualifie même de « scientifique » quand il utilise les chambres à gaz dans les camps de concentration.

Le fascisme et le nazisme professent des idées non seulement racistes, mais aussi sexistes. S'opposant à tout ce qui risque de briser l'unité du peuple, ils condamnent le féminisme et défendent une vision fonctionnelle et complémentaire du rôle des femmes, qui est essentiellement de servir l'État. Le nazisme, fondamentalement misogyne, accuse encore les Juifs d'avoir amené l'émancipation des femmes. Il met sur le compte des femmes et des Juifs le « défaitisme » qui a conduit à la République de Weimar, sous laquelle on a accordé le droit de vote et l'égalité des droits aux femmes. Sous le nazisme, les femmes ne détiennent plus d'intérêts personnels et leurs corps ne leur appartiennent plus. Elles deviennent des instruments de purification raciale, des travailleuses à bas salaire au service de l'État et des collaboratrices dans l'application de la politique raciste et eugéniste.

En Italie comme en Allemagne, soucieux de mettre fin à la baisse de la natalité, les dirigeants adoptent une politique nataliste. En Italie, cette politique ainsi que l'interdiction de la contraception et de l'avortement reçoivent l'appui de l'Église catholique. Toutefois, le racisme représente un obstacle puisque, après la conquête de l'Éthiopie, le métissage est vivement combattu et que, à la fin des années 1930, comme en Allemagne, les mariages avec les Juifs sont interdits[63].

En Allemagne, le rôle fonctionnel des femmes favorisé par les nazis convient aux traditions de l'Allemagne rurale et catholique. Mais le nazisme ne dit vouloir protéger la famille et le rôle traditionnel des femmes que pour occuper entièrement ce bastion du conservatisme. En réalité, la politique nataliste nazie ne s'applique qu'aux femmes de race pure, en bonne santé physique et mentale, qui doivent procréer des corps sains pour l'État. À celles-ci, la stérilisation et l'avortement sont interdits[64], tandis qu'on force les autres femmes à les subir. En outre, le nazisme encourage les femmes de la jeunesse hitlérienne à avoir des enfants hors mariage et, dans les centres spécialisés de *Lebensborn,* les femmes de race pure à s'accoupler avec des SS, la fine fleur de la race. L'unité et l'intimité du foyer sont détruites par l'embrigadement de tous les membres de la famille dans différents organismes nazis et par l'obligation de dénoncer tout membre qui oserait critiquer le régime[65].

Le nazisme s'oppose, en principe, à la présence des femmes sur le marché du travail, invoquant leurs rôles traditionnels et la lutte contre le matérialisme. Les mesures destinées à restreindre le travail des femmes sont toutefois plus dures en Italie, en raison de la mauvaise situation de l'économie. En Allemagne, après un premier effort, ces mesures toucheront principalement les femmes mariées[66] jusqu'à ce que, du fait de la guerre, les femmes soient forcées de travailler. L'État enrégimente aussi les femmes dans des organismes possédant leur propre hiérarchie et leur propre direction et s'en sert pour étendre son pouvoir dans le domaine privé[67].

2.2. LA SOCIÉTÉ, L'ÉTAT ET LES PRINCIPALES VALEURS DU FASCISME ET DU NAZISME

Le fascisme et le nazisme présentent des différences dans leurs conceptions du pouvoir de l'État, dans les relations entre État, chef et parti, ainsi que dans l'importance mise sur le racisme parmi les valeurs fondamentales de ces partis. Dans le fascisme, la conception de l'État est antisocialiste et antilibérale. L'État est une fin en soi. Le mot d'ordre de Mussolini est : « Tout est dans l'État et pour l'État, rien hors de l'État, rien contre l'État. » Rien de valable ne peut exister sans l'État. Donc, la société est unie et soumise à celui-ci et ne peut tolérer les individus isolés ou les luttes entre groupes, partis ou classes. Le pluralisme disparaît, les classes sociales sont unies dans la réalité morale de l'État, les masses sont représentées politiquement par un parti unique lié à l'État. La société et son économie sont organisées et hiérarchisées en corporations qui réconcilient les intérêts et s'unissent dans l'État.

L'État fasciste est au-dessus de la nation. Ce n'est pas elle qui crée cet État, comme l'affirme la théorie nationaliste, c'est celui-ci qui la forme, qui donne au peuple son unité morale, sa volonté nationale et une existence efficace. Le fascisme, bien sûr, s'oppose également à la notion démocratique qui identifie la nation à la majorité. Mussolini dit aussi que l'État fasciste unit pensée et action tout en étant militariste. Cette action s'exprime dans une révolution continue jusqu'à la victoire du fascisme, puis dans un combat impérialiste pour son expansion territoriale[68].

L'État fasciste est totalitaire, exerçant ses pouvoirs sur tous les aspects de la vie. Il est souverain parce qu'il ne dépend pas de la volonté du peuple ou du Parlement et qu'il ne se limite pas à créer des lois et des institutions, mais doit incarner l'esprit du peuple. C'est à lui de concrétiser l'organisation de la nation et de transmettre cet esprit d'une génération à l'autre. Transcendant les limites des vies individuelles, il représente la conscience de la nation, exprime sa volonté et lui permet d'achever une unité politique, morale et sociale[69]. Il doit donc avoir à sa disposition tous les moyens utiles pour assurer la discipline et exercer l'autorité. Superorganisme au-dessus des individus, doté de sa propre morale, il peut en liquider certains s'il les considère comme inutiles ou nuisibles. Les individus ne sont que des moyens pour l'État d'arriver à ses fins. Ne jouissant d'aucun droit, ils n'ont que des devoirs envers lui.

En théorie, l'État est au-dessus du Duce et du Parti. En pratique, le Duce est un dictateur, qui est seul apte à pouvoir connaître la volonté et les intérêts du peuple, et le Parti pénètre l'administration de l'État et, par les organismes qui dépendent de lui, les aspects importants de la vie du peuple. La prédominance de l'État sur le Duce s'est cependant réaffirmée en 1943[70].

Dans le nazisme, le racisme domine tout et est un élément constitutif de la conception de l'État. L'État nazi n'est qu'un moyen pour le Führer et le Parti de réaliser deux objectifs : d'une part, la domination et l'expansion de la race; d'autre part, la lutte antisémite. Toutefois, comme il est une fonction du peuple, l'expression du *Volk* uni par le sang, l'État est aussi un organisme qui possède sa propre vie.

Le Führer incarne la volonté collective du peuple. Il n'est pas l'agent exécutif de l'État, mais l'autorité souveraine qui se sert de l'État et de ses institutions pour transformer les sentiments du peuple en mesures concrètes. Les institutions n'étant pas clairement hiérarchisées, c'est le Führer qui décide quel individu ou quel organisme reçoit ses ordres, auxquels tout le monde doit obéir, quelle que soit leur nature. Pour les appliquer, l'emploi systématique de la force par l'État nazi dépasse le militarisme et la violence fascistes. La force, outre son utilisation dans les guerres pour exercer les droits du peuple supérieur à l'espace vital (*Lebensraum*), doit, pour assurer la domination de la race supérieure, préserver sa pureté et empêcher sa « contamination », servir à exterminer ou à réduire en esclavage les autres races. Le parti unique, incarnant l'esprit du peuple, se qualifie de démocratique, contrôle l'État et agit en son nom, notamment en utilisant la violence pour appliquer la politique raciale.

Les valeurs du fascisme et du nazisme comportent des contradictions : l'accent sur l'ordre interne se juxtapose à l'existence d'une constante situation d'urgence et de combat; les techniques modernes sont utilisées non pour libérer l'humanité, mais pour l'asservir; l'intégration sociale et politique est offerte au prix d'une mobilisation permanente et de la perte de toute liberté individuelle; le recours aux nouvelles techniques s'accompagne de conservatisme et de traditionalisme et sert à retrouver une prétendue grandeur perdue ou la pureté raciale; la supériorité raciale exige une soumission inconditionnelle; dans le nazisme, les valeurs de rationalité et d'efficacité techniques et pseudo-biologiques servent la démence de l'eugénie et de l'extermination de millions de personnes. Toutefois, ces contradictions majeures du fascisme et du nazisme s'accordent avec la logique interne d'un système basé sur le mythe, la dictature et la terreur. Elles sont essentielles pour déstabiliser une société et assurer l'atomisation des masses ainsi que l'exécution d'ordres qu'il leur est interdit de contester.

L'opposition du fascisme et du nazisme au libéralisme et au socialisme leur fait adopter un ensemble de valeurs négatives. Ils s'opposent, par exemple, à l'individualisme et au matérialisme, aux droits et libertés démocratiques, à l'égalité des êtres humains, au bonheur individuel, au pacifisme, au féminisme, à la limitation des pouvoirs de l'État, à la libre concurrence et au respect de la vie privée. Les valeurs positives sont essentiellement représentées par la fierté raciale et nationale et la foi dans la victoire de la nation ayant pour condition le sacrifice total de l'individu. Elles reposent sur les mythes de supériorité raciale, de grandeur historique, de l'espoir de la victoire et de la domination ou de l'extermination des autres races et peuples. Certaines valeurs du nazisme qui cadrent avec les préjugés et les préférences d'un grand nombre d'Allemands sont facilement acceptées[71]. Le racisme, et, en particulier, l'antisémitisme, est un élément constitutif du nazisme.

En somme, le fascisme et le nazisme sont issus de conjonctures particulières de nature économique, sociale, politique et culturelle et constituent des idéologies puisqu'ils répondent aux critères d'incitation à l'action et de logique interne, même si cette dernière se fonde sur l'irrationalité.

3. LES DOCTRINES PROCHES DU FASCISME ET DU NAZISME

3.1. EN AMÉRIQUE DU NORD

Plusieurs doctrines proches du fascisme et du nazisme et ayant le racisme comme élément principal apparaissent aux États-Unis dès 1866 et au Canada au début des années 1920. La croyance dans la suprématie de la race blanche, adoptée par le Ku Klux Klan un an après sa fondation dans le Tennessee par d'anciens confédérés à la fin de la guerre de Sécession, se traduit par des actions violentes, principalement dirigées contre les Noirs. Interdit en 1871, le Klan réapparaît en 1915 sous le nom d'Empire invisible des chevaliers de Ku Klux Klan (KKK). Son racisme s'étend alors également aux Juifs, aux Orientaux, aux catholiques, aux immigrants et, au Canada, aux francophones. Au Canada, dans les années 1920 et 1930, le KKK est présent à Montréal, peu actif dans les Provinces maritimes, mais plus fort en Ontario et dans les provinces de l'Ouest où il a l'appui des orangistes et de certaines Églises protestantes anticatholiques et antifrancophones. Il y attise les sentiments hostiles envers les communautés catholiques et francophones et envers les immigrants, notamment les Japonais et les Chinois[72]. Aux États-Unis et au Canada, le Ku Klux Klan devient une organisation sociale et politique qui infiltre les communautés et y exerce sa « vigilance » par des boycotts, l'intimidation, la violence, la profanation d'églises catholiques et des mesures exprimant son opposition aux mariages racialement mixtes et au travail des immigrants. Au Canada, son action politique consiste dans une lutte contre les libéraux et dans le soutien offert aux conservateurs[73] ou aux groupes d'extrême droite. L'infiltration des communautés se fait habituellement par des Américains, mais elle est souvent temporaire et rapidement enrayée grâce à la vigilance des agents d'immigration et de la police. En outre, le succès du nazisme en Allemagne amène la création de plusieurs organismes liés plus ou moins ouvertement au NSDAP[74]. Ils

cessent leurs activités quand le Canada entre en guerre en 1939. Les Allemands et les Italiens considérés comme suspects sont alors internés dans des camps[75].

Adrien Arcand, un Canadien français, figurait parmi les nazis internés pendant la guerre. Ce « mystique », ce « soldat du Christ[76] », selon son biographe, entretient des rapports avec le Ku Klux Klan, chose étonnante vu l'attitude de cette organisation envers les catholiques. Son fascisme-nazisme, présenté sous la forme d'une « ethnocratie chrétienne », s'exprime dans des hebdomadaires racistes[77], puis dans le Parti national-socialiste canadien (PNSC) et *Le Fasciste canadien*, qui reprennent les thèmes nazis : l'antisémitisme, l'hostilité envers les immigrants et la démocratie libérale, l'antiparlementarisme, l'antisocialisme et l'antibolchevisme. En 1938, le PNSC, sous le nom de National Unity Party of Canada, perd rapidement ses membres, est attaqué par la presse, dénoncé par le haut clergé catholique, rejeté par l'Union nationale et est gravement affecté par des divisions internes. Le gouvernement conservateur Bennett, qui l'avait utilisé dans une campagne électorale et disait se servir des fascistes contre les libéraux, ne le tolère plus. À côté du nazisme d'Arcand, il existe aussi à cette époque, au Québec, un nazisme ouvrier, les chemises brunes des Fédérations des clubs ouvriers, et un fascisme indépendantiste concentré dans le milieu universitaire, les chemises blanches de *La Nation*. Plusieurs membres de ces organismes sont également internés pendant la guerre. Enfin, durant la crise économique, l'élite intellectuelle et cléricale a aussi, un moment, préféré la voie du corporatisme à celle du socialisme, pour résoudre la crise[78].

3.2. EN ESPAGNE, AU PORTUGAL ET EN FRANCE

Des mouvements fascistes et nazis apparaissent dans d'autres pays du monde. En Europe, les mouvements qui naissent en Espagne, au Portugal et en France ont des liens assez étroits avec les idéologies d'origine. Du reste, le fascisme en Espagne reçoit l'aide de Mussolini qui envoie 70 000 chemises noires et des troupes régulières pour aider le général Franco à installer son régime en 1939. Le fascisme espagnol est essentiellement représenté par le mouvement phalangiste, qui est surtout actif entre 1931 et 1937 et qui décline par la suite jusqu'en 1942[79]. Selon certains spécialistes, le régime franquiste devrait plutôt être qualifié d'autoritaire. La période postfasciste commence en 1958, année où les 26 points de l'idéologie phalangiste sont remplacés par des principes basés sur le patriotisme, l'unité, la moralité et le bien-être national[80].

Au Portugal, le régime d'Antonio de Oliveira Salazar, au pouvoir en 1934, présente certains traits fascistes, notamment ses premières sources de soutien[81], le corporatisme et le racisme (dans les colonies). Il ne s'appuie cependant pas sur un vrai mouvement ou parti de masse. Un régime dictatorial succède à un coup militaire contre l'État libéral en 1926, et le parti fasciste de l'Union nationale n'est créé qu'en 1930, à l'initiative de l'État. Le seul mouvement fasciste, le Syndicalisme national fondé en 1932, est dissous et banni par le gouvernement deux ans plus tard. Salazar maintient aussi le Parlement, mais la brève session annuelle qui permet à Salazar de gouverner principalement par décrets, les conditions dans lesquelles se font les élections et les mises en candidature attestent que la démocratie n'est que de façade. Résolument conservateur et corporatiste, le régime devient de plus en plus répressif, s'appuyant, à la fin, après un coup manqué des militaires, sur cinq types de police[82]. Il se maintient après la Deuxième Guerre mondiale du fait de sa neutralité durant les hostilités, et il s'ouvre aux réformes après le remplacement de Salazar en 1968 et à la démocratie après le coup militaire de 1974.

C'est en France, durant la guerre de 1939–1945, que le fascisme-nazisme se manifeste sous une forme plus authentique. Entre les deux guerres, la France voit naître de nombreux partis et ligues fascisants et fascistes qui critiquent la décadence du régime et font l'éloge, à différents degrés, du régime instauré en Italie. En 1940, la majorité de l'extrême droite pense que la France est à l'aube d'une ère nouvelle et soutient le régime fasciste de Vichy (1940–1944) dirigé par le maréchal Pétain, signataire de l'armistice avec les Allemands. Sa révolution nationale, qui a pour but d'établir l'Ordre nouveau, abolit la république et les élections, remplace les syndicats par des organismes corporatifs,

veut un État fort, hiérarchique et autoritaire ainsi que le redressement moral et intellectuel, la protection de la famille, l'alliance avec l'Église et la réforme du système scolaire pour mieux former la jeunesse. Croyant dans l'inégalité naturelle des êtres humains, elle vise un encadrement autoritaire de la population, s'appuyant sur un appareil de répression « légale » et un système de dénonciations. Elle s'accompagne de lois discriminatoires à l'égard des Juifs, avec le droit d'interner dans des camps spéciaux les « étrangers de race juive » et de saisir leurs biens. Cette révolution échoue par suite du refus d'une partie de la population de collaborer avec l'Allemagne et de l'opposition des Allemands à toute concession concernant la collaboration. L'idée que l'Allemagne allait sauver la France est renversée quand Goering, en 1942, déclare que la France est un territoire conquis à piller et que la collaboration signifie l'acceptation du pillage[83]. Vichy devient alors plus répressif, verse dans le totalitarisme, passe à la collaboration politique et à l'alignement idéologique total sur l'Allemagne et accepte la déportation en masse de travailleurs pour le travail obligatoire en Allemagne. La Gestapo et les SS remplacent la Wehrmacht comme forces d'occupation, aidés de la milice française des Waffen SS et de cours martiales qui éliminent les adversaires du régime. Toutes les personnes d'origine juive, qu'elles soient citoyennes ou non, deviennent passibles de déportation.

4. LES PERSPECTIVES D'AVENIR DU FASCISME ET DU NAZISME AU CANADA ET EN EUROPE

Au Canada, le nazisme a été diffusé par Arcand, l'inspirateur d'Ernst Zundel, le présent chef du néo-nazisme canadien. Les caractères de ce néonazisme sont : 1) sa volonté d'établir sa totale suprématie comme idéologie d'extrême droite ; 2) son réseau continental, et même mondial, de financement et de propagande ; 3) son utilisation des techniques de propagande et de destruction les plus récentes et 4) son effort en vue d'attirer, au moyen d'un réseau d'organismes aux noms variés et trompeurs, non seulement les racistes purs et durs, mais aussi les personnes à préjugés, les fondamentalistes et ceux qui ne vivent que pour la violence[84].

135

Les néonazis sont unis par leur évangile de supériorité raciale, leur révisionnisme historique qui nie les horreurs passées du nazisme, leur antisémitisme, leur racisme à l'égard des Noirs, des Orientaux, des autochtones et leur hostilité envers les immigrants et les homosexuels. Ils entendent mener une lutte à mort en vue d'établir leur suprématie et ils ont mis sur pied des cellules spécialisées dans les attentats à la bombe, les assassinats, les agressions, les vols à main armée et la fausse monnaie. Ils possèdent des camps d'entraînement militaire aux États-Unis. Depuis 1987, un de ces mouvements, le Heritage Front, est financé par le gouvernement de la Libye. Leur propagande se fait par des *hate hot lines*, l'autoroute électronique, des revues, des dépliants et des livres ainsi que par certains de leurs membres qui sont enseignants. Les femmes ne sont pas oubliées, la présidente d'une organisation nazie au Canada[85] étant aussi conseillère juridique de Real Women et un des propagandistes nazis ayant aussi publié un livre contre l'avortement.

Au Canada, le réseau qui distille la haine s'étend, à la fin du XXe siècle, à toutes les régions et est présent dans des institutions telles que l'armée[86]. Des organismes de suprématie blanche néonazis continuent à être fondés ou à réapparaître sous d'autres noms. Ils reçoivent des fonds et du soutien de gouvernements et d'organismes étrangers. Cette entente se manifeste au grand jour quand ils viennent, avec des branches de leurs organismes s'occupant de la « protection des droits »[87], au secours d'individus tels que Jim Keegstra en Alberta, Ernst Zundel en Ontario ou Malcolm Ross au Nouveau-Brunswick, accusés de propager la haine dans leurs écrits ou leur enseignement.

Leur avenir dépend de la détermination des citoyens et du gouvernement à s'opposer à leur message de haine et à mettre un terme à leurs activités et à leur expansion. Leurs campagnes misent sur l'oubli des horreurs du passé nazi. Les néonazis jouent sur le mécontentement des Canadiens hostiles au multiculturalisme et sur celui des nouvelles générations qui, voyant leurs rêves se défaire au contact des dures réalités économiques, sont susceptibles d'être séduites par des groupes qui leur promettent un avenir radieux. Ils recrutent des fondamentalistes et des extrémistes religieux et des individus amoureux de la violence. L'extrême droite, à laquelle ces organismes se rattachent, jouit aussi, à présent, d'un réseau de soutien international. Présente dans certains partis politiques, elle paraît moins chimérique. Ce qui est inquiétant est que la loi, au Canada, semble souvent inefficace et que les autorités sont peu empressées à punir les crimes contre les minorités ou à restreindre l'action des propagandistes racistes. Il reste les poursuites judiciaires qui visent à leur enlever leurs ressources financières, comme celles entamées contre le White Aryan Resistance Movement par la femme d'un individu tué sans raison par certains de leurs membres[88].

En Europe, le fascisme italien resurgit déjà en 1946 dans le Mouvement social italien (MSI). Sa popularité, faible au début, s'est peu à peu accrue, et le MSI est parvenu en 1993 à obtenir 16,4 % des voix aux élections municipales[89]. Le fascisme s'exprime aussi dans les actions subversives de petits groupes extrémistes. La grande majorité du peuple italien ne serait pourtant pas prête, à la fin des années 1990, à tenter une autre expérience fasciste[90].

En Allemagne, dans les années 1960, il y avait plus de nazis dans la fonction publique et le système judiciaire que dans les groupuscules officiellement néonazis[91]. Mais, depuis 1946, il existe toujours des partis d'extrême droite, certains bannis, puis réapparaissant sous d'autres noms, qui obtiennent entre 0,1 % et 11 % des voix dans certaines régions. Dans les années 1980, le climat était favorable à la droite, avec un taux de chômage élevé, particulièrement chez les jeunes, un grand afflux d'étrangers cherchant travail et asile, ainsi qu'une forte émigration en provenance de l'Allemagne de l'Est[92]. En 1990, avec l'unité allemande et la disparition de la menace communiste, les partis d'extrême droite perdent du terrain, puis en regagnent, l'annexion de l'Allemagne de l'Est attirant les mécontents vers une nouvelle cause : « L'Allemagne aux Allemands ». Le nombre de membres des partis de droite ou à tendances néonazies augmente ainsi que les actes de violence xénophobes, en particulier de la part de leur milice de skinheads. En 1995, on estime à 40 000 le nombre de néonazis dont le réseau dresse des listes de cibles[93]. Malgré une certaine tolérance de la police, l'État allemand semble, dans les années 1990, davantage déterminé à lutter contre le néonazisme.

En France, le néonazisme se retrouve, depuis les années 1970, dans les tendances fascisantes de la nouvelle droite (ND) et, sous une forme peu déguisée, dans le Parti du front national (FN) de Jean-Marie Le Pen. Le FN, fondé en 1974, après de maigres succès électoraux et des divisions internes, gagne en popularité, par opportunisme et tactique, à partir des années 1980. Sa percée électorale se fait de 1983 à 1986 et augmente encore dans les années 1990, obtenant une représentation à tous les paliers de gouvernement. Cette percée est favorisée par la crise économique, le chômage grandissant dont ce parti tient les immigrants responsables, le mécontentement général, en particulier celui des démobilisés de la décolonisation, la désillusion d'une partie de l'électorat à la suite de l'échec du projet de société de la gauche, le soutien d'une partie de la ND et l'insécurité concernant l'Union européenne. Le parti accroît aussi ses assises par son discours populiste, l'établissement de cercles nationaux et ses publications. Ses thèmes ressemblent à ceux du nazisme et du fascisme : lutte contre la décadence, antiégalitarisme, antimarxisme, antisémitisme, xénophobie, retour à l'autorité et à un État fort, aux valeurs traditionnelles et familiales. Il y ajoute une note nationaliste raciste : la défense de l'intégrité et de l'identité de la France contre les étrangers, l'amour de la patrie et le devoir de protéger les siens. Il cherche à réhabiliter le nazisme en niant l'Holocauste, en le lavant de ses crimes et en prétendant que le fascisme n'est pas totalitaire et ne veut qu'un État fort. Il s'écarte du modèle nazi en prônant un État qu'il appelle national-libéral et en demandant de donner plus de pouvoirs au Parlement[94]. La France possède aussi d'autres partis néofascistes de moindre importance, tel le Parti des forces nouvelles, la branche française d'Euro-Right.

Le néofascisme et le néonazisme s'étendent à d'autres pays d'Europe et du monde. La première tentative en vue d'organiser un parti néofasciste européen date de 1950 avec le Mouvement social européen, dont l'aile droite se sépare pour former le Nouvel Ordre européen (NOE) quelques mois après. D'autres membres se rassemblent autour de Maurice Bardèche et de la revue *Défense de l'Occident*. Ces partis sont racistes, s'opposent à la finance internationale et sont antisémites. D'autres partis véhiculant la même idéologie naissent dans les années 1960[95]. Tous veulent que l'Europe devienne une troisième force et entretiennent des rapports avec les partis néofascistes et néonazis des autres pays.

La menace nazie et fasciste n'a donc pas disparu. L'évangile de haine de ces idéologies circule encore sur la scène politique dans plusieurs mouvements et partis et dans la violence qui les accompagne. Tout État démocratique doit combattre le révisionnisme historique néonazi, empêcher l'apparition de conditions susceptibles d'encourager la propagation de telles idéologies et exercer une vigilance accrue afin de prévenir l'infiltration par ces mouvements et partis des institutions servant à maintenir l'ordre : armée, police et système judiciaire.

Synthèse 7.1
LES ASSOCIATIONS PARAMILITAIRES EN ACTIVITÉ SOUS LA RÉPUBLIQUE DE WEIMAR

1. Les associations de droite

❑ Les *Corps francs* : dissous et incorporés à la Reichswehr, ils persistent comme groupuscules terroristes et se reconstituent en 1923 lors de l'occupation de la Rühr et du putsch de Hitler. Dissous à nouveau, la même année, ils donnent à leurs membres une organisation paramilitaire. Disant lutter contre le capitalisme international et être indépendants des partis, ils sont absorbés par les nazis.

❑ Le *Stahlhelm (Casques d'acier)* : la plus importante organisation de droite, liée au Parti national allemand. Fondée en 1918 comme Ligue des soldats du front contre la révolution, elle s'ouvre ensuite aux hommes de 25 ans et plus. Anti-traité de Versailles, antiparlementariste, antisémite, nationaliste et militariste, elle organise des activités militaires. Dissoute en 1933, elle est incorporée dans les SA.

❑ Les *SA* (sections d'assaut), formation paramilitaire du NSDAP fondée en 1921 par Ernst Röhm, passe en 1923 sous la direction de Goering qui en fait une troupe d'élite de 15 000 hommes lors du putsch de 1923. Réorganisée en 1924 sous la direction de Pfeffer, cette formation compte alors 100 000 hommes. Hitler, qui la veut sous son contrôle, rappelle Röhm pour la diriger en 1931. En 1933, elle rassemble 300 000 hommes dans tout le Reich. Röhm est ensuite liquidé durant la « Nuit des longs couteaux ».

❑ Les *SS* (sections de protection), créées en 1923 comme troupe de choc des SA et police du parti pour protéger le Führer. Himmler les dirige en 1929 comme troupe d'élite (50 000 hommes en 1933).

❑ La *Jeunesse hitlérienne* compte environ 200 000 membres en 1933.

❑ Le *Jungdo*, fondé en 1918, d'abord corps franc néoconservateur, publie un manifeste anticapitaliste et anti-bolchevique en 1927. Il forme avec le DDP le Parti d'État en juillet 1930 et compte de 500 000 à 1 million de membres.

2. Les associations du centre

❑ La *Bannière d'empire,* fondée en 1924, regroupe des soldats du Stahlhelm et devient une troupe sociale-démocrate de défense de la République contre les coups de force de la droite. De croissance rapide (trois millions d'hommes en 1925) et protégée par le gouvernement de Prusse, sa cohésion est faible.

❑ Avant les élections de 1933, Hitler fait interdire le *Front de Fer*, organisé en 1930 (160 000 hommes).

3. Les associations de gauche

❑ Le KPD possède la *Ligue rouge des combattants du Front*. Formée en 1924 comme organisation de défense prolétarienne, cette association attire les anciens combattants qui adhèrent aux thèses du parti. Groupant 100 000 hommes en 1924, interdite en 1929, elle existe ensuite dans l'illégalité et combat les nazis. Ses membres seront parmi les premiers envoyés dans les nouveaux camps de concentration.

Synthèse 7.2
LES PARTIS POLITIQUES ALLEMANDS ET LEURS ÉLECTORATS (1918–1932)

1. Les partis de la coalition de Weimar

❑ Le *Parti socialiste (SPD)*, fondé en 1875 et à tendances réformistes, signe le Traité de Versailles, accepte les plans Young et Dawes et de collaborer avec la Société des Nations. Au pouvoir de 1919 à 1923 et en 1928, plus centriste, il tolère les violences nazies. Son soutien électoral, notamment le prolétariat urbain et rural protestant et allemand, fluctue entre 1919 et 1932, puis baisse fortement.

❑ Le *Parti démocrate (DDP)*, fondé en 1918, regroupe des libéraux progressistes et nationaux qui appuient le parlementarisme, la république, les libertés civiques, la socialisation des monopoles. Dès 1919, le DDP est de tous les gouvernements. En 1930, uni à l'Ordre de la Jeune Allemagne, il devient le *Parti d'État (DSP)*. Son soutien électoral, urbain protestant en Allemagne et au Wurtemberg et catholique dans la région de Bade, s'affaiblit aux élections du Reichstag de 1919 à novembre 1932.

❑ Le *Parti du centre (Zentrum)* date de 1870 et a le soutien électoral des catholiques. Il vote la paix, accepte la République de Weimar et participe à tous les gouvernements jusqu'en 1932. Après un bref passage à gauche, il évolue en 1925 vers la droite et contribue à l'arrivée au pouvoir d'Hitler. L'électorat catholique soutient aussi le *Parti populaire bavarois (BVP)*, ultraconservateur, fondé en 1920. Ensemble, ils obtiennent, en 1932, 15 % du vote populaire aux élections du Reichstag et disparaissent après la signature du concordat entre von Papen et le Vatican.

2. L'opposition de gauche

❑ Le *Parti socialiste indépendant (USDP)*, fondé en 1917, perd les spartakistes en 1919. En 1920, la question de l'adhésion à la 3ᵉ Internationale le scinde en deux : la majorité forme, avec le *KAPD* et le *KPD*, le *Parti communiste unifié (VKPD)* et la minorité forme, en 1922, avec le SPD, le *Parti socialiste unifié d'Allemagne*. Son appui électoral, urbain, ouvrier, protestant, situé en Allemagne centrale, fluctue aux élections du Reichstag : 7,8 % en 1919, 17,9 % en 1920 et 0,1 % en 1928 .

❑ Le *Parti communiste (KPD)*, fondé à partir du groupe spartakiste, abrite, d'abord, plusieurs tendances sous son hostilité générale à la République de Weimar et à ses décisions. En 1920, son aile gauche forme le *KAPD*. En 1925, le KPD adopte un caractère léniniste fidèle à la ligne du Komintern. Son appui électoral provient du prolétariat urbain allemand et des régions protestantes rurales de l'Est et du Nord. Aux élections du Reichstag, son pourcentage du vote populaire passe de 2,1 % en 1920 à 12,6 % en 1924 et à 16,9 % en 1932 et supplante le SDP dans plusieurs régions.

3. L'opposition de droite

❑ Le *Parti populiste (DVP)*, fondé en 1918 à la suite du refus de l'aile droite des nouveaux libéraux de se joindre au DDP, est soutenu par la bourgeoisie d'affaires et les industriels, partisans du libéralisme économique et de la monarchie. Hostile à la révolution de 1918, à la République de Weimar et à toute socialisation, il participe à tous les gouvernements. Son électorat, urbain et protestant, régionalement dispersé, lui donne 4,4 % des voix en 1919, 14,0 % en 1920 et 1,9 % en 1930. En 1930, certains de ses membres forment un parti conservateur populaire, le *KV*.

❑ Le *Parti national allemand (DNVP)*, fondé en 1918 et issu de la fusion du Parti conservateur et du Parti du Reich, se radicalise vers l'extrême droite en demandant une restauration monarchique dès 1919. Son soutien électoral est agrarien, notamment chez les *Junkers*, et hétérogène, chez les anciens pangermanistes et chez la petite-bourgeoisie urbaine de l'Église évangéliste. Sa part du vote populaire double de 1919 à décembre 1924 (10,3 % à 20,5 %) pour chuter, en 1932, en faveur des nazis.

❑ Le *Parti national-socialiste (NSDAP)*, formé en 1925 par Hitler à partir du Parti ouvrier allemand (DAP), vise à abolir le parlementarisme et la république pour établir une dictature. Aux élections du Reichstag, il reçoit 6,6 % des voix en mai 1924, 2,6 % en mai 1928, 37,3 % en juillet 1932 et 33,1 % en novembre de la même année avec l'appui urbain et rural des nationaux allemands, des campagnes du Nord-Ouest et de certaines régions industrielles.

CHRONOLOGIE DES PRINCIPAUX ÉVÉNEMENTS DU FASCISME

1912   1er décembre : Mussolini prend la direction du journal socialiste *Avanti!*

1914   15 novembre : Mussolini fonde le journal *Il Popolo d'Italia*, qui soutient l'entrée en guerre de l'Italie. 24 novembre : Mussolini est exclu du Parti socialiste italien.

1915   26 avril : signature du Pacte de Londres entre l'Italie, l'Angleterre, la France et la Russie. 24 mai : l'Italie entre en guerre.

1918   Août : Mussolini change le sous-titre de son journal de « quotidien socialiste » pour « journal des combattants et des producteurs » et développe l'idée d'antiparti. Novembre : l'Italie occupe les territoires mentionnés dans le Pacte de Londres. Signature de l'Armistice avec l'Autriche.

1919   Janvier : fondation de l'Association des *arditi*. Mars : formation des premiers *Fasci di Combattimento*. Le 15 avril, incendie des bureaux d'*Avanti!* par les fascistes ; le 23, crise politique à la suite du manifeste de Woodrow Wilson. Mai : l'Italie n'obtient pas les territoires promis par le Pacte de Londres. Septembre : occupation de Fiume par D'Annunzio et des militaires. Novembre : bombe fasciste.

1920   12 novembre : signature du Traité de Rapallo. Fiume devient un État indépendant.

1921   15 janvier : Congrès de Livourne, durant lequel les socialistes se divisent en cinq factions. Le 15 mai, Mussolini et 34 autres députés fascistes entrent au Parlement. Le 1er août : la grève « légalitaire » donne l'occasion d'une contre-offensive fasciste. Novembre : le mouvement fasciste forme le Parti national fasciste (PNF).

1922   Octobre : à la suite de la marche sur Rome, Mussolini reçoit du roi Victor-Emmanuel la charge de former un gouvernement.

1923   Création du Grand Conseil du fascisme et de la Milice nationale. Fusion du PNF et du Parti nationaliste.

1924   Avril : le Parti fasciste reçoit plus de 60 % des voix aux élections générales. Assassinat du député socialiste Giacomo Matteotti.

1925–1926   Loi sur les nouveaux pouvoirs du chef du gouvernement. En 1926, adoption des lois « fascistissimes » et des lois de sûreté publique.

1929   Signature des accords de Latran entre l'Italie et le Vatican.

1935–1936   Invasion de l'Éthiopie, suivie de la prise d'Addis-Abeba en 1936 et de la proclamation de l'Empire italien. En 1936, Mussolini envoie des troupes en Espagne pour soutenir Franco.

1938   Ayant quitté la Société des Nations en 1937, l'Italie adopte les lois racistes et signe l'Accord de Munich.

1940   10 juin : déclaration de guerre à la France et à la Grande-Bretagne.

1943   Après des séries de grèves ouvrières et le débarquement des Alliés en Sicile, vote de défiance du Grand Conseil contre Mussolini. Le 8 septembre, signature de l'Armistice. Septembre-octobre : Mussolini est enlevé par un commando allemand, et proclame, à partir de l'Allemagne, la République sociale italienne.

1944–1948   Les forces alliées libèrent Rome, le Nord est libéré avec le soutien de la Résistance. En avril 1945, capture et exécution de Mussolini. Le Traité de Paris met fin à la guerre le 10 février 1947. Le 1er janvier 1948, la Constitution républicaine, adoptée en 1947, entre en vigueur.

CHRONOLOGIE DU NAZISME DEPUIS LES DÉBUTS JUSQU'À LA DÉCLARATION DE GUERRE DE LA GRANDE-BRETAGNE À L'ALLEMAGNE

1914–1918 Hitler, après avoir été gazé, est démobilisé. Il retourne à Munich lors de la révolution. Novembre : le roi abdique, et la République est proclamée.

1919 28 juin : signature du Traité de Versailles.

Septembre : comme informateur, Hitler assiste à Munich à une réunion du Parti ouvrier allemand (DAP). Il se joint à ce parti et le transforme, en 1920, en NSDAP.

1920–1921 Hitler se fait élire président du NSDAP avec pleins pouvoirs. En 1921, il forme les SA.

1922 Le groupe raciste et nationaliste de Julius Streicher se joint au NSDAP.

1923 Début de la « Résistance passive » face à l'occupation de la Ruhr. Premier Rally du NSDAP. Union d'autres groupes aux SA sous le commandement de Hermann Goering. Putsch d'Hitler en Bavière. Il est arrêté.

1924 Procès d'Hitler. Condamné à cinq ans de prison, il est libéré après neuf mois.

1925 Le NSDAP est rétabli. Paul von Hindenburg est élu président du Reich à la suite du décès du socialiste Friedrich Ebert. Publication du premier volume de *Mein Kampf*.

1926–1927 Deuxième Rally du parti. Son programme est révisé. Publication en 1927 du deuxième volume de *Mein Kampf*.

1928 Aux élections du Reichstag, le NSDAP obtient 12 sièges (avec 2,6 % des voix).

1929 Victoire du NSDAP aux élections locales de Cobourg. Le parti soutient le plébiscite opposé au plan Young. Il ne reçoit que 13,8 % des voix.

1930 Premier nazi à occuper un poste de ministre (au gouvernement de coalition de Thuringe). Aux élections qui suivent la défaite du gouvernement minoritaire de Heinrich Brüning, le NSDAP gagne 107 sièges et devient le deuxième parti dans le Reichstag.

1931 Ernst Röhm devient le commandant des SA. Effondrement de banques et d'industries importantes. Rally de l'Opposition nationale qui comprend le NSDAP.

1932 Hitler se concilie les industriels. Il recueille 30,1 % des voix au premier tour des élections présidentielles, et au second tour, 36,8 %. Hindenburg est réélu avec 53 % des voix. Les SA et les SS sont interdits en avril. Les nazis font des avancées importantes dans les élections des *Länder*. Brüning démissionne. Franz von Papen est nommé chancelier du Reich. Les accords de Lausanne mettent fin aux paiements de réparation. En juin, les SA sont autorisés à nouveau. En juillet, putsch en Prusse contre les sociaux-démocrates ; von Papen a la responsabilité de la Prusse. Aux élections du Reichstag de juillet, le NSDAP obtient 230 sièges (37,3 % du vote populaire) et devient le plus important parti de l'Assemblée. Hitler refuse le poste de vice-chancelier. Aux élections de novembre, le NSDAP, même avec moins de sièges (197), reste le parti le plus important de l'Assemblée. Von Schleicher est nommé chancelier, bien que les industriels lui préfèrent Hitler.

1933 Démission de Schleicher. Hitler prend sa place. Son gouvernement comprend deux autres nazis, Frick et Goering. Les nazis prennent l'incendie du Reichstag comme prétexte à une répression massive des communistes et des socialistes et à la suspension des droits civils. Aux élections de mars, le NSDAP obtient 288 sièges. Il prend le contrôle des gouvernements des *Länder*. Le gouvernement se fait voter pleins pouvoirs. Le 1er avril, boycott des magasins tenus par des Juifs. Dissolution forcée des syndicats. Interdiction d'existence d'autres partis que le NSDAP. En juillet, concordat avec le pape. En octobre, l'Allemagne quitte la Société des Nations. En novembre, le NSDAP recueille 92,2 % du vote populaire.

1934   Pacte de non-agression entre l'Allemagne et la Pologne. La souveraineté des *Länder* est abolie. Création de tribunaux du peuple. Le 30 juin, au cours de la « Nuit des longs couteaux », Hitler règle ses comptes avec tous ceux qui pourraient être ses rivaux ou s'opposer à lui. En août, à la mort du président Hindenburg, les postes de président et de chancelier sont fusionnés et assumés par Hitler.

1935   Retour de la Sarre à l'Allemagne. Introduction de la conscription. Traité entre l'Allemagne et la Grande-Bretagne sur la marine. Adoption des lois antisémites de Nuremberg.

1936   L'Allemagne occupe la zone rhénane démilitarisée en violation de l'Accord de Locarno. Les élections donnent 99 % de soutien à Hitler. L'axe Berlin-Rome est commencé. Pacte anti-Komintern germano-japonais. Les Jeunesses hitlériennes deviennent un organisme étatique.

1937   Le Reichstag obtient une extension de quatre ans. Mussolini visite Hitler.

1938   Hitler se nomme commandant suprême de la Wehrmacht. L'Autriche est occupée par les troupes allemandes et incorporée au Reich. La persécution des juifs s'intensifie.

1939   Les troupes allemandes envahissent la Tchécoslovaquie. La Slovaquie déclare son indépendance et conclut un traité d'amitié avec l'Allemagne. L'Allemagne annexe le territoire de Memel en Lituanie. L'Allemagne et l'Italie signent le Pacte d'Acier, une alliance militaire. L'Allemagne et l'Union soviétique signent un pacte de non-agression en août. Le 1er septembre, l'Allemagne attaque la Pologne. Le 3 septembre, la Grande-Bretagne et la France déclarent la guerre à l'Allemagne.

Lectures suggérées

Arendt, Hannah (1984), *Les origines du totalitarisme. Sur l'antisémitisme*, tome I, traduit par Madeleine Pointeau, Paris, Calmann-Lévy.

Ayçoberry, Pierre (1979), *La question nazie. Les interprétations du national-socialisme 1922–1975,* Paris, Seuil.

Castellan, G. (1969), *L'Allemagne de Weimar 1918–1933*, Paris, Armand Colin.

Goriely, Georges (1982), *Hitler prend le pouvoir,* Bruxelles, Complexe.

Koonz, Claudia (1989), *Les mères-patries du IIIe Reich*, s. l., Lieu Commun.

Milza, P. et S. Berstein (1980), *Le fascisme italien 1919–1945*, Paris, Seuil.

Muel-Dreyfus, Francine (1996), *Vichy et l'éternel féminin*, Paris, Seuil.

Palla, Marco (1993), *Mussolini et l'Italie fasciste,* traduit par François Massoulié, Firenze, Casterman/Giunti.

Tasca, Angelo (1967), *Naissance du fascisme. L'Italie de l'armistice à la marche sur Rome*, Paris, Gallimard.

Thalmann, Rita (1986), *Femmes et fascismes*, s. l., Éditions Tierce.

Notes

1 Voir Pierre Ayçoberry, *La question nazie. Les interprétations du national-socialisme 1922–1975*, Paris, Seuil, 1979, p. 57–58.

2 Marco Palla, *Mussolini et l'Italie fasciste*, traduit par François Massoulié, Firenze, Casterman/Giunti, 1993, p. 9 et 12.

3 Georges Goriely, *Hitler prend le pouvoir*, Bruxelles, Complexe, 1982, p. 18–19.

4 A. Rossi, « The Rise of Italian Fascism », dans Heinz Lubasz (dir.), *Fascism : Three Major Regimes*, New York, John Wiley & Sons, 1973, p. 12.

5 Avant 1880, seulement 2 % sont des électeurs (Palla, *op. cit.*, p. 10).

6 Angelo Tasca, *Naissance du fascisme. L'Italie de l'armistice à la marche sur Rome*, Paris, Gallimard, 1967, p. 33.

7 L'accord du roi et du Premier ministre suffit à rendre une décision constitutionnellement valide. La décision d'entrer en guerre est prise dans le plus grand secret par le roi, le président du Conseil Salandra et le ministre des Affaires étrangères (P. Milza et S. Berstein, *Le fascisme italien 1919–1945*, Paris, Seuil, 1980, p. 34).

8 Comme le suffrage universel des femmes et des hommes à 20 ans, la représentation proportionnelle, l'initiative référendaire par un dixième de l'électorat et l'élection du président du Reich au suffrage universel.

9 Goriely, *op. cit.*, p. 36.

10 Sur les théories concernant les classes sociales et leurs critiques, voir Pierre Ayçoberry, p. 75–125, et Francis L. Carsten, « Interpretations of Fascism », dans Walter Laqueur, *Fascism. A Reader's Guide*, Berkeley, University of California Press, 1976, p. 415–434.

11 Castellan (*L'Allemagne de Weimar, 1918–1933*, Paris, Armand Colin, 1969, p. 396) note que les États-Unis, avec une crise plus sévère, n'ont pas opté pour le fascisme et que l'Italie s'était tournée vers le fascisme bien avant la crise. Il remarque aussi que faire d'Hitler l'homme des *Konzerns* est trop simpliste, chacun d'entre eux suivant ses propres intérêts dans leurs attitudes envers Hitler. Ce n'est qu'en 1932 qu'ils se tourneront tous vers lui.

12 Milza et Berstein, *op. cit.*, p. 20–21.

13 La moitié du revenu d'un Français, le tiers de celui d'un Britannique (*ibid., p.* 23).

14 Comme l'insurrection des Faisceaux des travailleurs en Sicile en 1892, l'insurrection ouvrière de Milan en 1898, la grève révolutionnaire de 1904, la Semaine rouge de juin 1914 (*ibid.,* p. 24).

15 L'année 1913 compte 872 000 départs (*ibid*, p. 25–26).

16 Il s'agit de la Tripolitaine et de la Cyrénaïque. Voir Palla, *op. cit.*, p. 10.

17 L'industrie n'est pas concurrentielle mondialement. La solidarité qui existe entre le capital industriel et le capital bancaire provoque des faillites. L'agriculture est stagnante, par suite de la mobilisation massive des paysans, de la pénurie de machines agricoles et d'engrais et des bas prix des produits agricoles. L'endettement public est énorme, l'inflation suit ainsi que la dépréciation de la monnaie, tandis que les impôts augmentent.

18 Comme dans les secteurs minier et des textiles.

19 À l'ouest de l'Elbe, l'ancien régime seigneurial a été partagé en petites et moyennes propriétés, tandis qu'à l'est se trouvent les grands domaines du type russe, les *Jünkers* (Castellan, *op. cit.*, p. 149).

20 En 1925, 30 % de la population active travaille dans le secteur agricole (Castellan, *op. cit.*, p. 148).

21 Notamment, les masses ouvrières et salariales et les classes moyennes à revenus fixes.

22 Castellan, *op. cit.*, p. 150, p. 174.

23 Voir Goriely, *op. cit.*, p. 37. En 1928, la charge des réparations, alors à son maximum, ne représente que 2,4 % du revenu national ; voir Castellan, *op. cit.*, p. 160.

24 Malgré la loi contre les cartels de 1923, il y en a à 2 000 en 1930 (Castellan, *op. cit.*, p. 163, 168).

25 En 1904, Pie X permet aux catholiques de se présenter aux élections législatives, mais pas comme tels. En 1906, il condamne leur implication dans la Ligue démocratique nationale et, en 1909, dans l'organisation de Don Luigi Sturzo. En 1913, les catholiques appuient quelques candidats libéraux. Voir Milza et Berstein, *op. cit.*, p. 159.

26 L'influence anarchiste d'Enrico Malatesta et celle de Bakounine y sont importantes.

27 Voir A. Rossi dans Heinz Lubasz, *op. cit.*, p. 18–19.

28 Parmi les grands théoriciens ou personnages du nationalisme italien : Enrico Corradini (1865–1931), Giovanni Papini (1881–1956), Giuseppe Prizzolini et Benedetto Croce (1866–1952) ; voir Milza et Berstein, *op. cit.*, p. 29.

29 C'est un mouvement de jeunes (tel Marinetti (1876–1944)) qui méprisent la vieille Italie « de musée » et sa culture bourgeoise et qui mélangent anarchisme et nationalisme (Milza et Berstein, *op. cit.*, p. 88).

30 « Faisceau » est une traduction de l'italien *fascio*, qui correspond en français à « ligue ». Ce mot existait déjà à la fin du XIXᵉ siècle pour désigner les premiers organismes syndicaux ouvriers. Autour de la Première Guerre mondiale, il qualifie aussi des associations nationalistes, tels les Faisceaux d'action révolutionnaire de 1914–1915, les Faisceaux des futuristes en 1918 et ceux des *arditi* en janvier 1919. Leur premier congrès se tient en juillet 1915 à Milan. En 1919–1922, ils unissent au nationalisme extrême l'antisocialisme. Voir Tasca, *op. cit.*, p. 31.

31 Les *arditi* sont les membres des anciennes troupes de choc, dont le passé est souvent douteux.

32 L'Italie s'attend à être dédommagée, pour les pertes en ressources humaines et matérielles subies pendant la guerre, par l'acquisition des territoires promis dans ce traité. Or le président Wilson ne reconnaît pas le traité et, au point 9 des 14 points qui embrassent sa philosophie du principe du droit des peuples à disposer d'eux-mêmes, il indique qu'une rectification des frontières italiennes doit correspondre aux divisions de nationalités, ce qui élimine la Dalmatie, dont la population est majoritairement slave.

33 Le Conseil des ministres italien est déchiré entre les « renonciateurs », prêts à abandonner la Dalmatie en échange de Fiume, et ceux qui, comme le Premier ministre Vittorio Emanuele Orlando, demandent l'application des termes du Traité de Londres. D'autres, hors du Parlement, comme D'Annunzio et Mussolini, réclament à la fois ces termes et Fiume.

34 Le coup auquel participent plusieurs chefs militaires n'aboutit à rien pour l'Italie. Fiume obtient son indépendance en juin 1920 par le Traité de Rapallo (Milza et Berstein, *op. cit.*, p. 52).

35 Milza et Berstein, *op. cit.*, p. 90.

36 En 1921, ils causent de 500 à 600 morts et des milliers de destructions (Palla, *op. cit.*, p. 21).

37 Il avait succédé à celui de Giolitti qui avait démissionné en juillet 1921.

38 Voir A. Rossi, dans Heinz Lubasz, *op. cit.*, p. 24.

39 Il utilise la violence contre l'opposition des libéraux et, dans le parti fasciste, contre les premiers fascistes. Il fait condamner par le Vatican le leader du Parti populaire (Milza et Berstein, *op. cit.*, p. 132).

40 Elles exigent la dissolution de tout parti ou organisme autre que fasciste, suppriment tous journaux non fascistes, et, entre autres choses, annulent les passeports (*ibid.*, p. 142).

41 En avril 1933, le KPD et le Komintern croient qu'Hitler conduira l'Allemagne à une catastrophe économique qui facilitera la venue de la révolution socialiste. En 1934, ils pensent que les SA peuvent être un outil de dissolution interne du système nazi (voir Ayçoberry, *op. cit.*, p. 81).

42 Goriely, *op. cit.*, p. 35.

43 Le Deutsche Arbeiterpartei ou Parti ouvrier allemand, dirigé par Anton Drexler.

44 En 1928, le gouvernement Müller n'était pas représentatif des partis du Reichstag ; en 1929, en incluant des membres du Zentrum, il se présente comme un parti de « grande coalition ».

45 On estime que 1 076 personnes ont été sommairement abattues, chez elles, au travail, dans les cours de caserne, dans la campagne ou en prison. Parmi les victimes se trouvent Röhm, qu'Hitler trouve trop puissant, les membres de son état-major, les principaux dirigeants des SA et l'ancien chancelier von Schleicher. Von Papen ayant fui, deux de ses adjoints sont tués dans ses bureaux. Les assassinats se continuent en juillet. Voir Jacques Robichon, « La nuit des longs couteaux », dans *Les grands dossiers du Troisième Reich*, Paris, Librairie Académique Perrin, 1969, p. 53–103.

46 L'URSS reste passive parce qu'elle cherche à renouveler le traité de neutralité et de non-agression de Berlin de 1926, ce à quoi Hitler est prêt lui aussi. Il signe un pacte avec la Pologne en 1934 et conclut l'Accord de Munich avec la France et l'Angleterre en 1938. Londres voit dans l'Allemagne un partenaire précieux, qui lui assure, par le traité naval de 1935, la suprématie sur les mers. En France, la droite accepte la xénophobie nazie, dont l'antisémitisme et les anciens combattants tentent une politique de réconciliation avec les Allemands, tandis que la gauche, pacifiste, soutient l'inaction envers l'Allemagne, bien qu'ironiquement elle soit prête à agir contre le fascisme en Espagne. Pourtant Hitler quitte en 1933 la Conférence du désarmement et la SDN et, en 1935, il rétablit le service militaire obligatoire en violation du Traité de Versailles, du Pacte de la SDN et du Traité de Locarno.

47 L'armée a massacré les spartakistes, mais n'est pas hostile envers les soviétiques. Goriely, *op. cit.*, p. 33.

48 *Ibid.*, p. 22.

49 Alexander J. De Grand, *Fascist Italy and Nazi Germany. The Fascist Style of Rule*, London and New York, Routledge, 1995, p. 8.

50 En Italie, ce n'est qu'en 1925 qu'Alfredo Rocco (1875–1935), ministre de la Justice, rédige les principes du fascisme dans *La dottrina political del fascismo*, Rome, Aurora, 1925. En Allemagne, la tâche d'exposer la supériorité de la race nordique, au centre du nazisme, est confiée en 1930 à Alfred Rosenberg (1893–1946) dans *The Myth of the Twentieth Century*. Voir Carl Cohen (dir.), *Communism, Fascism and Democracy*, New York, Random House, 1965 (1962), p. 332–356.

51 Voir Michael Oakeshott, « Mussolini. The Doctrine of Fascism », Adolf Hitler, « On Idealism and on Winning the Masses Over », et Walther Hofer, « The Nazi Programme and Its Adherents », dans Lubasz, *op. cit.*, p. 37–42, 80–83 et 84–87.

52 Cohen, *op. cit.*, p. 387–389.

53 Lubasz, *op. cit.*, p. 80–83 ; Eberhard Jäckel, *Hitler idéologue*, Paris, Calmann-Lévy, 1973, p. 115.

54 Cette euthanasie suit l'ordre de mission *Aktion T4* et se fait avec la coopération de médecins.

55 Après les enfants et les personnes handicapées, ce fut au tour des malades physiques et mentaux, des personnes affectées de maladies héréditaires ou congénitales, des

homosexuels, des personnes jugées asociales ou criminelles, des personnes âgées grabataires et de toutes les personnes considérées comme des bouches inutiles ou racialement ou politiquement indésirables. (Norbert Frei, *L'État hitlérien et la société allemande*, traduit par Jeanne Etoré, Paris, Seuil, 1994, p. 195–202; Ian Kershaw, *Hitler*, London and New York, Longman, 1991, p. 141.)

56 La débilité se jugeait de façon très arbitraire. Par exemple, les personnes souffrant de strabisme étaient jugées débiles parce qu'Hitler haïssait cette infirmité. On estime en 1945 que, dans les camps spécialisés, six millions de Juifs avaient été massacrés. Voir Philippe Aziz, *Histoire du III* Reich. Les coulisses de l'enfer*, vol. II, s. l., Athena, Idegraf & Vernoy, 1979, p. 18, 142.

57 Palla, *op. cit.*, p. 107.

58 Hitler se pensait un « seigneur de la terre ». Pour Gobineau, voir *Essai sur l'inégalité des races* (1853); pour Houston Chamberlain, voir *La genèse du XIX* siècle*, cités dans Philippe Aziz, *Histoire du III* Reich. La fascination du passé*, vol. I, Genève, Idegraf, 1978, p. 118–124.

59 Hannah Arendt, dans *Les origines du totalitarisme*, tome 1, traduit par Micheline Ponteau, Paris, CalmannLévy, 1981, expose le développement de l'antisémitisme.

60 Une lettre révèle, alors, son objectif d'éliminer les Juifs. En 1920, il prononce un discours, « Pourquoi nous sommes contre les Juifs ». Ensuite les deux volumes de *Mein Kampf*, ses autres écrits et ses actions continuent cette pensée initiale (Aziz, *op. cit.*, vol. II, p. 68–80).

61 Les lois de Nuremberg de 1935 déclarent qu'aucun Juif ne peut avoir la citoyenneté allemande, celles de 1938, 1939 et 1940 visent leur élimination totale de la vie sociale, économique, intellectuelle et professionnelle allemande, puis leur expulsion du territoire allemand. En 1938, l'attentat par un jeune juif d'un conseiller de l'Ambassade allemande à Paris donne un prétexte à Goebbels pour faire un discours au Parti nazi qui lui ordonne une persécution organisée et brutale des Juifs, débutant par ce qui a été appelé la « nuit de cristal ».

62 Heinrich Himmler, « On SS Morality and on SS Achievements », dans Lubasz, *op. cit.*, p. 121–122.

63 Voir Denise Detragiache, « De la "Mamma" à la "Nouvelle Italienne" : la presse des femmes fascistes de 1930 à 1942 », dans Rita Thalmann (dir.), *La tentation nationaliste 1914–1945*, s. l., Deux temps tierce, 1990, p. 139–166.

64 En 1943, les personnes coupables d'avoir pratiqué des avortements sont passibles de la peine de mort. Voir Gisela Bock, « Racisme, stérilisation obligatoire et maternité sous le national-socialisme », dans Rita Thalmann (dir.), *Femmes et fascisme*, s. l., Tierce, 1986, p. 102.

65 Claudia Koonz, *Les mères-patries du III* Reich*, traduit par Marie-Laure Colson et Lorraine Genbil, New York, St. Martin's Press, 1986, p. 480.

66 La loi Bruning de 1932 permet de mettre à pied les femmes mariées dont les maris travaillent. Jo De Leeuw, « De la famille à la communauté : le rôle des femmes dans l'idéologie fasciste, hier et aujourd'hui », dans Jo De Leeuw et Hedwige Perrmans-Poullet (dir.), *L'extrême droite contre les femmes*, Bruxelles, Luc Pire, 1995, p. 131.

67 Claudia Koonz, *op. cit.*, p. 512, et « Women Between God and Führer », dans Charles S. Maier, Stanley Hoffmann et

Andre Gould (dir.), *The Rise of the Nazi Regime*, Boulder (Col.), Westview Press, 1986.

68 Edward R. Tannenbaum, « The Goals of Italian Fascism », dans Lubasz, *op. cit.*, p. 42–54.

69 Cohen, *op. cit.*, p. 377.

70 Palla, *op. cit.*, p. 131–139.

71 Noakes, *op. cit.*, p. 574.

72 En 1922, le Klan serait responsable des incendies de neuf établissements catholiques, dont ceux de la résidence Saint-Sulpice d'Oka, de la cathédrale de Québec et du Collège Saint-Boniface. Le Klan avait annoncé par une lettre ce dernier incendie (Warren Kinsella, *Web of Hate: Inside Canada's Far Right Network*, Toronto, Harper Collins, 1994, p. 11).

73 Contribuant ainsi à la défaite libérale aux élections de 1929 en Saskatchewan.

74 En Ontario, les clubs Swatiska harcèlent les Juifs dans les parcs et les plages. À Toronto, la xénophobie exacerbée par la Dépression et aidée par les orangistes se dirige contre les Juifs et les immigrants. L'Ouest possède des organisations fascistes et nazies à chemises de diverses couleurs. Par exemple, le National State Party (blanches), la Canadian Union of Fascists (noires), la Canadian Nationalist Party (bleues), la Praetorian League of Canada (noires), qui devient la Canadian Guard (grises), et la National Union of Fascists. Il existe aussi les Casques d'acier, composés d'anciens combattants allemands, et des organismes sociaux et culturel sous l'égide des consuls allemands pour attirer les Allemands établis au Canada.

75 En 1940, les Allemands et les Italiens naturalisés après 1929, puis après 1923, doivent s'inscrire sur le registre des ennemis étrangers. Une liste de suspects est ensuite compilée par la Gendarmerie royale à partir de ce registre pour soumission au Premier ministre Mackenzie King.

76 Jean Côté, *Adrien Arcand*, s. l., Les Éditions Pan-Am, 1984, p. 175.

77 *Le Goglu*, *Le Patriote* et *Le Chameau*.

78 La nature exacte de ce corporatisme encouragé par l'abbé Lionel Groulx est un sujet de controverse entre les historiens actuels.

79 La Phalange ne mobilise pas un grand soutien tant que le système parlementaire fonctionne. Dès qu'il s'écroule en 1936, elle est mise sous le contrôle de la droite contre la gauche. Franco s'en empare et la transforme en parti d'État dès 1937. Il y ajoute la doctrine du chef (*Caudijalle*), auquel reviennent tous les pouvoirs et qui est responsable uniquement devant Dieu et la postérité.

80 Angelo Del Boca et Mario Giovana, *Fascism Today*, New York, Pantheon Books, 1969, p. 232–247, et Stanley G. Payne, « Fascism in Western Europe », dans Walter Laqueur (dir.), *Fascism. A Reader's Guide*, Berkeley, University of California Press, 1976, p. 304.

81 Ce soutien, abandonné graduellement, vient de l'Église, de l'armée, des grands propriétaires terriens, des grands monopoles industriels et de la classe moyenne.

82 Voir Del Boca et Giovana, p. 248–260, et Payne, dans Laqueur, *op. cit.*, p. 303.

83 Ariane Chebel D'Appollonia, *L'extrême-droite en France. De Maurras à Le Pen*, Bruxelles, Éditions Complexe, 1996, p. 250.

84 Par exemple la Church of Jesus Christ Aryan Nations, le Christian Identity Movement, la Christian Defense

League et la Church of the Creator sont liés au KKK. Leurs branches spécialisées dans la violence recrutent les skinheads dans l'Aryan Resistance Movement, la plus violente étant le Silent Brotherhood, responsable de meurtres, d'attentats, de vols au Canada et aux États-Unis. Le Christian Identity Movement prétend que les Européens de l'Ouest sont le peuple choisi, identifient les Juifs à Satan, les Noirs, à des peuples de boue. Il cherche pour les nations aryennes des territoires où seuls les Blancs hétérosexuels pourraient vivre et de là iraient conquérir l'Amérique du Nord et l'Europe, déportant les non-Blancs à leurs lieux d'origine et tuant les Juifs.

85 Ann Hartmann, veuve d'un activiste de la Western Guard (WG), présidente de la Northern Foundation Conference. La WG est le nouveau nom donné en 1972 à l'Edmund Burke Society, formée en 1967. En 1989, la WG organise la Northern Foundation Conference qui devient le lieu de fondation de tous les Heritage Fronts (voir Kinsella, *op. cit.*, p. 223–224).

86 *Ibid.*, p. 274, p. 334–336.

87 Comme le Canadian Liberty Net, la Christian Defense League, la Canadian League of Rights, la Crown Commonwealth League of Rights, la Canadian Association for Free Expression, la Society for Free Expression (liée au KKK) ou le Council on Public Affairs.

88 Kinsella, *op. cit.*, p. 360.

89 D'Appollonia, *op. cit.*, p. 404.

90 Palla, *op. cit.*, p. 146–147.

91 En 1963, un tiers des fonctionnaires; voir Angelo Del Boca et Mario Giovana, *Fascism Today. A World Survey*, New York, Pantheon Books, 1969, p. 94.

92 Le National Democratic Party of Germany (DRP-NPD) est devenu, en 1952, le parti extrémiste le plus influent. Son soutien augmente de 1965 à 1980. Le REP, formé en 1981, obtient, en 1989, 7,5 % du vote populaire. Le FAP (Free German Workers' Party), fondé en 1979, et le ANS/NA, banni en 1983, ont peu de membres et veulent coopérer avec le NPD. Les actes de violence proviennent principalement du FAP, banni en 1995. Voir Del Boca et Giovana, *ibid.*, p. 97.

93 David Childs, « The Far Right in Germany Since 1945 », p. 290–308, et Christopher T. Husbands, « Militant Neo-Nazism in the Federal Republic of Germany in the 1990s », dans Luciano Cheles *et al.* (dir.), *The Far Right in Western Europe*, 2nd ed., London, Longman, 1995, p. 331 et 347. Entre 1990 et 1993, ils auraient commis environ 5 000 actes de violence contre les gitans, les immigrants et les réfugiés.

94 D'Appollonia, *op. cit.*, p. 328–407.

95 Le National European Party (avec ses appuis en Angleterre, en France et en Allemagne), la World Union of National Socialists (1962) (France, Belgique, Suisse, Chili, Argentine, États-Unis, Australie, Allemagne, Danemark), créée en Angleterre puis dirigée des États-Unis, la Northern European League (Angleterre, Écosse, Suède, Norvège, Islande), les Faisceaux nationalistes européens.

8

Le pacifisme, l'écologisme et le féminisme

L'essor du libéralisme au XIXe siècle favorisa en Occident le développement du nationalisme, du colonialisme et de l'impérialisme, l'exploitation sauvage de la nature et la concurrence pour le pouvoir économique et politique sur les plans national et international. Le monde devint le théâtre de luttes armées visant à assurer la domination de nations sur leurs rivales et à affirmer leur pouvoir sur des colonies en puissance en vue de créer un empire avantageux pour la métropole et ses entrepreneurs. À la base de cette perspective d'exploitation agressive de l'environnement national et international se trouvait le besoin du capitalisme d'obtenir de nouveaux marchés et de nouvelles sources de matières premières aux coûts les plus bas. Cette perspective se justifiait psychologiquement par la négation du respect de l'« autre », nature, personne colonisée ou femme. En effet, le libéralisme qui, selon la théorie classique, mettait en avant les droits de « l'Homme » dans le sens générique, avait été rapidement réinterprété pour n'inclure que ceux de l'homme blanc, européen et propriétaire. De son côté, le marxisme classique, dans son programme révolutionnaire, n'accordait aucun intérêt particulier à la protection de l'environnement et à l'avancement des droits des femmes, les deux devant être une conséquence naturelle de la révolution.

À côté des idéologies traditionnelles ou « classiques » et principalement pour remédier à leurs effets et à leurs carences, d'autres courants d'idées en faveur de la paix, de la protection de l'environnement et des droits des femmes sont donc apparus sans toutefois devenir dominants. Ce que le pacifisme, l'écologisme et le féminisme ont en commun, et ce qui justifie leur existence, est précisément qu'ils s'occupent de domaines négligés par les idéologies traditionnelles, si bien que certaines de leurs variantes s'étendent à deux ou trois de ces domaines. Toutefois, la spécificité de leurs domaines respectifs, mais aussi leurs vastes ramifications expliquent qu'ils se rattachent parfois à ces vieilles idéologies pour élargir leur champ d'action et leurs priorités et ainsi exercer une plus grande influence sur la scène politique. Ironiquement, une des principales raisons qui expliquent la place mineure que le pacifisme, l'écologisme et le féminisme occupent sur cette scène repose précisément sur les divisions résultant de leurs liens avec les idéologies traditionnelles. En effet, non seulement leur identité individuelle en devient confuse, mais aussi le même courant de pensée peut être susceptible de plusieurs interprétations en ce qui concerne principalement la définition de ses buts et son choix de stratégies.

1. LE PACIFISME

Un sondage qui demanderait à toutes les personnes interrogées si elles sont en faveur de la paix aurait des chances d'obtenir des réponses toujours positives. Et pourtant, la planète, à l'époque moderne, n'a jamais été totalement en paix et a subi des guerres mondiales dévastatrices. Comment expliquer l'écart entre le désir de paix de l'individu et l'état de guerre permanent dans lequel se trouve le monde ? La réponse à cette question comporte trois volets : le premier réside dans les deux principales façons de définir la paix, le deuxième dans la diversité du degré et de la forme d'engagement des individus à l'égard de la paix et le troisième, dans l'influence des circonstances historiques sur cet engagement.

1.1. LES DIVERSES DÉFINITIONS DU PACIFISME

Les deux principales définitions du pacifisme influent sur les buts et les stratégies adoptés à son égard et créent des clivages, particulièrement en période de crise, dans le mouvement qui soutient cette idéologie. La première définition ne voit la paix que comme le contraire de la guerre ou l'absence de violence visible. La deuxième fait dépendre la paix de la justice sociale. Le courant de pensée auquel se rapporte la première définition néglige d'envisager la construction des bases nécessaires à une paix durable, ne cherchant pas à corriger les situations d'injustice, à l'échelle nationale ou internationale, d'où naissent les conflits[1]. On peut rattacher cette définition à la théorie « réaliste » des relations internationales, qui prétend que les individus, comme les nations, ont des tendances dominantes agressives, s'exprimant en des désirs de puissance et de domination qu'il faut toujours tenter de maîtriser[2]. La deuxième soutient que les individus et les nations sont capables d'acquérir des comportements altruistes et solidaires. Différents motifs d'adhérer à un idéal de paix et différentes interprétations des changements qui surviennent dans l'environnement politique aux niveaux national et international se rattachent à l'adoption de ces définitions, engendrant une diversité de pacifisme qui varie suivant les époques.

Derrière cette diversité, le pacifisme peut se définir comme *une idéologie qui affirme que les êtres humains ont le désir (plus ou moins conscient) et le droit de vivre en paix, une idéologie qui présente une société pacifique comme l'idéal et qui compte la paix et l'harmonie, à divers degrés, parmi ses valeurs centrales.* Outre l'accent mis sur le potentiel agressif ou altruiste des êtres humains, les divergences entre les courants pacifistes concernent principalement les questions touchant à l'action, à son mode ainsi qu'à

son envergure et à sa stratégie pour atteindre cet idéal de paix, stratégie qui inclut parfois une totale transformation du domaine politique. Elles se rapportent également au but visé par ces courants pacifistes : de quelle paix s'agit-il ? L'engagement dans le pacifisme peut aussi s'exprimer de diverses façons : il peut être activiste ou bien purement abstrait ou moral ; individuel ou bien collectif, étant souvent lié, dans ce dernier cas, à une religion ou à une idéologie ainsi qu'à un mouvement déjà existant ou nouvellement créé qui a sa propre stratégie pour obtenir la paix.

1.2. LES DIVERSES APPROCHES EN MATIÈRE DE PACIFISME

Les typologies du pacifisme adoptent trois différentes perspectives. La première est d'ordre historique et étudie l'évolution des mouvements pacifistes dans un pays ; la deuxième est d'ordre analytique et se concentre sur les traditions pacifistes dans le monde ; la troisième concerne les différents buts et objectifs du pacifisme[3]. Une combinaison des dernières approches est ce qui convient le mieux pour étudier le pacifisme en tant qu'idéologie. Ainsi, après une brève description des principales périodes de l'évolution du pacifisme dans le monde depuis la fin du XIXe siècle, un survol typologique présente les différents types de pacifisme, en expliquant leurs traditions, leurs buts et leurs objectifs.

Dans certains pays occidentaux, tels que le Canada, les vagues les plus importantes de pacifisme se sont d'abord produites avant et après la Première Guerre mondiale, pour subir un creux important durant cette guerre. Elles ont resurgi avec force durant les années 1930 à la suite de la Grande Dépression pour ensuite se diviser devant la peur du militarisme ascendant ainsi que du fascisme et du nazisme. En grande partie éclipsées durant la Deuxième Guerre mondiale, elles font une remontée comportant plusieurs crêtes en se dirigeant principalement contre l'emploi et la prolifération des armes nucléaires (après 1945, puis 1957–1963, 1979–1984) et contre la guerre du Vietnam (principalement durant la période 1966–1970)[4]. À chaque crête, le pacifisme donne lieu à des coalitions de divers courants[5].

Un examen des traditions pacifistes dans l'optique de leurs buts et de leurs stratégies permet de présenter

148

la typologie suivante : le pacifisme moral ou religieux de nature « pacifiste », le pacifisme internationaliste ou institutionnel « libéral » de nature « pacifique », le pacifisme ponctuel opposé à une guerre ou à un genre d'armes précis et les types de pacifisme liés à une idéologie de gauche.

1.2.1. LE PACIFISME MORAL OU RELIGIEUX

Le pacifisme moral ou religieux s'oppose à toute guerre et à toute violence entre humains, soutenant qu'il ne devrait pas exister de différence entre la conduite morale dans le domaine religieux et la conduite morale dans le domaine politique. Il s'exprime habituellement en une prise de position individuelle basée sur une conviction profonde et *durable*, quelles que soient les circonstances historiques. Les pacifistes moraux sont prêts à subir la persécution, l'emprisonnement et même la mort pour rester fidèles à leurs convictions. Si le pays où ils résident entre en guerre, ces pacifistes adoptent une position de neutralité et refusent d'y participer. Le meilleur exemple de ce type de pacifisme est fourni par les quakers, secte protestante fondée vers la fin des années 1640 en Angleterre. Les membres émigrés dans les colonies américaines refusent, avant la rébellion de 1776, de payer les taxes de guerre contre les Amérindiens. Ils s'opposent à l'esclavage et à la guerre entre les colonies malgré l'exécution de deux de leurs membres et l'emprisonnement et la persécution de plusieurs autres des leurs[6].

Malgré leur nombre relativement faible, au Canada, aux États-Unis et en Grande-Bretagne, les quakers continuent d'exercer une influence considérable sur le pacifisme[7]. Cette influence s'exprime surtout par son antimilitarisme, ses services humanitaires, l'objection de conscience durant les deux guerres mondiales, ses mouvements pacifistes, comme la Société des Amis[8], et par son implication continue dans des mouvements pacifistes de nature aussi bien libérale internationaliste que socialiste. Les autres sectes pacifistes, hutterites, mennonites, dunkards, tunkers et doukhobors, préfèrent, plutôt que de rechercher activement la paix, vivre loin du monde dans leurs communautés[9]. Il faut aussi ajouter à ces pacifistes les sectes fondamentalistes et millénaristes des Seventh Day Adventists et des témoins de Jéhovah, qui s'opposent à toute participation à la guerre jusqu'à la lutte finale de l'Apocalypse.

Par contre, dans leur hiérarchie, les autres religions ont plutôt soutenu, en temps de paix, le pacifisme internationaliste et institutionnel et, dans les périodes de conflits et d'insécurité nationale, le militarisme nationaliste et l'effort de guerre. Leur clergé, parfois, sur le plan individuel, a adopté des attitudes pacifistes même en temps de guerre, mais il ne s'agissait que d'exceptions. Mentionnons, par exemple, le refus de J. S. Woodsworth d'appuyer la participation du Canada aux deux guerres mondiales[10] et celui de membres de l'Église unie dans le *Fellowship of Reconciliation* (FOR) d'accorder leur soutien à la conscription. Au Québec, par contre, l'opposition de plusieurs membres du clergé et de la hiérarchie catholique à la conscription s'inscrivait dans une position nationaliste et non dans une tradition morale et religieuse. Aux États-Unis, certains s'opposent à la conscription sur des bases idéologiques libérales, la déclarant incompatible avec la liberté humaine.

1.2.2. LE PACIFISME INTERNATIONALISTE ET INSTITUTIONNEL

Le pacifisme internationaliste et institutionnel est habituellement qualifié de « libéral » ou de « pacifique ». Son objectif n'est pas de changer les systèmes économiques ou politiques, mais de trouver des moyens de maintenir l'ordre international. Il se manifeste surtout entre les guerres, et les défenseurs de ce type de pacifisme retournent habituellement au nationalisme et sont favorables à la guerre lorsque la sécurité de leurs pays respectifs est menacée. Ce n'est pas la paix qui est, en général, le but principal recherché par les leaders des mouvements internationalistes, car ils l'abandonnent rapidement pour, en temps de guerre, s'assigner celui de la sécurité nationale. Leur pacifisme procède non d'une conviction profonde, mais du sentiment de leur responsabilité civique en tant que membres de l'élite intellectuelle ou économique. Certains se joignent au mouvement pacifiste uniquement lorsque la non-intervention de leur pays sur la scène mondiale satisfait leurs intérêts économiques[11].

La stratégie de ce pacifisme repose sur la création et l'utilisation d'institutions internationales de type politique, juridique ou économique ainsi que sur l'éducation pour la paix. Elle consiste à mettre sur pied des institutions internationales et à conclure des ententes qui favorisent une résolution pacifique des conflits entre les nations et le libre commerce. Elle repose sur l'idée que la paix dépend de la coopération internationale et peut être obtenue par des mécanismes internationaux basés sur la collaboration des États-nations. Des exemples de cette stratégie sont, avant la Première Guerre mondiale, la création de la Canadian Peace and Arbitration Society (1905) et les conférences et les congrès internationaux qui prônent l'arbitrage pour la paix et, entre les deux guerres, la fondation de la Société des Nations et de la Cour internationale de justice, le Pacte Briand-Kellogg (1928) et le travail en vue de l'établissement d'une union européenne [12].

Le deuxième moyen que comporte cette stratégie pacifiste consiste à encourager la paix par l'éducation grâce à diverses activités (conférences, documentation, concours de dissertations sur la paix) et par la création d'associations pour promouvoir et offrir ces activités dans les établissements d'enseignement secondaire et postsecondaire [13]. Ce moyen a été très populaire aux États-Unis entre les deux guerres mondiales, avec, entre autres, l'American School Citizenship League, la Carnegie Endowment for International Peace, la World Peace Foundation et les efforts en vue de promouvoir un patriotisme international dans les manuels scolaires [14]. En Europe, cette éducation s'est aussi faite par l'intermédiaire d'organismes qui favorisaient le rapprochement des intellectuels, industriels, journalistes et anciens combattants français et allemands [15].

Néanmoins, le pacifisme de ces institutions et organismes se tourne vers la protection de la sécurité collective en cas d'échec des sanctions non militaires administrées aux fascistes. Dans la seconde moitié des années 1930, la guerre d'Espagne, la guerre sino-japonaise, les agressions fascistes allemandes et italiennes altèrent le pacifisme de ce groupe au point de le faire disparaître.

Après la Deuxième Guerre mondiale, ce pacifisme fait naître de nouvelles institutions, comme l'United World Federalists (1948), qui donne aux États-Unis un rôle d'initiateur du maintien de la paix par le droit international, l'Organisation des Nations unies (1945), l'Union européenne des fédéralistes et l'Ordre nouveau. L'Union européenne est aussi présentée comme un moyen économique et politique de prévenir les guerres sur le continent européen [16]. Les accords de libre-échange entre le Canada, les États-Unis et le Mexique s'inscrivent également dans le cadre de ce pacifisme. Plus récemment, le but pacifiste de certaines de ces organisations a fait l'objet de sévères critiques [17].

L'éducation pour la paix est de nouveau encouragée par des institutions et des revues spécialisées dans l'étude de la paix [18]. Au Canada, le Lester B. Pearson Canadian International Peace Keeping Training Centre est créé en 1994 à Halifax. Un nouvel effort en vue de rapprocher les peuples se fait par l'UNESCO. Mentionnons aussi la campagne pour la paix menée dans les écoles du Québec dans les années 1980 sous l'égide de la CEQ [19].

1.2.3. LE PACIFISME OPPOSÉ À UNE GUERRE PRÉCISE OU AUX ARMES NUCLÉAIRES

Pour le pacifisme ponctuel, il faut distinguer entre, d'une part, le refus de participer à une guerre ou l'opposition à une guerre ou à un genre de guerre, qui peut s'expliquer par des motivations plus ou moins éloignées du pur pacifisme, et, d'autre part, l'opposition aux armes nucléaires, motivée par un pacifisme reposant sur un désir élémentaire de survie à l'échelle planétaire.

L'opposition à une guerre peut n'avoir que l'apparence du pacifisme. Au Canada, l'opposition du Premier ministre Wilfrid Laurier (1896–1911) à la participation obligatoire aux guerres de l'Empire britannique ainsi que celle de Mackenzie King dans l'affaire de Chanak (1922) sont motivées non pas premièrement par le pacifisme, mais plutôt par le désir d'affirmer l'autonomie du Canada sur la scène internationale [20]. L'opposition de la majorité des Canadiens français à la conscription dans les deux guerres mondiales repose principalement sur des motifs nationalistes, bien qu'elle n'exclue nullement le volontarisme ou la défense militaire des frontières du pays. Aux États-Unis, certains pacifistes se sont aussi opposés à la participation de leur pays à une guerre quelconque davantage par isolationnisme ou désir de protéger des intérêts économiques particuliers que par pur pacifisme.

L'opposition à la guerre du Vietnam est un type de pacifisme qui vise une cible particulière. Les individus et les groupes opposés à cette guerre étaient mus par des motivations qui parfois n'avaient rien à voir avec le pacifisme (politiciens, membres du clergé, organismes de la nouvelle gauche et mouvements pour les droits civils, anciens combattants déçus par la guerre, étudiants menacés par la mobilisation).

Un autre groupe de mouvements pacifistes s'oppose à la bombe atomique et aux armes nucléaires et réclame le désarmement. Ces mouvements ont surgi vers la fin des années 1940 et ont continué depuis à militer avec des hauts et des bas. Ils expriment un désir collectif de paix face à la perspective d'une destruction totale, mais pas nécessairement une volonté de trouver une solution aux causes profondes des conflits. Visant l'abolition des armes les plus dangereuses et adaptant leur stratégie à l'évolution des engins de guerre, ils ont d'abord cherché à en obtenir le contrôle en exerçant des pressions pour obtenir des accords de non-prolifération et de limite à leur expansion et à leurs tests. Ils ont ensuite demandé le désarmement graduel, c'est-à-dire la diminution des stocks d'armes nucléaires aux États-Unis et en Union soviétique. Un des moyens employés par eux consiste à informer l'opinion publique sur les dangers que représentent ces armes en vue d'obtenir un soutien de masse à des manifestations et des marches pour la paix[21]. Une autre tactique est celle de l'éducation du public par des organismes tels que le Mouvement pour le désarmement nucléaire et la paix, le Comité canadien contre les dangers des radiations ou le Monde sous la bombe. Des associations de scientifiques pour la paix ajoutent leurs opinions d'experts qui sont ensuite diffusées dans des revues, des films ou des vidéos[22]. Plus récemment, des mouvements écopacifistes se sont joints à cette coalition contre les armes nucléaires, pour avertir des dangers que ces armes représentent pour l'être humain et l'environnement naturel[23].

1.2.4. LE PACIFISME LIÉ À UNE IDÉOLOGIE DE GAUCHE

À côté des organismes pacifistes de type « libéral », il existe aussi des groupes non alignés comme, au Québec, les Artistes pour la paix. Toutefois, un courant important du pacifisme se rattache à des mouvements de gauche (socialisme, communisme ou anarchisme). Ce type de pacifisme donne lieu à un conflit entre l'idéal que ses adhérents poursuivent et l'idéal de justice sociale, dans le socialisme, et entre l'idéal qu'il comporte et l'idéal de la société communiste à venir, pour les deux autres, et ces conflits trouvent une solution dans le concept de « guerre juste ». Pour le socialisme, la définition de « juste » ne varie pas; pour le communisme, elle a varié en fonction des stratégies décidées par le Kominform.

Quand l'idéal de justice sociale et de démocratie est menacé par les agressions étrangères, par le colonialisme, l'impérialisme et le fascisme, ce pacifisme s'affaiblit. Ainsi, avant la Première Guerre mondiale, les socialistes de France et d'Allemagne ont adopté une position ambivalente : « contre le militarisme et la guerre et pour la nécessité de la défense nationale ». Mais dès que la guerre s'annonce, ils votent tous, sauf quelques exceptions, les crédits nécessaires pour la mener[24]. Dès que la démocratie risque d'être peu ou prou affectée, ce pacifisme cède la place au nationalisme et à une politique belliciste.

Entre les deux guerres, ce pacifisme est d'abord soutenu au Canada par des pasteurs protestants et par le Fellowship of Reconciliation et le Students Christian Movement (1921). Dans les années 1930, la dépression économique favorise l'alliance entre le pacifisme et le socialisme. Ainsi, certains membres de la nouvelle Ligue pour la reconstruction sociale créée en 1932 sont également des pacifistes. Le manifeste de Regina du CCF demande la coopération internationale, le désarmement et la paix du monde. Le Fellowship for a Christian Social Order, fondé en 1932, affirme qu'un nouvel ordre social est essentiel à la réalisation du royaume de Dieu. Des mouvements de jeunes appuient la Société des Nations et la déclaration du War Resisters International suivant laquelle la guerre est un crime contre l'humanité.

La montée du fascisme dans le monde brise, chez la plupart, cette alliance entre le pacifisme et le socialisme. La guerre civile en Espagne divise ce groupe quant à ses idéaux de non-violence et de justice sociale. La gauche radicale abandonne l'idéal de non-violence pour adopter une réponse militaire afin de défendre l'idéal de justice sociale. Le CCF, qui demandait la neutralité du Canada, accepte de défendre militairement la démocratie en Espagne et, en 1938, la nation elle-même. En Europe, les socialistes abandonnent leur pacifisme face à l'agression nazie. Toutefois, en France, le pacifisme de certains individus de droite et de gauche devient louche quand il les fait opter pour la collaboration avec le gouvernement de Vichy[25].

Les communistes adoptent, en général, un pacifisme de nature artificielle et changeante, ne soutenant la paix dans des organismes de leur création ou dans d'autres organismes que lorsqu'elle favorise l'expansion du communisme ou la défense de l'Union soviétique. Au Canada, ils fondent en 1934 la Canadian League Against War and Fascism avec l'aide de l'Union soviétique. À partir de 1936, ils approuvent les sanctions militaires contre le fascisme. Ils s'efforcent de réunir l'opposition antifasciste en l'identifiant à la préservation de la paix et de la démocratie, sous l'égide de la Ligue de la paix et de la démocratie créée en 1937. En 1939, à la suite de l'adoption du pacte germano-russe, ils demandent la neutralité du Canada au début de la Deuxième Guerre mondiale, la traitant d'« impérialiste ». En 1942, après l'entrée en guerre de l'Union soviétique, ils la qualifient de « lutte antifasciste » et soutiennent la participation du Canada à celle-ci.

Après la Deuxième Guerre mondiale, la guerre froide suscite un nouveau pacifisme chez les communistes. Le Kominform avait été, précédemment, à l'origine de l'appel de Stockholm de 1950 contre le péril atomique. Durant cette guerre, les communistes arrivent à contrôler temporairement certains organismes pacifistes antinucléaires[26]. Ils développent également de façon plus spécifique les notions de guerres justes et injustes. Ils dirigent leur pacifisme contre les anciens alliés de l'Union soviétique, en s'opposant à la guerre d'Indochine, à la guerre de Corée, à l'armée européenne, aux test nucléaires dans le Pacifique (1954), à l'installation de fusées américaines en Europe (1957), à la guerre d'Algérie et à la guerre du Vietnam. Ce pacifisme varie suivant les intérêts de l'Union soviétique et de la Chine communiste et ne s'oppose qu'aux guerres qualifiées d'impérialistes, de contre-révolutionnaires ou d'injustes[27]. Au Québec, le groupement aligné sur l'Union soviétique dans les années 1980 s'efforce

d'attirer le mouvement syndical, tandis que l'aile non alignée travaille dans la Coalition québécoise pour le désarmement et la paix[28].

À ces pacifismes liés à une idéologie particulière s'ajoute le pacifisme des anarchistes qui s'opposent aux guerres impérialistes, mais non à l'utilisation de la violence si elle est nécessaire pour arriver à la société idéale. Il s'agit donc, ici encore, d'un pacifisme sélectif[29].

1.2.5. LE PACIFISME FÉMINISTE

La plupart des mouvements de femmes ont soutenu la paix avant la Première Guerre mondiale et un petit nombre d'entre eux, durant cette même guerre. Ils s'appuient, pour s'opposer à la guerre, sur des arguments « maternels » et des stéréotypes se rapportant aux rôles traditionnels et aux supposés attributs psychologiques de chaque sexe[30]. À cette époque, le mouvement des femmes lie aussi l'espérance de la paix à l'acquisition par les femmes des droits politiques. Dans les comités pour la paix des mouvements suffragistes[31], la Women's International League for Peace and Freedom, le National Council for the Prevention of War, l'Anti-Enlistment League et, plus tard, la War Resistance League, les femmes appuient l'antimilitarisme et le désarmement complet, demandant qu'on débarrasse le monde de l'esprit guerrier. Le pacifisme des mouvements suffragistes disparaît néanmoins presque complètement, une fois la guerre déclarée. La majorité des mouvements de femmes se range derrière l'effort de guerre en travaillant principalement dans les services humanitaires et sanitaires, avec la conviction que cette guerre apportera la paix, abolira le mal et en finira avec toutes les guerres.

À la suite du Congrès international des femmes de La Haye, l'opposition des femmes à la Première Guerre mondiale se traduit par la formation de partis de femmes pour la paix, d'abord aux États-Unis, puis au Canada et en Grande-Bretagne[32]. Dans ces trois pays, la Women's International League for Peace and Freedom (WILPF) continue ses activités avec des effectifs réduits[33]. En général, les mouvements d'opposition à la guerre militent aussi en faveur de la justice sociale. En Grande-Bretagne, des femmes socialistes ou affiliées au mouvement syndical forment en 1916 la Women's Peace Crusade.

Sylvia Pankhurst demeure pacifiste et édite un journal contre la guerre, *The Woman's Dreadnought*. Au Canada, des réseaux de résistance à la guerre se forment autour des journalistes Francis Marion Beynon, de Winnipeg, Violet McNaughton, de Saskatoon, et Laura Hughes, de Toronto[34].

Dans l'entre-deux guerres, le WILPF recrute de nouveaux membres au Canada sous la présidence de Laura Jamieson. Un de ses buts est l'élimination de l'entraînement militaire dans les écoles. Les organisations traditionnelles de femmes, telles le WCTU et le National Council of Women, rétablissent des comités sur la paix. Certaines soutiennent la Women's League of Nations Association, créée en 1927 par Alice Chown[35]. Quelques groupes de femmes contre le fascisme se forment, comme en 1934, en Angleterre, le Women Against War and Fascism[36]. Les femmes se joignent aussi à des organismes mixtes pour la paix et la justice sociale[37]. Aux États-Unis, la Women's Peace Union fait campagne pour rendre la guerre inconstitutionnelle. En Angleterre, Virginia Woolf, dans *Trois guinées*, paru en 1938, commence à développer des arguments d'opposition à la guerre qui annoncent ceux du féminisme moderne basés sur la domination du patriarcat[38].

Pendant la Deuxième Guerre mondiale, le WILPF, au Canada, se consacre au travail humanitaire et cesse presque complètement ses critiques de la guerre[39]. Après cette guerre, la présence des femmes dans le mouvement pacifiste se manifeste plus particulièrement dans des organismes, comme SANE, créés pour combattre la menace nucléaire[40]. Au Canada et ailleurs, les femmes appartiennent à des mouvements de femmes pacifistes[41] et à des mouvements et à des coalitions pacifistes mixtes tels que la Canadian Peace Alliance[42]. Les mouvements pacifistes de femmes emploient de plus en plus les termes de référence du patriarcat pour attaquer le militarisme, tandis que l'argument maternel refait parfois surface pour justifier la création de certains mouvements[43]. En outre, les activités de certains mouvements, comme la Voix des femmes (VOF), contribuent aussi à promouvoir les droits des femmes[44]. Dans les années 1980, l'argument maternel est abandonné[45], les mouvements pacifistes réalisant que les références à des divisions sexuelles stéréotypées basées sur la nature ou la biologie

éliminaient toute possibilité d'atteindre un jour la paix universelle.

1.3. LES PERSPECTIVES D'AVENIR DU PACIFISME

Après le démembrement de l'Union soviétique, le pacifisme antinucléaire semble accepté par l'Ouest comme une condition de survie globale. La Communauté européenne, malgré des poches de résistance, paraît être une institution qui tisse des liens d'intégration de plus en plus étendus en Europe et incarne, pour cette région, les espoirs pacifistes des visionnaires des périodes d'avant-guerre. L'ONU s'avère, cependant, impuissante à mettre fin à des conflits armés qui ont fait, selon l'institut World Priorities, 17 millions de morts entre 1945 et 1988[46]. Son vice fondamental serait d'avoir été investie de la réalisation partielle du projet américain et d'un double standard afin d'assurer la domination du capitalisme dans le monde[47].

De son côté, le public est davantage conscient du caractère factice de la paix qui existe sous des régimes dictatoriaux qui violent les droits de la personne. Il se demande pourquoi l'ONU agit si peu en Afrique, alors que l'héritage du colonialisme, la vente d'armements aux régimes dictatoriaux[48] et la déstabilisation des régimes nationaux par les services secrets des grandes puissances sont en grande partie la cause des guerres civiles. Il ne peut plus ignorer les sources de certains obstacles à la paix : la domination de la scène internationale par la vision et la recherche des intérêts américains, la recherche du profit de la part des multinationales tentaculaires (dont certaines filiales fabriquent de l'armement[49]) et l'appât du gain des nations vendeuses d'armes (dont le Canada), qui encouragent des guerres limitées principalement dans le tiers monde.

On arrive à une vision de plus en plus nette de l'écart qui existe entre les désirs de paix de la masse et les actions des dirigeants[50], ceci en dépit des médias qui sont trop souvent les porte-parole de ces derniers. On accepte plus difficilement les messages de propagande tendant à présenter les « autres » comme non humains ou comme personnifiant le mal, pour justifier des agressions militaires contre eux et la persistance des inégalités entre le Nord et le Sud. Séparer la paix des objectifs de justice sociale s'avère de plus en plus ardu. Le public et, en particulier, les mouvements de femmes, critiquent de plus en plus la culture de violence que cherchent à imposer surtout les médias américains. Les écopacifistes demandent également que le droit international s'occupe de l'environnement et cesse de faire du Sud la poubelle du Nord[51]. Un courant de pensée écopacifiste affirme qu'il est essentiel de remédier aux inégalités entre pays industrialisés et pays du tiers monde afin d'obtenir la paix et une solution à la crise écologique.

Ce qui nuit à une telle stratégie, selon Noam Chomsky, c'est que les États-Unis ne peuvent tolérer le nationalisme, la démocratie et les réformes sociales dans le tiers monde, parce que les gouvernements de ces pays devraient alors répondre aux besoins de la population et cesser de favoriser les intérêts des investisseurs américains. Le système FMI (Fonds monétaire international), pour appliquer et protéger le système capitaliste, continuerait ainsi d'employer la force et le lavage de cerveau pour empêcher la paix dans le monde. Chomsky craint que les États-Unis n'aient aussi l'intention de transformer l'Europe de l'Est en un nouveau tiers monde[52] et n'acceptent que difficilement une Union européenne trop puissante. Il conseille donc aux masses de s'organiser pour protester contre cette domination mondiale des intérêts économiques américains.

Qu'on adopte ou non ce point de vue, il n'en reste pas moins qu'avec la fin du système mondial des deux blocs opposés, l'Ouest ne devrait logiquement plus avoir d'ennemi. Alors, quel est donc l'ennemi qui menace la paix aujourd'hui et contre lequel il faut s'armer à des coûts énormes ? Ne pourrait-on pas rêver, comme certains souverainistes québécois, d'avoir un jour un pays sans armée[53] ?

2. L'ÉCOLOGISME

2.1. LES ORIGINES ET LE DÉVELOPPEMENT DE L'ÉCOLOGISME

« Écologisme » réfère à une idéologie contemporaine dont les origines sont diverses. Étymologiquement, il vient du mot *oekologie* forgé, en 1866, par Ernest Haeckel, un biologiste allemand, pour désigner les sciences touchant aux relations entre l'organisme et l'environnement, ce qui englobe ainsi les aspects principaux de l'existence[54]. Ses sources historiques datent du XXe siècle. Elles remontent, d'une part, au courant libertaire et à la contre-culture des mouvements contestataires des années 1960 en Amérique du Nord et en Europe et, d'autre part, aux livres et rapports futuristes alarmistes des scientifiques. Parmi les ouvrages les plus importants, *Le printemps silencieux* de Rachel Carson expose les dangers présentés par l'emploi des pesticides, herbicides et insecticides non seulement à la survie des végétaux et animaux, mais aussi à celle des êtres humains[55]. Dix ans plus tard, le rapport du Massachusetts Institute of Technology préparé pour le Club de Rome prône une limitation de la croissance et, donc, la fin du développement aveugle lié au libéralisme. Dans les années 1960 et 1970, les risques posés par ce développement sont illustrés par les marées noires déversées par des pétroliers défectueux ou endommagés. Dans les années 1970, avec la crise du pétrole, l'Occident prend conscience de sa dépendance et des limites de cette source énergétique. Les dangers créés par une autre source d'énergie se manifestent par les catastrophes des centrales nucléaires de Three Miles Island et de Tchernobyl. Au Québec, un mouvement de contestation s'élève en 1973 contre les projets d'aménagement hydro-électrique de la baie James et, en 1977, contre l'énergie nucléaire, à Gentilly. La première rencontre des écologistes québécois se tient en 1977–1978. Enfin, la Première Conférence des Nations unies sur l'environnement, tenue à Stockholm en 1972, met la question de l'environnement, et notamment de l'écodéveloppement, à l'ordre du jour. Elle témoigne aussi d'une division majeure entre les écologistes. En effet, il y avait, d'une part, à la conférence, des représentants des gouvernements qui sont revenus chez eux pour créer des ministères de l'Environnement et, hors du lieu de la conférence, réunie dans un forum parallèle, une coalition de groupes militants cherchant des solutions globales aux crises écologiques par le recours à un changement d'ordre social, économique et politique[56].

2.2. LA DÉFINITION ET LES PRINCIPES DE L'ÉCOLOGISME

Comme le pacifisme, l'écologisme rassemble des courants de pensée dont la diversité tient aux stratégies employées et aux moyens d'arriver au but visé.

Ils partagent cependant certains points communs sur la nature de l'être humain (l'être humain fait partie de l'écosystème de la planète) et le but visé (la survie de l'être humain dépend de la prise en compte de sa relation d'interdépendance avec cet écosystème). D'où une définition très générale de l'écologisme : *une idéologie qui s'appuie sur le principe de l'interdépendance des êtres humains et de leur environnement et qui recherche la survie de ceux-ci en tenant compte de cette relation d'interdépendance.*

Dans les diverses formes d'écologisme, soustendant de façon plus ou moins claire ces deux propositions, se trouvent deux lois de la thermodynamique. La première s'énonce ainsi : « Rien ne se perd, rien ne se crée, tout se transforme. » On peut, en se référant au modèle de système politique présenté dans cet ouvrage, à son principe de rétroaction et à ses mécanismes de régulation destinés à rétablir l'équilibre du système, comprendre cette loi de l'écosystème de la planète et des écosystèmes qui le composent. Plus concrètement, il y a de grandes chances que nous trouvions dans nos assiettes les vestiges de ce que nous avons jeté dans nos poubelles. Donc, cette première loi va permettre d'élaborer des stratégies pour combattre la pollution et des moyens de mieux vivre cette interdépendance entre êtres humains et environnement. La deuxième loi de la thermodynamique est celle de l'entropie : l'énergie calorique a une tendance irréversible à se dégrader. Si, par exemple, vous attendez pour boire votre tasse de thé chaud d'avoir terminé de lire ce chapitre, vous trouverez que, dans l'intervalle, son énergie calorique s'est transformée en vapeur au contact de l'air et qu'il est maintenant tiède. Le processus inverse ne se produit pas, votre thé, de lui-même, de tiède ne redevient pas chaud. L'humanité doit donc s'efforcer de ne pas gaspiller les sources d'énergie à sa disposition et, donc, de les conserver, et faire son possible pour utiliser des sources d'énergie non polluantes, non dangereuses et renouvelables.

2.3. LA DIVERSITÉ DE L'ÉCOLOGISME

En principe, l'écologisme réclame une place hors de l'axe gauche-droite des idéologies classiques parce qu'il concerne la survie de tous les êtres humains sans exception. En pratique, cependant, la plupart des formes empruntées par cette nouvelle idéologie se rattachent encore, à des degrés divers, à ces vieilles orientations.

2.3.1. L'ENVIRONNEMENTALISME OU L'ÉCOLOGISME INSTITUTIONNALISTE

On peut distinguer deux courants dans l'écologisme institutionnaliste, l'un plus libéral, centriste et réformiste, et l'autre plus à gauche et « transformationniste ». Le premier courant est représenté par les « écotechnocrates[57] » qui agissent au sein des gouvernements et des organismes publics ou parapublics et qui cherchent seulement à réparer certains dommages déjà faits à l'environnement et à en prévenir d'autres par des moyens institutionnels. Ce courant est à l'origine des ministères de l'Environnement, des plans d'aménagement du territoire, du contrôle partiel de certaines sources de pollution et de la protection des espaces verts et des espèces en voie d'extinction. Ainsi, des lois sur la protection de l'environnement sont adoptées, des plans « verts » sont préparés, des standards « acceptables » de taux de pollution de l'air, de l'eau et du sol sont établis, des accords sont passés entre pays concernant des mesures pour réduire, par exemple, les pluies acides[58], des instituts, centres et chaires d'études environnementalistes sont créés par les gouvernements et les multinationales, souvent soupçonnées elles-mêmes de pollution grave. En somme, ces moyens principalement utilisés dans les pays développés sont réactifs, destinés à résoudre des difficultés particulières et abordent les problèmes de l'écosystème de façon fragmentée. Ils ne servent pas à examiner si les systèmes économiques, sociaux et politiques peuvent en être la cause et ils se révèlent peu efficaces pour diminuer les sources principales de pollution ou punir les principaux pollueurs[59]. Les interlocuteurs des écotechnocrates sont souvent les « conservationistes ». Ceux-ci interviennent pour obtenir une action ou une politique qui a rapport à une question déterminée telle que la pollution d'un lac et ils font souvent montre d'un esprit « pas dans ma cour »[60].

Le deuxième courant de l'écologisme institutionnaliste s'est exprimé dans le rapport de la Commission Brundtland, qui a paru en 1987 à la demande de la Deuxième Conférence de l'ONU sur l'environnement, tenue en 1982 à Nairobi. Ce rapport s'adresse encore aux États-nations traditionnels et cherche donc des solutions qui leur conviennent. Cependant, il montre que le libéralisme et le capitalisme sans conscience des pays industrialisés, en particulier dans leur exploitation et leur destruction du tiers monde, vont, dans un avenir peu éloigné, s'il n'y a pas correction rapide des injustices et des inégalités à l'intérieur des nations et entre celles-ci, revenir les hanter en causant la destruction de toute la planète. Sans chercher à changer les institutions, il attaque les systèmes de pensée politiques et économiques dominants des pays du Sud.

Afin de renverser le processus de destruction de l'écosystème, le rapport recommande d'établir des liens entre nations pour protéger et préserver le « village global » et ses habitants et instituer ainsi un développement durable dans ce contexte. Soulignant que la terre est unie et que le monde ne l'est pas, le rapport regarde comme les deux ennemis du village global la pauvreté et la pollution. Il s'attaque donc au système économique et à l'aide économique « internationale » incomplète et absurde donnée au tiers monde, remarquant que la pauvreté qui y règne contribue à la destruction des forêts et des terres ainsi qu'à l'érosion des sols, cette destruction et cette érosion constituant des causes premières de l'augmentation du nombre de désastres naturels à l'échelle mondiale.

Le développement recherché répondrait aux besoins du présent sans priver les générations futures de leurs chances de survie et de prospérité. Il nécessite un abandon du consumérisme effréné dérivant de notre système économique et un changement des comportements pour limiter nos désirs à nos besoins essentiels, en s'assurant que tous les habitants du globe disposent du nécessaire pour répondre à ces besoins. Dans ces changements, les institutions peuvent jouer un rôle important pour éduquer la population à cette nouvelle conscience et à ces comportements et pour offrir l'expertise nécessaire à la population du tiers monde ; celui-ci en a besoin pour défendre ses intérêts dans les accords internationaux, dans la planification de son développement et dans la réglementation et l'inspection environnementales. Elles peuvent aussi aider à amener un dé-

veloppement respectueux de l'environnement et une coordination de ce développement aux échelles locale, nationale et internationale.

Selon ce rapport, la solidarité et la justice sur le plan international sont indispensables à la survie planétaire parce que la santé de l'écosphère ne connaît pas de frontières. Les ententes entre pays du Nord et du Sud et entre ceux de l'Ouest et de l'Est doivent donc être considérées comme justes par tous les partenaires. Des changements radicaux doivent survenir dans la politique des organisations d'aide internationale et dans le type d'aide que les pays du Nord fournissent au tiers monde[61]. Les ressources énergétiques doivent être également partagées plus équitablement dans le monde en vue de mettre rapidement fin à la pauvreté du tiers monde. Il faut qu'elles soient renouvelables, moins chères et non polluantes, produites et utilisées sur des bases locales. Enfin, le rapport a également une dimension pacifiste, la solidarité globale et le partage équitable des ressources et de l'énergie au niveau planétaire devant mettre fin aux guerres, qui, selon le rapport, sont habituellement dues à la cupidité d'une nation qui cherche à s'emparer des ressources d'une autre nation. La majorité des recommandations présentées dans ce rapport sont reprises et élargies dans la *Déclaration du Sommet de la Terre* adoptée en 1992 à Rio de Janeiro, à la clôture de la Troisième Conférence de l'ONU sur l'environnement et le développement[62].

2.3.2. LE COURANT DE L'ÉCOLOGIE SOCIALE

Le deuxième courant d'idées le plus important de l'écologisme est celui de l'écologie sociale, qui comprend une branche utopique et une branche « constructive et réaliste[63] ». Le porte-parole principal de la forme anarchiste et municipaliste de l'écologie sociale est l'Américain Murray Bookchin. Au Québec, Michel Jurdant et le mouvement les Ami-e-s-de-la-Terre défendent des principes similaires. À la différence de la forme institutionnaliste, cet écologisme cherche à abolir les institutions existantes et à opérer une transformation radicale dans les systèmes politiques, économiques et sociaux actuels, non par une révolution, mais par des changements graduels à la base[64]. S'appuyant sur la prémisse que la plupart des problèmes écologistes sont aussi de nature sociale[65] », il rattache l'idée de la domination de la nature par les humains à celle de la domination des êtres humains entre eux et, en particulier, à celle des femmes par les hommes, des jeunes et des vieux par les humains d'âge moyen et, plus généralement, de la population par les élites. Dès 1970, Bookchin s'élève déjà contre la « société hiérarchique » qui encourage à tous les échelons des relations de domination. Il propose une écosociété basée sur la diversité, l'égalité, la spontanéité, la décentralisation et une technologie non polluante[66]. Il attaque les socialistes qui, avec les libéraux et les conservateurs, soutiennent que la hiérarchie, comme infrastructure d'organisation et de stabilité, est inévitable dans la vie sociale. Le concept de classes sociales et l'étape de la dictature du prolétariat deviennent donc inacceptables. Il rejette aussi toute participation aux institutions politiques actuelles sous la forme de partis verts, car ceux-ci doivent « jouer le jeu » politique et préférer ainsi le pouvoir étatique au pouvoir populaire. Inspiré des idées anarchistes de Fourier et de Proudhon et du modèle de la *polis* d'Aristote, le municipalisme libertaire est, selon lui, l'idéal de la démocratie civique[67] et la solution qu'il préconise pour assurer la survie des humains dans l'écosystème planétaire. Les États-nations y sont remplacés, au niveau planétaire, par une confédération de communes (ou municipalités), sous la direction de conseils locaux, chaque commune s'efforçant de s'adapter le plus possible à l'écosystème, d'utiliser des ressources locales et des techniques douces ainsi que des sources non polluantes et renouvelables d'énergie. À la transformation profonde du système politique correspondent une transformation du système économique et, avec l'abandon du capitalisme, la fin de la production et de la consommation de masse, de la production de gaspillage et de la propriété privée. Chaque communauté « municipalise » son économie en s'associant à d'autres pour y intégrer ses ressources dans un système confédéral régional. Les comportements individuels subissent aussi une énorme transformation dans les domaines de la consommation, des modes de transport et du travail[68].

Michel Jurdant accepte la thèse de Bookchin suivant laquelle la domination de la nature n'est pas innée mais socialement apprise, qu'elle découle des relations de pouvoir entre les individus, les groupes au sein de la société et les nations et qu'il est donc impossible d'améliorer les rapports avec la nature sans améliorer les rapports entre les humains[69]. L'écologisme, pour lui, touche aussi à tous les aspects de la vie[70] et doit arriver à une décentralisation de la vie sociale et économique[71]. Les six grands axes qui constituent la base de la politique écologiste sont, d'après lui : l'autogestion, l'anti-productivisme, le modèle technologique doux, la souveraineté des communautés de base, l'autonomie de la société civile et l'établissement de liens de solidarité avec le tiers monde[72]. Les moyens qu'il préconise pour parvenir à cette société idéale sont des changements à la base[73], certains identiques à ceux de Bookchin, mais aussi un changement de mode de scrutin au Canada et une victoire électorale des Verts. Toutefois, comme Bookchin, il prône une forme de révolution écologiste non violente, plus culturelle que politique, s'appuyant sur les principes de diversité, d'autorégulation, de sagesse et d'équité et incorporant les valeurs et les objectifs du féminisme. Il est aussi écopacifiste, bien qu'il admette que l'on ne peut dissocier la lutte écologiste de la lutte contre une société obsédée par la productivité et que le pacifisme ne deviendra politique que lorsqu'il prendra conscience que la société « productiviste » est incompatible avec une société pacifique[74].

La forme non utopique et constructiviste de l'écologisme est représentée au Québec notamment par Luc Gagnon. Celui-ci refuse les prises de position excessives et irréalistes qui relèvent, selon lui, de vieilles idéologies de gauche ou de droite[75]. Il propose plutôt un écologisme pratique et définit les priorités que devrait adopter un Québec écologique, parmi lesquelles figure, par exemple, l'amélioration de l'efficacité énergétique des logements. Certains éléments de cet écologisme social non utopique sont défendus par plusieurs militants des partis verts[76].

2.3.3. LES IDÉOLOGIES ÉCOFÉMINISTES

Le terme écoféminisme a été forgé par Françoise d'Eaubonne en 1974 pour représenter la révolution écologiste que doivent faire les femmes afin d'assurer la survie de l'humanité sur la planète. Cette révolution implique de nouvelles relations entre les femmes et les hommes et entre les êtres humains et la nature. Elle vise à mettre fin au péril nucléaire ainsi qu'au capitalisme, qui représente le dernier stade du patriarcat[77]. Dans ce schéma utopiste basé sur la décentralisation, l'autogestion est possible grâce à une industrie réduite et miniaturisée. Pour répondre aux besoins, le troc et l'échange de connaissances suffisent si bien que chaque personne devient multi-spécialiste[78].

L'écoféminisme n'est pas une idéologie monolithique ou homogène[79]. Il comprend diverses orientations qui correspondent aux diverses branches du féminisme et qui s'écartent parfois de la pensée de Françoise d'Eaubonne. Les féministes libérales adoptent ainsi un écoféminisme qui favorise les réformes. Les écoféministes radicales attaquent les technologies « masculines » qui détruisent la nature et éliminent la vie sur la planète. Elles adoptent une religion de la nature basée sur le culte de déesses. Les écoféministes socialistes rattachent les problèmes de l'environnement principalement à la domination du capitalisme et à l'idée que le progrès demande l'exploitation de la nature par la technologie. L'économie capitaliste étant dominée par les hommes qui exploitent aussi les femmes et la nature, une triple révolution s'avère ainsi nécessaire[80].

2.3.4. LES CONTRE-CULTURISTES ET L'ÉCOLOGIE PROFONDE

L'écologisme apparaît sous d'autres formes, comme la contre-culture et l'écologie profonde, avec des types d'engagement divers pour assurer la survie de l'humanité et de l'écosystème planétaire. Les contre-culturistes, à des degrés divers, sont attachés à la pensée libertaire des années 1960, favorisant un retour à la terre, une agriculture organique et la vie en communauté.

« Écologie profonde » est une expression créée par Arn Naes pour désigner tous les courants de la pensée écologiste non réformiste[81]. Le sens de l'expression a évolué et correspond maintenant à un courant particulier de l'écologisme issu de l'hypothèse Gaïa. Les gaïens soutiennent, selon James Lovelock[82], que la terre, appelée Gaïa, est un organisme vivant qui existe, s'organise et maintient son équilibre selon les lois de la thermodynamique. La diversité des espèces contribue à assurer sa régulation optimale. L'humanité n'est pas le maître ni n'a la garde de cette planète et son avenir dépend de ses bons rapports avec elle. Gaïa, selon Lovelock, n'a rien contre l'humanité, mais si celle-ci persiste à modifier l'environnement en ne tenant pas compte de ses besoins et en attaquant sa diversité, elle court le risque de disparaître et d'être remplacée par une autre espèce plus respectueuse de l'environnement. L'humanité doit donc cesser de penser qu'elle est au centre du monde et s'efforcer d'acquérir une sensibilité écologique.

Le dernier courant écologiste constitue une déformation de l'écologie profonde qui tend à l'écofascisme. Formulé par des hommes et soutenant leur pouvoir, il ne tient aucun compte du rôle fondamental du patriarcat dans le développement de la domination de la nature et dans les autres relations de domination qui existent dans la société, la politique et l'économie[83]. Le groupe écoréactionnaire de la Californie du Nord, qui s'est approprié l'expression *deep ecology*, accepte l'idée de Lovelock que l'humanité est aussi importante que n'importe quelle autre espèce sur la terre. Mais, de là, à partir d'une faction appelée d'abord « Earth First! » se développe la faction d'extrême droite qui mêle le chauvinisme masculin, le néomalthusianisme, la glorification romantique de la nature sauvage, la désobéissance civile, l'anticommunisme et une idéologie *red neck*[84] contre la gauche et les classes laborieuses.

2.4. LES PERSPECTIVES D'AVENIR DE L'ÉCOLOGISME

Les diverses tendances de l'écologisme révèlent donc non seulement certains paradoxes sur la question de la centralisation ou de la décentralisation de la société idéale, sur les stratégies à adopter et même sur le but final à atteindre, mais aussi des différences nationales[85]. Toutefois, si l'écologisme n'existait pas, il faudrait l'inventer. Même si ses divisions et ses querelles internes nuisent à son efficacité, il n'en reste pas moins qu'il a le mérite de familiariser le public avec des questions vitales trop souvent négligées par les gouvernants et que, mettant à part l'écologie profonde, il propose des correctifs à un système politique, social et économique qui risque de conduire à la destruction de l'humanité et de la planète.

3. LE FÉMINISME

Plus que le pacifisme et l'écologisme, le féminisme, sous ses différentes formes, a d'abord suivi le développement des idéologies traditionnelles. Le sens du terme « féminisme » a lui-même évolué. Ce sont des hommes ou des organismes dirigés par des hommes, de droite comme de gauche, qui ont créé le terme « féminisme » et l'ont employé, à partir du milieu du XIXe siècle, de façon péjorative, pour désigner la doctrine défendue par les groupes féminins qui cherchent à faire avancer la cause des femmes. À droite, citons certaines institutions religieuses, telle l'Église catholique, dont les porte-parole dénoncent le féminisme, puis distinguent le « mauvais » féminisme du féminisme chrétien[86]. À gauche, les partis communistes condamnent le féminisme de la première vague du mouvement des femmes. Ils le qualifient de « bourgeois », l'accusant, d'une part, de détourner l'énergie et l'attention du prolétariat de son objectif révolutionnaire et, d'autre part, de chercher à participer à un État que leur idéologie veut, au contraire, abolir. En effet, la première vague du mouvement féministe qui apparaît, selon les pays, vers la seconde moitié du XIXe siècle, le début ou la seconde moitié du XXe siècle, cherche l'intégration équitable des femmes dans les systèmes politique et socio-économique. À cet effet, elle demande non seulement des droits politiques, mais aussi des réformes dans plusieurs autres domaines tels que ceux du droit civil, de l'éducation, des conditions de travail et de l'accès aux professions libérales.

Ce n'est que durant la deuxième vague du mouvement des femmes, qui débute dans les années 1960, que les femmes militantes se qualifieront elles-mêmes, ainsi que leurs diverses orientations, de « féministes ». Il faut remarquer enfin que le terme « féministe » a encore aujourd'hui des connotations péjoratives lorsqu'il est utilisé par les adversaires des droits des femmes, tels certains médias et autres représentants du pouvoir masculin. Qu'il se rapporte à un mouvement ou à une personne, il est alors présenté de façon déformée, ridicule ou menaçante[87].

3.1. LA DÉFINITION ET LES DIVERSES FORMES DU FÉMINISME

Le féminisme politique se définit par ses buts : *soutenir l'avancement de la situation des femmes en tant qu'êtres humains à part entière.* Ses différents courants de pensée ont des buts et des stratégies qui varient selon la conception qu'ils offrent des droits, de la condition et de la nature des femmes.

Le féminisme politique, en tant qu'idéologie non traditionnelle, est plus ancien que le pacifisme et l'écologisme, car il accompagne sous ses formes variées l'évolution des idéologies traditionnelles et non traditionnelles. Les idéologies traditionnelles ont été élaborées et interprétées, à l'origine, par des hommes qui ont imposé comme universelle et objective leur perception masculine de la réalité. Ils ont interprété leurs idéologies de façon à continuer à dominer les femmes. Les théoriciennes ont dû, ainsi, réinterpréter et compléter ces idéologies pour y faire place aux femmes et à leurs droits. Il existe donc un féminisme libéral et des féminismes socialistes qui ont suivi l'évolution des événements historiques et des idéologies traditionnelles, tout en opérant des virages marquants durant la deuxième vague du mouvement des femmes. Dans les années 1970, une idéologie féministe distincte, le féminisme radical, naît du rejet des deux autres orientations. À ces trois formes principales de féminisme, il faut ajouter les féminismes déjà traités dans ce chapitre, le féminisme pacifiste, qui véhicule habituellement une idéologie traditionnelle, et l'écoféminisme, qui se rapproche davantage du féminisme radical.

3.1.1. LE FÉMINISME LIBÉRAL

Le féminisme libéral est formulé, vers la fin du XVIIIe siècle, par deux théoriciennes, Olympe de Gouges, en France, et Mary Wollstonecraft, en Angleterre[88]. S'appuyant sur les droits naturels et les libertés des individus, et notamment le droit de résister à l'oppression, favorisés par le libéralisme, elles font valoir que les femmes sont des êtres humains, tout comme les hommes, et que Dieu n'a donné à ceux-ci aucun droit de dominer les femmes. En conséquence, celles-ci doivent posséder les mêmes droits juridiques que les hommes ainsi que les mêmes droits civils et politiques, comme l'égalité des droits de propriété et l'égalité dans le mariage. Elles doivent avoir, autant que les hommes, droit à l'éducation afin d'obtenir leur indépendance économique. Olympe de Gouges formule, donc, dans ce sens, sa *Déclaration des droits de la femme et de la citoyenne* en 1789[89]. Ses idées ne plaisent pas aux révolutionnaires jacobins qui la guillotinent pour avoir voulu être un « homme d'État »[90]. Les deux théoriciennes expriment aussi leur souci du bien-être des enfants, en insistant sur le droit de ces derniers à la reconnaissance paternelle.

Vers la fin du XIXe siècle, Harriet Taylor Mill et John Stuart Mill reprennent le flambeau du féminisme libéral en s'appuyant principalement sur le raisonnement que les femmes sont des individus quasi semblables aux hommes. Ils estiment nécessaire que les femmes soient capables d'être, si elles le désirent, économiquement indépendantes en ayant accès sur le même pied que les hommes à l'instruction et aux emplois. Cette capacité d'indépendance devrait aussi leur apporter l'égalité et le bonheur dans le mariage. Ils appuient les demandes des premiers mouvements suffragistes, c'est-à-dire le droit de vote pour les femmes et leur droit d'occuper des postes politiques sur les mêmes bases que les hommes ainsi que leur égalité devant la loi[91].

La majorité des organisations suffragistes de la première vague du mouvement des femmes, apparue vers la fin du XIXe siècle, défendent cette forme de féminisme libéral. Dès 1870, ces organisations utilisent les thèses de ces théoriciennes pour faire avancer leur cause en y greffant d'autres arguments. Les femmes et les mouvements de femmes liés à l'idéologie libérale s'attachent d'abord à obtenir un même accès que les hommes aux institutions de l'État. Ils réclament des libertés et des droits égaux à ceux des hommes en faisant valoir que l'individu de l'idéologie libérale est asexué et, donc, que les femmes comme les hommes sont des individus. La démarche était révolutionnaire à une époque où le droit commun mettait les femmes sur le même pied que les enfants ou les fous et où elles cessaient d'avoir une existence légale lorsqu'elles se mariaient. En sus des droits politiques, les femmes demandent aussi le droit à la propriété, car souvent elles le perdaient par le mariage. En outre, le statut de propriétaire leur donne, dans certains pays, le droit de voter. Les principaux autres droits demandés concernent l'accès à l'enseignement secondaire et postsecondaire et aux professions libérales. Donc, les femmes ont recours aux principes du libéralisme classique : le droit de propriété comme droit naturel

inviolable des individus, le droit de représentation pour l'individu doué de raison et propriétaire et le droit à l'égalité des chances. Ce féminisme ne cherche nullement à transformer les institutions politiques, sociales et économiques existantes, seulement à les ouvrir aux femmes.

Ce féminisme activiste développe ensuite une série d'arguments visant à rendre ces institutions plus morales et il s'inspire, pour ce faire, du courant de réformisme social soutenu principalement par les classes moyennes et les Églises protestantes. Il s'appuie sur les stéréotypes inventés par les hommes pour priver les femmes de leurs droits. Les hommes utilisaient la distinction faite par le libéralisme entre la sphère réservée à l'État et la sphère privée où celui-ci ne devait pas s'immiscer pour affirmer que la sphère publique était leur domaine exclusif, et la sphère privée le domaine où les femmes étaient reines et gardiennes des valeurs morales et de la famille. Les suffragistes demandent donc le droit de vote et le droit à une représentation politique, précisément pour débarrasser la scène politique et la société de toute corruption et pour s'assurer que la moralité de la famille et des enfants est protégée. Grâce à ce réformisme social, les suffragistes des pays anglo-saxons bénéficient de l'appui de Églises protestantes et de sociétés pour la tempérance[92]. Ce féminisme libéral qui unit dans ses raisonnements l'égalité et la spécificité stéréotypée des femmes est présent, sous diverses formes, dans la plupart des mouvements suffragistes du Canada anglais, des États-Unis[93], de la Grande-Bretagne et de la France[94].

Le premier mouvement pour le suffrage des femmes naît aux États-Unis et sert d'inspiration directe ou indirecte aux autres mouvements. Il prend forme à la suite de la participation d'Américaines à des organismes antiesclavagistes où elles luttent aussi pour obtenir leurs propres droits à la citoyenneté[95]. Elles y apprennent le discours libéral concernant les droits et l'égalité des êtres humains[96] et adaptent aux femmes les arguments abolitionnistes et pro-suffragistes en faveur des Noirs. Après leur déception causée par l'adoption des 14e (sect. 2) et 15e amendements à la Constitution américaine, qui n'incluent pas les droits des femmes, elles vont utiliser ces arguments plus fréquemment pour soutenir leurs demandes. Elles y ajoutent d'anciens arguments libéraux révolutionnaires, tels « pas d'impôts sans représentation » et le droit de résistance à l'oppression et à la tyrannie.

Les mouvements suffragistes qui s'organisent en Angleterre, aux États-Unis, au Canada et en France, réclament également le droit de citoyenneté pour les femmes. Les femmes prouvent durant la Première Guerre mondiale qu'elles peuvent remplacer les hommes dans tous les secteurs de l'économie. De plus, même sans porter les armes — porter les armes étant pour certains antisuffragistes une condition attachée à la citoyenneté — , elles contribuent de façon essentielle à la défense de la patrie. Officiellement, leur travail pour la nation durant la Première Guerre mondiale leur vaut, donc, l'accès aux droits à la citoyenneté dans les trois premiers pays mentionnés plus haut[97]. Ce n'est cependant qu'en 1929 que les Canadiennes sont reconnues comme des personnes dans l'*Acte de l'Amérique du Nord britannique* et acquièrent cette qualité nécessaire pour être nommées au Sénat. Les Québécoises doivent attendre 1940 pour avoir le droit de vote et d'être élues à l'Assemblée législative, et les Françaises n'obtiennent ce droit qu'à la fin de la Deuxième Guerre mondiale. Le contexte institutionnel, politique et culturel particulier à cette lutte suffragiste ainsi que la présence d'une Église catholique puissante dans les deux cas expliquent ce retard[98]. Dans les provinces canadiennes autres que le Québec, les femmes francophones étaient entrées dans l'arène publique en militant à la base pour garder le français dans les écoles, mais elles ne semblent pas être passées de la lutte pour des droits à l'éducation en français pour leurs communautés minoritaires à la lutte pour leurs propres droits politiques, sans doute à cause de la position antisuffragiste de l'Église catholique[99].

Entre les deux guerres, les femmes obtiennent quelques réformes, mais souvent celles-ci restent sans effet en raison de la crise de 1929. Des barrières sont érigées pour empêcher les femmes mariées de rester sur le marché du travail ou de s'y insérer. La Deuxième Guerre mondiale ramène en masse les femmes sur le marché du travail pour remplacer les hommes, pour les pousser, ensuite, à retourner au foyer, une fois la guerre terminée, en fermant, par exemple, les garderies créées pour permettre aux mères de participer à l'effort de guerre. Dans les années 1950, les industries de guerre converties partiellement en industries d'appareils et de produits ménagers embauchent, pour un salaire très bas, des ouvrières et ciblent toutes les femmes dans de nouvelles campagnes publicitaires qui visent à en faire de dociles ménagères-consommatrices. Certaines multinationales appliquaient déjà depuis une vingtaine d'années un programme de salaire familial garantissant à tout homme, marié ou non, un salaire plus élevé que celui des femmes. Du reste, dans le secteur public comme dans le secteur privé, dès qu'une femme se marie, elle est découragée ou empêchée d'aller sur le marché du travail ou d'y rester.

Ainsi, les progrès accomplis en matière d'égalité d'accès aux droits politiques, à l'éducation et aux professions libérales et d'égalité devant la loi ne se traduisent pas par une représentation, une voix et un traitement égaux à ceux des hommes dans les domaines politique et économique et par une présence égale dans les établissements d'enseignement post-secondaire. C'est, en effet, comme le montre Simone de Beauvoir dans *Le Deuxième Sexe* dès 1948[100], toujours l'homme qui définit la place de « l'autre » afin de la dominer. Au début des années 1960, un autre livre, *The Feminine Mystique*[101] de Betty Friedan, décrit le « mal sans nom » de tant de femmes américaines vivant en banlieue le modèle de ménagère-consommatrice et contribue à inspirer la deuxième vague de féminisme libéral aux États-Unis et au Canada anglais. Cette vague se rattache aux mouvements en faveur des droits civils et de réformes sociales qui attirent notamment les jeunes étudiantes des universités, qui appliquent à la situation des femmes le langage de l'intégration raciale qu'elles y ont appris. Le féminisme libéral qui s'étend aux autres pays occidentaux s'emploie à obtenir une juste représentation reposant sur une action positive, des quotas et des mesures d'équité dans tous les secteurs de la société. La solution au « mal sans nom » étant d'aller étudier et travailler hors du foyer, ce féminisme demande, et ceci aussi pour les femmes mariées, un plus grand accès aux études supérieures et au monde du travail, ainsi que le droit à l'épanouissement individuel. Le programme de ce féminisme se formule et s'accomplit dans le cadre du système politique existant par une interaction entre les nouveaux groupes de pression des femmes[102], les nouveaux organismes gouverne-mentaux[103] et les nouveaux ministères ou secréta-riats d'État chargés de s'occuper de la condition des femmes. Durant cette deuxième vague, les femmes réclament aussi le droit à disposer librement de leurs corps[104]: le contrôle de leurs fonctions de reproduc-tion par l'accès légal aux moyens de contraception et à l'avortement[105], le droit sur leur sexualité[106], le droit de n'être pas violentées et celui de ne pas être harcelées sexuellement au travail. Elles obtiennent des réformes concernant ces nouveaux droits, mais celles-ci provoquent un mouvement réactionnaire dans la ND qui cherche à les faire régresser. Les pro-grès sont lents sur les plans de la représentation politique[107] et des salaires[108], où l'égalité est encore loin d'être obtenue à la fin des années 1990. À l'échelle internationale, la violence massive contre les femmes a continué dans les années 1990 et est restée en grande partie impunie, avec les viols de centaines de milliers de femmes et d'enfants au Rwanda et en Bosnie-Herzégovine, malgré la recon-naissance bien tardive par les organisations inter-nationales qu'ils constituent un crime contre l'humanité. Alors que les femmes des pays occiden-taux gagnent lentement du terrain dans le domaine de leurs droits, celles des pays où sévit le tourisme sexuel comme la Thaïlande ou la Malaisie restent des objets d'exploitation au service des riches des pays industrialisés. La bataille du féminisme libéral pour faire reconnaître que la femme est un être hu-main possédant les mêmes droits que les hommes n'est donc pas terminée. Aux États-Unis, l'*Equal Rights Amendment* est de nouveau rejeté en 1984. Au Canada, l'égalité des sexes devant la loi insérée dans la *Charte canadienne des droits et libertés* n'a pas amené de grands progrès[109]. Les femmes franco-phones de l'extérieur du Québec font état de leur double infériorité et proposent des recommandations pour remédier aux inégalités[110].

Pourquoi de si lents progrès ? Selon ses critiques, le féminisme libéral présente de nombreuses fai-blesses (tableau 8.1) qui expliqueraient en partie son inefficacité. Plus récemment, on a reproché au fémi-nisme libéral de servir uniquement les femmes blan-ches de la classe moyenne dont la préoccupation majeure est de poursuivre leurs propres intérêts. Les mouvements ainsi que leurs demandes se sont alors efforcés, avec plus ou moins de succès dans certains pays, tel le Canada, d'intégrer des membres d'autres classes et d'autres races. Aux États-Unis, depuis la première vague[111], et au Québec, particulièrement durant la deuxième[112], les Noires et les immigrantes ont quitté les groupes de femmes blanches pour for-mer leurs propres organismes et lutter à la fois con-tre les discriminations sexistes, «classistes» et racistes[113]. Du reste, certaines femmes en avaient été exclues ou avaient préféré créer leurs propres groupes. Aux États-Unis, le féminisme noir, appelé parfois *womanism*, avait déjà établi, depuis la fin de la guerre civile, ses propres stratégies de résistance aidé des Églises noires, visant des buts spécifiques orientés particulièrement vers l'éducation pour l'avancement de toute la communauté. Au Canada, les femmes autochtones, quant à elles, ont lutté, en-tre autres, contre la discrimination sexiste de la *Loi sur les Indiens* dans la cause Lovelace[114]. En 1987, la question du nationalisme a divisé les Canadien-nes anglaises et les Québécoises ainsi que leurs fé-dérations lors de l'Accord du lac Meech, alors qu'en 1992 cette division s'est produite à l'intérieur de chaque fédération, le Comité canadien d'action sur le statut de la femme (CCA) et la Fédération des femmes du Québec (FFQ) ayant, tous deux, officiel-lement appuyé le «non» au référendum de Charlottetown[115].

Du côté de la théorie, quelques nouvelles contri-butions au féminisme libéral méritent d'être men-tionnées. Deux théoriciennes cherchent à abolir les différences entre femmes et hommes basées sur la maternité afin que l'«individu» soit vraiment asexué et qu'il n'existe plus de discriminations ba-sées sur les différences sexuelles. À cette fin, l'une préconise une reproduction entièrement en laboratoire[116], l'autre espère que les recherches scientifiques permettront aux hommes d'être enceints[117]. Une autre propose un féminisme liber-taire utopique, où femmes et hommes pourraient donner également libre cours à leurs identités diffé-rentes dans un nouvel ordre social en rupture avec le système patriarcal[118]. Enfin, le concept du fémi-nisme libéral qui promet le plus dans le domaine poli-tique est celui de la «parité». Développé par le Conseil de l'Europe sur le principe qu'il existe deux types d'êtres humains, le type féminin et le type masculin, et que «dès lors que l'humanité est

Tableau 8.1
Les principales faiblesses du féminisme libéral

❑ Demander l'égalité entre les sexes à une structure essentiellement patriarcale ne peut qu'aboutir à un échec. Les requêtes faites par les féministes libérales dépendent d'un système politique, juridique, culturel et économique créé, réglementé et dominé par les hommes. Accepter leurs demandes signifie, de leur part, une perte de pouvoir. Or, ils ne sont pas prêts à s'en départir.

❑ Le concept d'indivu asexué fait oublier les discriminations basées sur les différences.

❑ Le concept d'égalité du féminisme libéral prend les hommes comme référence, alors qu'il est difficile pour les femmes d'adopter le comportement des hommes ainsi que les règles politiques et sociales qu'ils ont créées pour leur convenir à eux seuls. Du reste, l'égalité des chances n'existe pas quand la compétition est inégale et ne sert qu'à reproduire la hiérarchie.

❑ Le féminisme libéral ne touche pas à la famille alors qu'elle est au centre de l'oppression patriarcale des femmes.

❑ Le féminisme libéral accepte une liberté au masculin qui, au nom de la liberté d'expression, permet la diffusion d'une violence contre les femmes, dans la pornographie, qui ne serait pas tolérée envers les bêtes par la Société protectrice des animaux.

❑ Le féminisme libéral se base sur l'individualisme et il n'encourage pas la solidarité entre les femmes. Il fait grand cas des « premières » femmes médecins, avocates, etc., sans toujours s'assurer que d'autres femmes pourront avoir aussi accès à ces postes.

❑ Le féminisme libéral présente le danger de virer au néoconservatisme s'il accepte de participer à un État patriarcal visant à contrôler par ses lois le corps des femmes et, en général, à les opprimer en termes légaux et à leur enlever certains acquis, tout en faisant quelques réformes, ici et là, pour leur plaire.

Sources : Ce tableau s'inspire, en partie, des idées développées dans Zillah R. Eisenstein, *The Radical Future of Liberal Feminism*, New York, Longman, 1981 ; Nannerl O. Keohane *et al.* (dir.), *Feminist Theory, Critique of Ideology*, Chicago, The University of Chicago Press, 1981 ; Jean F. O'Barr (dir.), *Women and the New Academy. Gender and Cultural Contexts*, Madison, Wisconsin, The University of Wisconsin Press, 1989 ; Elizabeth Meehan et Selma Sevenhuijsen (dir.), *Equality Politics and Gender*, London, Sage Publications, 1991 ; Rosalind Pollock Petchevsky, « L'antiféminisme et la montée de la Nouvelle Droite aux États-Unis », *Nouvelles questions féministes*, 6–7, printemps 1984, p. 55–104.

reconnue comme étant féminine et masculine, la participation paritaire de l'homme et de la femme devient une condition *sine qua non* de la démocratie »[119], il réclame une représentation paritaire dans les institutions politiques, obtenant ainsi l'égalité de représentation dans la différence.

3.1.2. LE MARXISME FÉMINISTE ET LE FÉMINISME MARXISTE

Durant la période de la première vague, deux théoriciens se sont chargés d'interpréter la situation des femmes de façon marxiste. Dans le marxisme, les femmes ont une fonction naturelle, celle de reproduction sociale. De plus, elles doivent s'impliquer dans le processus de production pour acquérir une conscience révolutionnaire. La société étant divisée en classes sociales, d'après leur position par rapport au mode de production, les femmes ne forment pas une classe sociale. Les femmes et les hommes prolétaires doivent participer à la lutte contre les femmes et les hommes de la bourgeoisie. Durant la première vague du féminisme, les femmes prolétaires ne doivent donc pas se joindre au mouvement suffragiste ou d'avancement des droits des femmes, qualifié de

« féminisme bourgeois », étant donné que le vote ou ces droits cherchent une insertion dans un système politique, économique et social qui perpétue le système capitaliste et l'exploitation du prolétariat.

Parmi les marxistes, la situation de classe des femmes fait cependant l'objet d'une certaine confusion. Le *Manifeste du Parti communiste*[120], par exemple, attribue aux femmes la situation de classe de leurs maris. De son côté, Auguste Bebel, le premier à considérer la situation des femmes de façon systématique, s'éloigne du schéma orthodoxe[121]. Sa déviation principale consiste à déclarer que *toutes* les femmes sont opprimées par les hommes. Elles peuvent donc tenter de réduire leurs inégalités en changeant les lois et les institutions, tout en se rappelant que seule la révolution prolétarienne est capable de leur apporter les conditions nécessaires à une émancipation totale.

Engels et Marx avaient admis, dès 1846, que la première division du travail était entre hommes et femmes pour la propagation des enfants et que les femmes avaient une place spéciale dans le processus général de reproduction sociale comme agentes reproductrices des classes sociales. Engels s'empresse de rédiger un texte pour réaffirmer le point de vue orthodoxe concernant l'origine de l'oppression des femmes et leur rôle dans la révolution[122], pour corriger le concept de Bebel selon lequel les femmes sont une classe sexuelle opprimée. Il récupère ce concept en s'appuyant sur les données de l'anthropologue Morgan pour « prouver » que la domination des femmes par les hommes apparaît avec l'évolution de la division du travail entre les sexes et s'exprime dans l'institution du mariage monogame, le mariage monogame étant lui-même la conséquence du développement de la propriété privée. Ce thème du mariage bourgeois avait déjà été développé dans le *Manifeste*. Il s'ensuit que, si l'on abolit la propriété privée, ce qui est le cas dans la société communiste, le mariage monogame disparaît ainsi que l'oppression des femmes. Engels réintègre aussi le concept de division des classes, la famille bourgeoise monogame étant basée sur le désir du père de transmettre ses biens à des enfants dont il est certain de la paternité, tandis que la famille prolétaire, sans propriété, est celle qui offre les meilleures conditions pour des unions basées sur l'attraction sexuelle et l'amour.

Les femmes prolétaires sont donc doublement impliquées dans le processus de production par leur fonction de reproduction sociale de la classe de travailleurs et leur implication directe dans le système économique de production. Leur exploitation ici leur fait augmenter les rangs de la force révolutionnaire tout en contribuant à aggraver les conditions générales de travail par leurs bas salaires et le chômage conséquent des hommes. Marx et Engels vacillent dans leurs convictions dans d'autres écrits, en particulier sur le rôle des femmes dans la sphère privée. Ils expriment leur propre sexisme, en attribuant encore aux seules femmes, dans la société communiste idéale, la responsabilité des enfants et de la famille ainsi que du reste du travail domestique.

Clara Zetkin et Alexandra Kollontaï présentent des variantes de la position orthodoxe marxiste durant la période de la première vague du mouvement féministe. Zetkin soutient la lutte des femmes pour leurs droits politiques comme une arme essentielle de la lutte des classes. Elle fait accepter cette demande de droits politiques dans les programmes officiels du Parti social-démocrate allemand (SDP) de 1890 à 1912. Jusqu'en 1908, elle réussit à y créer des organisations autonomes et séparées de femmes. Elle soutient que l'indépendance économique des femmes est une condition essentielle de leur égalité sociale et politique. Elle reconnaît cependant que la libération totale des femmes ne peut se produire que dans la société communiste idéale, où, endossant les idées sexistes officielles, elles pourront accomplir encore mieux leurs devoirs d'épouses et de mères[123].

Kollontaï, dans son poste au Comité central de la révolution russe, a l'occasion d'appliquer son propre marxisme féministe aux changements révolutionnaires du temps. Elle embrasse le concept d'Engels de la double appartenance des femmes : à une classe sociale et à la classe de reproduction sociale. Mais, sur ces bases, elle précise que deux luttes doivent être menées. La première est une révolution prolétarienne, avec la classe des travailleurs et travailleuses. La deuxième, vu la spécificité « maternelle » des femmes, est une révolution sexuelle, qui vise à obtenir des mesures « spéciales » pour les femmes[124] au travail et dans le domaine des services sociaux et domestiques et à opérer des changements dans les comportements et les rapports entre les sexes. La révolution communiste doit ainsi s'accompagner d'une révolution sexuelle[125].

En pratique, Kollontaï tente, à partir de 1917, d'offrir l'égalité sociale aux femmes par des mariages par consentement mutuel, par des divorces faciles et par l'accès libre à des avortements gratuits. Peu de chose est accompli pour arriver au reste de son idéal[126] et ce peu disparaît sous Staline qui présente la femme traditionnelle comme le pilier de la nation, demande l'enregistrement des mariages et insiste sur les devoirs des femmes dans la famille. Le Code de la famille de 1934 abolit la plupart des réformes accomplies depuis 1917.

Durant la deuxième vague, les féministes socialistes des pays occidentaux ont une tâche pratique et théorique difficile. Habituellement liées à la nouvelle gauche et au mouvement des droits civils dominés par les hommes, elles sont mécontentes de la façon dont elles-mêmes et les questions des femmes y sont traitées. Du point de vue pratique, elles cherchent à expliquer la réalité de l'Union soviétique où la révolution n'a pas entraîné l'émancipation complète des femmes[127]. L'une soutient que l'émancipation des femmes ne peut être accomplie que dans une vraie société socialiste et que le modèle soviétique est imparfait. L'autre demande, vu que la disparition de la propriété privée et la présence d'un État socialiste n'ont pas libéré les femmes, que la lutte pour l'émancipation des femmes ou la fin de la « domination masculine »[128] précède ou accompagne la révolution socialiste[129]. Certaines théoriciennes réinterprètent les deux oppressions d'Engels en précisant que, comme les divisions de genre existaient avant la propriété privée, elles ne peuvent entièrement disparaître avec l'abolition de l'État capitaliste et des relations sociales qui y existent. Il faut donc déjà lutter sous le capitalisme pour socialiser le travail domestique et le « maternage » et libéraliser les lois sur le mariage et sur l'avortement.

D'autres qualifient le marxisme de patriarcal[130] parce qu'il néglige l'oppression des genres et des domaines d'expérience cruciaux pour les femmes et parce qu'il accepte la base naturelle et biologique de la division sexuelle du travail. D'où un premier débat entre théoriciennes sur la nature productrice ou reproductrice du travail non rémunéré des femmes à la maison, sur la question de la possible rémunéra-

tion de leur travail domestique[131] et sur la façon dont cet aspect de la division sexuelle du travail fonctionne dans le capitalisme, dans la reproduction du capital, de la force du travail et des rapports de production. Plusieurs s'efforcent de réinventer le concept de reproduction dans un cadre marxiste féministe et de le conceptualiser historiquement et dialectiquement dans ses relations avec le mode de production, en y incluant le travail domestique, la famille, la sexualité et la reproduction[132]. La plupart des écrits sur la reproduction tombe dans un dualisme théorique qui postule deux systèmes séparés d'oppression et n'arrive pas à accommoder entièrement les relations entre le capitalisme et le patriarcat, l'oppression de classe et l'oppression de genre[133]. Chez certaines, comme Angela Davis, cependant, ce dualisme évolue vers une vision qui incorpore avec plus de succès les intersections entre genre, classe, culture et race[134].

Une deuxième source de difficultés pour les féministes provient des relations entre base économique et superstructure. Comment expliquer aux marxistes pour lesquels les changements de conscience viennent des changements externes, que les groupes de prise de conscience des femmes changent leur conscience parce que leur oppression est à la fois intériorisée et imposée de l'extérieur et, en outre, qu'un changement de base économique ne fait pas disparaître le patriarcat? Des féministes socialistes[135] s'appuient sur la pensée de marxistes poststructuralistes et d'anthropologues qui ont rejeté le réductionnisme historique de la primauté de la base économique sur la conscience et insistent sur l'importance des facteurs humains et de la conscience dans la vie sociale et le changement social. Elles adoptent notamment le concept d'interpellation d'Althusser, que les sociologues ont traduit en « construction sociale de l'identité », ainsi que le concept de « résistance à l'hégémonie de l'idéologie dominante » de Gramsci. Elles expliquent que la conscience des femmes, produit d'une construction sociale, en particulier dans la famille, peut changer grâce à l'expérience de groupes de prise de conscience, réaliser son oppression et lutter contre celle-ci. Elles décrivent aussi les stratégies de contre-pouvoir employées par les femmes dans l'histoire pour résister à la domination capitaliste et patriarcale. En insistant sur les liens entre capitalisme et patriarcat, elles préconisent également que, pour les renverser, il faut deux révolutions, l'une socialiste, l'autre psychanalytique[136].

Enfin, les féministes n'acceptent pas la prétendue objectivité des théories, la réalité, à leur avis, étant toujours interprétée d'un point de vue subjectif[137]. La prétention de Marx d'avoir présenté une théorie scientifique, objective, universelle et inéluctable de l'histoire est ainsi difficilement compatible avec le féminisme, qui perçoit le marxisme comme l'expression d'un point de vue subjectif, donc ici masculiniste, incomplet et non universellement « vrai ». Plusieurs femmes ont abandonné leurs tentatives de réconcilier marxisme et féminisme. Découragées également du masculinisme exprimé dans les groupes de gauche auxquels elles appartenaient, elles ont contribué à élaborer une nouvelle forme de féminisme.

3.1.3. LE FÉMINISME RADICAL

Le féminisme radical est né ainsi du rejet des idéologies classiques, dont le marxisme, et du désir d'accorder la priorité à la lutte contre l'oppression des femmes par les hommes et à la célébration de l'identité des femmes. Ce féminisme reconnaît donc le droit à la différence entre les êtres humains, ce droit entraînant celui de ne pas être opprimé par les autres. L'identité des femmes n'est donc pas une construction de l'esprit masculin et ne dérive pas de leurs relations avec les hommes. Cette identité, telle celle des hommes, n'a pas besoin de définition, elle « est ». Ce féminisme est inclusif, c'est une idéologie collective qui célèbre et valorise l'identité des femmes en tant qu'êtres humains à part entière, indépendants des hommes[138].

La reconnaissance de la différence et la célébration de celle-ci impliquent une redéfinition de tous les aspects de la vie et de la société, qui comprennent le langage[139], l'art, la culture, les lois, tout le système économique, politique, social, et juridique, la moralité, la religion[140] et les relations sexuelles. En effet, pour dominer les femmes, les hommes se sont appropriés ces domaines en imposant leurs définitions et leurs interprétations sous prétexte d'objectivité et d'universalité. Le concept de patriarcat présenté en premier par Kate Millett démontre que l'oppression des femmes ne s'explique pas par la biologie mais par la construction sociale de la féminité, par une politique sexuelle totalitaire qui contrôle les femmes par la violence et l'endoctrinement. Des auteures se concentrent ainsi sur les « lieux » principaux où s'exprime cette violence patriarcale, tels le viol et la pornographie, symboles de la menace du recours à la violence que les hommes utilisent pour « terroriser » l'ensemble des femmes[141]. Au Québec, la revue *Québécoises deboutte!*, liée au Centre des femmes de Montréal, illustre ce cheminement vers le féminisme radical suivant une certaine déception du mariage féminisme-marxisme dans le Front de libération des femmes (FLF). Incitant à l'action, le féminisme radical préconise une révolution contre le patriarcat, notamment psychologique, qui commence dans les groupes de prise de conscience. Ce féminisme n'a pas de vision d'un État idéal, mais suggère des changements importants de comportement dans le domaine de la politique. Il attaque la notion même de politique parce qu'elle implique un pouvoir lié à des relations de domination et en propose une autre définition et un autre mode de relations, substituant au « pouvoir sur » le « pouvoir de ». Il appuie les mouvements de contre-pouvoir face à la politique traditionnelle[142], un style de prise de décision par consensus et un leadership collectif ou en rotation. Certaines féministes veulent établir une nouvelle société basée sur une forme d'anarchisme[143]. Le féminisme radical séparatiste lesbien propose des réseaux d'institutions séparées pour les femmes et les hommes. Les débats et les divisions créés par ce courant séparatiste ont permis de mettre en évidence une question majeure pour l'avenir du féminisme : celle de l'impossibilité pour les femmes hétérosexuelles et lesbiennes de se libérer de l'oppression des hommes sans que ceux-ci acceptent aussi de cesser de les opprimer[144]. Les séparatistes accusent les hétérosexuelles de collaborer avec l'ennemi dans la vie privée, mais elles-mêmes, sauf dans leurs organisations séparées, ne peuvent échapper complètement à l'oppression des hommes dans tous les aspects de la vie publique.

3.2. LES PERSPECTIVES D'AVENIR DU FÉMINISME

Ce survol des féminismes a montré que la situation des femmes a changé dans le monde occidental, mais qu'elle continue à se buter à un obstacle majeur : la situation des hommes. Celle-ci étant peu

166

étudiée, il est difficile d'en apprécier les changements, mais les indices dont on dispose, tel l'écart persistant des salaires moyens entre les sexes, font voir qu'il existe une mauvaise volonté de leur part à opérer les changements nécessaires pour répondre même aux demandes limitées du féminisme libéral. Les progrès accomplis par le féminisme sont aussi menacés par l'hostilité de la nouvelle droite et par les compressions budgétaires gouvernementales qui abolissent ou réduisent les subventions aux groupes féministes et aux programmes d'amélioration de la situation des femmes. À cause de la fatigue et de l'âge mûr des militantes de la deuxième vague, il faut aussi une relève et il n'est pas certain que les programmes d'études sur les femmes dans les universités et collèges soient suffisamment établis pour l'assurer. À son actif, les divisions théoriques du féminisme ont été atténuées par le postmodernisme, et les féministes elles-mêmes sont devenues plus sensibles dans leurs buts, institutions et activités à la diversité qui existe entre les femmes. Une critique valide du féminisme est, en cette fin de millénaire, qu'il est trop centré sur l'Europe et l'Amérique du Nord, à la fois dans son discours et sa recherche. Peu a été dit sur la situation des femmes dans le reste du monde. Il existe, pourtant, des formes de féminismes socialistes dans les nations postcoloniales, des formes de contre-pouvoirs de femmes dans les régimes autoritaires, et une cooptation de quelques femmes des classes plus élevées dans les lieux de pouvoir politique de certains de ces pays. Un exemple est le féminisme politique original des Mères de la Place de Mai formé en Argentine en 1977 avec des groupes similaires au Chili, au Salvador, au Guatemala et au Sri Lanka. Il utilise, pour protester contre la violence des régimes totalitaires de droite, les rôles traditionnels de mères que ces régimes masculinistes et militaristes assignent aux femmes[145].

En bref, on constate que les points communs importants du pacifisme, de l'écologisme et du féminisme se situent dans la notion de l'altérité et de son interprétation particulière par les idéologies classiques. Le pacifisme et le féminisme critiquent l'interprétation de l'altérité dont découlent des relations de dominant-dominée. Ils critiquent le raisonnement suivant lequel, parce que l'autre est différente, si ce n'est que par sa citoyenneté ou son sexe, cette perception de l'altérité justifie un refus de reconnaître son humanité, ce qui permet de l'exploiter, de la violenter, de lui faire la guerre, de la dominer et de l'empêcher de satisfaire ses besoins essentiels en tant qu'être humain. Ils révèlent aussi les racines économiques et sexistes de ces relations, c'est-à-dire le capitalisme qui tire profit des guerres et le patriarcat qui opprime les femmes. L'écologisme critique la notion d'altérité entre l'être humain et la nature, parce que celle-ci permet d'exploiter et de dévaster la planète sans aucune conscience des conséquences à court et à long terme pour l'humanité. Cette exploitation aveugle découle principalement d'un système capitaliste orienté uniquement vers le profit et qui apparaît avec le libéralisme et une révolution scientifique qui donne à la nature un caractère féminin, passif et exploitable.

Lectures suggérées

Ascot, Pascal (1994), *Histoire de l'écologie*, Paris, PUF, collection « Que sais-je? ».

Bookchin, Murray (1993), *Une société à refaire. Vers une écologie de la liberté*, traduit par Catherine Barret, Montréal, Écosociété.

Chomsky, Noam (1996), *Les dessous de la politique de l'Oncle Sam*, traduit par J.-M. Flémal, Montréal, Écosociété.

Jurdant, Michel (1988), *Le défi écologiste*, Montréal, Boréal.

Maillé, Chantal (1990), *Les Québécoises et la conquête du pouvoir*, Montréal, Saint-Martin.

Megyery, Kathy (dir.) (1991), *Les femmes et la politique canadienne. Pour une représentation équitable*, Toronto, Dundurn Press et Wilson et Lafleur Ltée, la Commission royale sur la réforme électorale et le financement des partis, Groupe communication Canada-Édition, Approvisionnement et Services Canada.

Merle, Marcel (1966), *Pacifisme et internationalisme XVII-XXᵉ siècles*, Paris, Armand Colin.

Simonnet, Dominique (1991), *L'écologisme*, Paris, PUF, collection « Que sais-je? ».

Troyer, Warner (1990), *La préservation de notre monde. Un guide du rapport Brundtland à l'usage des consommateurs*, Ottawa, Table ronde sur l'environnement et l'économie.

Notes

1 Pour ces différences de définitions, voir Adam Curle, « The Scope and Dilemmas of Peace Studies », dans James O'Connell et Adam Curle, *Peace With Work to Do. The Academic Study of Peace,* Dover (N.H.), Berg Publishers, 1985, p. 15.

2 Bahgat Korany, « Conflits récents dans le Tiers-Monde et théories des conflits », dans Pierre Laplante et Joseph Levy (dir.), *La paix : nouvelles directions,* Montréal, Méridien, 1987, p. 16.

3 Nigel Young, « Tradition and Innovation : Towards an Analytical Framework », dans Richard Taylor et Nigel Young (dir.), *Campaigns for Peace, British Peace Movements in the Twentieth Century*, Manchester, Manchester University Press, 1987, p. 7.

4 *Ibid.,* p. 9.

5 Par exemple, la coalition pacifiste qui existait au Québec durant la guerre froide comprenait des organisations alignées et non alignées, des artistes, des membres de professions libérales et des gens de la base épousant des idéologies de gauche et du centre, liés parfois à des courants féministes, écologistes ou religieux (Jean-Guy Vaillancourt, « L'enracinement de la paix », dans Pierre Laplante et Joseph Levy (dir.), *La paix : nouvelles avenues*, Montréal, Méridien 1987, p. 174–175).

6 Charles F. Howlet et Glen Zeitzer, *The American Peace Movement : History and Historiography*, Washington (D.C.), American Historical Association, Pamphlets, 1985, p. 10.

7 Nigel Young, *op. cit.*, p. 16.

8 Celle-ci fut fondée en 1650 par George Fox ; une Société des Amis de la paix est fondée en Suisse et, en 1840, en France. Au XXᵉ siècle, elle devient une organisation internationale. Voir Jean Defraisne, *Le pacifisme*, Paris, PUF, collection « Que sais-je ? », 1983, p. 58.

9 Au Canada, les quakers, les mennonites et les moraviens arrivent avec la vague loyaliste dans le Haut-Canada. Les doukhobors, emprisonnés sous le tsar pour avoir refusé de porter les armes, sont acceptés au Canada grâce aux pressions de Tolstoï, lui-même devenu pacifiste durant la guerre turco-russe de 1877–1878. En 1919, un arrêté ministériel bannit l'immigration au Canada des mennonites, des hutterites et des doukhobors. Au retour du gouvernement libéral, cet arrêté est aboli et une deuxième vague de mennonites entre au Canada, fuyant la Russie de 1923 à 1927. Voir Thomas P. Socknat, *Witness Against War. Pacifism in Canada 1900–1945*, University of Toronto Press, 1987, p. 13–15 et p. 120.

10 J. S. Woodsworth, pasteur méthodiste qui devint le leader du CCF, s'opposa, pour des raisons morales, à la participation du Canada aux deux guerres. Voir Grace MacInnis, *A Man to Remember*, Toronto, Macmillan, 1953.

11 Howlett et Zeitzer, *op. cit.*, p. 22–23.

12 Comme le plan d'union fédérale européenne d'Aristide Briand présenté en 1929 à Genève ou le mouvement Pan-Europe de Richard Candenhove-Calergi, fondé en 1922. Voir Marcel Merle, *Pacifisme et internationalisme XVII-XXᵉ siècles*, Paris, Armand Colin, 1966, p. 291–303.

13 Mentionnons, aux États-Unis, l'Intercollegiate Peace Association, la National Association of Cosmopolitan Clubs, l'American School Peace League ; Howlett et Zeitzer, *op. cit.*, p. 24.

14 *Ibid.*, p. 21. Entre autres, l'American School Citizenship League, la World Federation of Education Association, l'Association for Peace Education, la Carnegie Endowment for International Peace, la World Peace Foundation.

15 Jean Defraisne, *op. cit.*, p. 95–96.

16 Robert Schuman, « Principe et méthodes de l'intégration européenne », dans *Pacifisme et internationalisme XVIIᵉ-XXᵉ siècles,* dans Marcel Merle, *op. cit.*, p. 309. Schuman, en 1950, donne priorité à l'intégration économique, les abandons de souveraineté devant venir plus tard.

17 Daniel Holly, « L'échec du projet de sécurité collective », dans Laplante et Levy, *op. cit.*, p. 32.

18 Les sujets des articles offerts par des revues comme le *Journal of Peace Research* démontrent la diversité de leurs domaines d'études, qui peuvent être politiques, psychologiques, stratégiques, de relations internationales, aussi bien qu'économiques, sociologiques ou biologiques.

19 Jean-Guy Vaillancourt, « L'enracinement du mouvement », dans Laplante et Levy, *op. cit.*, p. 171.

20 Julius Moritzen, *The Peace Movement of America*, New York, G. P. Putnam's Sons, 1912, p. 388 et 376.

21 De telles manifestations ont été parrainées au Canada par la Combined Universities Campaign for Nuclear Disarmament, par le Comité des 100 et le Comité pour l'action non violente.

22 Le vidéo de Helen Caldicott, fondatrice de Physicians for Social Responsibility, souligne que, dans les années 1980, les États-Unis et l'Union soviétique avaient assez d'armements dans leur arsenal nucléaire pour détruire sept fois toutes les villes de la terre. Voir « Si cette planète vous tient à cœur », dans Terri Nash (dir.), ONF, 1982 ; *If You Love This Planet : A Plan to Heal the Earth*, New York, W.W. Norton, 1992, et « Nuclear Madness », dans Cambridge Women's Peace Collective, *My Country Is the Whole World. An Anthology of Women's Work on Peace and War*, London, Pandora Press, 1984, p. 234.

23 Au Québec, la Coalition québécoise pour le désarmement et la paix et le Conseil québécois de la paix ; voir Vaillancourt, *op. cit.*, p. 171.

24 Defraisne, *op. cit.*, p. 83–84. Par exemple, Rosa Luxemburg, en Allemagne, a refusé de voter ces crédits.

25 *Ibid.*, p. 112–113.

26 Tel est le cas, en Grande-Bretagne, de la Campagne pour le désarmement nucléaire (SDN) dans les années 1960.

27 Lénine demandait de distinguer entre violence révolutionnaire et violence réactionnaire, Mao-Zedong entre guerres révolutionnaires et guerres contre-révolutionnaires. Voir Lénine, « La révolution... seul moyen de salut contre les horreurs de la guerre », et Mao Tsé-Toung, « La guerre pour mettre fin à la guerre » et « La nature de la guerre », dans Marcel Merle, *op. cit.*, p. 277–279, 284–285, 285–286.

28 Le courant aligné était le Conseil québécois pour la paix lié au Conseil mondial de la paix d'Helsinki et au Conseil canadien de la paix. Voir Nathalie Gagnon, « Le mouve-

ment pacifiste au Québec : réflexions d'une militante », *Atlantis*, 12, 1, automne 1986, p. 60.

29 Nigel Young, « War Resistance and the British Peace Movement Since 1914 », dans Young et Taylor, *op. cit.*, p. 38. Les anarchistes Emma Goldman et A. Berckman fondent en 1917 la Non-Conscription League. En Angleterre, des milliers d'anarchistes se joignent aux OC durant la Deuxième Guerre mondiale.

30 Adela Pankhurst, « I didnt raise my son to be a soldier... » (je n'ai pas élevé mon fils pour qu'il soit soldat et tue le fils chéri d'une autre mère », dans Cambridge Women's Peace Collective, *op. cit.*, p. 100 (traduction libre). Au Canada, Nellie McClung écrit que « la guerre est un crime commis par les hommes ». (Socknat, *op. cit.*, p. 34).

31 Par exemple, au Canada, la Women Christian Temperance Union (WCTU) et le National Council of Women (NCW) créent, en 1904, des comités pour la paix et l'arbitrage. *Ibid.*, p. 33.

32 Il s'agit des Women's Peace Parties.

33 Jane Addams milite aussi pour la paix dans le mouvement mixte American Union Against Militarism, créé en 1915. Alice Paul, qui dirige le seul mouvement suffragiste qui reste actif aux États-Unis, proteste activement contre la guerre dans la Women's Peace Society. En Grande Bretagne, ce sont les suffragistes radicales et les socialistes qui contribuent à la création de WILPF. Celui-ci devient un organisme national au Canada en 1920.

34 Barbara Roberts, « Women Against War 1914–1918. Francis Beynon et Laura Hughes », dans Janice Williamson et Deborah Gorham (dir.), *Up and Doing. Canadian Women and Peace*, Toronto, The Woman Press, 1989, p. 48–65. Hughes est aussi membre du WILPF.

35 Thomas P. Socknat, « For Peace and Freedom : Canadian Feminists and the Interwar Peace Campaign », dans Williamson et Gorham, *op. cit.*, p. 73.

36 Il s'agit d'une coalition comprenant des membres du Parti travailliste, du Parti communiste, des syndicats et de la Women's Cooperative Guild.

37 Comme le FOR, le No More War Movement, le War Resisters International et la League of Workers.

38 Virginia Woolf, *Trois guinées,* suivi de *L'autre corps*, Paris, Des femmes, 1978.

39 Socknat, « For Peace... », *op. cit.*, p. 82.

40 Mentionnons la Women's Peace Caravan de 1958, traversant l'Europe de l'Est et de l'Ouest, Women Against the Bomb, qui organise des manifestations lors de la crise de Berlin, ou Women for Peace en 1980, qui demande le désarmement nucléaire ; en Angleterre, Women Oppose Nuclear Threat (WONT), créé en 1980, et en particulier le Greenham Common Women's Peace Camp, qui, avec les éco-féministes, Women for Life on Earth, marchent en 1981 de Cardiff à la base américaine de Greenham Common et y établissent un camp.

41 Tels l'Alliance for Non-Violent Action's Women's Collective, le Survival Committee of the National Action Committee on the Status of Women, et le Comité pour la paix de la Canadian Federation of University Women ; voir Janice Williamson, dans Williamson et Gorham, *op. cit.*, p. 12–26.

42 Janice Williamson, « Introduction », *ibid.*, p. 16. La Canadian Peace Alliance, fondée en 1985, regroupe 400 organismes.

43 Simonne Monet-Chartrand utilise cet argument maternel lors de la formation de la Voix des femmes au Canada (*Les Québécoises et le mouvement pacifiste 1939–1967*, Montréal, Écosociété, 1993, p. 56). Aux États-Unis, Women Strike for Peace (WSP), qui mobilise 50 000 femmes dans 60 villes le 1er novembre 1961 pour faire une grève de la paix, invoque aussi leurs craintes pour la santé de leurs enfants : « [...] when they were putting their breakfast on the table, they saw not only wheaties and milk, but they also saw strontium 90 and Iodine 131... ». Voir Amy Swerdlow, « Ladies' Day at the Capitol : Women Strike for Peace Versus HUAC », dans Ellen Carol DuBois et Vicki L. Ruiz (dir.), *Unequal Sisters*, New York, Routledge, 1990, p. 406.

44 La VOW organise la deuxième conférence internationale des femmes pour la paix à Montréal en 1967 et la Conférence internationale des femmes pour la paix, tenue à Halifax en juin 1985. Elle appuie la nomination de femmes à des postes importants à l'ONU et à l'UNESCO et continue à participer à des rencontres et à faire des interventions concernant la paix et le désarmement dans le monde. Thérèse Casgrain fut, en 1961, au Québec, sa première présidente.

45 Par exemple, le mouvement FANG à San Francisco combine la lutte contre le patriarcat et la lutte contre les armes nucléaires. Voir Diane E. H. Russell, « The Birth of FANG, a Feminist Anti-Nuclear Group », *Atlantis,* 12, 1, automne 1986, p. 173–174.

46 Claude Julien, « Le prix des armes », dans *Le Monde diplomatique,* « La Paix des Grands. L'Espoir des pauvres », Paris, La Découverte, Le Monde, 1989 p. 90.

47 Daniel Holly, « L'échec du projet de sécurité collective », dans Laplante et Levy, *op. cit.*, p. 32.

48 En 1988, selon l'institut World Priorities, « les pays sous-développés dépensaient quatre fois plus d'argent pour leur armement que pour la santé de leurs populations... un de leurs enfants sur cinq mourait avant d'avoir atteint l'âge de cinq ans ». Voir Claude Julien, *ibid.*, p. 90.

49 Un document de la CSN indique que, dans les années 1980, la moitié de l'industrie d'armements au Canada se trouvait au Québec et souligne que cette industrie produirait plus d'emplois si elle convertissait ses activités à des fins pacifiques. Voir Eric Shragge et David Mandel, « Trade-Union and Peace. Lessons From Quebec », dans Eric Shragge *et al.* (dir.), *Roots of Peace. The Movement Against Militarism in Canada*, Toronto, Between the Lines, 1986, p. 130.

50 Daniel Mandel soutient ce point dans « La détente et les aspects systémiques du conflit est-ouest », dans Laplante et Levy, *op. cit.*, p. 128.

51 Anne Maesschalk et Gérard de Selys, « Les poubelles de la Terre », dans *Le Monde diplomatique, op. cit.*, p. 192–202.

52 Noam Chomsky, *Les dessous de la politique de l'Oncle Sam*, traduit par J.-M. Flémal, Montréal, Écosociété, 1996, p. 79–80.

53 Serge Mongeau (dir.), *Pour un pays sans armée*, Montréal, Écosociété, 1993.

54 Cette définition est tirée d'E. Haeckel, *Generelle Morphologie der Organismen,* Berlin, 1866, cité dans Pascal Ascot, *Histoire de l'écologie*, Paris, PUF, 1994, p. 5.

55 Rachel Carson, *Silent Spring*, Boston (Mass.), Houghton Miffin, 1962.

56 Dominique Simonnet, *L'écologisme*, Paris, PUF, collection « Que sais-je ? », 1991.

57 Michel Jurdant, *Le défi écologiste,* Montréal, Boréal, 1988, p. 74.

58 Voir, par exemple, les accords canado-américains sur les pluies acides ou sur le contrôle de la pollution des Grands Lacs. Ceux-ci recommandent rapports après rapports, plutôt que des mesures pratiques dont l'application serait obligatoire.

59 Ce plan présente pêle-mêle, par exemple, comme domaines de recommandations, la protection de la faune, les catastrophes écologiques, la santé et l'environnement, la durabilité des pêches et le patrimoine historique canadien. Voir David W. Conklin, Richard C. Hodgson et Eileen D. Watson, *Le développement durable : guide à l'usage des gestionnaires. Table ronde nationale sur l'environnement et l'économie*, Ottawa, 1991, p. 13.

60 Traduction de l'expression anglaise *not in my backyard* (NMB).

61 Par exemple le Fonds monétaire international (FMI) n'envoie que la moitié des ressources nécessaires pour raviver la croissance des pays du tiers monde. Il impose des programmes d'austérité conditionnels à son aide qui obligent à faire des compressions dans les maigres programmes sociaux et sanitaires de ces pays et nuisent à leur croissance et à leur stabilité. Selon le rapport, la moitié de l'aide au développement économique fournie au tiers monde par les pays industrialisés est en armes, et « les États-Unis ont donné à eux seuls plus de 50 milliards de dollars d'armes et d'entraînement militaire au Tiers-Monde depuis 1946 » (Warner Troyer, *La préservation de notre monde*, Ottawa, Table ronde sur l'environnement et l'économie, 1990, p. 41–45 et p. 143).

62 Voir pour le texte de la déclaration, Normand Brunet, « L'écologie », dans Michelle Gérin-Lajoie (dir.), *Idéologies et régimes politiques*, Ottawa, MGL, 1992, p. 879–909.

63 Cette distinction est faite par Luc Gagnon, (*L'écologie. Le chaînon manquant de la politique*, Montréal, Les Éditions de l'Alternative, 1985).

64 Murray Bookchin, qui a milité dans des organismes communistes et trotskystes et qui connaît ainsi bien leurs principes, condamne non seulement le libéralisme et sa base économique, le capitalisme, mais aussi le socialisme de Marx et Engels et l'application qui en a été faite dans l'ancienne Union soviétique.

65 Murray Bookchin, *Une société à refaire. Vers une écologie de la liberté*, traduit par Catherine Barret, Montréal, Écosociété, 1993, p. 34.

66 Murray Bookchin, *Pour une société écologique*, traduit par Helen Arnold et Daniel Blanchard, Paris, Christian Bourgois, 1976.

67 Bookchin, *Une société à refaire*, p. 263.

68 Chaque personne prend, selon ses besoins, au fonds commun de la municipalité, se déplace surtout à pied dans la petite communauté ou, s'il est nécessaire d'aller plus loin, grâce à l'usage collectif de véhicules et d'un réseau plus développé de moyens de transport public. Elle travaille en rotation à la ville et à la campagne de façon non pénible et selon des horaires laissant amplement de temps pour les loisirs et l'expression de la créativité individuelle.

69 Michel Jurdant, *op. cit.*, p. 82–83.

70 « L'écologisme est un mouvement, un comportement, une façon de vivre, une philosophie, une éthique, une théorie politique, un projet de société ou tout cela à la fois, qui propose et expérimente de nouveaux modes de vie, sur les plans individuel, économique, culturel et politique, qui garantissent l'épanouissement et la souveraineté à la fois de tous les écosystèmes et de tous les êtres humains de la terre » (*ibid.*, p. 68).

71 Ces auteurs se réfèrent aux livres d'Ernst Friedrich Schumacher sur le besoin de décentraliser (l'un d'eux est *Small Is Beautiful : une société à la mesure de l'homme*, Paris, Contretemps Le Seuil, 1979).

72 Jurdant, *op. cit.*, p. 382.

73 Ceci, entre autres, par la sensibilisation de la population à la gravité des crises écologiques, par la démystification du progrès quantitatif, par la proposition de modes de vie alternatifs, par la redéfinition du travail vers des productions utiles, par des débats démocratiques, par la déprofessionnalisation de la médecine et de l'école, par la conscientisation que les pays industrialisés emploient l'arme alimentaire pour assurer leur domination du tiers monde et que la technologie n'est pas neutre.

74 Jurdant, *op. cit.*, p. 280.

75 Il rejette, par exemple, la position anarchisante de Bookchin, l'exode urbain de Jurdant ou une forme de centralisation préconisée en France par René Dumont. René Dumont est l'auteur de *L'utopie ou la mort,* paru en 1973 ; il fut, en 1974, un candidat vert aux élections présidentielles françaises. Voir Luc Gagnon, *op. cit.*, p. 21.

76 Par exemple, dans celle d'Antoine Waechter, en France, auteur de *Dessine-moi une planète*, Paris, Albin Michel, 1990.

77 Carolyn Merchant, « Ecofeminism and Feminist Theory », dans Irene Diamond et Gloria Feman Orenstein (dir.), *Reweaving the World. The Emergence of Ecofeminism*, San Francisco, Sierra Club Books, 1990, p. 100.

78 Françoise d'Eaubonne, « Que pourrait être une société éco-féministe ? », dans Michèle Dayras (dir.), *Liberté, égalité et les femmes*, Paris, Éditions du Libre Arbitre, 1990, p. 177–184 ; « Le temps de l'écoféminisme », dans *Le féminisme ou la mort*, Paris, Pierre Horay, 1974, p. 215–252.

79 Diamond et Orenstein, *op. cit.*, p. xii.

80 Carolyn Merchant, *op. cit.*, p. 100–105. On peut ajouter ici l'écologie sociale féministe de Janet Biehl, *Finding Our Ways, Rethinking Ecofeminist Politics*, Montréal, Black Rose Books, 1991.

81 Peter Reed et David Rothenberg, « Arn Naes », dans *The Norwegian Roots of Deep Ecology Wisdom in the Open Air*, Minneapolis, University of Minnesota Press, 1993, p. 65–111.

82 James Lovelock, *Les âges de Gaïa*, traduit par Bernard Sigaud, Paris, Robert Laffont, 1990, et *La Terre est un être vivant. L'hypothèse Gaïa*, traduit par Paul Couturiau et Christel Rollinat, Paris, Éditions du Rocher, 1979.

83 Michael E. Zimmerman, « Deep Ecology and Ecofeminism. The Emerging Dialogue », dans Diamond et Orenstein, *op. cit.*, p. 142.

84 Voir Ulrike Heider, « Eco-anarchism. An Encounter With Murray Bookchin and the Greens of Vermont », dans *Anarchism, Left, Right and Green*, traduit par

Danny Lewis et Verike Bode, San Francisco, City Lights Books, 1992, p. 48–51.

85 Jean Mercier, « Paradoxes et contradiction dans les propositions écologistes », *Revue québécoise de science politique*, 25, hiver 1994, p. 5–29. Les écologistes français André Gorz (Michel Bosquet) et Antoine Waechter sont plus centralistes que les écologistes sociaux américains.

86 Voir, Mgr Louis-Adolphe Paquet, « Le féminisme », dans Michèle Jean (dir.), *Québécoises du 20e siècle*, Montréal, Quinze, 1977, p. 47–73.

87 Susan Faludi, dans *Backlash. The Undeclared War Against American Women*, New York, Doubleday Anchor Books, 1992, démontre, faits à l'appui, les campagnes menées dans les médias américains contre le féminisme.

88 Mary Wollstonecraft, *Défense des droits de la femme*, Paris, Petite Bibliothèque Payot, s. d. (1792).

89 Voir Olympe de Gouges, *Œuvres*, présentées par Benoîte Groult, Paris, Mercure de France, 1986, p. 101–112 ; Marie-Thérèse Seguin, « Pourquoi les révolutionnaires ont-ils tranché la tête d'Olympe de Gouges, leur compagne ? », dans Shannon Hartigan *et al.* (dir.), *Femmes et pouvoir. Réflexions autour d'Olympe de Gouges*, Moncton, Les Éditions d'Acadie, 1995, p. 17–36 ; et Carolle Gagnon, « Éléments idéologiques du discours d'Olympe de Gouges : analyse logique de la Déclaration des droits de la femme et de la citoyenne », *ibid.*, p. 45–63.

90 *Le Moniteur universel* écrivit alors : « Elle voulait être un homme d'État et il semble que la loi ait puni cette conspiratrice d'avoir oublié les vertus qui conviennent à son sexe » (Carolle Gagnon, *ibid.*, p. 60). La Révolution française supprime le droit de vote que certaines femmes des trois ordres, clergé, noblesse et tiers état, possédaient depuis des siècles.

91 Alice S. Rossi (dir.), *Essays on Sex Equality*, Chicago and London, The University of Chicago Press, 1970, et Paul Archambault (choix de textes par), *Stuart Mill*, Paris, Société des éditeurs Louis Michaud, 1973, en particulier « Le mariage et l'émancipation des femmes », p. 201–210.

92 L'organisation la plus importante était la Women Temperance Christian Union (WCTU), fondée en 1874 aux États-Unis, avec des branches actives dans le mouvement suffragiste au Canada anglais. Le vote des femmes lui était important dans les référendums sur la prohibition.

93 Pour les arguments utilisés au Canada anglais, voir Carol Lee Bacchi, *Liberation Deferred ? The Ideas of the English-Canadian Suffragists, 1877–1918*, et aux États-Unis, Sylvie d'Augerot-Arend, « Les concepts d'égalité et de spécificité dans les arguments en faveur du suffrage féminin au Canada anglais et aux États-Unis », *Atlantis*, 13, 1, automne 1987, p. 1–12.

94 Voir Steven C. Hause et Anne Kenney, *Women's Suffrage and Social Politics in the French Third Republic*, Princeton (N.J.), Princeton University Press, 1984, et Charles Sowerwine, *Les femmes et le socialisme : un siècle d'histoire*, Paris, Presses de la Fondation nationale des sciences politiques, 1978.

95 Le féminisme et l'abolitionnisme étaient liés dans la pensée d'Olympe de Gouges et de Condorcet.

96 Elizabeth Cady Stanton et Lucretia Mott, lors du Congrès mondial contre l'esclavage tenu en 1840, à Londres, réalisent que les femmes n'y ont pas droit de parole. Elles décident donc qu'à leur retour aux États-Unis, elles mobiliseront les femmes pour faire avancer leurs droits. Elles organisent en 1848 le Congrès de Seneca Falls et y présentent la *Déclaration des sentiments* qui réclame, pour les femmes, tous les droits de citoyenneté, en adaptant aux femmes la Déclaration d'indépendance américaine, en commençant ainsi : « We hold these truths to be self-evident, that all men and women are created equal, that they are endowed by their Creator with certain inalienable rights, that among these are life, liberty, and the pursuit of happiness » (Sara M. Evans, *Born for Liberty. A History of Women in America*, New York, The Free Press, 1989, p. 93).

97 En Angleterre, les femmes n'eurent pendant 10 ans, jusqu'en 1928, que le droit de vote à 30 ans. En Angleterre et en France, vu les pertes considérables en hommes pendant la guerre, les femmes se retrouvaient en majorité importante dans la population et les hommes craignaient de les voir dominer la scène politique. Pour l'histoire du mouvement suffragiste au Canada, voir Catherine Cleverdon, *The Woman Suffrage in Canada*, Toronto, University of Toronto Press, 1978 (1950). Pour le Québec, voir le bilan de Manon Tremblay dans « Québécoises, pouvoir et politique », dans Huguette Dagenais (dir.), *Femme, conscience et action. 25 ans de recherche féministe au Québec*, Montréal, Éditions du remue-ménage, 1996, p. 199. Pour le Nouveau-Brunswick, voir Elspeth Tulloch, *Nous, les soussignées. Un aperçu historique du statut politique et légal des femmes du Nouveau-Brunswick 1784–1984*, Moncton, Conseil consultatif sur la condition de la femme, Nouveau-Brunswick, 1985. Pour l'histoire de la première et de la deuxième vagues du mouvement des femmes en Grande-Bretagne et aux États-Unis, voir, par exemple, David Bouchier, *The Feminist Challenge*, London, Macmillan, 1983.

98 Sur le rôle des institutions dans ce retard, et notamment de l'Église, voir Sylvie Arend, « Why So Late ? Cultural and Institutional Factors in the Granting of Quebec and French Women's Political Rights », *Revue d'études canadiennes*, 26, 1, 1991, p. 138–165. Sur le mouvement suffragiste en France, voir Laurence Klejman et Florence Rochefort, *L'égalité en marche*, Paris, Des femmes. Presses de la Fondation nationale des sciences politiques, 1989 ; Steven C. Hause et Anne R. Kenney, *op. cit.* Sur la représentation politique des femmes au Canada, *Femmes et pouvoir*, numéro spécial de la *Revue québécoise de science politique*, 5, 1984.

99 Une fois le vote acquis, les Franco-Ontariennes votent en même proportion sinon plus que les hommes aux élections provinciales de 1919. Voir Sylvie d'Augerot-Arend, « Les Franco-Ontariennes et le nationalisme minoritaire : cadre théorique et applications, 1913–1927 », dans *Les femmes francophones en milieu minoritaire. État de la recherche*, Sudbury, Institut franco-ontarien, Collection « Fleur-de-trille », 1993, p. 85–86.

100 Simone de Beauvoir, *Le deuxième sexe*, Paris, Gallimard, 1949. Son féminisme annonce en partie certains éléments du féminisme radical ; on ne peut toutefois le qualifier de libéral.

101 Betty Friedan, *The Feminine Mystique*, New York, Dell, 1983 (1963).

171

102 Tels la National Organization of Women (NOW) aux États-Unis, ou le Comité canadien d'action sur le statut de la femme au Canada (CCA/NAC)

103 Comme, au Canada, le Conseil consultatif canadien de la situation de la femme, établi en 1973 sur la recommandation du rapport (1970) de la Commission royale d'enquête sur la situation de la femme créé en 1967.

104 Cette appropriation de leurs corps est une priorité, comme en témoignent les groupes de femmes du Québec dans *Femmes en tête, de travail et d'espoir. Des groupes de femmes racontent leur féminisme*, Montréal, Éditions du remue-ménage, 1990.

105 Cette deuxième vague de féminisme s'est aussi exprimée dans le contexte de la libération sexuelle des années 1960, facilitée par l'apparition de la « pilule ». Mais les femmes se sont vite aperçues que cette « libération » tournait souvent à leur exploitation sexuelle. Au Québec et en France, la lutte pour la décriminalisation des avortements a uni, au début de la deuxième vague, les féministes.

106 S'opposant ainsi à la pornographie qui présente leurs corps comme un objet d'exploitation et de violence.

107 La plupart des études faites dans tous les pays, comme, par exemple, au Canada, montrent les obstacles présentés aux femmes qui cherchent à se faire élire ou briguent des postes importants dans les partis politiques et dans la fonction publique pour expliquer en partie leur faible représentation. Comme ouvrages les plus récents sur le Canada, Kathy Megyery (dir.), *Women in Canadian Politics. Towards Equity in Representation*, Toronto, Dundurn Press, 1991, François-Pierre Gingras (dir.), *Gender Politics in Contemporary Canada*, Toronto, Oxford University Press, 1995 ; Jane Arscott et Linda Trimble, *In the Presence of Women, Representation in Canadian Governments*, Toronto, Harcourt Brace & Company, 1997 ; pour le Québec, Chantal Maillé, *Les Québécoises à la conquête du pouvoir politique*, Montréal, Saint-Martin, 1990, et Manon Tremblay et Réjean Pelletier, *Que font-elles en politique ?* Québec, Presses de l'Université Laval, 1995 ; sur la fonction publique fédérale, Nicole Morgan, *Jouer à l'égalité*, Ottawa, Conseil consultatif sur la situation de la femme, 1988.

108 Par exemple, en Grande-Bretagne, l'*Equal Pay Act* de 1970 et l'*Equal Pay Act and Sex Discrimination Act* de 1975.

109 Sur cette lutte d'insertion des droits égaux des femmes et des hommes dans l'article 28, voir Penney Kome, *The Taking of Twenty-Eight*, Toronto, Women's Educational Press, 1983.

110 Par exemple, Pauline Proulx, *Femmes et francophones, double infériorité*, Ottawa, Fédération des femmes canadiennes-françaises, 1981, et le rapport sur la situation des femmes francophones en Ontario, CAFO, *Symposium pour la femme francophone*, Rapport, Toronto, 1986.

111 Voir les articles sur les Africaines américaines, les femmes autochtones et les « Chicanas », dans Ellen Carol DuBois et Vicki L. Ruiz (dir.), *Unequal Sisters. A Multicultural Reader in U.S. Women's History*, New York, Routledge, 1990.

112 Susan Judith Ship, « Au-delà de la solidarité féminine », *Revue québécoise de science politique*, 19, hiver 1991, p. 5–36.

113 Pour la deuxième vague, voir, par exemple Angela Davis, *Femmes, race et classes*, traduit par Dominique Taffin et le collectif Des femmes, Paris, Des femmes, 1983 (en anglais : 1982).

114 Janet Silman, *Enough Is Enough, Aboriginal Women Speak Out*, Toronto, Women's Press, 1987. L'amendement de l'article 12(1)(B) de la *Loi sur les Indiens* concernant les mariages avec des personnes vivant hors de la réserve date de 1981. Les femmes ont dû porter leur cause au Comité des droits humains des Nations unies et ont reçu l'appui du CCA et de parlementaires au Canada.

115 Micheline Dumont, « Women of Quebec and the Contemporary Constitutional Issue », dans Francois-Pierre Gingras (dir.), *Gender Politics in Contemporary Canada*, p. 166.

116 Shulamith Firestone, *La dialectique du sexe*, Paris, Stock, 1972 (1970).

117 Elizabeth Badinter, *L'un est l'autre. Des relations entre hommes et femmes,* Paris, Odile Jacob, 1986.

118 Micheline de Sève, *Pour un féminisme libertaire*, Montréal, Boréal Express, 1985.

119 Conseil de l'Europe, *La démocratie paritaire. Quarante années d'activités du Conseil*, Actes du séminaire, Strasbourg, 6 et 7 novembre 1989, Strasbourg, Les Éditions du Conseil de l'Europe, 1992, p. 47.

120 Karl Marx et Friedrich Engels, *Manifeste du Parti communiste*, Paris, Éditions Sociales, 1966 (1848).

121 August Bebel, *Les femmes et le socialisme,* Berlin, Dietz Verlag, 1964 (1879 en allemand).

122 Friedrich Engels, *L'origine de la famille, de la propriété privée et de l'État*, traduit par Jeanne Stern, Paris, Éditions Sociales, 1983.

123 Philip S. Foner, *Clara Zetkin. Selected Writings*, New York, International Publishers, 1984.

124 Il s'agit principalement de mesures de protection des femmes en tant que mères potentielles. Voir Alexandra Kollontaï, *Marxisme et révolution sexuelle*, Paris, François Maspéro, 1975.

125 Avant la répression staliniste, Kollontaï décrit la situation de la femme dans la société idéale. Voir « Femmes célibataires », *ibid.*, p. 98–132.

126 Elle remarque, en 1923, que le fardeau domestique échoit encore aux femmes et, en 1928, que peu a été fait pour soulager les femmes des responsabilités domestiques et familiales. Sylvie d'Augerot-Arend, « Rebelles et théorie politique » dans Marguerite Andersen, Christine Klein-Lataud (dir.), *Paroles rebelles*, Montréal, Éditions du remue-ménage, 1992, p. 181–218.

127 Peggy Ines Sultan, « Quel socialisme pour les femmes ? », dans *Féminisme et marxisme*, Journées « Elles voient rouge », 29–30 novembre 1980, Paris, Tierce, 1981, p. 133–143.

128 Voir Varda Burstyn, « Masculine Dominance and the State », dans Varda Burstyn et Dorothy E. Smith (dir.), *Women, Class, Family and the State*, Toronto, Garamond Press, 1985, p. 45–89.

129 Nicole-Édith Thévenin, « Introduction », dans *Féminisme et marxisme*, p. 8.

130 Kate Millett, *Sexual politics*, Garden City, Doubleday, 1970.

131 Voir « Une rencontre avec deux féministes marxistes » (dont Maria-Rosa Della Costa sur la question du travail

domestique rémunéré), dans *Québécoises deboutte!*, tome 2, Montréal, Éditions du Remue-ménage, 1983, p. 190–203.

132 Mary O'Brien, *The Politics of Reproduction*, Boston, Routledge & Kegan Paul, 1981.

133 Catharine A. MacKinnon, « Feminism, Marxism, Method and the State : An Agenda for Theory », dans Nannerl O'Keohane, Michelle Rosaldo et Barbara Gelpi (dir.), *Feminist Theory. A Critique of Ideology*, Chicago, The University of Chicago Press, 1981, p. 1–30. Elle demande, par exemple, si la domination des hommes est une création du capitalisme ou si le capitalisme n'est qu'une expression de la domination des hommes.

134 Sandra Morgen, « Making Connections : Socialist-Feminist Challenges to Marxist Scholarship », dans Jean F. O'Barr (dir.), *Women and a New Academy*, Madison (Wisc.), The University of Wisconsin Press, 1989, p. 155.

135 Michèle Barrett, *Woman's Oppression Today, Problems in Marxist Feminist Analysis*, London, New Left Books, 1980 ; Juliet Mitchell, *Psychoanalysis and Feminism*, London, Allen Lane, 1974.

136 Sheila Rowbowtham, *Women's Consciousness. Man's World*, Harmondsworth, Penguin, 1973.

137 Christine Di Stefano critique le masculinisme de Marx qui a éliminé la « mère » et son travail de son schème socio-économique en ne considérant que le travail volontaire et rémunéré ; voir « On Marx », dans Mary Lyndon Shenley et Carole Pateman (dir.), *Feminist Interpretations and Political Theory*, The Pennsylvania State University Press, 1991, p. 146–163.

138 Comme dans les rapports sexuels, voir Anne Koedt, « The Myth of the Vaginal Orgasm », dans Anne Koedt et al. (dir.), *Radical Feminism*, New York, Quadrangle Books, 1973.

139 Luce Irigaray, *Ce sexe qui n'en est pas un*, Paris, Minuit, 1977, et Mary Daly, *Gyn/Ecology, The Metaethics of Radical Feminism*, Boston, Beacon Press, 1990 (1978), ont commencé à renommer la réalité au féminin.

140 Mary Daly, *Beyond God the Father*, Boston, Beacon Press, 1973.

141 Susan Brownmiller, *Le viol*, traduit par Anne Villelaur, Paris, Stock 1976 ; Susan Griffin, *Le viol, crime américain par excellence*, traduit par Martine Eloy, Lisette Girouard et Danièle Lamoureux, Montréal, L'Étincelle, et Susan Griffin, *Pornography and Silence : Culture's Revenge Against Nature*, New York, Harper and Row, 1981.

142 Exemples dans Yolande Cohen (dir.), *Femmes et contre-pouvoirs*, Montréal, Boréal, 1987. La notion de « pouvoir de » correspond au terme anglais *empowerment*.

143 Yolande Cohen, « Réflexions désordonnant les femmes du pouvoir », dans Yolande Cohen (dir.), *Femmes et politique*, Montréal, Le Jour, 1981, p. 193–227, et Nicole Laurin-Frénette, « Féminisme et anarchisme », *ibid.*, p. 147–191.

144 Voir p. 111–134 dans Claire Duchen (dirigé et traduit par), *French Connections. Voices From the Women's Movement in France*, Amherst (Mass.), The University of Massachusetts Press, 1987.

145 Georgina Waylen, *Gender in Third World Politics*, Boulder (Colo.), Lynne Reiner, 1996.

173

9

Les partis politiques

L'environnement génère divers types d'intrants parmi lesquels se trouvent les exigences ou demandes. Les partis politiques agrègent ces dernières et les transmettent au centre de décision du système.

Les partis politiques sont un phénomène relativement récent puisqu'ils sont surtout apparus dans la foulée de la révolution industrielle. De nos jours, ils constituent l'un des éléments importants du système politique. On les retrouve, avec des formes et des fonctions diverses, dans les régimes démocratiques comme dans les régimes autoritaires ou dictatoriaux. C'est donc dire que ce sont des institutions complexes qui soulèvent de nombreuses interrogations.

Tout d'abord, qu'est-ce qu'un parti politique ? Quelle est l'origine des partis politiques ? Quelles fonctions remplissent-ils ? Comment se financent-ils ? De plus, étant donné qu'il existe une multitude de partis, comment les distinguer entre eux ? De quelle façon les relations que ces partis politiques entretiennent entre eux peuvent-elles être harmonisées ? Les réponses à ces questions sont déterminantes pour la compréhension du fonctionnement des partis politiques.

1. QU'EST-CE QU'UN PARTI POLITIQUE ?

L'étude des partis politiques a commencé à attirer l'attention des chercheurs dès la fin du XIXe siècle et s'est poursuivie au XXe siècle. De nombreuses définitions des partis politiques ont été proposées comme l'illustre le survol de certaines d'entre elles.

Pour le courant de pensée marxiste, les partis politiques sont liés à la lutte des classes. Ce sont des organisations qui représentent les intérêts de ces classes ou de fractions de ces classes. Les marxistes opposent ainsi le parti communiste, qui sert les intérêts du prolétariat, aux partis dits bourgeois [1].

Des chercheurs autres que marxistes tentent aussi de saisir le phénomène des partis politiques. Pionnier dans ce domaine, le juriste britannique James Bryce analyse, en 1888, les partis politiques américains et tente une classification sur la base de systèmes partisans.

Le sociologue Max Weber définit les partis politiques comme des « sociations reposant sur un engagement (formellement) libre ayant pour but de procurer à leurs chefs le pouvoir au sein d'un groupement et à leurs militants actifs des chances — idéales ou matérielles — de poursuivre des buts objectifs, d'obtenir des avantages personnels, ou de réaliser les deux ensemble [2] ». Ces *sociations* peuvent être permanentes ou éphémères. Elles peuvent aussi avoir recours à tous les moyens pour obtenir le pouvoir. Dans la mesure où « il n'est de parti qu'à l'intérieur de groupements (politiques ou autres) [3] », la définition de Weber est fort large. À la limite, tout groupe constitue un parti. Par ailleurs, Weber souligne la tendance à la « bureaucratisation » des partis politiques modernes qui sont devenus de véritables « entreprises politiques » dirigées par des « entrepreneurs » ou des « fonctionnaires de partis » [4].

C'est aussi sur le concept d'organisation partisane que se penche Robert Michels[5]. À partir de l'étude du fonctionnement des partis politiques, Michels constate que ces organisations que l'on retrouve même dans les démocraties ont inéluctablement tendance à se transformer en oligarchies. Les chefs qui « sont techniquement indispensables » contrôlent les rouages des partis et tiennent de moins en moins compte des militants et des électeurs. La centralisation qui prévaut au sein de ces organisations étouffe les velléités d'opposition interne. Robert Michels établit ainsi la « loi d'airain de la démocratie » : « l'organisation est la source d'où naît la domination des élus sur les électeurs, des mandataires sur les mandants, des délégués sur ceux qui les délèguent. Qui dit organisation, dit oligarchie[6] ».

Maurice Duverger met aussi l'accent sur l'organisation partisane. Pour lui, c'est la nature de cette organisation qui permet de définir un parti comme « une communauté d'une structure particulière[7] ».

Pour Leon Epstein, une définition des partis politiques doit être inclusive. Elle doit refléter les phénomènes partisans dans les démocraties occidentales aussi bien que dans les dictatures. Pour cette raison, il propose une définition assez vague selon laquelle les partis politiques sont des groupes qui offrent la possibilité aux candidats de se présenter à des élections pour leur permettre d'accéder à des postes gouvernementaux[8].

La notion d'élection est présente aussi dans la définition de Fred Riggs. Pour ce politicologue américain, toute organisation qui nomme des candidats en vue d'une élection législative constitue un parti politique[9].

Pour sa part, Kay Lawson, conscient du fait que les partis uniques ne s'engagent pas dans une véritable compétition électorale, souligne malgré tout la nécessité de ne pas exclure ces partis de toute tentative de définition. Un parti politique est donc une organisation qui cherche continuellement à obtenir l'appui électoral *et* non électoral de la population (ou d'une partie de la population) de façon à permettre aux représentants de cette organisation d'exercer le pouvoir politique en se réclamant de la volonté populaire[10]. Pour Lawson, certains partis politiques ne se limitent pas uniquement à cela; par contre, tous les partis politiques et seulement les partis politiques répondent aux critères de sa définition.

Joseph La Palombara et Myron Weiner tentent, quant à eux, de cerner de façon plus précise le concept de parti politique. Ils proposent une définition fondée sur quatre critères. Les partis politiques sont des *organisations durables* qui survivent à leurs dirigeants; ce sont aussi des organisations *permanentes* grâce à leur présence au niveau local et à leur capacité à assurer la communication avec les instances nationales; les dirigeants de ces organisations sont déterminés, non pas à influencer le pouvoir, mais plutôt à *exercer le pouvoir* ou à *se maintenir au pouvoir* au niveau local comme au niveau national, ce qui les pousse à *rechercher l'appui de la population*[11].

Vincent Lemieux donne une définition sensiblement différente de la précédente. Il affirme que les partis politiques « sont des organisations généralement permanentes, intermédiaires entre les gouvernants et les gouvernés, qui cherchent à obtenir, par la voie électorale principalement, des appuis dans le public pour contrôler les principaux postes d'autorité dans l'appareil gouvernemental[12] ». Cette définition a l'avantage, elle aussi, d'être suffisamment englobante. L'auteur a soin de préciser que les partis cherchent à prendre le pouvoir *principalement* par le moyen des élections, ce qui n'en exclut pas d'autres. Par ailleurs, pour Vincent Lemieux, les partis politiques constituent des systèmes en soi, ce qui lui permet d'en étudier les composantes[13]. Elles sont de trois ordres. Il y a d'abord une composante interne qui renvoie ici aux partis en tant qu'organisations composées d'adhérents. Parce que ces derniers cherchent à contrôler la sélection des mandats et des porteurs de mandats, ce sont les *sélecteurs*. La seconde composante est publique et comprend les mandants ou *sujets* en relation avec des partisans ou *représentants*. Dans la dernière composante, qui est d'ordre gouvernemental, on retrouve les mandataires partisans ou *gouvernants* qui peuvent être au gouvernement ou dans l'opposition[14].

Il nous apparaît donc qu'un parti politique est une organisation parfois complexe et généralement à caractère permanent qui vise à obtenir et à exercer le pouvoir seul ou avec d'autres partis politiques en briguant le soutien populaire par des élections ou d'autres moyens. Cette définition prend en compte deux critères principaux : l'organisation et les objectifs visés. Les moyens mis en œuvre pour prendre le pouvoir varient selon les circonstances propres à chaque système politique.

Les diverses tentatives visant à définir les partis politiques témoignent de la complexité du phénomène partisan. Elles montrent également qu'il est nécessaire de se pencher sur l'origine des partis politiques.

2. L'ORIGINE DES PARTIS POLITIQUES

Le phénomène partisan remonte assez loin dans le temps. En témoigne, par exemple, la vie politique de la Rome antique, avec notamment le conflit entre les patriciens et les plébéiens. C'est aussi le cas, au Moyen Âge, alors que les républiques italiennes sont plongées dans une guerre civile qui oppose les Guelfes, partisans du pape, aux Gibelins, partisans de l'empereur. Il demeure cependant que les partis politiques modernes constituent un phénomène récent datant du XIXe siècle. Ils sont le fruit d'un long processus[15], et de nombreux auteurs ont tenté de retracer leurs origines.

Ainsi, Maurice Duverger établit une distinction entre, d'une part, les *partis qui sont engendrés par le cycle électoral et parlementaire* et, d'autre part, les *partis de création extérieure*. Les premiers résultent de la formation de groupes parlementaires favorisée par une communauté d'intérêts géographiques, professionnels et idéologiques. Ces partis découlent aussi de la mise sur pied de comités électoraux rendus nécessaires avec l'extension du suffrage. Les seconds ont plutôt leur origine dans l'action d'organismes extérieurs tels que les groupements d'intellectuels, les Églises, les syndicats, les associations d'anciens combattants, les grandes entreprises ou les banques[16].

La notion de conflit est aussi mise à contribution pour expliquer l'avènement des partis politiques. Selon Stein Rokkan, les partis politiques prennent leur origine dans une série de lignes de fractures ou clivages qui jalonnent l'histoire de l'Europe et qui sont générées par la révolution nationale et la révolution industrielle[17]. En ce qui concerne la révolution nationale qui consacre l'édification de l'État, Rokkan identifie une première fracture qui oppose

l'État à l'Église. Elle donne naissance à des partis cléricaux qui défendent l'Église et les valeurs religieuses dans un monde de plus en plus séculier et des partis anticléricaux qui favorisent la séparation de l'Église et de l'État et la sécularisation des institutions. Une seconde ligne de rupture oppose les forces centripètes et centrifuges au sein de l'État. L'édification de la nation donne lieu à une lutte entre les partisans de la centralisation étatique et ceux de la décentralisation des institutions. La révolution industrielle provoque deux fractures. Le mode de production industriel s'oppose au mode de production familial, l'urbanisation s'oppose à la tradition rurale. Ce clivage donne naissance aux partis industrialistes et agrariens. Enfin, le mode de production industrielle devenu dominant, des conflits surgissent entre les détenteurs des moyens de production et ceux qui possèdent la force de travail. C'est l'opposition entre patrons et ouvriers qui est exprimée par les partis conservateurs et les partis socialistes et communistes.

D'une façon générale, les partis politiques modernes participent de l'avènement des institutions représentatives au XVIIIe siècle. Les parlements deviennent des lieux de pouvoir où se manifestent les intérêts de groupes socio-économiques. Les parlementaires se regroupent alors de façon informelle selon certaines affinités. En Grande-Bretagne, les *tories*, partisans des privilèges de l'aristocratie et défenseurs du pouvoir royal, s'opposent aux *whigs* qui véhiculent les revendications de la bourgeoisie et préconisent une limite au pouvoir des monarques. Aux États-Unis, les démocrates-républicains se rassemblent derrière Thomas Jefferson. Surtout établis dans le Sud, ils défendent les intérêts de l'aristocratie foncière ainsi que ceux du monde rural menacé par le capitalisme industriel. Soucieux de préserver l'autonomie locale, ils affirment l'importance du droit des États fédérés. À l'opposé, et plus élitistes, les fédéralistes qui se regroupent derrière Alexander Hamilton représentent plutôt les intérêts bancaires et commerciaux de la Nouvelle-Angleterre, ce qui les porte à prôner un fédéralisme centralisé. Au Canada, pendant la période préconfédérative, il existe aussi des groupements, des factions politiques diverses. Les *tories* défendent les intérêts de l'oligarchie au pouvoir (*Family Compact* au Haut-Canada, *clique de château* au Bas-Canada ou encore *Halifax*

Compact en Nouvelle-Écosse), alors que des tendances réformistes se manifestent en faveur de la démocratisation du processus politique et de l'avènement du gouvernement responsable [18].

Ces regroupements ne constituent pas alors de véritables partis politiques au sens moderne du terme. Ils ne sont pas vraiment organisés et liés par une idéologie. En outre, leurs contours demeurent plutôt mal définis. Ils peuvent être vus comme des factions, des groupes, des cliques. Certes, ils présentent des ressemblances avec les partis politiques dans la mesure où ils se proposent de prendre et d'exercer le pouvoir. Ils s'en démarquent cependant par leur absence d'organisation. À cet égard, « envisagés sous l'angle des objectifs, du projet, les partis apparaissent comme un phénomène ancien. Envisagés en tant qu'organisations, leur naissance paraît récente [19] ». En outre, si les regroupements qui se forment au XVIIIe siècle ou au début du XIXe siècle font appel aux masses populaires de façon intermittente, il en va autrement pour les partis politiques modernes [20]. La pression des masses populaires et leur apparition sur la scène politique contribuent à transformer les groupes et les factions en partis politiques [21].

Aux États-Unis, la nécessité de recueillir le suffrage des électeurs oblige les partis politiques à se doter d'une organisation. C'est le cas, lors de l'élection présidentielle de 1828, avec la création du Parti démocrate qui représente le Sud profond et l'Ouest agricole. Structuré, doté d'un programme, ce parti se lance dans une véritable campagne électorale et parvient à faire élire son candidat, Andrew Jackson. En 1836 est créé le Parti whig, ancré en Nouvelle-Angleterre et défenseur des intérêts commerciaux et bancaires. De l'effondrement de ce dernier naît, en 1854, le Parti républicain qui soutient les intérêts industriels du Nord et se fait l'avocat du mouvement antiesclavagiste. Les partis politiques modernes sont ainsi apparus aux États-Unis un peu plus tôt que ceux de la Grande-Bretagne.

En Grande-Bretagne, sous la pression populaire, plusieurs réformes viennent ébranler, dès 1832, un système électoral qui n'avait pas évolué depuis 1707 et qui avait surtout favorisé le maintien au pouvoir d'une vieille oligarchie terrienne. L'extension du suffrage incite les groupes à caractère politique à mieux se structurer afin de pouvoir élargir leur base électorale. Dès 1832, le Club Carlton est créé et constitue le tremplin de l'organisation conservatrice [22]. En 1867, une fédération d'associations locales d'enregistrement, la National Union of Conservative and Constitutional Associations, est mise sur pied et, en 1870, un bureau central, le Conservative Central Office, est établi. Le Parti conservateur est ainsi institutionnalisé. Quant au Parti libéral, il émerge en 1859 du regroupement des *whigs*, des radicaux et des conservateurs favorables aux idées libre-échangistes de Peel. Dès 1861, une organisation centrale est établie, la Liberal Registration Association, afin de faciliter l'élection des candidats libéraux. La compétition électorale est ainsi lancée et est d'autant plus vive que conservateurs et libéraux recrutent tous deux leurs électeurs parmi la bourgeoisie comme parmi la classe ouvrière. Le rôle des masses populaires et l'expansion de l'électorat engendrent également, en 1893, l'apparition d'un troisième parti politique, l'Independent Labour Party, pour représenter au Parlement les intérêts de la classe ouvrière. Il devient, en 1906, le Parti travailliste.

Au Canada, le Parti conservateur et le Parti libéral plongent directement leurs racines dans la lutte pour la reconnaissance du principe de gouvernement responsable. Au cours de cette lutte, les diverses tendances se sont réunies autour des *tories* et des réformistes. Mais, l'obtention de la responsabilité gouvernementale [23] engendre, à son tour, une intensification de la lutte pour le contrôle de la législature. Les électeurs deviennent dès lors un enjeu important. Les conditions sont donc réunies pour la création de structures organisationnelles permanentes. Dès 1854, le Parti libéral-conservateur conduit par John A. Macdonald est organisé. Représentant divers intérêts économiques de Montréal et de Toronto, il rassemble des Canadiens anglais et des Canadiens français, des protestants et des catholiques, des conservateurs modérés et moins modérés ainsi que des libéraux modérés. Artisan de la Confédération et devenu Parti conservateur, il forme le gouvernement en 1867 et domine la vie politique canadienne jusqu'en 1896 sauf pendant les années 1873–1878. Face aux conservateurs, les libéraux réunissent les *Clear Grits* ontariens et les *Rouges* du Québec qui défendent des intérêts aussi variés que ceux du monde rural et des milieux antiaffairistes. Mais il faut attendre les années 1880 et l'accession de Wilfrid Laurier à la chefferie libérale, en 1887, pour voir l'émergence d'une véritable structure partisane[24]. Plus tard, d'autres partis apparaissent sur la scène politique canadienne, tant au niveau fédéral qu'au niveau provincial. Généralement de création extérieure au Parlement, ils reflètent des clivages socio-économiques. Par exemple, la Cooperative Commonwealth Federation (CCF), à caractère socialiste, représente les intérêts des fermiers de l'Ouest canadien mais aussi ceux des ouvriers. En 1961, ce parti devient le Nouveau Parti démocratique (NPD), lequel, allié aux syndicats, se porte à la défense des intérêts des travailleurs canadiens. Le Crédit social de l'Alberta, créé en 1935, a pour objectif la défense des intérêts agraires de cette province face aux intérêts industriels concentrés surtout en Ontario et soutenus le plus souvent par les deux partis « traditionnels », le Parti libéral et le Parti conservateur.

Il est donc possible d'expliquer l'apparition des partis politiques par une origine parlementaire ou extraparlementaire. Mais la thèse de l'origine conflictuelle des partis trouve également son utilité et permet aussi d'expliquer, par exemple, la création de partis sociaux-démocrates par le conflit entre la bourgeoisie et la classe ouvrière[25]. Mais si ces explications sont valables pour la plupart des États démocratiques occidentaux, il en va autrement pour un grand nombre d'États, particulièrement pour ceux qui sont en voie de développement.

Dans ces pays, l'apparition des partis politiques a été calquée sur le modèle occidental. Ces partis émergent souvent en dehors du Parlement. Dans certains cas, ils ont été tout simplement créés de façon artificielle. C'est ce qui se produit, par exemple, en Iran où, en 1957, le shah ordonne la création d'un parti conservateur qui sera le parti gouvernemental et d'un parti libéral qui servira d'opposition[26]. Les partis politiques peuvent aussi avoir été mis sur pied pendant la période de colonisation et servir de véhicules aux courants nationalistes. C'est le cas en Tunisie du Destour[27], créé en 1920. Devenu, à la suite d'une scission en 1934, le Néo-Destour, il exerce son monopole sur le nationalisme tunisien.

La base des divers partis présents dans ces régions du monde est fonction des particularités des sociétés dans lesquelles ils évoluent. Certains ont participé activement à l'entreprise de décolonisation, puis ont été portés au pouvoir. Ils ont alors servi à mobiliser la population dans le projet d'édification des nouveaux États. D'autres ont connu diverses fortunes ou ont dû se contenter de jouer, parfois dangereusement, le rôle d'opposition dans des régimes souvent peu démocratiques.

En conclusion, diverses raisons peuvent donc motiver la création des nombreux partis politiques que l'on trouve aujourd'hui de par le monde (tableau 9.1).

3. LES FONCTIONS DES PARTIS POLITIQUES

Pendant longtemps, la fonction principale des partis politiques était essentiellement électorale. Cela implique donc que les partis politiques ne pouvaient fonctionner que dans un contexte démocratique. Qu'en était-il alors des partis politiques dans les États sans véritable tradition démocratique ? Il apparaît donc nécessaire de dégager des principes généraux susceptibles de s'appliquer à des partis politiques aussi peu semblables que, par exemple, le Parti libéral du Canada, le Parti démocrate aux États-Unis, le Parti révolutionnaire institutionnel du Mexique ou le Parti du congrès en Inde.

Comme les partis politiques diffèrent selon les pays, les fonctions qu'ils remplissent sont donc aussi appelées à varier selon la nature du régime politique en place et selon le niveau de développement atteint. Néanmoins, par-delà l'environnement dans lequel ils évoluent, les partis constituent l'un des éléments importants de tout système politique. Ils peuvent donc être traités comme des « phénomènes génériques[28] ». Cela permet ainsi de transcender les différences souvent profondes qui existent entre eux.

Il est alors possible de dégager des fonctions remplies à des degrés divers, mais qui peuvent caractériser des partis politiques dans des régimes démocratiques, totalitaires ou autoritaires, dans des États développés ou en voie de développement. Parce qu'ils remplissent une variété de fonctions, les partis politiques sont donc multifonctionnels[29].

Tableau 9.1
Quelques exemples de base partisane

Base partisane	Partis
Nationalisme	Bloc québécois, Parti québécois (Québec), Parti national écossais (Écosse), Sinn Fein (Irlande du Nord), Plaid Cymru (pays de Galles)
Idéologie	Parti communiste (ex-URSS), Parti national-socialiste (Allemagne nazie), Front national (France, Grande-Bretagne)
Religion	Front islamique du salut (Algérie), Frères musulmans (Égypte), Bharatiya Janata (Inde)
Écologie	Parti vert (Canada, Allemagne, France)
Intérêts socio-économiques	Nouveau Parti démocratique (Canada), Parti républicain (États-Unis), Parti démocrate (États-Unis)
Région	Bloc québécois (Québec), Crédit social (Alberta)
Ethnie	Herri Batasuna (Pays basque espagnol), PKK (Kurdes — Turquie), Rassemblement pour la culture et la démocratie (RCD) (Kabylie — Algérie)
Mobilisation	KANU (Kenya), Néo-Destour (Tunisie)
Féminisme	Parti féministe unifié (Belgique), Parti féministe du Canada

Les partis politiques constituent des instruments essentiels qui permettent de lier l'environnement du système politique aux instances décisionnelles. Ils transmettent ainsi au centre de décision les demandes émanant d'individus ou de groupes d'individus. Inversement, les réponses du centre décisionnel sont aussi répercutées dans l'environnement par l'intermédiaire des partis politiques, ce qui crée ainsi un effet de rétroaction (figure 9.1). Les partis politiques participent donc à un processus de communication vital pour un système politique soucieux de se maintenir. Ils constituent aussi des soutiens essentiels et peuvent également représenter des contraintes pour le système politique, comme c'est le cas, par exemple, en Israël, avec les partis religieux d'extrême droite et le gouvernement de Benjamin Netanyahou à la fin des années 1990.

Ainsi, les partis politiques agrègent les demandes, les points de vue et les intérêts souvent opposés[30]. Ils les sélectionnent, les interprètent et en donnent une synthèse susceptible d'être comprise par l'opinion publique avant de les transmettre au centre décisionnel. Les partis politiques sont alors en mesure de soumettre des projets politiques à la population. Ces projets servent de base à l'élaboration de leurs programmes, souvent fondés sur des idées générales, tantôt réalisables, tantôt utopiques mais toujours attrayantes comme celles qui concernent la création d'emplois ou l'avenir de la jeunesse. Ils servent également à orienter leur action. Une fois ces projets conçus, les partis politiques doivent en faire la promotion de façon à se maintenir au pouvoir s'ils le sont déjà ou à prendre le pouvoir s'ils sont dans l'opposition. Ils doivent alors posséder une capacité mobilisatrice afin d'attirer à eux le plus grand nombre possible de citoyens[31]. Ainsi, ils pourront prétendre à la formation d'une majorité, notamment dans les régimes démocratiques, ce qui

Figure 9.1
Les partis politiques : liens entre l'environnement et le centre de décision

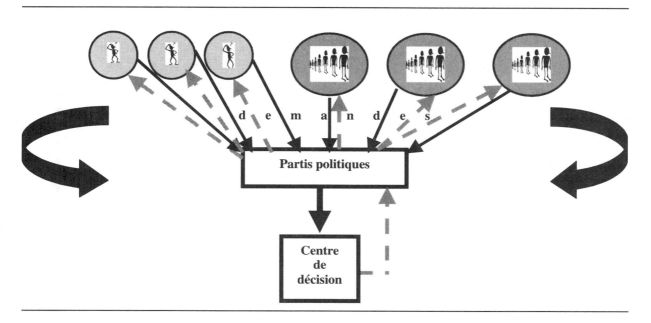

leur permettra d'occuper les postes de commande. Ceux qui ne pourront y parvenir devront se contenter de former l'opposition en attendant des jours meilleurs.

Les partis politiques sont aussi des agents de socialisation[32]. Ils peuvent contribuer à renforcer la culture politique existante. Ils peuvent également favoriser l'adaptation de cette dernière à des situations nouvelles ou la remettre carrément en cause, comme c'est le cas notamment avec des partis révolutionnaires. Certains partis politiques constituent aussi de « véritables contre-sociétés » en encourageant des relations étroites entre les membres, en favorisant l'utilisation d'un vocabulaire distinct, en donnant l'impression de créer un mode de vie différent[33]. De tels partis politiques, souvent marginaux, aident à canaliser un mécontentement qui, autrement, pourrait dégénérer en violence[34]. Ils peuvent aussi, inversement, accentuer des conflits dans la société.

Les partis politiques remplissent une fonction de recrutement et de formation du personnel politique. Le recrutement de nouveaux membres assure l'ave-

nir des partis. Il permet aussi de pourvoir à des postes de gestion et d'administration au sein des organisations partisanes. Il fournit également la possibilité de sélectionner des candidats qui se présenteront aux élections. Dans les pays en voie de développement, le recrutement permet non seulement d'assurer la relève aux postes de commande et de gestion de l'État, mais aussi de conférer un certain sens d'unité nationale et de légitimer le parti au pouvoir. En Inde, le Parti du congrès a mené la lutte pour l'indépendance du pays. Après que l'indépendance a été obtenue de la Grande-Bretagne en 1947, ce parti a formé le gouvernement et s'est longtemps maintenu au pouvoir.

Le recrutement est accompagné de formation idéologique au cours de sessions spéciales ou de réunions politiques. Un grand nombre de partis favorisent la mise sur pied d'organismes qui peuvent remplir une telle fonction. Au Canada, au niveau fédéral comme au niveau provincial, des partis politiques tels que le Parti libéral, le Parti conservateur ou le Nouveau Parti démocratique ont des « ailes jeunesse ». Dans d'autres partis, la préférence est donnée à la création de véritables écoles de formation idéologique. Cela a été notamment le cas du Parti communiste de l'ancienne Union soviétique.

Ces diverses fonctions sont importantes. Cependant, il faut avouer que, dans les régimes démocratiques notamment, la majorité des partis politiques mettent au premier plan la fonction électorale, qui leur permet d'accéder au pouvoir. Mais, alors que certains partis peuvent exercer la plupart de ces fonctions, d'autres ne peuvent en remplir que quelques-unes. Par exemple, au Canada, le Parti pour la République du Canada ou le Parti de l'Héritage chrétien ne peuvent présenter des candidatures dans toutes les circonscriptions. Aussi leur capacité de mobilisation est-elle réduite. Pour de tels partis, les campagnes électorales constituent surtout un moyen de se faire connaître. Mais là encore, ils ne disposent pas des ressources humaines et matérielles nécessaires pour mener les luttes électorales. Leurs chances de succès sont donc limitées.

4. LE FINANCEMENT DES PARTIS POLITIQUES

L'accession au pouvoir demeure une préoccupation essentielle des partis politiques. Dans les régimes politiques de type dictatorial ou autoritaire, la question du financement ne se pose pas avec la même acuité que dans les régimes démocratiques. Comme sont souvent confondus parti et État, l'existence précaire de certains partis, le truquage électoral, la violation de certains droits fondamentaux concourent à reléguer aux oubliettes le financement des partis politiques. Par contre, dans les régimes démocratiques, la concurrence entre les partis politiques incite ces derniers à accroître leurs ressources financières afin d'être en mesure de prendre plus facilement le pouvoir. Un parti endetté ou ne disposant pas de fonds suffisants est handicapé par rapport à un parti capable de remplir ses coffres. Le financement des partis politiques varie selon les États et selon les partis eux-mêmes.

4.1. LES DIVERSES SOURCES DE FINANCEMENT

Il est possible d'identifier quelques sources connues de financement. Les partis politiques tirent une partie de leur revenu des cotisations de leurs membres. Cependant, comme les cotisations ne suffisent pas à financer les activités partisanes, les partis peuvent aussi recevoir des dons de la part de certains membres ou du public à la suite d'une campagne de financement. Les entreprises ou les syndicats peuvent également verser des contributions aux partis politiques. Les partis ont aussi recours au financement public. Ils reçoivent ainsi des fonds de l'État, notamment lorsque celui-ci s'engage à rembourser les dépenses électorales des candidats qui ont obtenu un certain pourcentage de voix[35]. Par ailleurs, certains partis peuvent mettre sur pied des entreprises connexes qui constituent alors d'importantes sources de revenus. Ils peuvent aussi tirer des bénéfices de certains investissements, en particulier dans l'immobilier.

Le financement des partis permet de payer les dépenses ordinaires de ces organisations (salaires du personnel, achat de matériel, etc.). Il permet également de payer les dépenses à caractère exceptionnel engendrées surtout par les campagnes électorales. Si l'on fait exception du temps d'antenne qui est mis gratuitement à la disposition des partis politiques dans certains pays, comme le Canada, la publicité coûte cher. Les nombreux déplacements d'un chef de parti obligent à recourir à des moyens de transport souvent coûteux. Un parti en bonne santé financière est alors capable de se lancer dans la bataille en misant, notamment, sur une publicité bien orchestrée et sur des apparitions multiples de son chef dans tous les coins du pays afin de convaincre le plus grand nombre possible d'électeurs des vertus de son programme.

4.2. LE CONTRÔLE DU FINANCEMENT

Le financement des partis politiques ne va pas sans soulever de problèmes. Aussi, dans de nombreux pays, le législateur a cru bon d'intervenir afin de mieux contrôler les dépenses électorales. Les lois portent sur divers aspects du financement et varient selon les États.

Généralement, le législateur tend à plafonner les contributions et les dépenses partisanes et oblige les partis politiques à les rendre publiques. Il peut aussi interdire certains types de contributions financières, favoriser le recours aux fonds publics et créer des organismes de contrôle. Aux États-Unis, par exemple, la loi fédérale sur le financement électoral votée en 1974, dans la foulée du scandale du Watergate, fixe à 1 000 dollars le plafond des contributions individuelles. Toute contribution de plus de 100 dollars ne peut être faite en argent comptant et doit être divulguée. Les contributions d'origine étrangère sont interdites. Les entreprises, les syndicats ou tout autre organisme ne peuvent contribuer directement au financement partisan. La loi autorise, à cet effet, ces organismes à mettre sur pied des comités d'action politique (CAP) chargés de prélever des fonds pour un candidat. En ce qui concerne les élections présidentielles, le gouvernement fédéral paie en totalité les dépenses de campagne des candidats des deux grands partis et en partie celles des candidats des autres partis. La Commission électorale fédérale (CEF) a pour mandat de veiller à ce que ces diverses dispositions soient respectées. Au Canada, c'est également en 1974 qu'est adoptée la *Loi sur les dépenses d'élections* modifiant la *Loi électorale du Canada*[36]. Parmi les différentes mesures qu'elle contient, les contributions de 100 dollars et plus doivent être divulguées à Élections Canada et sont, en outre, déductibles d'impôt. Les candidats doivent avoir un agent électoral; leurs dépenses ainsi que celles des partis sont plafonnées, mais peuvent être remboursées à certaines conditions. En France, la loi prévoit également le plafonnement des contributions et des dépenses partisanes. Tout comme au Canada ou en Grande-Bretagne, elle oblige les candidats à recourir à un agent électoral qui comptabilise les recettes et les dépenses au fur et à mesure du déroulement de la campagne électorale. Les revenus et les dépenses des partis en période d'élection sont vérifiés par une commission nationale de surveillance.

Il est difficile de réglementer le financement des partis politiques. La réglementation vise à prévenir les abus mais elle ne doit pas non plus placer les partis dans un carcan qui les empêcherait de fonctionner normalement. Aussi, bien que soucieux d'assurer la transparence des finances des partis politiques, le législateur ne peut parer à tous les problèmes. Par exemple, aux États-Unis, les CAP ont eu tendance à proliférer[37]. Les dépenses électorales ne font pas l'objet d'un plafonnement. La structure fédérale a favorisé l'existence de 51 lois différentes sur le financement partisan. Aussi, en dépit du plafonnement des contributions individuelles, de la mise sur pied des CAP et du contrôle exercé par la CEF, les candidats peuvent remplir leur coffre électoral en ayant recours au système de la *soft money*, par lequel un groupe d'intérêt peut faire des contributions au niveau des États fédérés en plus de celle qu'il fait par l'intermédiaire d'un CAP au niveau fédéral. En France, État pourtant unitaire, les contrôles varient selon le type d'élections (présidentielles, législatives, régionales, cantonales ou municipales), ce qui peut parfois compliquer la situation. Au Canada, le directeur général des élections reconnaît qu'il y a encore place pour l'amélioration[38]. En Grande-Bretagne, l'idée d'un organisme national chargé du contrôle du financement des partis politiques semble, pour le moment du moins, être considérée comme une hérésie[39].

5. LES STRUCTURES DES PARTIS POLITIQUES

Dans la mesure où un parti politique constitue un groupe organisé, il est doté d'une structure susceptible de lui permettre d'atteindre ses objectifs avec la plus grande efficacité possible. Cette structure varie selon la nature des régimes politiques. Elle diffère également, à l'intérieur des régimes démocratiques, selon les partis politiques. Certains traits communs peuvent toutefois être dégagés. La structure partisane est toujours prévue par la constitution de chaque parti politique. Elle peut être centralisée ou décentralisée. Dans les régimes démocratiques, elle se caractérise aussi par la présence d'une aile parlementaire formée des députés du parti et d'une aile extraparlementaire composée de membres autres que les députés.

5.1. LA STRUCTURE CENTRALISÉE

Dans les régimes autoritaires ou totalitaires, l'organisation des partis politiques est fortement centralisée. Le Parti communiste au pouvoir dans l'ancienne URSS a pendant longtemps constitué un exemple de ce type d'organisation. Le Parti communiste au pouvoir en République populaire de Chine en est un autre exemple. L'organisation du

PC chinois est fondée sur le principe du centralisme démocratique. En vertu de ce principe, les décisions émanent de la base du parti. À cet aspect démocratique s'ajoute le caractère centralisateur qui implique que tous les échelons du Parti communiste sont hiérarchiquement subordonnés les uns aux autres. Si, en théorie, le principe du centralisme démocratique semble attrayant, dans la pratique, cependant, l'aspect centralisateur a vite pris le dessus sur celui de la démocratie. La structure du PC chinois est hiérarchisée et étroitement liée à celle de l'État. Le parti est représenté aux niveaux local, régional et provincial, où il est dirigé par des comités permanents à la tête desquels se trouve un secrétaire du parti. Au niveau national, le PC se réunit au moins une fois tous les cinq ans pour élire le Comité central. Au sommet de la pyramide partisane se trouvent le Politburo et le secrétaire général du Parti communiste chinois, tous deux élus par le Comité central. Le Politburo dirige le PC entre les réunions du Comité central. Avec cette structure hiérarchisée et centralisée, le Parti communiste chinois, seul parti politique existant dans le pays, est partout présent et peut ainsi assurer le contrôle des diverses institutions étatiques de la Chine.

Dans les régimes démocratiques, on trouve également des partis politiques dotés d'une structure centralisée. L'organisation des divers partis communistes européens, par exemple, ressemble à celle du PC chinois. Mais la centralisation n'est pas un apanage des partis communistes. D'autres partis politiques peuvent aussi adopter ce type de structure.

En Grande-Bretagne, le Parti travailliste se compose de divers éléments[40]. On trouve, tout d'abord, les organisations travaillistes au niveau des circonscriptions. Elles constituent de véritables machines électorales qui sont chargées de sélectionner et de faire élire les candidats aux élections parlementaires ou locales. Le congrès annuel du parti est un autre élément important de la structure travailliste. C'est à cette occasion que le Comité national exécutif est élu. Il constitue la véritable direction du parti. Il convient également de mentionner l'aile parlementaire du Parti travailliste, qui élit son propre comité exécutif et participe aussi à la définition d'un grand nombre de politiques du parti. Enfin, au sommet de cette structure se trouve le chef qui dirige le Parti travailliste en tentant de concilier les intérêts des diverses composantes. Il est élu par un collège électoral composé de représentants des membres individuels du parti, de ceux des syndicats et des parlementaires. Compte tenu de la structure centralisée du Parti travailliste britannique, de nombreux débats ont eu lieu sur le poids dont jouissent respectivement les députés et les syndicats au sein de l'organisation partisane.

Au Canada, l'organisation des partis politiques se rapproche de celles des partis britanniques. Elle tend donc à une certaine centralisation. Les principaux partis politiques sont représentés dans chacune des circonscriptions fédérales ou provinciales. C'est là qu'ils peuvent recruter des membres. Ces membres élisent éventuellement la personne qui représentera le parti à une élection. Cette personne devra cependant recevoir l'approbation du chef du parti. Les organisations de circonscriptions au niveau fédéral diffèrent généralement de celles du niveau provincial. La différence est cependant moins évidente dans le cas du Nouveau Parti démocratique. Ainsi, un membre du NPD fédéral devient automatiquement membre du NPD provincial. Les membres individuels — et, dans le cas du NPD, les membres institutionnels comme les syndicats — participent avec les députés et les dirigeants des partis aux congrès nationaux ou provinciaux. C'est d'ailleurs à cette occasion que les politiques des partis sont définies. Mentionnons également les exécutifs nationaux ou provinciaux qui, aidés par leurs comités exécutifs, assurent la direction des partis. Dans la pratique, ils contribuent à déterminer les politiques du parti, ce qui parfois a pour effet de frustrer de nombreux militants. La frustration est d'autant plus grande que, de son côté, l'aile parlementaire joue un rôle important au sein de chaque parti. De plus, les chefs de parti siègent généralement à la Chambre basse. Dans le cas du parti au pouvoir, le chef du parti est aussi premier ministre. Cela contribue donc à donner plus de poids à l'aile parlementaire qu'au reste du parti. Ces chefs sont élus par les délégués des associations locales et les délégués *ex officio*, tels que les députés, au cours d'un congrès à la chefferie. Leur leadership peut cependant être remis en question. Les membres des partis peuvent de toute façon se prononcer sur leur chef par le moyen d'un vote lors de la tenue d'un congrès. Exception faite de quelques cas de contestation, notamment au niveau fédéral, le vote de révision du leadership est généralement une simple formalité[41]. Pour conclure, soulignons que, contrairement à ce qui se passe en Europe, les partis canadiens tendent à « s'assoupir » entre les élections pour ne s'activer réellement qu'en période électorale.

À travers ces quelques exemples de partis à structure centralisée, il apparaît que la centralisation au sein d'un parti politique est, en fait, une question de degré. Le NPD canadien et le Parti travailliste britannique sont centralisés, mais tous deux diffèrent, même lorsqu'ils sont au pouvoir, du Parti communiste chinois, qui représente certainement le modèle le plus extrême de centralisation.

5.2. LA STRUCTURE DÉCENTRALISÉE

Les partis politiques américains constituent des exemples de structures partisanes décentralisées. Le Parti démocrate et le Parti républicain sont présents au niveau national, à celui des États fédérés et au niveau local. Leurs organisations à ces divers niveaux sont indépendantes les unes des autres. À cet égard, ces partis constituent des « stratarchies[42] ».

Au niveau national, les deux grands partis américains se sont dotés, au fil des décennies, d'une organisation bureaucratique, certes plus efficace dans le cas du Parti républicain que dans celui du Parti démocrate, qui permet surtout d'assurer leur stabilité financière. Ils ont aussi une aile parlementaire ou *congressional party*, qui est dirigée par un comité chargé de veiller à la réélection des parlementaires ou à l'élection des nouveaux candidats. Il convient aussi de souligner que le parti qui contrôle la présidence des États-Unis possède alors une aile présidentielle ou *presidential party*. Cependant, au sein du parti au pouvoir, les liens entre l'aile parlementaire et l'aile présidentielle sont ténus du fait de l'esprit d'indépendance qui règne chez les membres du Congrès vis-à-vis du président.

Les structures nationales des deux grands partis sont relativement lâches et tendent à se ressembler. Dans chacun des partis, l'autorité est surtout exercée par la convention nationale, composée de délégués des différents États. Cet organe se réunit tous les quatre ans, notamment pour désigner les candidats du parti à la présidence et à la vice-présidence[43]. Dans l'intervalle, le parti est dirigé par le comité national à la tête duquel siège un président national élu par les membres de ce comité. Il est intéressant de noter que les grands partis américains se caractérisent par un faible nombre de membres. Ils comptent surtout sur leurs militants et sur le système d'enregistrement des électeurs pour attirer le vote[44].

Dans les États, l'organisation des partis politiques est modelée sur celle que l'on trouve au niveau national. L'aile législative est dirigée par un comité qui veille à la réélection ou à l'élection de législateurs. Le parti est souvent présent aussi au niveau local, bien qu'il existe des communautés n'ayant aucune structure partisane. La direction du parti est assurée par un comité dont les membres sont, selon les régions et les États, choisis, nommés ou élus. C'est surtout au niveau local que les partis politiques sont efficaces. Les dirigeants locaux peuvent aider à régler les problèmes concrets de certains citoyens ou accorder des faveurs.

À cause de leur caractère décentralisé, les partis américains ont été transformés en un agrégat d'organisations caractérisées par un fort esprit d'indépendance. Mais cette indépendance peut avoir un prix. Elle a été et elle continuera certainement d'être une cause de division. Les partis politiques américains sont, en effet, handicapés par l'existence d'une multitude de factions qui se manifestent localement et régionalement et qui peuvent parfois entraver l'action des organisations partisanes au niveau national.

6. LES TYPOLOGIES DES PARTIS POLITIQUES

Il est sans doute nécessaire, pour mieux comprendre le phénomène politique, de procéder à une classification des partis politiques, mais la tâche est difficile en raison des nombreux critères susceptibles d'être utilisés dans l'élaboration d'une typologie.

Les partis politiques peuvent, par exemple, être classifiés selon le critère structurel. Maurice Duverger distingue ainsi trois grandes catégories de partis politiques : les partis de cadres, les partis de masses et les partis de fidèles[45]. Dotés d'une organisation décentralisée, les partis de cadres sont avant tout des partis de notables influents, de techniciens et de financiers. D'esprit pragmatique, ils tendent à ne se manifester qu'au moment des campagnes électorales. Ce type de parti se rencontre parmi les partis d'orientation conservatrice ou libérale. Contrairement aux partis de cadres, les partis de masse, fortement centralisés, recherchent le plus grand nombre possible de membres afin de pouvoir assurer leur financement[46]. De caractère plus idéologique, ils sont principalement représentés par les partis dits « prolétariens », qui recrutent dans les milieux ouvriers. Les partis de fidèles sont fortement centralisés et structurés et cherchent à recruter un grand nombre de membres. Cependant, ils sélectionnent ces derniers en contrôlant leurs adhésions. Maurice Duverger classe le Parti communiste et les partis fascistes dans cette troisième catégorie.

La typologie de Duverger a fait l'objet de critiques. Aaron Wildavski, entre autres, a dénoncé l'importance trop grande accordée au critère structurel aux dépens de variables telles que la culture ou l'histoire[47]. D'autres auteurs ont aussi contribué à l'établissement de distinctions entre les partis en privilégiant des variables telles que le recrutement des membres, le prélèvement des fonds ou encore le processus de désignation des candidats aux élections[48]. Sont aussi pris en compte les variations sur le plan idéologique ainsi que les divers types de membres qui composent les partis[49].

Giovanni Sartori propose, quant à lui, d'observer les partis politiques de l'intérieur et de les considérer comme des systèmes composés de différentes factions, fractions et tendances. L'articulation de ces dernières varie en fonction de différents éléments : l'organisation du parti, la motivation, l'idéologie, la dimension droite-gauche, la composition du parti et le rôle qu'il joue. S'appuyant sur ces éléments, Sartori définit 20 catégories dans lesquelles il est possible de classifier les partis politiques[50].

Le concept de parti « attrape-tout » a aussi été proposé pour désigner les partis politiques qui essaient de répondre aux attentes immédiates du plus grand nombre possible d'électeurs au moyen de promesses, précises ou vagues, et de politiques à court terme[51]. Au Canada, les politicologues opposent les partis de type courtier comme le Parti libéral ou le Parti conservateur aux partis de type idéologique[52]. Les premiers tentent de concilier les divers intérêts (comme ceux d'ordre socio-économique, régional, linguistique, culturel, religieux, ethnique ou encore sexuel) qui se manifestent dans la société canadienne. Pragmatiques, voire opportunistes, ils n'hésiteraient pas à sacrifier leur idéologie, quitte à effacer les différences qui peuvent exister entre eux. Les seconds, plus dogmatiques, comme le NPD, mettraient plutôt au premier plan leurs principes idéologiques. Il faut cependant convenir que ces partis dogmatiques, une fois au pouvoir, peuvent devenir pragmatiques lorsque les circonstances l'exigent[53].

Bien d'autres typologies ont été et continueront certainement d'être proposées. Les variables et les combinaisons diverses entre ces dernières sont nombreuses. En fait, il y a presque autant de classifications possibles qu'il y a de classificateurs.

7. LES TYPES DE SYSTÈMES DE PARTIS

Les partis politiques sont, ainsi que nous l'avons déjà dit, une composante importante du système politique. Ils entretiennent aussi des relations entre eux. C'est la raison pour laquelle le concept de système de partis a été avancé.

Diverses tentatives de classification des systèmes partisans ont été faites. Elles reposent généralement sur des variables telles que le nombre, la taille et la force respective des partis, ainsi que la situation de compétition ou de non-compétition dans laquelle évoluent ces derniers. En faisant également intervenir le type de système électoral, Maurice Duverger distingue les systèmes partisans dualistes engendrés par le scrutin majoritaire à un tour et les systèmes de partis multiples découlant du scrutin majoritaire à deux tours ou de la représentation proportionnelle. Le multipartisme peut, quant à lui, donner naissance à des systèmes pouvant comprendre un nombre infini de partis. Les partis de type unique se divisent en deux sous-catégories : parti unique de type communiste et parti unique de type fasciste[54].

En se fondant sur la fonction d'agrégation, Gabriel Almond dégage quatre types de systèmes partisans :

les systèmes de partis autoritaires, les systèmes non autoritaires dominants, les systèmes bipartites compétitifs et les systèmes multipartites compétitifs [55].

Envisageant les partis sous l'angle du développement politique, Joseph La Palombara et Myron Weiner dégagent deux grandes catégories de systèmes partisans : les systèmes compétitifs et les systèmes non compétitifs, catégories comprenant une multitude de sous-catégories [56].

Vincent Lemieux suggère une typologie fondée sur les phénomènes de contrôle des mandats d'autorité dans le système politique. Il dégage huit types de systèmes partisans : les systèmes unipartistes simples, les systèmes unipartistes complexes, les systèmes quasi unipartistes simples, les systèmes quasi unipartistes complexes, les systèmes pluripartistes simples, les systèmes pluripartistes complexes, les systèmes multipartistes simples et les systèmes multipartistes complexes [57].

Dans la pratique, en général, il est possible de distinguer quatre types de systèmes de partis politiques : le parti unique, les systèmes à parti dominant ainsi que les systèmes bipartites et les systèmes multipartites

7.1. LE PARTI UNIQUE

Il est fréquent de parler de système à parti unique [58]. Certains auteurs, par contre, ne peuvent s'y résoudre, arguant que, pour qu'il y ait système, il est nécessaire qu'il y ait interaction. Daniel-Louis Seiler, par exemple, définit un système de partis comme un ensemble structuré d'interactions entre les partis politiques présents dans une société donnée. Ces relations peuvent être conflictuelles ou consensuelles [59]. Il exclut, dès lors, l'idée d'un système de parti unique, préférant lui substituer celle d'État partisan [60]. Dans ce cas, un seul parti détient le monopole du pouvoir. Une telle situation se produit dans un contexte non démocratique. Mais ce monopole peut revêtir diverses formes.

7.1.1. LE PARTI UNIQUE DE TYPE TOTALITAIRE

Dans un régime communiste comme celui qui existe en Chine ou comme celui qui était établi dans

l'ancienne URSS, le parti unique s'impose à tous les secteurs de la vie politique et sociale du pays. L'idéologie joue un rôle important. Le parti constitue l'avant-garde éclairée du prolétariat et a pour but de conduire les masses sur le chemin du bonheur communiste. Il justifie également sa raison d'être par le fait que la révolution a contribué à homogénéiser la fabrique sociale. Pour les marxistes, les partis politiques sont le reflet des intérêts de classes. Dans un État où la lutte des classes a cessé avec la victoire du prolétariat, la diversité de partis n'a donc plus de raison d'être.

Se rangent aussi dans la catégorie des partis uniques totalitaires les partis fascistes, comme le Parti national-fasciste sur lequel s'appuyait Mussolini en Italie ou le Parti national-socialiste en Allemagne. L'idéologie joue là encore un rôle important. Elle est taillée sur mesure pour justifier le pouvoir suprême du chef. La propagande vise à uniformiser la société et le recours à la terreur est fréquent.

7.1.2. LE PARTI UNIQUE DE TYPE AUTORITAIRE

Le parti unique de type autoritaire est beaucoup moins rigide que le parti unique de type totalitaire. Il offre toutefois des similitudes avec le parti unique de type totalitaire. Par exemple, le respect des droits et libertés ne constitue pas une priorité. Mais, par contre, l'expression de certaines idées est tolérée dans la mesure où elles ne menacent pas l'existence du parti unique ou même du régime politique en place. En outre, le parti unique de type autoritaire est doté d'une idéologie généralement centrée autour de la personne du chef. Le pouvoir est personnalisé [61]. Cependant, ce parti ne pénètre pas véritablement dans toutes les couches de la société.

Les partis uniques de type autoritaire sont surtout présents dans les pays en voie de développement. Les raisons invoquées pour justifier leur existence sont nombreuses. La préservation de l'unité nationale dans des sociétés profondément divisées par le tribalisme ou encore les impératifs du développement économique constituent des éléments d'explication.

7.2 LE SYSTÈME À PARTI DOMINANT

Le système à parti dominant [62] s'inscrit dans le cadre d'un système partisan compétitif. Il ne doit donc pas être confondu avec le parti unique. Dans un système à parti dominant, plusieurs partis politiques entrent en compétition pour le pouvoir. Cependant, d'une élection à l'autre, c'est toujours le même parti politique qui forme le gouvernement.

Au Mexique, plusieurs partis politiques existent. Cependant, dès 1929, le Parti révolutionnaire institutionnel (PRI) exerce sa domination sur la scène politique fédérale ainsi que dans la plupart des États fédérés. L'Inde a aussi connu le système de parti dominant. Dès 1947, année de l'indépendance de l'État indien, le Parti du congrès s'installe au pouvoir et se fait réélire à chaque élection de façon ininterrompue. Il faut attendre 1977 pour qu'une coalition de partis de l'opposition mette fin à la domination du Parti du congrès.

Aux États-Unis, un tel système de partis a prévalu au niveau étatique. À partir de la guerre civile, le Parti démocrate a longtemps contrôlé les États du sud du pays[63], alors que le Parti républicain a exercé sa domination sur la Nouvelle-Angleterre. Il faut attendre les années 1950 pour voir cette situation changer graduellement.

Au Canada, dès 1867, c'est le Parti conservateur qui détient le pouvoir presque jusqu'à la fin du XIXe siècle. Au XXe siècle, parce que le Parti libéral fédéral a fréquemment remporté les élections, le système de partis a été considéré comme un système à parti dominant[64]. Dans les provinces, cela peut être aussi le cas, par exemple, en Alberta alors que le Crédit social prend le pouvoir en 1935 pour l'exercer sans interruption jusqu'en 1971[65], ou en Ontario avec le Parti conservateur qui s'est maintenu au pouvoir de 1943 à 1985.

Le système à parti dominant présente un certain avantage. Il peut, en effet, être une source de stabilité sur le plan politique. Mais le cas de l'Italie, dominée depuis la fin de la Seconde Guerre mondiale et pendant plusieurs décennies par la Démocratie chrétienne, ne constitue nullement, à cet égard, un modèle[66]. Parmi les inconvénients de ce système partisan, signalons la lassitude que peut éprouver l'électorat du fait du manque d'imagination d'un parti qui garde le pouvoir pendant des décennies. Le cas du Parti libéral fédéral au Canada avec sa cuisante défaite de 1984 illustre bien le phénomène.

7.3. LE BIPARTISME

Si l'on s'en tient à l'étymologie, un système bipartisan est un système dans lequel deux grands partis seulement ont la possibilité de remporter la victoire électorale et de former le gouvernement. D'une élection à l'autre, il y a donc souvent alternance de ces deux partis au pouvoir. Mais, le bipartisme n'empêche nullement l'existence de plusieurs partis. Cependant, du fait des interactions entre ces divers partis, deux d'entre eux monopolisent le pouvoir en alternance, rejetant toujours les autres partis dans l'opposition et parfois même dans la marginalité. Le bipartisme constitue donc un système à deux partis dominants. Mais, le principe général étant posé, il convient de souligner l'existence de diverses formes de bipartisme.

Il est d'usage de considérer le système partisan britannique comme le modèle du bipartisme. Certes, les partis qui se sont succédé au pouvoir en Grande-Bretagne n'ont pas toujours été les mêmes. Depuis la seconde moitié du XIXe siècle, le bipartisme britannique a donné lieu d'abord à une lutte entre les conservateurs et les libéraux. Puis, dans la période de l'entre-deux-guerres, à la suite du déclin du Parti libéral, la lutte se fait entre les conservateurs et les travaillistes. Ainsi, si les partis ont pu changer avec le temps, la lutte paraît être toujours polarisée autour de deux grands partis. La réalité politique et électorale de la Grande-Bretagne est cependant plus complexe. Le rôle de parti d'appoint que joue le Parti libéral, toujours présent, et la prolifération de nombreux tiers partis comme le Parti national écossais ou le Plaid Cymru au pays de Galles, qui réussissent, dans certains cas, à faire élire plusieurs députés, nous obligent à nous interroger sur la véritable nature du système de partis britannique : bipartisme ou multipartisme[67]?

Le système partisan américain aussi est souvent présenté comme un exemple de bipartisme. Depuis plus d'un siècle, le Parti républicain a gagné 15 élections présidentielles, et le Parti démocrate 13. Les deux partis obtiennent régulièrement, aux élections présidentielles, 85 à 90 % des voix, le reste allant à divers tiers partis[68]. Le bipartisme américain conduit, tout au long de l'histoire des États-Unis, à la création de tiers partis qui servent d'exutoire au mécontentement d'une catégorie d'électeurs[69]. Ces tiers partis peuvent parfois être récupérés et intégrés dans l'un des deux grands partis[70]. D'autres, par contre, se maintiennent, notamment au niveau étatique, et contribuent à influencer la politique de l'un des deux grands partis[71]. À cela, il convient d'ajouter que la complexité de l'organisation partisane américaine conduit certains observateurs de la scène politique américaine à parler de l'existence d'un système de quatre partis fondé sur les élections présidentielles et les élections au Congrès des États-Unis[72].

Le Canada peut aussi, à certains égards, constituer un exemple de système bipartisan, notamment à partir de 1896 avec l'arrivée au pouvoir des libéraux de Wilfrid Laurier. Ils forment le gouvernement jusqu'en 1911 et sont remplacés par les conservateurs. Ces derniers perdent les élections en 1921 au profit des libéraux de Mackenzie King.

Pour conclure, mentionnons l'existence de divers types de bipartisme. Le bipartisme rigide met l'accent sur la discipline partisane. Il permet l'expression des opinions et, dans certains cas, il va jusqu'à l'encourager. Cependant, lorsque le parti émet des consignes de vote, par exemple au Parlement, ces dernières doivent être respectées sous peine de sanction[73]. Ce type de bipartisme se rencontre en Grande-Bretagne ou au Canada.

À l'opposé, le bipartisme pragmatique autorise la dissidence des membres ou des parlementaires et n'oblige pas ces derniers à voter suivant la ligne du parti. Dans ce système, on ne trouve pas une majorité et une opposition. Il est alors préférable de parler d'une pluralité de majorités et d'oppositions qui se forment au gré des circonstances et qui rassemblent les membres des deux partis. Ce type de bipartisme s'observe aux États-Unis.

Enfin, le bipartisme par coalitions constitue un cas quelque peu particulier. Plusieurs partis politiques se regroupent au sein de deux grandes coalitions. La France a, par intervalles, connu ce type de bipartisme[74]. Ce fut le cas, par exemple, en 1997, année où, aux élections législatives, une coalition appelée *gauche plurielle* regroupant les divers partis de gauche, le Parti communiste et le Parti vert a fait face à une coalition formée de différents partis de droite. Cette forme de bipartisme a été également présente en Allemagne dans les années 1960–1970. Ainsi, de 1966 à 1969, le pays est gouverné par la *grande coalition* de l'Union chrétienne démocrate (CDU), de l'Union chrétienne sociale (CSU) et du Parti social-démocrate (SPD) laissant dans l'opposition le Parti libéral allemand (FDP). Par la suite, c'est au tour de la coalition SPD-Parti libéral de gouverner, la CDU-CSU passant dans l'opposition. Aux élections de 1990, alors que l'Allemagne de l'Est est réunie à l'Allemagne de l'Ouest, la coalition CDU-CSU-FDP remporte la victoire[75].

7.4. LE MULTIPARTISME

La frontière entre le bipartisme et le multipartisme peut paraître floue à l'observateur non averti. Dans le système bipartite, comme nous venons de le voir, plusieurs partis politiques sont présents. Dans un système multipartite, il existe aussi plusieurs partis politiques. Mais ici le nombre des partis n'a que peu d'importance. Ce qui importe surtout, c'est la situation des partis au sein du système partisan. Dans le bipartisme, deux partis sont en position d'hégémonie, ce qui n'est le cas pour aucun parti dans le multipartisme. Les partis ne sont donc pas assez forts pour gouverner seuls.

Dès lors, la formation du gouvernement donne lieu à de longues négociations entre diverses organisations partisanes. Le gouvernement résulte alors d'une coalition, c'est-à-dire d'une entente conclue entre deux, trois ou plusieurs partis. Cette entente permet la réunion en chambre d'une majorité de députés susceptible de soutenir le gouvernement. Ce dernier est composé de ministres provenant des différents partis membres de la coalition. Israël, la Belgique, la Hollande, l'Italie, la France ont eu ou ont encore recours à des gouvernements de coalition. C'est aussi le cas de l'Inde à la suite des élections législatives de 1998.

Il va sans dire qu'une telle situation est loin de favoriser la stabilité gouvernementale. Les partis qui acceptent de participer à une coalition gouvernementale le font généralement parce qu'ils sont en mesure d'obtenir certains avantages en échange du soutien qu'ils apportent au gouvernement. Cela ne les empêche nullement de se retirer de la coalition lorsque leur intérêt le commande. Le retrait peut simplement ébranler le gouvernement, comme ce fut le cas en Israël en 1997–1998, ou, au contraire, peut provoquer son effondrement. Dans un cas comme dans l'autre, cela conduit à l'instabilité ministérielle. À cet égard, la France a constitué, dans le passé, un exemple puisque, dans l'entre-deux-guerres, ce pays a connu plus d'une quarantaine de gouvernements dont la durée moyenne n'excédait pas six mois.

En conclusion, les systèmes de partis peuvent varier. L'histoire, les clivages d'ordre socio-économique, idéologique, religieux, ethnique, culturel, linguistique, régional sont autant d'éléments qui permettent d'expliquer les interrelations partisanes. Mais, à l'intérieur d'un même pays, le système de partis varie aussi dans le temps. Tout système doit évoluer pour pouvoir se maintenir. C'est la raison pour laquelle un État peut connaître à un certain moment le bipartisme, à un autre moment, le système de parti dominant ou à un autre encore, le multipartisme. Le système de partis au Canada a considérablement évolué depuis 1867. En 1993, avec l'effondrement du Parti conservateur et l'apparition sur la scène fédérale de tiers partis tels que le Parti de la réforme ou le Bloc québécois, les politicologues canadiens se sont interrogés sur le nouveau caractère régional du système de partis[76].

Les partis politiques ainsi que les relations d'interdépendance qui se créent entre eux jouent donc un rôle important au sein de tout système politique. Pourtant, les partis politiques sont de plus en plus décriés dans l'opinion publique. Des scandales secouent parfois ces institutions, ce qui ne peut manquer d'ébranler la confiance du public dans les partis politiques. Le rôle joué pendant les campagnes électorales et les promesses souvent faites et parfois non tenues ont aussi contribué à faire montrer du doigt les partis. Enfin, dans les démocraties libérales notamment, alors qu'ils constituent l'un des éléments principaux du système politique et qu'on leur attribue des fonctions importantes, les partis politiques semblent subir un certain déclin[77]. Cette tendance peut s'expliquer de diverses façons. L'importance grandissante des groupes d'intérêt, le rôle sans cesse croissant des médias, la place de plus en plus importante occupée par les sondages, la puissance de la bureaucratie expliquent en partie ce déclin. Mais on peut se demander si celui-ci n'est pas apparent plutôt que réel[78]. Car, après tout, les partis politiques ne constituent-ils pas le moyen d'accéder au pouvoir et de le conserver?

Lectures suggérées

Bakvis, Herman (dir.) (1991), *Les partis politiques au Canada. Chefs, candidats et candidates et organisations*, vol. 13, Commission royale sur la réforme électorale et le financement des partis, Toronto et Montréal, Dundurn Press et Wilson et Lafleur.

Charlot, Jean (1996), *Les partis politiques et le système de partis en France*, Paris, Documentation française.

Duverger, Maurice (1969), *Les partis politiques*, 7e éd., Paris, Librairie Armand Colin.

Lassale, Jean-Pierre (1987), *Les partis politiques aux États-Unis*, Paris, PUF, collection «Que sais-je?».

Lemieux, Vincent (1985), *Systèmes partisans et partis politiques*, Sillery, Presses de l'Université du Québec.

Leruez, Jacques, Jean-Claude Sergeant et William Toboul (1982), *Les partis politiques britanniques. Du bipartisme au multipartisme?*, Paris, PUF.

Seidle, F. Leslie (dir.) (1991), *Aspects du financement des partis et des élections au Canada*, vol. 5, Commission royale sur la réforme électorale et le financement des partis, Toronto et Montréal, Dundurn Press et Wilson et Lafleur.

Seiler, Daniel-Louis (1993), *Les partis politiques*, Paris, Armand Colin.

Notes

1   À ce sujet, on peut consulter, par exemple, Karl Marx et Friedrich Engels, *Le manifeste du parti communiste*, Paris, Éditions Sociales, 1972, ou encore, Lénine, *Que faire?*, présenté et annoté par Jean-Jacques Marie, Paris, Seuil, 1966.

2   Max Weber, *Économie et société*, tome I, Paris, Librairie Plon, 1971, p. 292.

3   *Ibid.*, p. 293.

4   Max Weber, *Le savant et le politique*, introduction par Raymond Aron, Paris, Librairie Plon, 1959, p. 141.

5 Robert Michels, *Les partis politiques*, préface de René Rémond, Paris, Flammarion, 1971.

6 *Ibid.*, p. 296.

7 Maurice Duverger, *Les partis politiques*, 7ᵉ éd., Paris, Librairie Armand Colin, 1969, p. x.

8 Leon Epstein, « Political Parties », dans Fred Greenstein et Nelson Polsby (dir.), *Handbook of Political Science.* Vol. 4 : *Non-governmental Politics,* Reading (Mass.), Addison-Wesley, 1975, p. 229.

9 Fred Riggs, « Comparative Politics and Political Parties », dans William J. Crotty (dir.), *Approaches to the Study of Party Organization*, Boston, Allyn and Bacon, 1968, p. 51.

10 Kay Lawson, *The Comparative Study of Political Parties*, New York, St. Martin's Press, 1976, p. 4–5.

11 Joseph La Palombara et Myron Weiner (dir.), *Political Parties and Political Development*, Princeton (N.J.), Princeton University Press, 1966, p. 6.

12 Vincent Lemieux, *Systèmes partisans et partis politiques*, Sillery, Presses de l'Université du Québec, 1985, p. 3.

13 À ce sujet, voir *ibid.*, p. 18.

14 *Ibid.*, p. 21–23.

15 La Palombara et Weiner (dir.), *op. cit.*, p. 7.

16 Maurice Duverger, *op. cit.*, p. 1–16.

17 Stein Rokkan, *Citizens, Elections, Parties. Approaches to the Comparative Study of the Processes of Development*, Oslo, Universitetsforlaget, 1970, chapitre 3 : « Nation-Building, Cleavage Formation and the Structuring of Mass Politics », p. 72–144.

18 Voir Fernand Ouellet, *Histoire économique et sociale du Québec. 1760–1850*, 2 vol., Montréal, Fides, 1971 ; Jean-Pierre Wallot, *Le Bas-Canada au tournant du XIXᵉ siècle : restructuration et modernisation*, Ottawa, Société historique du Canada, 1988 ; J. M. S. Careless, *The Union of Canadas : The Growth of Canadian Institutions, 1841–1857*, Toronto, McClelland and Stewart, 1967. Sur la Nouvelle-Écosse, J. Murray Beck, *Politics of Nova Scotia.* Volume 1 : *1710–1896*, Tantallon, Four East Publications, 1985, et *Politics of Nova Scotia.* Volume 2 : *1896–1988*, Tantallon, Four East Publications, 1988.

19 Daniel-Louis Seiler, *Les partis politiques*, Paris, Armand Colin, 1993, p. 19.

20 Daniel-Louis Seiler, *De la comparaison des partis politiques*, Paris, Économica, 1986, p. 67–69.

21 Mentionnons, à cet égard, Max Weber, qui a pu affirmer que les partis politiques sont « des enfants de la démocratie, du suffrage universel, de la nécessité de recruter et d'organiser les masses » (Max Weber, *Le savant et le politique*, p. 140–141).

22 Robert T. McKenzie, *British Political Parties. The Distribution of Power Within The Conservative and Labour Parties*, second revised edition, Londres, Mercury Books, 1963, p. 260–264.

23 Rappelons ici que le gouvernement responsable est obtenu en 1848 en Nouvelle-Écosse et en 1849 au Canada uni. L'Île-du-Prince-Édouard se voit octroyer ce principe en 1851.

24 Hugh G. Thorburn, « The Development of Political Parties in Canada » dans Hugh G. Thorburn (dir.), *Party Politics in Canada*, 6th ed., Scarborough (Ontario), Prentice Hall Canada, 1991, p. 2–5.

25 Voir, à ce sujet, la tentative de classification des partis canadiens selon le modèle de Rokkan faite par Réjean Pelletier, « Les partis politiques fédéraux » dans Manon Tremblay, Marcel R. Pelletier (dir.), *Le système parlementaire canadien*, Québec, Les Presses de l'Université Laval, 1996, p. 103.

26 Voir Christiane Rabier et Jean Angrand, « L'effondrement du régime du Shah », *Revue de droit international, de Sciences diplomatiques et politiques*, 4, octobre-décembre 1982, p. 247–249.

27 Aussi appelé Parti libéral constitutionnel.

28 La Palombara et Weiner, *op. cit.*, p. 433.

29 Gabriel A. Almond et G. Bingham Powell, Jr., *Comparative Politics. A Developmental Approach*, Boston, Little, Brown and Company, 1966, p. 114.

30 *Ibid.*, p. 102. Pour ces auteurs, tant dans les systèmes partisans compétitifs que non compétitifs, le parti politique constitue « la structure spécialisée d'agrégation » d'une société moderne.

31 Certains auteurs comme Daniel-Louis Seiler parlent de la *fonction de mobilisation* des partis politiques (*De la comparaison des partis politiques*, p. 64–65).

32 *Ibid.*, p. 121–122, ainsi que Philippe Braud, *Sociologie politique*, 2ᵉ éd., Paris, L.G.D.J., 1995, p. 358–359.

33 Philippe Braud, *ibid.*, p. 359. L'auteur cite, à cet effet, l'exemple du Front national, parti d'extrême droite en France.

34 À ce sujet, voir Georges Lavau, *À quoi sert le PCF ?*, Paris, Fayard, 1981.

35 Il convient de souligner ici que, dans un grand nombre de pays en voie de développement, l'État finance directement les partis politiques et peut ainsi décider de l'existence même des partis et exercer un contrôle plus strict sur leurs activités.

36 *Loi sur les dépenses d'élections*, S. C. 1973–74, ch. 51, modifiant la *Loi électorale du Canada*, S. R. (1970), ch. 14 (1ᵉʳ suppl.).

37 Sur ce point, voir les rapports de la Federal Election Commission ainsi que Frank Sorauf, *Money in American Elections*, Glenview (Ill.), Scott Foresman, 1988.

38 Directeur général des élections du Canada, *Le système électoral du Canada. Consolider les assises, Annexe du rapport du directeur général des élections du Canada sur la 35ᵉ élection générale*, Ottawa, Élections Canada, 1996, Partie III : « Un financement électoral plus transparent », p. 37–50.

39 Michael Pinto-Duschinsky, « Trends in British Party Funding, 1983–1987 », *Parliamentary Affairs*, 42, 2, avril 1989, p. 197–212.

40 À ce sujet, voir R. Kelly et S. Foster, « Power in the Labour Party : A Decade of Organisational Change », *Politics Review*, septembre 1991, p. 25–30.

41 Réjean Pelletier, *op. cit.*, p. 118–119.

42 Samuel J. Eldersveld, *Political Parties in American Society*, New York, Basic Books, 1982, p. 133–136.

43 Sur ce point, voir le chapitre 15.

44 À ce sujet, voir Marie-France Toinet, *Le système politique des États-Unis*, Paris, PUF, 1987, p. 504–505.

45 Maurice Duverger, *op. cit.*, p. 91.

46 *Ibid.*, p. 84.

47 Aaron Wildavsky, « A Methodological Critique of Du-verger's Political Parties », *Journal of Politics*, 21, 2, mai 1959, p. 304 et suiv.

48 Fred W. Riggs, « Comparative Politics and the Study of Political Parties : A Structural Approach », dans William J. Crotty (dir.), *Approaches to the Study of Party Organizations*, Boston, Allyn and Bacon, 1968, p. 45–104, ainsi que Kenneth Janda, « Retrieving Information for a Comparative Study of Political Parties », *ibid.*, p. 159–216.

49 Richard Rose et Derek Urwin, « Social Cohesion, Political Parties, and Strains in Regimes », *Comparative Political Studies*, 2, août 1969, p. 7–67.

50 Voir le tableau des multiples catégories dans Giovanni Sartori, *Parties and Party Systems – A Framework for Analysis*, vol. 1, Cambridge, Cambridge University Press, 1976, p. 81.

51 Otto Kirchheimer, « The Transformation of the Western European Party Systems », dans La Palombara et Weiner, *op. cit.*, p. 177–200. Consulter également la critique de cette catégorie par Daniel-Louis Seiler, *De la comparaison des partis politiques*, p. 97–99.

52 Paul Fox, « Middle-of-the-Road Parties Are the Canadian Tradition », dans Paul Fox et Graham White (dir.), *Politics : Canada*, 6th ed., Toronto, McGraw-Hill Ryerson, 1987, p. 357–363 ; R. K. Carty, « Three Canadian Party Systems : An Interpretation of the Development of National Politics », dans Hugh G. Thorburn (dir.), *op. cit.*, p. 125–143. Voir également Janine Brodie et Jane Jenson, « Piercing the Smokescreen : Stability and Change in Brokerage Politics », dans A. Brian Tanguay et Alain-G. Gagnon (dir.), *Canadian Parties in Transition*, 2nd ed., Toronto, Nelson Canada, 1996, p. 52–72.

53 C'est le cas du NPD provincial notamment qui, au pouvoir, en Colombie-Britannique ou encore en Ontario, n'a pas hésité à élaborer et pratiquer des politiques moins sociales que celles qu'on aurait pu lui attribuer.

54 Maurice Duverger, *op. cit.*, p. 294.

55 Gabriel A. Almond, « Interest Articulation and the Function of Aggregation », dans Charles G. Mayo et Beryl L. Crowe (dir.), *American Political Parties*, New York, Harper and Row, 1967, p. 57–73.

56 Les systèmes compétitifs sont composés de quatre sous-catégories fondées sur les caractéristiques partisanes internes et sur la façon dont ces partis détiennent ou ne détiennent pas le pouvoir. Les deux auteurs sont conduits à discerner les systèmes partisans en situation hégémonique-idéologique, hégémonique-pragmatique, d'alternance-idéologique et d'alternance-pragmatique. Les systèmes non compétitifs se répartissent entre les systèmes de parti unique autoritaires, pluralistes et totalitaires. La Palombara et Weiner, *op. cit.*, p. 33–42.

57 Vincent Lemieux, *op. cit.*, p. 48–259 .

58 Par exemple, *ibid.*, p. 58 et suiv.

59 Daniel-Louis Seiler, *Les partis politiques*, p. 121–123.

60 *Ibid.*, p. 122.

61 Sur la notion de personnalisation du pouvoir, voir Roger-Gérard Schwartzenberg, *Sociologie politique*, 2e éd., Paris, Montchrestien, 1974, p. 301–308.

62 Vincent Lemieux parle plutôt de « système quasi-unipartiste », qui peut être simple ou complexe (Vincent Lemieux, *op. cit.*, p. 68).

63 Sur le système d'un parti dominant dans les États du sud des États-Unis, consulter l'ouvrage classique de Valdimer O. Key, Jr., avec la collaboration d'Alexander Heard, *Southern Politics in State and Nation*, new edition, Knoxville, University of Tennessee Press, 1984 .

64 Hugh G. Thorburn, « Interpretation of the Canadian Party System », dans Hugh G. Thorburn (dir.), *op. cit.*, p. 114–124.

65 C. B. Macpherson utilise l'expression de « système de quasi-parti » dans *Democracy in Alberta : Social Credit and the Party System*, Toronto, University of Toronto Press, 1962 ; voir aussi Edward A. Bell, *Social Classes and Social Credit in Alberta*, Montréal, McGill-Queen's University Press, 1994.

66 Roger-Gérard Schwartzenberg, *op. cit.*, p. 552.

67 Jacques Leruez, Jean-Claude Sergeant et William Teboul, *Les partis politiques britanniques. Du bipartisme au multipartisme ?*, Paris, PUF, 1982. Voir également P. Norton, « Britain : Still a Two-Party System ? », *West European Politics*, 4, 7, octobre 1984, p. 42–54.

68 Rappelons ici qu'aux élections présidentielles de 1992, le candidat Ross Perot a recueilli environ 19 % du vote populaire. Lors des élections présidentielles de 1968, le candidat George Wallace du Parti américain indépendant a obtenu près de 14 % des suffrages.

69 Sur ce point, voir Jean-Pierre Lassale, *Les partis politiques aux États-Unis*, Paris, PUF, 1987, collection « Que sais-je ? », ainsi que Marie-France Toinet, *op. cit.*, section 2 : « Les tiers-partis », p. 514–520.

70 C'est le cas, par exemple, du Minnesota Farmer Labor Party qui a fusionné avec le Parti démocrate en 1940.

71 Dans l'État de New York, le Parti libéral, créé en 1944, continue d'exercer une certaine influence sur le Parti démocrate.

72 James MacGregor Burns, *The Deadlock of Democracy : Four-Party Politics in America*, Englewood Cliffs (N.J.), Prentice Hall, 1963.

73 Voir le concept de discipline de parti dans le chapitre 16.

74 Jean Charlot, *Les partis politiques et le système des partis en France*, Paris, Ministère des Affaires étrangères, Direction de la presse, de l'information et de la communication, 1992.

75 François Guérard, *L'évolution des forces politiques en Allemagne*, Paris, Documentation française, 1996.

76 Alan C. Cairns, « An Election to Be Remembered : Canada 1993 », *Canadian Public Policy*, septembre 1994, p. 119–134.

77 Sur la thèse du déclin des partis politiques, voir John Meisel, « Decline of Party in Canada » dans Hugh G. Thorburn (dir.), *op. cit.*, p. 178–201 ; J. Crotty et G. C. Jacobson, *American Parties in Decline*, Boston, Little, Brown and Co., 1980 ; M. P. Wattenberg, *The Decline of American Political Parties : 1952–1980*, Cambridge, Harvard University Press, 1984.

78 Pour le Canada, consulter, par exemple, Khayyam Zev Paltiel, « Political Marketing, Party Finance, and the Decline of Canadian Parties », dans A. Brian Tanguay et Alain-G. Gagnon (dir.), *op. cit.*, p. 403–422.

10

La représentation politique

Comment les intrants et les composantes de l'environnement du système politique sont-ils représentés dans les organismes du centre décisionnel ? Qui est représenté, comment et par qui ? Quelles influences peuvent jouer dans le choix de cette représentation ? Voilà les questions principales qui se rapportent au principe de la représentation politique. Pour y répondre, il faut examiner l'évolution et la composition du corps électoral, le rôle des élections, les systèmes électoraux et les caractères de la représentation politique sous ses trois volets : le droit de vote, le droit à occuper des postes politiques et le droit de faire partie de cette représentation et d'agir comme représentant au centre décisionnel. Les sondages et les médias jouent aussi un rôle dans le processus de représentation, ce qui est, pour les seconds, un aspect particulièrement important de l'influence générale qu'ils exercent sur la politique.

1. LA COMPOSITION DU CORPS ÉLECTORAL

Les pratiques de la démocratie athénienne et les écrits de Locke ont servi de base à l'exclusion du droit de suffrage de certains groupes sociaux. Dans la Cité-État, les femmes, les esclaves et les étrangers ne pouvaient voter. N'ayant aucune propriété foncière, ils n'avaient pas d'intérêt à défendre. En outre, on ne pouvait faire confiance aux étrangers parce qu'ils ne vénéraient pas les mêmes dieux. Dans la théorie lockéenne, la représentation dans la sphère politique continue à se justifier par la possession de biens[1]. La possession de biens et d'une rationalité qui était l'apanage de l'individu libéral ont été des critères qui ont été employés pendant longtemps pour exclure de la franchise d'entières catégories sociales[2]. La fin de l'esclavage aux États-Unis, donc la reconnaissance que les Noirs étaient des individus, fut une des conditions qui leur ouvrit ensuite l'accès au droit de vote. Certains vestiges des critères athéniens et lockéens persistent encore à présent. Par exemple, les étrangers ne jouissent habituellement pas de la franchise électorale dans leur pays d'accueil. L'accès à la rationalité politique est le critère qui détermine l'âge du vote et de l'éligibilité électorale. Le culte commun est remplacé par la notion de loyauté à l'État, liée à celle de citoyenneté acquise par les étrangers, par la naturalisation.

1.1. L'ÉVOLUTION DU DROIT DE SUFFRAGE

En premier, l'élargissement du droit de suffrage vers une universalité qualifiée se produit dans le contexte d'une lutte pour le pouvoir politique entre les notables traditionnels, qui monopolisent les postes de pouvoir, et les porte-parole des nouvelles classes socio-économiques, qui s'efforcent de mobiliser la base afin de la représenter à ces postes. Il accompagne les changements rapides survenus au XIXᵉ siècle et au début du XXᵉ siècle, en tenant compte des conséquences sociales de l'industrialisation et de l'urbanisation.

Tableau 10.1
Canada. Dates de l'obtention des droits de vote et d'éligibilité des femmes et de l'élection de la première femme à la Chambre des communes et aux assemblées législatives provinciales

Sphère politique	Vote	Éligibilité	Élections
Chambre des communes	1917*	1919	1921
	1918**	1920***	
	1920***		
Assemblées provinciales			
Alberta	1916	1916	1917
Colombie-Britannique	1917	1917	1917
Île-du-Prince-Édouard	1922	1922	1970
Manitoba	1916	1916	1920
Nouveau-Brunswick	1919	1934	1967
Nouvelle-Écosse	1918	1918	1960
Ontario	1917	1919	1943
Québec	1940	1940	1961
Saskatchewan	1916	1916	1919
Terre-Neuve****	1925	1925	1930

   * La *Loi des électeurs militaires* donne le vote aux femmes dans les forces armées, puis la *Loi des élections en temps de guerre* le donne aux femmes ayant de la parenté dans les forces armées ou navales.

  ** La *Loi ayant pour objet de conférer le droit de suffrage aux femmes* donne aux femmes le droit de vote sur les mêmes bases de qualifications provinciales que les hommes.

 *** Suffrage universel fédéral (à l'exception des autochtones) par la *Loi des élections fédérales*. Le droit à l'éligibilité des femmes est réaffirmé dans la loi.

**** Avant son union au Canada.

Sur le plan politique et celui des relations entre les sexes, après la contribution des femmes à l'effort national durant la Première Guerre mondiale, plusieurs États ne peuvent plus nier que celles-ci sont des citoyennes à part entière, même si elles n'ont pas encore le droit de porter les armes pour défendre la nation[3]. Toutes les femmes du Canada, en 1918 (tableau 10.1), et celles des États-Unis, en 1920, obtiennent le droit de vote sur les mêmes bases que les hommes[4]. Les Françaises ne l'ont eu qu'après la Deuxième Guerre mondiale et les citoyennes de certains pays de la francophonie l'ont eu bien plus tard (tableau 10.2). Dans les États fédéraux, tels que le Canada et les États-Unis, le suffrage féminin est parfois adopté par des unités membres pour leurs propres élections, avant qu'il le soit au palier fédéral.

L'obtention du droit de vote par les femmes ne s'est pas toujours faite dans un contexte démocrati-que et n'a pas amené automatiquement une démocratisation du système politique. Témoins les droits de vote et d'éligibilité des femmes accordés en Allemagne dans la Constitution de Weimar, limités ensuite sous les nazis, et le droit de vote accordé de façon très restreinte aux femmes en Italie en 1925 sous le régime fasciste. Ce n'est qu'à la fin de la Deuxième Guerre mondiale que les Allemandes récupéreront leur droit à l'éligibilité perdue sous le régime hitlérien et que toutes les Italiennes pourront voter. Au Japon, c'est la Constitution imposée en 1947 par l'occupation américaine qui permet aux femmes de voter. Du côté des relations interraciales, aux États-Unis, la participation des esclaves masculins à la guerre de Sécession, l'abolition de l'esclavage avec la victoire du Nord ainsi que l'idéologie libérale de ce pays ne permettent plus de tolérer leur exclusion de la franchise. Celle-ci leur est accordée

Tableau 10.2
Dates des droits de vote et d'éligibilité des femmes
aux parlements de quelques pays de la francophonie

Pays	Vote	Éligibilité
Belgique	1919*1948	1921
Côte d'Ivoire	1956	1956
France	1944	1944
Gabon	1960	1960
Luxembourg	1919	1919
Madagascar	1959	1959
Monaco	1962	1962
Maroc	1963	1963
Sénégal	1945	1945
Suisse	1971	1971
Tunisie	1956	1971
Zaïre	1960	1960

* Partiel en 1919, le droit de vote est accordé aux veuves, aux mères de soldats ou de citoyens tués par l'ennemi pendant la guerre et aux épouses des prisonniers politiques. Le droit de vote est donné à toutes les femmes en 1948.

Source : Extraits et traduction libre de « Table No. 1 », dans Union interparlementaire, *Répartition des sièges entre hommes et femmes dans les Assemblées nationales*, Centre international de documentation parlementaire, Genève, 1987, p. 9, avec la permission de l'Union interparlementaire.

en 1870 par le 15e amendement à la Constitution. Dans plusieurs pays, à la suite de la Deuxième Guerre mondiale et des luttes des colonies pour l'autodétermination, les discriminations raciales qui existaient encore concernant le droit de vote commencent lentement à disparaître. Ainsi, au Canada, bien que le suffrage dit « universel » ait été accordé en 1920 aux élections fédérales canadiennes, ce n'est qu'en 1960 que les autochtones peuvent voter sans encourir de pénalités fiscales[5].

En continuant à exclure de la représentation politique les classes laborieuses sans propriété, on aurait augmenté les risques de voir survenir une révolution qui aurait détruit le système capitaliste. Le suffrage universel masculin est donc institué dans la plupart des pays occidentaux vers la fin du XIXe siècle ou le début du XXe siècle[6]. Dans plusieurs pays, le suffrage universel comporte des restrictions. En Suède, le suffrage universel masculin amené par les réformes de 1907–1909 exclut du vote les hommes vivant de l'assistance sociale[7]. En Grande-Bretagne, les femmes acquièrent le droit de

vote en 1918, mais seulement à l'âge de 30 ans et avec certaines qualifications, alors qu'on accorde le suffrage universel masculin à 21 ans tout en gardant des anomalies qui persistent jusqu'en 1948[8]. Aux États-Unis, plusieurs États demandent, pour exercer la franchise, des tests d'alphabétisation et de connaissances politiques ainsi qu'une taxe dans le but d'exclure les immigrants et les anciens esclaves[9].

Certaines exclusions de la franchise se fondent sur une notion de rationalité qui varie suivant les époques. Dans les années 1960 et 1970, la plupart des pays occidentaux ont ainsi décidé que la rationalité était acquise à un âge plus jeune, et l'âge du vote est baissé de 21 à 18 ans[10]. Une autre base d'exclusion, contestée avec succès au Canada et en Grande-Bretagne, est celle de l'incapacité mentale des patients des asiles psychiatriques[11].

Un autre type d'exclusion concerne la dignité de l'exercice de la citoyenneté. Bien que l'interprétation de l'indignité varie selon les époques et les régimes[12], les personnes trouvées coupables de cri-

195

mes ou de trahison et incarcérées sont, en général, dépouillées du droit de vote. Au Canada, à la suite de plusieurs contestations devant les tribunaux, les détenus purgeant une peine de moins de deux ans peuvent voter[13].

Une dernière catégorie d'exclusion est « géographique ». Elle s'applique à la durée de résidence nécessaire dans un pays ou une circonscription pour pouvoir y voter ainsi qu'à la possession de la citoyenneté. Un tel temps minimum de résidence en sus de la citoyenneté du pays est normalement exigé pour pouvoir participer aux élections. Des modalités sont parfois établies pour permettre un vote par correspondance ou par procuration aux citoyens qui se trouvent à l'étranger. Les étrangers, donc, les personnes sans statut de citoyen n'ont habituellement pas le droit de voter aux élections qui se tiennent dans le pays. Ce principe a fait récemment l'objet de contestations en Europe de la part de la main-d'œuvre migrante ou saisonnière. Une solution adoptée par plusieurs pays consiste à offrir à celle-ci des droits partiels, tels que celui de voter aux élections locales.

Enfin, l'exclusion peut être entraînée par la difficulté que représente l'acte de voter pour certains groupes de personnes. Au Canada, des recommandations ont ainsi été faites pour rendre le vote plus accessible aux handicapés, aux malades et aux analphabètes[14].

2. L'EXERCICE DU DROIT DE VOTE

2.1. LE RÔLE DES ÉLECTIONS

Le droit de vote, accompagné de la liberté de choix de représentation, constitue l'élément essentiel d'un régime démocratique. Du reste, les élections à l'époque contemporaine ont plusieurs fonctions qui souvent assurent la continuité du régime (tableau 10.3).

Tableau 10.3
Les principales fonctions des élections

1. Elles servent à légitimer, aux niveaux national et international, les régimes et leurs dirigeants en les présentant comme le choix du peuple. C'est la raison pour laquelle les régimes à parti unique y ont recours.

2. Dans les régimes démocratiques à partis multiples, elles constituent un moyen pour la population de faire un choix de représentation au centre décisionnel et de changer de façon pacifique l'équipe au pouvoir.

3. Elles offrent l'occasion à la population de participer régulièrement, activement et collectivement à la politique et d'acquérir un sentiment d'efficacité politique. La population a ainsi une preuve concrète d'appartenance au système politique et la possibilité d'exprimer sa satisfaction de ses règles du jeu. Elle se doit, donc, d'accepter les résultats des élections comme une conséquence de cette participation.

4. Les campagnes, les débats, les discussions, les commentaires qui accompagnent toute élection contribuent à la socialisation politique et à l'éducation civique de la population. Les élections informent, par exemple, l'électorat de ce que les partis et les candidats estiment être des questions majeures pour le pays.

5. Les élections dans les régimes démocratiques permettent à l'électorat de se prononcer par son vote sur les questions du jour, d'exprimer son accord ou son opposition aux programmes présentés ; en même temps, elles offrent un aperçu des changements d'attitudes, d'opinions et d'attentes qui se sont produits dans la population.

6. Elles constituent un moyen de recruter les personnes qui désirent faire carrière en politique et de sélectionner celles qui se présenteront pour devenir des parlementaires et des chefs politiques.

7. Elles contribuent à légitimer les actions prises ensuite par les personnes élues.

8. Elles institutionnalisent le principe de l'égalité : une personne, un vote.

La liberté de choix a été graduellement acquise dans les démocraties occidentales, quand, au début du XXe siècle, des mesures comme le bulletin imprimé et l'isoloir ont été prises pour rendre le vote secret[15] et interdire, jusqu'à un certain point, la violence, les menaces, le chantage ou les pots-de-vin. Pour garantir la validité de ce choix et pour assurer la légitimité du système politique, d'autres mesures étaient également nécessaires. On a ainsi scellé les urnes, permis un recomptage dans les cas de contestation des résultats et donné à un organisme indépendant et souvent d'ordre judiciaire la tâche de régler les questions contentieuses concernant les élections[16].

2.2. LES TYPES DE CONSULTATION POPULAIRE

Au cours d'une élection, l'électorat est appelé à faire un choix entre des partis ou des représentants affiliés ou non à un parti. Dans un référendum, il doit se prononcer sur des questions importantes et, dans un plébiscite, dire s'il accorde sa confiance à un homme ou à une femme politique et à ses orientations.

2.2.1. LES DIFFÉRENTS TYPES D'ÉLECTIONS

Il existe différents types d'élections, et ces différences peuvent être d'ordre géographique, numérique ou consister dans la présence ou l'absence d'intermédiaires entre l'électorat et les élus. Les différences d'ordre géographique se rapportent aux gouvernements ou aux administrations qui consultent l'électorat. Ces derniers peuvent être locaux (ou municipaux), régionaux (ou communaux), et national. Dans les fédérations, les unités membres tiennent aussi des élections.

Les élections peuvent être en outre *générales* ou *partielles*. Lors des élections générales, on élit tous les membres d'une assemblée ou un nombre fixe de ceux-ci. Ces élections générales se tiennent à intervalles réguliers dans certains pays, comme les États-Unis, ou à intervalles irréguliers et à terme maximum dans le cas, par exemple, des régimes parlementaires de type britannique, tels que celui du Canada. Dans les pays sans système de *suppléance*[17] pour remplacer les parlementaires décédés ou démissionnaires entre deux élections géné-

rales, on a recours pour ce faire à des élections partielles qui n'impliquent, si le mode de scrutin utilise des circonscriptions territoriales, que l'électorat des circonscriptions dont les sièges sont vacants. De telles élections peuvent être également tenues dans un système électoral comportant un droit de *rappel* ou droit *de révocation des élus*, c'est-à-dire le droit d'obliger une personne élue à démissionner si son électorat n'est pas satisfait. Ce droit, rarement exercé, existe dans 15 États des États-Unis et vise tous les élus des administrations étatiques à l'exception, dans sept États, des juges[18]. Au Canada comme aux États-Unis, le droit de rappel a été préconisé par les mouvements progressistes et populistes. La Colombie-Britannique a adopté en 1995 une loi qui autorise la révocation des élus provinciaux[19]. Le processus de rappel se fait en deux ou trois étapes. La première étape consiste à faire signer une pétition par un pourcentage déterminé de l'électorat. La deuxième, qui n'est pas toujours utilisée, est un référendum dans la circonscription où il est question de rappeler l'élu. La troisième étape, qui a lieu si, au terme de la première et — dans quelques cas — de la deuxième, la majorité de l'électorat opte pour le rappel, est une élection partielle[20].

Le rappel a l'avantage de permettre à l'électorat de protester contre les actions ou les décisions des élus et d'améliorer son éducation politique. La menace du rappel force aussi les élus à une plus grande responsabilité envers leur électorat et peut leur permettre de défendre des positions différentes de celles du caucus de leur parti. Le rappel a l'inconvénient, d'une part, d'inciter les élus à s'occuper des intérêts locaux et particuliers plutôt que de l'intérêt général et, d'autre part, d'encourager un comportement qui peut aller à l'encontre de la discipline des partis, un principe essentiel de certains systèmes politiques, et, notamment, du système parlementaire britannique.

Finalement, le mode d'élection peut être *direct* ou *indirect*. La plupart des élections dans les régimes occidentaux servent à élire directement des représentants politiques. Toutefois, dans certaines institutions, comme le Sénat en France, le choix de la représentation se fait par suffrage indirect, c'est-à-dire par l'intermédiaire d'un collège électoral composé de personnes directement élues ou nommées.

2.2.2. RÉFÉRENDUM ET PLÉBISCITE

Il faut d'abord préciser que, bien que le terme « plébiscite » soit parfois employé dans le même sens que « référendum » en science politique, il réfère plutôt à une *consultation de l'opinion publique sur une orientation générale prise par un gouvernement ou son représentant.* Il n'a donc qu'une valeur de consultation et ne lie pas le gouvernement, sauf pour des raisons morales ou politiques[21].

Le vote référendaire rappelle le mode de démocratie directe d'Athènes. Dans le référendum, l'électorat est appelé à se prononcer sur une importante question politique[22]. La constitution de certains pays, telle celle de l'Italie, admet ce mode de consultation populaire, alors que d'autres pays adoptent des lois spéciales quand ils désirent tenir un référendum. Selon la loi qui en régit les modalités, celui-ci possède une valeur consultative ou législative. S'il ne s'agit que d'une consultation populaire, le gouvernement ou le Parlement n'est pas obligé de se conformer exactement à la décision de l'électorat. Dans le second cas, il se rapporte à l'adoption ou au rejet d'un projet de loi ou de constitution, à un changement constitutionnel ou à une demande, de la part des dirigeants, d'adopter ou de reconduire une mesure déterminée. Les dirigeants et le Parlement doivent ici respecter la volonté du peuple exprimée dans ce référendum. Les campagnes se font habituellement en deux camps, *pour* ou *contre* ce qui est proposé. Un référendum peut aussi servir à demander le rappel des élus.

Des exemples de référendums sur des projets ou changements constitutionnels sont, en ce qui concerne le Canada, en 1949, celui de Terre-Neuve, sur la décision de se joindre au Canada, et en octobre et novembre 1992, respectivement, celui sur l'Accord de Charlottetown, et celui de la population de l'Arctique de l'Est sur la formation du territoire du Nunavut. En France, la Constitution de la Vᵉ République a été adoptée par le référendum de 1958. Au Royaume-Uni, en 1997, la majorité de l'électorat écossais et gallois s'est prononcée par référendum en faveur de l'établissement de parlements en Écosse et dans le pays de Galles[23].

Un avantage des référendums est souvent de trancher une question qui cause des divisions internes dans les partis politiques et qui ne peut donc être décidée clairement au Parlement, malgré l'intérêt que lui porte l'opinion publique. De telles divisions ont ainsi poussé la Grande-Bretagne à tenir, en 1975, un référendum sur le maintien de ses liens avec la Communauté économique européenne (CEE). En outre, un référendum permet de répondre aux pressions des nationalismes locaux, comme dans les cas de ceux du Québec au Canada ou de l'Écosse ou du pays de Galles au Royaume-Uni. Il permet encore de mettre fin à l'hésitation des parlementaires concernant certaines réformes[24].

L'inconvénient des référendums est de mettre à jour des clivages parfois irréconciliables, ce qui risque de creuser davantage les fossés existant à l'intérieur d'un même pays à moins de porter sur des questions susceptibles de transcender ceux-ci. Comme les résultats correspondent à la volonté de la majorité, ils peuvent aussi servir à étouffer la voix des minorités. Leur coût est élevé et, quand ils sont trop fréquents, ils affectent la raison d'être et le pouvoir des élus ainsi que leur responsabilité. Leur avantage est d'offrir à l'électorat l'occasion d'acquérir une certaine éducation politique en participant davantage aux débats politiques et aux prises de décision.

Les plébiscites demandent à l'électorat de manifester sa confiance soit à une personne au pouvoir, dans une situation d'urgence, soit à un dictateur, et d'appuyer leurs décisions. Au Canada, le Premier ministre William Lyon Mackenzie King a eu recours à un plébiscite en 1942, durant la Deuxième Guerre mondiale, pour demander à la population de le dégager de sa promesse de ne pas recourir à la conscription pour le service militaire outre-mer. Bonaparte, en France, et Hitler, en Allemagne, ont fait plébisciter par la population leur pouvoir personnel, obtenant ainsi la légitimité dont ils avaient besoin dans l'exercice de leurs fonctions.

Aux États-Unis, un groupement d'électeurs peut présenter un projet de loi ou demander d'amender ou d'abolir une loi. Au Canada, cette procédure n'est pas institutionnalisée et ne s'exprime que sous forme de pétitions[25].

3. L'ÉLECTORAT ET L'EXERCICE DU DROIT DE VOTE

Avoir le droit de vote est une chose, et vouloir ou pouvoir l'exercer et savoir comment l'exercer en est une autre plus complexe. La participation et l'abstention électorales ainsi que l'exercice du droit de vote sont donc susceptibles de recevoir plusieurs interprétations.

3.1. LA PARTICIPATION ET L'ABSTENTION

Dans certains pays, l'inscription sur les listes électorales afin de pouvoir voter suppose une démarche personnelle que certaines personnes ne peuvent ou ne veulent pas faire. Parfois, l'inscription ne peut être obtenue qu'à certaines conditions. Dans d'autres pays, où l'inscription se fait au lieu de résidence, comme au Canada jusqu'en 1997, les sans-abri, les personnes sans domicile fixe, ne peuvent être rejointes et, par conséquent, être inscrites sur la liste électorale [26]. Même après leur inscription sur la liste, certaines personnes peuvent ne pas vouloir exercer leur droit de vote même s'il est obligatoire de voter [27]. Certaines personnes peuvent aussi, en guise de protestation ou par ignorance, annuler leur vote en ne respectant pas les directives qui le rendent valide, par exemple, en refusant d'y indiquer une préférence (vote blanc).

Il est difficile de déterminer les causes de l'abstention quand la maladie, l'absence ou la non-inscription sur la liste électorale sont exclues. L'abstention peut être attribuable à l'ignorance, à un sentiment d'éloignement de la politique, ou à un manque d'intérêt à l'égard de la politique [28] en général ou de l'élection en question, aussi bien qu'à un geste de protestation ou à un rejet des règles du système politique et des candidats en lice. Aux élections locales et à celles des commissions scolaires, l'abstention exprimerait la volonté de maintenir le *statu quo*, l'électorat n'intervenant que pour le changer, ou serait due à l'apolitisme. Pourtant là où des partis municipaux ou nationaux entrent en lice, le taux de participation continuerait à être faible [29]. Une mobilité locale élevée et la maigre couverture médiatique accordée à ces élections pourraient aussi entrer en jeu dans cette situation. Dans la plupart des pays de l'Union européenne, une moins grande proportion de l'électorat vote aux élections européennes qu'aux élections législatives de chaque pays. On attribue ce taux élevé d'abstention à un manque d'intérêt de la part de la population

envers ce niveau de politique et au peu d'estime qu'elle a de la légitimité et de l'efficacité du Parlement européen. Au Canada, entre 1970 et 1990, les taux moyens de participation de chaque province aux élections fédérales sont, à l'exception de l'Ontario, du Manitoba et de l'Alberta, habituellement moins élevés qu'aux élections provinciales. Ce comportement ne se prête guère à des généralisations. On suppose, entre autres, que l'électorat des provinces centrales du Manitoba et de l'Ontario se sentirait plus proche du gouvernement national que du gouvernement provincial, tandis que celui du Québec (pourtant une province du centre du Canada) et de Terre-Neuve serait davantage attaché à sa propre province et donc manifesterait un plus grand intérêt envers la politique de celle-ci [30]. Toutefois, l'intérêt et, donc, la participation de l'électorat peuvent être stimulés par l'entrée en lice d'un nouveau parti politique. Ainsi, quand le Bloc québécois est apparu aux élections fédérales canadiennes de 1993, le taux de participation de l'électorat du Québec à ces élections est passé de 75,2 % en 1988 à 77,8 % [31].

3.2. LES BASES DU CHOIX ÉLECTORAL

Les élections amènent souvent un autre parti et d'autres personnes au pouvoir. Même le noyau de fidèles partisans de chaque parti est affecté, entre chaque élection, par la défection naturelle de certains d'entre eux par suite de décès ou de maladies et par l'arrivée de nouveaux électeurs (désireux de participer à cette élection ou en âge de voter). Le vote du reste de l'électorat, caractérisé par sa mobilité partisane, joue un rôle important dans les résultats des élections [32]. Trois approches principales sont utilisées pour tenter d'expliquer les choix opérés par l'électorat. Elles s'appuient sur les théories du comportement rationnel de l'électorat, de ses opinions et de son conditionnement sociologique.

3.2.1. L'EXPLICATION RATIONNELLE

Le droit de vote, comme nous l'avons vu, suppose la rationalité de l'électorat, laquelle devrait, en principe, lui permettre de faire un choix. Depuis Anthony Downs, cette rationalité se définit dans le sens d'un calcul rationnel fait par un individu en vue de maximiser son intérêt[33]. Or, la nature et l'existence même de cette rationalité font l'objet de débats[34]. Ainsi, des études quantitatives et qualitatives menées aux États-Unis contredisent cet idéal d'un électorat informé, compétent et capable d'un choix rationnel. Il choisirait plutôt à l'aveuglette, guidé par ses préjugés et des bribes d'information. Il manquerait de cohérence idéologique et ses opinions politiques seraient teintées d'un impressionnisme superficiel malgré les progrès accomplis depuis les années 1980 dans son niveau d'éducation. D'autre part, plusieurs recherches présenteraient plutôt le portrait d'un électorat responsable qui vote selon ses opinions sur les questions en jeu et selon les performances du gouvernement, tandis que d'autres présentent un électorat qui, même avec un savoir politique fragmentaire, emploie des raccourcis de jugement, des sentiments, des souvenirs, des impressions et même des stéréotypes pour fixer son choix de façon rationnelle. La rationalité de l'électorat au Canada se rapporterait à son évaluation de la capacité des partis ou des leaders à régler les questions du jour ou à bien gouverner, ou du candidat local à le représenter convenablement. Toutefois, ces considérations rationnelles seraient parfois accompagnées d'un désir moins rationnel de changement. Le vote non rationnel pourrait être guidé principalement par l'image des leaders ou des partis ou par le simple désir d'accomplir l'acte rituel du vote. Enfin, une autre théorie porte sur le vote conditionné par les enjeux d'une élection qui, si ces derniers sont connus de l'électeur, provoquent chez lui de fortes réactions et divisent les partis en présence. Or, comme en 1962, au Québec, même si ces enjeux existent clairement, ils ne semblent pas constituer la seule base du vote, celui-ci, par exemple, ayant été aussi guidé par l'évaluation de la performance du gouvernement sortant[35]. Les contradictions internes de ces études s'expliquent, selon Loïc Blondiaux, par l'orientation behavioriste et psychologique donnée à l'analyse du comportement général de l'électorat. À son avis, une recherche traitant de l'influence des contextes sociaux et mêmes locaux et partisans sur la compétence politique et la rationalité des choix enrichirait davantage les connaissances dans ce domaine[36]. À cela il faudrait ajouter l'étude du contexte économique et l'influence de ce dernier sur le vote[37].

3.2.2. LES PRÉFÉRENCES IDÉOLOGIQUES

Des études portant principalement sur l'Europe soutiennent que le choix électoral peut être guidé par le positionnement de l'électorat sur un axe idéologique allant de l'extrême gauche à l'extrême droite. Cet axe n'est cependant pas fixe, la position qu'on occupe sur cet axe influant sur la perception des autres positions. Ainsi, pour un membre de l'extrême droite, un parti du centre fait partie de l'extrême gauche. L'identification à une position sur cet axe est susceptible de faciliter les alliances entre partis dans les pays multipartistes, comme celle, conclue plusieurs fois, entre le Parti socialiste et le Parti communiste en France. Actuellement, l'adoption d'un comportement électoral basé sur le positionnement idéologique est rendue plus difficile à cause de la tendance des grands partis des pays industrialisés à remplacer l'idéologie par le pragmatisme afin de gagner le pouvoir. Les partis de « classe » n'obtiennent pas nécessairement le soutien de leur classe. De plus, l'influence de la classe sociale sur le vote est moins importante dans des pays, comme le Canada, où la conscience de classe est relativement faible[38]. Enfin, un vote de protestation ou stratégique pour défaire plutôt que pour élire un gouvernement ou pour le rendre minoritaire peut brouiller une analyse basée sur les appartenances idéologiques. Par contre, les nationalismes, s'il existe des partis pour les représenter, comme au Québec et en Écosse, constituent un puissant facteur de motivation pour au moins une partie de l'électorat appartenant aux groupes nationaux ou aux minorités culturelles et linguistiques.

3.2.3. LES EXPLICATIONS ÉCOLOGIQUES

Les analyses des résultats électoraux tentent aussi d'expliquer les choix effectués en rattachant ceux-ci à des groupes de variables sociodémographiques, socio-économiques et socioculturelles. Des corrélations sont faites entre le comportement de l'électorat, son affiliation partisane ou ses intentions de vote et, par exemple, ses assises territoriales, le lieu rural ou urbain de résidence des électeurs, leur sexe, leur âge, leur état civil, leur profession, leur niveau d'éducation, leur revenu, leur religion, leur langue maternelle[39]. L'inconvénient des corrélations utilisées dans les études quantitatives est qu'on ne sait jamais si on a inclus toutes les variables qui jouent vraiment un rôle important dans le comportement. De plus, si on n'y joint pas une étude qualitative, le sens réel de ces variables peut nous échapper. Par exemple, si le vote rural est habituellement plus conservateur, ce vote s'explique-t-il par le lieu de résidence ou l'âge plus avancé de la population rurale et ne serait-ce pas l'âge et non le lieu de résidence qui serait la variable la plus importante pour expliquer ce comportement ? De plus, l'idée d'un électorat conditionné de façon permanente par son environnement et ses caractéristiques ne peut expliquer le phénomène de la mobilité du vote ni celui de l'indécision des électeurs. Il est donc utile de placer le soutien accordé par le vote aux partis politiques dans le contexte des changements de leurs sociétés[40]. Enfin, le fort attachement d'une portion de la population à une option nationaliste, comme, au Québec, à celle du Parti québécois, peut faire ressortir l'importance de variables écologiques, telles que la langue maternelle, l'origine ethnique et l'âge, dans les préférences électorales[41].

4. LES MOYENS DE REPRÉSENTATION

Que l'électorat soit rationnel, idéologique ou conditionné, il élit un groupe dirigeant au centre décisionnel du système politique. Le processus électoral se produit dans un cadre institutionnel particulier à chaque régime politique. Ce cadre, dans les démocraties modernes, comprend les partis politiques auxquels les candidats appartiennent. En effet, dans les élections nationales, il y a habituellement très peu de candidats indépendants. Ce cadre comprend également les systèmes électoraux dans lesquels se déroule le processus électoral, chaque système possédant ses modalités et ses caractères particuliers.

4.1. LES PARTIS ET LES CANDIDATURES DANS LA DÉMOCRATIE REPRÉSENTATIVE

La démocratie représentative s'exerce par l'intermédiaire des partis politiques. Ce sont les partis, leurs associations locales ou l'exécutif du parti qui choisissent les candidats qui se présenteront aux élections et qui représenteront éventuellement l'électorat[42]. La capacité des partis à refléter le plu-

ralisme de leur société — leur tâche selon la théorie démocratique — varie selon les systèmes électoraux et le type de partis (voir le chapitre 9).

Rares sont les candidatures indépendantes qui obtiennent un succès électoral sur le plan national, alors qu'elles sont souvent la norme sur le plan local (municipal, régional, commissions scolaires) quand des partis municipaux[43] ou provinciaux ne sont pas directement engagés dans la course. Sur le plan national, comme sur celui des unités membres dans les fédérations, les candidatures indépendantes proviennent habituellement de personnes qui ont quitté leur parti pour des raisons de principes ou qui en ont été exclues. Si elles ne possèdent pas une forte base locale, loyale à leur personne, peu d'entre elles, sans l'appui d'un parti, réussissent à se faire réélire. Elles doivent aussi pouvoir se présenter dans un système électoral qui leur donne une chance de gagner un siège. Une fois élues, elles n'ont guère de poids dans le jeu politique.

5. LES SYSTÈMES ÉLECTORAUX : TYPES, AVANTAGES ET INCONVÉNIENTS

Les élections se déroulent selon divers modes de scrutin. Les différents modes de scrutin comportent des avantages et des inconvénients du point de vue de la représentation de l'électorat et des candidats.

5.1. LE MODE DE SCRUTIN PAR CIRCONSCRIPTION

Le mode de scrutin par circonscription comporte diverses formes qui se rapportent au nombre de fois que l'électorat a à se prononcer, au genre de majorité recherchée, au nombre de membres à désigner sur le bulletin de vote et au nombre de personnes à élire dans chaque circonscription.

5.1.1. LE SCRUTIN UNINOMINAL MAJORITAIRE

5.1.1.1. À UN TOUR ET À MAJORITÉ RELATIVE

Ce mode de scrutin est en vigueur, entre autres, au Canada, au Royaume-Uni et aux États-Unis. Le pays est divisé en circonscriptions électorales (ou districts électoraux) dont l'électorat de chacune doit élire un député qui représentera cette circonscription au Parlement. Il est relativement simple. Favorisant les grands partis et une majorité de sièges pour le parti « gagnant », il produit habituellement des gouvernements stables. Il est censé faciliter les rapports entre l'électorat de chaque circonscription et son représentant[44].

Dès qu'il existe plus de deux partis en lice, l'inconvénient principal de ce mode de scrutin est habituellement le manque de proportion entre le nombre de votes accordés au parti et le nombre de sièges qu'il obtient au Parlement.

Vu que la représentation se fait par circonscription territoriale, ce mode de scrutin ne favorise pas non plus les partis dont l'appui est dispersé géographiquement. Il arrive ainsi — c'est souvent le cas aux élections fédérales canadiennes — que le parti qui obtient le plus de sièges et forme le gouvernement n'a reçu qu'un pourcentage minoritaire du vote populaire (tableau 10.4). Les partis marginaux n'ont aucune chance d'être représentés dans un tel système.

5.1.1.2. À DEUX TOURS PAR MAJORITÉ ABSOLUE

Les élections ici se font encore par circonscription territoriale, mais en deux étapes. Au premier tour, si les élections n'ont pas donné la majorité absolue à un candidat ou à une candidate, une autre élection doit départager les candidats qui ont obtenu le plus grand pourcentage de voix. Ce mode de scrutin est utilisé pour élire les députés à l'Assemblée nationale en France. Il est plus compliqué que le mode de scrutin précédent, mais il permet à l'électorat, au premier tour, d'exprimer davantage son pluralisme. Aux élections présidentielles, la France devient une seule circonscription et si un candidat ou candidate n'a pas obtenu la majorité absolue, un deuxième tour est nécessaire. Alors, seuls les deux candidats qui ont obtenu le plus grand nombre de voix peuvent se représenter, ce qui assure à la personne gagnante la majorité absolue.

5.1.1.3. AVEC VOTE ALTERNATIF OU PRÉFÉRENTIEL UNINOMINAL À UN TOUR

Sur le bulletin de vote propre à ce mode de scrutin, il faut classer les candidats de la circonscription par

Tableau 10.4
Canada : scrutin uninominal majoritaire à un tour.
Résultats des élections fédérales de 1997

Partis	Votes valides %	Sièges N	Sièges %
Bloc québécois	10,7	44	14,6
Parti Action Canada	0,1	0	0
Parti de l'Héritage chrétien	0,2	0	0
Parti libéral du Canada	38,5	155	51,5
Parti marxiste-léniniste du Canada	0,1	0	0
Parti de la loi naturelle	0,3	0	0
Nouveau Parti démocratique	11,0	21	7,0
Parti progressiste-conservateur	18,8	20	6,6
Parti réformiste du Canada	19,4	60	19,9
Parti vert du Canada	0,4	0	0
Indépendant	0,3	1	0,3
Aucune appartenance	0,2	0	0

Source : Trente-sixième élection générale 1997 : résultats officiels du scrutin, site Web d'Élections Canada, le 25 mars 1999, compilé des tableaux 7 et 9 (http.//www.election.ca/election/results//synopsis05-f.html)

ordre de première, deuxième ou troisième préférence. Ainsi, si personne n'a obtenu la majorité des voix, on ajoute aux autres candidats les deuxièmes préférences des bulletins de vote qui ont soutenu la candidate ou le candidat arrivé en dernier aux élections, et ainsi de suite, jusqu'à ce qu'une personne reçoive la majorité des voix et soit élue. L'Australie utilise ce mode de scrutin pour les élections à la Chambre des représentants[45].

5.1.2. LE SCRUTIN MAJORITAIRE PLURINOMINAL

Le scrutin majoritaire plurinominal demande à l'électorat d'une circonscription d'élire un certain nombre de personnes pour le représenter. Selon Michael Steed, il a l'avantage de favoriser la représentation des femmes et des minorités ethniques. De plus, il permet, en variant le nombre de représentants pour correspondre aux fluctuations démographiques, une plus grande stabilité des limites des circonscriptions. Cette stabilité peut encourager, ainsi, le développement d'une identité communautaire dans la circonscription, ce qui facilite ainsi la défense des intérêts de sa population[46]. Steed soutient que ce mode de scrutin crée des liens plus serrés entre l'électorat et ses représentants que le mode de scrutin uninominal. Au Canada, on ne trouve des circonscriptions à membres multiples que dans certaines provinces et uniquement pour les élections provinciales[47]. Ce type de circonscription est cependant plus fréquemment lié aux systèmes électoraux mixtes ou basés sur la représentation proportionnelle.

5.2. LE MODE DE SCRUTIN À REPRÉSENTATION PROPORTIONNELLE

Le scrutin à représentation proportionnelle offre une représentation, par circonscription ou pour tout le pays, selon le pourcentage de voix obtenu par les candidats ou les partis. Il comprend plusieurs formes, mais les deux principales sont le vote simple transférable et la représentation proportionnelle avec listes de partis.

5.2.1. LE VOTE SIMPLE TRANSFÉRABLE

Le vote simple transférable est utilisé à l'île de Malte et au Dáil Eireann (la chambre basse d'Irlan-

de), à la chambre haute de l'Australie et au Sénat de l'Ulster. Il s'agit d'un mode préférentiel de scrutin dans des circonscriptions à membres multiples. L'électeur donne un ordre de préférence aux candidats. L'électeur choisit des candidats sans être restreint par leurs liens avec un parti politique ou un autre. Les candidats du premier choix doivent obtenir un certain pourcentage des voix pour être élus[48], sinon leurs voix sont transférées aux candidats du deuxième choix et ainsi de suite. Le « panachage » est le procédé par lequel l'électeur change l'ordre des candidats sur la liste d'un parti ou choisit des candidats figurant sur plusieurs listes.

5.2.2. LA REPRÉSENTATION PROPORTIONNELLE AVEC LISTES DE PARTIS

Dans la représentation proportionnelle avec listes de partis, chaque parti présente une liste de candidats. Toutes les voix pour les candidats d'un parti comptent dans le calcul du nombre de sièges que ce parti obtiendra. Dans certains pays (comme Israël), il faut voter pour toute la liste. Dans d'autres, une forme de panachage permet soit de choisir parmi les candidats et de modifier leur ordre sur la liste (comme en Belgique, au Danemark et aux Pays-Bas), soit (comme en Suisse et en Finlande), de choisir les candidats parmi les différentes listes.

Le mode de scrutin proportionnel est habituellement utilisé dans les petits États, comme Israël et les Pays-Bas (pour la chambre basse), qui ne forment qu'une seule circonscription[49]. Des États divisés en plusieurs circonscriptions à membres multiples, tels le Luxembourg ou l'Espagne, l'ont cependant, adopté aussi. Le régime nazi et le régime fasciste de Mussolini ayant obtenu le pouvoir dans des États à représentation proportionnelle, on en a déduit que ce mode de scrutin pouvait présenter certains dangers pour la démocratie. Plusieurs États, dont la France, l'ont d'ailleurs abandonné[50].

La représentation proportionnelle comporte pourtant plusieurs avantages. Elle permet une représentation plus équitable et plus précise du vote populaire au Parlement. Elle incite, dans une certaine limite, l'électorat à voter pour des partis moins importants, car celui-ci sait que son vote ne sera pas perdu. Les partis les plus marginaux sont, cependant, toujours perdants, car un pourcentage minimum de voix[51] est exigé pour obtenir un siège. Cela dit, elle correspond davantage au principe de représentation pluraliste de l'idéal démocratique, qui va à l'encontre de l'idée d'une élite ou d'une classe politique dominante et qui reflète plus fidèlement les différentes opinions.

Ce mode de scrutin présente certains inconvénients. Si la représentation de l'électorat n'est pas rattachée à une circonscription, il n'existe pas de liens entre l'électorat et les parlementaires. Ce mode de représentation a tendance à agrandir les divisions qui existent dans la population. Le multipartisme qu'il encourage entraîne habituellement la nécessité de former des gouvernements minoritaires ou de coalition qui peuvent nuire à la stabilité et à l'efficacité du système politique. On lui reproche de contribuer à paralyser les gouvernements et de fragmenter encore plus l'opinion publique, ce qui a pour effet d'empêcher, dans un pays, la formation d'un idéal commun[52]. Enfin, ce multipartisme peut entraîner un nombre plus élevé de bulletins nuls par suite de la confusion d'un électorat confronté à un système électoral plus compliqué et à une multiplicité de choix.

5.3. LES SYSTÈMES MIXTES

Certains États possèdent un système électoral qui intègre les deux principaux modes de scrutin : la représentation proportionnelle et le scrutin uninominal par circonscription. Ainsi, en République fédérale d'Allemagne, la moitié des membres de la Bundestag est élue uninominalement dans des circonscriptions tandis que l'autre moitié est élue selon les listes de partis. L'utilisation de listes a pour but principal de corriger les disproportions qui résultent du mode de scrutin uninominal. Elles visent donc à assurer une plus fidèle représentation de l'électorat. En Suède, 310 sièges du Parlement sont attribués par scrutin uninominal, et 39 proportionnellement, pour donner une représentation aux partis qui ont obtenu au moins 4 % du vote populaire. On arrive ainsi à corriger assez bien les défauts du scrutin uninominal, mais cette correction peut entraîner une conséquence fréquente découlant surtout du scrutin proportionnel : un gouvernement minoritaire ou de coalition.

5.4. LES FLUCTUATIONS DE REPRÉSENTATION

Le principe « une personne, une voix » est un vestige de la démocratie antique. Les systèmes de représentation proportionnelle par listes sont ceux qui respectent le plus ce principe. Conformément à la méthode Hare, le nombre de votes exprimés est divisé par le nombre de sièges et, une fois cette première distribution faite, les sièges restants sont attribués aux partis selon le reste de voix recueillies. D'autres formules, telles que celles de d'Hondt et de Sainte-Lägue, permettent aussi une observation assez fidèle de ce principe[53].

Des écarts de représentation dans les systèmes basés sur les circonscriptions sont attribuables au découpage de la carte électorale. En Grande-Bretagne, avant la réforme électorale de 1832, la population de quelques habitants des « bourgs pourris » pouvait élire un député alors que celle des nouvelles villes n'avait aucune représentation au Parlement. À présent, le découpage des cartes électorales ne suit encore pas toujours et assez rapidement les fluctuations démographiques. Il ne parvient pas souvent, pour des raisons diverses, telle la dispersion d'une population peu nombreuse sur un grand territoire, à une égalité numérique exacte entre les districts électoraux. Enfin, une carte peut être découpée avec des objectifs partisans, sans considération des intérêts communautaires locaux, en faisant l'objet de *gerrymandering*[54]. La tentation du *gerrymandering* n'ayant jamais disparu, plusieurs États ont vu qu'il était nécessaire de confier la responsabilité du redécoupage des cartes électorales à des personnes ou à des commissions impartiales, donc, à des juges ou à des commissions indépendantes dont les recommandations s'imposeront. Un redécoupage à intervalles réguliers, suivant le dernier recensement et exempt de tout esprit de parti, est essentiel pour respecter le principe de la représentation. Plusieurs pays ont instauré une procédure à cette fin. En Grande-Bretagne, depuis 1949, quatre commissions présidées par un juge consultent les partis politiques pour ensuite soumettre un projet de redécoupage des circonscriptions à la législature par l'intermédiaire du gouvernement. Le parti majoritaire est libre d'adopter ces recommandations, mais il s'y conforme habituellement, parfois très tardivement.

Aux États-Unis, les parlements des États ont le pouvoir de dresser leur carte. Depuis les années 1960, la Cour suprême s'est efforcée de faire respecter le principe d'égalité des électeurs et, depuis les années 1980, elle exige qu'il n'y ait pas plus de 1 % d'écart entre les variations de population et le quotient électoral attribué à chaque circonscription. Ce quotient est obtenu en divisant le chiffre de la population du dernier recensement par le nombre de circonscriptions. En France, le ministre de l'Intérieur s'occupe du découpage de la carte électorale et de ses révisions. La loi française demande que les écarts de population ne dépassent pas le quotient par une marge de plus ou moins 20 % et qu'une révision de la carte soit effectuée après chaque recensement général. Au Canada, depuis 1964, au niveau fédéral, des commissions indépendantes nommées pour chaque province et chaque territoire sont chargées de tenir des audiences publiques et de délimiter les circonscriptions. Depuis 1979, les membres de ces commissions sont nommés par le président de la Chambre des communes. Dans le découpage réalisé en 1993, seulement des « circonstances extraordinaires » pouvaient faire dépasser la marge de 25 % d'écart maximum du quotient de la population des circonscriptions.

5.5. QUELLE REPRÉSENTATION ?

L'inconvénient du mode de représentation par circonscription est qu'il ne respecte pas fidèlement le principe « une personne, une voix », du fait de la tolérance à l'égard des écarts de population, entre circonscriptions, du fait de la base prise pour les calculs de population, qui est habituellement constituée par les chiffres du recensement et non par le nombre d'électeurs. De plus, les nouvelles cartes électorales sont généralement adoptées plusieurs années après le recensement, à cause de la crainte que les élus ont de voir les changements de limites réduire leurs chances d'être réélus. Ces cartes ne tiennent ainsi pas compte des plus récents mouvements de population.

Le principe de représentation lui-même est l'objet de plusieurs débats. Le premier concerne le style de représentation à adopter par les élus. Il y aurait, en effet, quatre principaux styles de représentation[55]. Certains représentants se considèrent comme des *mandataires*, c'est-à-dire qu'une fois élus ils se réfèrent principalement à leur conscience et à leur jugement dans leur participation aux affaires politiques. Edmund Burke est à l'origine de ce modèle de député doté d'une entière liberté d'action. Par contre, d'autres se regardent comme des *délégués* et, donc, surtout comme des représentants de l'électorat de leurs circonscriptions. Par conséquent, ils s'efforceront d'exprimer uniquement les opinions et les intérêts de cet électorat dans l'exercice de leur mandat. Les *partisans*, quant à eux, suivent fidèlement la ligne de leur parti et mettent, dans leurs activités, leur fidélité au parti au premier rang. Enfin, certains élus sont des *politicos* qui ajustent leur comportement politique en fonction des questions et des décisions qui se présentent et sans se sentir obligés d'observer en tout temps une ligne de conduite déterminée par le parti, l'électorat ou leur propre préférence.

Certains styles de représentation sont évidemment mieux adaptés à des systèmes politiques ou à des groupes qu'à d'autres. Par exemple, les délégués conviennent mieux aux systèmes qui acceptent le rappel et les partisans à ceux qui demandent l'obéissance à la discipline des partis politiques. Les députés des groupes minoritaires sont souvent plus portés à adopter le style des délégués. Au Canada, le parlementaire franco-ontarien aurait ainsi tendance à se dissocier des positions du parti auquel il appartient si celles-ci semblent contraires aux intérêts de sa communauté. Il s'efforcerait, en même temps, de convaincre le parti de les modifier pour les rendre plus favorables à celle-ci[56]. La culture et le passé politiques d'un pays peuvent aussi influencer le style des députés. En France, à cause de l'influence continue du localisme sur la vie politique, le parlementaire se considère comme un ambassadeur de son électorat et un représentant de son parti[57].

Un deuxième débat concerne la représentativité des parlementaires. Dans quelle mesure sont-ils capables de représenter tout l'électorat ? Un examen des caractéristiques des élus de la plupart des parlements du monde occidental révélerait que les élus ne sont guère représentatifs de la moyenne de la population sous le rapport de l'instruction, de l'emploi, de l'appartenance de classe ou du genre. En Amérique du Nord et au Royaume-Uni, les parlementaires exercent en majorité des professions libérales, notamment celles d'avocats et d'éducateurs, ou viennent du monde des affaires. Les minorités y sont sous-représentées, surtout celles qui sont dispersées sur un territoire dans un système uninominal à un tour. Par exemple, bien que près de 5,5 % de la population britannique appartienne à des minorités ethniques, celles-ci n'avaient en 1992 qu'une représentation de moins de 1 % à la Chambre des communes[58]. Au Canada, le système électoral ne permet pas aux autochtones éparpillés dans plusieurs circonscriptions et plusieurs provinces et territoires de regrouper leurs voix pour obtenir une représentation adéquate au Parlement.

Les femmes, qui constituent cependant la majorité de la population, sont particulièrement sous-représentées. Jusqu'à présent, leur représentation dans les parlements des pays industrialisés n'a avancé que lentement (tableau 10.5). Les critiques s'accordent pour souligner que le monde politique repousse les femmes parce que ses règles ont été définies et sont encore régies par une majorité d'hommes peu enclins à partager le pouvoir. À ces obstacles s'ajoutent principalement la socialisation politique des femmes (voir le chapitre 3), leur manque de ressources financières, les rôles sexuels traditionnels et l'attitude des médias à leur égard.

Le principe de la parité a été élaboré en vue d'obtenir l'égalité de représentation des femmes dans les institutions politiques. Ce principe a été repris et développé principalement par le Conseil de l'Europe depuis 1989 et par la Commission des communautés européennes. Le Parlement français a, du reste, adopté ce principe en mars 1999. La représentation paritaire remplacerait la politique des « quotas » et s'appuierait sur le principe selon lequel les deux catégories d'êtres humains ont droit à une représentation égale sur la scène politique[59].

Tableau 10.5
Représentation des députées dans les chambres basses ou uniques des États industrialisés d'Europe et d'Amérique du Nord (1996)

États	Députées	
	N	%
Suède	151	43,0
Danemark	59	34,0
Finlande	67	33,5
Pays-Bas	43	28,5
Allemagne	176	26,5
Autriche	47	25,7
Espagne	76	22,0
Canada	53	18,0
Luxembourg	11	18,0
Portugal	31	13,5
Belgique	18	12,0
Irlande	20	12,0
États-Unis	49	11,2
Grande-Bretagne	63	10,0
Italie	60	9,5
Grèce	17	5,6
France	32	5,5

Source : Extraits des tableaux du site http://www.pu.org/wmn.-e/classif.thm de l'Union interparlementaire, Genève, avec permission.

Le manque de représentativité de la représentation démocratique est aussi souligné par certains théoriciens. Dans le marxisme-léninisme, la classe dirigeante n'est que la représentante de la classe socio-économique dominante, à savoir, par exemple, la bourgeoisie au stade du capitalisme. Dans les théories des élites, la classe politique est composée de représentants d'élites qui se disputent le pouvoir et s'y succèdent. Dans ces deux perspectives, ni la base ni ses intérêts ne sont représentés au centre décisionnel. Enfin, une autre critique concerne les systèmes électoraux qui favorisent le bipartisme. On leur reproche de n'offrir qu'un choix restreint à l'électorat et de le forcer, en même temps, à établir un certain consensus, ce qui est la négation du pluralisme que devrait refléter une représentation politique démocratique[60].

6. LE RÔLE DES SONDAGES ET DES MÉDIAS DANS LA REPRÉSENTATION ET LA POLITIQUE

Alors que le principe de la représentation peut être quelque peu enfreint à cause du peu de choix offert par les candidats et les partis dans une élection, la liberté de choix elle-même peut être entravée, selon des analystes, par l'influence des sondages et des médias sur la politique, influence particulièrement marquée en période d'élection. En effet, un électorat bien informé est essentiel à toute démocratie libérale.

6.1. LES SONDAGES POLITIQUES

Le domaine des sondages politiques est d'origine récente. Les premiers sondages effectués à partir des années 1930 aux États-Unis ne servaient que des fins commerciales, mais toutefois leur potentiel politique se manifeste en 1936 lors des élections présidentielles. En effet, la firme Gallup parvient à prédire, avec un petit échantillon « scientifique » de quelques milliers de personnes, la victoire de Roosevelt, tandis que le *Literary Digest*, sur la base d'une enquête auprès de plus de deux millions de lecteurs, avait annoncé celle de Landon. À côté des maisons commerciales de sondage, comme les firmes Gallup, Roper et Crossley, qui font également

des enquêtes politiques, se créent, dès les années 1940, des instituts de recherche sur l'opinion publique dans plusieurs universités américaines[61]. Le Canada suit plus tard. Ce n'est que dans les années 1970 que sont créés l'Institute of Behavioural Research de l'Université York, en Ontario, et les premières entreprises québécoises de sondage CROP, IQOP et Sorecom[62].

Pour comprendre les résultats des sondages, le public doit tenir compte de leurs différents aspects. Les sondages politiques ne se ressemblent pas tous. En effet, ce qu'ils sondent se divise en quatre domaines. Ils peuvent sonder les *états* des répondants, tels que l'âge et le sexe. Ils peuvent chercher à connaître leurs *comportements* et leurs *intentions* : ont-ils voté aux dernières élections et pour quel candidat ou parti désirent-ils voter aux prochaines élections ? Ils peuvent déterminer leur niveau de *connaissances* : par exemple, la répondante connaît-elle les programmes des partis en lice ou telle politique du gouvernement ? Enfin, ils peuvent demander les *opinions* des répondants sur un sujet politique, qui peut être, par exemple, les décisions d'un personnage politique, un projet de loi ou même leur niveau de soutien à un parlementaire ou un leader politique.

En outre, pour évaluer la validité d'un sondage dont les résultats sont rapportés dans les médias, il est essentiel, selon plusieurs organismes canadiens et américains, de savoir quels sont les noms du commanditaire et de la firme qui a fait le sondage, la population ciblée, la méthode d'échantillonnage, le nombre de personnes compris dans cet échantillon, le taux de réponses, la marge d'erreur, les questions posées et leur ordre dans le questionnaire, le nombre de personnes qui ont répondu à l'une ou l'autre question, et celui des personnes sans opinion, qui ont refusé de répondre, et qui ne savent pas. Il est également utile de connaître la date à laquelle le sondage a été effectué[63]. En effet, un sondage est un tableau de l'opinion publique à une certaine date. Quand des partis ou des candidats sont assez proches l'un de l'autre, cette date est cruciale, la volatilité d'une faible proportion de l'électorat suffisant pour faire retourner la situation au cours des derniers jours précédant l'élection. L'exemple classique est celui de la victoire de Truman en 1945 alors qu'un sondage réalisé 12 jours avant le scrutin avait prédit celle de Dewey.

207

Cela nous amène à nous interroger sur la fiabilité et les inconvénients des sondages. Ils peuvent, par exemple, faire naître des opinions chez des gens qui n'en avaient pas ou qui s'intéressent peu ou point au sujet traité[64]. Il est aussi impossible de savoir si les gens disent la vérité ou comprennent les questions ou les termes employés. Il n'est pas toujours possible d'interpréter les réponses. On utilise donc de plus en plus des enquêtes qualitatives face à face avec des questionnaires à réponses ouvertes pour mieux comprendre les résultats des sondages quantitatifs. Le problème est que les enquêtes qualitatives ne peuvent se faire que sur un échantillon très petit et que le codage des questions demande un temps énorme en sus de celui qui doit être consacré aux entrevues.

Quels sont les avantages que présentent les sondages dans une démocratie? Ils peuvent, d'une part, servir à informer le public et, d'autre part, aider les autorités gouvernementales à choisir entre des politiques ou des programmes. Par exemple, le public peut être informé de la popularité d'un parti durant une campagne électorale, et le gouvernement du degré de popularité d'un projet de loi. En outre, les sondages aident les partis politiques à élaborer leurs programmes, leurs stratégies électorales et même à choisir leurs candidats.

L'influence possible des sondages sur les choix de l'électorat soulève, toutefois, de sérieuses critiques. Changeraient-ils, par l'effet boule de neige ou la démoralisation, les intentions de vote et, donc, les résultats des élections et nuiraient-ils ainsi à la liberté démocratique du vote? Pour cette raison, certains pays, comme le Portugal et le Brésil, ont interdit la publication de sondages durant la période électorale; il en est de même, au Canada, de la province de la Colombie-Britannique[65]. D'autres, comme la France depuis 1977, ont limité cette interdiction à la semaine précédant le jour du vote[66]. Une autre objection à la publication des sondages concerne leur tendance à présenter une élection comme une course comportant des gagnants et des perdants, ce qui détourne ainsi l'attention du public des questions de fond du débat électoral. Une dernière critique a trait à la validité de certains sondages et fait valoir que les partis ou les médias les utilisent parfois pour tromper l'électorat[67], lui fournissant ainsi de fausses données.

6.2. LES MÉDIAS ET LA POLITIQUE

Ce n'est pas uniquement en publiant des sondages que les médias influencent le vote et la politique en général. L'influence des médias *sur le vote* peut s'exercer aussi par l'entremise de la publicité politique, par la diffusion des messages officiels du centre décisionnel, par les débats télévisés ou radiodiffusés des chefs des partis politiques et par la priorité qu'ils accordent à certaines questions ou à certaines personnes. D'autres moyens dont ils disposent sont les entrevues et les reportages sur les candidats, les partis et les campagnes, le format qu'ils imposent aux activités et aux agents politiques et les commentaires et éditoriaux qu'ils diffusent pour interpréter l'information, par exemple, pour déclarer qui a gagné le dernier débat télévisé. L'impact direct des informations politiques transmises par les médias sur le vote serait, cependant, assez limité, ces informations ayant plutôt pour effet de renforcer les opinions des partisans déjà très engagés et des électeurs les plus stables qui sont les plus susceptibles d'aller chercher de l'information[68].

L'influence générale des médias *sur la politique* se rattache à leurs fonctions dans l'analyse systémique. Étymologiquement, le mot *media* est le pluriel du mot latin *medium*, qui se traduit par «intermédiaire». Une des fonctions des médias est en effet d'établir une voie de communication entre l'environnement et le centre décisionnel. Le mot *media* a d'abord été traduit en français par «moyens de communication de masse», puis il s'est peu à peu imposé et francisé. Dans cette fonction, les médias servent de filtres et de canaux à la communication, souvent en assumant un autre rôle, celui de l'agrégation et de la représentation des intérêts d'individus, d'institutions ou de groupes sociaux, concurrençant les groupes d'intérêt et les partis politiques ou devenant leur voix. Ils constituent aussi de puissants agents de socialisation, cette socialisation étant influencée par les rôles de représentation et de filtre des exigences qu'ils remplissent. Enfin, le moyen de communication utilisé favorise, comme Harold Innis et Marshall McLuhan l'ont signalé, certaines idéologies et certains régimes politiques ainsi que le degré d'ouverture de ces canaux de communication entre l'environnement et le centre décisionnel[69].

L'apparition de la presse écrite marque un point tournant du rôle des médias en politique contemporaine. Cette invention apporte des changements dans la structure sociale. Les clercs, à cause de leur capacité de lire et d'écrire, jouent un rôle important dans la société du Moyen Âge. Avec l'extension de l'alphabétisation, certains groupes sociaux se sentent liés ensuite par une même langue et des idées semblables. La presse écrite facilite ainsi la naissance du nationalisme et des régimes démocratiques. Ces régimes demandent un électorat éclairé qui peut juger, choisir, accepter les lois et les autorités politiques ou se révolter contre elles. Chaque parti politique a souvent son propre journal. L'État publie aussi ses propres documents. La presse informe et permet ainsi une plus grande participation à la politique de la part de la population. Elle est à l'origine de la Réforme et elle accompagne les principales révolutions et rébellions politiques en Europe et en Amérique du Nord aux XVIIIe et XIXe siècles. La presse favorise alors les débats, l'individualisme, la diversité des idées, elle requiert la liberté d'expression et accompagne le développement de l'idéologie libérale.

Au XXe siècle, les régimes totalitaires ne tolèrent qu'une presse d'État ou uniquement conforme à leur idéologie et à leurs directives, la communication et la socialisation par les médias devenant ainsi dictée par le centre décisionnel. À la fin du XXe siècle, la presse perd son caractère ouvertement politique, sa diversité d'expression et son rôle important dans les débats politiques. La presse d'État sert souvent de moyen publicitaire au gouvernement en place. En Occident, rares sont les journaux qui se présentent comme la voix d'un parti politique, surtout en Amérique du Nord. La presse devient une affaire commerciale dont l'objectif principal n'est pas d'informer, mais de maintenir ou d'augmenter les tirages. La presse cherche donc le plus souvent à attirer et à distraire le public plutôt qu'à traiter les questions politiques en profondeur. Ainsi, durant une période de campagne électorale, elle accorde trop souvent plus d'importance au trivial et à l'image des chefs qu'au contenu du programme de leurs partis. Les livres offrent un éventail plus riche d'opinions, mais le but des maisons d'édition est également commercial.

Sauf pour les lettres aux éditeurs ou les pages d'opinion dans les journaux et revues, déjà filtrées par le comité éditorial, la presse, dans sa sélection et son interprétation de l'information politique, doit se conformer dans une certaine mesure au point de vue des pouvoirs économiques qui la possèdent et qui achètent de l'espace publicitaire. Elle ne doit pas agir contre leurs intérêts[70]. Les menaces à la liberté d'information et d'opinion sont encore plus sérieuses quand les mêmes propriétaires des organes de presse contrôlent plusieurs journaux, hebdomadaires et magazines, des chaînes de radio et de télévision et des maisons de production de films et de vidéos (voir, en annexe, les documents 10.1, 10.2 et 10.3)[71]. Cette domination de la presse par l'élite économique en Amérique du Nord communique une socialisation à teneur conservatrice qui renforce la structure des classes socio-économiques et n'offre guère de voix à la gauche[72]. Aux classes inférieures, elle offre, en politique, le sensationnel, le superficiel, l'analyse simple et stéréotypée, en les distrayant de leur condition sans les informer des moyens d'en sortir ni des raisons de leur pauvreté. Aux classes supérieures, elle présente, par ses journaux spécialisés, des informations politiques et économiques pour les aider à mieux gérer leur richesse.

La presse joue parfois un rôle d'opposition au pouvoir ou de critique des dirigeants ou du parti dominant. Le *Washington Post* a ainsi révélé l'affaire du Watergate, forçant la démission du président Nixon. Au Canada, la presse écrite a davantage tendance à assumer ce rôle d'opposition quand le Nouveau Parti démocratique forme un gouvernement provincial. En général, la presse écrite, dans le monde occidental, soutient le plus souvent les pouvoirs en place, donc non seulement l'élite économique, mais aussi l'élite politique. Elle aide même les dirigeants en publiant ses fuites sur certaines politiques pour leur permettre de prendre ainsi le pouls de l'opinion publique. À la limite, la presse ainsi que les autres médias, surtout dans les pays totalitaires, peuvent jouer un rôle de désinformation. Publier une analyse incomplète d'un sondage politique dans un journal constitue de la désinformation tout comme censurer les nouvelles pour justifier une intervention militaire[73].

Dans sa fonction de représentation démocratique, la presse locale ou communautaire a une place dans le maintien et le développement de l'identité particulière des communautés minoritaires linguistiques et culturelles et dans leurs relations avec le centre décisionnel. Elle sert à interpréter la politique dans leur optique, à organiser les luttes pour leurs droits, à communiquer les stratégies, à donner de l'information sur des événements communautaires, à créer leurs propres personnalités et héros et à resserrer les liens entre leurs membres, surtout quand ceux-ci ne sont pas tous établis dans une même région[74].

Le cinéma est un autre média qui a favorisé le nationalisme, surtout durant la Deuxième Guerre mondiale[75]. Depuis la guerre froide, il constitue un important agent de socialisation à l'échelle mondiale pour faire accepter la domination politique, économique et culturelle des États-Unis, donc leur impérialisme sous ces trois aspects[76]. Le cinéma constitue un agent de socialisation par les normes, les mythes et les comportements qu'il cherche à imposer[77]. Par exemple, l'omniprésence de la violence sous diverses formes dans les films, surtout américains, vise notamment à amener la saturation, puis l'indifférence envers l'utilisation de la violence, laquelle devient un moyen acceptable de résoudre les conflits. La domination du marché mondial par les films américains, facilitée par celle des compagnies américaines de distribution de films, entraîne ainsi, avec la prédominance des États-Unis dans les autres médias, des problèmes politiques sérieux concernant la préservation de l'identité culturelle des autres États-nations[78]. Vu les coûts élevés de production et le but habituellement lucratif du cinéma, les films critiques ou d'opposition aux pouvoirs officiels ou ceux qui n'ont qu'un marché réduit en raison de leur langue ou de leur sujet sont peu nombreux et peu diffusés. Un pays démocratique comme le Canada peut cependant, grâce à l'Office National du Film, produire des films critiques[79] ou traitant de la situation de ses minorités acadiennes et canadiennes-françaises[80].

Depuis le premier message émis en 1899, la radio a élargi rapidement son audience qui est maintenant de plusieurs milliards de personnes. Comme média « chaud », jouant sur les émotions et l'imagination, elle a favorisé l'ascendance du fascisme et du nazisme et soutenu le nationalisme, particulièrement en temps de crise ou de guerre[81]. L'aspect émotif de la radio permet, en outre, aux dirigeants de l'utiliser pour mieux persuader l'électorat de changer les valeurs de base de sa culture politique, donc comme un agent de « resocialisation ». Aux États-Unis, les *fireside chats* de Franklin D. Roosevelt pendant la Dépression, suivis au Canada des causeries du Premier ministre Bennett, désiraient ainsi convaincre la population d'accepter un virage idéologique vers l'État-providence[82].

À présent, la radio continue d'avoir une teneur politique par son journal parlé ou ses informations qui donnent des nouvelles politiques. Elle ne vient, habituellement, qu'en deuxième place comme source d'information politique du public, loin derrière la télévision. Elle offre aussi des émissions et des reportages d'intérêt public. Elle tâte le pouls de l'opinion publique par des tribunes téléphoniques, utilisées également, en période électorale, par les candidats afin de mieux se faire connaître. Enfin, certains commentateurs peuvent aussi influencer l'opinion publique.

La socialisation politique provenant de la radio se base sur le contenu des messages qui varient selon le caractère de son contrôle, privé ou public. Les stations de radio peuvent être commerciales, souvent regroupées en réseaux et tirer leurs revenus principalement de la publicité, présentant, sous l'aspect politique, certains des défauts de la presse privée, comme distraire au lieu d'informer, et donner une voix conforme aux intérêts de l'élite économique. Les stations de radio peuvent aussi être de propriété publique, les premières de ce type apparaissant au Canada en 1932 pour être reprises à partir de 1936 par la Société Radio-Canada, dont précisément le mandat collectif et politique doit se refléter dans sa programmation. Cette société contribue au maintien de l'identité nationale en reliant les diverses parties du pays et en offrant une importante proportion de programmation canadienne. Ses chaînes françaises donnent une voix aux intérêts et aux activités de ses communautés de langue française, bien que la production locale ait diminué considérablement avec les compressions budgétaires des années 1990. Il existe aussi des radios communautaires à propriété collective et sans but lucratif, soutenues au Canada par la collectivité et l'aide gouvernementale[83].

La télévision, employée dès les années 1940 par le gouvernement américain à des fins militaires[84], est devenue un puissant agent de socialisation politique et de désinformation. Instrument du pouvoir militaire et économique américain, elle est utilisée pour montrer les effets bénins des tests atomiques dans le Pacifique et pour faire voir le pouvoir militaire des États-Unis par la diffusion répétée de l'éclosion de l'immense champignon de la mort, sans indiquer pendant longtemps ses effets terribles sur la population d'Hiroshima et de Nagasaki.

Sous toutes ses formes, la télévision constitue un puissant agent de socialisation politique, marquant les générations par les mêmes événements politiques ou sociaux[85]. Cette expérience commune est d'autant plus forte que la télévision à caméra discrète encourage les téléspectateurs à croire fermement ce qu'ils pensent avoir vu directement sur place de leurs propres yeux. Média froid qui ne laisse rien à l'imagination, elle contribue à la création d'un village global uni par une conscience visuelle collective, les images et les impressions qu'elle propage marquant davantage les esprits que le contenu des messages. Elle rejoint aussi un plus grand public que la presse écrite comme agent de socialisation et comme source d'information politique[86].

L'usage commercial de la télévision date des années 1950. À côté d'un secteur privé habituellement dominant dont les chaînes sont organisées en réseaux, il existe aussi, comme dans le cas des stations de radio, des chaînes du domaine public et des télévisions communautaires. Malgré le nombre considérable de chaînes, il n'y a pas une grande diversité de messages. En effet, la télévision facilite la domination américaine dans le monde par la chaîne CNN et les séries télévisées comme *Dallas*, dont les copies sont vendues et distribuées à des prix si bas que les producteurs locaux et les chaînes publiques ne peuvent pas les concurrencer pour occuper le temps d'antenne et qu'ils leur accordent donc une place. Cette uniformité d'information et de normes de comportements, souvent renforcée par les messages publicitaires, a un aspect politique, facilitant l'impérialisme économique américain de la culture « Big Mac-Coca-Cola ».

La câblodistribution, qui capte les signaux hertziens et les transmet par fil téléphonique à ses abonnés, a multiplié le choix de stations et d'émissions offertes au public. Cette multiplicité n'a fait, cependant, qu'accroître le mouvement vers l'homogénéisation culturelle, contribuant à augmenter, par exemple, au Canada, aussi bien chez les Canadiens de langue anglaise que de langue française, le niveau d'écoute des stations américaines[87]. Ce courant vers l'homogénéisation culturelle est encouragé par la publicité, dont la dimension indirectement politique suggère des modèles de comportements sociaux et de société idéale. La télévision offre aussi une publicité politique directe aux partis politiques et aux candidats qui disposent gratuitement de temps d'antenne ou en achètent pour influencer la population en période d'élections.

Enfin, la télévision présente des contraintes, mais aussi un avantage pour les personnalités politiques. Les débats télévisés entre chefs de partis sont maintenant partie intégrante des campagnes électorales dans plusieurs pays, depuis le premier débat, en 1960, entre Richard Nixon et John F. Kennedy[88]. Par ailleurs, la télédiffusion des séances parlementaires depuis les années 1980 dans certains pays oblige à plus de rigueur dans les débats. La télévision contraint aussi les parlementaires et les chefs des partis à adopter un nouveau format de communication en quelques mots choisis et frappants lors de *scrums* et de conférences de presse, format adapté aux *clips* à présenter dans les informations. De plus, ces personnes doivent aussi bien passer au petit écran. La télévision a fait ainsi inclure, dans l'entourage des personnalités politiques, des conseillers médiatiques pour leur permettre d'utiliser au mieux ce média. C'est une question importante, car la télévision offre aux chefs politiques un moyen de communiquer directement avec l'électorat. En 1975, le Premier ministre Pierre Elliott Trudeau avait ainsi expliqué au public son changement de politique concernant le contrôle des prix et des salaires. Aux États-Unis, le président, ne siégeant pas au Congrès, a davantage recours à ce média. Ces communications peuvent également servir de mise à jour ou de mise au point de questions importantes lors de conférences de presse.

Le dernier-né des médias, l'Internet, paraît un espace libertaire, échappant à la censure et passant par-dessus la souveraineté des États sur leur territoire, un média démocratique qui donne une voix à la base et qui semblerait capable de faire une brèche considérable dans la concentration des médias et l'homogénéisation de leurs messages politiques. En effet, l'Internet donne, par exemple, la possibilité à chaque groupe linguistique d'avoir sa place publique, encourage la solidarité entre des individus ayant des intérêts semblables, négligés sans doute par les autres médias et les pouvoirs politiques, et permet à diverses opinions politiques de s'exprimer librement. En réalité, l'Internet renforce dans une certaine mesure la tendance des autres médias, et la liberté qu'il offre à ses abonnés n'aboutit pas nécessairement à des informations capables de former un électorat éclairé. Son caractère démocratique est limité, et les possibilités d'expression qu'il offre sont biaisées. L'anglais domine sa technologie, ses autoroutes et ses listes de discussion. Sans contrôle de validité, c'est aussi un agent de désinformation. Les forums politiques serviraient plutôt à renforcer les positions politiques des abonnés. Les partis marginaux y ont une voix à côté des grands partis, mais, aux États-Unis, ce sont surtout les partis conservateurs et libertaires qui profitent de l'Internet. Les partis d'extrême droite y diffusent leurs messages racistes tandis que d'autres sites se spécialisent dans les insultes sexistes, la propagation de stéréotypes haineux et la pornographie. Enfin, sur les plans national et international, l'Internet accentue les inégalités socio-économiques existant entre les riches et les pauvres[89].

6.3. L'INFLUENCE DES MÉDIAS SUR L'ÉTAT ET LA DÉMOCRATIE

Dans quelle mesure ce processus d'homogénéisation culturelle menace-t-il la libre expression de la diversité des informations politiques, l'existence des cultures locales et des minorités linguistiques, la survie de l'État-nation et le principe démocratique lui-même? Cette tendance à l'homogénéisation s'étend aussi au domaine de l'information politique, ce qui ne surprend pas, car les médias puisent leurs informations aux mêmes six agences, dont quatre dominent le marché : Associated Press (AP, américain), United Press International, (UPI, américain), Reuters (anglais), Agence France-Presse (français), Canadian Press (canadien), Itar-Tass (russe)[90]. Par

ailleurs, seules les grandes chaînes disposent de suffisamment de ressources pour envoyer des journalistes dans les endroits chauds du globe, forçant les autres à acheter et à reproduire leurs images et reportages. La privatisation des chaînes publiques accélère aussi cette uniformisation des informations politiques diffusées par les médias.

Cette homogénéisation des nouvelles est accentuée par la concentration des différents médias entre les mêmes mains. Ces médias ont aussi tendance à répéter les mêmes messages, lesquels protègent les intérêts que leurs propriétaires possèdent dans de multiples autres domaines. En effet, non seulement la radio et la télévision choisissent souvent dans la presse écrite des nouvelles auxquelles elles donnent un ordre de priorité avant de les reproduire, mais il arrive aussi que des journaux, des revues, des stations de radio et de télévision se trouvent dans un réseau parfois enchevêtré qui remonte à une même société mère, partageant ainsi les mêmes sources et les mêmes interprétations de l'information (document 10.3).

Cette homogénéisation n'est pas compensée par une multiplicité de médias régionaux ou locaux et de programmations locales. Le contenu des médias locaux offre des nouvelles locales, un genre de commérages de faits divers sur les crimes, les événements sociaux, l'état des routes et le temps qu'il fait dans la grande ville. Bien qu'une partie des annonces des chaînes locales provienne de commerçants du lieu, ceux-ci représentent souvent des branches d'entreprises transnationales, et leurs produits s'insèrent dans le processus d'homogénéisation de la société de consommation internationale. Sauf pour quelques émissions produites localement, les programmes de loisirs des chaînes locales de télévision diffusent habituellement les mêmes séries américaines.

Ce mouvement homogénéisant et la faiblesse des médias locaux ont une autre dimension politique du fait qu'ils menacent la survie des minorités linguistiques et culturelles. La tendance actuelle aux compressions budgétaires et à la privatisation nuit aux minorités, car celles-ci ne disposent pas toujours des ressources nécessaires pour fonder et soutenir seules, par exemple, une station de radio ou un journal communautaire. Or, il est essentiel pour leur survie qu'elles aient leurs propres médias, car ceux-ci ont un rôle important à jouer. Ils doivent non seulement diffuser l'information à l'intérieur de la communauté, mais aussi, avec un militantisme critique, sauvegarder leur identité et défendre leurs intérêts[91]. Actuellement, deux grands défis se posent qui concernent leur existence et celle de leurs communautés, celui de l'auto-financement par ces collectivités pour échapper à leur vulnérabilité aux changements de climat politique et celui de préserver les caractères distincts de chaque communauté face à la menace d'homogénéisation, tout en s'adaptant à la mondialisation.

Dans quelle mesure cette homogénéisation culturelle due aux médias menace-t-elle le pouvoir de l'État-nation et de quels moyens dispose-t-il pour se défendre ? Il est certain que cet État n'a plus autant de moyens de contrôler les médias. D'abord, l'État-nation dispose de la censure pour interdire la communication de messages qui pourraient nuire à son pouvoir et à la nation. Ce moyen n'est, toutefois, que rarement utilisé ouvertement dans les pays démocratiques parce qu'il est contraire au principe de la liberté d'expression enchâssé dans la Constitution de certains pays[92]. Du reste, la communication par l'Internet et par satellite lui échappe. Ensuite, l'État peut créer un ministère des Communications ou charger une personne faisant partie du Conseil des ministres de s'occuper des médias ou plus généralement de la culture, de manière à les contrôler. L'institutionnalisation de cette responsabilité est habituellement nécessaire étant donné les investissements considérables du gouvernement dans la télévision par câble et les satellites et le besoin de protéger et de promouvoir les biens culturels de la nation. Un organisme de réglementation des médias peut aussi être créé, comme le Conseil de la radiodiffusion et des télécommunications canadiennes (CRTC) au Canada, pour les médias électroniques, ou la Federal Communication Commission aux États-Unis. Ces organismes s'efforcent, par exemple, d'empêcher que des consortiums tels que, au Canada, Rogers Cable ou Baton Broadcasting n'exercent un monopole. Des lois contre les trusts et les cartels peuvent restreindre la concentration des médias dans les mêmes mains, en limitant, par exemple, à un certain pourcentage légal le contrôle de la presse nationale ou régionale. Au Canada, le CRTC impose aussi un minimum de contenu canadien aux médias électroniques. Un dernier moyen dont dispose l'État est de créer des chaînes publiques de radio et de télévision, parfois pour des raisons précises, comme desservir, au Canada, en anglais et en français des régions éloignées ou donner des émissions en français à la population canadienne-française hors Québec. Quand le marché intérieur est restreint, l'État doit protéger aussi les artistes, la production culturelle nationale et encourager le développement culturel de la nation, face à la concurrence et à la production des grands blocs européen, américain et japonais. Le Canada, en 1993, a réussi ainsi à exclure la production culturelle des accords de libre-échange avec les États-Unis, puis de l'ALENA[93]. L'Union européenne s'est battue cette année-là pour obtenir le même type d'exclusion lors de l'Uruguay Round du GATT[94].

En réalité, les pouvoirs de contrôle des médias et de protection de la culture nationale dont disposent les États-nations ont graduellement perdu de leur efficacité. En effet, pour que sa production culturelle nationale soit rentable mondialement, l'État suit trop souvent le modèle « international » américain. À l'heure de la privatisation et des réductions budgétaires, les subventions gouvernementales aux radios et aux télévisions communautaires se font rares et les chaînes publiques passent au secteur privé. De plus, les communications téléphoniques internationales ont fait disparaître la présence des États aux frontières, la réception via satellite se joue de ses règlements et les réseaux électroniques arrivent même à échapper à la surveillance des pays totalitaires. Il semble ainsi difficile, actuellement, d'arrêter l'invasion culturelle américaine.

Le bilan n'est cependant pas entièrement négatif pour l'État. L'État-nation des pays industrialisés continue à se servir des nouveaux médias pour accroître son influence en politique. Source principale des informations politiques nationales, les médias ont besoin de ses conférences de presse et de ses communiqués de presse. L'État organise des événements politiques qui alimentent les nouvelles médiatisées. Il est aussi un annonceur dans les médias. Enfin, de plus en plus, les nouvelles locales mettent au premier plan les actes de violence pour démontrer le pouvoir de l'État, par sa police et son monopole de la force, prouvant au public qu'il est indispensable au maintien de la sécurité.

Cette tendance à l'homogénéisation des médias et de leurs messages politiques a une importante dimension politique : elle est contraire à l'idéal démocratique libéral, atrophiant la liberté de la presse, la liberté d'expression et le droit à l'information. Un grand nombre de médias peut être un signe que la démocratie est en bonne santé, à la condition que leurs messages informent adéquatement, dénoncent les abus et donnent une idée exacte de la réalité en aidant le public à former de façon libre et éclairée son opinion et à faire des choix politiques en toute connaissance de cause. La diversité des médias ne sert à rien si chacun ne fait que répéter le même message limité, pousse à l'apathie politique et ne pose pas de questions réellement pertinentes. Les États contribuent à cet obscurantisme médiatique en gérant les nouvelles politiques qui se transforment en un exercice de relations publiques. Toute critique devient marginalisée alors que l'information sérieuse se transforme partiellement en information divertissement. L'éthique journalistique semble en voie de disparaître quand, dans certains pays, il est presque impossible d'empêcher les médias de déformer l'information, de diffamer les individus, de divulguer leurs sources[95], de pourchasser sans répit les célébrités et d'offrir au public, pour agrémenter les nouvelles, des images qui frisent parfois le voyeurisme sadique. La démocratie libérale exigerait pourtant qu'il existe non seulement un choix véritable d'information et une information de qualité, mais aussi des moyens réellement efficaces d'assurer que les journalistes et les propriétaires des médias supportent leur responsabilité envers le public et les autorités politiques.

En somme, les médias comme agents de socialisation, de communication et d'agrégation d'intérêts constituent un important pouvoir qui échappe de plus en plus, du fait de leurs accointances avec le capitalisme international et principalement américain, au contrôle des États-nations, tout en exerçant une influence sur tous les aspects du système politique. Les États-nations, à leur tour, sont semble-t-il, en train de perdre certains éléments de leur identité tandis que, sur le plan intérieur, ils mettent davantage l'accent sur l'utilisation de la force pour maintenir l'ordre dans des sociétés qui acceptent plus facilement la violence. Les lieux de résistance au mouvement d'homogénéisation culturelle se situent dans les marges de cet empire médiatique. Les médias des minorités linguistiques et culturelles s'y trouvent, mais de façon précaire, à cause des pressions qu'exercent les institutions financières internationales sur les États afin de les amener à réduire leurs déficits.

Document 10.1
Quelques données sur les médias canadiens

Le nombre d'actes violents par heure montrés à la télévision aux horaires les plus populaires est de quatre ; quant aux programmes pour enfants, et en particulier les dessins animés, leur nombre est de 34.

La Canadienne moyenne ou le Canadien moyen regarde la télévision pendant 23 heures par semaine.

Près de 90 % des journaux au Canada appartiennent à la chaîne Southam ou Thompson. Avec Torstar (*The Toronto Star*), ces monopoles présentent la majorité des nouvelles imprimées au Canada.

Toutes les informations mondiales sont recherchées et distribuées par quatre principales agences de nouvelles d'Europe et des États-Unis.

La pornographie, en Amérique du Nord, est une industrie qui rapporte sept milliards de dollars par an.

La plupart des médias n'existent que comme moyens de transmission d'annonces publicitaires. Une annonce de 30 secondes, lors du Super Ball, peut coûter jusqu'à 900 000 $.

Source : Extraits adaptés et traduits d'E. D. Nelson et Augie Fleras, *Social Problems in Canada. Issues and Challenges*, Scarborough (Ontario), Prentice Hall Canada, 1995, p. 377, avec la permission de Prentice Hall Canada.

Document 10.2
Les médias au Canada : exemples de concentration

Canada 1995: le partage du contrôle des quotidiens
selon le pourcentage du tirage total

Médias de langue anglaise		Médias de langue française	
	%		%
Southam	33	Quebecor	42
Thomson	20	Power	34
Toronto Sun Group	13	Hollinger	18
Torstar	12	Indépendants	
Autres	9	*Le Devoir* et	
Indépendants	7	*L'Acadie nouvelle*	5

Source: Adapté et traduit d'Arthur Siegel, *Politics and the Media in Canada*, 2nd ed., Toronto, McGraw-Hill Ryerson, 1996, p. 133-134, avec la permission de McGraw-Hill Ryerson.

Document 10.3
Les multiples tentacules des empires médiatiques

❑ L'empire Disney comprend, en plus de ses intérêts dans le pétrole et les assurances, des intérêts dans la télévision interactive, le réseau télématique America Online, la compagnie de vidéos Buena Vista, les presses Hyperion et Chilton, quatre studios de production de films et de télévision et un système de distribution nationale pour cette production, quatre groupes de publication de magazines, 429 magasins de détail pour vendre les produits Disney, des réseaux de câblodistribution et de télévision, une équipe de baseball de division majeure et une équipe de la Ligue nationale de hockey, trois compagnies de disques, onze quotidiens et neuf parcs d'amusement aux États-Unis et dans d'autres pays. Il a acheté ABC qui est propriétaire de 21 stations de radio dont le réseau s'étend à un quart des États-Unis, d'ABC vidéo et d'AMC Network News.

❑ La compagnie General Electric, en plus de ses compagnies affiliées dans le secteur manufacturier et la défense, est propriétaire de huit stations de télévision, du NBC Network News et possède des intérêts dans 19 câblosystèmes, dont CNBC, Court TV, American Movie Classics, History Channel, News Sports et MSNBC.

❑ La compagnie Westinghouse possède des intérêts considérables dans les secteurs des assurances et des banques et est une compagnie manufacturière et spécialisée, comme General Electric, dans les contrats pour la défense militaire. Elle est copropriétaire de Fidelity Investments, possède des compagnies affiliées qui fabriquent des appareils électriques, dont des appareils ménagers; elle participe à la construction de centrales d'énergie nucléaire et leur offre des services et elle possède des parts importantes dans des firmes de disposition des déchets toxiques. Elle possède la chaîne CBS qui comprend trois chaînes sur câbles, 14 stations de télévision, 21 stations de radio FM et 18 stations de radio AM ainsi que CBS Network News, qui produit *CBS Morning News*, *60 Minutes*, *CBS Evening News* et *Face the Nation*.

Source : Extraits adaptés et traduits de Ben H. Bagdikian, *Media Monopoly* ; © 1983, 1987, 1990, 1992, 1997, par Ben H. Bagdikian, Reproduit avec la permission de Beacon Press, Boston, p. xxv-xxvi.

Lectures suggérées

Breton, Philippe et Serge Proulx (1994), *L'explosion de la communication*, s. l., La Découverte-Boréal.

Cassidy, Michael (dir.) (1991), *Les droits démocratiques et la réforme électorale au Canada*, Montréal, Wilson et Lafleur.

Cotteret, Jean-Marie et Claude Emeri (1970), *Les systèmes électoraux*, Paris, PUF, collection « Que sais-je ? ».

Dussaix, Anne-Marie et Jean-Marie Grosbras (1993), *Les sondages : principes et méthodes*, Paris, PUF, collection « Que sais-je ? ».

Fletcher, Frederick J. (dir.) (1991), *Les médias et l'électorat dans les campagnes électorales canadiennes*, Montréal, Wilson et Lafleur.

Gaxie, Daniel (1993), *La démocratie représentative*, Paris, Montchrestien.

Gerstlé, Jacques (1992), *La communication politique*, Paris, PUF, collection « Que sais-je ? ».

Harvey, Fernand (dir.) (1992), *Médias francophones hors Québec et identité*, Québec, Institut québécois de recherche sur la culture.

Lachapelle, Guy (dir.) (1991), *Les sondages et les médias lors des élections au Canada*, Montréal, Wilson et Lafleur.

Laplante, Laurent (1992), *L'information. Un produit comme les autres ?*, Québec, Institut québécois de recherche sur la culture.

Lemieux, Vincent (1988), *Les sondages et la démocratie*, Québec, Institut québécois de recherche sur la culture.

Miège, Bernard (dir.) (1990), *Médias et communication en Europe*, Presses universitaires de Grenoble.

Monière, Denis (1992), *Le combat des chefs. Analyse des débats télévisés au Canada*, Montréal, Québec/Amérique.

Raboy, Marc, avec la collaboration d'André Roy (1992), *Les médias québécois*, Boucherville, Gaëtan Morin.

Small, David (dir.) (1991), *La délimitation des circonscriptions au Canada. Pour un vote égal et efficace*, Montréal, Wilson et Lafleur.

Notes

1 Biens immobiliers, une certaine somme d'argent ou le paiement d'une taxe spéciale.

2 Dans le droit commun, les femmes mariées perdaient leurs droits de propriété, tous leurs biens passant dans les mains du mari, et le statut de personne légale. Certains prétendaient que les femmes étaient dépourvues de la rationalité essentielle à l'exercice du droit de vote.

3 Pour les autres raisons, voir Sylvie d'Augerot-Arend, « Les concepts d'égalité et de spécificité dans les arguments en faveur du suffrage féminin au Canada et aux États-Unis », *Atlantis*, 13, 1, 1987, p. 1–12.

4 Au Canada, en principe les femmes n'étaient pas exclues du vote par l'*Acte constitutionnel* de 1791, mais il semble que seules certaines femmes du Bas-Canada possédant les qualités requises s'en sont servi. Ce vote leur a été ensuite officiellement enlevé entre 1836 et 1851 dans toutes les colonies britanniques d'Amérique du Nord. Ces lois sont confirmées en 1885 par la *Loi fédérale du cens électoral*. En 1917, certaines femmes avaient déjà obtenu le vote (voir le tableau 10.1). Aux États-Unis, le 19e amendement à la Constitution interdit la discrimination sur les bases de sexe pour le droit de vote.

5 Par une modification à la *Loi électorale du Canada* et à la *Loi sur les Indiens*. Un autre exemple est celui de l'Australie où les aborigènes n'obtiennent le droit de vote à l'ordre national qu'en 1967.

6 Ce suffrage accordé en 1848 en France fait grimper le nombre d'électeurs de 250 000 à plus de 10 millions (Daniel Gaxie, *La démocratie représentative*, Paris, Montchrestien, 1993, p. 42).

7 Maud Eduards, « Sweden », dans Joni Lovenduski et Jill Hills (dir.), *The Politics of the Second Electorate. Women and Political Participation*, London, Routledge and Kegan Paul, 1981, p. 209.

8 Notamment, le vote multiple accordé aux universitaires ; voir Yves Mény, *Politique comparée*, 3e édition, Paris, Montchrestien, 1991, p. 142.

9 En effet, les esclaves n'avaient pas le droit d'apprendre à lire ou à écrire. Dans certains États du Sud, les tests de connaissances politiques étaient beaucoup plus difficiles pour les Noirs que pour les Blancs. La taxe sur le droit de vote a été bannie et les tests réglementés en 1964.

10 En 1969 en Grande-Bretagne, en 1971 aux États-Unis, en 1974 en France, en 1975 en République fédérale d'Allemagne (Mény, *op. cit.*, p. 142–143) et au Canada en juin 1970.

11 En Grande-Bretagne, depuis 1982, les personnes dont le traitement psychiatrique est volontaire peuvent voter.

12 La « collaboration avec l'ennemi » fut un motif du retrait du droit de vote en France après la Deuxième Guerre mondiale. Être déclaré « ennemi du peuple » dans les anciens pays satellites de l'URSS en était un autre. Un régime peut juger « indignes » des droits de citoyenneté des groupes ethniques ou confessionnels, tels les Juifs et les Tziganes sous le régime nazi.

13 Les contestations mentionnées ici et au paragraphe précédent ont été faites en vertu des dispositions de l'article 3 de la *Charte canadienne des droits et libertés*. Voir Mollie Dunsmuir, *Droits électoraux. Charte canadienne des droits et libertés*, Ottawa, Ministre des Approvisionnements et Services du Canada, 1995. Depuis la

Charte, les juges peuvent aussi voter, en dépit du principe de leur impartialité politique.

14 Pierre Fortin, « Ethical Issues in the Debate on Reform of the Canada Elections Act. An Ethicological Analysis », dans Janet Hiebert (dir.), *Political Ethics. A Canadian Perspective*, Toronto, Dundurn Press, 1991, p. 22–23.

15 Le vote secret a commencé en Grande-Bretagne en 1872, en France en 1913–1914 et, aux États-Unis, dans les États à partir de 1888.

16 Voir Jean-Marie Cotteret et Claude Emeri, *Les systèmes électoraux*, Paris, PUF, 1970, p. 44.

17 Dans certains pays comme en France, aux élections législatives, chaque député est élu avec un suppléant.

18 Le premier État à l'adopter fut l'Oregon en 1908, le plus récent, l'État de la Géorgie en 1978. Selon Peter McCormick, au niveau plus élevé que le municipal, sept représentants d'États, un sénateur d'État, deux élus à des cabinets d'États et un gouverneur auraient été rappelés dans l'histoire des États-Unis (Peter McCormick, « The Recall of Elected Members », *Canadian Parliamentary Review*, vol.17, 2, été 1994, p. 11–13). Les États où il existe des procédures de révocation sont par ordre chronologique d'adoption : l'Oregon, la Californie, l'Arizona, le Colorado, le Nevada, l'État de Washington, le Michigan, le Kansas, la Louisiane, le Dakota du Nord, le Wisconsin, l'Idaho, l'Alaska, le Montana, la Géorgie ; voir Peter McCormick, « La procédure de révocation des élus », dans Michael Cassidy (dir.), *Les droits démocratiques et la réforme électorale au Canada*, Montréal, Wilson et Lafleur, 1991, p. 312.

19 Il s'agit du *Recall and Initiative Act. 1995*, qui permet de rappeler un membre de la législature provinciale 18 mois après son élection si 40 % de l'électorat dans sa circonscription signe une pétition qui demande ce rappel. Le rappel fait aussi partie du programme du Parti réformiste du Canada. Auparavant, la province de l'Alberta avait adopté la révocation en 1936 par le *Legislative Assembly (Recall) Act*. Celui-ci fut aboli rétroactivement l'année suivante parce que l'électorat de la circonscription du Premier ministre William Aberhart avait réuni un nombre de signatures proche du minimum requis pour le rappeler. L'Alberta a présenté un autre projet de rappel en 1993 (dans McCormick (1994), *op. cit.*, p. 11).

20 En Colombie-Britannique, il faut une pétition de 40 % de l'électorat obtenue dans les 60 jours.

21 Pierre Marquis, *Referendums in Canada : The Effect of Populist Decision-Making on Representative Democracy*, Background Paper, Ottawa, Library of Parliament, août 1993, p. 10.

22 David MacDonald, « Référendums et élections fédérales », dans Michael Cassidy (dir.), *op. cit.*, p. 356. La Suisse, où plébiscite est synonyme de référendum, y a souvent recours, ayant tenu 350 référendums nationaux entre 1848 et 1990.

23 L'électorat écossais a aussi demandé que ce parlement ait le droit de lever des impôts.

24 Comme l'a fait l'Italie, en juin 1991, concernant un changement de système électoral.

25 Marquis, *op. cit.*, p. 9.

26 Au Canada, la responsabilité de la compilation des listes électorales est celle du directeur général des élections, un fonctionnaire indépendant choisi par le Chambre des communes pour appliquer la *Loi sur les élections du Canada*.

27 Comme la Belgique, le Luxembourg, la Bolivie, le Pérou et l'Australie (depuis 1925). Au Brésil, le vote est obligatoire pour les femmes et les hommes entre 18 et 70 ans.

28 John H. Pammett en donne cinq catégories : les absents, les malades, les « trop occupés » ou pas intéressés et les non-inscrits. Voir « L'exercice du droit de vote », dans Herman Bavkis (dir.), *La participation électorale au Canada*, vol. 15, Toronto, Oxford, Dundurn Press, 1997, p. 39–71.

29 La théorie de l'insatisfaction comme motif de participation aux élections des commissaires scolaires est présentée dans Frank W. Lutz et Laurence Iannacone, *Public Participation in Local School Districts : The Dissatisfaction Theory of Democracy*, Lexington (Mass.), Lexington Books, 1978. Pour cette faible représentation malgré la présence de partis politiques, voir Henry Milner, « Electoral Systems, Integrated Institutions and Turnout in Local and National Elections : Canada in Comparative Perspective », *RCSP*, XXX, 1, mars 1997, p. 104–105.

30 Pour ces moyennes et ces explications, voir Rand Dyck, *Canadian Politics. Critical Approaches*, Scarborough (Ont.), Nelson Canada, 1993, tableaux 8.2 et 8.3, p. 194–195.

31 Jean H. Guay « Les résultats électoraux au Québec », dans Denis Monière, Jean H. Guay, *La bataille du Québec. Premier épisode : les élections fédérales de 1993*, s. l., Fides, 1994, p. 128.

32 V. O. Key (*Public Opinion and American Democracy*, New York, Knopf, 1961) distingue ainsi les *standpatters*, qui restent fidèles à un parti, des *switchers*, qui changent leur vote selon plusieurs considérations.

33 Anthony Downs, *An Economic Theory of Democracy*, New York, Harper, 1957.

34 Loïc Blondiaux, « Mort et résurrection de l'électeur rationnel. Les métamorphoses d'une problématique incertaine », *Revue francaise de science politique*, 46, 3, 1996, p. 753–791.

35 Jean Crête, « Introduction », dans Jean Crête (dir.), *Comportement électoral au Québec*, Chicoutimi (Québec), Gaëtan Morin, 1984, p. 7.

36 Blondiaux, *op. cit.*, p. 789–790.

37 Pour cette influence sur l'électorat québécois, voir Jean Crête et Johanne Simard « Conjuncture économique et élections... », dans Crête (dir.), *op. cit.*, p. 197.

38 Jon Pammet, « Class Voting and Class Consciousness in Canada », dans Joseph Wearing (dir.), *The Ballot and Its Message. Voting in Canada*, Toronto, Copp-Clark Pitman, 1991, p. 151.

39 Pour le Canada, voir, par exemple, Harold D. Clarke *et al.*, *Political Choice in Canada*, Toronto, McGraw-Hill Ryerson, 1979, p. 93–131

40 Ainsi, la montée de l'électorat socialiste en France dans les années 1970 correspondrait à une transformation de la société de rurale et artisanale à urbaine, industrialisée et axée sur le secteur tertiaire. Voir Pierre Bréchon, *La France aux urnes. Cinquante ans d'histoire électorale*, s. l., Les Études de la documentation française, 1993, p. 115.

41 André Blais et Richard Nadeau, « L'appui au Parti québécois : l'évolution de la clientèle », dans Crête (dir.), *op. cit.*, p. 279–318.

42 Au Canada, ce choix se fait par l'investiture de l'association locale ou parfois par le « parachutage » de candidats

choisis par le chef du parti. En France, les partis laissent aux organes centraux de décider du choix des candidats. Au Royaume-Uni, c'est à l'organisation nationale et aux associations locales de le faire.

43 Au Canada, des partis municipaux existent dans des grandes villes comme Montréal, alors qu'en Grande-Bretagne, les partis nationaux s'impliquent directement au niveau local.

44 Cotteret et Emeri, *op. cit.*, p. 52.

45 Vernon Bogdanor, « Introduction », dans Vernon Bogdanor (dir.), *Representatives of the People*, Brookfield, (Vt.), Gowler, 1985, p. 6. C'était également le mode de scrutin de l'Italie avant la réforme de 1993.

46 Voir Michael Steed, « The Constituency », *ibid.*, p. 282–283.

47 Jusqu'aux élections de 1996, chacune des 16 circonscriptions de l'Île-du-Prince-Édouard élisait deux représentants au Parlement provincial. En Colombie-Britannique, sept circonscriptions de la région de Vancouver élisent plusieurs membres à l'Assemblée législative provinciale.

48 Ce quotient est obtenu en divisant le nombre total des voix de la circonscription par le nombre de sièges plus un.

49 Bogdanor, « Introduction », dans *op. cit.*, p. 7.

50 Ce changement a eu lieu en France par la nouvelle constitution de 1958.

51 Ce pourcentage varie entre 1 % (au Danemark) et 4 % (en Suède) (Bogdanor, *op. cit.*, p. 8).

52 Cotteret et Emeri, *op. cit.*, p. 70.

53 Brian O'Neil, *Electoral Systems,* Background Paper, Ottawa, Library of Parliament, mai 1993.

54 L'origine de ce terme est le nom donné au découpage compliqué que le sénateur Elbridge Gerry avait fait de l'État du Massachusetts afin de lui assurer une victoire électorale. Ce découpage fit l'objet d'une caricature, l'artiste lui ayant ajouté des ailes et des griffes pour ressembler à une salamandre. Le directeur du journal où cette caricature devait paraître remarqua qu'il s'agissait plus d'un *gerrymander* que d'une *salamander* (salamandre).

55 Neal Riemer (dir.), *The Representative : Trustee ? Delegate ? Partisan ? Politico ?*, Boston, D. C. Heath & Company, 1967.

56 Paul-François Sylvestre, *Nos parlementaires*, Ottawa, L'Interligne, 1986, p. 48.

57 Vernon Bogdanor, « Conclusion », dans Bogdanor, *op. cit.*, p. 295.

58 Colin Pilkington, *Representative Democracy in Britain Today*, Manchester, Manchester University Press, 1997, p. 117.

59 Françoise Gaspard, « De la parité : genèse d'un concept, naissance d'un mouvement », *Nouvelles questions féministes*, 15, 4, 1994, p. 29–44.

60 Cotteret et Emeri, *op. cit.*, p. 8.

61 Loïc Blondiaux, « L'invention des sondages d'opinion », *Revue française de science politique*, 41, 6, 1991, p. 756–780.

62 Voir Vincent Lemieux, *Les sondages et la démocratie*, Québec, Institut québécois de recherche sur la culture, 1988.

63 Guy Lachapelle, *Les sondages et les médias lors des élections au Canada*, vol. 16, Toronto-Oxford, Dundurn Press, 1991, p. 82–93.

64 Une enquête sur un film qui n'a jamais existé a obtenu ainsi des réponses détaillées concernant des sujets tels que son scénario et la performance des acteurs (voir Philippe Braud, *Sociologie politique*, 2ᵉ éd., Paris, L.G.D.J., 1994, p. 497–498).

65 Lemieux, *op. cit.*, p. 108.

66 *Ibid.*

67 Fortin, *op. cit.* p. 55, 56, 57.

68 R. H. MacDermid, « L'influence des médias sur le comportement politique », dans Fred Fletcher (dir.), *Les médias et l'électorat dans les campagnes électorales canadiennes,* vol. 18, Toronto-Oxford, Dundurn Press, 1991, p. 96.

69 Harrold A. Innis, *Empire and Communication*, Oxford at the Clarendon Press, 1950, et *The Bias of Communication*, avec une introduction de Marshall McLuhan, Toronto, University of Toronto Press, 1977.

70 Le degré de liberté des journalistes varie selon la politique éditoriale des directeurs, décidée par les propriétaires et les consortiums qui possèdent ces journaux ou ces chaînes.

71 Ils peuvent ainsi favoriser la répétition de messages similaires pour influencer certains groupes cibles et en attaquer d'autres. Susan Faludi (*Backlash, The Undeclared War Against American Women*, New York, Doubleday, 1991) déplore que ce contrôle se trouve trop souvent, depuis les années 1980, dans les mains de la nouvelle droite, qui, par tous les moyens, cherche à réimposer une culture de domination patriarcale sociale et politique.

72 Au Canada, les deux grands journaux nationaux, le *Globe and Mail* et le *National Post*, sont la voix de la droite.

73 Voir Andreï Kossatkine, « Désinformation : théorie et pratique », dans Gérard A. Montifroy (dir.), *Géopolitiques internationales*, Paris, Frison-Roche, 1992, p. 89–112. Cet auteur souligne l'importance du complexe militaro-industriel ainsi que du KGB et de la CIA dans la désinformation en ancienne URSS et aux États-Unis.

74 Des exemples au Canada sont, pour les Acadiens, *L'Évangéline*, fondée en 1887, et, pour les Franco-Ontariens, *Le Droit*, fondé en 1913.

75 Les actualités présentées avant les films encourageaient aussi le nationalisme.

76 Les films d'espionnage propageaient cette vision durant la guerre froide.

77 Par exemple, *Fatal Attraction* transmet le mythe que la femme professionnelle et célibataire est dangereuse et sujet de péché (Faludi, *op. cit.*, p. 117).

78 Cette domination étrangère est illustrée au Canada par le rapport Juneau qui souligne que 95 % des films en anglais ou en français y sont de provenance étrangère et que les salles de cinéma et les compagnies de distribution de films sont aussi en majorité dans les mains de compagnies étrangères (Pierre Juneau, *Faire entendre nos voix : le cinéma et la télévision au Canada au 21ᵉ siècle*, Comité d'examen des mandats SRC, ONF et Téléfilm, Ottawa, Le Comité, 1996). Au Royaume-Uni, 83 % des cinémas multiplex appartiennent à des compagnies américaines qui favorisent évidemment la distribution des films américains (The Department of National Heritage, *The British Film Industry*, juin 1995, London, HMSO, p. 12–13).

79 Par exemple, *Les ordres*, critiquant la *Loi sur les mesures de guerre*, et *Jésus de Montréal*, la religion catholique.

80 Entre autres, Michel Brault et Pierre Perrault (dir.) *L'Acadie, l'Acadie*, ONF, 1971, et Paul Lapointe (dir.), *J'ai besoin d'un nom,* ONF, 1978.

81 La radio diffusait les discours du Duce et du Führer et les cris d'acclamation de la foule, transmettant l'idée, par exemple, que la substance de la nation était une émotion collective. Les messages de la radio anglaise soutenaient l'espoir nationaliste de la résistance dans les pays occupés lors de la Deuxième Guerre mondiale.

82 Dans les années 1930, la radio fut le moyen favori des leaders populistes pour présenter leurs nouvelles solutions à la crise. En Alberta, par exemple « Bible Bill », William Aberhart, diffuse, dans des émissions de radio, sa foi dans le Crédit social.

83 Les informations de ce paragraphe s'inspirent de Marc Raboy, *Les médias québécois*, Boucherville, Gaëtan Morin, 1992, p. 22–23.

84 Pour détecter la lumière dégagée par chaque explosion d'énergie atomique en laboratoire, lors de recherches pour produire la première bombe atomique. Plusieurs entreprises, telles Marconi et General Electric, étaient engagées à la fois dans le développement de la bombe et dans le développement de la télévision.

85 Comme l'assassinat du président américain John F. Kennedy en 1963 ou la mort et les funérailles de Lady Di en 1997.

86 Par exemple, la télévision est le média dominant comme source d'information et comme unique source d'information au Canada dans des enquêtes menées en 1974, en 1979 et en 1980 (voir le tableau 2.5 dans R. H. MacDermid, « L'influence des médias sur le comportement politique », dans Frederick J. Fletcher (dir.), *Les médias et l'électorat dans les campagnes électorales canadiennes*, Montréal, Wilson et Lafleur, 1991, p. 60). Le film *Wag the Dog* illustre la possibilité de faire croire au public qu'il existe une guerre en lui montrant quelques images, alors que celle-ci a été inventée pour détourner l'attention d'un scandale impliquant le président des États-Unis.

87 Raboy, *op. cit.*, p. 208–209.

88 Au Canada, le premier débat des chefs s'est tenu au Québec en 1962 lors d'élections provinciales.

89 Sur l'Internet, voir, par exemple, Jean-Claude Guédon, *La planète cyber. Internet et cyberespace*, Paris, Découvertes Gallimard, 1996; Brian D. Loader (dir.), *The Governance of Cyberspace*, London and New York, Routledge, 1997; Kevin A. Hill et John E. Hughes, *Cyberpolitics*, Lanham, Rowman & Littlefield, 1998.

90 Tass est devenu en 1992 Information Telegraph Agency of Russia (ITAR)-Tass.

91 Voir Fernand Harvey (dir.), *Médias francophones hors Québec et identité*, Québec, IQRC, 1992.

92 Par exemple, le 1er amendement de la Constitution américaine déclare qu'aucune loi ne peut restreindre la liberté de parole ou de la presse. En France, une déclaration de ce genre se trouve à l'article 11 de la *Déclaration des droits de l'homme et du citoyen*.

93 Les États-Unis ont cependant fait en 1999 des menaces de représailles économiques si le Canada adoptait le projet de loi C-55 pour protéger ses propres revues, forçant ensuite un compromis à leur avantage.

94 Colin Hoskins *et al.*, « Television and Film in a Freer International Trade Environment: U.S. Dominance and Canadian Response », dans Emile G. McAnany et Kenton T. Wilkinson (dir.), *Mass Media and Free Trade: Nafta and the Cultural Industries*, Austin, University of Texas Press, 1996, p. 65.

95 L'Autriche, l'Allemagne, la France et la Suède ont des provisions légales pour permettre aux journalistes de ne pas divulguer leurs sources d'information. Il n'en existe pas en Espagne, en Norvège, aux Pays-Bas et, dans les cas impliquant la sécurité nationale ou les intérêts de la justice, au Royaume-Uni. Peter J. Humphreys, *Mass Media and Media Policy in Western Europe*, Manchester, Manchester University Press, 1996, p. 56.

11

Les groupes d'intérêt

Comme les partis politiques, les groupes d'intérêt sont un élément important du système politique. Au sein du modèle systémique, ils se situent donc au niveau des intrants et constituent des canaux de communication qui servent à la régulation des exigences. Les groupes d'intérêt sont une réalité de la vie politique des États et sont présents tant dans les régimes démocratiques que dans les régimes non démocratiques.

Après avoir apporté des précisions d'ordre terminologique, nous nous proposerons, tout d'abord, de mieux cerner le concept de groupe d'intérêt et d'en déterminer les fonctions. Puis, comme dans le cas des partis politiques, vu le nombre et la diversité des groupes d'intérêt, nous aurons à examiner les diverses tentatives de classification. Nous envisagerons ensuite les divers modes d'action de ces groupes.

1. LES GROUPES D'INTÉRÊT : DÉFINITION

Avant de diriger notre attention vers la définition des groupes d'intérêt, il faut apporter ici des précisions d'ordre terminologique, car les termes parfois utilisés par les politicologues peuvent semer la confusion.

1.1. LES « GROUPES D'INTÉRÊT » OU LES « GROUPES DE PRESSION » ?

Les expressions « groupe d'intérêt » et « groupe de pression » sont fréquemment employées. Cer-

tains auteurs tiennent à distinguer les deux termes. Un groupe d'intérêt n'est pas forcément et automatiquement un groupe de pression. Les groupes d'intérêt rassemblent des individus qui ont un ou plusieurs intérêts en commun. C'est le cas, par exemple, d'une association de propriétaires d'automobiles anciennes dont les membres se rassemblent pour partager leur passion pour les vieilles voitures. Mais, lorsque des groupes se proposent d'intervenir dans l'arène politique, on les appelle plutôt des *groupes de pression*[1]. Il faut cependant convenir que la différence entre un groupe d'intérêt et un groupe de pression peut parfois présenter un certain flou. Ainsi, des groupes d'intérêt peuvent, dans certaines circonstances, recourir, de façon momentanée ou de façon permanente, à la pression politique. Ils deviennent alors des groupes de pression. Au Canada, les associations de chasseurs — donc, des groupes d'intérêt — se sont mobilisées en 1996–1997 contre le projet de loi fédéral sur le contrôle des armes à feu. Elles ont eu recours à la pression politique pour s'opposer à la volonté du gouvernement fédéral et se sont comportées, en conséquence, comme des groupes de pression.

Certains auteurs ont jugé préférable de ne pas tenir compte des différences entre les deux sortes de groupes. Pour Harmon L. Zeigler, ces termes sont « interchangeables » lorsqu'on parle d'organisations au sein du processus politique[2]. Son opinion est partagée par Robert H. Salisbury. Selon celui-ci, le terme de groupe de pression a été galvaudé et revêt souvent dans l'esprit des gens une signification péjorative. Par contre, celui de groupe d'intérêt présente un caractère plus « neutre ». L'étude des relations entre ce type de groupes organisés et l'appareil gouvernemental est beaucoup trop importante pour que les chercheurs continuent de s'arrêter à l'aspect terminologique[3]. D'autres auteurs préfèrent plutôt employer l'expression « groupe d'intérêt » parce que la *pression* constitue « une modalité de portée centrale », alors que l'*intérêt* constitue « une caractéristique essentielle du groupe[4] ».

S'il convient de prendre conscience des différences souvent subtiles qui peuvent exister entre groupes d'intérêt et groupes de pression, nous proposons, cependant, pour la commodité de l'exposé, d'utiliser dans ce chapitre le terme « groupe d'intérêt » comme terme générique. Au fil des ans, ce terme s'est imposé parmi un grand nombre de politicologues, notamment en Amérique du Nord, pouvant se substituer à « groupe de pression »[5]. De plus, il faut reconnaître que, ainsi que le dit Léon Dion, « quelle que soit l'appellation retenue par un auteur [...], il n'en résulte aucune différence sensible dans le traitement du sujet lui-même[6] ».

1.2. LA DÉFINITION DES GROUPES D'INTÉRÊT

Les groupes d'intérêt constituent un phénomène ancien, déjà présent dans l'Antiquité. Mais si leur origine remonte loin dans le temps, leur étude est, par contre, relativement récente.

Arthur Bentley propose, en 1908, dans *The Process of Government*, de mettre l'accent sur la notion de groupes et sur le rôle que ces derniers sont susceptibles de jouer dans le processus politique. Mais c'est surtout après la Seconde Guerre mondiale que les groupes d'intérêt attirent l'attention des chercheurs et font l'objet de nombreuses publications.

Avec David Truman, en 1951, l'étude des groupes d'intérêt prend de l'expansion. Cet auteur donne une définition fort large des groupes d'intérêt. Pour lui, tout groupe est un groupe d'intérêt, c'est-à-dire un groupe organisé qui a pour mandat de défendre les intérêts de ses membres auprès d'individus, d'autres groupes ou de l'État[7]. D'autres auteurs viennent, par la suite, enrichir ce nouveau domaine d'études. Par exemple, pour Harmon L. Zeigler, un groupe d'inté-

rêt constitue un agrégat social organisé pour obtenir des biens de nature politique. Ce groupe coordonne son activité de façon à influencer le système politique sans tenter de placer ses membres dans des fonctions gouvernementales formelles[8]. Joseph La Palombara, quant à lui, définit ce concept de la façon suivante : « un rassemblement d'individus qui interagissent et manifestent des désirs conscients à l'égard de l'allocation autoritaire des valeurs[9] ». Pour Jean Meynaud, c'est un « ensemble d'individus qui, sous l'impulsion d'un intérêt commun, expriment des revendications, émettent des prétentions ou prennent des positions affectant de manière directe ou indirecte d'autres secteurs de la vie sociale[10] ». Pour Philippe Braud, un groupe d'intérêt est une « organisation constituée qui cherche à influencer le pouvoir politique dans un sens favorable aux préoccupations sociales qu'elle prend en charge[11] ».

Il apparaît donc qu'un groupe d'intérêt est un groupe dont les membres sont recrutés sur une base souvent volontaire mais qui, dans certains cas, peut aussi être obligatoire. Cette organisation a pour but d'exercer des pressions auprès des décideurs afin de les influencer et de les convaincre que les intérêts des membres qu'elle représente coïncident avec l'intérêt général.

L'accent est ainsi mis sur le groupe et non sur les individus. En conséquence, il convient de distinguer un groupe d'intérêt d'un autre groupe tel qu'un parti politique. Alors qu'un parti politique vise à exercer le pouvoir, un groupe d'intérêt cherche à influencer le pouvoir politique. Un parti politique, dans un régime démocratique, fonctionne à l'intérieur du processus électoral ; un groupe d'intérêt, quant à lui, se situe à l'extérieur d'un tel processus. Contrairement à un parti politique, qui représente des intérêts plus généraux, un groupe d'intérêt défend généralement des intérêts plus particuliers. D'ailleurs, la prolifération des groupes d'intérêt peut s'expliquer par le fait que les partis cherchent à représenter des intérêts de plus en plus opposés afin de convaincre le plus grand nombre possible d'électeurs.

Cette distinction entre groupe d'intérêt et parti politique n'exclut pas des interactions entre ces deux sortes de groupes. Ces interactions peuvent prendre diverses formes. Un membre d'un groupe d'intérêt peut, par exemple, faire le saut en politique active. Un groupe d'intérêt peut apporter une contribution financière à un ou à plusieurs partis politiques. Ces groupes ne deviennent pas pour autant des partis politiques. Il existe cependant des situations où les interactions sont plus fortes encore. Ainsi, un parti politique dont la base est relativement étroite, peut agir comme un groupe d'intérêt. Inversement, un groupe d'intérêt peut éventuellement se transformer en parti politique.

Enfin, il est nécessaire de faire la distinction entre groupes d'intérêt et mouvements sociaux. Les premiers sont institutionnalisés, mais non les seconds, même si, dans plusieurs cas, ils sont orientés idéologiquement et peuvent donner naissance à des groupes d'intérêt. Le mouvement féministe, par exemple, constitue un grand mouvement de société. Il a donné naissance au féminisme en tant qu'idéologie et les femmes ont formé divers groupes d'intérêt et, dans quelques rares cas, des partis politiques. Cependant, le mouvement féministe n'est pas institutionnalisé.

2. LES FONCTIONS DES GROUPES D'INTÉRÊT

Il est généralement admis que les groupes d'intérêt ont pour fonction d'exprimer les divers intérêts de leurs membres. Ils transforment ces intérêts en demandes et en besoins politiques afin de les faire valoir auprès du pouvoir politique. À cet égard, Gabriel A. Almond et G. Bingham Powell ont souligné l'importance que cette fonction revêt pour tout système politique, car elle délimite la frontière entre ce système et la société [12]. Des groupes qui ne peuvent exprimer leurs intérêts risquent de recourir à la violence et de mettre ainsi en danger le système politique. En défendant les intérêts de leurs membres, les groupes d'intérêt constituent une sorte d'exutoire qui permet au système d'éviter des crises graves.

D'autres fonctions sont aussi remplies par les groupes d'intérêt. Ces derniers participent au processus de socialisation politique. Ils socialisent tout d'abord leurs membres. Mais, par leur action, ils cherchent aussi à sensibiliser l'opinion publique aux valeurs qu'ils véhiculent afin de la mobiliser en faveur du projet qu'ils défendent. Dans ce sens, les groupes d'intérêt encouragent la participation politique. La socialisation politique leur permet ainsi d'assurer le recrutement des dirigeants à l'intérieur des groupes. Elle permet également de recruter de nouveaux membres.

Outre les fonctions d'expression des intérêts, de socialisation politique, de mobilisation et de recrutement, les groupes d'intérêt remplissent une fonc-

Figure 11.1
Les groupes d'intérêt :
fonctions d'intrat et d'extrant

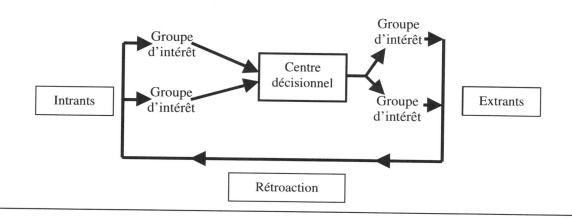

tion de communication politique. Certains auteurs, comme Paul Pross, considèrent que c'est une fonction essentielle[13]. Les groupes d'intérêt sont une courroie de transmission des intérêts de l'environnement systémique vers le centre décisionnel. Ils remplissent donc une autre fonction d'intrant. Mais ils permettent aussi de transmettre les décisions politiques vers l'environnement, exerçant alors une fonction d'extrant (figure 11.1).

Ce faisant, les groupes d'intérêt remplissent ainsi une fonction de légitimation. Légitimation de leur action, tout d'abord, en faisant pression sur les autorités pour les convaincre qu'agir dans le sens des intérêts de leurs membres, c'est aussi agir pour le bien commun. Légitimation, également, de leur action auprès de l'opinion publique qu'ils tentent de convaincre de la nécessité d'un changement. Légitimation, enfin, lorsque, convaincues que les demandes formulées par les groupes sont acceptées par une partie de l'opinion publique, les autorités passent à l'action. Ainsi, la boucle est bouclée : les groupes justifient leur action auprès du centre décisionnel et

auprès de l'opinion publique et contribuent également à légitimer l'action des autorités.

Les groupes d'intérêt ont donc, tout comme les partis politiques d'ailleurs, un caractère multifonctionnel. Les fonctions qu'ils exercent s'apparentent, à certains égards, à celles des partis politiques.

3. QUELQUES TYPES DE GROUPES D'INTÉRÊT

Comme les groupes d'intérêt ont eu tendance à se multiplier depuis la fin de la Seconde Guerre mondiale, le besoin s'est fait sentir de les classer afin de pouvoir les distinguer.

Il convient de noter que la formation des groupes d'intérêt repose sur des bases diverses (tableau 11.1). Cependant, par-delà les raisons qui motivent leur formation, certains groupes présentent des caractéristiques que d'autres ne partagent pas. Cela a donc conduit à l'établissement de diverses catégories.

Tableau 11.1
Quelques bases des groupes d'intérêt au Canada

Base	Exemples de groupes d'intérêt
Ethnique	Société Saint-Jean Baptiste, Congrès italo-canadien.
Linguistique	Association canadienne-française de l'Alberta, Société des Acadiens du Nouveau-Brunswick, Alliance Québec.
Genre	Fédération nationale des femmes canadiennes-françaises, Comité national d'action sur le statut de la femme.
Socioprofessionnelle	Syndicat des métallos unis d'Amérique, Association des enseignants franco-ontariens, Association médicale de l'Alberta, Association des manufacturiers du Canada.
Religieuse	Conférence des évêques canadiens, Conseil canadien des Églises œcuméniques.
Humanitaire	Croix-Rouge, Médecins sans frontières, Handicap international, Oxfam.
Environnementale	Sierra Club, Greenpeace, Earthroots, Fonds mondial pour la nature.
Sociopolitique	Coalition nationale des citoyens, Mouvement pro-vie, Mouvement pro-choix.

3.1. LES GROUPES D'INTÉRÊT À CARACTÈRE PRIVÉ OU PUBLIC

L'existence de groupes d'intérêt à caractère privé est communément admise. Parmi ces groupes au Canada, citons l'Association des manufacturiers du Canada, l'Association médicale de l'Alberta, du Québec, de l'Ontario et les diverses chambres de commerce sur les plans national, provincial ou municipal.

Les groupes d'intérêt à caractère public, par contre, sont issus des rouages de l'État. Parmi ces groupes, figure, par exemple, l'Association des municipalités de l'Ontario (AMO), qui réunit les maires ontariens. L'AMO peut faire pression sur le gouvernement provincial pour l'amener à respecter les juridictions municipales.

3.2. LES GROUPES D'INTÉRÊT À CARACTÈRE NATIONAL OU INTERNATIONAL

Les groupes d'intérêt à caractère national œuvrent à l'intérieur de l'État. Ainsi, les syndicats ont une vocation nationale. Le Syndicat canadien de la fonction publique représente les intérêts de ses membres éparpillés à travers le Canada. Dans les États ayant une structure fédérale de gouvernement, des groupes d'intérêt peuvent agir aussi au niveau des entités fédérées. C'est le cas, au Canada, des groupes provinciaux antipauvreté qui se font les porte-parole des personnes à faible revenu dans leur province respective.

À l'opposé, certains organismes se donnent une vocation universelle. Le développement des relations internationales, notamment depuis la fin de la Seconde Guerre mondiale, a favorisé l'apparition d'une multitude de groupes à vocation transnationale. Il s'agit des organisations non gouvernementales (ONG), présentes dans plusieurs pays [14]. Certaines, comme Oxfam, Vision mondiale ou Care, œuvrent principalement dans les pays en voie de développement. D'autres, à but humanitaire, comme Médecins sans frontières et le Comité international de la Croix-Rouge (CICR), sont présentes dans les États en guerre ou affectés par une catastrophe naturelle comme la famine. D'autres encore sont vouées à la protection de l'environnement. C'est le cas du Fonds mondial pour la nature ou de Greenpeace.

Outre ces divers groupes d'intérêt à caractère international, il convient aussi de mentionner les entreprises multinationales. Ces entreprises sont des entités économiques qui exercent leurs activités dans plusieurs États. Elles n'hésitent pas à recourir à la pression politique pour obtenir certains avantages de la part des gouvernements des États où elles sont établies [15]. Elles peuvent aussi exercer leur influence au sein d'organismes tels que la Commission trilatérale, mise sur pied en 1972 à l'initiative de David Rockefeller, afin d'analyser les problèmes sociaux, économiques et politiques dans une perspective globale. Elles se retrouvent aussi, chaque année, en Suisse, au Forum économique mondial de Davoz, qui réunit des syndicalistes, des représentants du monde des affaires et des milieux politiques des pays occidentaux et du tiers monde pour traiter diverses questions à l'ordre du jour. De retour dans leurs États respectifs, les participants peuvent alors tenter de mettre en application certaines idées formulées au cours de ce sommet annuel.

3.3. LES GROUPES D'INTÉRÊT VISANT UN OU PLUSIEURS OBJECTIFS

Les objectifs visés par les groupes d'intérêt servent aussi de base à une classification. Certains groupes n'ont qu'un seul objectif. Ainsi, la National Riffle Association, aux États-Unis, vise, avant toute chose, à empêcher le pouvoir politique américain d'instaurer le contrôle des armes à feu. Les mouvements pro-vie et pro-choix se rangent également dans cette catégorie dans la mesure où leur existence est liée à un seul objectif, l'avortement.

Des groupes peuvent aussi s'assigner plusieurs objectifs. Par exemple, les chambres de commerce locales peuvent faire pression pour obtenir une baisse des taxes foncières des industries et des commerces. Dans les régions périphériques qui ne bénéficient pas d'infrastructures de transport aussi développées que dans le centre économique et politique, les chambres peuvent également exercer des pressions en vue d'améliorer le réseau routier.

Dans le même ordre d'idées, une distinction peut être établie entre les groupes qui défendent uniquement les intérêts de leurs membres et ceux qui poursuivent des intérêts plus vastes susceptibles de concerner l'ensemble de la population. Certains auteurs parlent alors de « groupes d'intérêt particuliers » et de « groupes d'intérêt publics »[16], d'autres préfèrent utiliser les expressions « groupes d'intérêt à vocation spécialisée » et « groupes d'intérêt à vocation large »[17]. Ainsi les associations du monde des affaires ou les associations professionnelles ne représentent que les intérêts de leurs membres. La Fédération canadienne de l'entreprise indépendante parle au nom des petites entreprises. La Corporation des médecins du Québec défend les intérêts du corps médical québécois. Il en va de même pour les syndicats ou les associations étudiantes. Par contre, des groupes tels que Energy Probe ou Greenpeace, qui dénoncent l'utilisation de l'énergie nucléaire et proposent diverses solutions de remplacement, et Transport 2000, qui se fait le porte-parole des voyageurs au Canada en encourageant le transport ferroviaire, défendent des intérêts qui ne sont pas limités à un nombre restreint de personnes, mais qui concernent plutôt l'ensemble de la population.

3.4. LES GROUPES D'INTÉRÊT ET LE CRITÈRE ORGANISATIONNEL

Il est possible de distinguer les groupes d'intérêt selon le type d'organisation qu'ils ont adopté. À cet égard, la classification proposée par Almond et Powell est fréquemment utilisée. Ces auteurs distinguent quatre types de groupes d'intérêt : les groupes associatifs, institutionnels, non associatifs et anomiques[18].

Les groupes associatifs sont expressément créés pour représenter les intérêts de groupes spécifiques. Ils sont dotés d'une solide organisation qui leur permet de formuler leurs intérêts et de transmettre leurs demandes de façon efficace auprès des autorités

Tableau 11.2
La typologie d'Engelmann et Schwartz

Groupes à caractère économique	Groupes à caractère non économique
Secteur agricole (ex. : Bureau laitier du Canada, Commission canadienne du blé)	Groupes professionnels (ex. : Association médicale du Canada, Association du Barreau canadien)
Secteur du travail (ex. : Congrès du travail du Canada (CTC), Fédération du travail du Québec (FTQ))	Groupes liés à l'administration publique (ex. : Association des chefs de police du Canada, Association des municipalités de l'Ontario)
Secteur des affaires (ex. : chambres de commerce, Association des manufacturiers du Canada)	Groupes du secteur de la communication (ex. : associations des radiodiffuseurs, Association des câblodistributeurs)
	Groupes du secteur de l'éducation (ex. : associations de parents d'élèves, Association des universités et collèges du Canada)
	Groupes d'anciens combattants (ex. : Légion royale canadienne)
	Groupes à caractère ethnique (ex. : Loges orangistes, Société Saint-Jean-Baptiste)
	Groupes à caractère religieux (ex. : Chevaliers de Colomb, Congrès juif du Canada)
	Groupes idéologiques ou d'action sociale (ex. : Association des consommateurs du Canada)

gouvernementales. Les syndicats, les associations du milieu des affaires et les groupes à caractère religieux s'inscrivent dans cette catégorie.

Les groupes institutionnels se caractérisent par leur formalisme. Bien structurés, ils remplissent également des fonctions sociales ou politiques. Leur proximité avec le cœur du pouvoir politique leur permet de mieux influencer les décisions. Diverses organisations religieuses peuvent, par exemple, faire valoir leurs demandes auprès des autorités politiques. L'Église catholique, dans des États tels que la Pologne ou l'Italie, est ainsi en mesure d'influencer le centre décisionnel. L'armée ou la bureaucratie constituent également des groupes institutionnels.

Les groupes non associatifs rassemblent des individus qui ont un intérêt commun sur une base ethnique, tribale, religieuse ou encore géographique. Bien que ces groupes soient peu organisés, l'État les considère comme des interlocuteurs valables. Ils sont surtout présents dans les systèmes politiques des États du tiers monde. Il est en effet fréquent que les dirigeants des États africains consultent des chefs de tribus ou des conseils d'anciens, voire des petits rois locaux.

Les groupes anomiques, quant à eux, sont des groupes qui se forment de façon spontanée à la suite d'un événement imprévu. Cette spontanéité entraîne une absence d'organisation. Dans certaines circonstances, de tels groupes recourent à la violence. Ainsi

peuvent être expliquées les diverses émeutes qui ont secoué les ghettos noirs de Miami ou de Los Angeles ou de grandes villes britanniques dans les années 1980–1990.

3.5. QUELQUES TYPOLOGIES DE GROUPES D'INTÉRÊT AU CANADA

Frederick Engelmann et Mildred Schwartz proposent de classer les groupes d'intérêt au Canada en fonction de deux grandes catégories : les groupes à caractère économique et les groupes à caractère non économique (tableau 11.2)[19]. Cette classification fait surtout référence aux bases de création de certains groupes d'intérêt. Elle présente un caractère plutôt descriptif, peu révélateur de leur organisation ou de leur fonctionnement.

Pour sa part, Robert Presthus classe les groupes d'intérêt selon des catégories opposées[20]. Cela l'amène à proposer neuf types de groupes (tableau 11.3). Cette classification offre une perspective générale des groupes d'intérêts au Canada. On peut cependant déplorer une certaine rigidité des catégories. Par exemple, un groupe à caractère temporaire peut progressivement acquérir un caractère permanent.

Afin d'éviter cette situation, Paul Pross, quant à lui, considère les groupes d'intérêt comme des entités en évolution constante dont l'organisation ne

Tableau 11.3
La typologie de Presthus

Groupes à caractère permanent	Groupes à caractère temporaire
Groupes à adhésion volontaire	Groupes à adhésion obligatoire
Groupes privés	Groupes publics
Groupes à structure fédérale	Groupes à structure unitaire
Groupes de consommateurs	Groupes de producteurs
Groupes économiques	Groupes instrumentaux (pragmatiques)
Groupes de masse	Groupes sélectifs
Groupes oligarchiques	Groupes participatifs
Groupes au niveau fédéral	Groupes au niveau provincial ou local

cesse de se raffiner et les objectifs de se préciser. Cette typologie est établie en fonction d'un continuum sur lequel les groupes sont classés selon leur degré d'évolution. Pross dégage ainsi quatre grandes catégories de groupes : les groupes à l'état naissant, les groupes novices, les groupes mûrs, les groupes institutionnalisés[21]. Cette typologie est fort complexe. Son intérêt réside cependant dans le fait que les groupes, loin d'être statiques, peuvent au contraire évoluer, certains plus rapidement que les autres, suivant les circonstances et, surtout, les moyens financiers dont ils disposent.

4. LES MODES D'ACTION DES GROUPES D'INTÉRÊT

La question des modes d'action des groupes d'intérêt comporte deux volets. Tous les groupes n'agissent pas de la même façon pour faire valoir leurs intérêts auprès des autorités politiques. Dès lors, le premier volet concerne les formes et les moyens d'action auxquels les groupes d'intérêt peuvent recourir. Mais s'interroger sur la forme d'action nous conduit nécessairement à nous demander à quel niveau du pouvoir politique peut s'exercer l'action de ces groupes.

4.1. LES FORMES ET LES MOYENS D'ACTION DES GROUPES D'INTÉRÊT

Dans les États non démocratiques, les groupes d'intérêt disposent d'une faible marge de manœuvre vis-à-vis du pouvoir politique étant donné que les libertés sont restreintes. Par contre, dans les États démocratiques, ils ont à leur disposition une vaste panoplie de formes et de moyens d'action. Il existe deux grandes formes de pression utilisées par les groupes d'intérêt. Chacune de ces formes d'action s'accompagne de moyens d'action particuliers.

4.1.1. LES PRESSIONS INDIRECTES SUR LE CENTRE DÉCISIONNEL

Les groupes d'intérêt peuvent recourir aux pressions indirectes sur le centre décisionnel, pressions par le moyen desquelles ils tentent d'amener l'opinion publique à appuyer leur cause. Pour cela, ils doivent d'abord faire coïncider les intérêts particuliers de leurs membres avec l'intérêt général. Ainsi, durant les années 1990, les diverses associations de médecins en Alberta, en Ontario ou au Québec avaient chacune leurs propres revendications, mais elles les ont rattachées à des notions telles que la qualité ou l'accessibilité des soins aux patients afin de susciter dans l'opinion publique un mouvement d'appui aux médecins.

Divers moyens sont à la disposition des groupes d'intérêt pour exercer des pressions indirectes et influencer ainsi la prise de décision en leur faveur. La manifestation constitue l'un d'entre eux. Elle peut prendre la forme d'une protestation de quelques centaines de personnes devant un lieu symbolisant le pouvoir politique ou économique. En 1998, au Canada, la Société canadienne de l'hépatite C et la Société canadienne de l'hémophilie ont tenu plusieurs manifestations sur la colline parlementaire à Ottawa pour dénoncer l'attitude du gouvernement libéral de Jean Chrétien, qui refusait d'accorder une indemnisation à l'ensemble des personnes affectées par la transfusion de sang contaminé. Les manifestations peuvent aussi rassembler plusieurs dizaines de milliers de personnes. Ainsi, en Ontario, à partir de 1996, divers syndicats organisent une série de manifestations dans plusieurs villes cibles de la province afin de protester contre la politique du gouvernement Harris. Quels que soient son objet et son ampleur, la manifestation doit être organisée et financée. Il va sans dire que plus la manifestation est imposante, plus elle nécessite une organisation et une précision quasi militaires. La manifestation vise plusieurs objectifs. Elle constitue un moyen d'action pour renforcer la solidarité entre les participants. Elle cherche à capter l'opinion du public et à le convaincre du bien-fondé de la cause qu'elle défend. Ici, le poids de l'opinion publique est déterminant. Dans le cas de l'indemnisation gouvernementale pour l'ensemble des personnes souffrant d'hépatite C par suite de transfusions de sang contaminé, l'opinion publique a été facilement persuadée que c'était une juste cause, ce qui a eu des répercussions dans les milieux gouvernementaux fédéral et provinciaux. Par contre, en ce qui concerne l'opposition au gouvernement Harris, l'opinion publique a semblé être peu sympathique à la cause syndicale. Le gouvernement ontarien a donc continué sa politique de lutte contre le déficit par des réductions budgétaires et des restructurations.

La grève est également un outil privilégié par bon nombre de groupes d'intérêt. C'est le cas en France, où de fréquentes grèves paralysent les transports ferroviaires, aériens ou routiers pendant plusieurs jours. Il arrive que des grèves surgissent de façon spontanée, mais, en général, elles sont organisées et financées par le mouvement syndical. Elles peuvent être utilisées contre le gouvernement ou contre des institutions publiques ou privées. Leur succès dépend de plusieurs facteurs tels que l'objectif visé, le rapport de forces entre l'employeur et les grévistes, la solidarité dont font preuve ces derniers et l'attitude de l'opinion publique. En 1996, la première grève organisée en Ontario par le Syndicat des employés de la fonction publique ontarienne (SEFPO) n'a pas réussi vraiment à gagner l'opinion publique à la cause des grévistes.

Les groupes d'intérêt utilisent aussi d'autres moyens de pression tels que les pétitions, l'organisation de conférences ou de marches. Ils peuvent également occuper des locaux gouvernementaux ou des lieux symboliques. En France et en Italie, divers groupes de défense des immigrés sans papier ont privilégié l'occupation d'églises. Ils peuvent aussi organiser une grève de la faim comme l'ont fait, à Montréal dans les années 1990, des Chiliens en attente du statut de réfugié au Canada. Les groupes d'intérêt recourent également au boycott comme moyen d'action. En 1991, au Canada, un groupe de Toronto, Les Amis des Lubicons, a ainsi demandé le boycott des produits de la compagnie papetière Daïshowa qui a des opérations forestières sur les terres revendiquées par la tribu des Lubicons dans le nord de l'Alberta. Les Amis des Lubicons ont exercé de fortes pressions sur les principaux clients de Daïshowa pour les inciter à ne pas utiliser ses produits. Les entreprises qui n'acquiesçaient pas aux demandes du groupe ont fait à leur tour l'objet d'un boycott. Après un boycott de plus de sept ans, Daïshowa a perdu plus de 14 millions de dollars de ventes.

Les groupes d'intérêt utilisent aussi des outils de communication comme moyens à caractère persuasif. À cet égard, la télévision joue un rôle capital. L'image exerce un pouvoir de persuasion que nombre de groupes d'intérêt ont appris à utiliser. C'est le cas des groupes de défense des animaux qui s'opposent à la chasse aux blanchons sur la banquise aux Îles-de-la-Madeleine ou à Saint Anthony. Les images de bébés phoques sans défense face à un chasseur armé de son bâton ont ému suffisamment d'âmes sensibles pour qu'en Europe des gouvernements interdisent les fourrures canadiennes. Dans le domaine humanitaire, de nombreuses critiques ont été adressées aux organisations non gouvernementales qui recourent à l'image pour inciter les téléspectateurs à contribuer à leurs fonds d'aide. Dans ce cas-ci, les critiques sont d'autant plus sévères que les ONG utilisent l'instantané, qui, par la voie d'une chaîne de télévision comme CNN, est diffusé souvent en direct dans le monde entier. Le pouvoir de l'image a contribué, dans certains cas, à transformer l'aide humanitaire en industrie.

À côté de la télévision, il convient aussi de mentionner le rôle de la radio. Mais la parole est moins forte que l'image. Greenpeace peut-il, par la parole uniquement, persuader le public que le transport de produits radioactifs par voie maritime est dangereux? Les gestes de quelques militants écologistes à bord de petits bateaux tentant d'en empêcher un gros de poursuivre sa route passent certainement mieux à la télévision qu'à la radio.

D'autres moyens d'action peuvent aussi être utilisés pour persuader le public. C'est le cas de la publicité dans les médias. Les syndicats ontariens, en particulier ceux des enseignants, y ont recouru dans leur lutte contre la politique du gouvernement en matière d'éducation. Durant le grand débat sur le libre-échange qui a eu lieu au Canada dans la seconde moitié des années 1980, les groupes opposés à la conclusion d'un accord avec les États-Unis ont aussi utilisé, entre autres choses, la publicité pour véhiculer leur message et persuader l'opinion publique d'appuyer leur cause. Dans le même ordre d'idées, aux États-Unis, lorsque la Food and Drug Administration (FDA) a annoncé son intention d'interdire l'usage de la saccharine à cause de ses effets cancérigènes sur les animaux de laboratoire, l'industrie des boissons gazeuses, grande utilisatrice de ce produit, a acheté des pages de publicité dans les journaux américains pour y exprimer son opposition et forcer la FDA à revenir sur sa décision.

Signalons, enfin, le rôle de plus en plus important joué par l'Internet. De nombreuses ONG dans le monde, telles que le Conseil des Canadiens au Canada ou le Réseau tiers monde en Malaisie, se sont servies de l'Internet pour s'opposer à l'Accord multilatéral sur les investissements (AMI) que les pays de l'Organisation pour la coopération et le développement économique (OCDE) se proposaient de négocier et de signer. Une multitude de groupes étaient ainsi tous reliés par ordinateur et se transmettaient instantanément toute information recueillie au sujet des négociations. Cette première grande tentative de pression des ONG à l'échelle mondiale a été l'un des facteurs qui ont contribué à faire échouer les négociations en 1998.

L'appui de l'opinion publique est donc un élément déterminant pour un groupe d'intérêt. Celui-ci doit agir cependant avec prudence. Le recours fréquent à l'image en vue d'amener le public à contribuer financièrement à une cause peut, à la longue, lasser ce dernier. Une manifestation ou une grève entraînent parfois de nombreux inconvénients pour la population. De plus, des débordements sont toujours possibles et susceptibles de déboucher sur la violence, ce qui, dans les sociétés démocratiques, peut porter la population à ne pas soutenir les causes défendues par ces groupes. Un groupe d'intérêt qui réussit à sensibiliser ou à convaincre l'opinion publique utilise inévitablement cette dernière pour faire pression sur le centre décisionnel du système politique. Les autorités gouvernementales peuvent difficilement ignorer les demandes d'un groupe qui jouit d'un soutien du public sans devoir en payer le prix aux prochaines élections.

4.1.2. LES PRESSIONS DIRECTES SUR LE CENTRE DÉCISIONNEL

Les pressions directes constituent la seconde forme de pression exercée par les groupes d'intérêt. Ce type de pressions prend la forme du lobbyisme. Le lobbyisme est une pratique de démarchage par laquelle un ou plusieurs lobbyistes représentent les intérêts d'un ou de plusieurs groupes tentent d'influencer les autorités gouvernementales. Ces dernières sont incitées à agir en conséquence ou, au contraire, à s'abstenir d'agir si les intérêts défendus par le ou les lobbyistes l'exigent.

Le lobbyisme est une pratique fréquemment utilisée. Traditionnellement, les divers groupes d'intérêt ont tenté de faire, eux-mêmes, du lobbying en approchant, par exemple, des personnes influentes

capables de faire infléchir la prise de décision à leur avantage. Ainsi, lors des négociations constitutionnelles de Charlottetown en 1992, l'Association canadienne-française de l'Ontario (ACFO) avait mis sur pied un comité de consultation qui, par des rencontres avec le premier ministre et le ministre des Affaires francophones de l'Ontario, tentait d'influencer la position constitutionnelle de cette province concernant les droits linguistiques des Franco-Ontariens.

Il est fréquent de parler du lobby franco-ontarien, du lobby anglo-québécois, du lobby de l'industrie du tabac, du lobby de l'industrie pharmaceutique, etc. Mais si certains groupes d'intérêt continuent, de nos jours, à faire eux-mêmes leur propre démarchage auprès des décideurs, d'autres, toutefois, ont recours à une méthode différente. Les gouvernements sont graduellement devenus des machines extrêmement complexes. De ce fait, il est parfois difficile pour les groupes d'intérêt d'avoir accès au centre décisionnel. Cette complexité des mécanismes gouvernementaux a entraîné la création d'une véritable industrie du lobbying. Des entreprises chargées de défendre, contre rémunération, des intérêts précis, ont ainsi été mises sur pied. Aussi, de nombreux groupes préfèrent maintenant utiliser les services de lobbyistes professionnels pour profiter du réseau de relations que ces derniers ont bâti. Ainsi, au Canada, l'annonce, en 1998, de la fusion éventuelle de plusieurs grandes banques a suscité la désapprobation dans l'opinion publique et dans les milieux gouvernementaux. Les défenseurs et les adversaires de ces fusions ont eu alors recours à des lobbyistes professionnels afin d'influer sur la décision gouvernementale. Par exemple, la Banque de la Nouvelle-Écosse, opposée à toute fusion, a utilisé les services de Barry Campbell, ancien assistant du ministre des Finances, Paul Martin, et ancien conseiller du Fonds monétaire international (FMI).

L'industrie du lobbying a connu une forte croissance. Il est fréquent d'associer le lobbying aux États-Unis. Ce phénomène est certes profondément ancré dans la culture politique américaine, mais il n'est pas propre aux États-Unis. Au Canada, par exemple, en 1993, 834 lobbyistes étaient enregistrés auprès du ministère de l'Industrie, et l'année suivante, ce chiffre s'élevait à 944. Certaines entreprises de lobbying ont même acquis un caractère multinational et ont essaimé dans plusieurs pays. Elles peuvent servir les intérêts de divers groupes nationaux. La filiale canadienne de la firme américaine Hill and Knowlton, par exemple, a défendu les intérêts de la compagnie minière INCO. Elles peuvent aussi répondre aux besoins de gouvernements étrangers. Par exemple, lors de la crise du Golfe en 1990–1991, l'émir du Koweït a chargé la compagnie américaine Hill and Knowlton d'organiser une campagne publicitaire en vue de convaincre l'opinion publique et les autorités américaines de la nécessité de défendre le Koweït envahi par l'Irak.

Les contributions électorales constituent aussi pour les groupes d'intérêt une forme de pression directe sur le centre décisionnel. Au Canada, outre les contributions individuelles, les partis politiques reçoivent des dons de la part de grandes entreprises et de banques. Généralement, ces dernières contribuent financièrement à la fois au Parti libéral fédéral et au Parti progressiste-conservateur fédéral parce qu'ils ont toujours eu plus de chances de former le gouvernement. Le NPD, quant à lui, reçoit les contributions des syndicats[22]. Aux États-Unis, la réglementation en vigueur dans ce domaine a conduit à la création, par les groupes d'intérêt, des comités d'action politique (CAP ou PAC pour Political Action Committee)[23]. Par le moyen de ces CAP, les groupes peuvent verser jusqu'à 5 000 dollars à la caisse électorale d'un membre du Congrès, par exemple. Mais, avec la multiplication du nombre de CAP — il en existe plus de 3 500 — , les campagnes de nombreux candidats sont financées en bonne partie par leurs contributions. En retour, les groupes d'intérêt s'attendent à avoir accès auprès des décideurs et à voir leurs besoins pris en considération.

Dans d'autres États, les groupes d'intérêt peuvent chercher à participer directement au processus électoral. Se transformant en partis politiques, ils présentent alors des candidats aux élections locales, régionales ou législatives. Ainsi, en France, des groupes de défense des intérêts des chasseurs ont réussi à faire élire deux de leurs membres aux élections régionales de 1998. Il en a été de même pour les écologistes sous la bannière des verts. Dans le contexte fortement politisé de ces élections, ils ont détenu la balance du pouvoir dans plusieurs régions lors de l'élection des présidents régionaux. Ils ont donc été en mesure de s'assurer que les intérêts qu'ils représentaient seraient pris en compte par la suite.

Les groupes d'intérêt peuvent donc, de diverses manières, influencer indirectement les décideurs en s'appuyant sur l'opinion publique ou directement en faisant des pressions sur eux. La question qu'il convient de poser maintenant est la suivante : où exercent-ils ces pressions ?

4.2. LES NIVEAUX D'INTERVENTION AUPRÈS DES DÉCIDEURS

Lorsqu'ils veulent influencer les décideurs, les groupes d'intérêt peuvent intervenir sur le plan international ou sur le plan étatique. Dans un cas comme dans l'autre, leur intervention est fonction de leurs objectifs. Mais si, pour les besoins de l'analyse, il est utile d'établir pareille distinction, il convient cependant de préciser que certains groupes ou lobbies peuvent aussi être présents à la fois sur la scène internationale et sur la scène nationale, comme c'est le cas, par exemple, pour Greenpeace et diverses Églises. Par le truchement de leurs différentes organisations, ces groupes peuvent agir aux deux niveaux à la fois. Les pressions exercées par la Conférence des évêques canadiens sur le gouvernement fédéral du Canada relativement à la lutte contre la pauvreté ou l'action des évêques canadiens en faveur d'une plus grande ouverture du régime de Fidel Castro le montrent bien.

4.2.1. L'ACTION DES GROUPES D'INTÉRÊT SUR LE PLAN INTERNATIONAL

L'action des groupes d'intérêt sur le plan international s'inscrit généralement dans le cadre de la coopération avec les organisations à caractère interétatique. Des organisations internationales n'hésitent pas, en effet, à travailler de concert avec certaines grandes ONG dans le domaine des droits de la personne, de l'alphabétisation ou de l'aide d'urgence. À cet égard, l'Organisation des Nations unies pour l'éducation, la science et la culture (UNESCO), le Fonds des Nations unies pour l'enfance (UNICEF) ou le Haut-Commissariat des Nations unies pour les réfugiés (HCR) peuvent collaborer avec le Comité international de la Croix-Rouge (CICR) ou avec Amnesty International. Cette collaboration est souvent facilitée par plusieurs facteurs. De nombreux fonctionnaires de ces organisations internationales ont pu, à un certain moment, travailler pour ces ONG. Parfois, une partie des fonds alloués aux organisations non gouvernementales provient d'institutions internationales. Par exemple, jusqu'en 1998, l'Union européenne, le Programme alimentaire mondial (PAM), l'UNICEF et l'UNESCO finançaient 90 % du budget d'une ONG telle qu'Équilibre[24]. Dès lors, leur action, à l'occasion des crises internationales, est de plus en plus complémentaire et s'apparente à une forme de division du travail[25]. Les ONG sont donc alors en mesure de mieux influer sur les décisions des organisations internationales avec lesquelles elles travaillent si étroitement.

En outre, des institutions spécialisées des Nations unies qui n'ont pas toujours les moyens financiers nécessaires pour mener à bien leurs activités ont la possibilité de faire appel à des ONG. C'est le cas du Programme des Nations unies pour l'environnement (PNUE), qui reçoit l'aide de deux grandes ONG, le Fonds mondial pour la nature (WWF) et l'Union internationale pour la conservation de la nature (UICN).

Par ailleurs, certaines ONG peuvent aussi mieux exercer leurs pressions lorsqu'elles jouent un rôle consultatif auprès d'institutions internationales. Ainsi, près d'un millier d'ONG jouissent d'un tel statut auprès du Conseil économique et social des Nations unies (ECOSOC).

D'autres groupes d'intérêt font directement leurs demandes auprès d'organisations internationales. C'est le cas de l'Organisation internationale du travail (OIT), dont les organes réunissent des représentants des États, des organismes patronaux et des syndicats. Ce modèle tripartite permet aux délégués patronaux ou syndicaux d'influencer la prise de décision, d'autant que, comme les États, ils ont un droit de vote.

Les ONG favorisent aussi les contacts avec des fonctionnaires internationaux. À cet égard, elles privilégient les rapports avec les secrétariats des institutions spécialisées des Nations unies. Elles s'emploient également à convaincre les États. Certaines d'entre elles, dans des circonstances bien particulières, peuvent être amenées à s'adresser à l'ensemble des États membres des Nations unies. Cela a été le cas, notamment, en 1978, lors de la session spéciale de l'Assemblée générale des Nations unies portant sur le désarmement. Les représentants de quelques ONG y ont alors trouvé une tribune de choix pour exprimer leurs différentes positions et tenter d'influencer les délégués.

Les ONG obtiennent un succès variable dans leur démarche. Il est donc difficile de généraliser. Leur nature, leur organisation, leur capacité financière et même les circonstances dans lesquelles a lieu leur action constituent autant d'éléments susceptibles d'expliquer leur réussite ou leur échec.

4.2.2. L'ACTION DES GROUPES D'INTÉRÊT SUR LE PLAN NATIONAL

Afin de rendre la pression qu'ils exercent sur les décideurs la plus efficace possible, les groupes d'intérêt ou les lobbies qui œuvrent sur le plan étatique doivent tenir compte de deux éléments importants : la nature de l'État et la nature de son régime politique.

4.2.2.1. L'ACTION DES GROUPES D'INTÉRÊT EN FONCTION DE LA NATURE DE L'ÉTAT

La stratégie des groupes d'intérêt varie selon que l'État est fédéral ou unitaire[26].

Au sein d'un État fédéral, les groupes d'intérêt doivent tenir compte de la présence de divers ordres de gouvernement. Leur organisation est généralement le reflet de la structure fédérale de gouvernement. Les groupes se dotent d'une organisation nationale possédant des ramifications dans les entités fédérées, dans les régions et au niveau local. Le Congrès du travail du Canada (CTC), par exemple, dispose d'une organisation nationale et de diverses organisations au niveau provincial[27]. C'est aussi le cas de l'Association canadienne des municipalités et de ses affiliées provinciales. Certains groupes qui œuvrent uniquement au niveau fédéral peuvent aussi bénéficier de la mise sur pied d'une véritable organisation à l'échelle nationale. Par exemple, au Canada, l'Association canadienne-française de l'Ontario (ACFO), l'Association canadienne française de l'Alberta (ACFA), la Société franco-manitobaine (SFM) et la Société des Acadiens et Acadiennes du Nouveau-Brunswick (SAANB) mènent principalement leur action auprès des autorités de leurs provinces respectives. Elles exercent cependant leur pression au niveau fédéral par l'intermédiaire de la Fédération des communautés francophones et acadiennes (FCFA), dont le siège est à Ottawa.

Mais les groupes d'intérêt ne se contentent pas de refléter la structure fédérale de gouvernement. Ils mettent aussi à profit la division constitutionnelle des pouvoirs. Ainsi, lorsqu'un domaine de juridiction relève des deux ordres de gouvernement, ils peuvent utiliser ces derniers l'un contre l'autre. À cet égard, le Canada offre de nombreux exemples. Dans les années 1970, lorsque le gouvernement fédéral a décidé de supprimer les déductions fiscales des compagnies minières, ces dernières ont demandé aux gouvernements provinciaux d'intervenir en leur faveur auprès d'Ottawa[28]. Les entreprises pétrolières multinationales installées en Alberta et affectées par la mise en place du Programme énergétique national (PEN) en 1980 ont agi de la même façon[29]. Parfois, c'est le gouvernement fédéral qui est appelé à soutenir des groupes d'intérêt ou des lobbies dans leur lutte pour renverser des décisions provinciales. C'est ce qui s'est passé, en 1974–1975, avec l'industrie de la potasse en Saskatchewan, qui d'abord a contesté devant les tribunaux la politique fiscale du gouvernement de cette province et qui, par la suite, s'est opposée à sa politique de nationalisation[30].

Au sein d'un État unitaire, les groupes d'intérêt ont généralement tendance à être massivement présents dans la capitale, lieu du pouvoir. Cela ne les empêche nullement, cependant, d'agir également au niveau régional ou local, comme c'est le cas, par exemple, avec les chambres de commerce. D'ailleurs, plus l'État unitaire est décentralisé, plus leur action se fait sentir dans les régions où sont établis les nouveaux centres décisionnels. En France, la régionalisation amorcée au début des années 1980 a amené les divers groupes et lobbies à faire pression auprès d'un nouveau palier gouvernemental, le Conseil régional.

Soulignons enfin que l'établissement de nouvelles structures institutionnelles, comme l'Union européenne, fournit aussi l'occasion aux groupes et lobbies de faire valoir leurs intérêts. Des groupes d'intérêt comme les verts se sont transformés en partis politiques et ont réussi à faire élire des députés au Parlement européen, à Strasbourg. Certains groupes ont acquis un statut consultatif auprès de la Commission européenne, à Bruxelles. Enfin, d'autres, qui, jusque-là, œuvraient sur le plan national ont, par la suite, sous l'impulsion de cette organisation, étendu leur rayon d'action. Ce fut le cas, par exemple, en 1973, avec la mise sur pied de la Confédération européenne des syndicats.

4.2.2.2. L'ACTION DES GROUPES D'INTÉRÊT EN FONCTION DE LA NATURE DU RÉGIME POLITIQUE

La stratégie des groupes d'intérêt doit aussi tenir compte des particularités du régime politique de l'État dans lequel ils agissent. Ainsi, elle doit s'accommoder de la séparation des pouvoirs ou prendre en considération le flou qui peut caractériser les relations entre l'exécutif et le législatif[31].

Sur le plan national, les groupes d'intérêt peuvent tenter d'exercer leurs pressions auprès du pouvoir législatif. Aux États-Unis, vu le rôle actif du Congrès, ils rencontrent de façon individuelle les représentants et les sénateurs afin d'influencer leur vote en Chambre ou de les inciter à initier un projet de loi, projet à la rédaction duquel ils pourront eux-mêmes, dans certains cas, d'ailleurs, participer. Les membres du Congrès sont généralement favorables à l'action de ces groupes ou lobbies pour des raisons qui sont souvent d'ordre électoral. Ces groupes ont aussi la possibilité d'exprimer leur point de vue devant les commissions du Congrès[32] tout en cultivant leurs relations avec les membres influents de ces organes législatifs. En Grande-Bretagne et au Canada, les groupes d'intérêt interviennent aussi au niveau législatif pour tenter de persuader les députés d'agir en leur faveur. Cette action est exercée individuellement sur les parlementaires du parti gouvernemental comme sur ceux des partis d'opposition. Elle se manifeste également au niveau des comités du Parlement auprès desquels les groupes font des présentations afin d'obtenir des amendements en leur faveur. Les chances de réussite sont cependant faibles. Les gouvernements en situation majoritaire sont peu enclins à modifier des projets de loi. En outre, la discipline de parti à laquelle sont soumis les parlementaires limite considérablement leur marge de manœuvre. La nature du régime parlementaire est telle que le pouvoir est véritablement exercé non par le Parlement mais plutôt par le premier ministre et son cabinet[33]. Malgré tout, il est possible à certains groupes d'intérêt de faire entendre leur voix au palier législatif avant qu'un projet de loi ne soit déposé. Au Canada, c'est notamment le cas avec les sessions prébudgétaires du comité législatif des finances, qui permettent aux groupes et lobbies d'exprimer leurs besoins avant l'élaboration du budget. Enfin, mentionnons le rôle joué par le comité sénatorial sur les banques et le commerce, qui examine une bonne partie des projets de loi étudiés par le Sénat canadien. Composé de sénateurs venant du monde des affaires et des finances, ce comité semble agir comme un véritable lobby[34]. Dans d'autres États, comme en France par exemple, les groupes d'intérêt n'ont pas grand avantage à faire pression sur le pouvoir législatif. En effet, sous la Ve République, le Parlement a vu son rôle diminuer considérablement au profit du pouvoir exécutif[35]. Pour cette raison, il attire peu les divers groupes d'intérêt français qui, s'ils ne négligent pas complètement le pouvoir législatif, préfèrent cependant s'adresser à d'autres institutions.

Le pouvoir exécutif constitue souvent une cible pour les groupes d'intérêt. Aux États-Unis, des relations étroites sont nouées entre le président et de puissants groupes d'intérêt, et ces derniers exercent alors leur pression au cœur même du pouvoir[36]. Ces relations sont établies en fonction des différents rôles remplis par le chef de l'exécutif américain[37]. Elles fonctionnent, en fait, à double sens. Lorsqu'il le juge nécessaire, le président se sert des groupes pour tenter de faire prévaloir son point de vue au Congrès. Il se transforme alors en lobbyiste[38]. Les groupes, quant à eux, voient parfois le président comme un allié capable d'amener un Congrès récalcitrant à agir dans le sens de leurs intérêts[39]. L'efficacité de leurs pressions dépend de leur accès à l'institution présidentielle. Certains groupes rencontrent, par exemple, des collaborateurs proches du président. D'autres ont l'un de leurs représentants parmi ces collaborateurs, ce qui peut alors leur faciliter la tâche. En Grande-Bretagne et au Canada, les groupes d'intérêt peuvent agir auprès des ministres du gouvernement lorsqu'ils ont accès à ces derniers. Cet accès peut être facilité par le fait qu'un ministre a entretenu, dans le passé, des rapports étroits avec un groupe en particulier. Au Canada, par exemple, on a pu évoquer à cet égard une « union personnelle »[40] sous le gouvernement libéral de Lester B. Pearson en 1963, puisque le ministre de l'Industrie, C. M. Drury, et celui du Commerce, Mitchell Sharp, avaient déjà été membres de l'Association canadienne des manufacturiers. S'ils n'ont pas accès directement à un ministre, les groupes essaient de faire valoir leur point de vue auprès de ses assistants qui pourront le convaincre du bien-fondé des demandes. En France, des groupes d'intérêt n'hésitent pas à tenter de persuader le pouvoir exécutif. Ils essaient d'entrer en contact avec les ministres ou leur entourage. Ils mettent également à profit la forme bicéphale de l'exécutif français pour intervenir auprès du premier ministre, voire du président de la République, et essayer ainsi d'influencer les plus hautes autorités de l'État[41]. Cet accès est facilité par la tradition en vertu de laquelle le chef du gouvernement et le chef de l'État reçoivent régulièrement en audience les représentants de groupes sociaux tels que les syndicats, les organisations patronales ou les associations familiales.

Le pouvoir administratif, quant à lui, intéresse beaucoup les groupes d'intérêt, et ce pour plusieurs raisons. D'une part, il est souvent à l'origine de certains projets de loi déposés par l'intermédiaire de députés, de représentants ou de sénateurs. D'autre part, c'est à lui que revient le soin de mettre en application les lois votées par l'organe législatif. Or, par le moyen des règlements administratifs, il peut infléchir le sens ou la portée de la loi. Cela explique l'attrait que le niveau administratif peut exercer sur les groupes d'intérêt. Ces derniers ont ainsi la possibilité de jouer un rôle dans l'élaboration des politiques et trouvent aussi une autre occasion d'user de leur influence pour faire en sorte qu'une loi aille dans le sens de leurs revendications.

Il convient de noter, là encore, que la relation qui s'établit entre une administration et des groupes d'intérêt est à double sens. Certes, les groupes utilisent le pouvoir administratif. Mais celui-ci a aussi besoin des groupes. Si la gestion des programmes oblige les divers ministères, départements et agences à entretenir des relations entre eux, ils ont souvent des intérêts divergents et entrent fréquemment en compétition pour obtenir les fonds publics leur permettant d'accomplir leurs tâches. Ils doivent donc recourir eux aussi à la pression et, dans cet esprit, ils cherchent à se faire des alliés. Ce besoin mutuel renforce ainsi le lien entre les deux parties. Certaines administrations n'hésitent d'ailleurs pas à encourager la création de groupes d'intérêt qui leur sont favorables. Aux États-Unis, le Département du Commerce a ainsi favorisé la création de la Chambre de commerce des États-Unis et s'accommode fort bien de la présence de l'Association nationale des manufacturiers américains et de celle de la Table ronde des affaires. L'American Farm Bureau est, quant à lui, l'interlocuteur privilégié du Département de l'Agriculture. Les relations entre les groupes et les départements sont aussi favorisées par le fait que des membres du personnel d'un département peuvent aller travailler pour un groupe d'intérêt et inversement. C'est le cas, par exemple, de l'Association nationale pour l'éducation, dont certains membres sont employés par le Département de l'Éducation. Dans ces conditions, il n'est pas étonnant que les principaux groupes d'intérêt américains soient souvent consultés par l'Administration. Cette consultation est fréquente aussi en Grande-Bretagne. Ainsi, la National Farmers Union (NFU) est, depuis 1947, en contact étroit avec les hauts fonctionnaires du ministère de l'Agriculture. La politique agricole britannique est, en fait, élaborée et mise en application après avis de la NFU. Il existe d'autres exemples de collaboration comme celle entre l'Association médicale britannique et le ministère de la Santé et de la Sécurité sociale et entre le Barreau britannique et le ministère du lord Chancelier. Au Canada, la situation est identique. Les fonctionnaires qui occupent des postes de direction constituent des cibles privilégiées pour les groupes d'intérêt et les lobbies qui leur fournissent l'information technique nécessaire[42]. L'accès que certains de ces groupes peuvent avoir auprès des hauts fonctionnaires fédéraux leur permet aussi d'influencer les règlements de mise en application des lois, comme l'a fait, en 1989, le Conseil des fabricants canadiens de tabac à l'égard de la loi de 1988 sur le contrôle des produits du tabac[43]. En France, la relation entre certains groupes d'intérêt et la fonction publique est favorisée par la tradition des « grands corps » de l'État[44]. Plusieurs

dirigeants de groupes d'intérêt, notamment dans le monde des affaires, sont issus des mêmes grandes écoles que la plupart des hauts fonctionnaires. Une certaine forme de complicité s'établit, favorisant le contact et l'accès auprès des instances décisionnelles.

Les groupes d'intérêt s'adressent aussi au pouvoir judiciaire. Ils peuvent notamment intenter un recours collectif ou appuyer moralement et, surtout, financièrement la démarche d'une ou de plusieurs personnes. Dans les années 1950, aux États-Unis, l'Association nationale pour l'avancement des gens de couleur (NAACP) a ainsi recouru aux tribunaux, n'hésitant pas à aller jusqu'en Cour suprême pour mettre fin à la ségrégation raciale dans les écoles. Au Canada, le recours judiciaire est également utilisé. Les femmes ou les homosexuels, en ce qui concerne l'égalité des droits, ou encore des groupes amérindiens qui tentent de faire préciser leurs droits ancestraux, font appel aux tribunaux. Les Canadiens français de l'extérieur du Québec ont aussi été fréquemment obligés de demander aux tribunaux de confirmer leurs droits linguistiques. Cela a été le cas, par exemple, au Manitoba entre 1976 et 1985[45] et en Alberta en 1990, avec la décision de la Cour suprême dans l'arrêt *Mahé*, qui a eu des répercussions pour toutes les communautés canadiennes-françaises hors Québec. Soulignons que, depuis 1982, avec l'enchâssement de la *Charte canadienne des droits et libertés* dans la Constitution, le recours aux tribunaux par des individus ou par des groupes d'intérêt est beaucoup plus fréquent qu'auparavant.

Enfin, signalons que les groupes d'intérêt exercent aussi leurs pressions à d'autres niveaux. Ils peuvent essayer d'influencer les partis politiques. Leurs chances de succès varient selon les partis. Aux États-Unis, par exemple, « la capacité des partis politiques de promouvoir à eux seuls leurs intérêts et leurs idéologies est limitée[46] ». En Grande-Bretagne, au Canada et en France, certains partis politiques ont noué des rapports très étroits avec les syndicats. C'est le cas du Parti travailliste britannique, du Nouveau Parti démocratique (NPD) au Canada et du Parti communiste français, qui doivent tenir compte des demandes syndicales. Les groupes d'intérêt agissent également sur certaines institutions particulières. Au Canada, par exemple, les commissions royales d'enquête offrent aux groupes d'intérêt la possibilité d'exposer leurs demandes et de persuader les commissaires d'en tenir compte dans leurs recommandations. En France, la mise sur pied d'une multitude de conseils consultatifs permet aux groupes d'intérêt d'exercer leur pouvoir de persuasion et leur influence auprès des autorités.

Les groupes d'intérêt et les lobbies constituent donc une réalité avec laquelle les décideurs doivent souvent composer. Ils peuvent parfois être source de corruption. C'est la raison pour laquelle de nombreux États se sont dotés de lois et règlements, notamment en ce qui concerne les lobbies. Mais leur rôle sans cesse croissant a, selon certains observateurs, favorisé l'avènement de la démocratie pluraliste. Cette démocratie permet aux divers intérêts, souvent opposés, de se manifester, de s'exprimer et

d'entrer en compétition entre eux. Cette compétition empêche un groupe déterminé d'avoir le monopole du pouvoir. De la confrontation de ces intérêts découlent des décisions qui veulent répondre à l'intérêt général. En somme, les décideurs, mis en présence de divers intérêts, agissent comme des arbitres. Mais, la démocratie pluraliste donne aussi lieu à des critiques. Selon ces dernières, les groupes, dont la plupart des membres appartiennent à la classe moyenne, défendent seulement les intérêts d'une minorité. Ces intérêts, additionnés les uns aux autres, ne constituent pas l'intérêt général. Aussi certains observateurs dénoncent-ils le rôle plutôt néfaste que les groupes d'intérêt jouent dans le processus démocratique étant donné l'emprise qu'ils exercent sur les décideurs.

Lectures suggérées

Archibald, Clinton (1997), *Lobby et démocratie libérale*, Montréal, Vents d'Ouest.

Basso, Jacques (1983), *Les groupes de pression*, Paris, PUF, collection « Que sais-je ? ».

Boivin, Dominique (1984), *Le lobbying ou le pouvoir des groupes de pression*, Montréal, Méridien.

Clamen, M. (1997), *Le lobbying et ses secrets. Guide des techniques d'influence*, 2ᵉ éd., Paris, Dunod.

Dion, Léon (1971), *Société et politique : la vie des groupes*. Tome 1 : *Fondements de la société libérale*, Québec, Les Presses de l'Université Laval.

Offerlé, Michel (1994), *Sociologie des groupes d'intérêt*, Paris, Montchrestien.

Thorburn, Hugh G. (1985), *Les groupes de pression dans le système fédéral canadien*, vol. 69, Études de la Commission royale sur l'union économique et les perspectives de développement du Canada, Ottawa, Ministère des Approvisionnements et Services Canada.

Notes

1 Jean Meynaud, *Les groupes de pression*, Paris, PUF, 1965, collection « Que sais-je ? », p. 10.

2 Harmon L. Zeigler, *Interest Groups in American Society*, 2nd ed., Englewood Cliffs (N.J.), Prentice Hall, 1972, p. 4.

3 Robert H. Salisbury, « Interest Groups », dans Fred I. Greenstein et Nelson W. Polsby, *Handbook of Political Science*, vol. 4 : *Nongovernmental Politics*, Reading (Mass.), Addison-Wesley, 1975, p. 176.

4 Léon Dion, *Société et politique. La vie des groupes*. Tome 1 : *Fondements de la société libérale*, Québec, Les Presses de l'Université Laval, 1971, p. 107.

5 Par exemple, Hugh G. Thorburn « Les groupes d'intérêt et le système parlementaire canadien », dans Manon Tremblay et Marcel R. Pelletier (dir.), *Le système parlementaire canadien*, Québec, Les Presses de l'Université Laval, 1996, p. 125–142. Certains auteurs, cependant, préfèrent continuer d'utiliser « groupe de pression », par exemple, Paul A. Pross, *Group Politics and Public Policy*, 2nd ed., Toronto, Oxford University Press, 1992, p. 5–6.

6 Léon Dion, *Les groupes et le pouvoir politique aux États-Unis*, Québec/Paris, Les Presses de l'Université Laval/ Armand Colin, 1965, p. 10–11.

7 David Truman, *The Governmental Process : Political Interests and Public Opinion*, New York, Alfred A. Knopf, 1951, p. 33.

8 Harmon Zeigler, *op. cit.*, p. 3.

9 Joseph La Palombara, *Interest Groups in Italian Politics*, Princeton (N.J.), Princeton University Press, 1964, p. 18.

10 Jean Meynaud, *Nouvelles études sur les groupes de pression en France*, Paris, FNSP, 1962, p. 23.

11 Philippe Braud, *Sociologie politique*, 2ᵉ éd., Paris, LGDJ, 1995, p. 261.

12 Gabriel A. Almond et G. Bingham Powell, Jr., *Comparative Politics : A Developmental Approach*, Boston, Little, Brown and Company, 1966, p. 73–74.

13 Paul A. Pross, « Pressure Groups : Talking Chameleons », dans Michael S. Whittington et Glen Williams (dir.), *Canadian Politics in the 1990s*, 4th ed., Scarborough, Nelson Canada, 1995, p. 252–275.

14 Sur cette question, voir le chapitre 20.

15 Voir le chapitre 20.

16 Roy C. Macridis parle, à cet égard, d'« intérêts particuliers » et d'« intérêts publics ». Voir « Interest Groups in Comparative Analysis », *Journal of Politics*, 23, 1961, p. 25–46.

17 Philippe Braud, *op. cit.*, p. 263–264.

18 Gabriel A. Almond et G. Bingham Powell (dir.), *Comparative Politics Today. A World View*, 6th ed., New York, Harper Collins College Publishers, 1996, p. 70–74.

19 Frederick C. Engelmann et Mildred A. Schwartz, *Canadian Political Parties: Origin, Character, Impact*, Scarborough (Ont.), Prentice Hall, 1975, p. 144–146.

20 Robert Presthus, *Elite Accommodation in Canadian Politics*, Toronto, Macmillan, 1973, p. 66–67.

21 Paul A. Pross, « Pressure Groups: Talking Chameleons », *op. cit.*, p. 257–263.

22 Voir Stephen Brooks et Andrew Stritch, *Business and Government in Canada*, Scarborough (Ont.), Prentice Hall, 1991, chapitre 9 : « Business and Political Parties », p. 273–300.

23 Sur les CAP, voir notamment Edward Zuckerman (dir.), *Almanac of Federal PACs, 1996–1998*, Arlington (Va.), Anward Publications, 1998.

24 La réduction de ce type de financement a entraîné la faillite d'Équilibre en juin 1998.

25 Ramesh Thakur, « Human Rights: Amnesty International and the United Nations », *Journal of Peace Research*, 31, 2, 1994, p. 143–160.

26 Les concepts d'État unitaire et d'État fédéral sont examinés au chapitre 12.

27 À cet égard, consulter David Kwavnick, *Organized Labour and Pressure Politics: The Canadian Labour Congress, 1956–1968*, Montréal/Kingston, McGill-Queen's University Press, 1972.

28 M. W. Bucovetsky, « The Mining Industry and the Great Tax Reform Debate », dans Paul A. Pross (dir.), *Pressure Group Behaviour in Canadian Politics*, Toronto, McGraw-Hill Ryerson, 1975, p. 89–114.

29 G . Bruce Doern, Glen Toner, *The Politics of Energy : The Development and Implementation of the NEP*, Toronto, Methuen, 1985.

30 Maureen Appel Molot et Jeanne Kirk Laux, « The Politics of Nationalization », *Revue canadienne de science politique*, XII, 2, juin 1979, p. 227–258, ainsi que Jeanne Kirk Laux et Maureen Appel Molot, « The Potash Corporation of Saskatchewan », dans Allan Tupper et G. Bruce Doern (dir.), *Public Corporations and Public Policy in Canada*, Montréal, Institute for Research on Public Policy, 1981, p. 189–219.

31 Les grandes formes de régimes politiques sont examinées aux chapitres 15, 16 et 17.

32 Sur le rôle du Congrès des États-Unis, voir le chapitre 16.

33 Cette question est abordée aux chapitres 15 et 16.

34 Colin Campbell, *The Canadian Senate : A Lobby From Within*, Toronto, Methuen, 1983.

35 Cet aspect est examiné aux chapitres 15 et 16.

36 Léon Dion, *Les groupes et le pouvoir politique aux États-Unis*, p. 79–90.

37 Cette question est analysée au chapitre 15.

38 Marie-France Toinet, *Le système politique des États-Unis*, Paris, PUF, 1987, p. 525.

39 À ce sujet, voir Norman J. Ornstein et Shirley Elder, *Interest Groups, Lobbying and Policymaking*, Washington (D.C.), Congressional Quarterly Press, 1978, p. 155–220.

40 Frederick C. Engelmann et Mildred A. Schwartz, *op. cit.*, p. 153.

41 Le bicéphalisme du pouvoir exécutif en France est examiné au chapitre 15.

42 Stephen Brooks et Andrew Stritch, *op. cit.*, p. 234.

43 À ce sujet, voir *ibid.*, p. 237–238.

44 La notion de « grands corps » de l'État est examinée au chapitre 18.

45 Sur cette question, voir Jacqueline Blay, *L'Article 23. Les péripéties législatives et juridiques du fait français au Manitoba, 1870–1986*, Saint-Boniface (Man.), Éditions du Blé, 1987.

46 Léon Dion, *Les groupes et le pouvoir politique aux États-Unis*, p. 64.

Deuxième partie

Le processus décisionnel

12

L'État dans le système politique

L'État constitue la charpente sur laquelle repose le centre décisionnel. Le concept d'État est fréquemment utilisé. Il suffit de lire un journal ou d'écouter les informations à la radio ou à la télévision pour s'en convaincre. L'organisation politique d'une société revêt fréquemment la forme d'un État. Certes, toutes les sociétés ne sont pas organisées suivant le même modèle. Certaines ont été ou sont encore organisées selon le mode tribal. De nos jours, cependant, l'État constitue le type le plus complexe d'organisation politique et contribue ainsi à conférer une certaine cohérence à la société. Malgré tout, l'État n'est pas une réalité concrète. C'est, en fait, une construction de l'esprit. Mais ce n'est pas parce que l'État n'est pas une réalité tangible qu'il n'existe pas. L'État existe et, pour cela, il doit s'appuyer sur divers éléments qui sont essentiels à son existence. De plus, l'État en tant qu'entité politique peut revêtir plusieurs formes.

Dans ce chapitre, nous examinerons, d'une part, les conditions essentielles pour qu'il y ait État et, d'autre part, les diverses formes d'État. Mais au préalable, il convient de se pencher sur les origines et le développement de l'État.

1. LES ORIGINES ET LE DÉVELOPPEMENT DE L'ÉTAT

D'où vient l'État? Nombreux sont les philosophes, les juristes ou les politicologues qui ont tenté d'expliquer les origines de l'État. Plusieurs théories ont été avancées.

1.1. L'ÉTAT, INSTITUTION NATURELLE

Pour Aristote, par exemple, comme nous l'avons déjà vu dans l'introduction, « l'homme est un animal politique ». Poussé par son instinct social, il désire vivre en groupe et ne peut s'épanouir vraiment qu'au sein de l'État. En s'unissant à la femme, l'homme a formé une famille. Le regroupement de plusieurs familles a donné naissance à un village et l'union de plusieurs villages a entraîné la création de l'État. Selon la théorie de l'État, institution naturelle, l'homme apparaît comme un élément de l'État. De ce fait, il n'a que ce que l'État veut bien lui donner.

1.2. L'ÉTAT, CRÉATION DE LA VOLONTÉ DIVINE

Selon une autre théorie, Dieu est à l'origine de l'État. Saint Augustin affirme que cette création divine a pour but de faire régner l'ordre et la paix. Les dirigeants de l'État reçoivent donc leur autorité de Dieu. Les dirigés, quant à eux, ne peuvent qu'accepter les décisions des dirigeants. Remettre en cause l'autorité des dirigeants, c'est remettre en cause l'autorité de l'État. Or, l'État venant de Dieu ne peut être contesté. Cette idée du pouvoir de droit divin se répandra en Europe, et les rois affirmeront régner « par la grâce de Dieu ».

1.3. L'ÉTAT ET LE CONTRAT SOCIAL

Pour Hobbes, l'homme, vivant à l'état de nature, est un loup pour les autres hommes. Pour quitter l'état de nature et échapper à la violence qui le caractérise, les êtres humains se regroupent et passent un contrat social qui leur permet ainsi de vivre et de s'épanouir au sein de l'État. Ils sont alors soumis à l'autorité d'un monarque absolu.

John Locke affirme que pour éviter les inconvénients susceptibles de découler de l'état de nature, les êtres humains, dotés de raison, passent un contrat social et créent ainsi un État. Contrairement à Hobbes, Locke rejette l'idée d'un État dirigé par un monarque absolu. Pour lui, les individus se placent sous l'autorité d'un gouvernement qui doit agir en leur nom. Si le gouvernement agit de façon contraire, Locke affirme le droit des dirigés à se révolter et à changer de dirigeants.

Pour Jean-Jacques Rousseau, les êtres humains ne sont pas naturellement mauvais. Dans l'état de nature, ils vivent heureux et libres, mais de façon isolée. En se « civilisant », ils découvrent l'inégalité et l'injustice. Soucieux de trouver la société juste, ils décident donc de passer un contrat social afin de vivre dans un État. Cet État est régi par la loi, qui est l'expression de la volonté générale et non de la somme des volontés individuelles. La loi est donc juste, car elle émane du souverain qui est le peuple. Le dirigeant se contente de la mettre en application. Le pouvoir ainsi confié au peuple souverain est, ici, tout aussi absolu que celui que Hobbes confère au monarque. Contrairement à Locke, Rousseau estime que c'est l'ensemble du peuple qui est souverain. Cependant, tout comme lui, il accepte l'idée selon laquelle un gouvernement qui va à l'encontre de l'intérêt du peuple est illégitime. Dès lors, le peuple peut se rebeller contre un tel gouvernement.

1.4. L'ÉTAT, INSTRUMENT DE DOMINATION

La théorie marxiste, quant à elle, fait de l'État un instrument de domination d'une classe sociale sur les autres. Pour Karl Marx, par exemple, l'histoire du développement des sociétés commence par le communisme primitif où l'État n'existait pas encore. L'apparition des outils, de la propriété privée des moyens de production et l'avènement d'une classe sociale qui impose sa domination sur le plan économique sont à l'origine de l'État. Pour le philosophe

allemand, la suppression de l'exploitation d'une classe par une autre conduira à ce qu'il appelle le « dépérissement de l'État ». Dans l'optique marxiste, l'État est donc la conséquence de l'« aliénation de l'homme par l'homme ». La fin de l'aliénation se répercute inévitablement sur l'État qui alors disparaît.

1.5. L'ÉTAT, PRODUIT DE LA FORCE

La théorie de la force prétend également expliquer les origines de l'État. Ici, l'État est le produit de l'utilisation de la force et du pouvoir de coercition. Il faut convenir que, dans le passé, nombre d'États se sont édifiés par la force. L'Empire romain s'est construit grâce aux conquêtes. L'État français est le produit de nombreuses guerres. Mais la force au service de l'édification de l'État n'a jamais fait l'unanimité et elle a été fréquemment décriée. Au XIXe siècle, cependant, avec la montée des nationalismes en Europe, des philosophes lient la force à l'État. C'est le cas, par exemple, de Heinrich von Treitschke (1834–1886), pour qui l'État doit être fort afin de ne pas sombrer dans l'anarchie. Pour ce philosophe prussien, la guerre au service de l'État aura toujours un caractère sacré. La rencontre de ce courant de pensée avec celui qui fait l'apologie de la supériorité de la race nordique ou de la race aryenne[1] conduit, au XXe siècle, notamment en Allemagne, à l'élaboration de thèses qui soutiennent que seul un peuple supérieur peut habiter un État fort. C'est l'idée avancée par Hitler dans *Mein Kampf*. Le nazisme récupère ainsi la théorie de la force.

Toutes ces théories ont pour objet d'expliquer les origines de l'État. Elles sont, pour la plupart, au service d'une cause. Par exemple, les rois ont utilisé la théorie du droit divin pour défendre leur pouvoir. En développant sa théorie du contrat social, Locke défendait les intérêts de la bourgeoisie anglaise en lutte contre l'absolutisme royal. En s'appuyant sur la théorie de la force, Hitler justifiait l'action de l'État nazi.

Ces théories ne nous révèlent pas les véritables origines de l'État. En fait, il est très difficile, sinon impossible, d'en déterminer les origines avec précision. La recherche en anthropologie, en science politique, en sociologie, en histoire du droit fait ressortir que l'État est le produit d'une longue évolution. La cellule familiale d'abord, puis le clan et la tribu ensuite ont permis de remplacer l'autorité du chef de la famille par celle du chef de la tribu. Cette autorité passera ensuite au monarque et à l'État[2]. Maurice Godelier a démontré de quelle façon l'apparition de structures hiérarchiques au sein des sociétés sans État a été un élément déterminant dans la formation d'entités étatiques[3]. La sédentarisation des populations, l'apparition du droit de propriété, les profondes mutations du système socio-économique, le besoin de se protéger des agressions extérieures sont d'autres éléments qui permettent d'expliquer l'avènement de l'État.

1.6. LE PROCESSUS DE FORMATION DE L'ÉTAT MODERNE

C'est en Europe que l'État moderne s'est tout d'abord édifié. Selon Philippe Braud, cette entreprise de construction étatique résulte de « quatre processus de différenciation » : la constitution d'une identité politique des individus qui se différencie de leur identité religieuse, la réduction des liens de dépendance entre les individus, la diversification des institutions politiques et des institutions administratives et la juridicisation plus grande des rapports existant entre les gouvernants et les gouvernés[4]. Profitant de la déliquescence du système féodal, l'État moderne prend forme d'abord, à partir du XIIIᵉ siècle, en Angleterre, en France, et en Castille[5] et, plus tard, en Prusse.

L'apparition de l'État, c'est, avant tout, un effort de l'imagination en vue de créer une abstraction, l'institution étatique, pour servir de support à un pouvoir dont les chefs sont les instruments et non plus les propriétaires. Les gouvernants s'aperçoivent qu'ils ont tout à gagner à un tel changement. En se présentant comme les agents d'exécution d'une puissance qui les dépasse, ils sont assurés que leur pouvoir ne pourra être contesté et qu'il se transmettra à leur descendance en vertu du principe de légitimité[6].

C'est ce processus de formation de l'État qui commence à se manifester progressivement à partir du XIIᵉ siècle. Au système de vassalité-suzeraineté succède l'allégeance au roi ou à la reine. L'impôt seigneurial fait place à l'impôt de l'État. La justice privée exercée par les seigneurs féodaux s'efface devant la justice du roi, la justice de l'État. La guerre même se transforme. Alors qu'elle était privée sous le régime féodal, les seigneurs y recourant, à la limite, comme à un loisir, elle rentre dans le domaine public. L'État acquiert ainsi le monopole de la contrainte. Ces transformations sur les plans juridique et politique s'accompagnent également de transformations sur le plan socio-économique. Les seigneurs constituent une classe sociale dominante, mais leur pouvoir décline graduellement. Le développement des activités commerciales et financières favorise la montée de la bourgeoisie. L'affaiblissement des seigneurs et le développement du commerce contribuent à renforcer les pouvoirs des rois. L'État moderne qui résulte de la transformation des structures féodales donne naissance à des monarchies absolues. Ainsi, à la structure décentralisée du système féodal succède une structure du pouvoir fortement centralisée, au sommet de laquelle se trouve le roi qui détient tous les pouvoirs. Par la suite, la monarchie absolue subira des transformations[7]. Mais l'institution étatique demeure toujours en place. D'ailleurs, la formation de l'État moderne connaît une autre évolution.

Les souverains britanniques, français ou espagnols, dans l'exercice de leurs pouvoirs, étendent leur autorité sur l'ensemble du territoire qu'ils contrôlent. Progressivement, une volonté d'homogénéisation se manifeste. Des peuples disparates comme les Aragonais, les Castillans, les Catalans en Espagne, les Bretons, les Catalans, les Languedociens en France, coexistent sur le même territoire. Une langue commune va peu à peu émerger et unifier ces divers éléments de population. L'exemple doit venir de haut afin de convaincre le peuple. Ainsi, en France, le roi François Iᵉʳ oblige tous les juges du royaume à s'exprimer uniquement en français. La religion peut également être mise au service de l'unification : en Angleterre, le roi Henri VIII met à profit sa querelle avec le pape pour nationaliser les biens de l'Église et instituer une Église nationale, l'Église d'Angleterre, dont il deviendra le chef. En Espagne, la religion aide aussi à forger l'État-nation : c'est l'Inquisition et les conséquences que l'on connaît. Ainsi, peu à peu, l'État moderne se transforme en État-nation[8]. Des événements comme la Révolution française de 1789 ou l'affirmation du principe des nationalités au XIXᵉ siècle contribuent à renforcer l'État-nation.

De nombreux auteurs ont tenté de définir l'État. Max Weber considère, dans *Économie et société*, que l'État est une « entreprise politique de caractère institutionnel » qui est dotée du « monopole de la contrainte physique légitime », monopole exercé à l'intérieur d'un territoire géographique[9]. Pour Gérard Bergeron, l'État est « une Organisation d'organisations[10] ». C'est :

> une formation juridique souveraine, datant d'environ quatre siècles, qui est le résultat d'un ensemble de forces politiques en action se dégageant d'une formation, large comme l'empire ou dispersée comme la féodalité, après en avoir neutralisé la puissance ; et dont les forces qui lui avaient donné naissance ont été instituées, puis centralisées pour former une entité politique distincte qui peut entrer en relations d'indépendance et d'égalité avec d'autres entités de même type que lui[11].

2. LES ÉLÉMENTS CONSTITUTIFS DE L'ÉTAT

Les éléments constitutifs de l'État sont : la population, le territoire, l'organisation juridique et politique et, enfin, la souveraineté.

2.1. LA POPULATION

La collectivité humaine représente la base fondamentale de l'État. En d'autres termes, il ne peut y avoir d'État sans population.

La population, assujettie aux lois de l'État, se compose de deux catégories de personnes : les nationaux et les étrangers[12]. Les nationaux sont ceux qui ont acquis la nationalité de l'État soit par le droit du sang (*jus sanguinis*), soit par le droit du sol (*jus soli*), soit par naturalisation dans le cas des immigrants. Les étrangers résident, de façon temporaire ou permanente, dans l'État, mais ne disposent pas des mêmes droits que les nationaux.

La taille ou l'hétérogénéité de la population ne peuvent empêcher l'existence juridique de l'État. Par contre, il convient de souligner que ces caractéristiques peuvent avoir des répercussions, plus tard, pour sa stabilité. L'ancienne Yougoslavie, par exemple, a été incapable de résister aux pressions exercés par les forces centrifuges représentées par les différentes composantes ethniques et religieuses[13].

2.2. LE TERRITOIRE

Pour qu'une population puisse former un État, il est essentiel qu'elle soit établie sur un territoire de façon fixe et permanente. Il n'est pas étonnant, dès lors, que le terme « État » vienne du latin *status* qui signifie « manière d'être fixé ».

Le territoire constitue, pour l'État, une expression géographique et une nécessité politique. Il délimite le cadre à l'intérieur duquel l'État peut exercer son autorité. Il est d'ailleurs intéressant de noter, à ce sujet, que l'apparition des frontières coïncide avec celle de l'État. Jusqu'au XVIᵉ siècle, les limites territoriales étaient très floues. À l'époque de l'Empire romain comme à l'époque féodale et comme c'est le cas pour l'empire russe, par exemple, il est difficile de délimiter avec précision les frontières. On parle alors de « confins », de « marches », de « limes », de « metes »[14]. La Russie, quant à elle, appelle le territoire immense qui la sépare de la Pologne « Ukraine », terme qui signifie étymologiquement « frontière » en russe. Il en va tout autrement à partir du XVIᵉ siècle car l'espace territorial, défini de façon plus précise, devient pour le pouvoir une condition de son indépendance. L'importance du territoire est telle que des peuples qui n'en ont pas peuvent difficilement former un État. C'est le cas du peuple juif avant 1948 et celui du peuple palestinien qui aspire aussi à la création d'un État.

La question du territoire appelle cependant plusieurs remarques. Tout comme dans le cas de la population, la taille du territoire importe peu du point de vue juridique pour qu'il y ait État. Par ailleurs, le territoire n'est pas seulement terrestre. Il est très composite. Il englobe le sol, le sous-sol et toutes les eaux qui se trouvent à l'intérieur des frontières, comme les rivières, les lacs, les parties de fleuves et les fleuves qui bordent ou traversent le territoire. L'État côtier exerce également sa souveraineté sur la mer territoriale. De plus, il étend son contrôle, mais de façon limitée, sur la zone contiguë qui ne peut aller au-delà de 24 milles marins. Il possède aussi de nombreux droits souverains sur la zone économique exclusive d'une largeur de 200 milles marins[15] et sur le plateau continental qui comprend le sol et le sous-sol de la mer située au-delà de la mer territoriale[16]. Tout comme le territoire terrestre, l'espace maritime peut aussi être une source de conflits, notamment en ce qui concerne la délimitation des frontières, comme celles entre le Canada et la France[17] et entre le Canada et les États-Unis au sujet du golfe du Maine[18]. Enfin, l'État exerce sa souveraineté sur l'espace aérien qui surplombe son territoire.

2.3. LE GOUVERNEMENT

Pour qu'un État puisse exister, il faut un gouvernement. En effet, une population établie sur un territoire donné doit être soumise à une autorité publique. L'ensemble des individus et des institutions qui assurent la direction et le fonctionnement de l'État constitue la partie visible de l'État, c'est-à-dire le gouvernement.

Le gouvernement peut être considéré comme l'agent de l'État. Ainsi, les lois sont faites par le gouvernement, mais elles n'en constituent pas moins des lois de l'État. C'est d'ailleurs ce dernier qui possède le pouvoir coercitif qui lui permet, par le moyen de la justice et de la police, de les faire respecter.

2.4. LA SOUVERAINETÉ

La souveraineté constitue un autre élément essentiel pour qu'il y ait État. Dire que l'État est souverain, c'est affirmer que rien ne peut se placer au-dessus de l'État. L'État est donc une puissance suprême dotée d'un pouvoir de domination et de continuité. En somme, l'État souverain décide lui-même de son organisation.

La souveraineté étatique se compose de deux dimensions : la souveraineté intérieure et la souveraineté extérieure. Ainsi, en vertu du principe de souveraineté, l'État est l'autorité suprême à l'intérieur de ses frontières. Sur le plan international, l'État souverain est indépendant par rapport aux autres États.

Il existe des situations où une population donnée vit sur un territoire précis et s'est même dotée d'un gouvernement. Mais, faute de souveraineté, cette population ne dispose pas d'un État. C'est le cas, par exemple, du Tibet, occupé par la Chine depuis 1950 et qui est considéré, dès lors, par celle-ci comme faisant partie intégrante du territoire chinois. Ce lien de dépendance avec la Chine a empêché, jusqu'à présent, l'accession du Tibet à la souveraineté et, donc, la création d'un État tibétain[19]. Au Canada, le cas se pose avec le Québec, qui possède aussi certains attributs nécessaires à la formation d'un État : population, territoire, gouvernement. Mais, la province ne dispose pas de la souveraineté pleine et entière puisqu'une partie de cette souveraineté appartient au Parlement fédéral. De ce fait, le Québec n'a pu, jusqu'à présent, constituer un État au sens juridique et constitutionnel du terme.

Le concept de souveraineté est complexe. La souveraineté ne peut être absolue. Dire que l'État est suprême, c'est affirmer que l'État peut faire ce qu'il veut à l'intérieur de ses frontières comme à l'extérieur. Dans la réalité, il en va autrement. Sur le plan intérieur, l'État doit se conformer aux principes en vigueur dans la société. Dans les démocraties libérales, il doit respecter les libertés fondamentales des individus, libertés dont il est le garant. La marge de manœuvre dont il dispose est limitée par la Constitution. Aussi la souveraineté intérieure d'un État est-elle plutôt relative. Il en va de même pour sa souveraineté sur le plan extérieur. De nos jours, par exemple, l'endettement et le déficit croissant auxquels font face un très grand nombre d'États contribuent à restreindre leur souveraineté. Le Canada doit ainsi tenir compte, dans certaines décisions d'ordre fiscal ou monétaire, du fait que plus de 40 % de sa dette a été contractée auprès d'investisseurs étrangers. Enfin, la souveraineté extérieure d'un État est également limitée par les accords ou les traités qu'il a signés et ratifiés. C'est le cas, par exemple, avec l'Accord de libre-échange nord-américain[20], qui a contribué à réduire la marge de manœuvre du Canada dans le domaine énergétique et dans l'industrie du bois d'œuvre[21].

3. LES DIFFÉRENTES FORMES D'ÉTAT

Nous venons de voir que tous les États partagent des conditions qui sont essentielles à leur existence. Cependant, ils ne revêtent pas tous la même forme. En d'autres termes, la nature du pouvoir dont l'État est le titulaire peut varier. On reconnaît, traditionnellement, deux grandes formes d'État : l'État simple et l'État composé.

3.1. L'ÉTAT SIMPLE : L'ÉTAT UNITAIRE

Un État simple est caractérisé par l'existence d'une volonté politique unique. L'exemple classique d'un État simple est fourni par l'État unitaire.

L'État unitaire est un État au sein duquel il n'existe qu'un seul centre de gouvernement et d'impulsion politique. Cette forme d'État a été adoptée par de nombreux pays. C'est le cas, par exemple, de la Grande-Bretagne, de l'Italie, de la Suède, de la France et encore de la Chine.

Pourquoi un État revêt-il une telle forme ? Les raisons varient selon les États. Pour la Chine, par exemple, la tradition et l'idéologie sont certainement des facteurs susceptibles d'expliquer l'État unitaire. En effet, ce pays a derrière lui plus de 3 000 ans d'histoire et a déjà constitué un vaste empire fortement centralisé et bureaucratisé sous l'influence de l'orthodoxie confucéenne. La prise du pouvoir par Mao-Zedong en 1949 contribue à renforcer cette tendance en imposant le carcan idéologique marxiste. Il en va autrement pour la France. Cet État aurait pu adopter une autre forme que celle de l'État unitaire. Après tout, la Révolution française de 1789 trouve ses origines dans la tendance fédéraliste prônée par les Girondins. Mais les luttes de pouvoir qui ont lieu entre les divers groupes révolutionnaires permettent aux Jacobins et à Robespierre de prendre le dessus. La tendance jacobine, fortement centralisatrice, s'impose donc et, depuis lors, elle n'a jamais vraiment été remise en cause.

Mais si chaque État unitaire a des raisons propres pour expliquer la forme qu'il a adoptée, presque tous ont tendance à appliquer, à un moment ou à un autre, une politique excessive de centralisation. La Chine comme la France, à un moment de leur histoire respective, ont poussé cette centralisation très loin. Sous le Premier Empire, au XIXᵉ siècle, le gouvernement central français décida que les élèves de toutes les écoles du pays suivraient des cours identiques à des heures identiques. En Chine, les autorités, soucieuses de limiter la croissance démographique trop rapide de la population, ont établi la politique d'un enfant par famille. L'État chinois est ainsi entré dans l'intimité familiale et tente, par divers moyens, de faire respecter cette politique. Cependant, en dépit de la tentation centralisatrice, l'État unitaire n'est pas tout à fait incompatible avec la déconcentration, voire même avec la décentralisation des pouvoirs.

3.1.1. LA DÉCONCENTRATION DES POUVOIRS DANS L'ÉTAT UNITAIRE

L'autorité centrale peut habiliter l'un de ses représentants au niveau local à prendre des décisions. Le pouvoir décisionnel ainsi confié est limité, et le représentant de l'État qui l'exerce doit régulièrement rendre des comptes à l'autorité centrale. C'est le cas, en France, des préfets de département qui, eux-mêmes, relèvent des préfets de région. La déconcentration repose donc sur un puissant système hiérarchique. Bien souvent, loin de dissiper les lourdeurs bureaucratiques propres à un État unitaire, elle a tendance à les accentuer.

3.1.2. LA DÉCENTRALISATION DES POUVOIRS DANS L'ÉTAT UNITAIRE

L'État unitaire peut aussi avoir recours à la décentralisation. Dans ce cas, l'autorité centrale accepte de déléguer à des individus ou à des institutions certaines compétences qui peuvent être assurées au niveau local. Ainsi, en dépit de sa forte tradition jacobine, l'État français, par la *Loi sur la décentralisation du 2 mars 1982*, prévoit l'établissement de régions. Une certaine autonomie décisionnelle est accordée notamment aux communes et aux conseils régionaux. Ces derniers, par exemple, se sont vu reconnaître une compétence dans le domaine de l'aide sociale et de l'action sanitaire[22]. Mais la question de la décentralisation des pouvoirs au sein d'un État unitaire est complexe et appelle deux remarques.

Il convient tout d'abord de noter que, très souvent, la marge de manœuvre que l'État peut accorder à certaines institutions locales est relative. En France, la création des régions ou « collectivités territoriales » répond à certaines revendications régionales, mais ne remet toutefois pas en question le caractère indivisible de l'État français[23]. La décentralisation au sein d'un État unitaire est donc limitée par la nécessité d'en préserver l'unité. En outre, l'autorité du pouvoir local procède du pouvoir central, et ce dernier continue de superviser l'action du premier. L'État peut aussi exercer son influence en utilisant notamment de nouveaux instruments créés à cet effet. Par exemple, l'État italien s'est doté d'outils qui lui permettent d'avoir droit de regard sur des régions comme la Sicile, qui bénéficie pourtant d'un statut spécial. Au moyen de la Cassa per il Mezzagiorno, sorte de fonds de développement du sud de l'Italie créé en 1950, il limite les pouvoirs de la Sicile en établissant une dépendance financière à l'égard de Rome[24].

Ensuite, il importe de noter que la décentralisation au sein d'un État unitaire n'est pas et ne peut pas être uniforme. La décentralisation est une question de degré. Elle varie selon les États unitaires. La décentralisation en France résulte d'une simple loi du Parlement qui reconnaît des pouvoirs limités aux conseils régionaux. La régionalisation en Italie est prévue par la Constitution italienne de 1948 afin, notamment, de préserver les particularités de certaines régions du pays à statut spécial comme, par exemple, le Val d'Aoste dont la population est francophone. L'expérience espagnole témoigne également des formes diverses que peut prendre la décentralisation. L'Espagne, dans sa Constitution de 1978, reconnaît l'existence de « communautés autonomes » dotées de certains pouvoirs. L'État espagnol postfranquiste tente ainsi de respecter les vo-lontés d'autonomie exprimées par certaines régions et nationalités (telles que les Catalans, les Basques, les Galiciens). Dès 1979, le principe d'établissement des « communautés autonomes » connaît un début d'application avec la Catalogne et le Pays Basque, qui sont alors dotés de leur propre administration régionale. Ce principe est ensuite étendu aux autres régions aspirant à l'autonomie[25]. Ces « communautés autonomes » peuvent faire leurs propres lois dans leur domaine de compétence et disposent de leur propre gouvernement. Ainsi, la Constitution espagnole reconnaît le principe de l'autonomie des communautés, mais elle tient aussi l'unité de l'Espagne pour indissoluble. Quelle est la nature de l'État espagnol depuis 1978 ? Ne pouvant plus vraiment parler d'État unitaire, les Espagnols emploient le concept d'« État autonomique[26] ».

Les États unitaires peuvent donc faire preuve d'une certaine souplesse face aux pressions exercées par des communautés désireuses d'accroître leur autonomie. Leur réponse varie selon les situations qui leur sont propres. Parfois, ces pressions sont telles que les forces centrifuges ne peuvent plus se satisfaire de la déconcentration ou de la décentralisation des pouvoirs. Face à une conjoncture susceptible de le déstabiliser, l'État unitaire peut alors accepter de se transformer et de se départir de son caractère unitaire pour revêtir une autre forme (figure 12.1).

Figure 12.1
La nature du pouvoir au sein d'un État unitaire

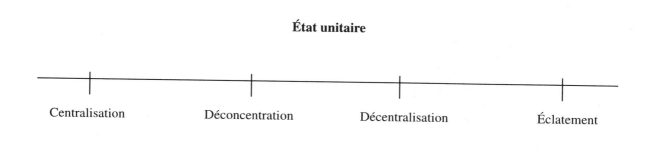

Nous avons précédemment parlé de l'Espagne. Cet État est certainement beaucoup plus décentralisé que la France, voire même que l'Italie. D'autres États unitaires n'ont cependant pas hésité à adopter le fédéralisme. C'est le cas de la Belgique. Après que celle-ci eut obtenu son indépendance en 1830, l'État, par la Constitution de 1831, s'est donné un caractère unitaire. Comportant cependant de nombreux clivages (structurels, socio-économiques, mais aussi linguistiques et culturels) entre les communautés wallone, flamande et allemande, cet État est progressivement devenu un État fédéral à la suite de diverses réformes constitutionnelles. En 1993, la Constitution belge reconnaît officiellement le caractère fédéral des institutions[27]. Contrairement à la France, à l'Italie ou à l'Espagne, la Belgique a donc tenté de répondre aux demandes de divers groupes de la société en modifiant la nature même de l'État. En somme, un État simple peut se transformer en un État composé. Examinons maintenant cette deuxième forme d'État.

3.2. L'ÉTAT COMPOSÉ

L'État composé est un groupement de deux ou plusieurs entités. Il existe différentes formes d'États composés. Certaines d'entre elles sont tombées en désuétude : la vassalité politique et l'union réelle. La première liait l'Égypte à l'Empire ottoman et la seconde unissait les royaumes d'Autriche et de Hongrie au XIXe siècle. D'autres, comme la confédération et l'État fédéral, sont, par contre, plus connues.

3.2.1. LA CONFÉDÉRATION

La confédération constitue une forme d'État composé. C'est une association d'États souverains qui décident de confier certaines de leurs compétences (en matière de défense, de relations extérieures ou de commerce, par exemple) à un organe confédéral. C'est la raison pour laquelle, du point de vue juridique, la confédération est basée sur un traité de droit international, à la différence de la fédération qui repose sur une constitution de droit interne[28]. Ainsi, les États qui forment une confédération conservent leur souveraineté sur le plan intérieur comme sur le plan extérieur. L'autorité centrale ou confédérale n'a comme pouvoirs que ceux que les

États membres acceptent de lui confier. En droit international, la confédération ne constitue pas un État. C'est plutôt un club d'États. De ce fait, l'organe confédéral ne dispose pas d'un véritable pouvoir de décision. Il doit surtout se contenter d'une action de coordination. Une décision ne peut être prise que s'il y a unanimité des États confédérés. De même façon, l'unanimité est nécessaire pour apporter une modification quelconque à la confédération. Enfin, puisque chaque État confédéré conserve sa souveraineté, il peut faire sécession quand il le désire.

Les confédérations d'États constituent surtout, aujourd'hui, des vestiges du passé. On en trouve des traces dans l'Antiquité grecque avec, par exemple, les cités qui se regroupent au sein de ligues comme la ligue de Délos (477–404 av. J.-C.)[29].C'est aussi une confédération qui est créée en 1235 avec la Ligue suisse, formée de trois cantons qui décident, pour assurer leur défense notamment, de s'associer pour lutter contre les Habsbourg. La Ligue suisse, à laquelle viennent s'ajouter de nouveaux cantons, est ainsi à l'origine de la Confédération helvétique qui dure jusqu'en 1848. En Amérique du Nord, au XVIe siècle, les Mohawks, les Oneidas, les Cayugas, les Onondagas et les Senecas constituent la confédération des Cinq Nations iroquoises[30]. Aux États-Unis, les 13 colonies qui obtiennent leur indépendance de la Grande-Bretagne en 1776 forment une confédération qui dure jusqu'en 1787[31]. Mentionnons, également, au XIXe siècle, la Confédération germanique, qui regroupe divers États ainsi que des villes libres de 1815 à 1866. À la suite de l'effondrement de la Confédération germanique en 1866, la confédération d'Allemagne du Nord est créée, confédération qui dure jusqu'en 1870 et qui est à l'origine de l'unité allemande.

Au Canada, nous avons pris l'habitude de parler de la Confédération créée en 1867. Nous faisons ainsi référence aux Pères de la Confédération et, le 1er juillet, nous fêtons le jour de la Confédération. Mais ne nous trompons pas. Le Canada n'est pas une confédération. L'eût-il été, le mouvement sécessionniste apparu en Nouvelle-Écosse aurait pu atteindre son objectif dès 1868[32]. Le Québec, quant à lui, aurait pu aussi faire sécession depuis longtemps. Mais le Canada n'est pas le seul à utiliser l'appellation de confédération bien qu'il ne constitue pas une telle forme d'État composé. La Suisse continue toujours de s'appeler Confédération helvétique, souvenir d'un lointain passé. Pourtant, la Suisse ne forme plus une confédération depuis 1848. En fait, la confédération a servi à la Suisse et aussi aux États-Unis à passer à une autre forme d'État composé, l'État fédéral. À cet égard, on peut dire que la confédération a servi, dans certains cas, de tremplin à l'établissement d'un État fédéral[33] (tableau 12.1).

3.2.2. L'ÉTAT FÉDÉRAL

L'État peut, en effet, prendre une autre forme d'organisation politique, celle de l'État fédéral. Diverses raisons président au choix de cette forme d'État : géographie, régionalisme marqué, diversité ethnique, linguistique, culturelle, religieuse, nécessité d'adopter un cadre plus large, espoir de bénéficier d'avantages économiques, besoin de défense, perception que l'idée fédérale constitue une solution pour l'avenir. Nombreux sont les États qui ont recours à cette forme d'organisation politique. C'est le cas, par exemple, du Canada, des États-Unis, de l'Inde, de la Suisse, de la Belgique, du Brésil, de l'Australie et de l'Allemagne[34].

À la base de l'idée fédérale, il y a aussi l'idée de traité, d'accord (du latin *foedus*). L'État fédéral est une union entre plusieurs entités, reconnue par la constitution qui répartit les compétences entre les entités fédérées et l'autorité centrale. Il est courant de distinguer deux grands types d'États fédéraux : les États fédéraux qui sont formés par agrégation et

ceux qui résultent d'un phénomène de ségrégation. Un État fédéral se forme par agrégation lorsque des États unitaires ayant certaines caractéristiques communes décident de s'associer en fédération afin de retirer, notamment, de plus grands avantages sur le plan économique. Dans ces conditions, il est fréquent que cette dynamique d'agrégation[35] soit précédée d'une confédération comme dans le cas des États-Unis, de la Suisse et de l'Allemagne. Cependant, il n'est pas nécessaire qu'il y ait lien confédéral pour que le processus d'intégration se déclenche, comme le montre le cas du Canada. Un État fédéral créé par ségrégation ou, en d'autres termes, par division[36], apparaît lorsqu'un État précédemment unitaire se désagrège et est remplacé par une union constitutionnelle d'États autonomes. L'ancienne URSS en est un exemple. Après la révolution bolchevique, une certaine autonomie, toute théorique d'ailleurs en raison de la domination exercée par le Parti communiste, a été accordée aux différentes républiques socialistes soviétiques formant l'Union. Un autre exemple est constitué par la Belgique, qui est passée de l'État unitaire à l'État fédéral afin de tenir compte des particularités linguistiques, culturelles et régionales du pays.

De nombreux auteurs se sont penchés sur les aspects théoriques de l'idée fédérale et ont élaboré différentes approches[37]. Par exemple, W. S. Livingston propose une approche sociologique pour mieux cerner cette idée. Selon lui, l'essence même de cette dernière n'est pas de nature constitutionnelle ou

Tableau 12.1
Les principales différences entre la confédération et la fédération

	Confédération	Fédération
Base	Traité international	Constitution de droit interne
Composition	États souverains	Souveraineté divisée entre deux ordres de gouvernement
Raisons	Économie, sécurité, politique extérieure	Économie, sécurité, diversité d'ordre linguistique, ethnique, géographique, religieuse, influence extérieure
Statut	N'est pas un État	État
Droit de sécession	Possible	Très difficile

institutionnelle. Elle se retrouve dans la société. De ce fait, le fédéralisme est fonction des sociétés plutôt que des constitutions[38]. Certaines sociétés posséderaient ainsi des « qualités fédérales ». Le gouvernement fédéral serait donc un moyen de protéger ces dernières. Une telle approche soulève inévitablement des interrogations. Par exemple, peut-on vraiment dire que la société canadienne se distingue de la société britannique parce que la première possède des « qualités fédérales » que la seconde n'a pas ? Pourtant, la société britannique n'est pas plus homogène que celle du Canada. En somme, ne peut-on pas dire que toutes les sociétés ont des « qualités fédérales » en raison des diverses particularités qu'elles présentent ? Il n'est donc pas étonnant que cette approche ait été critiquée. Alan C. Cairns, par exemple, la rejette parce qu'il y voit une « forme de réductionnisme sociologique ». Il préfère plutôt insister sur le rôle autonome joué par les gouvernements[39]. Donald Smiley souscrit également à cette idée. Pour lui, les gouvernements fédéral et provinciaux disposent d'une autonomie réelle et peuvent ainsi façonner l'économie et la société[40]. W. H. Riker, quant à lui, conçoit le fédéralisme comme une relation de marchandage entre les forces centripètes et centrifuges[41]. Kenneth C. Wheare, pour sa part, adopte une approche plus institutionnelle. Il considère que c'est une forme de gouvernement où les pouvoirs sont constitutionnellement répartis entre deux ordres de gouvernement. Mais, contrairement à ce qui se produit dans une confédération, le gouvernement central n'est pas placé dans une relation de subordination par rapport aux gouvernements régionaux. Selon Wheare, le principe fédéral postule plutôt que la répartition des pouvoirs est caractérisée, d'une part, par la coordination entre les deux niveaux dans certains domaines d'activité et, d'autre part, par l'indépendance de chacun des deux ordres de gouvernement dans leur sphère de compétence respective[42]. Maurice Croisat, se fondant sur les enseignements du juriste français Georges Scelle, abonde dans le même sens que K. C. Wheare. Il distingue trois principes fédéraux : le principe de séparation des compétences entre les deux ordres de gouvernement, le principe d'autonomie de chacun des ordres de gouvernement et le principe de participation qui fait que les unités fédérées participent aux décisions fédérales par le moyen du bicaméralisme[43]. Gil Rémillard adopte aussi cette

conception. Selon le juriste québécois, « en toute proportion, les deux niveaux de gouvernement que crée le fédéralisme [sont] complets, complémentaires, coordonnés et indépendants, chacun dans leur domaine de juridiction[44] ». Mais ce principe est tempéré par le « principe supranational » qui veut que « l'intérêt national de la fédération puisse toujours prédominer sur l'intérêt d'une région, d'un État membre ou d'une nation composante[45] ».

3.2.2.1. LA DIVISION DES POUVOIRS DANS UN ÉTAT FÉDÉRAL

L'État fédéral se distingue de l'État unitaire par le fait qu'il comprend deux ordres de gouvernement : le gouvernement fédéral et les gouvernements fédérés[46]. Chacune de ces deux sphères de gouvernement est souveraine dans son domaine de compétence. La division des pouvoirs est consacrée dans la constitution. Il n'y a pas de règle absolue régissant la répartition des compétences. Cependant, dans la pratique, on distingue différentes modalités de répartition des pouvoirs.

Dans certains cas, comme aux États-Unis et en Australie, la constitution définit de façon précise les domaines de compétence fédérale ; par voie de conséquence, les entités fédérées disposent des pouvoirs résiduels. Dans d'autres cas, comme en Allemagne ou au Canada, les compétences fédérales tout comme celles des entités fédérées sont spécifiées. Au Canada, la *Loi constitutionnelle de 1867* définit le principe fédéral en prévoyant la division des pouvoirs entre le Parlement et les législatures provinciales. Mais, à la différence de ce qui se passe dans le système fédéral américain, par exemple, toute matière non énumérée relève de la compétence fédérale en vertu de l'interprétation de la clause *Paix, ordre et bon gouvernement* contenue dans le préambule de l'article 91. C'est donc le gouvernement central qui détient les pouvoirs résiduels.

Quel que soit l'agencement des pouvoirs, la répartition des compétences demeure régie par un principe essentiel : seul le pouvoir central jouit de la plénitude des prérogatives internationales, d'une personnalité internationale complète. De ce fait, l'État fédéral dispose du droit de déclarer la guerre, de participer à des négociation internationales et de signer et de ratifier des traités. Il a aussi le droit de légation, c'est-à-dire le droit d'accréditer des diplomates [47]. Dans la pratique, cependant, ce droit comporte des exceptions.

Des raisons d'ordre idéologique peuvent pousser un État fédéral à accorder une plus grande marge de manœuvre aux entités fédérées dans le domaine international. C'était le cas de l'ancienne URSS : sa constitution prévoyait que les républiques fédérées pouvaient établir des relations diplomatiques avec les pays étrangers. Cela s'est traduit par la présence de représentants des républiques fédérées d'Ukraine et de Biélorussie à l'ONU. Ainsi, l'Union soviétique s'assurait d'avoir un plus grand nombre d'appuis au moment d'un vote à l'Assemblée générale des Nations unies. Des raisons d'ordre historique peuvent aussi amener les entités fédérées à intervenir dans le domaine des relations extérieures, comme c'est le cas dans le système fédéral suisse, qui reconnaît aux cantons le droit de conclure des traités.

Au Canada, la question de la présence des provinces sur la scène internationale s'est posée. Elle revêt plusieurs dimensions. Certaines provinces ont, pour des raisons commerciales ou culturelles, revendiqué et obtenu le droit d'ouvrir des bureaux à l'étranger [48]. À partir des années 1960 notamment, elles ont aussi souhaité négocier des ententes ou des accords internationaux, ce qui n'a pas manqué de susciter des réactions de la part d'Ottawa [49]. De nombreuses provinces ont aussi exprimé le désir d'être consultées lors de négociations internationales menées par le gouvernement canadien. L'Ontario, province industrialisée, a souhaité participer aux négociations menant à la signature du Pacte de l'automobile de 1965. La Colombie-Britannique, l'Ontario, l'Alberta [50] et le Québec ont aussi voulu participer, à titre d'observateurs, aux négociations du GATT [51]. Ces entités fédérées considèrent que les négociations à caractère économique, commercial ou culturel entreprises par le gouvernement fédéral peuvent avoir des répercussions importantes dans leur domaine de compétence. Dans cet ordre d'idées, les provinces obtiennent ainsi le droit d'être consultées au cours des négociations qui mènent à l'accord de libre-échange avec les États-Unis [52]. Ainsi, bien que la Constitution reconnaisse au gouvernement fédéral des pouvoirs en matière de relations internationales, la pratique fédérale canadienne semble faire montre d'une certaine sou-

plesse à cet égard. Des raisons d'ordre économique, politique, commercial et culturel ont favorisé l'émergence des provinces sur le plan international. Celles-ci se sont vu reconnaître diverses possibilités de faire valoir leurs intérêts à l'extérieur du Canada [53]. Cela témoigne, d'une certaine façon, de la capacité d'adaptation dont peut faire preuve le fédéralisme. Cependant, en dépit de la division constitutionnelle des pouvoirs dans l'État fédéral, la question de la centralisation ou de la décentralisation des pouvoirs du gouvernement central se pose avec tout autant d'acuité qu'au sein d'un État unitaire.

3.2.2.2. LA CENTRALISATION ET LA DÉCENTRALISATION AU SEIN D'UN ÉTAT FÉDÉRAL

Dans la pratique, certains États fédéraux peuvent fonctionner comme des États unitaires quand le gouvernement central laisse une très faible marge de manœuvre aux entités fédérées. C'était le cas de l'ancien État fédéral soviétique, qui, en fait, ressemblait plutôt à un État unitaire qu'à un véritable État fédéral.

Exception faite de ceux qui tendent à fonctionner comme des États unitaires, les États fédéraux connaissent généralement tous, à des degrés divers, des tensions entre le gouvernement central et les entités fédérées. Ces dernières cherchent à préserver et parfois à étendre leur autonomie alors que le gouvernement fédéral tente d'empiéter sur leur domaine de compétence. L'Allemagne, la Suisse, les États-Unis, l'Australie, le Canada sont soumis à la fois à des forces centrifuges et à des forces centripètes. Dans une étude consacrée aux fédéralismes allemand, canadien, suisse et américain, Edmond Orban note l'intervention toujours croissante de l'ordre fédéral, entre autres, dans le secteur économique et conclut que « le processus de centralisation [est] irréversible dans les quatre États fédéraux observés, en dépit de réactions de plus ou moins grande amplitude [54] ».

La tendance centripète tend à se manifester de diverses façons, surtout sur le plan financier. Aux États-Unis, au nom de la lutte contre la discrimination raciale ou la pauvreté, l'État fédéral a mis sur pied divers programmes dans des domaines qui relèvent de la compétence des États : éducation, logement, santé, environnement, etc. Les États fédérés, qui, en vertu de la Constitution américaine, disposent de nombreux pouvoirs, sont en fait devenus, à bien des égards, les exécutants des politiques mises en place par Washington. À ce sujet, Marie-France Toinet parle du fédéralisme américain comme d'un fédéralisme « centralisé », « atrophié[55] » au sein duquel, « ce qu'ont préservé les États l'a *toujours* été aux dépens de l'échelon qui leur est inférieur, *jamais* au préjudice de l'échelon supérieur[56] ». En outre, bien que la Constitution de 1787 précise que le gouvernement fédéral ne peut prélever d'impôt direct, l'État central a réussi à s'immiscer dans ce domaine en adoptant un amendement constitutionnel à cet effet[57]. En Australie, le pouvoir de taxation et le pouvoir de dépenser du gouvernement fédéral ont été au centre d'un conflit entre les États fédérés et l'État fédéral durant les années 1970[58]. Ainsi, le Commonwealth[59] tentait, par de généreuses subventions aux États fédérés, d'intervenir dans divers champs de compétence étatiques, ce qui ne pouvait que soulever l'opposition des États, jaloux de préserver leur autonomie. Au Canada, le débat sur la centralisation et la décentralisation des pouvoirs est presque aussi vieux que la Confédération elle-même. Les provinces ont certes réussi, au fil des décennies, à étendre leur champ de compétence de diverses façons, notamment par le recours aux interprétations du Comité judiciaire du Conseil privé de Londres[60]. Le gouvernement fédéral, quant à lui, a tenté de diverses façons d'envahir les domaines de compétence provinciale. À cet égard, il dispose d'une arme centralisatrice dont plusieurs provinces dénoncent l'utilisation. C'est en effet par le biais de son pouvoir de dépenser qu'Ottawa peut intervenir dans le domaine de juridiction provinciale en mettant sur pied, par exemple, des programmes nationaux[61]. Le fédéralisme canadien penche tantôt pour la centralisation, tantôt pour la décentralisation[62]. Cette oscillation constante s'explique par des facteurs conjoncturels d'ordre économique, politique, idéologique. L'État canadien est certainement beaucoup plus décentralisé que ne l'avaient prévu les Pères de la Confédération en 1867. Mais, comme dans toutes choses, la centralisation et son contraire, la décentralisation, sont une question de degré. Certaines provinces comme celles de l'Atlantique considèrent que le fédéralisme canadien est suffisamment décentralisé. D'autres comme le Québec ou l'Alberta prétendent qu'il est encore trop centralisé[63]. Tout dépend des intérêts en jeu et des perceptions que les différents acteurs peuvent avoir.

Figure 12.2
Les forces centralisatrices et décentralisatrices
au sein du fédéralisme

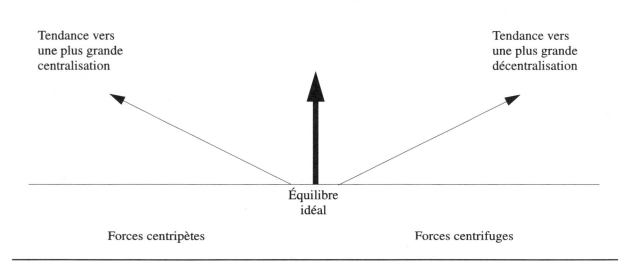

Tendance vers une plus grande centralisation

Tendance vers une plus grande décentralisation

Équilibre idéal

Forces centripètes

Forces centrifuges

La question de la centralisation ou de la décentralisation au sein d'un système fédéral est importante, car il y va de la survie même du fédéralisme (figure 12.2). Une trop grande décentralisation, loin de satisfaire les tendances centrifuges, peut conduire à des revendications de type autonomiste et déboucher éventuellement sur l'effritement du système fédéral. Inversement, un système fédéral trop centralisateur peut susciter le mécontentement des entités fédérées et hâter l'effondrement de ce système. En somme, les États fédéraux ne doivent donc pas demeurer complètement statiques. À cet égard, Carl Friedrich considère que les relations fédérales doivent être dynamiques et que le fédéralisme doit être considéré comme un processus plutôt que comme un modèle statique[64]. Les États fédéraux ont donc intérêt à rechercher un équilibre constant entre forces centripètes et forces centrifuges, à défaut de quoi ils devront faire face à la grave menace de la sécession. Dès lors se posera le problème, sur le plan international, de la naissance et de la reconnaissance d'un nouvel État[65].

Lectures suggérées

Bergeron, Gérard (1965), *Fonctionnement de l'État*, Paris, Armand Colin.

Bergeron, Gérard (1990), *Petit traité de l'État*, Paris, PUF.

Brossard, Jacques (1976), *L'accession à la souveraineté et le cas du Québec. Conditions et modalités politico-juridiques*, Montréal, Les Presses de l'Université de Montréal.

(1990), *L'État moderne : genèse, bilans et perspectives*, Actes du colloque tenu au CNRS à Paris les 19–20 septembre 1989, Paris, Éditions du Centre national de la recherche scientifique.

Orban, Edmond (1984), *La dynamique de la centralisation dans l'État fédéral : un processus irréversible ?*, Montréal, Éditions Québec/Amérique.

Orban, Edmond (1992), *Le fédéralisme : super État fédéral ? Association d'États souverains ?*, Montréal, Hurtubise HMH.

Notes

1 Joseph A. de Gobineau (1816–1882) et Houston S. Chamberlain (1885–1927) se rattachent à ce courant de pensée.

2 Voir Romilar Thapar, « Apparition de l'État dans l'Inde ancienne », dans Ali Kazancigil (dir.), *L'État au pluriel. Perspectives de sociologie historique*, collection « Politique comparée », Paris, Économica-Unesco, 1985, p. 75–91. L'auteur tente d'expliquer l'apparition des premiers États en Inde à l'époque prémoderne.

3 Maurice Godelier, « Les processus de formation de l'État », *ibid.*, p. 21–37.

4 Philippe Braud, *Sociologie politique*, 2e éd., Paris, LGDJ, 1994, p. 75–77.

5 La plupart des ouvrages qui s'attardent sur l'apparition de l'État moderne se réfèrent à son développement en Angleterre et en France. La Castille a cependant joué un rôle important dans la formation de l'État moderne en Espagne, et ce à la même époque où se produisaient les transformations qui conduisent à la construction de l'édifice étatique moderne en Angleterre et en France. À ce sujet, voir, par exemple, Adeline Rucquoi, « Genèse médiévale de l'Espagne moderne : du pouvoir et de la nation (1250–1516) », dans *L'État moderne : genèse, bilans et perspectives*, Actes du colloque tenu au CNRS à Paris les 19–20 septembre 1989, Paris, Éditions du Centre national de la recherche scientifique, 1990, p. 17–32.

6 Mentionnons le fait que lorsqu'un monarque meurt, sa mort est annoncée par l'expression « Le Roi est mort, vive le Roi ! ». Il faut y voir la preuve que l'autorité demeure même après la mort de son représentant.

7 Nous aurons l'occasion de revenir sur cette question aux chapitres 15 et 16.

8 Soulignons, ici, à titre d'information, l'importance des traités de Westphalie de 1648 qui mettent fin à la guerre de Trente Ans qui secoue l'Europe. Ils consacrent, entre autres, l'avènement d'un système laïc d'États indépendants dotés de garanties internationales. Les États modernes deviennent des réalités politiques mais aussi juridiques au regard du droit international public. Voir, à ce sujet, par exemple, Jacques Droz, *Histoire diplomatique de 1648 à 1919*, Paris, Dalloz, 1972, p. 8–12.

9 Max Weber, *Économie et société*, Paris, Plon, 1971, p. 57.

10 Gérard Bergeron, *Petit traité de l'État*, Paris, PUF, 1990, p. 182.

11 *Ibid.*, p. 14.

12 Philippe Braud, *op. cit.*, p. 100.

13 Pour les répercussions intra-étatiques et interétatiques, voir Jean Angrand, « Problématique des minorités en situation conflictuelle », dans *Mélanges Pierre Vellas, Recherches et réalisations*, Paris, Éditions Pédone, 1995, p. 83–99.

14 À ce sujet, on peut consulter Daniel Nordman, « La connaissance géographique de l'État (XIVe-XVIIe siècles) »,

dans Noël Coulet et Jean-Philippe Genet (dir.), *L'État moderne : le droit, l'espace et les formes de l'État*, Actes du colloque tenu à La Beaume Les Aix, 11–12 octobre 1984, Paris, Éditions du Centre national de la recherche scientifique, 1990, p. 175–188.

15 Consulter, à cet égard, André Braën, « Le contrôle par le Canada des pêches étrangères dans sa zone de pêche exclusive », *Annuaire canadien de droit international*, XXI, XXI, 1983, p. 3–52.

16 Voir, par exemple, Francis Rigaldies, « La délimitation du plateau continental entre États voisins », *Annuaire canadien de droit international*, XIV, XIV, 1976, p. 116–174.

17 À ce sujet, voir Ross Hornby et Valerie Hughes, « L'affaire de la délimitation maritime Canada /France », *Annuaire canadien de droit international*, XXX, XXX, 1992, p. 3–40.

18 Voir D. M. McRae, « Proportionality and the Gulf of Maine Maritime Boundary Dispute », *Annuaire canadien de droit international*, XIX, XIX, 1981, p. 287–302.

19 Rappelons que la prétention du peuple tibétain à former un État est accentuée par le fait que le Tibet avait obtenu son indépendance en 1911. En outre, un gouvernement en exil est établi en Inde et dirigé par le Dalaï Lama, chef spirituel des Tibétains. Le Parlement tibétain est, quant à lui, composé de représentants dispersés à travers le monde.

20 En 1987, le Canada a signé un accord de libre-échange avec les États-Unis. Cet accord canado-américain a été élargi, à partir de 1994, à d'autres États comme le Mexique dans le cadre de l'Accord de libre-échange nord-américain (ALENA).

21 Les droits de coupe étant moins élevés au Canada qu'aux États-Unis, les Américains ont considéré que cela constituait une subvention déguisée que le gouvernement canadien accordait à son industrie. Après plus d'un an de négociations, une entente, valable pour cinq ans, intervenait en 1996, en vertu de laquelle, les exportateurs canadiens doivent payer une taxe à l'exportation dès qu'ils ont dépassé le quota fixé de bois d'œuvre exporté aux États-Unis. Voir Gouvernement du Canada, *L'accord du bois d'œuvre protégera durant cinq ans l'accès des exportateurs au marché américain*, Ottawa, Ministère des Affaires étrangères et du Commerce international, 1996.

22 Sur la question de la décentralisation en France, voir Pierre Bodineau et Michel Verpeaux, *Histoire de la décentralisation*, Paris, PUF, collection « Que sais-je ? », 1993.

23 Le Conseil constitutionnel concluait, en 1982, que la régionalisation était constitutionnelle mais, dans une décision ultérieure, établissait que la notion de « peuple corse » était inconstitutionnelle.

24 Sur la décentralisation en Italie, voir, par exemple, D. Mazzega, *L'organisation régionale en Italie*, Paris, La Documentation française, 1980.

25 Sur la question catalane, on peut consulter, par exemple, Marina Subirats, « La société catalane de 1960 à 1986 », dans Gaétan Tremblay et Manuel Pares i Maicas (dir.), *Autonomie et mondialisation : le Québec et la Catalogne à l'heure du libre-échange et de la Communauté européenne*, Sillery, Les Presses de l'Université du Québec, 1990, p. 85–96. Pour le Pays Basque, voir Pierre Letamendia, *Nationalismes au Pays Basque*, Bordeaux, Presses universitaires de Bordeaux, 1987.

26 François d'Arcy et Mariano Baena Del Alcazar, *Décentralisation en France et en Espagne*, Paris, Economica, collection « Politique comparée », 1986, p. 29.

27 L'ouvrage de Georges-Henri Dumont, *La Belgique*, deuxième édition corrigée, Paris, PUF, collection « Que sais-je ? », 1993, offre un excellent aperçu de l'évolution progressive de l'État unitaire belge vers le fédéralisme.

28 Gil Rémillard, *Le fédéralisme canadien*, Montréal, Québec/Amérique, 1983, p. 55.

29 À ce sujet, voir Edmond Orban, *Le fédéralisme : super État fédéral ? Association d'États souverains ?* Montréal, Hurtubise HMH, 1992, chapitre II : « Les ligues, ancêtres des confédérations ? », p. 23–35.

30 Voir *ibid*.

31 *Ibid.*, chapitre III : « La Confédération des treize États américains », p. 37–53.

32 Rappelons ici l'existence de ce mouvement en Nouvelle-Écosse sous la conduite de Joseph Howe. D'ailleurs, en 1868, l'Assemblée législative de cette province a voté une motion en faveur de la sécession. Ce projet a, bien sûr, échoué et... Joseph Howe deviendra président du Conseil privé du Canada.

33 L'ouvrage de Charles Durand, *Confédération d'États et État fédéral. Réalisations acquises et perspectives nouvelles*, Paris, Librairie Marcel Rivière et Cie, 1955, constitue un classique qu'il convient de lire.

34 L'Allemagne est un État fédéral. Cet État, issu de la Seconde Guerre mondiale, est surtout né de la volonté des puissances alliées victorieuses qui voulaient éviter à tout prix la création d'un État unitaire fortement centralisé comme l'avait été l'État nazi. Le fédéralisme imposé à l'Allemagne constituait, dès lors, une façon d'affaiblir la puissance vaincue.

35 Philippe Braud, *op. cit.,* p. 99.

36 Philippe Braud, quant à lui, préfère utiliser le terme de « différenciation » (*ibid*).

37 Pour un tableau général des diverses approches qui se proposent d'expliquer le fédéralisme, on peut consulter Gilles Lalande, *Pourquoi le fédéralisme ? Contribution d'un Québécois à l'intelligence du fédéralisme canadien*, Montréal, Hurtubise/HMH, 1972, 1re partie : « Le fédéralisme », p. 15–86, ainsi que M. J. C. Vile, « Federal Theory and the "New Federalism" », dans Dean Jaensch (dir.), *The Politics of « New Federalism »*, Adelaide, Australasian Political Studies Association, 1977, p. 1–14.

38 W. S. Livingston, « A Note on the Nature of Federalism », dans J. Peter Meekison (dir.), *Canadian Federalism : Myth or Reality,* 2nd ed., Toronto, Methuen, 1971, p. 24.

39 Alan C. Cairns, « The Governments and Societies of Canadian Federalism », dans R. D. Olling et M. W. Westmacott (dir.), *Perspectives on Canadian Federalism*, Scarborough (Ont.), Prentice Hall, 1988, p. 103–121.

40 D. V. Smiley, *The Federal Condition in Canada*, Toronto, McGraw-Hill Ryerson, 1987, p. 3–9.

41 W. H. Riker, *Federalism : Origin, Operation, Significance*, Boston, Little, Brown and Co., 1964.

42 K. C. Wheare, *Federal Government*, 4th ed., London, Oxford University Press, 1964, p. 53–91.

43 Maurice Croisat, *Le fédéralisme dans les démocraties contemporaines*, Paris, Montchrestien, 1992, p. 25–26.

44 Gil Rémillard, *op. cit.,* p. 29.

45 *Ibid.*, p. 58.

46 Les entités fédérées revêtent différentes appellations selon les États fédéraux. Au Canada, nous parlons de *provinces*. Aux États-Unis, ce sont des *États* tout comme au Brésil, au Mexique, en Inde ou en Australie. En Suisse, ce sont des *cantons* alors qu'en Allemagne, on parle de *Länder* et qu'en Russie (comme c'était aussi le cas dans l'ancienne Union soviétique), on préfère parler de *républiques*.

47 Voir, à ce sujet, Paul Martin, *Fédéralisme et relations internationales*, Ottawa, Imprimeur de la Reine, 1968, chapitre II : « Les responsabilités fédérales », p. 11–21.

48 Sur ce point, voir D. V. Smiley, *Canada in Question : Federalism in the Eighties*, 3rd ed., Toronto, McGraw Hill-Ryerson, 1980, p. 47.

49 Mentionnons ici la querelle entre Ottawa et la Colombie-Britannique au sujet des négociations avec l'État de Washington portant sur le harnachement du fleuve Columbia. Si, dans ce cas, les négociations se faisaient entre entités fédérées de deux États voisins, il en va tout autrement pour le Québec, qui a souhaité négocier des accords culturels avec des États tels que la France ou la Belgique. D'ailleurs, en 1965, le gouvernement québécois, invoquant le fait que l'éducation relève de la compétence provinciale, signe un accord de coopération en matière d'éducation avec le gouvernement français, et ce sans l'assentiment d'Ottawa. La question est résolue, la même année, par la négociation d'un accord cadre entre le Canada et la France et étendu à la Belgique, accord qui couvre toute entente éventuelle susceptible d'impliquer une entité fédérée. À ce sujet, voir, par exemple, Jacques-Yvan Morin, « La conclusion d'accords internationaux par les provinces canadiennes à la lumière du droit comparé », *Annuaire canadien de droit international,* III, III, 1965, p. 127–186, et Jacques Brossard, André Patry et Élisabeth Weiner, *Les pouvoirs extérieurs du Québec*, Montréal, Les Presses de l'Université de Montréal, 1967. On peut également consulter Paul Painchaud, « Le rôle international du Québec : possibilités et contraintes », *Études internationales,* VIII, 3, juin 1977, p. 374–392.

50 En ce qui concerne l'Alberta, voir J. Peter Meekison, « Les provinces et les affaires étrangères. Une nouvelle dimension du fédéralisme », *Perspectives internationales,* mars/avril 1977, p. 8–12.

51 *General Agreement on Tariffs and Trade.* À ce sujet, consulter Ivan Bernier et André Binette, *Les provinces canadiennes et le commerce international : dynamique économique et ajustement juridique,* Québec, Centre québécois de relations internationales, 1988, ainsi que Douglas M. Brown, « Canadian Federalism and Trade Policy : The Uruguay Round Agenda », dans R. L. Watts et D. M. Brown (dir.), *Canada : The State of the Federation, 1989,* Kingston (Ont.), Institute of Intergovernmental Relations, Queen's University, 1989, p. 211–235.

52 Douglas M. Brown, « The Canada-United-States Free Trade Agreement : The Federal-Provincial Consultation Process », dans Leslie et Watts, *Canada : The State of the Federation, 1987–1988,* Kingston (Ont.), Institute of Intergovernmental Relations, Queen's University, 1987–1988, p. 77–93, ainsi que Vilaysoun Loungnarath, « L'incidence de l'Accord de libre-échange Canada/États-Unis sur le développement de la paradiplomatie provinciale », *La revue juridique Thémis,* 26, 3, 1992, p. 301–323.

53 Voir, par exemple, Annemarie Jacomy-Millette, « L'État fédéré dans les relations internationales contemporaines : le cas du Canada », *Annuaire canadien de droit international,* XIV, XIV, 1976, p. 3–56.

54 Edmond Orban, *La dynamique de la centralisation dans l'État fédéral : un processus irréversible ?,* Montréal, Éditions Québec/Amérique, 1984, p. 461.

55 Marie-France Toinet, « L'atrophie du fédéralisme par le droit », dans Marie-France Toinet (dir.), *L'État en Amérique,* Paris, Presses de la Fondation nationale des sciences politiques, 1989, p. 240.

56 *Ibid.,* p. 238. La question de la centralisation des pouvoirs au sein du fédéralisme américain a aussi fait l'objet de diverses études ; on peut consulter, par exemple, Edmond Orban, « Le déclin du fédéralisme dualiste », dans Edmond Orban *et al., Le système politique des États-Unis,* Montréal/Bruxelles, Les Presses de l'Université de Montréal/Bruylant, 1987, p. 38–62, ainsi que R. V. Denenberg, *Le système politique des États-Unis,* 2ᵉ éd., Paris, Economica, 1987, chapitre II : « Les défauts du fédéralisme », p. 35–53.

57 Edmond Orban, *La dynamique de la centralisation dans l'État fédéral*, p. 270.

58 Russell Mathews, « Revenue Sharing and Australian Federalism », dans Dean Jaensch (dir.), *op. cit.,* p. 43–54, ainsi que W. Prest, « Fiscal significance of the "new federalism" », *ibid.,* p. 55–63. Pour une comparaison des tendances centralisatrices et décentralisatrices au sein des fédéralismes australien et canadien dans une perspective historique, voir Bruce W. Hodgins et Don Wright, « Canada and Australia : Continuing but Changing Federations », dans voir Bruce W. Hodgins, Don Wright et W. H. Heick (dir.), *Federalism in Canada and Australia : The Early Years,* Waterloo, Wilfrid Laurier University Press, 1978, p. 289–304.

59 Dans la terminologie politique australienne, le terme « Commonwealth » signifie « gouvernement fédéral ».

60 Le Comité judiciaire du Conseil privé de Londres (CJCP) était chargé, avant 1949, d'interpréter la Constitution canadienne. Nous soulignerons ce rôle dans le chapitre 13 à l'occasion de l'étude de la Constitution du Canada.

61 François Rocher, « La consécration du fédéralisme centralisateur », dans Claude Bariteau *et al., Les objections de 20 spécialistes aux offres fédérales,* Montréal, Saint-Martin, 1992, p. 87–98.

62 Voir, par exemple, Garth Stevenson, « Federalism and Inter-governmental Relations », dans Michael S. Whittington et Glen Williams (dir.), *Canadian Politics in the 1990s,* 4th ed., Toronto, Nelson, 1995, p. 402–423.

63 Au Québec, il est fréquemment affirmé que le système fédéral canadien est centralisateur. Cette vision du fédéralisme canadien se retrouve, par exemple, dans Alain-G. Gagnon et François Rocher, « Faire l'histoire au lieu de la subir », dans Alain-G. Gagnon et François Rocher (dir.), *Répliques aux détracteurs de la souveraineté du Québec,* Montréal, VLB éditeur, 1992, p. 27–48.

64 Carl J. Friedrich, *Tendances du fédéralisme en théorie et en pratique,* Bruxelles, Institut belge de science politique, 1971, p. 19.

65 Voir l'examen de cette question au chapitre 20.

13

Les régimes démocratiques, autoritaires et totalitaires

Le développement de l'État moderne sous ses diverses formes, ainsi que le souligne le chapitre précédent, est l'aboutissement d'un long cheminement qui commence dans l'Antiquité. Il en est de même pour la configuration du centre décisionnel de tout système politique et pour les relations entre ce centre décisionnel et l'environnement politique, lesquels constituent ce qu'on appelle un « régime politique ». Cette évolution, dans les pays occidentaux, débute également avec la démocratie limitée et directe de la Cité-État d'Athènes.

Plusieurs critères ont été utilisés pour classer les régimes. Aristote divise les régimes selon le nombre des autorités et, préférant les riches aux pauvres, selon leur statut socio-économique et la nature saine ou corrompue de leur exercice du pouvoir. Saint Thomas d'Aquin reprend la dimension éthique du modèle d'Aristote et distingue principalement la royauté, où il y a exercice du pouvoir par un individu ou un groupe en vue du bien commun, d'avec les diverses formes de tyrannie, qui perdent toute légitimité en s'écartant de cette recherche du bien commun[1].

Cette distinction d'ordre moral entre les régimes est écartée par Machiavel. La fin justifie les moyens et le « bon » prince peut utiliser des moyens tyranniques et arbitraires s'il le juge nécessaire. Par conséquent, la réalité politique est incompatible avec la moralité, laquelle ne peut ainsi servir de guide pour juger et distinguer les régimes politiques[2].

Au XVIIIe siècle, Montesquieu divise les régimes politiques en république, monarchie et despotisme et réintroduit un aspect de la typologie d'Aristote. Le type de régime dépend de nouveau du nombre de gouvernants et de la façon dont ils exercent le pouvoir, mais c'est la manière de procéder plutôt que la morale qui sert de critère distinctif des façons d'exercer le pouvoir. Étant gouvernée par des lois, la monarchie se distingue ainsi du despotisme, qui, lui, s'en passe. De plus, chaque régime repose sur un principe différent : la vertu pour la république, l'honneur pour la monarchie, la crainte pour le despotisme. Les « bons » régimes possèdent un caractère modéré issu de leur constitutionnalisme, celui-ci reposant sur une configuration des pouvoirs inspirée du modèle anglais[3]. Cette nouvelle distinction entre les bons et les mauvais régimes repose maintenant principalement sur la présence ou l'absence de limites imposées par les structures, les lois et le respect des libertés.

Marx et Pareto rejettent les distinctions entre régimes en isolant le caractère socio-économique des groupes au pouvoir. Pour Marx, les régimes ne représentent que les intérêts des classes dominantes jusqu'à la période finale de l'histoire. Cette période marque, avec la fin de toutes les classes, celle de la classe dominante, de l'exploitation qu'elle exerce et de son pouvoir économique, social et politique ainsi que celle de l'État et de ses régimes qui constituent les instruments de domination de cette classe. Pour Pareto, les régimes ne représentent que la succession de l'un ou l'autre groupe d'élites au pouvoir. Ces élites ne forment pas un groupe homogène et se disputent le pouvoir. Marx et Pareto condamnent tous deux les régimes politiques. Selon Marx, la classe dirigeante trompe la classe ouvrière, l'opium de l'idéologie dominante transmise à travers les institutions sociales, culturelles et économiques donne une fausse conscience de classe au prolétariat et l'empêche de se révolter. Selon Pareto, les élites dupent les gouvernés et leur font accepter leur pouvoir par la force ou la ruse[4].

À la suite de cet héritage typologique des régimes, les politicologues, à l'époque actuelle, distinguent généralement trois types de régimes politiques : *le type démocratique, le type autoritaire et le type totalitaire*. Dans cette distinction, plusieurs aspects du modèle systémique sont habituellement considérés : d'une part, la structure et l'organisation du centre décisionnel, d'autre part, les relations entre ce centre et le reste du système politique, qui incluent les moyens utilisés par ce centre pour gouverner et les organismes de médiation entre ce centre et l'environnement du système politique. Un débat persiste sur la nécessité de réintroduire une dimension éthique dans les typologies ou de les considérer dans une perspective éthique. Plusieurs politicologues et sociologues ajoutent ainsi, comme critère de classement, les buts des régimes, d'autres considèrent plutôt la nature des valeurs partagées ou non entre le centre décisionnel et la culture politique du système. D'autres encore se réfèrent à des objectifs basés sur des valeurs universelles indépendantes de la nature distincte du régime. Dans ce débat, on accorde habituellement une attention particulière à la façon dont les principes d'égalité et de liberté sont appliqués dans chaque régime.

1. LE RÉGIME DÉMOCRATIQUE

1.1. LES ORIGINES ET LE DÉVELOPPEMENT DU RÉGIME DÉMOCRATIQUE

La Grèce antique est le berceau étymologique, pratique et théorique de la démocratie et des régimes qui s'en inspirent. « Démocratie » en grec signifie « pouvoir du peuple ». Aristote voyait dans la démocratie une forme corrompue du régime de la multitude, constituant le gouvernement par une majorité de pauvres contre les riches, alors que, selon lui, la minorité de riches représentait « les

meilleurs ». Sur le plan pratique, la démocratie est le régime adopté par certaines Cités-États dont celui d'Athènes est un exemple. Athènes adopte en 594 av. J.-C. une constitution qui divise la citoyenneté en quatre classes selon la richesse et la propriété et accorde à chaque classe des fonctions politiques spécifiques. Ces divisions disparaissent graduellement jusqu'à ce que, en 487 av. J.-C., toute la citoyenneté constitue l'assemblée délibérante.

Le régime politique athénien pose certains fondements à partir desquels les régimes démocratiques vont se développer :

1) il offre les premiers éléments du « constitutionnalisme », c'est-à-dire du fondement constitutionnel de l'arrangement gouvernemental. La configuration de la structure et de la division des pouvoirs au centre décisionnel se fait ainsi selon des règles énoncées dans une constitution ;

2) il présente le principe de la « démocratie directe ». Les citoyens participent directement aux décisions affectant la cité lors de réunions tenues 10 fois l'an ;

3) il s'appuie sur les capacités égales des citoyens à prendre part aux décisions politiques, capacités de faire usage de la raison. Ce principe d'égalité s'exprime dans la méthode de tirage au sort pour choisir les administrateurs et les jurés, et dans les sentences d'ostracisme menant à l'exil prononcées contre toute personne qui semble s'arroger trop de pouvoir ou d'influence ;

4) il utilise des critères d'inclusion et d'exclusion pour déterminer la citoyenneté. À Athènes, les étrangers, les esclaves et les femmes en sont exclus. L'idée qu'une citoyenneté exige des qualités définies est ainsi formulée ;

5) il demande des actions collectives qui aboutissent à une gouverne rationnelle suivant des règles données que les citoyens acceptent et auxquelles ils se conforment ; cela est à l'opposé des régimes arbitraires soumis aux caprices des despotes ;

6) il attache à la citoyenneté le devoir de participer à la vie politique.

Des innovations d'ordre institutionnel et théorique et l'apparition de certains mouvements religieux, sociaux et politiques contribuent graduellement à élargir ces concepts et à en introduire de nouveaux pour arriver à la notion moderne de régime démocratique.

Les Romains acceptent l'idée du gouvernement par la loi et ajoutent la notion que les êtres humains règlent leur conduite sur des lois naturelles basées sur leur raison. Ces lois étant indépendantes de la sphère politique, ils soutiennent qu'il existe un certain consensus basé sur la définition de ce qui est permis ou défendu. Avec le christianisme, le principe d'égalité des citoyens fait place à celui de l'égalité des individus devant Dieu. Sous le régime féodal, la création d'assemblées des états privilégiés, habituellement le clergé, la noblesse et, comme en France, le « tiers état », ou les autres classes, a pour effet de maintenir de façon limitée le principe de la représentation. Le principe séculaire du gouvernement par le peuple est cependant éclipsé par la théocratisation graduelle du pouvoir politique, qui culmine dans l'absolutisme légitimé par les droits divins des monarques.

La séparation du divin et du politique, donc la sécularisation de la politique, est ensuite encouragée par les mouvements de la Réforme. Le protestantisme justifie le droit de résister aux rois catholiques qui persécutent ses adeptes ainsi qu'aux lois injustes des régimes et des gouvernants dont la légitimité émane de Dieu. En outre, le protestantisme fait prévaloir l'individualisme, insistant sur la valeur de chaque individu devant Dieu, quelles que soient ses qualités particulières.

À la suite de la guerre civile et des conflits entre protestants et catholiques, Thomas Hobbes et John Locke introduisent certains éléments du libéralisme qui s'insèrent dans l'idée de démocratie en sécularisant la légitimité des régimes politiques et en justifiant leur existence[5]. Selon Hobbes, comme chaque individu poursuit son intérêt, la légitimité du corps souverain repose sur le consentement des êtres humains à créer celui-ci ainsi que sur la raison de sa création : la nécessité d'assurer leur sécurité et d'exercer une justice impartiale. Toutefois, le souverain dispose ensuite d'un pouvoir uniquement limité par cet objectif. Selon Locke, le premier consentement est à l'origine de la société civile qui ensuite se choisit un souverain ou une assemblée souveraine. Locke présente ainsi deux principes importants de la démocratie libérale moderne, celui de la séparation de la sphère privée et de la sphère publique — la société civile a une existence indépendante du domaine politique — et celui du gouvernement représentatif. Les membres de la société civile choisissent des représentants pour les gouverner. Il n'existe plus ainsi de démocratie directe. Locke, comme Montesquieu, insiste aussi sur la nécessité du constitutionnalisme, c'est-à-dire d'un clair arrangement et d'une certaine division des pouvoirs au sein du centre décisionnel afin de ne pas donner trop de pouvoirs à un groupe ou à un individu et de définir les tâches et les responsabilités respectives des représentants. Locke élargit les conditions de légitimité de l'assemblée représentative : celle-ci doit offrir une justice impartiale et protéger la vie, la liberté et la propriété des individus, c'est-à-dire les droits naturels et individuels qu'ils possédaient avant leur entrée dans la société civile. Les individus ont aussi le droit de se révolter si l'assemblée ou le souverain ne respecte pas ces droits.

Alors que la Glorieuse Révolution permet d'appliquer en Angleterre les principes lockéens de gouvernement constitutionnel et représentatif, la révolution américaine se fait au nom du droit des contribuables à une représentation au centre décisionnel. Les révolutions américaine et française invoquent la notion de droits individuels et adoptent des constitutions qui les garantissent — droits positifs, tels que le droit à une représentation politique, et droits négatifs, souvent invoqués sous le nom de libertés. Ces libertés individuelles s'opposent à l'intervention du pouvoir politique dans la sphère privée ou dans ce qui est considéré être du domaine personnel. À mesure que se développe l'économie, on réclame d'autres libertés. Ainsi, durant la révolution industrielle, les nouveaux entrepreneurs opposés aux monopoles étatiques du mercantilisme réclament la liberté des activités économiques.

En réaction contre le développement de l'individualisme, encouragé par le libéralisme, réapparaît une dimension éthique liée, chez Jean-Jacques Rousseau, à la notion de communauté dans le concept de la volonté générale. Cette volonté générale, qui s'identifie au bien commun, n'équivaut pas à la somme des intérêts particuliers. Toutefois, le bien de la communauté devient celui de la nation. Avec le développement des États-nations, l'identification d'une citoyenneté à un État devient inévitable. À l'échelle internationale, on confond aussi la souveraineté du peuple avec la reconnaissance de la souveraineté de l'État. La notion de bien commun semble difficilement compatible avec celle de l'importance de l'individu et des droits individuels, qui suit l'évolution de l'idée démocratique. La question de la conciliation de l'aspect collectif de l'égalité sociale démocratique et des libertés individuelles se pose alors. Les conflits possibles entre les intérêts individuels et le bien commun ou sens communautaire font ainsi l'objet de plusieurs types de débats.

Le premier type porte sur le gouvernement exercé par une majorité parfois peu éclairée et concerne, d'une part, la protection des droits et des intérêts des minorités, des individus et des groupes, et, d'autre part, les décisions de la majorité par rapport au bien commun. John Stuart Mill et Tocqueville montrent que la tyrannie de la majorité est un écueil pour une société de type démocratique. Selon Mill, l'opinion de chaque individu est importante et celui-ci doit donc être libre de s'exprimer, car, de toute façon, la majorité y gagne. Elle sert soit à confirmer l'opinion majoritaire par la formulation de ses arguments pour en prouver la fausseté, soit à la modifier si l'opinion minoritaire se rapproche davantage de la vérité. Mill insiste sur la nécessité à la fois de préserver la liberté d'expression et le respect des différences et de protéger les droits et libertés des minorités contre la tyrannie d'une majorité active et trop puissante. Tocqueville fait ressortir la tension qui existe entre la recherche de l'égalité sociale et le respect de la liberté, qui peut aboutir, si la première est trop forte, au « despotisme démocratique »[6]. Il déplore que le règne de la majorité, aux États-Unis, s'accompagne de celui de la médiocrité. Il craint que l'égalité dans la vie sociale ne crée une opinion publique trop homogène dont l'emprise soit trop puissante sur la société et la politique, ce qui, en fin de compte, nuirait à l'indépendance d'esprit et à la liberté de discussion, étouffant ainsi le génie et les idées innovatrices[7].

Le deuxième type de débats accompagne la première prise de conscience des méfaits sociaux et économiques qu'entraîne le libre développement du capitalisme industriel en accentuant les inégalités socio-économiques et en créant une nouvelle classe d'exploités, le prolétariat. Les utilitaristes James Mill et Jeremy Bentham font voir que les États ont la responsabilité d'assurer des services essentiels à leurs populations, dont une portion est incapable,

sans cela, de jouir de ses droits naturels et des libertés offertes par le libéralisme. Les régimes démocratiques doivent donc s'efforcer de concilier les intérêts de chaque individu avec ceux de la communauté en prenant des mesures pour redistribuer quelque peu les richesses au nom de l'égalité, de la liberté et de la justice sociale.

À partir de la fin du XIXe siècle, l'État des services, sous la forme de la démocratie libérale, a donc graduellement vu le jour. La menace représentée par le socialisme a rendu plus urgente cette transformation, tandis que les crises économiques, dont celle de 1929 marque un point tournant, ont nécessité des interventions de l'État, également au nom de la survie du système capitaliste. Les deux guerres mondiales ont accentué le mouvement centralisateur et interventionniste de l'État, et celui-ci s'est donc transformé, dans la plupart des pays occidentaux, en État-providence. L'État est maintenant devenu un pourvoyeur de services pour le bien de toute la communauté et il intervient de plus en plus dans les secteurs privés et économiques et, donc, dans ceux des libertés individuelles. Dans ces deux types de débats, on est conscient du fragile équilibre à maintenir entre liberté et égalité, entre intérêts individuels et bien commun. L'État-providence, qui s'affirme après la Deuxième Guerre mondiale pour répondre à une grande échelle aux besoins essentiels de la population dans les domaines de l'éducation, de la santé et des services sociaux, tente d'établir cet équilibre.

Le troisième type de débats a accompagné l'élargissement des qualifications de la citoyenneté, qui s'explique par le fait que les critères d'exclusion sur la base de la richesse, de la race ou du sexe sont incompatibles avec l'idée d'égalité des individus. Cet élargissement, et surtout l'accès des pauvres, des Noirs et des femmes à la citoyenneté, ne s'est, cependant, pas produit aisément, étant le produit d'importantes luttes historiques.

1.2. LES CRITÈRES ESSENTIELS DU RÉGIME DÉMOCRATIQUE

Depuis les années 1980, le caractère démocratique des régimes politiques du monde occidental, fruit de longs débats et d'une lente évolution, a fait l'objet d'attaques qui l'ont souvent affaibli. Il est en effet fragile, étant donné que la démocratie doit permettre l'expression de valeurs et de principes parfois opposés. Son contenu est lui-même fluctuant. Il n'est pas ce qu'il était à Athènes ni ce qu'il sera dans un avenir plus ou moins rapproché.

Les régimes démocratiques, au tournant du troisième millénaire, présentent donc des caractères distincts découlant de l'évolution historique du concept de démocratie et issus de conditions historiques déterminées et de débats sur la nature et les fins de la démocratie. Bien que certains analystes ne retiennent que l'un ou l'autre de ces caractères dans leur définition d'un régime démocratique et que certains États se qualifient à tort de démocratiques, un régime qui se veut démocratique, à l'heure actuelle, doit présenter, à un certain degré, des caractères distincts qui se rapportent au *fonctionnement interne du système politique*, à la *configuration du centre décisionnel* et aux *rapports entre l'environnement politique et ce dernier.*

1.2.1. LES ASPECTS DU FONCTIONNEMENT DU SYSTÈME POLITIQUE DÉMOCRATIQUE

Les régimes démocratiques modernes constituent des systèmes représentatifs. Ils incluent l'élément de représentation hérité de John Locke, représentation qui doit être confirmée ou changée de façon périodique. Les citoyens et les citoyennes doivent donc élire leurs représentants politiques à des intervalles réguliers. Les membres des différents types de parlements sont élus pour des termes qu'on ne peut dépasser que dans des circonstances extraordinaires. Certains membres du pouvoir exécutif, tels les présidents, peuvent aussi avoir des mandats fixes.

Ce mode de représentation possède un caractère pluraliste : la population doit pouvoir choisir entre des personnes, des partis et des programmes pour la représenter et avoir la liberté d'exercer ce choix. Certains régimes politiques, tels ceux des États-Unis et du Royaume-Uni, favorisent la prédominance de deux grands partis, mais d'autres partis moins importants existent à côté de ceux-ci et peuvent les supplanter après une période de tripartisme[8]. Un dernier aspect du système de représentation démocratique est que la compétition entre les représentants politiques se fait pacifiquement dans des élections[9].

Il faut mentionner ici la critique de Schumpeter qui soutient que, dans un régime démocratique, la fonction principale de l'électorat est d'élire un gouvernement, de choisir entre des groupes qui se font concurrence pour obtenir son vote afin de le gouverner. Cela implique qu'il existe une distance entre le peuple et les partis politiques et que le peuple est généralement ignorant en politique[10]. Toutefois, les études de comportement électoral, telle celle menée par V. O. Key, révèlent que le vote des individus est habituellement déterminé par la poursuite de leurs intérêts. La représentation politique consisterait plus en une représentation d'intérêts qu'en une représentation des caractères socio-économiques de l'électorat.

Pour s'adapter au pluralisme social, le système politique doit chercher à concilier liberté et égalité, intérêts particuliers et intérêt général. À l'époque moderne, cette conciliation peut se faire grâce à des organismes de médiation ou des corps intermédiaires indépendants qui assument la liaison entre la société civile et le centre décisionnel. Considérés comme des éléments essentiels de la démocratie présente[11], ils correspondent à ce que David Easton appelle des agents d'agrégation et de transmission des demandes. La pluralité des partis politiques, des groupes d'intérêt, des associations, des syndicats et des autres organismes permet ainsi une représentation des demandes, intérêts, réactions, protestations des diverses catégories sociales devant le centre décisionnel. Selon Dahl, ces organismes relativement autonomes sont indispensables à l'existence des démocraties pluralistes, de même que la liberté générale de former de tels organismes et d'en faire partie. Ils permettent ainsi aux groupes de particuliers de participer aux décisions politiques et ils ne peuvent exister que dans une société démocratique où il est possible de poursuivre à la fois le bien commun et les intérêts particuliers. Ils doivent eux-mêmes faire des compromis, renforçant, comme le remarque Dahl, à la fois la solidarité et la division, la cohésion et le conflit, leur capacité de réduire les inégalités variant suivant les époques et les pays[12].

Un système politique démocratique, en raison de son pluralisme et de sa recherche d'un équilibre entre liberté et égalité, accorde une place à la participation politique des minorités. Les minorités acceptent de constituer l'opposition et de proposer des politiques alternatives à celles du pouvoir majoritaire. Dans les régimes parlementaires de type britannique, le parti qui arrive en second en termes de sièges obtenus au Parlement forme l'opposition officielle et reçoit des fonctions et des privilèges particuliers. Dans tous les régimes démocratiques, la majorité comme les minorités acceptent les règles du jeu politique. Leurs conflits sont donc exprimés de façon rhétorique, le plus souvent au Parlement et lors des campagnes électorales, et, conséquemment, de façon pacifique.

1.2.2. LES CARACTÈRES DU CENTRE DÉCISIONNEL DU RÉGIME DÉMOCRATIQUE

Les régimes démocratiques sont en outre constitutionnalistes et légalistes[13]. La structure du pouvoir et les règles du jeu politique sont clairement énoncées dans la constitution. De plus, le pouvoir n'est pas exercé par une seule personne. Il est habituellement divisé entre plusieurs instances, telles que le pouvoir exécutif, le pouvoir législatif et le pouvoir judiciaire. Ces instances doivent coopérer pour exercer leurs pouvoirs. Le pouvoir législatif est localisé dans une assemblée élue qui se réunit plusieurs fois par an pour présenter, discuter et adopter des projets de loi. Les décisions de cette assemblée sont respectées et appliquées.

Le pouvoir des représentants gouvernementaux est aussi limité par des élections à des échéances régulières[14], par les traditions parlementaires[15] et par le respect de la loi, des droits et des termes de la constitution. La limitation des pouvoirs du centre décisionnel, sous ces deux aspects, est à la base du principe démocratique qui s'oppose au pouvoir arbitraire.

1.2.3. LES CARACTÈRES DE LA SOCIÉTÉ ET DE SES LIENS AVEC LE CENTRE DÉCISIONNEL DU RÉGIME DÉMOCRATIQUE

Dans ces régimes pluralistes constitutionnalistes, la population accepte les « règles du jeu du régime » et se soumet au pouvoir de la majorité. Les résultats des élections ne sont pas contestés ou considérés comme non valides. La population doit être convaincue qu'elle vit dans le meilleur régime possible et, donc, le regarder comme légitime et « bon », mais non comme parfait, et avoir aussi le droit de le critiquer[16]. Il existe ainsi un droit de dissidence pacifique de la part des citoyens et des citoyennes aussi que des médias, habituellement inclus dans les droits de libre expression et d'association.

La protestation peut s'exprimer dans le cadre de la participation politique, par des écrits, déclarations et discours, par des présentations au centre décisionnel, par le vote ou par la formation d'un parti démocratique. Elle peut aussi prendre la forme de manifestations dans lesquelles s'exprime le mécontentement d'une communauté ou d'un groupe par rapport à ses attentes à l'égard du centre décisionnel. Selon la typologie de Pierre Favre, ces manifestations peuvent être « initiatrices », soulevant une question négligée ou oubliée par le centre décisionnel, telle celle des questions féministes dans les années 1960. Elles peuvent être « routinières », démontrant de façon régulière la capacité de mobilisation de certains organismes, telles les manifestations des syndicats le 1er mai. Elles peuvent être liées à une crise grave du régime politique, s'accompagner de violence et mettre celui-ci en danger[17]. Touraine fait valoir que la violence et les confrontations directes entre les gouvernants et la population détruisent la démocratie[18]. La violence contre l'État est considérée comme illégitime. De leur côté, les mouvements et les manifestations qui l'emploient contestent habituellement la légitimité du régime et de sa répression. La violence comme forme d'expression d'une opposition peut être le résultat d'une accumulation de frustrations qui ont atteint un seuil critique dans un contexte de conditions favorables à cette expression[19].

Dans la société démocratique, toute minorité accepte le pouvoir de la majorité, et celle-ci accepte de donner une voix et une place aux minorités. Ce type de société doit donner aux minorités et aux individus plus défavorisés le droit d'agir pour se défendre contre les conséquences du principe inégalitaire du pouvoir de la majorité. Ce régime peut se heurter à des contre-cultures ou à des groupes marginaux qui refusent d'y participer, de reconnaître ainsi le champ politique où les conflits sociaux peuvent s'exprimer[20]. Les mouvements révolutionnaires, qui cherchent à renverser les régimes démocratiques, refusent, eux, les règles du jeu et les débats pacifiques. La violence est leur moyen de s'exprimer et d'arriver à leurs fins.

Un régime démocratique, pluraliste par nature, doit donner des droits et des libertés aux citoyens et citoyennes, en particulier la liberté d'expression, la liberté d'association et la liberté de culte, pour reconnaître la diversité des communautés politiques, professionnelles, culturelles et religieuses. Ces droits sont habituellement inscrits dans la constitution des régimes démocratiques, et ils doivent aussi être protégés dans la pratique. La démocratie est, en effet, inséparable d'une théorie et d'une pratique de droits fondamentaux ou moraux qui sont extérieurs à l'organisation particulière de la vie collective.

Les minorités culturelles ont souvent leurs propres « droits » enchâssés dans la constitution des régimes démocratiques. Ces droits sont généralement basés sur le principe de la personnalité, sur le droit individuel des membres d'une ou de plusieurs minorités à employer leurs propres langues et parfois à s'exprimer aussi dans leurs propres cultures. Quatre langues nationales et trois langues officielles sont ainsi reconnues dans la Constitution suisse[21]. Au Canada, les droits linguistiques du français sont enchâssés dans la *Charte canadienne des droits et libertés* et sont aussi protégés par les articles 93 et 133 de la *Loi constitutionnelle de 1867* et par l'article 23 de la *Loi sur le Manitoba de 1870*[22]. De plus, l'emploi du français dans les services publics fédéraux est garanti par la *Loi sur les langues officielles* de 1969, mise à jour et modernisée 20 ans plus tard[23].

Même aux États-Unis, réputés pour leur politique d'assimilation linguistique, des mesures ont été prises pour protéger la langue et la culture des minorités indigènes et d'origine française. En 1974, un amendement à la Constitution de la Louisiane a appuyé les efforts de CODOFIL, organisme d'État, créé en 1968 en vue de sauvegarder la langue et l'héritage français en Louisiane. Sur le plan des États, cette ouverture aux communautés de langues minoritaires n'est pas unanime, 18 États, en 1997,

ayant amendé leurs constitutions pour faire de l'anglais la langue officielle. Le gouvernement fédéral est plus ouvert aux droits des minorités. En 1990, le *Native American Languages Act* a mis en évidence le devoir du gouvernement américain de collaborer avec les peuples autochtones afin d'assurer la survie de leurs cultures et de leurs langues, particulièrement dans le domaine de l'éducation. Le *Voting Rights Act* permet aussi des bulletins de vote bilingues dans des régions désignées. Enfin, le *Civil Rights Act* de 1964 interdit la discrimination sur les bases de l'origine nationale[24].

Les droits linguistiques des minorités, habituellement basés sur le principe des droits individuels, peuvent, dans certains cas, être protégés, comme en Suisse et au Québec, en recourant au principe de territorialité et, plus ou moins tacitement, à celui des droits collectifs. Le principe de territorialité est plus facilement appliqué dans des États démocratiques fédéraux quand le territoire d'une unité fédérale abrite une proportion importante d'une minorité linguistique. L'usage du principe de territorialité peut provoquer un conflit entre droits collectifs et droits individuels. La *Charte de la langue française*, adoptée en 1977 au Québec, vise ainsi à offrir une « zone de sécurité linguistique[25] » au français en francisant la vie économique et en exigeant des immigrants que leurs enfants apprennent la langue de la majorité.

Un droit fondamental attaché à la citoyenneté, lié au principe de la représentation dans un régime démocratique, est le droit de vote. Les citoyens et citoyennes forment la société civile qui, en plus de droits fondamentaux, a le droit d'élire et de changer les gouvernements par sa participation aux élections et de protester contre un gouvernement ou de s'y opposer. Un tel régime doit, en principe, offrir le suffrage universel, bien que cette universalité, comme il a été démontré au chapitre 10, ne soit que relative.

La citoyenneté implique ainsi l'appartenance à une communauté distincte et la participation à la vie politique. Citoyens et citoyennes ont conscience d'appartenir à une communauté nationale à l'esprit démocratique dont les institutions politiques sont le résultat d'une évolution historique[26]. La démocratie est liée, en effet, à la naissance de l'État-nation. Pour rester démocratiques, ses membres ne doivent pas posséder un sens communautaire si fort qu'il empêche toute différence ou dissidence et, donc, l'exercice de droits individuels et la protection des minorités.

L'extension, à l'époque moderne, des droits et libertés garantis par les régimes démocratiques, accompagne également la recherche d'une harmonie entre liberté et égalité. Tandis que, par le passé, les libertés demandées au nom du libéralisme classique étaient principalement négatives, à présent, les régimes démocratiques reconnaissent qu'il est nécessaire que l'État intervienne dans les domaines auparavant « privés » de l'économie, de la culture et de la santé, pour donner aux catégories sociales moins privilégiées la possibilité d'exercer leurs droits et libertés. La nature de ces droits devient ainsi positive, qu'il s'agisse du droit à un revenu minimum ou du droit à des services de santé.

La nécessité de l'intervention de l'État dans le domaine privé provient de la cohabitation des régimes démocratiques modernes avec un système capitaliste avancé et une économie de marché. L'État doit remédier aux inégalités causées par ce système basé sur la liberté qui, quoiqu'il favorise les innovations et la créativité, est fondé sur la concurrence et la recherche du profit.

Dans un autre ordre d'idées, certains analystes remarquent que les divisions sociales liées au caractère pluraliste du régime démocratique semblent influer sur la stabilité de ce dernier. Touraine, envisageant la correspondance entre société démocratique et régime démocratique, indique que la démocratie paraît être plus stable, comme en Grande-Bretagne, quand elle se base sur des conflits sociaux de nature générale, comme ceux qui opposent les classes sociales, et sur l'acceptation de la liberté politique. Il faut toutefois que les mouvements sociaux qui représentent les intérêts particuliers des divers groupes s'entendent sur des principes généraux concernant le bien commun[27]. Seymour Martin Lipset, de son côté, considère que la stabilité d'un régime est plus grande si la population fait partie de groupes qui représentent des clivages politiques entrecroisés (voir le chapitre 3)[28].

1.2.4. LES VALEURS FONDAMENTALES DU RÉGIME DÉMOCRATIQUE

La société démocratique défend aussi certaines valeurs. Elle doit être animée d'un esprit de tolé-

rance afin d'accepter le pluralisme social et un certain équilibre entre les valeurs héritées du libéralisme. Touraine remarque qu'il doit s'y trouver une volonté d'atteindre à la fois liberté et égalité et de concilier intérêts particuliers et intérêt général. Lijphart examine comment des sociétés fragmentées, divisées en sous-cultures dont les divisions se renforcent mutuellement, arrivent à maintenir une démocratie stable. Il les appelle des « démocraties consociationnelles », gouvernées non pas par la majorité, mais par un processus de conciliation entre élites des sous-cultures, exigeant compromis et coopération entre élites et se fondant sur leur volonté de maintenir la démocratie et d'éviter la fragmentation politique[29]. Bref, ces élites acceptent d'être conciliantes quant aux intérêts particuliers de leurs sous-cultures pour protéger l'intérêt général. Cette accommodation peut aussi se produire dans les gouvernements de coalition composés de plusieurs partis politiques et formés, parfois, en période de danger national[30]. L'esprit de compromis dans la population et chez les élites, la prédominance de l'intérêt général sur les intérêts particuliers sont donc des éléments importants de ces sociétés démocratiques.

En somme, il doit exister un certain nombre d'éléments et un certain équilibre entre ceux-ci pour arriver à une forme moderne de régime démocratique (tableau 13.1). L'expérience a montré qu'un seul élément ne suffit pas. L'établissement d'un système capitaliste dans un pays, même s'il s'accompagne de modernisation, n'entraîne pas toujours l'implantation d'un régime démocratique. L'expérience a montré également qu'on ne peut imposer un régime démocratique à une société qui ne possède pas les principes, les valeurs, les corps intermédiaires, etc., propres à la démocratie. Le pluralisme politique et social et le constitutionnalisme sont aussi des éléments essentiels du régime démocratique.

L'équilibre démocratique recherché par ce régime n'a rien de stable, et il faut sans cesse, comme certains titres d'ouvrages récents le suggèrent, lutter non seulement pour instaurer un tel régime, mais aussi pour le maintenir[31]. Par exemple, l'équilibre entre le pouvoir social et le pouvoir politique disparaît si l'État est trop puissant. Il se transforme alors en régime autoritaire.

Tableau 13.1
Les caractères du régime politique démocratique

Système politique	Centre décisionnel	Société	Valeurs idéales
Représentatif : libres élections. Élections périodiques avec un choix réel entre plusieurs partis, programmes, candidats. Constitutionnaliste et légaliste. Accorde une place aux minorités, permet la critique. Cohabite avec un système économique capitaliste.	Pouvoir divisé et limité par les traditions, les lois, la constitution, le droit. Existence d'une assemblée élue qui se réunit plusieurs fois et présente, discute et adopte les lois. L'opposition est représentée et s'exprime de façon pacifique.	Pluraliste. Accepte les règles du jeu politique et sa légitimité. Valorise le régime. Possède droits et libertés (culte, vote, expression).	Tolérance. Liberté équilibrée avec égalité. Esprit de compromis. Conciliation entre l'intérêt général et les intérêts particuliers. Respect des droits.

Existence d'organismes indépendants de médiation.

2. LE RÉGIME AUTORITAIRE

2.1. LES ORIGINES ET LE DÉVELOPPEMENT DU RÉGIME AUTORITAIRE

Les régimes autoritaires peuvent être considérés comme des vestiges du passé qui refusent de disparaître. Ils refont parfois surface en s'adaptant un peu à leur nouveau milieu. Des exemples de ces vestiges de type autoritaire sont les autorités qui cumulaient les pouvoirs religieux, politique et social et dirigeaient, selon Max Weber, certaines sociétés traditionnelles[32], et les régimes absolutistes occidentaux qui, basés sur le droit divin des rois, gouvernaient de façon arbitraire.

Max Weber fait également remarquer qu'une société traditionnelle en voie de modernisation peut aussi avoir pris les caractères d'un régime autoritaire. Sentant que ses valeurs profondes sont menacées, elle choisit un chef charismatique, doué de pouvoirs extraordinaires, pour calmer son anxiété et rendre la modernisation moins pénible. La société lui fait confiance et lui obéit aveuglément, acceptant ainsi un certain autoritarisme.

Les régimes autoritaires propres à l'époque actuelle sont de trois types. Ceux du premier type sont apparus dans une société traditionnelle dont les traditions et la culture ne sont pas démocratiques, et ceux du deuxième type se présentent comme des régimes de transition. Dans ces derniers, l'autorité invoque, pour légitimer son pouvoir, un mandat qui lui est confié ou un programme à accomplir pour leur société, dont la nature peut être idéologiquement de droite ou de gauche, conservatrice ou progressiste. Les régimes du troisième type veulent imposer une théocratie, remettre le pouvoir politique, social et religieux entre les mains d'une seule personne.

Les sociétés des régimes du premier type, que Bénéton qualifie de « despotiques », ne présentent pas les caractères propres à une société démocratique[33], n'ayant connu et n'acceptant qu'une tradition de régimes autoritaires. L'État y est un instrument de satisfaction personnelle des gouvernants, qui confondent cet État et ses richesses avec leurs propres intérêts et leurs biens personnels. L'usage de la violence est arbitraire, et celle-ci s'exerce à l'égard de l'opposition et aussi, au hasard, à l'égard des individus.

Les régimes autoritaires du deuxième type, ceux de « transition », peuvent différer entre eux à maints égards. Certains de ces régimes, habituellement des dictatures, se proposent uniquement de rétablir et de maintenir l'ordre et leur pouvoir, même si, souvent, ils promettent un avenir plus démocratique. D'autres, les régimes autoritaires révolutionnaires, ont une mission et un projet idéologiques. Les uns et les autres peuvent succéder à une autre dictature ou à un régime démocratique. Dans certains régimes, la dictature est celle d'un parti et d'une puissante fonction publique.

Les dictatures de la première catégorie s'emparent habituellement du pouvoir par un coup d'État. Elles justifient leur autorité en affirmant qu'il est nécessaire de faire régner l'ordre pour qu'elles puissent accomplir une tâche déterminée : le développement économique ou la modernisation, la construction ou la reconstruction nationale, l'avènement de la démocratie ou du communisme. Elles dégénèrent en despotisme ou s'accompagnent souvent de celui-ci du fait des appuis de l'intérieur et de l'extérieur qu'elles reçoivent et de la violence arbitraire nécessaire à leur maintien. Duverger distingue d'une façon un peu trop simple les dictatures *réactionnaires*, qui cherchent à maintenir l'ordre établi, et les dictatures *révolutionnaires*, dont le but est d'accélérer le changement[34].

Richard Falk rattache certaines dictatures à un type particulier représenté par la dictature militaire brésilienne qui prit le pouvoir en 1964. Selon lui, le type brésilien est adopté dans les pays qui possèdent de riches ressources naturelles et sont affectés par une crise intérieure. La crise est due au refus des classes privilégiées, qui constituent la minorité, d'améliorer le sort des autres classes, et à l'incapacité des élites politiques modérées de maintenir une certaine stabilité sans recourir à un minimum de politiques de redistribution de richesses et de justice sociale. Cette politique de compromis déplaît à la minorité privilégiée et ne répond pas suffisamment aux demandes de la majorité. Ces conditions instables favorisent la prise du pouvoir par des militaires afin d'imposer l'ordre. La plupart du temps, ces dictatures militaires ou quasi militaires sont de droite. Elles procèdent habituellement à une restructuration du pouvoir pour « légitimer » leur régime autoritaire. Cette légitimation provient aussi de la professionnalisation de ces militaires, entraînés principalement aux États-Unis comme « gardiens de la sécurité interne ». Elle s'appuie également sur les

bureaucrates et les technocrates qui entourent la dictature et qui la justifient en termes d'efficacité[35]. Ces dictatures sont liées aux classes privilégiées et peuvent souvent aussi compter sur le soutien économique, diplomatique et militaire des États-Unis avant et après le coup d'État.

De telles dictatures prétendent que leur régime est nécessaire pour maintenir l'ordre et hâter le développement capitaliste du pays. En réalité, elles favorisent les intérêts des capitalistes du pays et de l'étranger. Elles cherchent une intégration au commerce mondial et à la finance internationale et sont ouvertes aux entreprises multinationales. Dans ce processus, afin d'attirer des capitaux étrangers, ces dictatures forcent la population à accepter des taux élevés de chômage, des salaires extrêmement bas, donc une vie de pauvreté, en sus de la violation constante des droits de la personne. De plus, la militarisation du pouvoir et la nécessité d'éliminer toute opposition entraînent de plus grandes dépenses militaires, dont des achats considérables d'armes aux pays occidentaux, ce qui amène une diminution des ressources disponibles pour les programmes sociaux. La violence contre les minorités ou les majorités culturelles est légitimée au nom du progrès et de la modernisation. Ces régimes ne peuvent durer très longtemps, mais leur remplacement par un régime démocratique ou un autre régime autoritaire dépend de la conjoncture.

Souvent les dictatures justifient leur existence en se présentant comme un régime qui prépare l'établissement de la démocratie. L'expérience de celles qui ont avancé dans cette voie montre que ce processus peut être très lent s'il parvient jamais à son terme[36].

Une deuxième catégorie de régimes autoritaires de transition est constitué par ce que Bénéton appelle la « tyrannie révolutionnaire[37] ». Bénéton indique qu'elle peut être tout aussi bien fasciste ou marxiste. Ce régime est dirigé par un État-parti qui, parlant au nom du peuple, en réalité lui impose sa volonté. Sa légitimité repose sur sa mission et sur le projet idéologique qu'il propose d'accomplir.

Richard Falk qualifie sa forme marxiste de « léniniste »[38]. Présent dans beaucoup de pays du tiers monde, souvent institué à la suite d'une révolution nationale de libération, ce régime s'appuie sur un soutien et un modèle externes, l'URSS ou la Chine, avec des exceptions toutefois, comme Cuba qui a créé son propre modèle. La légitimité de ce régime repose sur le projet de développer le socialisme dans le pays.

En dépit de l'usage arbitraire qu'il fait de la violence et de son intolérance à l'égard de toute forme d'opposition, ce type de régime semble plus favorable à la population que les autres régimes autoritaires, son bilan de redistribution des richesses étant meilleur que celui de ses homologues à économie capitaliste. Ce type de régime dure aussi plus longtemps. Toutefois, la persistance de la répression, les promesses non remplies, la disparition de l'aide soviétique, l'hostilité idéologique des États-Unis et les exigences du commerce mondial et des institutions monétaires internationales sont des facteurs internes et externes qui sont susceptibles de le faire basculer dans le totalitarisme ou qui le forcent à se rapprocher de la démocratie.

Le dernier type de régimes autoritaires est basé sur l'autoritarisme religieux. Leur théocratie unit l'autorité de l'État et l'autorité de la religion. La légitimité et les lois sont donc d'origine « divine ». Cette forme de théocratie est intolérante à l'égard de toute dissidence politique, religieuse ou culturelle. L'État islamique d'Afghanistan, contrôlé depuis septembre 1996 par les militaires talibans, était ainsi dirigé par un conseil de six clercs islamiques. Ces théocraties associent dictature militaire et dictature religieuse, et sont souvent très nationalistes et hostiles à l'égard des « autres », l'Occident, et particulièrement les États-Unis, en ce qui concerne les théocraties islamiques. Par leurs mesures de plus en plus restrictives imposées à toute la société et leur invasion de la vie privée, elles se dirigent tout droit vers le totalitarisme.

Ces divers régimes autoritaires, habitués à la violence et à la domination de la population, sont souvent empreints de masculinisme. Certaines théocraties intégristes adoptent un choix de lois et une interprétation misogynes du Coran pour asservir les femmes[39].

D'autres typologies considèrent les dictatures sous des aspects particuliers. L'une utilise, comme critère de distinction, les catégories sociales sur lesquelles ces régimes s'appuient : la haute bourgeoisie pour les dictatures de type fasciste, la bourgeoisie pour celle de type bonapartiste, la bourgeoisie et l'aristocratie pour les dictatures militaires et les classes dirigeantes, une bourgeoisie comprenant des éléments industriel, financier et terrien pour les dictatures de notables[40]. Une autre considère particulièrement le degré de différenciation des institutions, des partis, de la bureaucratie, des postes officiels, qui existe dans ces dictatures[41].

2.2. LES CRITÈRES ESSENTIELS DU RÉGIME AUTORITAIRE

En général, il est facile de définir un régime autoritaire, de quelque type qu'il soit, de façon négative par rapport à un régime démocratique. Il présente de toute manière des caractères qui lui sont propres (tableau 13.2).

2.2.1. LE FONCTIONNEMENT DU SYSTÈME POLITIQUE DU RÉGIME AUTORITAIRE

Du point de vue du système politique et du centre décisionnel, un régime autoritaire n'est ni représentatif ni pluraliste. L'autorité au pouvoir, individu ou groupe, est rarement élue. Elle prend habituellement le contrôle de l'État par la force ou elle est acceptée par tradition. Elle gouverne avec l'aide de ses partisans, de ses conseillers, de technocrates et d'une bureaucratie qui lui est inféodée.

2.2.2. LES CARACTÈRES DU CENTRE DÉCISIONNEL DU RÉGIME AUTORITAIRE

Ce régime peut adopter une constitution afin de se faire reconnaître par la communauté internationale, mais cette constitution n'est qu'une façade démocratique. Dans la pratique, l'autorité au pouvoir peut n'en faire absolument aucun cas et suspendre son application, en tout ou en partie[42]. L'autorité se considère ainsi au-dessus des lois et son pouvoir est illimité. Si le régime accepte un corps de règles

Tableau 13.2
Les caractères du régime politique autoritaire

Système politique	Centre décisionnel	Société	Valeurs idéales
Non représentatif. Pas d'élections ou élections truquées. Sans parti ou monopartiste. Légaliste et constitutionnaliste de façade, s'il possède constitution et lois. Pas de place pour les minorités. Cohabite avec divers systèmes économiques. Se dit souvent en transition vers le capitalisme.	Le pouvoir est exercé par une personne ou un groupe. Accession à une autorité illimitée par la force ou par la tradition. N'accepte aucune opposition. Possède parfois un plan et se donne une mission. A recours, pour gouverner, à la terreur et à la violence mais, une fois l'opposition écrasée, la violence décroît ou cesse. Bénéficie souvent d'un appui politique externe.	Pas de pluralisme sauf s'il est apolitique et non menaçant. Sans libertés ni droits. Toute critique et toute dissidence sont défendues et punies. Le seul moyen d'expression de l'opposition est la violence.	Obéissance, soumission, ordre, autorité, résignation.

Aucun groupe intermédiaire de médiation
n'est toléré.

juridiques, le droit n'offre aucune garantie de justice, le régime ne considérant pas comme faisant partie de ses valeurs le respect des règles et des lois. Donc, en fait, le régime n'est ni constitutionnaliste ni légaliste.

S'il existe un Parlement, celui-ci n'est composé que d'un seul parti politique. L'autorité au pouvoir n'y admet que son parti et ne tolère aucune opposition. D'ailleurs, un des premiers gestes des régimes autoritaires consiste habituellement à interdire tous les partis et mouvements d'opposition.

2.2.3. LES CARACTÈRES DE LA SOCIÉTÉ ET DES RAPPORTS DE CELLE-CI AVEC LE CENTRE DÉCISIONNEL DES RÉGIMES AUTORITAIRES

Dans les régimes autoritaires, les autorités cherchent non pas à représenter les intérêts divers de la population, mais plutôt à imposer leur vision. Elles utilisent la violence — tortures, exécutions, assassinats — pour régler leurs conflits avec les individus, les partis et les mouvements qui s'opposent à elles. Le régime recourt à la torture, aux tribunaux secrets, aux exécutions pour mater ou supprimer l'opposition. L'opposition est forcée alors de se cacher, de faire usage de la violence pour s'exprimer et d'avoir recours au terrorisme, à l'enlèvement ou à la résistance armée.

N'étant plus tolérés, les groupes intermédiaires qui composent ce que Touraine appelle l'« espace démocratique » disparaissent ou sont presque complètement éliminés. Forcés de garder le silence ou de soutenir le régime, ils ne peuvent plus remplir convenablement leurs fonctions d'agrégation et de transmission des intrants. Le régime ne tolère pas le pluralisme social et culturel, si celui-ci fait obstacle aux visées des autorités, et accepte les coutumes locales, les activités, les opinions, les loisirs et les religions qui ne le menacent pas[43]. Si les minorités lui paraissent être une nuisance, il cherchera à les éliminer.

Dans un régime autoritaire, l'obéissance de la population à l'autorité au pouvoir est garantie par la crainte des mesures répressives, par la terreur et, s'il n'y a qu'un parti, par des liens continus entre celui-ci et la masse. La dissidence politique est punie, les médias libres sont supprimés, muselés ou ses éditeurs et journalistes persécutés. La notion de droits individuels n'existe pas, un tel régime violant les droits de la personne pour des raisons économiques, politiques ou culturelles. La population n'a aucun droit, sauf celui de soutenir le régime et d'obéir à l'autorité au pouvoir. Elle est souvent censée s'identifier à cette autorité qui dit symboliser la nation[44].

2.2.4. LES VALEURS ESSENTIELLES D'UN RÉGIME AUTORITAIRE

Un régime autoritaire ne cherche pas à obtenir un équilibre entre égalité et liberté. La liberté de la population n'existe pas. Il valorise non pas le pluralisme, mais l'intolérance. Le principe par lequel il fonctionne lui est propre : celui de l'autorité au-dessus des lois et du droit. Les valeurs qu'il s'efforce d'imposer à la population sont le respect de l'ordre, l'obéissance, la résignation.

Malgré son respect de l'ordre, un régime autoritaire est par nature instable. Il engendre une opposition qui envahit graduellement toutes les masses opprimées du pays et est de plus en plus difficile à contenir. Le succès des révolutions et la nature du remplacement d'un tel régime dépendent, comme nous l'avons déjà dit, des tendances démocratiques de la société et des conditions géopolitiques existantes.

3. LES RÉGIMES TOTALITAIRES

3.1. LES ORIGINES ET LE DÉVELOPPEMENT DES RÉGIMES TOTALITAIRES

Les régimes totalitaires se distinguent des autres par leur caractère nettement moderne[45]. En effet, leur apparition exigeait des conditions favorables à une démocratie de masse qui ne se sont réalisées qu'au cours de la Première Guerre mondiale. Les idéologies sur lesquelles ils s'appuient, communisme staliniste ou nazisme, datent du XXᵉ siècle. Leur organisation et leurs moyens de contrôle requièrent un développement avancé des sciences et des techniques, tandis que la société sur laquelle ils s'appuient doit présenter les caractéristiques d'une société industrielle.

Tandis que les sociologues et les politicologues s'entendent habituellement pour considérer le totalitarisme et les régimes totalitaires comme des phénomènes du XXᵉ siècle ayant des caractères distincts, la genèse de ces termes et leur application provoquent une certaine confusion ainsi que des débats à caractère idéologique. Ainsi, Herbert Marcuse, en 1934, utilise le concept de totalitaire pour qualifier les révolutions conservatrices et leurs appareils, y compris ceux de propagande. Les analystes marxistes ont ensuite tendance à qualifier indistinctement les régimes autoritaires et fascistes de totalitaires[46]. D'un autre côté, le pacte germano-soviétique de 1940 suscite aux États-Unis des études qui, qualifiant de totalitaire le régime soviétique, le comparent au régime nazi[47].

Une autre confusion vient du fait que le mot « totalitaire » lui-même est inspiré de la pensée du philosophe du fascisme, Giovanni Gentile, qui présente sa forme italienne comme une conception totale de la vie. Mussolini, ensuite, répète avec orgueil qu'il a créé un État totalitaire. Ironiquement une majorité d'analystes, à présent, considère que le régime italien ne présente pas tous les traits du totalitarisme. Par contre, les nazis, dont le régime est unanimement reconnu comme totalitaire, ne l'ont que rarement qualifié de ce terme, et seulement au début de ce régime[48].

Une controverse au sujet du totalitarisme dans les milieux universitaires et politiques concerne l'emploi et la teneur idéologique du terme, à partir du regain d'intérêt qu'il suscite au moment de la guerre froide. De nouvelles études qualifient, alors, le régime staliniste de totalitaire et le comparent à celui d'Hitler[49]. En riposte, plusieurs accusent les États-Unis d'utiliser ce terme comme une arme de la guerre froide pour séparer le monde en deux camps[50]. D'autres, comparant les régimes soviétique et américain et les trouvant semblables, soutiennent que le pluralisme américain cache une domination totalitaire qui s'exerce par le biais du système de production et de distribution[51]. Même si certains, après la mort de Staline, recommandent de ne plus utiliser ce terme, jugeant qu'il ne rend pas compte de l'évolution et aussi de la diversité des régimes communistes[52], le terme continue d'être appliqué à plusieurs d'entre eux[53].

Un autre débat porte sur le degré de ressemblance entre le nazisme et le stalinisme. Pour Hannah Arendt et d'autres, ils sont totalitaires tous les deux par certains traits. Pour Raymond Aron, les deux types de régime ne sont pas identiques en raison des buts que chacun se propose, l'un visant à la destruction de l'humanité, l'autre cherchant dans son idéal lointain l'émancipation humaine.

Avant de présenter les éléments principaux du totalitarisme, il est nécessaire d'éclaircir quelque peu ces débats. En premier, Shapiro remarque que l'application du terme « totalitaire » à l'Allemagne et à l'Union soviétique sous Staline n'est pas une conséquence de la guerre froide[54], le parallèle ayant déjà été établi auparavant. La guerre froide ne fait que susciter un plus grand intérêt pour ce cadre d'analyse. Ensuite, on ne peut raisonnablement prétendre que la démocratie de « consommation de masse » constitue, du moins actuellement, une forme de totalitarisme. En effet, la démocratie permet, par exemple, le recours aux lois, au droit, et aux tribunaux et toute autre forme d'opposition légitime. Enfin, il est évident que le pluralisme et la démocratie se développent en Russie et dans les anciens pays satellites. Cela ne veut pas dire qu'on doive nécessairement abandonner le concept de totalitarisme. D'une part, certains analystes jugent qu'il existe encore des régimes totalitaires. D'autre part, de nouvelles formes de régimes totalitaires issues des théocraties intégristes pointent à l'horizon.

3.2. LES ÉLÉMENTS CONSTITUTIFS DES RÉGIMES TOTALITAIRES

Mentionnons de nouveau qu'il n'y a pas d'unanimité au sujet des éléments constitutifs des régimes totalitaires. Le tableau 13.3 tente cependant d'en isoler les caractères principaux.

Malgré les critiques dont elle a fait l'objet, la liste de Carl J. Friedrich demeure une référence. D'après cette liste, les éléments constitutifs du totalitarisme sont les suivants :

1) une idéologie officielle à laquelle tout le monde doit adhérer, qui demande de rejeter l'actuelle société et de travailler en vue d'arriver au stade final de l'humanité, un état fictif parfait qui suivra la conquête du monde ;

2) un seul parti de masse de structure hiérarchique, placé au-dessus de la bureaucratie ou étroitement lié à celle-ci, formé d'un petit groupe d'individus ayant voué leur existence au service de l'idéologie, et dirigé par un seul individu ;

3) un quasi-monopole de contrôle grâce à l'emploi des technologies modernes dans le domaine des armes de combat ;

4) un quasi-monopole de contrôle grâce à l'utilisation des médias, à la fine pointe de la technologie ;

5) une politique de terreur physique et psychologique destinée à neutraliser les ennemis et appliquée par la police secrète et le parti ;

6) un quasi-monopole de contrôle de tous les organismes[55].

D'autres éléments constitutifs du régime totalitaire qui méritent d'être signalés sont les trois éléments isolés par Karl Deutsch : sa capacité à mobiliser l'effort et les ressources de la population dont la vie est vouée à la cause idéologique, son unité de commande et l'efficacité de l'application de son but externe et de la suppression de l'opposition[56]. Un autre élément, indiqué par Franz Neumann, est la domination du leader sur l'État et la vie politique [57].

Enfin, il faut ajouter la contribution majeure de Hannah Arendt à l'étude du totalitarisme. Elle met d'abord l'accent sur la création, l'organisation et l'utilisation d'une masse atomisée par le mouvement, puis par le régime. La masse serait attirée par le totalitarisme comme elle l'est par le mal et le crime au point d'accepter d'être dévorée par lui. Elle naîtrait de l'effondrement du système de classes et du système de partis et, au début, d'une alliance temporaire entre populace et élite[58].

Arendt insiste sur le rôle de la propagande, de l'endoctrinement et de la terreur pour asservir la masse[59]. En outre, elle avance que le rôle du chef est essentiel comme défenseur magique du mouvement

Tableau 13.3
Les caractères du régime politique totalitaire

Système politique	Centre décisionnel	Société	Valeurs idéales
Non représentatif. Pas d'élections ou élections de façade. Monopartiste. Une seule idéologie. Constitutionnalisme et légalisme de façade. Citoyenneté enlevée aux individus qui ne sont pas de la race supérieure ou n'adhèrent pas à l'idéologie. Politisation de toutes les activités. Aucun groupe de médiation indépendant n'est toléré. Cohabite avec une forme de capitalisme mixte ou d'État.	Chef omnipotent et omniscient, affirmant représenter les masses. A le monopole du pouvoir, des armes de combat et des médias. Chef au-dessus des lois, du droit et de la constitution. Sa volonté est la loi. L'État et le parti sont soumis au chef. Parlement docile ou inactif. Ne tolère aucune opposition. Emploie violence, terreur, camps de concentration, propagande, mensonges et mythes pour gouverner. La fin justifie les moyens. Cette fin vise la transformation de l'être humain, de la société, des relations sociales ainsi que la domination du monde. Le chef gouverne en s'appuyant sur la docilité de la masse.	Pas de pluralisme toléré même s'il est apolitique. Toute opposition doit être liquidée. Subit la terreur même après cette liquidation. Persécution des minorités. Sans libertés ni droits. Doit être modelée selon l'idéal du chef. Atomisée. Sans vie privée. Devient une masse dont les divisions sont gommées et que le chef peut mobiliser à sa guise.	Soumission. Identification au chef. Insécurité. Haine. Brutalité. Collectivisme. Égoïsme individuel. Acquiescement et conversion au régime et à l'idéologie. Nihilisme. Hors de toute éthique. Orgueil d'appartenir à la race supérieure ou d'adhérer à l'idéologie supérieure. Dévotion au chef et au régime.

Les seuls groupes intermédiaires proviennent
de la volonté du chef et
servent à modeler toutes les activités de la masse
selon cette volonté.

contre le monde extérieur et comme élément de liaison avec celui-ci. Incarnant la totalité, il a le monopole absolu du pouvoir, il est au-dessus de l'État et du parti, de la loi et du droit, il est omnipotent et s'appuie sur la police secrète. Cette omnipotence est basée sur le fait que tout ce que le chef veut peut être accompli par la violence et les méthodes totalitaires. En effet, un régime totalitaire continue à employer la terreur après être parvenu à annihiler l'opposition et à prendre le pouvoir. La terreur vise à produire une autre humanité, une autre société, hors des normes précédemment acceptables ou recherchées. La torture est irrationnelle et sadique, elle est une fin en elle-même. Dans ce régime d'insécurité où chaque individu est un dénonciateur en puissance, la terreur encourage la haine entre individus[60].

Arendt remarque que les organismes indépendants n'existent plus dans le régime totalitaire, car celui-ci ne peut tolérer le pluralisme. Remplacés par des organismes dépendants de la volonté du chef qui réglementent toutes les activités des masses, ils sont constamment dédoublés pour apporter la confusion dans un contexte dont on ne peut définir la forme mais qui est voulu comme tel par le chef. Ces organismes cherchent à abolir la vie ordinaire et ils ne sont plus des moyens d'agréger et de communiquer les demandes de la population au centre décisionnel, mais des moyens de façonner les masses selon la volonté du chef. Quant au chef, il doit concilier mouvement et gouvernement, fiction idéologique et réalité et éviter par-dessus tout la normalisation. L'instabilité lui est nécessaire pour gouverner. Le chef fait fi des constitutions et des lois, même s'il les fait adopter. Il a le monopole absolu du pouvoir. Les constitutions ne sont que des façades démocratiques. En fait, l'État lui-même n'est qu'une façade[61].

3.2.1. LES ASPECTS DU FONCTIONNEMENT DES RÉGIMES TOTALITAIRES

Sur le plan du système politique et en comparaison avec le régime démocratique, le régime totalitaire n'est pas pluraliste. Il n'accepte qu'un seul parti, parfois même aucun, qu'une idéologie, qu'un chef, que des activités autorisées par l'idéologie, le parti et le chef. L'idéologie procédant de la volonté du chef est la seule vérité, elle dicte toutes les activités et encadre les organismes ainsi que la vie des individus. Elle envahit tout.

Le système politique n'est pas représentatif dans le sens démocratique. Le chef et le parti affirment représenter les masses. C'est-à-dire que masses et chef ne doivent faire qu'un. Cette représentation se fait ainsi au prix de l'individualité des êtres humains et de la négation de leur jugement moral. En réalité, les masses ne sont plus que la volonté du chef. Elles n'ont pas d'individualité ni de vie privée. Toute faute économique ou professionnelle devient une faute idéologique, toute activité qui n'est pas conforme à cette volonté est un crime politique[62]. Les activités économiques et professionnelles sont ainsi dominées par cette volonté présente derrière la façade de l'État ou du parti et doivent suivre la vérité officielle. Tous les aspects de la vie sont politisés.

3.2.2. LES CARACTÈRES DU CENTRE DÉCISIONNEL DANS LE RÉGIME TOTALITAIRE

Le centre décisionnel peut s'abriter derrière une constitution et des lois, mais celles-ci ne cons-

tituent qu'un trompe-l'œil. Constitutionnalisme et légalisme, dans ces régimes, ne sont pas observés. Le chef est au-dessus des lois, du droit, de la constitution. C'est lui qui définit la nature des crimes politiques, c'est l'idéologie qui identifie les ennemis.

S'il existe un parlement, il n'y siège qu'un seul parti et les séances sont habituellement rares. Il n'a aucun pouvoir réel. Il n'est qu'un ornement du pouvoir du leader, car aucune opposition n'est tolérée.

Le chef a le monopole du pouvoir. Il est omnipotent et se prétend omniscient. Il a le monopole des armes et des médias. Pour appliquer la volonté du chef, la police secrète, le groupe de fidèles et les subalternes utilisent la propagande et la terreur. L'État, les appareils et le parti unique sont soumis au chef.

3.2.3. LES CARACTÈRES DE LA SOCIÉTÉ ET DE SES RAPPORTS AVEC LE CENTRE DÉCISIONNEL DU RÉGIME TOTALITAIRE

Dans les rapports entre la société et le centre décisionnel, il n'y a aucune place pour des organismes de médiation indépendants. Le mouvement totalitaire crée d'abord des organismes parallèles dociles au parti et au leader, lesquels, par la suite, les éliminent et les supplantent par d'autres. Ces organismes totalitaires ne servent qu'à contrôler les activités de la population et à embrigader cette population au service de la volonté du chef.

La société devient une masse atomisée. Elle n'est plus pluraliste mais faite d'individus prêts à se dénoncer mutuellement. Par crainte de la terreur, de la torture et des camps, mais aussi par son identification au leader, la population se soumet. Le chef réussit à réduire la distance entre lui et les masses par plusieurs moyens : technologies de communication et grandes manifestations, nationalisme ou appel à la sauvegarde de la race supérieure, propagande mensongère, insécurité quotidienne, hystérie collective et emploi de mythes et de slogans qui exploitent les sentiments humains les plus bas.

3.2.4. LES VALEURS ESSENTIELLES DE LA CULTURE POLITIQUE TOTALITAIRE

Les valeurs de la culture politique de la masse totalitaire sont la haine, l'égoïsme, la brutalité, l'intolérance et le collectivisme. La masse est soumise mais fière de l'être, car cette soumission est une identification à la volonté du chef. Elle accepte le climat de mort, le but de destruction du système et sa propre fin si l'autorité suprême le décide. Elle accepte les mythes et les mensonges de la propagande, donc de vivre dans une illusion continuelle parce qu'elle la partage avec le « petit père » ou le Führer.

4. LES PERSPECTIVES D'AVENIR DES RÉGIMES DÉMOCRATIQUES, AUTORITAIRES ET TOTALITAIRES

Alors qu'à la fin du deuxième millénaire le régime démocratique semble avoir triomphé comme modèle favori de la communauté mondiale, un certain pessimisme règne parmi ses critiques quant à ses chances de survie.

Les premières critiques portent sur l'érosion de l'État-providence et sur son virage vers le néolibéralisme, d'une part, pour satisfaire les organismes financiers internationaux qui demandent de réduire le déficit et la dette nationale et, d'autre part, pour répondre aux exigences de productivité et de compétitivité du marché à la suite de la mondialisation. Les régimes démocratiques ont ainsi tendance à négliger leur lutte pour l'égalité, en abandonnant, par exemple, l'universalité des politiques sociales. Une réponse de la gauche aux arguments du néolibéralisme serait de proposer un État progressiste plus conscient du pluralisme de sa société et de la diversité des catégories sociales et des individus en difficulté. En abandonnant l'égalité sans distinction en situation de restrictions, l'État progressiste continuerait, cependant, l'œuvre des régimes démocratiques en conciliant intérêts particuliers et intérêt général, mais en tentant d'établir un équilibre entre pluralisme, liberté et équité[63].

S'appuyant sur l'évolution des partis politiques occidentaux et sur les résultats des récentes élections, certains critiques estiment que l'on fait face actuellement à une crise de la représentation politique. Ils craignent que la diminution considérable de l'écart idéologique entre les partis politiques, conséquence des pressions exercées sur l'État-providence, éloigne de plus en plus la population des partis politiques comme moyens de représentation. Cela entraînerait la fin du pluralisme de représentation politique, de la correspondance entre pluralisme social et pluralisme politique et du rôle d'agent de médiation rempli par les partis politiques. Cette tendance pourrait même entraîner les régimes démocratiques sur la voie autoritaire ou totalitaire.

D'autres critiques s'attaquent à des aspects particuliers des régimes démocratiques, visant particulièrement leur mode de représentation qui encourage des politiques à court terme[64]. De telles politiques, par leur accumulation, peuvent causer des désastres. À long terme, ces politiques, qui négligent l'intérêt commun et le sacrifient au profit de l'intérêt personnel des élus, peuvent aussi provoquer des crises qui feront souhaiter un autre type de régime.

John Ralston Saul considère, quant à lui, que les régimes démocratiques sont devenus des régimes corporatistes qui se dissimulent derrière un discours libéral-démocratique. La population est elle-même, en grande partie, embrigadée dans des groupes et a perdu son autonomie individuelle. Certains groupes plus puissants que la volonté générale de la population font rejeter les projets populaires[65], influencent et corrompent les élus. En outre, le corporatisme ne possède pas d'objectifs cohérents et précis. Comme il épouse les intérêts respectifs de chaque groupe, il peut conduire à des politiques désastreuses pour le bien commun. Or, la démocratie ne peut fonctionner sans que la population, à la base de sa légitimité, soit capable d'exercer le pouvoir, et sans que le centre décisionnel, les organismes intermédiaires et la population partagent une idée générale du bien commun et des moyens à mettre en œuvre pour atteindre cette fin.

Selon d'autres, les régimes démocratiques sont menacés par le déclin de l'importance des États-nations dans le monde au profit des « grands ensembles ». Leurs craintes sont : 1) qu'un grand État, par exemple, un État européen, ne puisse ménager de façon satisfaisante la diversité de sa population ; 2) que les États soient incapables de contrôler l'effet niveleur du marché global sur leurs sociétés et les activités des entreprises transnationales; et 3) que, face à cette homogénéisation politique et économique, les régimes démocratiques aient de plus en plus de difficulté à assurer la protection de leurs minorités, alors que celle-ci constitue un élément essentiel de ces régimes[66].

Un autre critique, enfin, redoute une victoire mondiale de la démocratie libérale. Il estime que s'il n'existe plus de tyrannie ou d'oppression, il n'y aura plus de cause juste pour laquelle lutter. Il craint que l'humanité, par ennui, veuille peut-être alors se battre contre la paix, la prospérité et la démocratie. Selon lui, l'être humain se définissant par la lutte pour sa dignité ainsi que par son travail de domination sur la nature, si, à la fin de l'histoire, il arrive à cette reconnaissance de son humanité et à l'abondance matérielle, il cessera alors d'exister parce qu'il aura cessé de travailler et de lutter. Le danger est que, quand il n'y aura plus de grande cause à défendre, quand tout le monde sera d'accord sur les objectifs sociaux, politiques et économiques, quand tous les besoins seront satisfaits par l'activité économique, les êtres humains deviennent les égaux des animaux, vivant seulement pour satisfaire leurs besoins matériels, repus et abrutis, sans controverse, sans valeurs, sans créativité[67].

Il faut, donc, peut-être se réjouir que, selon Roland Stromberg, la démocratie n'est qu'une illusion, toujours imparfaite, et que ses succès et ainsi, celui des régimes démocratiques, ne sont jamais satisfaisants[68]. Elle semble, en effet, requérir des corrections constantes dans ses tentatives en vue d'assurer un équilibre entre égalité et liberté, intérêts particuliers et intérêt commun, tandis que sa nature est toujours mouvante, s'adaptant aux nouvelles demandes et aux grandes questions du moment[69].

Lectures suggérées

Arendt, Hannah (1972), *Le système totalitaire*, Paris, Seuil.

Aron, Raymond (1965), *Démocratie et totalitarisme*, Paris, Gallimard.

Bénéton, Philippe (1996), *Les régimes politiques*, Paris, PUF, collection « Que sais-je ? ».

Brunelle, Dorval (1983), *Socialisme, étatisme et démocratie*, Montréal, Saint-Martin.

Dahl, Robert (1982), *Dilemmas of Pluralist Democracy : Autonomy vs Control,* New Haven et London, Yale University Press.

Duhamel, Olivier (1993), *Les démocraties*, Paris, Seuil.

Friedrich, Carl J. (dir.) (1964), *Totalitarianism,* New York, Grosset and Dunlap.

Gaxie, Daniel (1993), *La démocratie représentative*, Paris, Montchrestien.

Korchak, Alexander (1994), *Contemporary Totalitarianism. A Systems Approach*, New York, Columbia University Press.

Talmon, J. L. (1966), *Les origines de la démocratie totalitaire*, Paris, Calmann-Lévy.

Touraine, Alain (1997), *Qu'est-ce que la démocratie?,* Paris, Fayard.

Watson, Patrick et Benjamin Barber (1988), *La lutte pour la démocratie*, traduit par Michel C. Desrosiers, Montréal, Québec/Amérique.

Notes

1 Voir Philippe Bénéton, *Les régimes politiques*, Paris, PUF, collection « Que sais-je ? », p. 21–22.

2 *Ibid.,* p. 29.

3 *Ibid.*, p. 37–38.

4 *Ibid.*, p. 50.

5 Pour des références plus détaillées à l'évolution du libéralisme, à Thomas Hobbes, John Locke, Jean-Jacques Rousseau, Alexis de Tocqueville, John Stuart Mill, James Mill et Jeremy Bentham, voir le chapitre 4.

6 Alexis de Tocqueville, «L'Ancien Régime et la Révolution», dans *Tocqueville, égalité sociale et liberté politique*, introduction et commentaires par Pierre Gibert, préface de René Rémond, Paris, Aubier Montaigne, 1977, p. 238.

7 Pour une analyse de la pensée de Tocqueville sur ce sujet, voir Pierre Manent, *Tocqueville et la nature de la démocratie*, Paris, Fayard, 1993.

8 Voir Olivier Duhamel, *Les démocraties*, Paris, Seuil, 1993, p. 20.

9 Daniel Gaxie, *La démocratie représentative*, Paris, Montchrestien, 1993, p. 11.

10 Joseph A. Schumpeter, *Capitalism, Socialism, and Democracy*, 3rd ed., New York, Harper & Brothers, 1950.

11 Raymond Aron, *Démocratie et totalitarisme*, Paris, Gallimard, 1965, p. 101 et 125.

12 Robert A. Dahl, *Dilemmas of Pluralist Democracy: Autonomy vs. Control*, New Haven and London, Yale University Press, 1982, p. 30, 38, 44.

13 Aron appelle les régimes démocratiques occidentaux des « régimes constitutionnels pluralistes » (*op. cit.*, p. 111).

14 L'électorat peut manifester son mécontentement envers un gouvernement sortant en élisant une majorité d'un autre parti aux élections suivantes. Entre 1945 et 1997, la Grande-Bretagne a vu ainsi six changements de partis au pouvoir.

15 Par exemple, au Canada, en 1980, le gouvernement conservateur du Premier ministre canadien Joe Clark est tombé, n'ayant pas reçu le soutien de la majorité de la Chambre lors d'un vote de confiance.

16 Aron, *op. cit.*, p. 127–128.

17 Voir la typologie de Pierre Favre dans Philippe Braud, *Sociologie politique*, 2ᵉ éd., Paris, LGDJ, 1994, p. 317.

18 Alain Touraine, *What Is Democracy?*, traduction de *Qu'est-ce que la démocratie?* Boulder (Colo.), Westview Press, 1997, p. 58.

19 Pour la théorie de Ted Gurr concernant la violence, voir Braud, *op. cit.*, p. 319–320.

20 Touraine, *op. cit.*, p. 22 et 65.

21 Duhamel, *op. cit.*, p. 66.

22 Aux articles 16, 18, 19, 20, 21 et 22, comme langue officielle du Canada, et à l'article 23 comme langue d'instruction de la minorité. L'article 24 permet un recours aux tribunaux pour toute atteinte à ces droits. Ils peuvent aussi recevoir une protection par l'article 2, qui concerne la liberté d'expression.

23 Mᵉ François Boileau, *Droits linguistiques au Canada. Questions encore non résolues*, Winnipeg, Programme de contestation judiciaire du Canada, 1997, p. 8–9.

24 Pour la citation et les renseignements contenus dans ce paragraphe, voir Ivana Caccia, « Dossier : Language Rights in the United States », supplément au *Bulletin du CCDL* (Centre canadien des droits linguistiques), 4, 1, printemps 1997, p. 1–16.

25 Voir José Woehrling, « Le droit et la législation comme moyen d'intervention sur le français... », dans Jürgen Erfurt (dir.), *De la polyphonie à la symphonie*, Leipzig, Leipziger Universitatsverlag, 1996, p. 212.

26 Touraine, *op. cit.*, p. 67.

27 *Ibid.*, p. 52.

28 Seymour Martin Lipset, *Political Man. The Social Basis of Politics*, Garden City, 1960, p. 88.

29 Arend Lijphart, « Consociational Democracy », dans Kenneth D. McRae (dir.), *Consociational Democracy*, Toronto, McClelland & Stewart, 1974 p. 70–89. Le point de départ de Lijphart est la typologie des démocraties occidentales de Gabriel Almond, qu'il présente en 1956. Celle-ci se base sur les relations entre culture politique, structure sociale et stabilité politique. La culture est considérée sous l'angle de son degré d'homogénéité ou de fragmentation, de sécularisation ou de religiosité. La structure sociale, elle, est considérée sous l'angle du degré de différenciation des rôles sociaux, dont ceux des partis politiques, des agences gouvernementales, des groupes d'intérêt et des médias.

30 Un exemple, au Canada, est le gouvernement d'union formé en 1917 par Robert Borden.

31 Quelques exemples : Ahmad Ashraf *et al.*, *Challenges to Democracy in the Middle East*, 1997 ; Ian Bridge, *The New Challenge of Direct Democracy*, 1996 ; Marina Ottaway, *Democracy in Africa : The Hard Road Ahead*, 1997 ; David van Praagh, *Thailand's Struggle for Democracy*, 1996 ; Kathleen Bruhn, *Taking on Goliath : The Emergence of a New Left Party and the Struggle for Democracy in Mexico*, 1997 ; James N. Cortada (dir.), *Can Democracy Survive in Western Europe?*, 1996.

32 Max Weber, « The Pure Types of Legitimate Authority », dans S. N. Eisenstadt (dir.), *Max Weber on Charisma and Institution Building*, University of Chicago Press, 1968, p. 46.

33 Bénéton, *op. cit.*, p. 98.

34 A. et F. Demichel, dans *Les dictatures européennes* (Paris, PUF, 1973, p. 23), mentionnent cette typologie qu'ils trouvent trop simple.

35 Richard Falk, *A World Order Perspective on Authoritarian Tendencies*, New York, World Order, 1980, p. 8, 13 et 15.

36 Par exemple, en Guinée-Bissau, la République a finalement accepté le multipartisme en 1991, 17 ans après l'indépendance du pays. Au Gabon, les partis d'opposition ont été légalisés en 1990, 30 ans après l'indépendance.

37 Bénéton, *op. cit.*, p. 99.

38 Falk, *op. cit.*, p. 25.

39 Yolande Geadah, *Femmes voilées, intégrismes démasqués*, Montréal, VLB éditeur, 1996.

40 Demichel, *op. cit.*, p. 33.

41 Braud, *op. cit.*, p. 172–175.

42 Par exemple, en Grèce, les colonels au pouvoir soumettent en 1968, un an après leur coup d'État, une constitution qu'ils font adopter par le peuple, mais dont l'application est toujours différée (Demichel, *op. cit.*, p. 188).

43 Braud, *op. cit.*, p. 171–172.

44 Touraine, *op. cit.*, p. 71.

45 Leonard Shapiro, dans *Totalitarianism* (London and Basingstoke, Macmillan, 1972), examine les régimes du passé depuis l'Antiquité, sans en trouver de semblables (voir p. 72–97) ; Raymond Aron rejette un parallèle entre régime staliniste et despotisme oriental (*op. cit.*, p. 319). J. L. Talmon (*Les origines de la démocratie totalitaire*, traduit par Paulette Fara, Paris, Calmann-Lévy, 1966) suggère toutefois que le totalitarisme sur lequel ces régimes s'appuient remonte aux mêmes idées du XVIIIᵉ siècle qui ont enfanté le libéralisme, se tournant toutefois vers le jacobinisme et le babouvisme, et son messianisme politique se basant sur le postulat d'une unique vérité dont le plan politique envahit toute la vie humaine (p. 12).

46 Pierre Ayçoberry, *La question nazie. Les interprétations du national-socialisme 1922-1975*, Paris, Seuil, 1979, p. 95.

47 *Ibid.*, p. 67.

48 Shapiro, *op. cit.*, p. 13–14.

49 Comme celles de Hannah Arendt, *Le système totalitaire*, Paris, Seuil, 1972 (1951), ou de Carl J. Friedrich, *Totalitarianism*, New York, Grosset & Dunlap, 1964.

50 Shapiro, *op. cit.*, p. 105. Par exemple, Herbert J. Spiro.

51 *Ibid.*, p. 106.

52 Shapiro fait référence ici aux écrits de Benjamin R. Barber et de Michael Curtis, *op. cit.*, p. 107.

53 Par exemple à la République populaire de la Chine ou au régime des Khmers rouges au Cambodge entre 1975 et 1979. Rosemary T. H. O'Kane, dans *Terror, Force and States* (Cheltenham (U.K.), Brookfield (U.S.), Edward Elgar, 1996, p. 192), considère ce dernier régime comme une forme intermédiaire de totalitarisme.

54 Shapiro, *op. cit.*, p. 108.

55 Carl Friedrich, « The Unique Character of Totalitarian Society », dans Carl J. Friedrich (dir.), *Totalitarianism*, New York, Grasset & Dunlap, 1964, p. 52 – 53. Cette liste est celle qui a été modifiée en 1969 par les contributions de Brzezinski.

56 Karl W. Deutsch, « Cracks in the Monolith : Possibilities and Patterns of Desintegration in Totalitarian Systems », dans Carl Friedrich (dir.), p. 308 – 341.

57 Mentionné dans Shapiro, p. 104.

58 Hannah Arendt, *Le système totalitaire*, Paris, Seuil, 1972, p. 28 – 29, 40 – 47, 60.

59 Arendt, *ibid.*, p. 67, 69 et 72.

60 *Ibid.*, p. 69, 74 et 102.

61 *Ibid.*, p. 91, 124 – 125.

62 Aron, p. 287–288.

63 Alain Noël, « Vers un nouvel État-providence? Enjeux démocratiques », dans *Politique et Sociétés*, 30, automne 1996, p. 3 – 27.

64 Roland N. Stromberg, *Democracy. A Short, Analytical History*, Armonk (N.Y.), M. E. Sharpe, 1996, p. 164.

65 Tel le projet de restructuration du système de soins de santé du président Clinton, lors de son premier mandat (voir John Ralston Saul, *The Unconscious Civilization*, Concord (Ont.), Anansi, 1995, p. 97).

66 Touraine, *op. cit.*, p. 68 – 69.

67 Francis Fukuyama, *The End of History and the Last Man*, New York, The Free Press, 1992, p. 310 – 311.

68 Stromberg, *op. cit.*, p. 165 – 166.

69 Dorval Brunelle, *Socialisme, étatisme et démocratie*, Montréal, Saint-Martin, 1983, p. 14.

14

Les constitutions dans le processus politique

Dans le chapitre consacré à l'État, nous avons examiné les composantes de l'État. Ces divers éléments n'ont, en fait, de sens que s'ils sont « cimentés », et ce afin de conférer une cohésion à l'ensemble étatique. Le « ciment » qui permet une telle cohésion, c'est la constitution, qui est, en quelque sorte, la carte du pouvoir à l'intérieur du centre décisionnel.

1. QU'EST-CE QU'UNE CONSTITUTION ?

La constitution donne un statut juridique à l'État. Elle établit son existence et lui permet ainsi de se distancer de ses créateurs et d'exister en tant qu'entité indépendante des détenteurs du pouvoir.

La constitution est un ensemble de règles destinées à encadrer le pouvoir politique. Il faut, ici, rappeler l'influence exercée par des philosophes tels que Locke ou Montesquieu au XVIIIe siècle, qui réclamaient des garanties constitutionnelles afin d'empêcher l'abus du pouvoir. La volonté de freiner toute velléité arbitraire de la part du pouvoir se traduit, dans la constitution, par la nécessité de préciser le statut des gouvernants et leurs attributions ainsi que les relations qu'ils entretiennent entre eux. La constitution peut aussi définir les relations entre gouvernants et gouvernés en précisant les droits individuels ou collectifs. Elle peut également déterminer la forme de l'État. Ainsi, elle affirme son caractère fédéral, comme au Canada, en Australie et en Allemagne, ou son caractère unitaire, comme en France, voire son caractère décentralisé, comme en Italie.

Comme la constitution est « la loi des lois », elle prévaut sur toutes les autres lois de l'État. Aussi, ce dernier doit se conformer aux règles constitutionnelles. Au Canada, par exemple, la *Loi constitutionnelle de 1982* stipule expressément à l'article 52, alinéa 1, que « la Constitution du Canada est la loi suprême du Canada ». De ce fait, elle rend inopérante toutes les dispositions incompatibles avec les règles qu'elle a établies. De la même façon, l'article 6 de la Constitution américaine affirme que la Constitution est la loi suprême des États-Unis et que toutes les lois doivent être prises en conformité avec les dispositions constitutionnelles. Ce principe de la suprématie de la constitution vise à empêcher les dirigeants d'abuser du pouvoir et à garantir les droits des gouvernés. Mais si tous les États ont une constitution, certains d'entre eux ne la respectent pas toujours.

La Constitution soviétique de 1936 a constitué, à bien des égards, un modèle de constitution *parfaite*. Cela n'a pourtant pas empêché Staline d'exercer une féroce dictature sur le pays et de violer impunément les droits les plus élémentaires des Soviétiques. Dans de nombreux pays du tiers monde, il n'est pas rare que les règles constitutionnelles soient niées, puis, par la suite, violées. La présence d'un parti unique ou d'un parti dominant, l'absence de consensus social sur les buts poursuivis par l'État, une culture politique présentant des tendances à l'autoritarisme sont autant d'éléments qui peuvent conduire les dirigeants à privilégier l'État de force au détriment de l'État de droit.

Dans les sociétés occidentales, le respect des règles constitutionnelles s'inscrit dans un cadre démocratique. Les fonctions législative, exécutive et judiciaire peuvent ainsi coexister. Le pouvoir politique accepte les décisions de l'organe chargé de vérifier la constitutionnalité des règles qu'il a fixées. Cependant, ces sociétés ne sont pas à l'épreuve de certains « dérapages », comme l'a montré la « chasse aux sorcières » ou « maccarthysme », du nom du sénateur Joseph R. McCarthy, engagé dans une croisade contre le communisme aux États-Unis de 1950 à 1954. Au Canada, l'existence d'une constitution n'a pas empêché le gouvernement d'autoriser l'internement des Canadiens d'origine japonaise pendant la Seconde Guerre mondiale, bien qu'aucune accusation n'ait été portée contre eux[1]. De tels dérapages, si rares soient-ils, peuvent donc survenir dans les régimes démocratiques. Il est vrai que les constitutions confient généralement à l'exécutif des pouvoirs exceptionnels lorsqu'un danger, réel ou appréhendé, menace l'État. Il demeure que la culture politique et les traditions démocratiques assurent cependant un plus grand respect des règles constitutionnelles qu'ailleurs et que les autorités gouvernementales hésitent à recourir aux pouvoirs d'urgence sans raisons valables.

2. LE CLASSEMENT DES CONSTITUTIONS

Tout État se dote d'une constitution sous une forme ou sous une autre. Il peut, aussi, soit apporter des amendements à la constitution, soit en adopter une nouvelle. Par conséquent, il existe une grande variété de constitutions, ce qui conduit à vouloir les classifier. Mais comme K. C. Wheare l'a souligné, cette tâche peut s'avérer difficile, car il existe non pas *une* mais *plusieurs manières* de procéder[2]. Les critères de classement peuvent, en effet, se rapporter au type de régime politique fixé par la constitution, à la forme de gouvernement qui est instituée, à la façon dont les pouvoirs sont répartis entre les gouvernements ou à la façon dont les constitutions peuvent être modifiées.

Nous proposons ici de distinguer deux grandes formes de constitution : les constitutions à dominante coutumière et les constitutions à dominante écrite.

2.1. LES CONSTITUTIONS À DOMINANTE COUTUMIÈRE

Les constitutions à dominante coutumière sont fondées principalement sur la coutume. La coutume est formée de l'ensemble des usages observés dans la pratique constitutionnelle. Même si elle n'a pas été formulée de manière expresse et par écrit, elle constitue une règle de droit. La coutume peut s'accompagner aussi de textes écrits.

2.1.1. LES ORIGINES DES CONSTITUTIONS À DOMINANTE COUTUMIÈRE

La force de la coutume découle de la répétition de précédents, c'est-à-dire de la multiplication d'attitudes ou d'interprétations de textes identiques sur une longue période de temps. C'est donc la répétition et la continuité qui permettent aux usages de transcender les faits en prenant une valeur morale et qui amènent à considérer une règle comme obligatoire. La coutume constitutionnelle n'est donc pas fixée à un certain moment. Elle provient de la répétition constante de précédents et s'inscrit dans la conscience des individus.

Dans le passé, la coutume était la règle constitutionnelle de la plupart des États. Mais, depuis plus d'un siècle, le nombre d'États dotés d'une constitution à dominante coutumière a considérablement décliné. Il ne faut cependant pas en conclure que la coutume constitutionnelle n'existe plus.

2.1.2. LA COUTUME ET L'ÉCRIT : LE CAS DE LA GRANDE-BRETAGNE

La Grande-Bretagne, bastion de la tradition, continue de rester fidèle à la coutume et aux conventions constitutionnelles[3] même si elle n'a pas hésité à doter ses colonies, dont le Canada après la Conquête, d'une abondante documentation à teneur constitutionnelle.

Les conventions constitutionnelles sont des règles qui n'ont pas force de loi. Elles doivent, cependant, être respectées par les gouvernants, sur lesquels pèse toujours la sanction de l'opinion publique[4]. C'est le cas, par exemple, de l'exercice de la prérogative royale. Le pouvoir exécutif est concentré dans les mains des souverains. Mais, par convention, ces pouvoirs sont exercés par le cabinet des ministres, dirigé par le premier ministre, qui est responsable devant le Parlement. On peut ainsi dire que « le rôle principal des conventions est de donner effet au principe de responsabilité gouvernementale qui constitue la base d'un gouvernement responsable[5] ». Parmi les nombreuses conventions constitutionnelles britanniques, mentionnons celle qui veut que seuls les souverains peuvent dissoudre, convoquer ou proroger le Parlement, bien qu'ils agissent, dans la pratique, sur l'avis du premier ministre. Il en va de même pour la nomination, par la couronne, du premier ministre : celui-ci ne peut être que le chef du parti qui jouit de la confiance de la majorité de la Chambre.

Le respect qu'inspirent aux Britanniques la coutume et les conventions et l'importance que celles-ci revêtent dans le domaine constitutionnel ne doivent cependant pas faire illusion. La Constitution de la Grande-Bretagne, en effet, n'est pas uniquement basée sur la coutume et les conventions. Elle comprend aussi une partie écrite. Ainsi, les simples lois du Parlement font partie de cette constitution. À cela s'ajoutent les grands textes fondamentaux qui jalonnent l'histoire constitutionnelle britannique, comme la *Grande Charte* ou *Magna Carta* par laquelle les seigneurs ont forcé, en 1215, le roi Jean sans Terre à concéder des droits, notamment en matière de taxation et de libertés individuelles. C'est aussi le cas de la *Pétition du droit* de 1628, qui vise à obtenir du roi qu'il y ait au préalable consentement du Parlement avant de décider de lever de nouveaux impôts, ou de l'*Habeas Corpus* de 1679, qui prévient l'arbitraire dans le domaine de la justice. Il en va de même pour le *Bill of Rights* de 1689, qui, dans la foulée de la révolution de 1688, réaffirme les libertés fondamentales et établit les règles de succession à la couronne. Mentionnons également d'autres textes constitutionnels britanniques comme l'*Acte d'établissement* de 1700, qui précise et complète certaines dispositions du *Bill of Rights* et qui fonde

aussi l'indépendance du pouvoir judiciaire, l'*Acte du Parlement* de 1911 ou le *Statut de Westminster* de 1931. Ces textes remontent certes à des époques révolues ; ils n'en sont pas moins importants en raison des normes fondamentales qu'ils contiennent et qui sont toujours en vigueur.

L'exemple de la Constitution britannique illustre bien le fait que, de nos jours, il est difficile de trouver un État moderne, doté d'une constitution essentiellement coutumière. Certaines constitutions laissent une place plus grande à la coutume que d'autres. La Grande-Bretagne constitue, à cet égard, un cas extrême. C'est la raison pour laquelle il convient de parler, non pas de constitutions coutumières, mais plutôt de constitutions à dominante coutumière, expression qui rend mieux compte de la réalité.

2.2. LES CONSTITUTIONS À DOMINANTE ÉCRITE

Depuis la fin du XVIIIe siècle, il est fréquent qu'un État se dote d'une constitution écrite, c'est-à-dire d'une constitution contenue généralement dans un texte spécial ou, parfois, dans une série de textes qui ont aussi un caractère spécial.

2.2.1. LES ORIGINES DES CONSTITUTIONS À DOMINANTE ÉCRITE

C'est avec le mouvement d'indépendance des 13 colonies britanniques d'Amérique du Nord et la *Déclaration d'indépendance* du 4 juillet 1776 que s'enclenche l'habitude de rédiger les constitutions. Les États-Unis se dotent d'une première constitution écrite, les *Articles de la Confédération*, en 1777, puis d'une seconde constitution qui institue le système fédéral en 1787. C'est la raison pour laquelle la Constitution américaine est considérée comme la plus vieille constitution écrite du monde. La Révolution française contribue à accentuer cette tendance à la constitutionnalisation écrite avec la *Déclaration des droits de l'homme et du citoyen* de 1789, puis avec la Constitution de 1791, auxquelles feront suite de nombreux autres textes constitutionnels. La voie était ainsi ouverte à l'adoption de constitutions écrites par d'autres États.

2.2.2. LES DIFFÉRENTES FORMES D'ÉCRITS CONSTITUTIONNELS

L'écrit constitutionnel peut revêtir diverses formes. La constitution peut être contenue dans un seul texte dont la longueur varie souvent en fonction des intentions du constituant. En 1787, la Constitution américaine est contenue dans un texte unique, relativement court, ne comprenant que sept articles. Par la suite, à partir de 1791, viennent s'y ajouter 26 amendements. À l'opposé, le texte de la Constitution française de 1958 comprend 89 articles. D'autres États ont suivi aussi cette voie, comme l'Allemagne et l'Espagne, dont la constitution contient plus de 150 articles.

L'évolution politique et constitutionnelle a conduit d'autres États à se doter d'un ensemble de textes qui, de par leur nature, leur sert de constitution. C'est le cas du Canada. La partie écrite de la Constitution canadienne est, en effet, contenue dans différents textes. L'article 52, alinéa 2, de la *Loi constitutionnelle de 1982* précise que la Constitution du Canada comprend, outre la *Loi constitutionnelle de 1982,* divers textes législatifs et décrets du Parlement britannique et du Parlement canadien qui figurent d'ailleurs en annexe du document constitutionnel. Dès lors, font partie de la Constitution canadienne la *Loi constitutionnelle de 1867* et tous les amendements postérieurs à cette loi. À cela s'ajoutent les décrets ou arrêtés en conseil par lesquels certains territoires sont rattachés au Canada, comme, par exemple, la terre de Rupert et le territoire du Nord-Ouest, les lois par lesquelles de nouvelles provinces sont entrées dans la Confédération, comme la *Loi de 1870 sur le Manitoba*, la *Loi sur l'Alberta de 1905* et la *Loi sur la Saskatchewan*, adoptée la même année. On trouve également des statuts britanniques tels que le *Statut de Westminster de 1931*, qui accorde l'indépendance politique aux dominions britanniques, donc au Canada. La Constitution canadienne est composée de divers textes, mais cependant deux d'entre eux, la *Loi constitutionnelle de 1867* et la *Loi constitutionnelle de 1982,* constituent le cœur même de la Constitution du Canada, car ils contiennent les grands principes constitutionnels sur lesquels repose le régime politique canadien, ainsi que nous aurons bientôt l'occasion de le voir.

2.2.3. L'ÉCRIT ET LA COUTUME : LES CAS DES ÉTATS-UNIS ET DU CANADA

S'il est illusoire de penser qu'une constitution puisse reposer uniquement sur la coutume, il est tout aussi illusoire de croire qu'une constitution puisse être essentiellement écrite. Tout comme dans le cas précédent, il convient de ne pas exagérer l'importance de l'écrit. Certaines constitutions ont beaucoup plus recours à l'écrit que d'autres. Mais, celui-ci est aussi appelé à être complété par la coutume.

La Constitution des États-Unis est fréquemment citée comme exemple de constitution écrite. Cependant, la coutume, les précédents ne peuvent être exclus. Par exemple, en 1793, un précédent a été établi par le président Washington. Alors que la Constitution stipule que le président a « le pouvoir, sur l'avis et avec le consentement du Sénat, de conclure des traités, sous réserve de l'approbation des deux tiers des sénateurs présents[6] », Washington émet, sans consultation préalable avec le Sénat, une *Déclaration de neutralité* par laquelle les États-Unis, en dépit de leur alliance avec la France, s'engagent à ne pas intervenir dans la guerre qui oppose la France à la Grande-Bretagne. Le Sénat des États-Unis, mis devant le fait accompli, ratifie la *Déclaration* un an plus tard. Ce précédent a permis, par la suite, à de nombreux présidents américains de contourner l'obligation d'obtenir l'accord des deux tiers du Sénat pour la ratification des traités internationaux. S'est alors développée la pratique des « accords exécutifs », par laquelle un président peut signer un accord ayant les mêmes caractéristiques et les mêmes effets qu'un traité, mais dont la ratification par le Sénat n'est pas requise[7]. C'est aussi à la suite de précédents que le nombre des mandats présidentiels s'est précisé. En 1787, la Constitution établit que le président est rééligible. Le président Washington, après s'être fait élire une seconde fois, décide de ne pas briguer un troisième mandat. Par la suite, les successeurs de Washington, exception faite de Franklin Roosevelt, s'en tiendront à deux mandats[8].

La coutume constitue aussi une part importante de la Constitution canadienne. Comme dans le cas des États-Unis, elle évolue en même temps que la pratique constitutionnelle. Elle subit aussi le poids de la tradition britannique, qui n'a pas manqué de se faire sentir. En fait, la Constitution canadienne est, elle aussi, marquée par les règles de la *common law*. À cela, il convient d'ajouter les pratiques ou usages ainsi que les conventions.

Les pratiques ou usages se sont développés pour des raisons de convenance politique. Les dirigeants politiques peuvent s'y conformer. Ils peuvent aussi décider de ne pas les suivre, mais ils s'exposent alors à la critique. La dérogation à certains usages n'entraîne pas de sanctions judiciaires ou de crise politique grave. C'est l'opinion publique qui, en dernier ressort, est juge de l'action des dirigeants. Relève de cette catégorie, par exemple, la pratique, instaurée dans les années 1950, de faire alterner un francophone et un anglophone au poste de gouverneur général du Canada.

En ce qui concerne les conventions, la Cour suprême du Canada a précisé, en 1981, dans l'avis qu'elle a rendu sur la résolution visant à modifier la Constitution, que, fondées sur les usages et les pratiques, elles ont un caractère normatif et font partie intégrante de la Constitution même si les tribunaux ne peuvent intervenir pour les faire respecter[9]. Parmi les nombreuses conventions constitutionnelles, mentionnons, par exemple, le principe du gouvernement responsable, en vertu duquel un gouvernement ne peut se maintenir au pouvoir que s'il jouit de la confiance de la Chambre basse élue, c'est-à-dire la Chambre des communes et, au niveau provincial, l'Assemblée législative. C'est aussi par convention, du fait du silence de la Constitution, que le premier ministre exerce ses fonctions. Comme en Grande-Bretagne, c'est la couronne qui nomme le premier ministre. Mais, dans la réalité, le gouverneur général n'a guère le choix : il doit nommer le chef du parti qui a gagné les élections. Les dirigeants politiques tendent généralement à observer les conventions. C'est particulièrement vrai pour celles qui sont relatives à la responsabilité collective du gouvernement ou à la nomination du premier ministre. On peut facilement imaginer la crise politique et constitutionnelle que déclencherait la violation de ces conventions.

Ainsi, les constitutions dites écrites sont complétées par la coutume. Celle-ci joue un rôle supplétif, contribuant à conférer une certaine souplesse au texte constitutionnel. Parfois, l'importance de certaines coutumes est telle, qu'elles sont consignées par écrit. C'est le cas, par exemple, aux États-Unis, de la coutume relative au nombre de mandats du président. Afin d'éviter, une fois de plus, que l'on ne déroge à la coutume comme l'a fait Franklin Roosevelt, un amendement a été apporté à la Constitution américaine en 1951, lequel fixe désormais à deux le nombre total de mandats d'un président. Au Canada, lors du rapatriement et de la modification constitutionnelle de 1982, l'occasion s'est présentée d'inscrire dans la Constitution les conventions relatives au premier ministre. Mais les préoccupations de l'époque en matière constitutionnelle étaient autres et cela n'a pas été fait.

3. L'ÉLABORATION DES CONSTITUTIONS

La question de l'élaboration d'une constitution ne se pose pas vraiment dans le cas des constitutions coutumières. Ces dernières, en effet, ne prennent forme, comme nous l'avons déjà vu, que par la répétition constante des faits. Il en va, cependant, différemment dans le cas, plus fréquent, des constitutions écrites. La question se pose alors de savoir qui peut être autorisé à élaborer la loi suprême de l'État. La réponse varie selon les doctrines et les théories adoptées.

3.1. L'ÉLABORATION DES CONSTITUTIONS DANS LA TRADITION MONARCHIQUE

En vertu de la doctrine monarchique, le roi « règne par la grâce de Dieu » et est donc le seul dépositaire de la souveraineté. Dès lors, comme il est à la fois organe de l'exercice du pouvoir et source du pouvoir, la constitution ne peut émaner que du monarque lui-même. Dans certaines monarchies telles que les monarchies constitutionnelles, la constitution peut aussi résulter d'un pacte entre le peuple et le monarque. Cela a été le cas de la Belgique lorsqu'elle s'est détachée des Pays-Bas en 1830 et qu'un accord a été conclu entre le peuple belge et la dynastie princière des Saxe-Cobourg, qui a été appelée, en 1831, à monter sur le trône de Belgique.

3.2. L'ÉLABORATION DES CONSTITUTIONS DANS LA TRADITION DÉMOCRATIQUE

Dans la tradition démocratique, le peuple constitue la source légitime du pouvoir. Il est, en quelque sorte, l'organe constituant. Mais, il est vrai que, dans la pratique, cela fait problème : comment le peuple même peut-il élaborer une constitution ? Il faut donc faire appel à des mécanismes qui conduisent à l'élaboration d'une constitution trouvant sa source dans le peuple et acceptée par le peuple. À cet égard, il existe plusieurs possibilités.

3.2.1. LE RECOURS À UN ORGANE CONSTITUTIONNEL SPÉCIAL

Un organe spécial, appelé Convention constitutionnelle ou Assemblée constituante, peut être mis sur pied. Les membres de cette convention ou de cette assemblée sont nommés ou, de préférence, élus. L'organe a pour unique fonction d'élaborer une constitution. Une fois cette tâche accomplie, il est dissous et fait place à un organe législatif.

Aux États-Unis, c'est le cas avec la Convention constitutionnelle convoquée à Philadelphie en mai 1787 à l'initiative, entre autres, de George Washington[10]. Une fois la Constitution rédigée et ratifiée par les États, la Convention constitutionnelle a été dissoute. Des élections tenues en janvier 1789 conduisent à l'institutionnalisation de la présidence et du Congrès des États-Unis.

La France, qui a fréquemment changé de constitution depuis 1789, a eu aussi parfois recours à un organe spécial pour élaborer certaines de ses constitutions. Ainsi la Constitution de septembre 1791 a-t-elle été préparée par les états généraux qui, réunis en mai 1789, se transforment en assemblée constituante le mois suivant. C'est aussi une assemblée constituante élue qui élabore la Constitution de 1848 avant de céder la place à une assemblée législative.

À la fin de la Deuxième Guerre mondiale, après plus d'une vingtaine d'années de régime fasciste, l'Italie élit une constituante en 1946 pour se doter, deux ans plus tard, d'une constitution. C'est également par le truchement d'un tel organe que le Portugal, en 1976, et Haïti, en 1987, se sont donné une constitution.

3.2.2. LE RECOURS AU RÉFÉRENDUM CONSTITUTIONNEL

L'utilisation du référendum constitue une autre façon de consulter la population. Cependant, le maniement d'un tel instrument à des fins constitutionnelles peut se faire de diverses façons.

Il est possible de demander à la population de déléguer, par référendum, le pouvoir d'élaborer une constitution, comme cela s'est produit, par exemple, en France en 1852. Cela permet ainsi aux dirigeants d'élaborer la constitution de leur choix puisque leur action est légitimée par la consultation référendaire. L'utilisation de la procédure référendaire à de telles fins tient plus du plébiscite que du référendum, ce qui ne peut qu'affecter le caractère démocratique de la procédure.

Il en va autrement lorsque le texte constitutionnel est proposé à la population par référendum. Celle-ci peut se prononcer ainsi en toute connaissance de cause, car, contrairement au cas précédent, elle n'autorise pas un individu à se servir du pouvoir comme il l'entend. Ici, elle est plutôt appelée à accepter ou à rejeter la constitution proposée. C'est ainsi que furent approuvés les projets de constitution de la France en septembre 1958 et de l'Espagne en décembre 1978.

3.2.3. LE RECOURS À LA COMBINAISON ORGANE CONSTITUTIONNEL SPÉCIAL-RÉFÉRENDUM CONSTITUTIONNEL

Il est possible d'associer le recours à une assemblée constituante et l'utilisation de l'outil référendaire, mais toujours dans le respect des valeurs démocratiques. La constitution résulte alors d'un double mécanisme. Une assemblée constituante est élue, puis elle prépare et rédige l'acte constitutionnel. Une fois cette étape franchie, le projet de constitution est soumis au peuple par la voie d'une consultation référendaire. Si la population se prononce majoritairement contre, une nouvelle assemblée constituante prendra la relève et un nouveau référendum sera tenu jusqu'à ce que le projet de constitution soit accepté par le peuple. C'est ainsi que fut adoptée la Constitution française de 1946.

3.2.4. LA PROCÉDURE CANADIENNE

Le projet d'union fédérale des colonies du Canada fait l'objet de débats entre les représentants du Canada-Uni et ceux des colonies des Maritimes à la Conférence de Charlottetown en septembre 1864, puis, le mois suivant, à la Conférence de Québec. À cette occasion, 33 représentants des colonies britanniques d'Amérique du Nord se prononcent sur 72 Résolutions qui constituent la charpente de la nouvelle constitution créant le Canada. Ces Résolutions sont soumises aux différentes assemblées coloniales puis, au gouvernement britannique[11]. En 1866, à la Conférence de Londres, les représentants des colonies mettent fin à leurs négociations par l'adoption des *Résolutions de Londres*. Le Parlement britannique est saisi alors d'un projet de loi appelé *British North America Act,* projet de loi qu'il approuve[12]. Cette loi britannique entre en vigueur le 1er juillet 1867. Le Canada, ainsi doté de sa constitution, est officiellement né.

L'élaboration de la *Loi constitutionnelle de 1867* ne fait pas partie des pratiques mentionnées jusqu'ici. En 1867, les Pères de la Confédération ne recourent pas en effet à une convention constitutionnelle pour élaborer la loi suprême de l'État, pas plus, d'ailleurs, qu'ils ne soumettent la Constitution canadienne, une fois rédigée, au peuple par un référendum constitutionnel ou par une élection à caractère référendaire. À cet égard, certains auteurs ont souligné le « caractère élitiste et non démocratique » de la Confédération, qui est dû au peu de sympathie que les Pères de la Confédération éprouvaient envers la démocratie et la souveraineté populaire[13]. Ils considéraient que leur qualité de représentants élus leur conférait la marge de manœuvre nécessaire pour agir dans le domaine constitutionnel. En outre, ils se satisfaisaient du débat qui avait eu lieu dans la presse[14] ainsi que dans les différentes assemblées coloniales et qui avait permis aux nombreux opposants de s'exprimer.

L'absence de participation active de la population tout au long du processus qui mène à la Confédération a suscité certaines questions. Par exemple, l'action de l'opposition a-t-elle permis de remédier au manque de consultation populaire sur la Constitution ? Ne peut-on pas lier certains des problèmes qui hantent le débat constitutionnel aujourd'hui encore à la façon dont la Constitution a été élaborée ? Pour Edwin R. Black et Alan C. Cairns, la persistance des affirmations autonomistes provinciales s'explique par le contexte sociohistorique dans lequel est apparu le Canada. Selon eux, l'État fédéral créé en 1867 jouit « d'un degré de légitimité sociologique moindre que sous l'ancien statut colonial » en raison du fait que « la Confédération doit son existence à un petit groupe d'hommes peu soucieux d'obtenir l'assentiment populaire ». Les Pères de la Confédération misent sur la prospérité économique qui doit toucher toutes les régions du pays pour enrayer ainsi toute opposition ou toute velléité d'autonomie. Ce pari a été perdu[15]. Patrick Boyer constate, quant à lui, qu'en privilégiant la démocratie représentative au détriment de la démocratie directe, l'élite politique a ainsi contribué à faire naître le sentiment d'aliénation politique que connaît le Canada aujourd'hui[16]. Il faut attendre 1992, avec le référendum national portant sur l'Accord de Charlottetown, pour qu'une première tentative de consultation populaire sur des questions constitutionnelles ait lieu. A-t-on ainsi créé un précédent ? La question reste posée.

4. LE CONTENU DES CONSTITUTIONS

Il s'agit ici de dégager les grands principes énoncés dans les constitutions des États démocratiques, et en particulier, dans celles de la Grande-Bretagne, des États-Unis, de la France et du Canada.

4.1. LE CONTENU DE LA CONSTITUTION BRITANNIQUE

Contrairement aux États-Unis ou au Canada, la souveraineté ne fait pas l'objet de division en Grande-Bretagne. L'État est donc de type unitaire. Par conséquent, l'ensemble des pouvoirs est exercé par le gouvernement central bien que ce dernier puisse déléguer certaines responsabilités à des entités régionales ou locales.

Le Parlement joue un rôle de premier plan au sein du régime politique britannique. En vertu du principe de la souveraineté du Parlement, les lois sont votées par le Parlement, et notamment par la Chambre des communes qui représente la volonté populaire.

Ces lois sont souveraines et ne peuvent être changées que par le Parlement. Légalement, il est donc possible pour le Parlement, en vertu de sa suprématie, de faire ce qu'il veut[17]. Ce principe entraîne plusieurs conséquences.

Tout d'abord, en s'érigeant en organe souverain, le Parlement a contribué à affaiblir considérablement la monarchie, qui dispose désormais de pouvoirs largement symboliques. Par ailleurs, parce qu'il est suprême, le Parlement garantit la reconnaissance et la protection des libertés publiques. Ainsi, ces libertés ne sont pas contenues dans un document particulier. En outre, le régime politique britannique ne se caractérise pas par la séparation nette des pouvoirs, notamment en ce qui concerne l'exécutif et le législatif comme c'est le cas aux États-Unis. En effet, le premier ministre et le Cabinet siègent aussi à la Chambre des communes. C'est également devant cette chambre que le gouvernement doit rendre compte de ses actions. Par contre, le pouvoir judiciaire est indépendant de l'exécutif et du législatif. Cette indépendance remonte à l'*Acte d'établissement* de 1700, qui garantit aux juges une nomination *quamdiu se bene gesserint*, c'est-à-dire aussi longtemps qu'ils se conduisent bien. Cette formule élégante les assurait d'une nomination à vie dans la mesure où ils rendaient la justice de façon impartiale. En 1981, une loi du Parlement a contribué à « moderniser » certaines des dispositions de l'*Acte de 1700*. Ainsi, les juges doivent prendre leur retraite à 75 ans. Mais l'essentiel de l'*Acte de 1700* est conservé puisque leur indépendance est garantie[18].

4.2. LE CONTENU DE LA CONSTITUTION AMÉRICAINE

La Constitution des États-Unis institue une forme républicaine de gouvernement. Le pouvoir exécutif est confié, en vertu de l'article 2, section 1, à un président assisté d'un vice-président, élus pour un mandat de quatre ans. En outre, l'article 4, section 4, porte que les États-Unis garantissent une forme républicaine de gouvernement à chaque État de l'Union.

La souveraineté populaire est affirmée aussi dans le *Préambule* de la Constitution. Le peuple est la source de toute autorité politique. Cependant, cette souveraineté populaire s'exerce par l'intermédiaire de représentants. La Constitution est ratifiée, en 1787, par des représentants élus à des conventions spéciales tenues dans chaque État. Le président des États-Unis est élu par un collège électoral. Le palier législatif, quant à lui, fait les lois en se fondant sur la volonté populaire.

Le principe fédéral se dégage également de la Constitution américaine avec la création de deux ordres de gouvernement. Les pouvoirs sont en effet répartis entre le gouvernement national et les gouvernements des États. Les pouvoirs du gouvernement central sont précisés, en particulier à l'article 1, section 8. Le Congrès américain se voit, en effet, confier des domaines tels que la défense, l'armée, la monnaie, la levée des impôts directs et indirects et des taxes et droits, les affaires extérieures, le commerce international ainsi que le commerce entre les divers États. En 1791, le 10e amendement à la Constitution confie de façon explicite les pouvoirs résiduels aux États en spécifiant que ces derniers exerceront tous les pouvoirs qui n'ont pas été délégués au gouvernement central. Les pouvoirs importants en matière économique ou militaire sont donc attribués au niveau fédéral de gouvernement, ce qui donne un caractère centralisateur au fédéralisme ainsi instauré. Ce caractère centralisateur est d'autant plus grand qu'il est dit au paragraphe 18 de la section 8 que le Congrès des États-Unis pourra « faire toutes les lois nécessaires et propres à assurer la mise à exécution des pouvoirs ci-dessus énumérés et de tous ceux dont sont investis par la présente constitution le gouvernement des États-Unis ou les ministères et les fonctionnaires qui en dépendent ».

La séparation des pouvoirs et le système des poids et contrepoids constituent aussi des caractéristiques de la Constitution américaine. Le législatif, l'exécutif et le judiciaire font l'objet d'une séparation rigoureuse : leurs fonctions sont précisées aux articles 1, 2 et 3. Mais le souci constant d'éviter l'abus de pouvoir a conduit les Pères fondateurs à mettre sur pied un système particulier de contrôle au sein duquel chacun des pouvoirs dispose aussi d'une parcelle d'autorité sur les autres pouvoirs. Ce mécanisme de séparation des pouvoirs assorti de poids et contrepoids est considéré comme l'un des éléments clés de la stabilité des institutions gouvernementales.

En 1787, la Constitution américaine ne contient pas, à proprement parler, de charte ou de déclaration des droits. Les Pères fondateurs ne voient pas la nécessité d'établir une protection constitutionnelle des droits tant leur foi dans le système de gouvernement qu'ils élaborent est grande. Alexander Hamilton, par exemple, considère que la Constitution est une déclaration des droits et que, par conséquent, il est inutile d'en joindre une à la loi suprême des États-Unis [19]. À cela s'ajoute le fait que certains États se sont déjà dotés de déclarations des droits. La Virginie est, à cet égard, la première, en 1776, à en adopter une. Y sont affirmés, entre autres, le principe que tous les hommes [20] naissent libres et indépendants ainsi que le droit d'avoir un procès. Dans les années qui suivent, d'autres États emboîtent le pas, tel le Massachusetts, qui se donne une constitution et une déclaration des droits en 1780 [21]. En dépit de la protection prévue au niveau étatique, des craintes cependant persistent. Certaines voix s'élèvent à la convention de Philadelphie, demandant l'enchâssement d'une déclaration des droits dans la Constitution américaine. Il est alors convenu que les amendements nécessaires seront apportés à la Constitution une fois que celle-ci sera promulguée. De fait, dès 1791, 10 amendements constitutionnels sont ratifiés par les États.

Ces amendements qui forment la *Déclaration des droits* garantissent, de façon non limitative, divers droits et libertés tels que la liberté de religion, de parole, de presse, de rassemblement, « le droit du peuple de détenir et de porter des armes », le droit d'être protégé contre les arrestations arbitraires, le droit à un procès équitable. La clause portant sur les pouvoirs résiduels confiés aux États est aussi incluse dans la *Déclaration des droits*. À cet égard, il convient de noter que, parmi les 16 amendements supplémentaires qui viendront s'ajouter plus tard, mais qui ne font pas partie de la *Déclaration*, les 14e et 15e amendements de 1868 et 1870 ainsi que le 19e amendement de 1920 ont une incidence sur les droits de la personne. À la suite de l'abolition de l'esclavage en 1865, le 14e amendement impose aux États le respect de la procédure légale régulière au cours des procès. Le 15e amendement accorde le droit de vote aux Noirs. Le 19e amendement reconnaît le droit de vote aux femmes. Par l'interprétation judiciaire, la Cour suprême des États-Unis contribue à insérer les diverses dispositions de la *Déclaration des droits* dans le 14e amendement, les rendant ainsi obligatoires pour les États.

4.3. LE CONTENU DE LA CONSTITUTION FRANÇAISE

Ayant connu plusieurs régimes politiques, la France a eu, à maintes reprises, à changer de constitution. L'actuelle loi fondamentale de ce pays a été promulguée en 1958, établissant ainsi le régime de la Ve République.

La Constitution de 1958 ne comporte pas de déclaration des droits en tant que telle. Cependant, le *Préambule* comble cette lacune puisqu'il se réfère à la *Déclaration des droits de l'homme* de 1789. De plus, certains articles du texte constitutionnel réaffirment la garantie des droits fondamentaux (art. 34, art. 66).

La Constitution française garantit une forme républicaine de gouvernement. La République est indivisible (art. 1). Contrairement aux États-Unis, l'État français est donc unitaire [22], mais cela n'empêche pas l'attribution de certains pouvoirs aux « collectivités territoriales » (communes, départements, territoires d'outre-mer). Outre l'indivisibilité, la République est aussi laïque et démocratique.

La souveraineté populaire est, comme dans le cas des États-Unis, confirmée dans la Constitution (art. 2). Elle est exercée par les représentants du peuple et par voie de référendum. La Constitution française est, sur ce point, plus précise que la Constitution américaine. Cependant, la participation de la France à l'édification de l'Europe depuis 1957 et surtout son adhésion au traité sur l'Union européenne de Maastricht, en 1992, et au Traité d'Amsterdam, signé en 1997, ont contribué à poser la question de la souveraineté nationale à la lumière des obligations européennes de la France. Les dispositions 88.1 à 88.3 ont pour objet de prévenir toute possibilité de dilution de la souveraineté nationale.

Contrairement au cas des États-Unis, le pouvoir exécutif est partagé par le président de la République et le premier ministre et son gouvernement.

Parce qu'il est investi de pouvoirs importants par la Constitution, le président constitue le pilier du régime politique de la Ve République. Le Parlement bicaméral est, quant à lui, composé de l'Assemblée nationale et du Sénat (art. 24). Les pouvoirs du Parlement et les relations de ce dernier avec le gouvernement sont précisés aux articles 25 à 51. Le pouvoir judiciaire, enfin, fait l'objet des articles 64 à 66. Son indépendance est notamment garantie par le président de la République (art. 64).

Pour conclure cette brève description du contenu de la Constitution française, mentionnons enfin le Conseil économique et social, institué par les articles 69 à 71. Institution originale qui n'existe pas dans la Constitution américaine, par exemple, le Conseil économique et social est composé de représentants provenant de divers groupes socio-économiques tels que les syndicats ouvriers, les organismes patronaux, soit publics, soit privés et les organismes à vocation agricole. Le Conseil a essentiellement un rôle consultatif : il donne son avis au gouvernement sur tout problème ou tout projet de loi ou plan à caractère économique et social.

4.4. LE CONTENU DE LA CONSTITUTION CANADIENNE

Contrairement à ce que l'on trouve dans les constitutions américaine ou française, le principe de la souveraineté populaire n'est pas énoncé dans la *Loi constitutionnelle de 1867*. À cet égard, le *Préambule* du texte de 1867 affirme plutôt que l'union fédérale est contractée entre les provinces du Canada, de la Nouvelle-Écosse et du Nouveau-Brunswick. Le *Préambule* de 1867 est également important parce qu'il affirme que le Canada a «une constitution reposant sur les mêmes principes que celle du Royaume-Uni». Cela signifie donc que le Canada est une monarchie constitutionnelle soumise aux principes de souveraineté parlementaire et de gouvernement responsable[23]. Le principe de la séparation des pouvoirs, comme dans le cas de la Grande-Bretagne, n'est pas clairement exprimé.

L'union créée en vertu de la *Loi constitutionnelle de 1867* est de nature fédérale. La souveraineté parlementaire est donc beaucoup plus restreinte que dans le cas de la Grande-Bretagne. Elle fait, en effet, l'objet d'une division des pouvoirs entre le Parlement (art. 91) et les assemblées législatives (art. 92). L'importance de l'article 91 est accentuée par le fait que son préambule contient la clause «Paix, ordre et bon gouvernement». Cette clause confie les pouvoirs résiduels, non pas aux entités fédérées, comme dans le cas des États-Unis mais plutôt au gouvernement central[24]. C'est en vertu de ces pouvoirs résiduels que le Parlement étendra sa juridiction dans des domaines tels que les relations extérieures, les communications, l'aéronautique et les langues officielles. Les provinces ont, quant à elles, le droit exclusif de légiférer en matière d'éducation (art. 93). À cela s'ajoutent aussi des pouvoirs concurrents dans le domaine de l'agriculture et de l'immigration, c'est-à-dire des pouvoirs qui sont conjointement exercés par les ordres fédéral et provincial de gouvernement (art. 95). En cas de conflit entre une loi provinciale et une loi fédérale, la prépondérance est cependant accordée aux lois fédérales[25].

Le fédéralisme ainsi créé par la *Loi constitutionnelle de 1867* a un caractère fortement centralisateur. Ce caractère est renforcé par d'autres pouvoirs importants accordés au Parlement. L'article 92.10 (c) énonce le pouvoir déclaratoire par lequel le Parlement peut déclarer un ouvrage situé dans une province «être à l'avantage général du Canada, ou à l'avantage de deux ou plusieurs provinces[26]». En outre, le gouverneur général et les lieutenants-gouverneurs disposent, selon les articles 55, 57 et 90, des pouvoirs de désaveu et de réserve des lois provinciales[27].

La *Loi constitutionnelle de 1867* spécifie également les pouvoirs de l'exécutif aux articles 9 à 16 et établit, aux articles 17 à 57, un Parlement bicaméral composé du Sénat et de la Chambre des communes. Le système judiciaire est précisé (art. 96 à 101) et l'indépendance des juges des cours supérieures est garantie par l'inamovibilité (art. 99.1), mais un amendement de 1960 à cette disposition fixe la retraite des juges à 75 ans.

Mentionnons enfin que, sur le plan linguistique, les seules garanties présentes dans la *Loi constitutionnelle de 1867* sont énoncées à l'article 133. Cette disposition a trait à l'usage facultatif des langues française et anglaise dans les débats au Parlement ou à l'Assemblée législative du Québec et à l'usage obligatoire des deux langues pour les registres, journaux et procès-verbaux du Parlement et de l'Assemblée législative du Québec. L'article 133 consacre également l'usage du français ou de l'anglais devant un tribunal fédéral ou québécois dans les plaidoiries ou dans les procédures qui y seront faites. De plus, il est également précisé que les lois fédérales et québécoises seront imprimées et publiées dans les deux langues.

Le « quasi-fédéralisme[28] » qui résulte de la *Loi constitutionnelle de 1867* suscite bientôt des difficultés. Dès la fin du XIXe siècle, les provinces commencent à revendiquer plus de pouvoirs d'abord sur l'initiative d'Oliver Mowat de l'Ontario et d'Honoré Mercier du Québec. Ce mouvement en faveur des droits des provinces s'accentue au XXe siècle avec les revendications du Québec à partir des années 1960 et celles des provinces de l'Ouest, particulièrement de l'Alberta, dès les années 1970. En outre, des provinces comme le Québec, l'Alberta ou encore la Colombie-Britannique se préoccupent de l'utilisation du pouvoir fédéral de dépenser, pouvoir qui, sans être expressément mentionné dans la *Loi constitutionnelle de 1867,* découle cependant de certaines dispositions du texte de 1867 et permet au gouvernement central de mettre sur pied notamment des programmes à caractère national dans des domaines souvent considérés comme relevant de la juridiction provinciale. De plus, certaines provinces considèrent également que les domaines de compétence qu'elles se sont vu confier en 1867 ne correspondent plus à la réalité du XXe siècle. La protection constitutionnelle des droits des individus est aussi évoquée dans certains milieux. Dans cette optique, il semble nécessaire de revoir la *Loi constitutionnelle de 1867*, mais l'absence d'une formule d'amendement de la Constitution rend la chose délicate.

À la suite de nombreuses conférences constitutionnelles qui tentent de trouver un compromis entre les intérêts des provinces et ceux du fédéral, la *Loi constitutionnelle de 1982* est promulguée[29]. Elle opère le rapatriement au Canada de la *Loi constitutionnelle de 1867* qui, jusque-là, n'était qu'une simple loi britannique. Elle prévoit, en outre, une formule d'amendement constitutionnel susceptible, éventuellement, de permettre la modification de la Constitution[30]. Enfin, elle contient la *Charte cana-*

dienne des droits et libertés, ce qui, sur le plan du droit constitutionnel, « constitue l'événement majeur depuis l'adoption du fédéralisme en 1867[31] ».

La *Charte canadienne des droits et libertés* garantit les libertés fondamentales (art. 2). Elle protège également les droits démocratiques des individus (art. 3) et précise les garanties juridiques (art. 7 à 14). Elle reconnaît aussi les droits à l'égalité (art. 15). Ces droits et libertés sont ainsi protégés, mais l'article 1 ne leur confère pas un caractère absolu. Il établit, en effet, que les droits et libertés peuvent être restreints par une règle de droit « dans des limites qui soient raisonnables et dont la justification puisse se démontrer dans le cadre d'une société libre et démocratique ». Une loi peut donc, dans certaines conditions, restreindre des droits ou des libertés garantis par la Charte. Sur le plan des droits linguistiques, les articles 16 à 20 consacrent l'égalité du français et de l'anglais au sein des institutions du gouvernement fédéral et étendent ces dispositions au Nouveau-Brunswick, à la demande de cette province[32]. Le droit à l'instruction dans la langue de la minorité de langue officielle est reconnu à l'article 23. La disposition fonde le droit pour les Canadiens français hors du Québec et pour les Anglo-Québécois de recevoir leur instruction dans leur langue respective. Mentionnons également l'article 28, portant sur l'égalité de garantie des droits pour les deux sexes et inséré sous la pression des organismes de femmes qui craignaient que l'article 15 fût insuffisant pour garantir l'égalité[33]. Enfin, signalons aussi l'article 33, connu également sous l'appellation de « clause nonobstant », qui permet à une province de déroger aux articles 2 et 7 à 15 de la Charte, moyennant l'adoption d'une loi expressément conçue à cet effet et renouvelée tous les cinq ans.

La *Charte canadienne des droits et libertés* a fait l'objet de diverses critiques. Nombreux sont les juristes et les politicologues qui ont vu dans la Charte un instrument permettant de restreindre encore plus la suprématie du Parlement en diminuant le rôle des parlementaires au profit d'un pouvoir accru des juges. Certains n'hésitent pas à parler d'américanisation du système politique canadien. En outre, selon ces critiques, en mettant l'accent sur les droits et libertés individuels, la Charte a favorisé la montée de divers groupes d'intérêt qui utilisent les tribunaux pour pousser le législateur à agir. Ils soulignent aussi le fait que la Charte protège le citoyen dans ses rapports avec les gouvernements, mais qu'elle passe sous silence ses rapports avec la sphère privée [34].

Dans le domaine des droits des minorités linguistiques, l'article 23 a permis, entre autres, aux minorités francophones, particulièrement, de se servir des tribunaux pour assurer leur développement et obtenir le contrôle en matière d'éducation en langue française. La Cour suprême a ainsi été appelée à définir de façon plus précise, dans l'arrêt *Mahé* en 1990, le contenu du droit à l'instruction dans la langue de la minorité en y incluant le droit de gestion et de contrôle des écoles par les minorités de langue officielle. Cependant, l'application de ce droit soulève de nombreuses difficultés. De plus, comme les décisions des tribunaux n'ont pas force exécutoire, la gestion scolaire a été plus lente à s'établir dans certaines provinces que dans d'autres [35].

Malgré tout, il faut reconnaître que le problème constitutionnel reste entier : la question de la répartition des pouvoirs entre les deux niveaux de gouvernement se pose toujours et, de plus, le Québec n'a pas signé l'accord constitutionnel de 1982 [36]. Pour tenter de pallier aux lacunes, de nouveaux pourparlers constitutionnels sont entrepris qui mènent, en 1987, à l'Accord du lac Meech [37]. Cet accord tente de ramener le Québec dans le giron constitutionnel en reconnaissant le concept de société distincte et en répondant aux inquiétudes québécoises, particulièrement au sujet du droit de veto [38]. Il essaie également de satisfaire les demandes des Premières Nations et de certaines provinces de l'Ouest en ce qui concerne le Sénat, par exemple. Cependant, les autochtones, le Manitoba et Terre-Neuve bloquent l'accord en 1990. En 1992, une autre tentative de réintégration du Québec dans la Constitution mène à l'Accord de Charlottetown. Ce dernier vise aussi à satisfaire certaines demandes des peuples autochtones et des provinces de l'Ouest, notamment, qui veulent un Sénat « triple E » (égal, élu et efficace). Là encore, l'entreprise échoue, car, ayant fait l'objet d'un référendum, l'accord est rejeté par la population. La question constitutionnelle continue donc d'être d'actualité au Canada et elle illustre bien la difficulté de faire des changements de nature constitutionnelle.

5. LES MODIFICATIONS DE LA CONSTITUTION

Affirmer, comme nous l'avons fait, qu'une constitution est la loi suprême d'un État revient à la placer au sommet de la hiérarchie des règles juridiques d'un État. La prééminence de la constitution ne doit cependant pas empêcher cette dernière de s'adapter à l'évolution de la société. Cette adaptation est nécessaire, voire vitale. Elle est essentielle pour le maintien de la constitution. Ainsi, celle-ci doit pouvoir être modifiée de façon à refléter les situations nouvelles générées par la pression sociopolitique.

5.1. LA PROCÉDURE SOUPLE DE MODIFICATION CONSTITUTIONNELLE

En raison de la nature même de la Constitution britannique, il n'existe pas de formule d'amendement qui permette d'apporter des changements à la Constitution. Mais cette dernière n'a pas pour autant un caractère statique.

Il est vrai que c'est la coutume qui permet de faire évoluer la Constitution. Cependant, il s'agit d'une évolution lente. Mais la coutume peut aussi être modifiée par une simple loi du Parlement. Il faut ici se rappeler que le Parlement est souverain. Donc, les lois sont aussi des instruments de changement constitutionnel. En théorie, l'autorité du Parlement est grande puisqu'il peut faire les lois qu'il veut et donc modifier la Constitution comme il l'entend. Certes, en matière de modification constitutionnelle, la souplesse de la Constitution britannique peut être vue comme un avantage. Mais, elle peut aussi être un inconvénient puisqu'une simple loi peut modifier la nature même du régime politique établi par la Constitution. Dans le cas de la Grande-Bretagne, de nombreux obstacles de nature politique tels que la responsabilité des élus devant la population et le rôle de l'opposition contribuent à diminuer ce risque. À cela, il convient d'ajouter le rôle joué par l'opinion publique à laquelle les dirigeants politiques sont très sensibles.

Soulignons enfin qu'avec la multiplication des questions constitutionnelles ces dernières années en Grande-Bretagne, le référendum a été utilisé pour légitimer le changement constitutionnel, ce qui n'a d'ailleurs pas été sans causer de problèmes [39]. Aussi, placés devant la question du changement constitutionnel et la nécessité de modifier en profondeur la Constitution britannique, plusieurs spécialistes n'ont pas hésité à préconiser une constitution écrite dont l'autorité remplacerait celle du Parlement et qui serait plus adaptée à la réalité de la Grande-Bretagne [40].

5.2. LA PROCÉDURE RIGIDE DE MODIFICATION CONSTITUTIONNELLE

Les mécanismes de révision constitutionnelle ne sont pas toujours d'une grande souplesse. Nombreuses sont les constitutions rigides. La rigidité s'explique principalement de deux façons. D'une part, certaines dispositions constitutionnelles peuvent être expressément exclues de tout changement éventuel afin de protéger des caractéristiques fondamentales de l'État. C'est le cas, par exemple, de la forme républicaine de gouvernement, qui demeure intangible dans les constitutions française ou italienne [41]. La Constitution française précise aussi qu'une révision ne peut être possible « lorsqu'il est porté atteinte à l'intégrité du territoire [42] » ou « durant la vacance de la présidence de la République [43] ». La Constitution des États-Unis exclut toute révision constitutionnelle qui priverait un État, « sans son consentement, de l'égalité de suffrage au Sénat [44] ». D'autre part, pour les dispositions qui peuvent faire l'objet d'une révision, il est nécessaire alors de recourir à une procédure qui, par sa complexité, se différencie du processus législatif normal. Cela a pour but d'éviter que de trop fréquents amendements à la loi suprême ne sapent les fondements mêmes de la démocratie.

Cette procédure complexe est généralement spécifiée dans une formule d'amendement contenue dans la constitution. La Constitution américaine établit, à l'article 5, que tout amendement à la loi suprême des États-Unis peut se faire à l'initiative soit des États, soit du Congrès. Dans le premier cas, les assemblées des deux tiers des États peuvent demander au Congrès de convoquer une convention constitutionnelle afin de proposer des amendements. Cette méthode n'a jamais été utilisée en raison des craintes suscitées par la portée éventuelle d'une telle convention. Dans le second cas, des amendements peuvent être proposés par les deux tiers du Sénat et de la Chambre des représentants. Les 26 amendements apportés à la Constitution américaine depuis 1791 ont été adoptés de cette manière. Mais, dans un cas comme dans l'autre, les amendements doivent ensuite être ratifiés par les trois quarts des conventions constitutionnelles réunies dans chacun des États ou par les assemblées des trois quarts des États. La première méthode de ratification n'a été utilisée qu'une fois, en 1933, lors de l'adoption du 21e amendement, abrogeant la prohibition. Pour le reste, la ratification par les assemblées des trois quarts des États a prévalu. La procédure américaine d'amendement empêche, comme on peut le constater, de fréquentes révisions constitutionnelles. De plus, un amendement qui a été proposé et voté par les deux tiers des chambres du Congrès n'est pas automatiquement ratifié. En témoigne le sort de l'amendement proposé en 1972 sur l'égalité des droits indépendamment du sexe de la personne. Les assemblées des États avaient 10 ans pour le ratifier. L'amendement n'a pas été adopté, car il n'a pu recueillir l'approbation des trois quarts des assemblées législatives des États.

La Constitution française prévoit, à l'article 89, une procédure d'amendement tout aussi complexe. Celle-ci comprend, là encore, plusieurs étapes. L'initiative de la révision constitutionnelle appartient concurremment au président sur proposition du premier ministre et aux membres du Parlement. Dans la pratique, cette première phase a toujours été exercée par le président, qui a ainsi pris le pas sur le premier ministre et les parlementaires. À la deuxième étape, les deux chambres du Parlement doivent accepter et voter la révision « en termes identiques ». Ensuite, celle-ci acquiert un caractère définitif après avoir été approuvée par référendum. Jusqu'à présent, une telle procédure n'a jamais été utilisée. L'article 89 prévoit, en effet, un autre recours qui permet d'éviter le référendum : le président de la République peut soumettre l'amendement au Parlement convoqué en Congrès, et cet amendement devra recueillir les trois cinquièmes des suffrages exprimés. Cette procédure a été utilisée à plusieurs reprises depuis 1963.

Au Canada, lors de l'établissement de la Confédération, la *Loi constitutionnelle de 1867* ne contenait pas de formule d'amendement. La Constitution était, à l'époque, une simple loi britannique et, donc, le Parlement de Westminster pouvait amender cette loi. Mais la réalité était beaucoup plus complexe, car la Constitution a souvent fait l'objet d'amendements. À la demande conjointe de la Chambre des communes et du Sénat adressée à Westminster, un amendement pouvait être apporté à la Constitution. De plus, en vertu de la Constitution, les provinces pouvaient amender leur propre constitution, sauf en ce qui avait trait au chapitre des pouvoirs et du rôle du lieutenant-gouverneur. En 1949, le Parlement se voit octroyer le droit d'amender certaines dispositions constitutionnelles, à l'exception de celles relatives aux pouvoirs des provinces, à l'article 93, à la prorogation du Parlement et à l'obligation de réunir ce dernier au moins une fois par an. Une telle situation allait à l'encontre de toute modification de la répartition des pouvoirs entre le Parlement et les assemblées législatives. Les dirigeants politiques en étaient conscients puisque, dès 1927, ils se sont appliqués à trouver un consensus au sujet de la formule d'amendement. Cette formule a fait l'objet de nombreuses conférences et réunions. En 1981, lors de la réunion dite « de la dernière chance », le gouvernement fédéral et les provinces, exception faite du Québec, se sont mis d'accord sur une formule qui sera incluse dans la Constitution à l'occasion du rapatriement en 1982.

Cette formule d'amendement est connue sous le nom de « formule 7/50 » parce qu'elle requiert le consentement de la Chambre des communes et du Sénat et celui d'au moins sept provinces représentant la moitié de la population du pays. Tous les amendements se font par une proclamation émise par le gouverneur général à la suite d'une résolution passée par la Chambre des communes, le Sénat et les assemblées législatives provinciales. Mais, comme la formule d'amendement est beaucoup plus complexe qu'elle ne le paraît, le nombre requis d'assemblées législatives pour qu'il y ait amendement varie selon l'objet de la modification qui doit être apportée à la Constitution. Il est, en effet, important de préciser que la formule d'amendement de la Constitution canadienne comporte plusieurs volets, ainsi que le montre le tableau 14.1.

6. LE CONTRÔLE DE LA CONSTITUTIONNALITÉ DES LOIS

La constitution, nous l'avons déjà dit, occupe le sommet de la hiérarchie des règles juridiques. L'existence d'une règle supérieure, la constitution, et d'une multitude de règles juridiques ordinaires exige que l'on s'assure de la conformité des règles ordinaires avec la règle suprême. C'est le contrôle de la constitutionnalité des lois.

La nécessité de procéder à ce type de vérification a conduit les États à mettre sur pied diverses procédures qui permettent de vérifier la constitutionnalité des lois. Deux grands types de procédures de contrôle peuvent être dégagés. Le premier confie la vérification de la constitutionnalité des lois aux tribunaux. Le second consiste plutôt à créer un organe spécial ayant la charge de veiller à la constitutionnalité des lois. Mais avant d'examiner ces deux types de procédures, il convient d'abord de décrire brièvement la situation particulière dans laquelle se trouvent certains États comme la Grande-Bretagne.

6.1 LE CONTRÔLE DE LA CONSTITUTIONNALITÉ DES LOIS EN GRANDE-BRETAGNE

La Grande-Bretagne, en effet, affirme le principe de la suprématie du Parlement comme on l'a vu plus haut. Dès lors, la question s'est posée de savoir si une loi du Parlement peut être inconstitutionnelle et, dans l'affirmative, si elle peut faire l'objet d'une vérification. Elle a donné lieu, surtout pendant les XVIIe et XVIIIe siècles, à de longs débats entre juristes, constitutionnalistes, philosophes politiques et parlementaires. La question a été réglée en 1871 par l'arrêt *Lee c. Bude and Torrington Junction Railway Company*, le tribunal ayant statué que les cours sont tenues d'obéir aux lois du Parlement[45]. La validité des lois ne peut donc être mise en cause par l'organe judiciaire. Ce principe a, depuis lors, toujours été respecté par les tribunaux. En 1973, l'entrée de la Grande-Bretagne dans la Communauté économique européenne[46] a cependant contribué à changer quelque peu ce principe. Comme condition de son entrée dans l'ensemble européen, le Parlement de Londres a adopté, en 1972, une loi qui est

Tableau 14.1
Les différents volets de l'amendement constitutionnel
au Canada

Articles	Formule	Caractéristiques
38	*7/50* Consentement du fédéral et des deux tiers des provinces représentant 50 % de la population totale du pays.	• Veto de l'Ontario, du Québec, des Communes; veto suspensif du Sénat. • Droit de retrait avec compensation financière (éducation et culture).
41	*Unanimité* Consentement unanime du Parlement et des 10 assemblées législatives.	• Pour modifier: monarchie; représentation d'une province aux Communes égale à sa représentation au Sénat; composition de la Cour suprême; usage des langues officielles.
42	*7/50*	• Pour modifier: représentation proportionnelle des provinces aux Communes; pouvoirs du Sénat; mode de sélection et nombre de sénateurs par province; pouvoirs de la Cour suprême; création de nouvelles provinces et rattachement de territoires aux provinces. • Pas de droit de retrait.
43	*Consentement du Parlement et d'une ou de plusieurs provinces*	• Pour modifier: dispositions concernant une ou plusieurs provinces; tracé des frontières interprovinciales; usage du français et de l'anglais dans une province.
44 et 45	*Parlement.* *Assemblées législatives*	• Amendement possible à leur propre constitution.

entrée en vigueur au moment de l'adhésion britannique à la Communauté en 1973 et qui reconnaît comme exécutoires tous les droits, toutes les procédures et obligations résultant des traités européens. En d'autres termes, depuis 1973, les lois du Parlement britannique sont subordonnées, par exemple, aux dispositions du Traité de Rome, à celles du Traité de Maastricht et aux principes et à la jurisprudence de la Cour européenne de justice. Elles peuvent être ainsi abrogées par les tribunaux britanniques si elles vont à l'encontre des lois et du droit communautaire. Dès lors, la suprématie du Parlement britannique est atténuée par celle du Parlement européen, ce qui ne va pas sans créer des problèmes dans un État où la tradition est forte.

6.2 LE CONTRÔLE DE LA CONSTITUTIONNALITÉ DES LOIS PAR LES TRIBUNAUX

C'est aux États-Unis qu'est apparue l'idée selon laquelle le contrôle de la constitutionnalité des lois relève des tribunaux. Pourtant, cette question de la constitutionnalité ainsi que celle du recours aux tribunaux ne sont pas prévues par la Constitution américaine. Cependant, c'est à l'initiative même des cours que la pratique s'est établie.

Devant le silence de la Constitution, le débat s'est rapidement engagé sur la question de l'inconstitutionnalité des lois : pour les fédéralistes, c'est aux tribunaux qu'il revient de juger cette question, alors que, pour les partisans de Jefferson, du fait de leur égalité, aucun des trois pouvoirs, judiciaire, législatif et exécutif, ne peut s'instituer juge de l'action des deux autres. En 1803, dans l'arrêt désormais célèbre *Marbury c. Madison,* rendu par la Cour suprême, cette dernière déclare, pour la première fois, une loi nulle parce qu'inconstitutionnelle. Selon cette cour, puisque les tribunaux doivent dire le droit et que la Constitution est la loi suprême, il appartient donc aux cours de décider si une loi est conforme à la Constitution. Ainsi, un précédent est établi par la Cour suprême. Les tribunaux des États comme les tribunaux fédéraux doivent donc vérifier la constitutionnalité des lois émanant des assemblées législatives des États et du Congrès. Les juges, lorsqu'ils sont saisis d'une telle cause, doivent l'examiner en s'appuyant sur la Constitution. La Cour suprême juge en dernier ressort et peut donc déclarer une loi inconstitutionnelle[47].

Au Canada, la question du contrôle de la constitutionnalité des lois par les tribunaux est plus complexe que dans le cas des États-Unis. En 1867, les Pères de la Confédération ont voulu privilégier le principe de la suprématie du Parlement au détriment de celui du contrôle par les tribunaux puisque, comme nous l'avons déjà vu, la Constitution canadienne repose sur des principes semblables à ceux en vigueur en Grande-Bretagne. Mais, l'instauration du régime fédéral de gouvernement atténue considérablement ce principe et permet de s'écarter de la pratique britannique dans la mesure où des conflits peuvent naître de la répartition des pouvoirs entre les deux ordres de gouvernement. Aussi, de 1867 à 1949, c'est le Comité judiciaire du Conseil privé de Londres (CJCP) qui juge en dernier ressort en matière civile, criminelle ou constitutionnelle. Ainsi, il a été appelé à se prononcer notamment dans de nombreuses causes de nature constitutionnelle portant sur la division des pouvoirs dans le régime fédéral de gouvernement. Il a contribué, par ses décisions, à apporter un certain équilibre au fédéralisme canadien en favorisant l'autonomie des provinces. Ce n'est qu'à partir de 1949 que la Cour suprême, créée en 1875 par une loi fédérale, remplace le CJCP. La Cour suprême a donc le pouvoir de juger en dernier ressort. Dans le domaine constitutionnel, elle sera, elle aussi, appelée à trancher dans des conflits portant sur le partage de compétences. À cet égard, elle aura d'ailleurs tendance à favoriser une plus grande centralisation du système fédéral[48]. Depuis 1982, la Cour suprême a vu son rôle renforcé en matière de constitutionnalité des lois en vertu même de l'article 52 de la *Loi constitutionnelle de 1982.* De plus, avec l'avènement de la *Charte des droits et libertés,* elle est appelée de plus en plus souvent, après que les tribunaux inférieurs se sont prononcés, à se pencher sur la conformité des lois, voire des projets de lois avec les droits édictés dans la Charte. Le contrôle de la constitutionnalité des lois exercé par les tribunaux canadiens est donc tout aussi important que celui qui s'effectue aux États-Unis. À ce chapitre, soulignons qu'à la différence de la pratique américaine, les gouvernements peuvent demander l'avis des cours de justice avant d'adopter une mesure qui pourrait contrevenir à certaines dispositions ou conventions constitutionnelles. C'est ainsi qu'en 1981 le gouvernement fédéral a consulté la Cour suprême avant de procéder au rapatriement de la Constitution. C'est également à une telle procédure qu'a eu recours, en 1984, le gouvernement ontarien qui voulait alors obtenir des éclaircissements quant au droit à l'instruction dans la langue de la minorité et aux droits confessionnels. Il a donc demandé à la Cour d'appel de l'Ontario de se prononcer sur la constitutionnalité de certaines dispositions de la *Loi sur l'éducation* eu égard à l'article 23 de la Charte[49].

6.3 LE CONTRÔLE DE LA CONSTITUTIONNALITÉ DES LOIS PAR UN ORGANE SPÉCIAL

Le contrôle de la constitutionnalité des lois par un organe spécial est une procédure qui est généralement utilisée en Europe, et qui a d'ailleurs vu le jour en Autriche en 1920[50]. Certains États européens ont ainsi recours à un tribunal constitutionnel qui, à la différence des autres tribunaux, a pour seule et unique fonction de vérifier la constitutionnalité des lois. C'est le cas du tribunal constitutionnel en Autriche, en Italie, en Espagne, au Portugal. C'est aussi le cas en Allemagne où, par exemple, les deux chambres du Parlement élisent les 16 membres appelés à siéger au tribunal constitutionnel. Ce tribunal peut avoir à se prononcer sur une question relative à la constitutionnalité des lois qui lui a été soumise par les tribunaux ordinaires, les organes politiques, des entités fédérées (les *Länder*) ou de simples citoyens soucieux de la protection des droits fondamentaux. Le tribunal constitutionnel, en rendant sa décision, peut annuler une mesure législative fédérale ou émanant d'une entité fédérée; il peut aussi demander la modification d'une loi ou donner aux autorités compétentes des instructions précises, comme cela a été le cas, en 1975, avec la loi sur l'avortement[51].

La France, quant à elle, a suivi une voie différente de celle des autres États européens. Tout en ayant recours à un organe spécial, elle a opté pour un conseil constitutionnel. Composé des membres d'office que sont les anciens présidents de la République ainsi que de neuf membres nommés par tiers par le président de la République en exercice et par chacun des deux présidents des chambres du Parlement pour un mandat de neuf ans non renouvelable, ce conseil est chargé de diverses fonctions. Il veille à la régularité du dé-

roulement des référendums et des élections présidentielles, législatives ou sénatoriales. Il s'assure également, mais uniquement à la demande des organes politiques, que les lois, organiques ou non, et les règlements du Parlement soient conformes à la Constitution. L'examen de la constitutionnalité des lois doit se faire avant la promulgation des mesures législatives. Les lois déjà promulguées ou adoptées par référendum ne peuvent faire l'objet d'une vérification même si elles paraissent inconstitutionnelles. Le Conseil constitutionnel se prononce enfin sur la constitutionnalité des traités internationaux signés par la France. Mais alors que toute loi non conforme à la Constitution doit être modifiée en conséquence, un traité qui va à l'encontre de la Constitution ne peut entrer en vigueur avant que celle-ci ne soit modifiée[52]. Le contrôle de la constitutionnalité en France vise surtout à éviter que le Parlement ne sorte du cadre des attributions qui lui ont été imparties par la Constitution. Un individu ou un groupe d'individus ne peuvent demander à l'organe chargé du contrôle de la constitutionnalité des lois de vérifier la conformité d'une loi avec la Constitution afin d'assurer une meilleure protection des droits de la personne, comme c'est, par exemple, le cas au Canada.

Lectures suggérées

Beard, Charles Austin (1988), *Une relecture économique de la Constitution des États-Unis,* Paris, Economica. Trad. de *An Economic Interpretation of the Constitution of the United States,* New York, The Free Press, 1986.

Beaudoin, Gérald-A. (1990), *La Constitution du Canada. Institutions, partage des pouvoirs, droits et libertés,* Montréal, Wilson et Lafleur.

Beaudoin, Gérald-A., Errol Mendes *et al.* (1996), *La Charte canadienne des droits et libertés,* 3e éd., Montréal, Wilson et Lafleur.

Dion, Léon (1995), *Le duel constitutionnel Québec-Canada,* Montréal, Boréal.

Duhamel, Olivier (1992), *La Constitution française,*

Paris, PUF, collection « Que sais-je ? ».

Hopkins, J. A. (1992), « Droit constitutionnel », dans J. A. Jolowicz (dir.), *Droit anglais,* 2e éd., Paris, Dalloz.

Lamoine, Georges (1995), *Histoire constitutionnelle anglaise,* Paris, PUF, collection « Que sais-je ? ».

Mandel, Michael (1996), *La Charte des droits et libertés et la judiciarisation du politique au Canada,* Montréal, Boréal. Trad. de *The Charter of Rights and the Legalization of Politics in Canada,* Toronto, Thomson Educational Publishing, 1994.

Morris, Richard B. (1985), « *Nous, peuple des États-Unis* ». *Hamilton, Madison, Jay et la Constitution,* Paris, Economica.

Notes

1 Sur cette question, voir Ken Adachi, *The Enemy That Never Was : A History of the Japanese Canadians,* Toronto, McClelland and Stewart, 1976.

2 K. C. Wheare, *Modern Constitutions,* London, Oxford University Press, 1966, chapitre 2 : « How Constitutions May Be Classified », p. 14–31.

3 Dans ce pays, la force de la coutume est telle qu'un député qui souhaite démissionner de son siège de parlementaire ne peut techniquement le faire. En vertu de la tradition, un député britannique ne démissionne jamais. Il sollicite, modestement, un emploi de régisseur d'un château de la couronne (*an office of profit under the Crown*). Le poste, bien qu'inexistant, lui est automatiquement accordé. Devenu « régisseur de la Couronne de Chiltern Hundreds » (*Crown Stewardship of the Chiltern Hundreds*), il ne peut cumuler la fonction de représentant du peuple avec celle d'employé de la couronne. Cela lui permet ainsi d'opter pour le poste fantôme de régisseur et de quitter la Chambre des communes

4 E. C. S. Wade et G. Godfrey Phillips, *Constitutional Law,* 6th ed., Londres, Longmans, 1960, p. 5.

5 J. A. Hopkins, « Droit constitutionnel », dans J. A. Jolowicz (dir.), *Droit anglais,* 2ᵉ éd., Paris, Dalloz, 1992, p. 71.

6 Article 2, section 2, paragraphe 2.

7 En droit, un « accord exécutif » est un *accord en forme simplifiée* qui permet ainsi à un État de devenir partie à cet accord par la simple signature sans passer par la procédure de ratification. Rappelons ici que c'est par le biais d'un accord exécutif que les États-Unis sont devenus membres des Nations unies en 1945.

8 Seul Franklin Roosevelt fait fi de la coutume ainsi instaurée par Washington en se faisant élire quatre fois de suite, en 1932, en 1936, en 1940 et en 1944. Un amendement constitutionnel mettra fin à une telle possibilité.

9 *Renvoi : résolution pour modifier la Constitution* (1981), 1 RCS, p. 880–888.

10 Tous les États américains à l'exception du Rhode Island participèrent à la Convention de Philadelphie. Cet État ratifiera cependant, en mai 1789, la nouvelle constitution issue de cette convention.

11 En pratique, seul le Parlement de la province du Canada approuvera les *Résolutions de Québec* en 1865.

12 Le projet de loi est déposé et adopté en anglais par le Parlement de Westminster. Par la suite, le *BNA Act* sera traduit et pourra porter le nom d'*Acte de l'Amérique du Nord britannique.* Depuis 1982, l'*AANB* a pris l'appellation de *Loi constitutionnelle de 1867.*

13 Bruce W. Hodgins, « The Canadian Political Elite's Attitudes Toward the Nature of the Plan of Union », dans Bruce W. Hodgins, Don Wright et W. H. Heick (dir.), *Federalism in Canada and Australia: The Early Years,* Waterloo (Ont.), Wilfrid Laurier University Press, 1978, p. 44; Donald V. Smiley, *The Federal Condition in Canada,* Toronto, McGraw-Hill Ryerson, 1987, p. 39; R. MacGregor Dawson, *The Government of Canada,* 4th ed., revised by Norman Ward, Toronto, The University of Toronto Press, 1968, p. 41.

14 Voir, par exemple, Elwood H. Jones, « Localism and Federalism in Upper Canada to 1865 », dans Bruce W. Hodgins, Don Wright et W. H. Heick (dir.), *op. cit.,* p. 19–41.

15 Edwin R. Black et Alan C. Cairns, « Le fédéralisme canadien : une nouvelle perspective », dans Louis Sabourin (dir.), *Le système politique du Canada,* Ottawa, Éditions de l'Université d'Ottawa, 1970, p. 54.

16 Patrick Boyer, *Direct Democracy in Canada. The History and Future of Referendums,* Toronto and Oxford, Dundurn Press, 1992, p. 76.

17 Nous aurons l'occasion de revenir sur cette question dans le chapitre 15.

18 J. A. Jolowicz, « Vue générale du droit anglais », dans J. A. Jolowicz (dir.), *op. cit.,* p. 32.

19 Voir l'argumentation développée à ce sujet par Alexander Hamilton dans *The Federalist,* avec une introduction et des notes par Jacob E. Cooke, Middleton (Conn.), Wesleyan University Press, 1967, *The Federalist* No. 84, p. 575–587.

20 Notons qu'à cette époque le terme générique « homme » ne comprenait pas toujours les femmes.

21 L'État de New York n'aura pas de déclaration de droits.

22 Voir le chapitre 12.

23 Voir le chapitre 16.

24 Cet aspect a été soulevé dans le chapitre 12.

25 En 1964, un amendement constitutionnel a introduit un autre domaine dans lequel s'exercent les pouvoirs concurrents, celui des pensions de vieillesse, prévu à l'article 94 A. Mais, contrairement à l'article 95, l'article 94 A reconnaît une prépondérance provinciale en matière de pensions de vieillesse et de prestations additionnelles.

26 Le Parlement fédéral utilisera le pouvoir déclaratoire plus de 400 fois. Voir, à ce sujet, Peter Hogg, *Constitutional Law of Canada,* 3rd ed., Toronto, Carswell, 1992, p. 15–22. Consulter également Gérald-A. Beaudoin, *La Constitution du Canada. Institutions, partage des pouvoirs, droits et libertés,* Montréal, Wilson et Lafleur, 1990, p. 430–433.

27 Il est nécessaire de souligner que le pouvoir de désaveu n'est plus utilisé depuis 1943 et que le pouvoir de réserve n'est plus exercé depuis 1961.

28 K. C. Wheare, *op. cit.,* p. 20. Ce terme réfère au caractère centralisateur du fédéralisme instauré en 1867.

29 C'est la version anglaise de la *Loi constitutionnelle de 1982* qui a fait l'objet de la promulgation.

30 Nous reviendrons sur cette question dans le paragraphe 5 de ce chapitre.

31 Gérald-A. Beaudoin, *op. cit.,* p. 673.

32 Si le Nouveau-Brunswick a demandé à adhérer aux articles 16 à 20 de la *Charte des droits et libertés,* il en va autrement pour les autres provinces, exception faite du Québec. En ce qui concerne l'Ontario, par exemple, voir Christiane Rabier, « Les Franco-Ontariens et la Constitution », *Revue du Nouvel-Ontario,* 5, 1983, p. 37–49.

33 Pour un détail historique portant sur l'article 28, voir Penney Kome, *The Taking of 28 : Women Challenge the Constitution,* Toronto (Ont.), Women's Educational Press, 1983.

34 Voir Peter Russell, « The Political Purposes of the Canadian Charter of Rights and Freedoms », *Canadian Bar Review,* 61, 1983, p. 30–54; Rainer Knopff et F. L. Morton, *Charter Politics,* Scarborough, Nelson Canada, 1992; Michael Mandel, *La Charte des droits et libertés et la judiciarisation du politique au Canada,* Montréal, Boréal, 1996; Alan C. Cairns, *Charter Versus Federalism : The Dilemmas of Constitutional Reform,* Montréal et Kingston, McGill-Queen's University Press, 1992.

35 Consulter, par exemple, R. Bilodeau, « La langue, l'éducation et les minorités : avant et depuis la Charte canadienne des droits et libertés », *Man. L. J.,* 13, 1983, p. 371; Pierre Foucher, « Le droit à l'instruction en fran-

çais en Ontario en dépit de la loi ou avec la loi », *Revue du Nouvel-Ontario*, 10, 1988, p. 67–81 ; Yves Le Bouthillier, « L'affaire Mahé et les droits scolaires : difficultés de mise en œuvre d'un droit proportionnel aux effectifs d'une minorité », *Revue de droit d'Ottawa*, 22, 1, 1990, p. 77.

36 Sur le processus de négociations constitutionnelles menant à la réforme de 1982 et les diverses oppositions qui se sont manifestées, voir Roy Romanow, John Whyte et Howard Leeson, *Canada... Notwithstanding : The Making of a Constitution, 1976–1982,* Toronto, Carswell/Methuen, 1984 ; Claude Morin, *Les lendemains piégés. Du référendum à la nuit des longs couteaux,* Montréal, Boréal, 1988.

37 François Rocher et Gérard Boismenu, « L'Accord du lac Meech et le système politique canadien », *Politique,* 16, automne 1989, p. 59–86.

38 L'expression « le Québec réintègre la Constitution » peut prêter à confusion. Aussi est-il nécessaire de préciser que, si le Québec n'a pas signé l'entente constitutionnelle de 1981 menant à la *Loi constitutionnelle de 1982,* cette dernière s'applique malgré tout à la province.

39 James D. Kellas, « The Politics of Constitution-Making : The Experience of the United Kingdom » dans Keith G. Banting et Richard Simeon (dir.), *Redesigning the State. The Politics of Constitutional Change,* Toronto, University of Toronto Press, 1985, p. 146–159.

40 Le texte constitutionnel proposé a été publié dans J. Cornford (dir.), *The Constitution of the United Kingdom,* London, The Institute for Public Policy Research, 1991, cité dans Georges Lamoine, *op. cit.,* p. 105.

41 Cette interdiction est faite en vertu de l'article 89 de la Constitution française de 1958 et en vertu de l'article 139 de la Constitution italienne de 1948.

42 Article 89 de la Constitution française de 1958.

43 Article 7 de la Constitution française de 1958.

44 Article 5 de la Constitution des États-Unis.

45 Pour plus de détails sur cette importante décision judiciaire, voir John Wiedhofft Gough, *L'idée de loi fondamentale dans l'histoire constitutionnelle anglaise,* Paris, PUF, 1992, collection « Léviathan », p. 218–221.

46 La Communauté économique européenne est aujourd'hui connue sous le nom d'Union européenne.

47 À ce sujet, voir A. Cox, « The Role of the Supreme Court of United States », dans Gérald-A. Beaudoin (dir.), *La Cour suprême du Canada,* Actes de la Conférence d'octobre 1985, Cowansville (Québec), Éditions Yvon Blais, 1986, p. 323–333.

48 Sur la question du rôle du CJCP et de celui de la Cour suprême en matière de partage des pouvoirs, voir Edmond Orban, *La dynamique de la centralisation dans l'État fédéral : un processus irréversible ?,* « Cour suprême et centralisation », p. 302–307.

49 Voir *Reference re Education Act of Ontario and Minority Language Education Rights* (1984) 47 O.R. (2nd) 1.

50 Soulignons ici le rôle capital joué par le juriste autrichien Kelsen.

51 Sur la question de la Cour constitutionnelle fédérale allemande, voir Edmond Orban, « La Cour constitutionnelle fédérale et l'autonomie des Länder en République fédérale d'Allemagne », *La Revue juridique Thémis,* 22, 1, 1988, p. 37–60.

52 Sur le rôle du Conseil constitutionnel, voir François Luchaire, *Le Conseil constitutionnel,* Paris, Economica, 1980, troisième partie : « Les attributions du Conseil constitutionnel », p. 85–399. Consulter également « Conseil constitutionnel », *http://www.conseil-constitutionnel.fr/,* 9 juillet 1999.

15

Le pouvoir exécutif

Sur le plan politique, le pouvoir exécutif a toujours constitué le centre du pouvoir décisionnel. Il a existé bien avant que n'apparaisse le pouvoir législatif. Il répond au besoin d'imprimer une ligne directrice au gouvernement.

Dans les régimes dictatoriaux, il est exercé par une seule personne, qui tend d'ailleurs à concentrer tous les pouvoirs entre ses mains. Dans les régimes démocratiques, il en va autrement. Dans les régimes de type présidentiel comme celui des États-Unis, l'exécutif est monocéphale. En d'autres termes, le président des États-Unis est à la fois chef d'État et chef de gouvernement. Mais, à la différence de ce qui se produit dans une dictature, par exemple, le pouvoir exécutif est contrebalancé par les pouvoirs législatif et judiciaire. Dans les régimes de type parlementaire, le pouvoir exécutif est bicéphale : le chef de l'État se distingue du chef du gouvernement. Cette dualité que l'on retrouve dans tous les régimes parlementaires revêt, cependant, diverses formes. Dans les régimes parlementaires de forme républicaine, le chef de l'État, président de la République, est généralement élu par le Parlement pour un mandat à durée déterminée. Ainsi, le président de la République italienne est élu pour sept ans par les deux chambres du Parlement, auxquelles s'ajoutent les représentants des régions. En Israël, le président est, lui aussi, élu par l'organe législatif, la Knesset. Dans les régimes parlementaires de forme monarchique, le chef de l'État est représenté par un roi ou par une reine. Le poste et la fonction se transmettent alors de façon héréditaire. C'est le cas des régimes politiques en vigueur en Grande-Bretagne, au Canada, en Suède, en Norvège et au Japon. Enfin, dans les régimes de type semi-présidentiel, comme celui de la France, l'exécutif ressemble à celui des régimes parlementaires dans la mesure où la fonction de chef de l'État est dissociée de celle de chef du gouvernement. Par contre, les relations entre ces deux composantes diffèrent de celles qui existent dans les régimes parlementaires.

Dans ce chapitre, nous nous proposons d'examiner le pouvoir exécutif dans le régime présidentiel américain, dans le régime parlementaire à travers les exemples de la Grande-Bretagne et du Canada et dans le régime semi-présidentiel français.

1. LE POUVOIR EXÉCUTIF DANS LE RÉGIME PRÉSIDENTIEL : LES ÉTATS-UNIS

Dans le régime présidentiel américain, le principe de la séparation des pouvoirs assorti du système de poids et contrepoids assure un certain équilibre entre l'exécutif, le législatif et le judiciaire. Cependant, il y a chevauchement de ces trois pouvoirs, car chacun d'eux dispose d'une parcelle des deux autres. Ainsi, par exemple, le pouvoir exécutif peut opposer son veto aux lois émanant du Congrès. Mais, à la différence de ce que l'on trouve dans les régimes parlementaires ou semi-présidentiels, le Congrès ne peut renverser le président, car celui-ci n'est nullement responsable devant l'organe législatif. L'institution présidentielle américaine a considérablement évolué depuis sa création en 1787. Présentant des caractéristiques particulières et dotée de pouvoirs importants, elle joue un rôle clé dans le régime politique des États-Unis.

1.1. L'ÉLECTION À LA PRÉSIDENCE

La fonction présidentielle est élective[1]. Pour pouvoir occuper cette fonction, il faut avoir la citoyenneté américaine, être né aux États-Unis, être âgé d'au moins 35 ans et avoir résidé aux États-Unis pendant 14 ans. Le président est élu pour un mandat de quatre ans, renouvelable une seule fois[2]. De plus, une personne élue à la vice-présidence qui remplace le président à la suite du décès ou de la destitution de ce dernier et qui exerce les fonctions présidentielles pendant plus de deux années du mandat du président décédé ou destitué, ne pourra être élue qu'une seule fois.

Tableau 15.1
Les différentes étapes menant
à la présidence des États-Unis

Première étape Sélection, au sein de chaque parti politique, des délégués qui participeront à la convention nationale de leur parti.	• Phase qui s'étend sur plusieurs mois. • Les candidats à la candidature officielle de leur parti tentent de convaincre le plus grand nombre possible de délégués de voter en leur faveur à la convention nationale. • Sélection des délégués qui se fait de diverses manières (caucus, élections primaires).
Deuxième étape Convention nationale de chaque parti politique	• Phase d'investiture officielle du candidat à la présidence (qui choisit alors son candidat à la vice-présidence). • Réunit l'ensemble des délégués du parti. • Importance médiatique de l'événement.
Troisième étape Campagne électorale	• Les candidats à la présidence et à la vice-présidence de chaque parti parcourent le pays pour convaincre les électeurs américains des vertus de leur programme. • Importance de la publicité télévisée. Recours fréquent à la publicité négative. • Débat télévisé entre les candidats présidentiels des deux grands partis (possibilité d'une troisième participation ; ex. : Ross Perot en 1992). • Débat télévisé entre les candidats à la vice-présidence des deux grands partis (possibilité d'une troisième participation).
Quatrième étape Élection	• Toujours tenue le premier mardi du mois de novembre de l'année électorale. • Les Américains élisent les grands électeurs du collège électoral. • Le collège électoral élit le président des États-Unis et son vice-président.

Pour être élu à la présidence, il faut avoir le soutien d'un des deux grands partis politiques[3]. La « candidature présidentielle type » provient généralement du monde politique. Les postes de gouverneur d'un État, de vice-président, de sénateur, de représentant ou l'occupation successive de quelques-unes de ces fonctions constituent un tremplin excellent qui permet d'accéder à la Maison-Blanche[4]. Une candidature présidentielle se prépare souvent plusieurs années à l'avance. Cette préparation permet de se faire mieux connaître, d'acquérir une certaine visibilité auprès des médias, d'amasser les fonds nécessaires pour mener une campagne électorale, de monter progressivement une organisation solide comptant plusieurs centaines de volontaires dans chaque État. Cela permet aussi l'élaboration d'un programme politique et la mise en place d'une stratégie précise.

Cette toile de fond ainsi tissée, tout aspirant au poste de président doit franchir plusieurs étapes (tableau 15.1). Le chemin qui mène à la présidence des États-Unis est donc long, tortueux, complexe et il nécessite d'importantes levées de fonds de la part des candidats[5]. L'élection du président américain se tient au suffrage universel indirect. En effet, les électeurs américains choisissent les 538 grands électeurs qui composent le collège électoral[6]. La désignation de ces grands électeurs se fait, au sein de chaque État, sur la base d'une liste représentant chaque parti. La liste qui reçoit le plus grand nombre de votes l'emporte automatiquement. Une fois élus, ces grands électeurs se réunissent dans les assemblées législatives de chacun des États afin de voter pour le tandem président, vice-président de leur choix[7]. C'est généralement un vote symbolique, car les partis politiques s'attendent à ce que les grands électeurs républicains votent en faveur du tandem républicain ou à ce que ceux du Parti démocrate élisent le tandem démocrate[8]. Enfin, ces votes sont dépouillés au cours d'une session conjointe du Sénat et de la Chambre des représentants qui se tient durant la première semaine de janvier. Le tandem présidentiel qui a obtenu la majorité des votes est proclamé vainqueur. Le président et le vice-président des États-Unis sont alors assermentés au cours d'une grande cérémonie officielle qui a lieu le 20 janvier.

Ainsi s'achève le processus électoral présidentiel dont la longueur est regardée par plusieurs comme exagérée. La présence du collège électoral ne fait pas, en effet, l'unanimité, et nombre de critiques recommandent de le remplacer par une élection du président au suffrage populaire direct[9]. Il faut cependant convenir qu'en dépit des critiques la tendance ne semble pas aller dans cette direction.

1.2. LES ATTRIBUTIONS PRÉSIDENTIELLES

À la fois chef de l'État et chef du gouvernement, le président dispose de pouvoirs importants. Cette caractéristique du régime présidentiel ne doit cependant pas masquer le fait que certaines de ses attributions sont partagées avec le Congrès ou avec le Sénat en tant que tel, alors que d'autres, plus nombreuses, lui sont propres (tableau 15.2).

Les pouvoirs ainsi conférés par la Constitution semblent, à première vue, peu importants. Cependant, étant donné l'ambiguïté des dispositions constitutionnelles, l'usage qui a été fait de ces pouvoirs par les divers présidents qui se sont succédé à la Maison-Blanche, a eu pour effet d'accroître considérablement l'autorité présidentielle. De nos jours, par exemple, le président joue un rôle essentiel dans la définition de la politique étrangère des États-Unis ; il peut envoyer des troupes à l'étranger sans consulter le Congrès et il joue également un rôle important en matière de définition de la politique intérieure. En vertu de son pouvoir d'approbation des lois du Congrès, il dispose d'un droit de veto sur la législation, lequel peut s'exercer de diverses façons (tableau 15.3).

La responsabilité de l'exécutif repose sur le président, qui jouit d'une grande marge de manœuvre en dépit des contraintes qui lui sont imposées par le système de poids et contrepoids. La séparation des pouvoirs qui caractérise le régime présidentiel américain oblige le président à user de persuasion pour faire accepter son programme par le Congrès[10]. Il tire son influence du peuple qu'il est appelé à solliciter fréquemment par divers moyens de communication. Sa fonction implique une grande visibilité, d'ailleurs renforcée par les médias. Un président populaire est plus à même d'influencer le Congrès et de persuader celui-ci de souscrire aux politiques qu'il propose[11].

Tableau 15.2
Les diverses attributions présidentielles
aux États-Unis

Pouvoirs partagés		Pouvoirs propres au président
Avec le Congrès	**Avec le Sénat**	**Pouvoirs propres au président**
• Approuve les lois votées par le Congrès.	• Conclut les traités. • Nomme les ambassadeurs, les consuls, les ministres, les juges à la Cour suprême et les hauts fonctionnaires.	• Dispose du droit de grâce et de sursis pour tous les crimes et délits commis contre les États-Unis. • Est commandant en chef des forces armées américaines. • Reçoit les ambassadeurs. • Réunit les chambres en session extraordinaire en cas d'urgence. • Veille à l'exécution des lois. • Nomme les fonctionnaires de rangs inférieurs. • Dispose du pouvoir exécutif.

1.3. LE FONCTIONNEMENT DE L'INSTITUTION PRÉSIDENTIELLE

Dans l'accomplissement de sa tâche, le président des États-Unis est aidé par le vice-président, par le Cabinet, par le Bureau de la Maison-Blanche et par le Bureau exécutif[12].

1.3.1. LE VICE-PRÉSIDENT

À plusieurs reprises, lorsque nous avons examiné le processus électoral présidentiel, nous avons mentionné la présence du vice-président des États-Unis. Celui-ci est choisi par le candidat à la présidence et fait automatiquement partie du tandem présidentiel. Le choix d'un vice-président est délicat. Il s'explique souvent par la place politique qu'occupe la personne qui est choisie et qui est perçue comme susceptible de renforcer la position du président[13].

La fonction vice-présidentielle est souvent reléguée aux oubliettes de l'histoire américaine. John Adams, qui a été vice-président puis président, a d'ailleurs dit du poste de vice-président qu'il était le « poste le plus insignifiant que l'esprit inventif de l'homme ait jamais pu concevoir ». Que peut donc faire un vice-président? En fait, il remplit plusieurs rôles.

Le vice-président est tout d'abord, par définition, le « second » du président. Il accepte donc d'être dans l'ombre du président et se garde d'être pour ce dernier un concurrent. Si le président meurt, il lui succède automatiquement. Il en va de même en cas d'incapacité, de destitution ou de démission du président. En vertu du 25e amendement de 1967, lorsque le vice-président devient président, il choisit à son tour un vice-président. De plus, il est, aussi, de par la Constitution, président du Sénat. Il ne peut cependant voter qu'en cas de partage égal des voix[14]. Souvent absent de la présidence du Sénat, c'est surtout le président *pro tempore* qui dirige les débats. Le vice-président joue aussi le rôle d'ambassadeur itinérant en représentant le gouvernement américain dans diverses missions à l'étranger[15]. Il participe à des cérémonies qui se déroulent dans d'autres pays et qui ne requièrent pas nécessairement la présence du président. Enfin, il prend part aux réunions du Cabinet, mais son rôle est éclipsé par celui du président.

Tableau 15.3
Les types de veto présidentiels
aux États-Unis

Veto simple	• Le président refuse, dans les 10 jours qui suivent le vote par l'organe législatif, de signer un projet de loi en le renvoyant devant le Congrès accompagné de ses objections. • Peut être renversé par chacune des chambres à la majorité des deux tiers des membres présents.
Veto de poche	• Le président refuse, dans les 10 jours qui suivent le vote par l'organe législatif, de signer un projet de loi alors que le Congrès n'est plus en session. • Ne peut être renversé par le Congrès.

Le vice-président ne semble donc pas disposer de pouvoirs étendus. Cependant, en qualité de président du Sénat, il représente un lien indispensable entre la présidence et l'organe législatif à qui il peut mieux transmettre les attentes et les propositions du président. De plus, sa fonction a évolué et elle n'est plus aujourd'hui ce qu'elle était à l'époque de John Adams. Le rôle de plus en plus actif joué par la vice-présidence[16] et le tremplin que celle-ci peut représenter pour satisfaire d'éventuelles ambitions présidentielles la rendent plus attrayante qu'auparavant.

1.3.2. LE CABINET

Dans leur souci d'établir des institutions différentes de celles qui régissaient la Grande-Bretagne, les Pères fondateurs se sont abstenus de mentionner l'existence du Cabinet dans la Constitution. Ainsi, le détenteur du pouvoir exécutif exerce ses fonctions de façon solitaire. Mais, avec la présidence de George Washington, le concept de « cabinet » apparaît et se traduit, dans la pratique, par la consultation des divers chefs des départements ministériels. Le Cabinet n'est cependant pas véritablement organisé. Sous la présidence de Dwight Eisenhower, des efforts en vue d'améliorer le fonctionnement du Cabinet présidentiel sont entrepris : tenue de réunions régulières, mise en place d'un personnel permanent, établissement d'ordres du jour et de comptes rendus de réunions. Mais avec l'arrivée au pouvoir de John Kennedy, une certaine léthargie s'instaure[17].

Le Cabinet est composé de 14 personnes placées chacune à la tête d'un département ministériel par le président, lequel peut également les révoquer. À la différence de ce qui se passe dans le régime parlementaire, les secrétaires américains[18] ne sont pas élus au Congrès. S'ils poursuivaient une carrière politique, ils doivent y mettre un terme pour accéder au poste de secrétaire d'État. Cependant, ce sont souvent des techniciens qui sont choisis par le président[19]. Il est aussi de tradition de nommer un secrétaire qui représente le parti défait aux élections[20]. Enfin, le président doit veiller à ce que soient représentées les diverses régions du pays au sein du Cabinet, qui doit refléter aussi certaines caractéristiques (sexes, races, ethnies, religions, etc.) de la société américaine[21].

Le Cabinet est, en théorie, un organe collectif qui aide le président à prendre une décision. Cependant, la réalité est différente : les secrétaires sont plutôt consultés individuellement par le président selon les circonstances. Certains d'entre eux sont appelés à rencontrer fréquemment le président en raison de l'importance des fonctions qu'ils occupent. C'est le cas, par exemple, du secrétaire d'État[22] ou du secrétaire à la Défense.

Le Cabinet présidentiel diffère donc totalement de celui qu'on trouve dans le régime parlementaire. Il constitue un simple organe de conseil et non pas un organe de décision. C'est le président qui, en dernier ressort, décide. De plus, les secrétaires, n'ayant aucun lien avec l'organe législatif, ne sont pas tenus collectivement responsables devant le Congrès. Le Cabinet ne peut donc être renversé par la Chambre des représentants.

1.3.3. LE BUREAU DE LA MAISON-BLANCHE

Demeuré, pendant longtemps, fort modeste, le Bureau de la Maison-Blanche, dirigé par un chef de cabinet, constitue, de nos jours, le centre nerveux de la présidence. Il comprend quelque 600 personnes nommées par le président et chargées de diverses fonctions : secrétariat, rédaction de discours, relations avec la presse, conseillers spéciaux, conseillers politiques, etc.[23]. Un grand nombre de ces personnes ont un accès direct au président et peuvent souvent exercer une influence sur le chef de l'exécutif américain. Les conseillers les plus importants qui rencontrent quotidiennement le président et qui jouissent de la confiance de ce dernier forment le *kitchen cabinet*.

1.3.4. LE BUREAU EXÉCUTIF DU PRÉSIDENT

Créé en 1939, le Bureau exécutif du président, qui emploie plusieurs milliers de personnes, est constitué de divers organismes dont les dirigeants sont nommés par le président et confirmés par le Sénat[24]. Mentionnons, par exemple, le Bureau de gestion et du budget, qui, depuis sa réorganisation en 1970, n'a cessé de prendre de l'importance[25], le Conseil économique chargé de conseiller le président en matière de politique économique, et le Conseil national de sécurité, dont le rôle consiste à formuler et à coordonner la politique étrangère, la défense et la politique intérieure des États-Unis.

Le Bureau exécutif du président est capable de s'adapter aux situations nouvelles. La création de blocs commerciaux a conduit à la mise sur pied, en 1962, du Bureau du représentant spécial au commerce international. Dans le même ordre d'idées, le Bureau de lutte contre la drogue a été créé en 1988 en vue de mettre en œuvre une politique nationale de lutte contre les stupéfiants.

Le portrait type du président des États-Unis que l'on peut ainsi dégager est donc celui d'une personne dotée de pouvoirs importants. Remplissant plusieurs rôles, il est un « président multiple[26] ». Avec l'aide des nombreux conseillers qui l'entourent, il peut prendre des décisions ou parvenir à un compromis avec ses opposants au Congrès.

2. LE POUVOIR EXÉCUTIF DANS LE RÉGIME PARLEMENTAIRE : LA GRANDE-BRETAGNE ET LE CANADA

Le régime parlementaire diffère du régime présidentiel à plusieurs égards. La séparation des pouvoirs y est beaucoup plus floue que dans le régime américain. En effet, si le pouvoir judiciaire demeure indépendant des deux autres pouvoirs, par contre, les pouvoirs législatif et exécutif tendent à une certaine collaboration. Le premier ministre ainsi que les ministres siègent à la Chambre basse. En outre, ils sont responsables devant cette chambre. Leur présence et leurs activités contribuent donc à renforcer le lien entre les deux pouvoirs. Dans le régime parlementaire britannique ou canadien, le pouvoir exécutif bicéphale se compose de la couronne ainsi que du premier ministre et du Cabinet.

2.1. LA COURONNE

2.1.1. LES CARACTÉRISTIQUES DE LA COURONNE

En Grande-Bretagne, la reine est le chef de l'État. Elle est, plus précisément, reine du Royaume-Uni de Grande-Bretagne et d'Irlande du Nord. Elle constitue une partie des pouvoirs exécutif, législatif et judiciaire. Ainsi, l'exécutif est le « gouvernement de Sa Majesté », le législatif est incarné par « la reine en son Parlement » et, en ce qui concerne le pouvoir judiciaire, la reine est « fontaine de justice ». La souveraine est aussi chef de l'Église d'Angleterre et chef des armées.

Les Pères de la Confédération ont transposé ce modèle britannique au Canada qui, de ce fait, a adopté un régime de monarchie constitutionnelle. La couronne incarne donc l'exécutif en vertu de la *Loi constitutionnelle de 1867*. La reine Élisabeth II est ainsi chef de l'État canadien. À ce titre, elle symbolise la pérennité de l'État par-delà les changements de gouvernement. En fait, depuis 1931, les souverains britanniques sont aussi souverains du Canada. La couronne est, en outre, l'un des éléments constitutifs du Parlement canadien. C'est aussi en son nom que la justice est rendue. Enfin, c'est à elle qu'est confié, du fait de la *Loi constitutionnelle de 1867*, le commandement en chef des armées canadiennes. Cependant, les Pères de la Confédération ne se sont pas contentés de transposer la couronne au Canada. Ils l'ont aussi adaptée à la structure fédérale de gouvernement. Étant donné que les souverains du Canada sont « non résidents » puisque, physiquement, ils se trouvent en Grande-Bretagne, ils doivent donc agir, le plus souvent, par l'intermédiaire de leurs représentants : le gouverneur général au niveau fédéral et les lieutenants-gouverneurs dans chaque province.

Le gouverneur général est nommé par les souverains britanniques. À l'origine, la nomination se faisait sans consultation des autorités canadiennes, mais l'habitude s'est cependant prise de nommer le gouverneur général sur proposition du premier ministre canadien. La fonction s'est aussi canadianisée. En 1952, Vincent Massey est ainsi le premier Canadien à devenir gouverneur général. Une convention est établie à cet égard, en vertu de laquelle il y a alternance à ce poste de francophones et d'anglophones. Mentionnons sur ce point que Jeanne Sauvé a été la première femme à représenter la couronne de 1984 à 1990 et qu'un premier Acadien, Roméo Leblanc, a été appelé à ce poste en 1995. Enfin, la fonction de gouverneur général est exercée pendant cinq ans bien qu'elle puisse aller au-delà de ce terme[27]. En cas de décès, d'incapacité, de destitution ou tout simplement d'absence du gouverneur général, c'est au juge en chef de la Cour suprême qu'il revient d'assurer la fonction[28]. Au niveau provincial, dès 1867, le lieutenant-gouverneur joue un rôle qui ressemble à celui du gouverneur général : nommé pour un mandat de cinq ans, il représente la couronne. Il a cependant ceci de particulier que, nommé par le gouverneur général en conseil, il représente aussi les intérêts du gouvernement fédéral dans la province[29]. L'évolution constitutionnelle a cependant contribué, à la satisfaction des provinces, à le décharger du rôle de représentant d'Ottawa.

2.1.2. LES POUVOIRS DE LA COURONNE

Comme la couronne représente une partie essentielle de l'exécutif, du législatif et du judiciaire, on peut être tenté de conclure qu'elle jouit de pouvoirs qualitativement et quantitativement importants. En fait, les pouvoirs de la couronne trouvent leur source dans les prérogatives royales, dans la *Loi constitutionnelle de 1867* et dans les *Lettres patentes de 1947*.

Les prérogatives royales sont les pouvoirs que les souverains britanniques ont pu conserver à travers l'histoire. En Grande-Bretagne comme au Canada, certaines de ces prérogatives relèvent de la coutume, comme le pouvoir de gracier les condamnés. D'autres ont, par contre, été inscrites dans la Constitution canadienne et précisées dans les *Lettres patentes de 1947*. Ainsi, par exemple, la reine en Grande-Bretagne ou ses représentants au Canada convoquent les organes législatifs et prononcent aussi leur dissolution. De plus, ils sanctionnent les lois votées par le Parlement ou par les assemblées législatives[30]. Ils nomment le premier ministre et les ministres et peuvent aussi les révoquer. En outre, ils inaugurent, chaque année, la session parlementaire en lisant le discours du Trône, discours dans lequel ils font connaître le programme du gouvernement. Cette brève énumération des pouvoirs de la couronne en Grande-Bretagne ou au Canada ne doit toujours pas faire illusion.

En effet, les pouvoirs de la couronne témoignent surtout d'un passé glorieux, d'une époque où les souverains étaient encore puissants. Par la suite, ils n'ont cessé de diminuer au profit de ceux du Parlement[31]. Ce transfert se poursuit, dans le courant du XVIIIe siècle, en faveur du premier ministre et de son cabinet, avec notamment l'instauration du principe du gouvernement responsable, principe qui est établi au Canada en 1848. Désormais, les souverains et leurs représentants agissent sur l'avis du premier ministre.

Dès lors, lorsque la couronne convoque ou dissout l'organe législatif, elle le fait à la demande du premier ministre. Le discours du Trône à Westminster, à Ottawa ou dans les provinces canadiennes est rédigé par les services des premiers ministres, et la couronne se contente de le lire. En ce qui concerne l'approbation des lois, elle ne peut, depuis 1708, que donner la sanction royale puisque le Parlement est souverain. Certes, le premier ministre britannique et ses homologues canadiens sont tenus d'informer de leurs actions la reine ou ses représentants afin que ceux-ci puissent éventuellement leur dispenser leurs conseils. Mais, là encore, la couronne ne peut manifester publiquement son approbation, pas plus d'ailleurs qu'elle ne peut exprimer sa réprobation.

En somme, la couronne ne semble plus avoir de pouvoirs politiques réels. Elle se contente plutôt de symboliser l'unité et la continuité de la nation. La maxime selon laquelle «les souverains règnent mais ne gouvernent pas» prend ici toute son importance et témoigne bien du partage du pouvoir exécutif entre le chef de l'État et le premier ministre, chef du gouvernement. Malgré ses pouvoirs symboliques, la couronne dispose d'un «subtil pouvoir de contrôle[32]». Elle joue ainsi le rôle d'arbitre[33] et de «gardien de la Constitution[34]» en pourvoyant à toute vacance à la tête du gouvernement[35] ou en empêchant tout abus de pouvoir de la part du premier ministre. Cela ne la met pas à l'abri de nombreuses critiques. Certains groupes de la population britannique ou canadienne sont toujours attachés à la monarchie, mais d'autres la dénoncent pour diverses raisons (coût, caractère non démocratique, etc.), n'hésitant pas, ici et là, à préconiser la république[36]. Une telle transformation ne changerait rien à la nature du régime qui demeurerait toujours parlementaire.

2.2. LE PREMIER MINISTRE ET LE CABINET

Le premier ministre joue un rôle central au sein du régime parlementaire. Le Cabinet, dirigé par le chef du gouvernement, constitue le centre du pouvoir exécutif. L'institutionnalisation de ces deux organes est le résultat d'une lente évolution du système politique britannique.

Au XVIIe siècle, alors que la Glorieuse Révolution consacre la prédominance du Parlement, et en particulier de la Chambre des communes, sur les monarques, de nouvelles pratiques se développent et se transforment en coutumes. En 1693, par exemple, sous le règne de Guillaume d'Orange, le souverain choisit ses ministres parmi les membres du parti qui jouit d'une majorité de députés aux Communes. Parallèlement, la *curia regis* ou cour royale, formée des conseillers des monarques, devient le Conseil privé, qui ne peut toutefois remplir véritablement son rôle en raison du trop grand nombre de membres. Les monarques favorisent alors la rencontre d'un petit groupe formé des conseillers les plus importants. C'est ainsi que s'ébauche le Cabinet dont le rôle ne cesse de grandir, en particulier lorsque certains rois sont occupés à faire la guerre ou lorsque, ne comprenant pas l'anglais, ils n'assistent pas aux réunions des ministres. Une autre transformation s'opère au XVIIIe siècle. En 1721, le ministre Walpole, par sa compétence et sa forte personnalité, joue un rôle important auprès du roi George Ier. Il est considéré comme l'«initiateur de la fonction moderne de Premier ministre en Angleterre[37]». S'appuyant sur une majorité stable aux Communes, il peut ainsi se maintenir au pouvoir jusqu'en 1742. Ses successeurs poursuivent dans la même voie. Au XIXe siècle, cette évolution continue avec, entre autres, l'adoption du *Reform Bill* en 1832, qui porte sur la représentation au Parlement. Le premier ministre et le Cabinet deviennent de plus en plus responsables devant l'organe législatif, tendance qui s'accentue avec l'apparition des partis politiques. Le Cabinet, dirigé par le premier ministre, occupe alors une place sans cesse croissante dans la prise de décision politique. En 1878, le terme «premier ministre» apparaît officiellement pour la première fois. Il faut cependant noter qu'en Grande-Bretagne, comme au Canada d'ailleurs, la fonction et les pouvoirs du premier ministre ne sont pas spécifiés dans des textes de nature constitutionnelle mais qu'ils relèvent toujours de la coutume et des conventions.

2.2.1. LE PREMIER MINISTRE ET L'EXERCICE DU POUVOIR EXÉCUTIF

Dans le régime parlementaire, le premier ministre est, à la fois, chef de parti et chef de gouvernement. Il est choisi et nommé par le chef de l'État, dont la marge de manœuvre est le plus souvent limitée, ainsi que nous l'avons déjà souligné. Cependant, dans la pratique, c'est surtout l'élection qui confère l'autorité au premier ministre[38].

Il est le chef du parti le plus susceptible de rassembler une majorité de députés en Chambre. Cette exigence est fondamentale dans un régime de type parlementaire en vertu du principe de la responsabilité gouvernementale. Suivant cette convention constitutionnelle développée notamment dans la foulée du *Reform Bill* de 1832 et introduite au Canada en 1848, tout gouvernement doit, pour pouvoir fonctionner, jouir de la confiance d'une majorité de députés sous peine de devoir démissionner. Lorsqu'un parti politique recueille la majorité absolue des sièges à la Chambre des communes, il ne fait aucun doute que son chef sera nommé premier ministre. C'est ainsi qu'en Grande-Bretagne Margaret Thatcher a été la première femme à devenir première ministre en 1979 ou que, au Canada, Brian Mulroney et Jean Chrétien ont été nommés premiers ministres respectivement en 1984 et 1993. Mais, si après une élection, il est difficile de déclarer un parti vainqueur en raison de résultats électoraux beaucoup trop serrés, le premier ministre sortant peut rester au pouvoir tant qu'il a la confiance de la Chambre. Le chef du parti qui est arrivé en seconde position peut aussi être désigné premier ministre s'il est capable de s'entendre avec d'autres partis de manière à jouir du soutien d'une majorité de députés en Chambre[39].

De cette convention, il découle également que le premier ministre doit provenir de la Chambre basse.

Il doit se faire élire comme député pour pouvoir siéger à la Chambre des communes et ainsi présenter et défendre les politiques de son gouvernement[40]. Il peut arriver que le chef d'un parti qui est appelé à former le gouvernement soit défait dans sa circonscription aux élections. Dans ce cas, il doit trouver, dans les semaines qui suivent, une circonscription sûre détenue par un député de son parti qui est prêt à laisser son siège. Des élections partielles sont ainsi déclenchées et le premier ministre peut alors se faire élire[41].

Personnage central au sein des gouvernements dans les régimes parlementaires britannique et canadien, le premier ministre détient des pouvoirs importants (tableau 15.4). Cependant, les fonctions des premiers ministres britanniques et canadiens diffèrent entre elles sur certains points. En Grande-Bretagne, le premier ministre occupe, par tradition, la fonction de lord du Trésor, qui, dans les faits, relève du chancelier de l'Échiquier[42]. Il est aussi ministre de la Fonction publique. Cela n'est pas le cas au Canada. De plus, le premier ministre britannique fait face à moins de contraintes que son homologue

Tableau 15.4
Les pouvoirs du premier ministre
dans les régimes parlementaires britannique et canadien

- Conseille les souverains ou leur représentant au Canada.
- Détermine la composition du Cabinet.
- Sanctionne et remplace un ministre.
- Préside les réunions du Cabinet.
- Décide des sujets abordés lors des réunions du Cabinet.
- Est le porte-parole autorisé du Cabinet.
- Est le principal artisan de la politique gouvernementale. Décide de l'orientation de cette politique.
- Définit la politique étrangère[a].
- Participe aux conférences internationales et signe les accords internationaux[b].
- Exerce plusieurs des prérogatives de la couronne telles que décider de la dissolution du Parlement.
- Contrôle l'organisation gouvernementale.

a. Rappelons, pour mémoire, le rôle joué par le Premier ministre Anthony Eden, en 1956, lors de l'intervention britannique à Suez et celui joué par Margaret Thatcher dans la crise des Falklands en 1982. Dans le même ordre d'idées, au Canada, mentionnons le rôle de Mackenzie King en 1939.

b. C'est le Premier ministre Mulroney, par exemple, qui a signé, avec le président des États-Unis, l'accord de libre-échange canado-américain.

canadien puisque, entre autres, il n'a pas à composer avec un système fédéral de gouvernement[43]. Quoi qu'il en soit, la fonction de premier ministre est, d'une façon générale, d'une grande visibilité. Le premier ministre intervient fréquemment à la Chambre des communes. Ses propos sont examinés par la presse et transmis au public. Son attitude en Chambre ou avec les médias peut faire l'objet de diverses interprétations et contribuer à renforcer ou, au contraire, à affaiblir son autorité. Un premier ministre qui entretient de bonnes relations tant avec son parti qu'avec l'aile parlementaire de ce dernier, qui tient son caucus bien en main, qui imprime une certaine direction à la politique gouvernementale et qui, en outre, communique bien le message politique à l'ensemble de la société peut raisonnablement espérer diriger le gouvernement sans connaître de problèmes majeurs.

2.2.2. LE CABINET, ORGANE COLLECTIF DE L'EXÉCUTIF

Le Cabinet est un comité du Conseil privé, dont il a d'ailleurs hérité les pouvoirs[44]. Placé sous l'autorité du premier ministre, le Cabinet est l'organe collectif du pouvoir exécutif. C'est le lieu de discussion, d'élaboration et de prise des décisions du gouvernement. Il est composé des ministres et est structuré de façon à pouvoir fonctionner avec efficacité.

2.2.2.1. LES MINISTRES

Les ministres sont choisis par le premier ministre. Dans le régime parlementaire, les ministres proviennent de la Chambre des communes. S'autorisant de la tradition, les premiers ministres peuvent aussi faire appel à des membres de la Chambre haute. En Grande-Bretagne, généralement, deux à quatre membres de la Chambre des lords, en moyenne, occupent des postes de ministres. Au Canada, le leader du gouvernement au Sénat fait partie du Cabinet[45].

Tant en Grande-Bretagne qu'au Canada, il existe différentes sortes de ministres. La structure gouvernementale britannique est, à cet égard, plus complexe que celle du Canada en raison, surtout, d'une tradition plus ancienne. De plus, bien que souvent la terminologie utilisée soit identique dans les deux

États, par contre, elle prend une signification différente dans chacun d'entre eux (tableau 15.5).

Certains types de ministres siègent au Cabinet, d'autres n'y ont pas accès ou ne peuvent participer aux réunions que lorsqu'ils y sont conviés par le premier ministre. C'est le cas en Grande-Bretagne, où le Cabinet ne comprend que les ministres les plus importants : secrétaires d'État, ministres sans ministère et chanceliers. Au Canada, seuls les ministres font partie du Cabinet, les secrétaires d'État ou ministres d'État étant exclus. Par contre, ces derniers participent, avec les ministres, au Conseil des ministres. Ces différences entre le Conseil des ministres et le Cabinet font ressortir le caractère restreint de ce dernier, qui demeure l'organe de prise de décision. Soulignons enfin que, le Cabinet étant collectivement responsable de toute prise de décision, un ministre n'a pas le droit de s'en dissocier.

Le nombre de ministres varie selon les besoins à satisfaire au moment de la formation du gouvernement. Au Canada, par exemple, dans les années 1990, les impératifs budgétaires ont contraint les premiers ministres fédéraux comme provinciaux à former des cabinets de plus petite taille que par le passé.

La formation du Cabinet constitue, à bien des égards, un art. Un premier ministre doit faire preuve d'habileté et ménager les susceptibilités, car un grand nombre de députés du parti gouvernemental nourrissent souvent l'ambition de devenir ministres. Il faut également tenir compte de divers facteurs. Au Canada, la tradition veut que soient représentés au Cabinet les Canadiens anglais et les Canadiens français, les groupes ethniques, les religions, les régions et les femmes[46].

En outre, le premier ministre peut modifier le Cabinet à sa guise[47]. Cela lui permet ainsi de se défaire de ministres qui n'ont pas été à la hauteur de la tâche ou de ceux qui peuvent mettre le gouvernement dans l'embarras. En même temps, cela lui donne la possibilité d'injecter du sang neuf, de refaire l'image du Cabinet, particulièrement avant le déclenchement d'élections.

Le rôle des ministres consiste à gérer, pendant la durée de leur mandat, le ministère dont ils détiennent le portefeuille. Ils sont appelés à prendre des décisions sur la base des conseils fournis par les

Tableau 15.5
Les divers types de ministres
en Grande-Bretagne et au Canada

Grande-Bretagne	Canada
Secrétaires d'État	**Ministres**
• Ont rang de ministres et dirigent des ministères.	• Dirigent un ministère.
• Peuvent occuper des postes plus importants que d'autres (ex. : le secrétaire d'État à l'Intérieur ou le secrétaire d'État aux Affaires étrangères).	• Peuvent occuper des postes plus importants que d'autres (ex. : ministre des Finances, ministre de la Santé, etc.).
• En théorie, leur nombre est illimité.	• Participent aux réunions du Cabinet et du Conseil des ministres.
• Participent au Cabinet.	
Ministres sans ministère	**Secrétaires d'État**
• Ne sont pas à la tête d'un ministère.	• Sont en charge de dossiers.
• Sont représentés par :	• Sont subordonnés à un ministre.
– le lord-président du Conseil privé,	• Ne participent pas aux réunions du Cabinet.
– le chancelier du duché de Lancaster,	• Participent aux réunions du Conseil des ministres.
– le lord du Sceau privé,	• (Il ne faut pas confondre les secrétaires d'État avec le secrétaire d'État aux Affaires extérieures, titre porté par le ministre des Affaires extérieures comme ce fut le cas avec Joe Clark dans le gouvernement Mulroney.)
– leader du gouvernement à la Chambre des lords.	
• Participent au Cabinet.	
Ministres chanceliers	**Ministres d'État**
• **Lord Chancelier :**	• Sont en charge de dossiers.
– À la tête d'un ministère.	• Sont subordonnés à un ministre.
– Poste unique : il est, à la fois, juge, parlementaire et ministre.	• Peuvent aussi diriger un ministère dit « junior » créé temporairement pour répondre à un besoin immédiat.
– Participe au Cabinet.	• Supprimés en 1993 par la Première ministre Kim Campbell, bien qu'un chef de gouvernement puisse, s'il le désire, y avoir encore recours.
• **Chancelier de l'Échiquier :**	
– Ministre des Finances.	
– Participe au Cabinet.	
Ministres juniors	**Ministres sans portefeuille**
• **Ministres d'État :**	• Ne sont pas à la tête d'un ministère.
– Exercent leurs fonctions au sein de ministères dirigés par des secrétaires d'État.	
– Ne participent pas au Cabinet.	
• **Sous-secrétaires d'État :**	
– Exercent leurs fonctions au sein de ministères dirigés par des secrétaires d'État et sous l'autorité des ministres d'État.	
– Ne participent pas au Cabinet.	

hauts fonctionnaires du ministère. Une fois les décisions prises, ils en supportent la responsabilité. Ils doivent donc les défendre devant le Cabinet, le Parlement et, éventuellement, les électeurs. Ils doivent répondre de leurs politiques, entre autres, devant la Chambre des communes au cours de la période des questions[48].

2.2.2.2. LA STRUCTURE DU CABINET

Pivot du pouvoir exécutif, le Cabinet britannique ou canadien se réunit une fois par semaine. Pour fonctionner efficacement et faciliter la prise de décision, il est divisé en comités et, si cela s'avère nécessaire, ces comités peuvent éventuellement se subdiviser en sous-comités.

On distingue deux types de comités du Cabinet : d'une part, les comités permanents, qui s'occupent, généralement, des domaines importants et, d'autre part, les comités *ad hoc* (ou temporaires), créés pour répondre à un besoin immédiat et qui sont dissous dès qu'ils ont rempli leur mission. C'est le premier ministre qui décide de la création des comités ou de leur modification et qui aussi en nomme les membres. De plus, il préside certains de ces comités, les autres étant dirigés par des ministres importants.

Le nombre de comités peut donc varier selon les premiers ministres. Par exemple, au Canada, en 1988, à l'initiative du Premier ministre Mulroney, le Cabinet passe de 10 à 14 comités, puis, en 1993, poursuivant la réforme amorcée par Kim Campbell, Jean Chrétien ramène ce nombre à quatre[49]. En Grande-Bretagne, longtemps gardées secrètes, les listes de comités et de leurs membres ont finalement été dévoilées, en 1992, sur la requête du premier ministre John Major[50].

Le travail en comité permet l'étude de dossiers de façon à pouvoir prendre une décision. Par la suite, cette dernière est ratifiée par le Cabinet plénier. C'est la raison pour laquelle le véritable débat se fait au sein des comités et non du Cabinet au grand complet, où sont alors défendues diverses opinions ministérielles. Parce que ces débats ne sont pas du domaine public, les membres du comité peuvent émettre librement leurs opinions et exprimer leur opposition. Les décisions sont prises par consensus.

Il convient cependant de noter que la prise de décision est parfois beaucoup plus complexe. Il arrive souvent qu'un premier ministre s'appuie sur un cabinet plus restreint. En Grande-Bretagne, par exemple, certains premiers ministres ont préféré consulter un *kitchen Cabinet*, c'est-à-dire un groupe informel de ministres importants et de conseillers[51]. D'autres premiers ministres ont privilégié un *inner Cabinet*, généralement formé de membres d'un comité du Cabinet[52]. Au Canada, des premiers ministres ont aussi eu recours à une telle pratique. Parmi les divers comités du Cabinet, le Comité des priorités et de la planification a servi d'*inner Cabinet* aux premiers ministres Pierrre Elliott Trudeau et Brian Mulroney. Par contre, le premier ministre Joe Clark a préféré nommer un véritable *inner Cabinet* plutôt que d'avoir recours à ce comité. En définitive, la décision est avant tout prise par un groupe restreint de personnes avant d'être soumise au comité approprié du Cabinet, ce qui ne peut que contribuer à faire du Cabinet plénier un simple organe de ratification.

Afin de faciliter le travail et de le rendre plus efficace encore, le Cabinet et les comités jouissent d'un soutien administratif. Au Canada, cet appui est fourni par le Bureau du Conseil privé. Dirigé par le greffier du Conseil privé, qui agit comme secrétaire du Cabinet, ce bureau coordonne l'activité du Cabinet. Le chef du gouvernement, quant à lui, est aidé par le cabinet du premier ministre, organe plus politique qu'administratif. En Grande-Bretagne, le Cabinet s'est d'abord doté, à partir de 1917, d'un secrétariat qui, par la suite, a servi à la mise sur pied du Bureau du Cabinet. Ce dernier est dirigé par le secrétaire du Cabinet, qui est aussi le chef de la fonction publique britannique et un conseiller du premier ministre. De plus, parallèlement aux comités du Cabinet, des comités de hauts fonctionnaires sont aussi formés et leur direction est confiée à des membres du Bureau du Cabinet. De son côté, le premier ministre est aidé par le Bureau privé, le Bureau politique, l'Unité de programmation et le Bureau de presse et d'information[53].

Ainsi, contrairement au président américain, le premier ministre britannique ou canadien gouverne avec le Cabinet. Il est, cependant, indéniable qu'il exerce son influence et son leadership sur cette institution. Dans le régime parlementaire, le premier ministre constitue l'élément central du pouvoir exécutif. La suprématie dont il jouit tend à en faire un « monocrate[54] ». L'expression « dictature du premier ministre » a pu même être utilisée. En Grande-Bretagne, certains auteurs affirment que le gouvernement est non pas un « gouvernement de Cabinet », mais plutôt un « gouvernement de premier ministre », gouvernement qui semble se rapprocher du régime présidentiel américain[55]. Au Canada, une critique semblable a également été formulée, spécialement pour ce qui concerne l'époque où Pierre Elliott Trudeau était premier ministre[56]. Cependant, une telle thèse ne fait pas l'unanimité tant en Grande-Bretagne[57] qu'au Canada[58]. Certes, la concentration du pouvoir entre les mains des premiers ministres est réelle et rendue possible grâce, d'une part, au soutien d'une majorité de députés et, d'autre part, à la discipline de parti. Elle ne peut se comparer avec celle de type dictatorial, car elle est atténuée, d'une part, par le statut de l'opposition et, d'autre part, par l'alternance au pouvoir des partis politiques due à l'arbitrage des électeurs.

3. LE POUVOIR EXÉCUTIF DANS LE RÉGIME SEMI-PRÉSIDENTIEL : LA FRANCE

Dans le régime hybride français, le pouvoir exécutif comprend deux grands organes : le chef de l'État, le président de la République, partage le pouvoir exécutif avec le gouvernement formé du premier ministre et de son cabinet. Ce partage est toutefois inégal et favorise le président.

3.1. LE PRÉSIDENT DE LA RÉPUBLIQUE

L'institution présidentielle est l'une des caractéristiques du régime hybride français. Le président français, contrairement à son homologue américain, est élu directement par le peuple au scrutin uninominal majoritaire à deux tours. Son mandat est d'une durée de sept ans et est renouvelable. Le nombre de septennats est illimité. En cas de décès, de démission ou d'empêchement du président, la Constitution prévoit une période d'intérim assurée par le président du Sénat jusqu'à la tenue de nouvelles élections présidentielles, lesquelles doivent alors avoir lieu dans les 20 jours au moins et les 35 jours au plus de la date de la vacance du pouvoir.

Le président de la République dispose de deux types d'attributions[59]. D'une part, il partage des pouvoirs avec le gouvernement. Ses actes doivent donc être contresignés par le premier ministre ou par les ministres concernés. Ce sont les pouvoirs soumis au contreseing. D'autre part, il jouit de certaines prérogatives. Ce sont les pouvoirs sans contreseing, lesquels sont cependant définis dans la Constitution (tableau 15.6). Le partage des pouvoirs entre le président et le gouvernement a pour effet d'attribuer la responsabilité au premier ministre et aux ministres concernés. Dans le régime politique établi en 1958, le président est non responsable sur le plan politique, bien qu'il faille convenir qu'ultimement il est soumis au verdict populaire. Mais, la notion de « pouvoirs partagés » doit être nuancée. Certains des pouvoirs soumis au contreseing constituent traditionnellement les attributions du chef de l'État. C'est notamment le cas du droit de grâce. Quant à la politique étrangère et à la politique de défense, bien que leur conduite relève du premier ministre, il demeure qu'elles constituent des domaines réservés du président.

Le portrait ainsi tracé de la fonction présidentielle française révèle un président puissant dont les pouvoirs sont différents de ceux des chefs d'État des régimes parlementaires. Par exemple, dans la pratique, le chef de l'État français ne se contente pas de nommer le chef du gouvernement. Il le choisit. La démission d'un premier ministre devient généralement effective après entente avec le président. Toutefois, comme dans le régime parlementaire britannique ou canadien, c'est le premier ministre qui décide de la date des élections et qui demande au chef de l'État de dissoudre la Chambre basse. Mais le président de la République peut profiter de la dissolution de l'Assemblée nationale pour tenter de renforcer sa position au sein du régime politique. Cela peut être le cas notamment en période de cohabitation, c'est-à-dire lorsque le président doit composer avec un gouvernement qui s'appuie sur une majorité différente de la sienne. Par ailleurs, contrairement aux souverains britanniques, au gouverneur général et aux lieutenants-gouverneurs au Canada, le président français décide du moment où il utilisera son droit de message. Notons également que c'est par le message qu'il peut demander au Parlement d'examiner de nouveau un projet de loi accepté par les deux chambres.

Tableau 15.6
Les différents types d'attributions présidentielles
en France

Les pouvoirs soumis au contreseing	Les pouvoirs sans contreseing
• Nomme les ministres et met fin à leurs fonctions.	• Nomme le premier ministre.
• Signe les ordonnances et décrets du Conseil des ministres.	• Peut mettre fin aux fonctions du premier ministre sur la présentation de la démission du gouvernement.
• Promulgue les lois adoptées par le Parlement.	• Prononce la dissolution de l'Assemblée nationale après consultation du premier ministre et des présidents des assemblées.
• Convoque, par décret, le Parlement en session extraordinaire.	• Possède l'initiative référendaire.
• Convoque les deux chambres du Parlement en congrès afin de réviser la Constitution.	• Possède, dans certaines conditions, les pleins pouvoirs.
• Nomme aux emplois civils et militaires.	• Possède le droit de message au Parlement.
• Exerce le droit de grâce.	• Peut saisir le Conseil constitutionnel de la constitutionnalité d'un traité ou d'une loi.
• Accrédite les ambassadeurs français auprès des États étrangers et reçoit les lettres d'accrédition des ambassadeurs étrangers.	• Nomme trois des membres du Conseil constitutionnel ainsi que son président.
• Négocie et ratifie les traités.	
• Est chef des armées et président des conseils et comités supérieurs de la défense nationale.	

Les pouvoirs du chef de l'État dans la Ve République se démarquent aussi de ceux du président américain. Certes, le président français ne dispose pas d'un droit de veto identique à celui du chef de l'exécutif américain, mais, comme nous venons de le voir, il peut se servir de son droit de message pour inviter les chambres à revoir leur position et même de son pouvoir de dissolution de la Chambre basse. Par ailleurs, par le moyen d'un référendum, il peut contourner le Parlement et faire approuver une politique ou un projet de loi par la population. Enfin, le président français peut, selon des conditions fixées par la Constitution, se donner les pleins pouvoirs. Il doit, pour ce faire, consulter le premier ministre, les présidents des deux chambres et le Conseil constitutionnel, mais il peut, s'il le juge bon, ne pas tenir compte de leurs avis.

Ainsi, placé au-dessus des luttes partisanes, le président de la République tire sa légitimité du peuple. Il se démarque du gouvernement pour mieux diriger l'action de ce dernier. Il devient alors un arbitre qui doit assurer le fonctionnement régulier des pouvoirs publics et permettre ainsi la continuité de l'État. Et c'est peut-être là le paradoxe de la fonction présidentielle française. Doté des pouvoirs nécessaires pour se placer au-dessus des contingences politiques, le président devient beaucoup plus un chef politique qu'un arbitre. Ainsi, il acquiert un poids et une stature politiques considérables, et ce au détriment du gouvernement[60]. Ce n'est que durant les périodes de cohabitation qu'il peut éprouver une certaine difficulté à exercer véritablement ses pouvoirs.

3.2. LE PREMIER MINISTRE ET LE GOUVERNEMENT

En vertu de la Constitution française, le gouvernement détermine et conduit la politique de la nation. Il dispose de l'Administration et de la force armée. Le premier ministre, quant à lui, dirige l'action du gouvernement. Cependant, étant donné que l'action gouvernementale s'exerce en Conseil des ministres dirigé par le président, le premier ministre et le gouvernement se trouvent souvent en position de subordination par rapport au chef de l'État.

3.2.1. LE PREMIER MINISTRE

Le premier ministre est le chef du gouvernement. Son sort dépend de l'attitude du président de la République tant pour sa nomination que pour son éventuelle démission.

3.2.1.1. LA NOMINATION ET LA DÉMISSION DU PREMIER MINISTRE

En période de cohabitation, le choix du premier ministre s'impose au président : ce dernier se doit de choisir le chef du gouvernement au sein de la majorité parlementaire. Pour le reste, lorsque majorité présidentielle et majorité parlementaire coïncident, le président dispose d'une plus grande latitude de choix. Le premier ministre peut venir du monde politique ; il peut être également un technicien, sans attaches avec la politique.

Lorsqu'il vient du monde politique, le premier ministre ne représente pas forcément le chef de la majorité parlementaire au sens où nous l'entendons au Canada. En fait, sous la Ve République, exception faite des périodes de cohabitation, le premier ministre n'a jamais été chef de la majorité. Il le devient parce qu'il est premier ministre[61]. Cette caractéristique ainsi que la possibilité de nomination d'un premier ministre technicien sont loin des pratiques du régime parlementaire et contribuent à renforcer le caractère présidentiel de la Ve République.

Si le premier ministre est choisi et nommé par le président, il peut aussi être appelé à remettre la démission de son gouvernement. Certes, le chef de l'État ne peut pas le révoquer. Mais, comme nous l'avons déjà vu, le président peut jouer un rôle dans la démission du premier ministre, ce qui pousse certains observateurs français à parler de « démission-révocation[62] ».

3.2.1.2. LES POUVOIRS DU PREMIER MINISTRE

Du fait de ses attributions, précisées dans la Constitution française, le premier ministre peut être considéré comme un chef de gouvernement (tableau 15.7). En théorie, il est donc capable d'exercer un leadership. Cependant, la portée de celui-ci est contrebalancée par les prérogatives du président. À cause de ces dernières, le premier ministre se trouve plutôt placé dans une situation de subordination par rapport au chef de l'État[63]. Dans cette hiérarchie des tâches du pouvoir exécutif, le président gouverne, définit les grandes orientations politiques à suivre, alors que le premier ministre exécute. Dès lors, le pouvoir gouvernemental n'est qu'une simple expression du pouvoir présidentiel[64].

Malgré cette relation de subordination, le rôle du premier ministre demeure important. Il est le plus grand commis de l'État[65]. Il veille surtout à la gestion des affaires gouvernementales. Agent du président, il met en œuvre la volonté présidentielle au niveau gouvernemental. Il pilote les dossiers en Chambre et s'assure de leur approbation par l'Assemblée nationale. Ici, son rôle est donc primordial pour les projets présidentiels : il doit rassembler les divers partis politiques composant la majorité, de manière à amener une certaine cohésion parlementaire capable de porter les politiques proposées.

Tableau 15.7
Les pouvoirs du premier ministre
dans le régime semi-présidentiel français

- Dirige l'action du gouvernement.
- Assure l'exécution des lois.
- Exerce le pouvoir règlementaire et nomme aux emplois civils et militaires.
- Peut exceptionnellement suppléer le chef de l'État pour la présidence d'un conseil des ministres.
- Peut, au besoin, suppléer le chef de l'État à la présidence des conseils et comités supérieurs de la défense.
- Est responsable de la défense nationale.

Pour remplir son rôle d'agent du président, le premier ministre devient donc aussi rassembleur. Pour cela, les relations entre le premier ministre et le président doivent être marquées par la confiance et la bonne entente.

3.2.2.   LE GOUVERNEMENT

Le gouvernement est composé des ministres nommés par le président sur la proposition du premier ministre. C'est aussi sur la proposition de ce dernier que le président relève un ministre de ses fonctions.

3.2.2.1.   LES MINISTRES

Le premier ministre choisit ses ministres avec soin puisque non seulement ceux-ci doivent diriger un département ministériel, mais aussi ils sont appelés à collaborer avec lui.

Diverses contraintes pèsent sur le chef du gouvernement dans le choix de ses ministres. Comme ses homologues britanniques ou canadiens, il doit prendre en considération des facteurs traditionnels : représentation géographique, compétence, représentation des femmes, etc.

Il doit aussi tenir compte de considérations d'ordre politique. Des partis politiques de moindre importance s'attendent à ce que certains de leurs représentants siègent au gouvernement. C'est au premier ministre qu'il revient d'établir un équilibre dans la représentation des divers partis qui forment la « majorité parlementaire ». Enfin, il ne peut ignorer l'influence présidentielle puisqu'il arrive souvent qu'un président impose des ministres[66].

Afin de répondre à ces exigences, le premier ministre peut innover en créant de nouveaux ministères ou mettre à profit les diverses catégories de postes ministériels que l'on trouve dans la structure hiérachique gouvernementale (tableau 15.8). Par exemple, le premier ministre nomme un certain nombre de secrétaires d'État afin de satisfaire à des exigences politiques et de répondre à des circonstances particulières.

Au sein de la Ve République, le gouvernement n'est pas tenu, au moment de son entrée en fonction, de recevoir l'approbation de la Chambre basse. Le régime français rompt ici avec la tradition politique des républiques parlementaires qui l'ont précédé et qui voulait que tout nouveau gouvernement soit « investi » par l'Assemblée nationale. Le premier ministre et son gouvernement peuvent se passer de l'approbation de la Chambre basse puisque le chef du gouvernement tient sa nomination du président. Dans la pratique, cependant, on imagine mal comment le gouvernement pourrait se passer de l'appui de la Chambre. Cela suppose donc que, si le gouvernement peut fonctioner, c'est parce qu'il est accepté par la Chambre basse. En outre, l'absence d'investiture ne remet pas en cause le principe de la responsabilité gouvernementale[67].

3.2.2.2.   LES PARTICULARITÉS DE LA FONCTION MINISTÉRIELLE

L'article 23 de la Constitution française fixe toute une série de situations incompatibles avec la fonction de ministre. Un ministre ne peut exercer de fonction de représentation professionnelle, occuper une charge de fonctionnaire ou, plus généralement, exercer une activité professionnelle.

Une autre incompatibilité concerne l'interdiction du cumul des fonctions de parlementaire et de ministre. Ainsi, un député nommé ministre doit démissionner de son siège de parlementaire au profit de son suppléant[68]. Une telle incompatibilité est impensable dans le régime parlementaire britannique ou canadien. Elle a toutefois certains points en commun avec la pratique en usage dans le régime présidentiel américain qui consiste à séparer les fonctions gouvernementales de celles du Congrès[69]. Il convient de noter qu'en pratique, depuis 1967, les ministres ont pris l'habitude de se présenter aux élections législatives pour ensuite démissionner de leur poste de député au profit de leur suppléant. Ils peuvent ainsi se prévaloir d'une légitimité parlementaire.

Cette incompatibilité avec la fonction parlementaire facilite le recrutement de ministres techniciens. Comme c'est le cas pour le premier ministre, les ministres viennent généralement de la haute fonction publique ou du monde des affaires, deux domaines considérés comme offrant la meilleure préparation à la fonction ministérielle[70]. Ce recours aux ministres techniciens peut être vu comme un autre élément qui renforce le caractère présidentiel du régime français.

**Tableau 15.8
Les différents types de ministres
dans le régime présidentiel français**

Ministre d'État	• Poste important confié à une personnalité bien en vue pour : – récompenser une longue carrière politique, – s'entourer de fidèles qui se sont illustrés à un moment ou à un autre (comme André Malraux par exemple), – signaler l'importance d'un dossier particulier, – consolider la position politique du gouvernement. • Participe aux réunions du Conseil du Cabinet. • Participe aux réunions du Conseil des ministres.
Ministre	• Poste conféré dans un domaine précis. • Importance variable selon le domaine d'activité en fonction de la tradition (les finances, la défense ou les affaires étrangères) ou des priorités du gouvernement. • Participe aux réunions du Conseil du Cabinet. • Participe aux réunions du Conseil des ministres.
Ministre délégué	• Peut être délégué auprès du premier ministre ou d'un ministre. • Décharge le premier ministre ou le ministre de certaines tâches. • Participe aux réunions du Conseil du Cabinet. • Ne participe pas aux réunions du Conseil des ministres, sauf exception.
Secrétaire d'État	• Peut être nommé auprès du premier ministre ou d'un ministre. • Peut avoir aussi le statut de secrétaire d'État autonome. • Participe aux réunions du Conseil du Cabinet. • Ne participe pas aux réunions du Conseil des ministres, sauf exception.

Bien qu'ils ne puissent siéger en Chambre comme députés, les membres du gouvernement ont, malgré tout, accès aux deux chambres du Parlement, occupant alors le « banc des ministres ». Cela leur permet ainsi de participer aux débats parlementaires et de prendre la parole pour mieux défendre leurs dossiers.

Les ministres sont tenus d'être solidaires des décisions et des politiques du gouvernement. Comme c'est le cas dans le régime parlementaire, lorsqu'un ministre est en complet désaccord avec le gouvernement dont il fait partie, une seule solution s'offre alors à lui : donner sa démission.

3.2.3. LA STRUCTURE DE L'INSTITUTION GOUVERNEMENTALE

Le gouvernement, en tant qu'organe collectif de prise de décision, est responsable devant l'Assemblée nationale[71]. En dépit du silence de la Constitution française à ce sujet, il est responsable également devant le président, étant donné les rapports existant entre les composantes du pouvoir exécutif.

Comme le président de la République détermine les priorités et fixe les grandes orientations, il se trouve à prendre part à la planification de l'activité gouvernementale. Par conséquent, en plus de la gestion quotidienne des affaires de l'État, le gouvernement doit tenir compte de la volonté présidentielle. Dans cette optique, la coordination gouvernementale est nécessaire et se fait à travers divers moyens d'action.

Le Conseil des ministres constitue un outil important qui permet justement la coordination des activités gouvernementales. Il se tient de façon régulière même en l'absence du premier ministre et sur une base hebdomadaire. Ses débats sont placés sous le sceau du secret. Présidé par le chef de l'État et réunisssant les ministres[72] ainsi que le secrétaire général de la présidence et le secrétaire général du gouvernement, il est un lieu de pouvoir où se manifeste la prééminence présidentielle[73]. Il fonctionne donc beaucoup plus comme un organe consultatif que comme un organe délibératif[74]. Le président informe le gouvernement de ses décisions et les fait approuver. En période de cohabitation, toutefois, si le président se contente de faire des observations, le premier ministre peut imposer certaines décisions au gouvernement.

Le Conseil de cabinet, réunissant l'ensemble des ministres, est, quant à lui, présidé par le premier ministre. Le chef de l'État n'y participe pas, ce qui peut expliquer le déclin graduel de ce type de conseil. Ce n'est qu'en période de cohabitation, alors que le président dispose d'une marge de manœuvre réduite, que le Conseil de cabinet a de nouveau une certaine importance. À cette occasion, on voit alors le premier ministre agir en véritable chef de gouvernement.

À cela s'ajoutent les conseils et les comités interministériels, dont le nombre varie selon les circonstances. Les premiers sont convoqués à l'initiative du président alors que les seconds sont réunis par le premier ministre. Composés de ministres chargés de dossiers déterminés et de hauts fonctionnaires, ils permettent de préparer certaines décisions politiques, qui seront ensuite entérinées par le Conseil des ministres.

D'autres instruments à la disposition du pouvoir exécutif facilitent la prise de décision et permettent d'assurer la coordination de l'activité gouvernementale. C'est le cas du Secrétariat général de la présidence (SGP) qui veille, entre autres choses, à communiquer les directives présidentielles à l'appareil gouvernemental[75]. C'est aussi le cas du cabinet du premier ministre ainsi que du Secrétariat général du gouvernement (SGG), qui relève du premier ministre et qui constitue un lien inévitable et incontournable avec la présidence[76]. Le secrétaire général du gouvernement rencontre le chef de l'État sur une base hebdomadaire pour fixer, en compagnie du secrétaire général de la présidence, l'ordre du jour du Conseil des ministres[77]. Cela contribue ainsi à renforcer l'emprise du président sur le gouvernement.

Le régime de la Ve République participe donc à la fois du régime parlementaire et du régime présidentiel. Il a contribué à réduire l'emprise des partis sur la vie politique française. Aussi, la France connaît, depuis 1958, une grande stabilité sur le plan politique, stabilité qui contraste avec les crises gouvernementales des régimes parlementaires précédents de la IIIe République et de la IVe République.

Lectures suggérées

Bernard, André (1995), *Les institutions politiques au Québec et au Canada*, Montréal, Boréal.

Charlot, Monica (1990), *Le pouvoir politique en Grande-Bretagne*, Paris, PUF.

Cohendet, M. A. (1993), *La cohabitation, leçons d'une expérience*, Paris, PUF.

Duverger, Maurice (1990), *Le système politique français*, 20e éd., Paris, PUF.

Kinder-Gest, Patricia (1995), *Les institutions britanniques*, Paris, PUF, collection « Que sais-je ? ».

Orban, Edmond *et al.* (1987), *Le système politique des États-Unis*, Montréal / Bruxelles, Les Presses de l'Université de Montréal / Établissements Émile Bruylant.

Tremblay, Manon et Marcel Pelletier (dir.) (1996), *Le système parlementaire canadien*, Sainte-Foy, Les Presses de l'Université Laval.

Notes

1 Pour les statistiques complètes sur toutes les élections présidentielles de l'histoire des États-Unis, voir Multi-Educator Incorporated, « Presidential Elections-Statistics », http : // www.multied.com / elections /, sans date (consulté le 2 avril 1999).

2 Voir aussi le chapitre 14. Il convient de noter ici que l'utilisation du terme « président » est révélatrice du fait qu'aucune femme n'a jamais été élue à la fonction présidentielle aux États-Unis.

3 Bien que plusieurs candidats se fassent la lutte, seuls ceux des deux grands partis peuvent être élus. Lors des élections de 1968, George Wallace, transfuge du Parti démocrate, fit campagne sous la bannière de l'American Independent Party. En 1996, près d'une vingtaine de candidats (Ross Perot ainsi que les représentants du Parti de la loi naturelle et du Parti libertaire) ont brigué les suffrages.

4 À ce sujet, voir Marie-France Toinet, *La présidence américaine*, Paris, Montchrestien, 1991, p. 11–15.

5 À ce sujet, voir, par exemple, Frank Sorauf, *Money in American Elections*, Glenview (Ill.), Scott Foresman, 1988.

6 La façon dont on devient « grand électeur » dépend des lois des États. Généralement, chaque parti politique nomme ses grands électeurs parmi des personnalités locales qui ont consacré leur énergie au parti. Chaque État américain se voit attribuer un nombre de grands électeurs égal au total de ses représentants au Sénat et à la Chambre des représentants. Sur cette base, les 538 membres du collège électoral se répartissent comme suit : 435 pour les sièges de la Chambre basse, 100 pour ceux du Sénat, auxquels s'ajoutent trois votes électoraux accordés, en 1961, au district de Columbia par le 23e amendement. Voir National Archives and Records Administration, Office of the Federal Register, « Electoral College », http : // www.nara.gov / fedreg / ec-hmpge.html, 7 octobre 1998.

7 Cela se tient toujours le lundi qui suit le second mercredi du mois de décembre de l'année d'élection présidentielle.

8 Dans l'histoire des élections présidentielles américaines, il est cependant arrivé qu'un grand électeur vote pour une autre personne que celle pour qui il aurait dû voter. Cela s'est produit à quelques rares reprises depuis la fin de la Deuxième Guerre mondiale. Les Américains appellent ces grands électeurs, des « électeurs infidèles ».

9 À ce sujet, voir, par exemple, Nelson W. Polsby et Aaron Wildavsky, *Les élections présidentielles aux États-Unis*, traduction de *Presidential Elections. Strategies of American Electoral Politics*, Paris, Economica, 1980, p. 250–262.

10 À cet égard, voir Richard E. Neustadt, *Les pouvoirs de la Maison-Blanche*, Paris, Seghers, 1968, collection « Vent d'Ouest », chapitre 3 : « Le pouvoir de persuader », p. 62–96.

11 Sur ce point, le président Lyndon B. Johnson semble avoir été fort persuasif à l'égard du Congrès puisqu'en 1965, 93% de ses propositions ont été adoptées par l'organe législatif. Voir Marie-France Toinet, *op. cit.*, p. 69–73.

12 Pour une description complète et à jour, voir *The Almanac of Politics and Government, on line*, « Executive Branch », http : // www.polisci.com / exec.htm, sans date (consulté le 2 avril 1999).

13 En 1984, Walter Mondale, candidat démocrate à la présidence, choisit Geraldine Ferraro, issue de la Chambre basse et première femme à faire partie d'un tandem présidentiel. Le Parti démocrate espérait ainsi attirer le vote des femmes. De plus, en cas d'élection, elle aurait pu assurer la liaison avec le Congrès.

14 C'est le cas, par exemple, en 1993, lors du vote crucial du budget par le Sénat.

15 Il est fréquent que le vice-président soit envoyé en tournée officielle à l'étranger. Rappelons, par exemple, sous la présidence de George Bush, le voyage du vice-président Dan Quayle dans plusieurs États d'Amérique latine. Souvent, ces missions ont un caractère purement amical et servent à affirmer la visibilité américaine dans une région stratégique pour les intérêts des États-Unis. Sous la présidence de Bill Clinton, le vice-président Al Gore remplit aussi ce rôle. Cependant, dans une moindre mesure, Hillary Clinton contribue également à la visibilité des États-Unis en effectuant certains voyages à l'étranger.

16 Sous la présidence de Bill Clinton, le vice-président a joué un rôle beaucoup plus important que par le passé.

17 À ce sujet, consulter Edmond Orban, *La présidence moderne aux États-Unis*, Montréal, Les Presses de l'Université du Québec, 1974, p. 129–142.

18 Il faut souligner que les expressions « ministre » et « ministère » ne font guère partie du vocabulaire politique américain. Alors qu'au Canada, en Grande-Bretagne ou en France, les ministres sont à la tête de ministères, aux États-Unis, les secrétaires dirigent les départements ministériels.

19 Par exemple, George Shultz, nommé secrétaire d'État en 1982 par le président Reagan et chargé de la politique étrangère américaine jusqu'en 1989, était issu du monde des affaires puisqu'il avait travaillé notamment dans une grande multinationale d'experts-conseils.

20 Lors de sa réélection en 1996, le président Bill Clinton a nommé William Cohen, ancien sénateur républicain, au poste de secrétaire à la Défense.

21 Voir sur ce point Marie-France Toinet, « La composition du gouvernement et du Cabinet aux États-Unis », dans Jean-Louis Seurin (dir.), *La présidence en France et aux États-Unis*, Paris, Economica, 1986, p. 219–235.

22 Tous les secrétaires sont affectés à un département précis : on trouve ainsi un secrétaire à la Santé, un secrétaire à la Justice (procureur général), un secrétaire à l'Éducation, etc. Mais la personne qui occupe le poste équivalent au Canada à celui de ministre des Affaires extérieures, porte tout simplement le titre de « secrétaire d'État ».

23 Pour une description détaillée du Bureau de la Maison-Blanche, voir Patrick Gérard, *Le président des États-Unis*, Paris, PUF, collection « Que sais-je ? », 1991, p. 68–71.

24 À ce sujet, voir Anne Vidal Durupty, « Le bureau exécutif du Président des États-Unis », *Revue française d'administration publique*, 27, septembre 1983, p. 617–627.

25 Rappelons ici le rôle joué par le directeur du Budget, David Stockman, qui a aidé le président Ronald Reagan à mettre en place la politique fiscale américaine, ou celui de Richard Darman sous la présidence de George Bush, qui a influencé la politique économique des États-Unis.

26 R. V. Denenberg, *Le système politique des États-Unis*, Paris, Economica, 1984, p. 55. Voir également Clinton Rossiter, *The American Presidency*, New York, Mentor, 1960, ouvrage classique dans lequel l'auteur identifie 10 rôles assumés par le président américain (chef de l'État, chef de l'exécutif, chef de la diplomatie, commandant en chef, architecte de la législation, chef de parti, artisan de la prospérité, protecteur de la paix, voix du peuple et leader mondial).

27 C'est le cas, par exemple, de Georges Vanier, qui fut gouverneur général de 1959 à 1967, et de son successeur, Roland Michener, qui a été en poste de 1967 à 1974.

28 Sur ce point, Gérald-A. Beaudoin, *La Constitution du Canada. Institutions. Partage des pouvoirs. Droits et libertés*, Montréal, Wilson et Lafleur, 1990, p. 59.

29 Lors de la nomination du lieutenant-gouverneur, le gouvernement fédéral n'est pas tenu de consulter le gouvernement de la province concernée. C'est ce qui s'est produit en 1996, lors de la nomination de Jean-Louis Roux au poste de lieutenant-gouverneur du Québec. On peut mesurer les problèmes potentiels qui peuvent résulter d'une telle action de la part du gouvernement fédéral alors que le Parti québécois est au pouvoir à Québec! Il convient aussi de noter que le gouvernement fédéral a nommé plus de femmes et de minorités visibles à ce poste dans différentes provinces qu'à Ottawa.

30 Précisons ici que les pouvoirs de réserve et de désaveu des lois provinciales dont dispose la couronne au Canada sont tombés en désuétude.

31 Nous aurons l'occasion de revenir sur cet aspect dans le chapitre 16.

32 Jacques Monet, s. j., « La Couronne », dans Manon Tremblay et Marcel R. Pelletier (dir.), *Le système parlementaire canadien*, Sainte-Foy, Les Presses de l'Université Laval, 1996, p. 149. Parfois, ce pouvoir est exercé de façon moins « subtile » et peut provoquer la controverse. C'est le cas au Canada, en 1896, entre le gouvernement de Charles Tupper et le gouverneur général, Lord Aberdeen, au sujet de nominations gouvernementales, et, en 1926, entre le Premier ministre Mackenzie King et Lord Byng de Vimy relativement à la question de la dissolution du Parlement. Une crise plus récente opposant le gouverneur général au chef du gouvernement s'est produite en Australie en 1975 lorsque le représentant de la couronne dans ce pays a révoqué le premier ministre.

33 La reine Élisabeth II a dû intervenir pour trancher une querelle de succession à la tête du Parti conservateur britannique alors au pouvoir. En 1957, à la suite de la démission du Premier ministre Anthony Eden, elle nomme Harold Macmillan, puis, lors de la démission de ce dernier en 1963, elle fait appel à Alec Douglas-Home.

34 Gérald-A. Beaudoin, *op. cit.*, p. 62–63.

35 En 1923, le Premier ministre britannique Law abandonne le pouvoir pour raisons de santé. Le roi George V nomme immédiatement Stanley Baldwin à ce poste afin d'assurer la continuité du pouvoir. Au Canada, le gouverneur général est aussi intervenu pour nommer un successeur à John A. Macdonald, mort en 1891. Au Québec, en 1968, après la mort subite du Premier ministre Daniel Johnson, le lieutenant-gouverneur a désigné son successeur à la tête du gouvernement de la province.

36 En Grande-Bretagne, les aventures de la famille royale ont contribué à accentuer la critique de l'institution monarchique. Certains députés du Parti travailliste sont même ouvertement républicains. Au Canada, on trouve aussi de nombreuses critiques. Même Jeanne Sauvé s'est prononcée en faveur de l'abolition de la couronne. En Australie, en se fondant surtout sur le caractère multiculturel du pays, le débat s'est engagé notamment dans les années 1990 sous le leadership de l'ancien Premier ministre Paul Keating qui souhaitait l'avènement d'une république.

37 Monica Charlot, *Le système politique britannique*, Paris, Armand Colin, 1984, p. 123.

38 Il est des cas où un premier ministre peut être nommé alors qu'il n'a pas été élu. Cela se produit notamment lors de la succession d'un premier ministre qui décède ou lorsqu'un premier ministre démissionne. Généralement, le nouveau venu déclenche quelques mois plus tard des élections afin de légitimer son pouvoir.

39 Cela a été le cas, au Canada, lors des élections fédérales de 1925 alors qu'aucun parti politique n'a obtenu la majorité absolue. Le Parti conservateur détenait le plus grand nombre de sièges, passant de 50 à 116. Le Parti libéral, pourtant arrivé en seconde position avec 101 sièges, a gouverné avec l'appui des 24 députés du Parti progressiste. On retrouve un cas semblable en Ontario à la suite des élections provinciales de 1985. Le Parti conservateur obtient 52 sièges et 37% des voix, les libéraux remportent 48 sièges et 38% du vote populaire et le NPD détient la balance du pouvoir avec 25 sièges et 24% des voix. Après des négociations entre les trois partis, les libéraux acceptent de former le gouvernement avec l'appui du NPD en Chambre, mettant ainsi fin à 42 ans de règne conservateur dans la province.

40 En Grande-Bretagne, en 1963, la reine a nommé un membre de la Chambre des lords, Lord Home, au poste de premier ministre. Lord Home a alors renoncé immédiatement à son titre de pair et s'est présenté à des élections partielles dans une circonscription dans laquelle il a été élu. Cela lui a permis ainsi de siéger à la Chambre des communes.

41 C'est ce qui s'est produit en 1985, au Québec, alors que le Parti libéral dirigé par Robert Bourassa a gagné les élections provinciales avec 99 sièges et 56 % du vote populaire. Cependant, cette majorité absolue est ternie par le fait que Robert Bourassa perd son siège. Une élection partielle lui permet de se faire élire à l'Assemblée nationale et de diriger ainsi le gouvernement québécois.

42 Le chancelier de l'Échiquier est l'équivalent du ministre des Finances.

43 Voir, à ce sujet, l'étude comparative de Patrick Weller, *First Among Equals : Prime Ministers in Westminster Systems*, Sydney, Allen and Unwin, 1985.

44 Le Conseil privé existe toujours. Sans grand pouvoir autre que symbolique, ses membres sont nommés à vie. En Grande-Bretagne, il est composé de dignitaires religieux, de nobles, d'anciens ministres et des ministres en exercice. Au Canada, son existence est prévue par l'article 11 de la *Loi constitutionnelle de 1867*. Il regroupe les anciens ministres et premiers ministres, les ministres et le premier ministre en exercice et toute personne qui est invitée à y siéger comme ce fut le cas pour tous les premiers ministres provinciaux au pouvoir en 1967, à l'occasion du centenaire de la Confédération, et en 1982, lors du rapatriement de la Constitution.

45 En outre, il faut aussi préciser qu'au Canada, dans certaines circonstances (essentiellement lorsque le parti qui forme le gouvernement souffre d'une absence de représentation dans certaines régions), les premiers ministres peuvent faire appel à des sénateurs. Cela a été, par exemple, le cas du gouvernement de Joe Clark en 1979 et celui du gouvernement de Pierre Elliott Trudeau en 1980.

46 En ce qui concerne les femmes, il faut attendre 1984 pour voir apparaître le nombre le plus élevé de ministres jamais nommées au Cabinet. En effet, le premier ministre Mulroney élève alors six députées au rang de ministre dont certaines à des postes clés. Ces six ministres ne représentent, cependant, que 15% des membres du Cabinet. Dans le Cabinet de Kim Campbell, quatre femmes ont été nommées ministres. En incluant la première ministre, la gent féminine représente 25% du Cabinet. Dans le Cabinet libéral de Jean Chrétien en 1994, on compte quatre femmes, soit 17% des ministres (à quoi s'ajoutent trois femmes secrétaires d'État) et dans celui de 1997, six femmes occupent des fonctions ministérielles, soit 22% du Cabinet. À cela s'ajoutent deux femmes secrétaires d'État qui siègent au Conseil des ministres.

47 Il convient, cependant, de mentionner qu'en dépit de ce principe, il existe des écarts entre les régimes parlementaires de type britannique. À cet égard, la marge de manœuvre des premiers ministres britanniques est plus grande que celle des premiers ministres canadiens. Ces derniers disposent, malgré tout, de plus de latitude que leurs homologues australiens ou néo-zélandais. À ce sujet, voir l'étude de Patrick Weller, *op. cit.*

48 Sur ce point, voir le chapitre 16.

49 Le nombre de comités créés est en réalité de trois, car le quatrième, le Conseil du trésor, est prévu dans les statuts. Voir Louis Massicotte, « Le pouvoir exécutif dans le Parlement : le gouvernement et la Couronne », dans Manon Tremblay et Marcel R. Pelletier (dir.), *op. cit.*, p. 206–207.

50 À ce sujet, voir Martin Burch, « The Prime Minister and Cabinet From Thatcher to Major », *Talking Politics*, 7, 1, automne 1994, p. 27–33. Voir aussi The CCTA Government Information Service, « Cabinet Office – The Cabinet and Its Committees », http://www.open.gov.uk/, 16 novembre 1998.

51 Margaret Thatcher et John Major ont eu recours à cette pratique. À ce sujet, voir Martin Burch, *op. cit.*

52 Cela a été notamment le cas du Premier ministre travailliste Harold Wilson.

53 Pour un aperçu de ces différents bureaux, voir Monica Charlot, *Le pouvoir politique en Grande-Bretagne*, Paris, PUF, 1990, p. 430–440.

54 André Bernard, *Les institutions politiques au Québec et au Canada*, Montréal, Boréal, 1995, p. 65.

55 Voir Richard Crossman, « Decision-Taking in Number 10 and in Whitehall », dans Martin Burch, John Gardner et Douglas Jaenicke (dir.), *Three Political Systems. A Reader in British, Soviet and American Politics*, Manchester, Manchester University Press, 1985, p. 93–99.

56 Par exemple, Denis Smith, « President and Parliament : The Transformation of Parliamentary Government in Canada », dans Thomas A. Hockin, (dir.), *Apex of Power. The Prime Minister and Political Leadership in Canada,* 2nd ed., Scarborough, Prentice Hall, 1977, p. 308–325.

57 Par exemple, voir John Hart, « President and Prime Minister : Convergence or Divergence? », *Parliamentary Affairs*, 44, 2, avril 1991, p. 208–225.

58 Voir Julien Bauer, « La régulation étatique de la démocratie : l'exécutif au Canada », dans Jacques Zylberberg et Claude Emeri (dir.), *La démocratie dans tous ses états. Argentine, Canada, France*, Sainte-Foy, Les Presses de l'Université Laval, 1993, p. 99–118. Voir également Colin Campbell, s. j., « Political leadership in Canada : Pierre Elliott Trudeau and the Ottawa Model », dans Richard Rose et Ezra Suleiman (dir.), *Presidents and Prime Ministers*, Washington (D.C.), American Enterprise Institute for Public Policy Research, 1980, p. 50–93.

59 À ce sujet, on peut consulter *Présidence de la République*, « Les institutions – Le Président : le rôle du Président », http://www.elysee.fr/pdt/rolepdt_.htm, 25 août 1997.

60 L'omnipotence présidentielle qui caractérise le régime de la Ve République a conduit certains observateurs à qualifier ce régime de « monarchie républicaine » (Maurice Duverger, *La monarchie républicaine ou comment les démocrates se donnent des rois,* Paris, Robert Laffont, 1974) et, plus récemment, de « démonarchie » (Jacques Georgel, *La Ve République : une démonarchie,* Paris, LGDJ, 1990).

61 Yves Mény, *Politique comparée. Les démocraties : États-Unis, France, Grande-Bretagne, Italie, R.F.A.,* 2e éd., Paris, Montchrestien, 1988, p. 312.

62 Stéphane Rials, *La présidence de la République*, Paris, PUF, collection « Que sais-je ? », 1983, p. 107.

63 Sur ce point, voir Jean Massot, « Les rapports du Président de la République et du Premier Ministre de 1958 à 1982 », dans Maurice Duverger (dir.), *Les régimes semi-présidentiels*, Paris, PUF, 1986, p. 283–312.

64 À ce sujet, voir Alain Claisse, *Le Premier ministre de la Ve République*, Paris, LGDJ, 1972, p. 35.

65 Stéphane Rials, *Le Premier ministre,* Paris, PUF, collection « Que sais-je ? », 1981, p. 90.

66 *Ibid.,* p. 85–86. C'est le cas en ce qui concerne les « domaines réservés » en matière de défense et de politique étrangère. Cela peut être aussi le cas dans le domaine des finances.

67 À ce sujet, voir le chapitre 16.

68 Un député est élu avec un suppléant qui le remplace s'il est incapable, pour une raison ou une autre, de remplir son mandat.

69 Si le cumul des fonctions de député et de ministre est interdit, par contre, celui des fonctions de ministre ou de député avec celle d'élu local ne l'est pas. Aussi, contrairement à la pratique canadienne, un ministre ou un député français peut également être maire ou président d'un conseil général. Alors qu'au Canada, un député ne peut être que député ou ministre et qu'un ministre peut être aussi député, en France, il est fréquent de trouver des députés maires, des ministres maires mais qui ne sont pas députés et même des premiers ministres maires. En 1998, le Premier ministre Lionel Jospin proposait l'interdiction d'une partie de ces cumuls.

70 Sur le parcours qui mène les techniciens aux fonctions ministérielles, voir Sung Nak-in, *Les ministres de la 5e République française*, Paris, LGDJ, 1988, p. 15–17.

71 Cet aspect sera étudié dans le prochain chapitre.

72 Sur ce point, voir le tableau 15.8.

73 Christophe Guettier, *Le président sous la Ve République*, Paris, PUF, collection « Que sais-je ? », 1995, p. 82–83.

74 Voir C. Gouaud, « Le Conseil des ministres sous la Ve République », *RDP*, 1988, p. 423.

75 Voir « L'organisation administrative de la présidence de la République », dans Christophe Guettier, *op. cit.*, p. 117–122.

76 Pour une analyse détaillée du SGG, de son fonctionnement et de son rôle dans la coordination de la politique gouvernementale, voir Stéphane Rials, *Le Premier ministre*, p. 105 – 111.

77 Le secrétaire général du gouvernement est aussi secrétaire des réunions du Conseil des ministres. C'est lui qui rédige le procès-verbal de ces réunions.

16

Le pouvoir législatif

Avec les pouvoirs exécutif et judiciaire, le législatif constitue l'un des trois pouvoirs essentiels dans un État. Le pouvoir législatif produit principalement des extrants qui, sous forme de lois ou d'enquêtes notamment, représentent les réponses du système politique par rapport aux intrants. De nos jours, l'évocation du pouvoir législatif conduit généralement à associer ce dernier à l'institution parlementaire au sein de laquelle s'exprime la volonté populaire par l'intermédiaire des représentants du peuple que sont les députés. Cependant, il n'en a pas toujours été ainsi. Le pouvoir législatif s'est graduellement développé en Europe, et particulièrement en Angleterre, à partir du Moyen Âge. Après avoir retracé les origines de ce pouvoir, nous examinerons la structure de l'organe dans lequel il s'incarne pour ensuite porter notre attention sur ses fonctions.

1. LES ORIGINES DU POUVOIR LÉGISLATIF

À l'époque féodale, le roi est la source de toute autorité. Il gouverne, légifère et rend aussi parfois la justice. Le pouvoir législatif est donc exercé par le roi. Ce n'est que progressivement que le souverain perd son pouvoir de faire les lois au profit d'une institution particulière appelée Parlement. Ce transfert de pouvoir du monarque au Parlement trouve son origine en Angleterre. Il est le produit d'une lente évolution des rapports existant entre diverses forces

socio-économiques et politiques qui se sont manifestées dans ce pays, à partir du XIIIe siècle. À cet égard, l'obtention de la Grande Charte (*Magna Carta*) en 1215, à la suite de la révolte des barons anglais, constitue le prélude à l'essor du Parlement.

1.1. LE FÉODALISME ET LE POUVOIR LÉGISLATIF EN ANGLETERRE

À cette époque, en effet, le roi est assisté d'un Grand Conseil composé de grands barons, de laïcs ou d'ecclésiastiques. Pour financer des guerres coûteuses et lever des armées, le roi a besoin d'argent. Les revenus du domaine royal étant souvent insuffisants, il doit, de façon exceptionnelle, soumettre à des impôts directs les barons ainsi que les habitants des bourgs, les bourgeois. Cette pratique qui, par la suite, deviendra fort courante pousse les barons et les hommes libres à exercer des pressions sur les souverains afin que ces derniers leur concèdent des droits et privilèges.

Se développe ainsi l'idée selon laquelle le prélèvement de taxes doit s'accompagner du droit des contribuables à être représentés et consultés. C'est dans cet ordre d'idées que les représentants des barons sont élus dès 1253 et siègent au Grand Conseil qui devient le Parlement. Par la suite, en 1265, les représentants des bourgeois sont aussi élus au Parlement. Celui-ci acquiert une forme et des fonctions particulières qui le différencient de l'ancien Grand Conseil. À l'initiative du baron Simon de Montfort, le premier parlement est convoqué en 1265. Le roi Édouard I réunit, en 1295, le Parlement modèle où sont représentés les diverses catégories de nobles et de bourgeois.

1.2. LE RENFORCEMENT GRADUEL DU POUVOIR LÉGISLATIF EN ANGLETERRE

Le principe de l'institution parlementaire est ainsi établi, mais le Parlement demeure cependant fragile. Il doit consolider son pouvoir. Il est alors conduit à lutter contre les souverains qui tentent de freiner son ascension. C'est ce qui se produit sous le règne des Tudor[1].

Cependant, les Tudor, pragmatiques, savent aussi se ménager le Parlement lorsque la situation le commande, comme dans le cas du conflit qui oppose Henri VIII (1509–1547) à la papauté. En échange de son soutien à la politique royale, le Parlement sort de cette crise religieuse avec une influence plus grande et un pouvoir plus fort. La Chambre des communes commence même à acquérir du pouvoir au détriment de la Chambre des lords. Il est désormais fréquent de voir les conseillers du Conseil privé du roi ou de la reine se faire élire à la Chambre basse. Aussi, l'obtention d'un siège à la Chambre des communes devient un enjeu important. En outre, les sessions du Parlement, plus longues que de coutume, ont permis l'établissement d'une tradition de continuité que les parlementaires ne manqueront pas de défendre, plus tard, lorsqu'elle sera menacée[2]. Enfin, le Parlement a voté, pour la première fois de son histoire, plusieurs lois importantes[3], particulièrement en matière de succession royale.

Certes, à cette époque, le Parlement constitue encore un instrument de gouvernement pour les Tudor, qui sont d'ailleurs le plus souvent les instigateurs des projets de loi. Mais la mutation que connaît l'institution parlementaire la pousse à vouloir étendre son champ de compétence et à acquérir de nouveaux droits, notamment sous les Stuart[4]. Une lutte de pouvoir se développe entre le Parlement et les souverains sur fond de tensions religieuses. En 1688, la Glorieuse Révolution consacre la victoire du Parlement et la fin de la monarchie absolue en Angleterre[5]. Le Parlement détient désormais des pouvoirs accrus. À cet égard, le *Bill of Rights* adopté le 13 février 1689 précise qu'il assure « la représentation pleine et libre de la nation[6] ». Le pouvoir législatif échappe donc aux souverains qui devront gouverner selon les lois du Parlement.

C'est au XVIIᵉ siècle qu'est apparu le pouvoir législatif autonome, mais c'est au cours des siècles suivants que les modalités des rapports entre le pouvoir législatif et le pouvoir exécutif seront définies et détermineront la nature des régimes politiques. La fonction législative s'incarne donc dans l'organe législatif et la structure de ce dernier peut revêtir diverses formes.

2. LA STRUCTURE DE L'ORGANE LÉGISLATIF

Quelle que soit la forme du régime politique, parlementaire, présidentiel ou mixte, le pouvoir législatif est toujours présent. Il est exercé par des organes que l'on appelle, par exemple, « Parlement » en Grande-Bretagne, en France, en Italie et au Canada, « Assemblée législative » dans la plupart des provinces canadiennes, « Assemblée nationale » au Québec, « Congrès » aux États-Unis et « Assemblée fédérale » en Suisse.

Mais il n'y a pas que les appellations des organes législatifs qui varient selon les États. Ces derniers, en effet, peuvent organiser le Parlement sur une base dualiste : c'est le bicaméralisme (deux chambres). Ils peuvent aussi structurer la fonction législative au sein d'un seul organe : on parle alors d'unicaméralisme ou encore de monocaméralisme (une seule chambre).

2.1. LA STRUCTURE BICAMÉRALE DE L'ORGANE LÉGISLATIF

Nombreux sont les États qui ont adopté cette forme d'organisation du pouvoir législatif qu'est le bicaméralisme. Par exemple, le Parlement britannique se compose de la Chambre des communes et de la Chambre des lords ; le Congrès des États-Unis comprend la Chambre des représentants et le Sénat ; au Canada, la Chambre des communes et le Sénat constituent le Parlement.

Le bicaméralisme est le produit de l'histoire. Son origine remonte à l'époque médiévale et s'explique notamment par la structure sociale des sociétés européennes du Moyen Âge. Le Parlement qui apparaît en Angleterre au XIIIᵉ siècle est de nature aristocratique. La première chambre qui est créée est la Chambre des lords. Excluant la bourgeoisie, elle rassemble essentiellement les grands vassaux du roi, dont le pouvoir repose sur la propriété de la terre.

Dès le XIVᵉ siècle, le Parlement est composé de deux chambres: la Chambre des communes ou Chambre basse, au sein de laquelle sont représentés les bourgeois, voire même la petite noblesse, et la Chambre des lords, aussi appelée Chambre haute, où siègent la haute noblesse et le haut clergé[7]. Chaque chambre tient des sessions séparées, ce qui a pour effet de les différencier davantage[8]. L'effondrement du féodalisme et l'essor de la bourgeoisie ne changent rien à la tradition ainsi instaurée. La Chambre haute traverse le temps en tentant de tempérer les excès de la Chambre basse. De nos jours, la structure législative britannique est toujours bicamérale.

D'autres États verront aussi leurs institutions évoluer vers le bicaméralisme. Ainsi, en France, la Chambre haute trouve son origine dans la représentation de l'aristocratie. Cependant, elle est souvent abolie puis rétablie au fil des révolutions qui secouent la France au cours des XVIIIᵉ et XIXᵉ siècles. Ce n'est qu'à partir de 1875 que la France opte définitivement pour un système bicaméral.

L'adoption du bicaméralisme peut aussi s'expliquer par l'instauration d'un système fédéral de gouvernement. Le bicaméralisme repose sur la double nécessité de représenter les entités fédérées et les intérêts nationaux. Dans la pratique, les entités fédérées sont représentées à la Chambre haute et ceux de l'ensemble de la population à la Chambre basse.

C'est l'une des raisons pour lesquelles les États-Unis ont choisi le bicaméralisme[9]. La représentation des États est assurée au Sénat. Chaque État américain, quelles que soient sa superficie ou la taille de sa population, dispose en effet de deux sièges de sénateurs. De ce fait, au Sénat, un petit État comme le New Hampshire est placé sur un pied d'égalité avec les États aussi vastes et peuplés que la Californie ou le Texas.

La Chambre des représentants assure, quant à elle, la représentation de l'ensemble de la population américaine. Cependant, afin de ne pas désavantager les petits États, chaque État doit avoir au moins un représentant. Le Vermont, le Wyoming, le Nevada, l'Alaska disposent ainsi d'un siège garanti à la Chambre des représentants[10].

D'autres États qui ont adopté une structure fédérale ont aussi eu recours au bicaméralisme pour assurer la représentation des intérêts nationaux et des entités fédérées. C'est le cas, par exemple, de l'Allemagne et de la Suisse, qui ont des parlements bicaméraux. En Allemagne, le Bundesrat représente les *Länder* alors que le Bundestag représente la population. En Suisse, le Conseil des États assure la représentation des cantons ou, selon le cas, des demi-cantons[11], les premiers disposant de deux sièges, les seconds d'un siège. La population est représentée au Conseil national par des députés élus au suffrage universel.

Au Canada, dès 1867, le Parlement fédéral est composé de la Chambre des communes et du Sénat. L'adoption du bicaméralisme au niveau national peut s'expliquer par le passé et la tradition britanniques. Aussi, la Chambre haute, c'est-à-dire le Sénat, est considérée comme ayant un caractère fortement élitiste. La *Loi constitutionnelle de 1867* fixe les conditions qui doivent être remplies pour être sénateur (art. 23)[12]. Bien que la Constitution soit muette à ce sujet, il est présumé que seuls les hommes peuvent être sénateurs. Ce n'est que par suite d'une décision judiciaire de 1929 établissant que les femmes sont des personnes que la première femme, Cairine Wilson, a pu siéger au Sénat en 1930.

Le caractère fédéral du système politique canadien permet aussi d'expliquer le recours au bicaméralisme. Le Sénat assure la représentation régionale en scindant le Canada en quatre grandes régions, les Maritimes, le Québec, l'Ontario et l'Ouest, représentées chacune par 24 sénateurs. En 1949, Terre-Neuve se voit octroyer six sièges au Sénat. En 1975, le Yukon et les Territoires du Nord-Ouest ont obtenu un siège chacun[13].

La Chambre des communes est, quant à elle, certainement beaucoup plus connue de la population que le Sénat. Pour un grand nombre de personnes, elle est synonyme de « Parlement ». Mais si la Chambre des communes ne constitue pas, à elle seule, le Parlement, par contre, elle en est, assurément, l'un des éléments essentiels, comme nous le verrons plus loin. À l'instar de ses homologues britannique ou américaine, elle constitue la Chambre basse du Parlement et assure la représentation de la population.

2.2. LA STRUCTURE UNICAMÉRALE OU MONOCAMÉRALE DE L'ORGANE LÉGISLATIF

Dans certains cas, la structure parlementaire est composée d'une seule et unique chambre. Diverses raisons peuvent expliquer l'unicaméralisme.

Il apparaît que les petites entités étatiques ont tendance à favoriser ce type de structure législative. C'est le cas du grand-duché de Luxembourg ou encore de la principauté de Monaco. On peut raisonnablement présumer que la question de l'équilibre entre les diverses forces politiques ne se pose pas avec la même acuité que dans les grands États.

L'unicaméralisme peut aussi s'inscrire dans le cadre de l'évolution des institutions parlementaires. Un État doté d'une structure bicamérale peut abolir la Chambre haute et adopter ainsi une structure unicamérale. C'est, par exemple, le cas de la Nouvelle-Zélande et d'Haïti sous le régime Duvalier. Cependant, un État peut décider de revenir au bicaméralisme, comme l'a fait Haïti en 1990.

D'autres États adoptent l'unicaméralisme parce que la tendance régionale favorise une telle structure. En Scandinavie, à l'instar de la Finlande qui, en 1906, a instauré un parlement à une seule chambre, la Suède et le Danemark ont institué l'unicaméralisme.

Signalons que les États de création plus récente, comme le Liban, Israël et le Koweït, ont tendance à adopter l'unicaméralisme. Plusieurs anciennes colonies de la France et de la Grande-Bretagne se sont aussi prononcées pour la structure unicamérale. Le choix de l'unicaméralisme peut, ici, s'expliquer de diverses façons : absence de tradition parlementaire, souci d'économie ou encore volonté de ne pas conserver le modèle de l'ancienne puissance colonisatrice.

L'unicaméralisme peut aussi être présent dans les États fédéraux et, plus particulièrement dans les entités fédérées. Ces dernières peuvent, en effet, opter pour une assemblée composée d'une seule chambre. Aux États-Unis, c'est le cas du Nebraska, qui a aboli, en 1937, sa deuxième chambre. Au Canada, toutes les assemblées législatives sont unicamérales. Cela n'a pas toujours été le cas puisqu'après 1867 cinq provinces, à savoir le Québec, la Nouvelle-Écosse, le Nouveau-Brunswick, l'Île-du-Prince-Édouard et le Manitoba, ont eu une chambre haute[14]. Mais, progressivement, cette seconde chambre a été abolie pour des raisons d'économie ou parce qu'étant nommée, elle s'accordait mal avec les principes de la démocratie représentative. Ainsi, le Manitoba, le Nouveau-Brunswick et l'Île-du-Prince-Édouard ont aboli leur Conseil législatif en 1876, 1892 et 1893. La Nouvelle-Écosse adopte l'unicaméralisme en 1928. En 1968, c'est au tour du Québec à le faire[15].

La tradition, la présence d'un système fédéral de gouvernement, la volonté d'assurer un équilibre politique, la taille de l'État, les motivations politiques, l'expérience étatique plus récente et les impératifs d'ordre économique sont donc autant de raisons qui peuvent inciter un État à adopter une structure bicamérale ou unicamérale.

3. LES FONCTIONS DE L'ORGANE LÉGISLATIF

Comme le pouvoir législatif est incarné par l'institution parlementaire, il est fréquemment associé avec la fonction de faire les lois. La réalité est, en fait, beaucoup plus complexe. Le pouvoir législatif ne fonctionne pas en vase clos. Il est en relation avec les autres éléments du système politique qui participent au processus d'élaboration des décisions et des politiques. Il est donc appelé à remplir de nombreuses fonctions, lesquelles dépendent de la nature démocratique ou non démocratique de l'État. Dans les États non démocratiques, par exemple, la marge de manœuvre du pouvoir législatif est faible, voire quasi inexistante. Il en va autrement dans les États démocratiques ; mais, là encore, certaines fonctions ont évolué depuis leur avènement et, en outre, elles se manifestent de différentes façons selon que le régime

Tableau 16.1
Tableau comparatif des chambres basses et hautes en Grande-Bretagne,
aux États-Unis, en France et au Canada

États	Chambre basse	Chambre haute
Grande-Bretagne	**Élection** • 651 députés élus au suffrage universel direct sur une base géographique (circonscriptions); scrutin uninominal majoritaire à un tour. • Mandat: 5 ans, renouvelable.	**Hérédité – Nomination** • Plus de 1 100 pairs. • Pairs héréditaires[a]. • Pairs spirituels[b]. • Pairs judiciaires • Pairs à vie[c].
États-Unis	**Élection** • 435 représentants élus au suffrage universel direct sur une base géographique (districts); scrutin uninominal majoritaire à un tour. • Mandat: 2 ans, renouvelable.	**Élection** • 100 sénateurs élus au suffrage universel direct; scrutin majoritaire à un tour[d]. • Base de représentation: États. • Mandat: 6 ans, renouvelable par tiers[e].
France	**Élection** • 577 députés élus au suffrage universel direct sur une base géographique (circonscriptions); scrutin uninominal majoritaire à deux tours. • Mandat: 5 ans, renouvelable. • Chaque député est élu avec un suppléant susceptible de le remplacer dans certaines situations.	**Élection** • 321 sénateurs élus – avec leurs suppléants – au suffrage indirect (collège électoral du Sénat); mode d'élection complexe: scrutin uninominal majoritaire à deux tours pour les départements élisant moins de cinq sénateurs; représentation proportionnelle pour les départements élisant plus de cinq sénateurs. • Représentation des collectivités territoriales (métropolitaines et outre-mer). • Mandat: 9 ans, renouvelable par tiers.
Canada	**Élection** • 301 députés élus au suffrage universel direct sur une base géographique (circonscriptions); scrutin uninominal majoritaire à un tour. • Mandat: 5 ans, renouvelable.	**Nomination** • Sénateurs nommés par le gouverneur général sur proposition du premier ministre. • Base de représentation: régions. • Mandat: jusqu'à 75 ans[f].

a. Cette catégorie représente plus de 90% de l'ensemble des lords.
b. Les lords spirituels sont représentés par les hauts dignitaires de l'Église anglicane.
c. Créée en vertu du *Life Peerages Act* de 1958, cette catégorie a permis l'accès à la Chambre haute à des femmes (comme l'ancienne Première ministre Margaret Thatcher) qui, par tradition, étaient exclues de cette institution ou à des personnes qui ne font pas partie de l'aristocratie, mais qui se sont illustrées dans divers domaines comme Lord Gormley, ancien secrétaire général de la National Union of Mineworkers.
d. À l'origine, la Constitution américaine prévoyait que les sénateurs étaient choisis par les assemblées des États. En 1913, le principe de l'élection des sénateurs par la population de chaque État est établi par le 17e amendement.
e. Le renouvellement du Sénat se fait par tiers tous les deux ans, ce qui contribue à le faire coïncider avec les élections des représentants à la Chambre basse.
f. De 1867 à 1965, les sénateurs étaient nommés à vie.

est de type parlementaire, présidentiel ou semi-présidentiel. Ainsi, les fonctions suivantes ont pu, graduellement, être dégagées : fonction de représentation, fonction législative et fonction de contrôle.

3.1. LA FONCTION DE REPRÉSENTATION

Le pouvoir législatif est exercé par un organe représentatif élu au suffrage universel. C'est fréquemment le cas des parlements unicaméraux. Par contre, dans les structures bicamérales, les chambres basses sont généralement des organes élus, à la différence des chambres hautes, dont les membres sont parfois nommés ou parfois élus (tableau 16.1).

Exercée depuis le XIIIe siècle, la fonction de représentation est donc une vieille fonction des parlements. Elle soulève plusieurs observations. Que représentent, par exemple, les chambres nommées ? La Chambre des lords incarne, pour les uns, une tradition vieille de plus de 700 ans. Pour d'autres, elle ne représente plus grand-chose sinon le vestige d'un passé lointain. Aussi, nombreuses sont les suggestions visant soit à abolir la seconde chambre britannique, soit à en faire une chambre dont une partie des membres serait élue, et l'autre nommée. La modification de la Chambre des lords semble en tout cas soulever plus de questions qu'elle n'en résout.

Parce que le Sénat canadien n'est pas élu, il suscite aussi la critique[16]. Les régions se voient attribuer un certain nombre de sièges par provinces[17]. Mais cette fonction de représentation régionale est ambiguë. De plus, comme les sénateurs sont nommés par le gouvernement fédéral, les nominations sont souvent perçues comme relevant du favoritisme politique plutôt que de la représentation d'intérêts régionaux ou provinciaux. Aussi, diverses suggestions ont été faites pour obtenir une meilleure représentation des provinces au sein de la Chambre haute. Certaines d'entre elles ont été suivies d'actions qui ne semblent cependant pas constituer des précédents importants[18].

Les chambres basses, quant à elles, sont généralement élues. Elles assurent la représentation de la population sur une base géographique, comme les circonscriptions en Grande-Bretagne, en France et au Canada, ou les districts aux États-Unis.

Les députés canadiens ou leurs homologues britanniques, français ou américains sont élus sous la bannière d'un parti politique, bien qu'il soit possible, dans certaines circonstances, de se faire élire sous l'étiquette « indépendant ». Ils remplissent un rôle législatif en participant au processus de transformation des projets de loi en lois. Mais ils doivent aller au-delà de leur affiliation politique et servir les intérêts de l'ensemble de la population de leur circonscription ou de leur district plutôt que ceux de leurs électeurs uniquement.

La représentation de ces intérêts occupe une bonne partie de la tâche quotidienne des parlementaires. Ils intercèdent en faveur de leur circonscription auprès de ministres ou de hauts fonctionnaires afin d'obtenir des subventions pour améliorer des infrastructures, par exemple. Ils aident aussi les personnes qui font appel à leurs services à s'orienter dans le dédale bureaucratique[19]. Les succès qu'ils obtiennent dans cette fonction contribuent à améliorer leur chance de réélection.

La question de la représentation soulève le problème de la « représentativité » des chambres. En d'autres termes, celles-ci doivent-elles refléter le plus fidèlement possible la réalité socio-économique ? Si tel est le cas, force est de constater que, généralement, dans nos sociétés, les parlements sont majoritairement dominés par l'élément masculin, de race blanche et provenant des classes privilégiées. Aux États-Unis, par exemple, le Congrès américain a traditionnellement été dominé par l'élément masculin, principalement de race blanche, même si, dès 1870, un premier Noir est élu au Congrès. Depuis 1950, cette domination tend à s'éroder lentement (tableau 16.2). Les Noirs, qui représentent quelque 12 % de la population, ne constituent donc qu'environ 5 % des représentants et, comme les femmes, souffrent d'une sous-représentation chronique au Sénat. Afin de compenser cette faiblesse numérique, les Noirs et les femmes ont formé des caucus au sein du Congrès, caucus qui leur permettent de s'organiser en tant que groupe et d'acquérir un certain poids à l'intérieur de la structure législative[20].

Les femmes sont placées dans une situation identique au Canada. Ainsi, au niveau provincial, la représentation féminine dans les assemblées législatives est très variable. Au Québec, c'est en 1961

Tableau 16.2
Les femmes et les Noirs au Congrès des États-Unis
(1950, 1986, 1994)

	Sénat			Chambre des représentants		
	1950	**1986**	**1994**	**1950**	**1986**	**1994**
Femmes	1	2	6	10	24	47
Noirs	0	0	1	2	24	38

Source : *Congressional Quarterly Almanac*, 1950, 1986, 1994.

qu'une première femme, Claire Kirkland-Casgrain, est appelée à siéger à l'Assemblée nationale. Ce n'est qu'à partir de 1976 que le nombre de députées augmente, cinq ayant été élues cette année-là. En Ontario, la première femme est élue en 1943 à Queen's Park. Il faut attendre 1987 pour voir le chiffre augmenter, avec l'élection de 20 députées, soit la proportion la plus élevée à l'époque au sein d'une assemblée législative[21]. Depuis, la situation n'a pas cessé d'évoluer. En 1996, c'est la Colombie-Britannique qui avait la plus forte proportion de femmes élues avec 26,7 % alors que l'Ontario, par exemple, est passé de 15,5 % en 1987 à 22,3 % aux élections de 1990 puis à 14,6 % lors du scrutin de juin 1995[22].

Au niveau fédéral, depuis l'élection d'Agnes McPhail en 1921, première femme à siéger à la Chambre des communes, la représentation féminine a connu un lent développement. Ainsi, le nombre de sièges détenus par des femmes représentait 4,9 % du total en 1980 et 17,9 % en 1993 (tableau 16.3). Les femmes représentent, à la fin des années 1990, plus de 50 % de la population canadienne, mais elles n'occupent même pas le quart des sièges de la Chambre basse.

D'une façon générale, la question de la représentativité est donc plus complexe qu'elle ne le paraît. Elle se heurte à plusieurs obstacles tels que la dispersion géographique de certains groupes ethniques ou raciaux, la prédominance de certaines catégories sociales sur le monde politique[23] et la réticence des partis politiques dominés par les hommes[24]. La représentation miroir de la société, ou représentation sociologique, constitue un idéal à atteindre, mais elle suscite de nombreux débats[25].

Tableau 16.3
Les femmes à la Chambre des communes du Canada
de 1980 à 1993

Année d'élections	Nombre total de sièges	Nombre d'élues	% de sièges détenus par des femmes
1980	282	14	4,9
1984	282	27	9,5
1988	295	39	13,2
1993	295	53	17,9

Source : *Guide parlementaire canadien*, 1980 à 1994.

3.2. LA FONCTION LÉGISLATIVE

La fonction législative est la fonction par laquelle l'organe parlementaire transforme un projet de loi en loi. Elle permet aussi de légitimer l'action des gouvernements. Fonction importante dans tout parlement, elle se manifeste sous une diversité de formes particulières.

Dans les régimes politiques de type autoritaire ou dictatorial, l'organe législatif, placé dans une dépendance étroite vis-à-vis de l'exécutif, remplit servilement sa fonction législative en ratifiant les décisions déjà prises par les dirigeants. C'est le cas du Congrès national du peuple en République populaire de Chine. Considéré, en vertu de la Constitution chinoise, comme l'organe le plus important de l'État, il se réunit une fois par an afin de permettre aux 3 000 députés de prendre connaissance des rapports ou des décisions que les dirigeants politiques chinois veulent faire légitimer.

La situation est différente et plus complexe dans les régimes démocratiques. Certes, le but ultime de la fonction législative est de faire les lois. Cependant, cette fonction s'exprime différemment selon que l'on est en présence d'un régime de type présidentiel comme aux États-Unis, de type parlementaire comme en Grande-Bretagne et au Canada ou de type semi-présidentiel comme en France.

3.2.1. LA FONCTION LÉGISLATIVE DANS LE RÉGIME DE TYPE PRÉSIDENTIEL AMÉRICAIN

Dans le régime présidentiel américain, en raison de la doctrine de la séparation des pouvoirs émise par les Pères fondateurs, le Congrès incarne le pouvoir législatif et jouit d'une certaine indépendance vis-à-vis de l'exécutif. Il joue donc un rôle très actif dans le processus législatif.

3.2.1.1. L'INITIATIVE DES LOIS

Le Congrès a le monopole de l'initiative législative. Ce monopole se trouve renforcé par l'esprit d'indépendance qui caractérise les membres du Congrès. En effet, les partis politiques n'excerçant généralement pas de contrôle réel sur le choix des candidats au Congrès, sénateurs et représentants ne se sentent pas tenus de suivre la politique de leurs partis respectifs.

Aussi peuvent-ils initier, approuver, amender ou rejeter des projets de loi avec plus de facilité que leurs homologues britanniques ou canadiens. En outre, ce monopole du Congrès a été confirmé par diverses décisions de la Cour suprême[26].

Le Congrès semble donc puissant sur le plan législatif. Mais le président et son administration sont en mesure de peser, parfois lourdement, sur lui. Soucieux d'empêcher les abus de pouvoir et, notamment, la « dictature de l'organe parlementaire », les Pères fondateurs ont assorti la séparation des pouvoirs de la notion de poids et contrepoids. Par conséquent, le Congrès a l'initiative des lois, mais le président dispose d'un droit de veto sur ces mêmes lois.

En outre, le président peut, dans les faits, « susciter », voire « inspirer » certains projets de loi par l'intermédiaire de membres influents du Congrès. Ne pouvant s'appuyer sur une véritable majorité comme dans le régime parlementaire, il utilise alors son pouvoir de persuasion pour influencer le Congrès. Des projets de loi importants tels que ceux relatifs aux finances ont ainsi été proposés par la présidence[27]. Mais cette intervention de l'exécutif ne doit pas amener à conclure que le Congrès a perdu l'initiative législative. Bien au contraire, il dispose encore de ce pouvoir, comme l'ont montré les *Clean Air Acts* votés en 1970 et en 1990. Ces lois qui ont fait l'objet de nombreuses et âpres discussions émanent du Congrès et non de la présidence[28].

L'initiative des lois appartient, de façon égale, aux deux chambres du Congrès. Toutefois, la Chambre des représentants dispose d'un privilège par rapport au Sénat, du fait qu'elle seule a l'initiative en matière de finances. Ce privilège est cependant considérablement réduit par le fait que le Sénat peut, s'il le souhaite, amender la loi sur le budget ou toute autre loi de même nature, comme celles qui concernent les crédits.

3.2.1.2. LE PROCESSUS LÉGISLATIF

Un projet de loi est toujours déposé par un membre du Congrès, et ce, même s'il est « suggéré » par l'exécutif ou par un groupe d'intérêt.

Le Congrès peut transformer différentes sortes de projets de loi en lois. Il peut aussi voter des résolutions dont certaines peuvent avoir force de loi (tableau 16.4).

Tableau 16.4
Les projets de loi et les résolutions
au Congrès des États-Unis

Projets de loi	Résolutions
Projets de loi publics	**Résolutions simples**
• Fréquents.	• Ne constituent pas des lois.
• D'ordre général.	• Les deux chambres y ont recours fréquemment.
(Ex. : projet de loi portant sur la santé ou sur l'environnement.)	• Sont utilisées pour fixer les règles de fonctionnement des chambres.
Projets de loi privés	**Résolutions concurrentes**
• Moins fréquents.	• Ne constituent pas des lois.
• De nature spécifique ; concernent un ou plusieurs individus.	• Sont utilisées pour les questions de procédure interne du Sénat et de la Chambre des représentants.
(Ex. : individu demandant une permission spéciale d'obtention du statut d'immigrant.)	
	Résolutions conjointes
	• Équivalent à des lois.
	• Sont utilisées dans certains cas précis.
	(Ex. : Le traité de Versailles, non ratifié par le Sénat en 1919, fut accepté en 1921 par une résolution conjointe.)

Chaque année, plusieurs milliers de projets de loi sont ainsi déposés, mais bien peu parviennent à se transformer en lois[29]. Un projet de loi doit franchir plusieurs étapes avant de pouvoir devenir loi. Le processus législatif américain ne peut être compris qu'à la lumière du système de *commissions*. Certaines de ces commissions législatives sont très puissantes et constituent des lieux de pouvoir où des carrières ambitieuses peuvent se construire ou s'effondrer.

Il existe différents types de commissions du Congrès, qui peuvent d'ailleurs se subdiviser en sous-commissions de manière à faciliter le travail législatif (tableau 16.5). Tout représentant ou tout sénateur doit siéger à deux commissions permanentes. Les nominations des membres et des présidents de ces commissions se font suivant un processus complexe[30]. La composition de ces organes correspond à la répartition des deux partis au sein des chambres.

Généralement, un projet de loi est présenté simultanément devant les deux chambres. Commence alors un long périple législatif (figure 16.1,

page 329) durant lequel ce projet peut faire l'objet d'obstruction ou *filibuster*. C'est le cas notamment au Sénat où, contrairement à la Chambre basse, il n'y a pas de règles fixant les conditions d'examen du projet. Les sénateurs opposés à un projet de loi peuvent utiliser leur droit de parole pour bloquer les débats[31].

Une fois les obstacles des commissions et sous-commissions franchis, le projet de loi ne peut devenir une loi que si la même version a été adoptée par les deux chambres. Si ce n'est pas le cas, il est alors envoyé devant la commission interparlementaire chargée de trouver un compromis sur les projets de loi.

Le projet de loi finalement accepté par le Congrès doit être signé par le président avant de devenir une loi. Le chef de l'exécutif peut aussi décider d'opposer son veto. Le projet est alors renvoyé devant les deux chambres. Celles-ci peuvent le réexaminer en séance plénière ou recommencer le processus en le portant devant une ou plusieurs commissions. Pour renverser le veto présidentiel, chaque chambre doit

Tableau 16.5
Les diverses commissions du Congrès des États-Unis

Commissions permanentes	• 22 à la Chambre basse et 17 au Sénat. • Portent sur divers domaines (affaires étrangères, forces armées, service postal, banques, budget, environnement, etc.).
Commissions *ad hoc*	• Mises sur pied pour répondre à un besoin conjoncturel.
Commission interparlementaire	• Composée de sénateurs et de représentants. • Créée sur une base provisoire. • Réconcilie les divergences entre les deux chambres à la suite de l'examen d'un projet de loi.
Commissions conjointes	• Composées à part égale de sénateurs et de représentants. • Portent sur des problèmes d'ordre administratif.
Commission des règles	• Commission de la Chambre des représentants. • Dirigée par le président de la Chambre basse. • Fixe les conditions d'examen des projets de loi par la Chambre en séance plénière.

voter le projet de loi à la majorité des deux tiers. Dans ce cas, le projet devient automatiquement loi et ne nécessite plus la signature présidentielle.

La multiplication des étapes à franchir complique la transformation d'un projet de loi en loi. La recherche du compromis est aussi l'une des caractéristiques de ce processus législatif complexe. De nombreuses lois américaines, y compris la plus importante d'entre elles, la loi sur le budget, sont, le plus souvent, le fruit de négociations et de marchandages ardus. Même lorsque les deux chambres s'entendent sur le projet de loi, le veto présidentiel susceptible d'intervenir oblige, là encore, à chercher un compromis. Enfin, il ne faut pas oublier que la loi peut toujours faire l'objet d'interprétation par la Cour suprême, qui peut la déclarer inconstitutionnelle.

3.2.2. LA FONCTION LÉGISLATIVE DANS LE RÉGIME PARLEMENTAIRE DE TYPE BRITANNIQUE

Dans le régime parlementaire britannique ou canadien, la séparation des pouvoirs est beaucoup plus floue que dans le régime présidentiel américain. Les pouvoirs législatif et exécutif tendent, en effet, à une certaine collaboration puisque le premier ministre et les ministres siègent à la Chambre basse, devant laquelle ils sont responsables. Le législatif ne jouit donc pas du même degré d'autonomie que dans le régime présidentiel. Bien au contraire, il est fortement influencé par l'exécutif. Aussi, la théorie de la suprématie du Parlement tient, aujourd'hui, beaucoup plus du mythe que de la réalité.

3.2.2.1. L'INITIATIVE DES LOIS

Le gouvernement exerce une grande influence dans la Chambre basse. Alors que, dans le régime présidentiel américain, le président ou son administration tente d'inspirer des projets de loi et doit trouver des représentants ou des sénateurs pour les déposer en Chambre, dans le régime parlementaire, le gouvernement joue un rôle prépondérant en matière d'initiative législative. Il n'est pas exagéré de dire que la vaste majorité des projets déposés devant le Parlement émanent du gouvernement. Ils peuvent être déposés devant l'une des deux chambres, mais, généralement, ils le sont devant la Chambre basse où siègent les membres du gouvernement.

Figure 16.1
Les étapes du processus législatif aux États-Unis

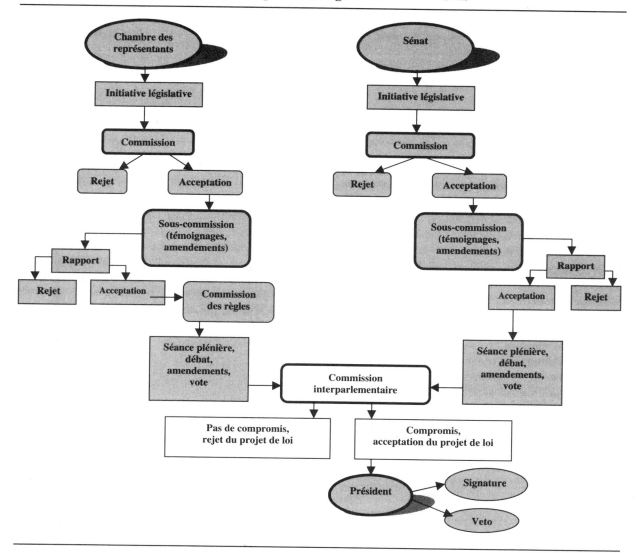

3.2.2.2. LE PROCESSUS LÉGISLATIF

Le poids du gouvernement se fait aussi sentir lors du processus de transformation d'un projet de loi en loi. Les projets de loi gouvernementaux sont le plus susceptibles de devenir des lois parce que le gouvernement s'appuie sur une majorité de députés à la Chambre basse.

Les projets de loi se distinguent des résolutions. Ces dernières peuvent faire l'objet d'un vote à la Chambre basse et être adoptées, mais elles ne deviennent pas des lois. En conséquence, le gouvernement n'est pas tenu de donner suite aux résolutions[32]. En outre, parmi les projets de loi, il est nécessaire de distinguer les projets de lois publics des projets de loi privés (tableau 16.6).

Tableau 16.6
Les différents types de projets de loi dans le régime parlementaire de type britannique

Projets de loi publics	Projets de loi privés
Projets de loi de nature générale qui peuvent, par exemple, affecter le budget de l'État ou encore l'administration de la justice, voire modifier le droit général.	Projets de loi qui ont pour but de conférer des pouvoirs ou des droits spécifiques à un individu ou à une personne morale. (Ex. : incorporation d'une compagnie.)
Deux sortes de projets de loi publics: **projets de loi gouvernementaux:** déposés par le gouvernement pour approbation par la Chambre basse. **projets de loi émanant des députés:** de nature générale, déposés par de simples députés du parti gouvernemental ou des partis d'opposition.	

Les projets de loi peuvent être déposés devant l'une ou l'autre des deux chambres. Cependant, au Canada, depuis 1934, les projets de loi privés sont déposés devant le Sénat afin de laisser à la Chambre des communes le temps d'examiner les projets de loi publics. De plus, les projets de loi d'ordre fiscal tels que le projet de loi sur le budget doivent être obligatoirement déposés devant la Chambre des communes. Certains voient là un autre signe de l'affaiblissement de la Chambre haute.

En Grande-Bretagne comme au Canada, le Parlement peut déléguer son autorité législative à l'exécutif. C'est la législation déléguée. Cette pratique est devenue de plus en plus courante au XXe siècle. Ainsi, faute de temps et de moyens, le Parlement ne se penche pas sur la mise en œuvre des lois qu'il vote. Le détail de cette mise en œuvre relève donc du ministre concerné par la loi. C'est ainsi qu'en déléguant son autorité législative, le Parlement confère à l'exécutif le soin de fixer les règlements d'application de la loi[33]. La même situation existe au niveau provincial[34].

Un projet de loi est le résultat d'une interaction complexe entre divers éléments[35]. L'élaboration d'un projet de loi fait intervenir la bureaucratie ainsi que le Cabinet. Si le Cabinet décide de présenter un projet de loi, le ministère de la Justice doit s'occuper de la rédaction du texte. Celui-ci doit d'abord recevoir l'approbation du ministre responsable du dos-

sier, puis être approuvé par un comité du Cabinet et, enfin, par le Cabinet et le premier ministre. Le projet entre alors dans la phase purement législative. En démocratie parlementaire, il est important pour le gouvernement de faire ainsi légitimer ses décisions par l'organe parlementaire.

Avant de devenir loi, un projet de loi franchit diverses étapes. Dans chacune des deux chambres, il doit faire l'objet de trois lectures et être étudié par un comité parlementaire approprié[36] (figure 16.2). Il existe différentes sortes de comités et les pouvoirs de ces derniers sont moins étendus que ceux des commissions du Congrès (tableau 16.7).

Contrairement à ce qui se produit dans le régime de type présidentiel américain, la discipline de parti constitue une caractéristique importante du régime parlementaire. Les membres des deux chambres doivent voter en conformité avec les directives émanant du caucus de leur parti. Les votes libres constituent la seule exception à la règle; ils permettent aux parlementaires de voter selon leur conscience et non en fonction de la ligne de parti[37]. Le whip de chacun des partis représentés en Chambre veille au respect des consignes de vote. Le manquement à la discipline peut entraîner diverses sanctions contre les parlementaires récalcitrants, sanctions qui, en cas de récidive, notamment, peuvent conduire à l'exclusion du caucus[38]. La discipline de parti assure donc la cohésion des partis politiques au moment du vote d'un

Figure 16.2
Les étapes du processus législatif dans le régime parlementaire de type britannique

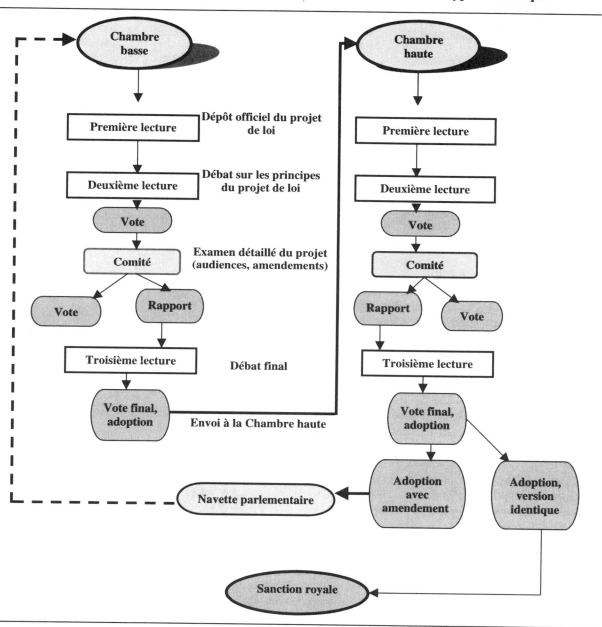

projet de loi. Ainsi, un projet de loi gouvernemental ou, dans certains cas, un projet de loi soumis par un simple député, mais qui est approuvé par le gouvernement, a de grandes chances d'être accepté par les comités comme par la Chambre dans son ensemble.

Cela est particulièrement vrai au moment de la seconde lecture, qui constitue une étape importante du processus législatif. Un projet de loi qui franchit cette étape a certainement plus de chances de passer en troisième lecture et de devenir loi[39].

Tableau 16.7
Les différents types de comités dans le régime parlementaire de type britannique

Comité plénier	• Composé de l'ensemble des membres de chacune des deux chambres. • Les règles de procédure sont moins formelles.
Comités permanents	• Durée maximum de cinq ans. • Leur composition reflète la répartition des sièges détenus par les divers partis politiques en Chambre. • Examinent les projets de loi de façon détaillée.
Comités spéciaux ou comités *ad hoc*	• Mis sur pied pour répondre à un besoin particulier. • Au Canada, aide les gouvernements à élaborer et à proposer des projets de loi. • En Grande-Bretagne, jouent le rôle d'incubateurs d'idées, notamment dans le domaine fiscal. • Sont dissous dès qu'ils ont remis leur rapport.
Comités conjoints	• Composés de membres des deux chambres. • Examinent les règlements ou portent plus spécifiquement, au Canada, sur des questions comme le bilinguisme ou la bibliothèque du Parlement.

La version du projet de loi adoptée par la Chambre des lords ou par le Sénat doit être identique à celle adoptée par la Chambre basse. Cependant, il arrive que la version de la Chambre haute diffère de celle de la Chambre basse à cause des amendements qui y ont été apportés. Commence alors la navette parlementaire par laquelle le projet de loi amendé par le Sénat ou par la Chambre des lords est renvoyé à la Chambre basse. En théorie, à l'exception des projets de loi concernant les finances, cette navette n'est pas soumise à une limite de temps. Dans la pratique, les chambres n'ont pas intérêt à faire durer indéfiniment la navette. Généralement, les chambres hautes s'effacent devant les Communes, ce qui confirme, une fois de plus, l'égalité purement théorique des deux chambres tant au Canada qu'en Grande-Bretagne[40].

Lorsque le projet est accepté dans une version identique par les deux chambres du Parlement, il peut alors recevoir la sanction royale et devenir loi.

La loi entrera en vigueur à la date fixée par le texte législatif.

3.2.3. LA FONCTION LÉGISLATIVE DANS LE RÉGIME SEMI-PRÉSIDENTIEL FRANÇAIS

Ainsi que nous avons eu l'occasion de le souligner, le régime français est de type hybride. Le Parlement français diffère donc des institutions parlementaires existant aux États-Unis, en Grande-Bretagne et au Canada.

3.2.3.1. L'INITIATIVE DES LOIS

Il existe, dans le régime français, deux types d'initiative des lois, chacun conduisant au dépôt de textes de nature différente (tableau 16.8). Comme c'est

Tableau 16.8
Les types d'initiative des lois dans le régime semi-présidentiel français

Initiative	Nature des textes	Conditions
Premier ministre	Projet de loi	• Avis du Conseil d'État. • Avis du Conseil économique et social pour les projets à caractère économique et social. • Adoption par le Conseil des ministres. • Dépôt devant la Chambre basse. Possibilité de dépôt devant la Chambre haute.

Parlementaires	Proposition de loi	• Dépôt par un député ou un sénateur.
		• Pour être recevables, les propositions ne doivent pas:
		  – diminuer les ressources publiques,
		  – créer ou aggraver une charge publique,
		  – empiéter sur le domaine réglementaire.

souvent le cas en Grande-Bretagne et au Canada, la plupart des initiatives législatives ont tendance à émaner de l'exécutif. En théorie, le premier ministre a l'initiative des lois et il agit au nom du gouvernement. Dans la pratique, rien n'empêche les ministres de soumettre des projets de loi qui, une fois déposés, porteront souvent leur nom. Mais les parlementaires possèdent aussi l'initiative des lois. Ils ne peuvent toutefois légiférer que dans certains domaines précisés par la Constitution.

3.2.3.2. LE PROCESSUS LÉGISLATIF

La transformation d'un projet ou d'une proposition de loi en loi témoigne du rôle restreint joué par le Parlement dans le régime semi-présidentiel.

Le travail du Parlement français se fait surtout en commissions. Il est possible de distinguer trois types de commissions (tableau 16.9). Le nombre de ces commissions et leur pouvoir sont strictement définis. Tout d'abord, seules les commissions législatives

Tableau 16.9
Les divers types de commissions du Parlement français

Commissions législatives	• Sont généralement de nature permanente; peuvent aussi être créées spécialement à la demande du gouvernement pour un projet de loi précis. • Examinent des projets et des propositions de loi.
Commissions d'enquête et de contrôle	• Créées de façon temporaire par l'une ou l'autre des deux chambres. • Recueillent des informations sur une question donnée.
Commissions *ad hoc*	• Créées lorsque le besoin se fait sentir.

sont prévues par la Constitution, alors que les deux autres types de commissions n'ont pas d'existence constitutionnelle. Ensuite, le nombre de commissions législatives permanentes est toujours de six pour chacune des deux chambres du Parlement. De plus, la composition de ces commissions est proportionnelle, non pas à la représentation des partis en Chambre, comme c'est le cas en Grande-Bretagne ou au Canada, mais à la représentation des groupes parlementaires[41]. Un tel système avantage les divers groupes appartenant à la majorité gouvernementale, laquelle peut ainsi mieux contrôler les commissions.

Dans le processus législatif français, les commissions permanentes préparent le travail législatif (figure 16.3). Elles procèdent à l'examen détaillé du projet ou de la proposition de loi avant qu'ils ne fassent l'objet d'une séance publique de la Chambre. Lorsqu'il s'agit d'une proposition de loi, les commissions peuvent modifier le texte et même le remplacer par un texte différent. Par contre, dans le cas d'un projet de loi, les amendements doivent simplement être annexés au texte. Le gouvernement peut donc contrôler les amendements apportés à un projet de loi. D'ailleurs, la Constitution lui permet, par la procédure dite du vote bloqué, de demander aux deux chambres de se prononcer, par un seul vote, uniquement sur le texte et sur les amendements proposés ou retenus par le gouvernement, reléguant ainsi aux oubliettes tout autre amendement.

Un texte voté par la Chambre basse est envoyé à la Chambre haute pour qu'il y fasse l'objet d'un examen et d'un vote suivant une procédure identique. Tout comme aux États-Unis, en Grande-Bretagne ou au Canada, les versions du texte que les deux chambres ont à voter doivent être identiques. En cas de conflit, une commission mixte paritaire est mise sur pied pour trouver un compromis, lequel sera alors soumis aux deux chambres pour approbation. Si la commission échoue ou si le Sénat, notamment, persiste dans son opposition, le gouvernement a la possibilité de demander à la Chambre basse de statuer définitivement. C'est la procédure dite du dernier mot qui permet au gouvernement de passer par-dessus les objections du Sénat, comme cela a été le cas, par exemple, durant la période 1981–1986[42].

Le processus législatif montre donc que le Parlement français est supplanté par l'exécutif. La position de ce parlement est encore plus inconfortable que celle des parlements britannique ou canadien. Le gouvernement dispose, en vertu de la Constitution, de moyens qui lui permettent de faire voter la plupart de ses projets de loi. En outre, une loi votée par le Parlement doit être promulguée par le président de la République. Cependant, la promulgation n'est pas quasi automatique comme dans les cas de la Grande-Bretagne ou du Canada. Le président peut, toujours en vertu de la Constitution, retarder la promulgation d'une loi votée par le Parlement. Mais il ne possède pas de droit de veto, contrairement au président des États-Unis. Il peut uniquement demander au Parlement de délibérer de nouveau sur la loi ou certains de ses articles. Cette demande ne peut être refusée. Il peut aussi, conjointement avec le premier ministre, les présidents d'assemblée ou 60 parlementaires, saisir le Conseil constitutionnel pour contrôler la constitutionnalité d'une loi.

Dans les divers types de régimes politiques dont il a été question jusqu'ici, le travail législatif se fait surtout dans des comités ou des commissions. Cependant, à cause d'un plus grand degré d'autonomie des commissions, d'une plus grande indépendance du législatif vis-à-vis de l'exécutif et de l'absence de discipline de parti, le Congrès américain a une plus grande marge de manœuvre et un rôle plus actif dans le processus législatif que ce ne serait le cas dans le régime parlementaire de type britannique ou dans le régime hybride français. Dans ces deux régimes, la discipline de parti et le poids de l'exécutif, accentué par le fait majoritaire, tendent à restreindre l'autonomie du parlement. Mais, là encore, l'autonomie est relative. Le parlement de type britannique jouit d'une plus grande marge de manœuvre que le parlement français, lequel fait l'objet d'un encadrement strict.

3.3. LA FONCTION DE CONTRÔLE DE L'EXÉCUTIF PAR L'ORGANE LÉGISLATIF

Dans les régimes démocratiques, l'organe législatif tente de contrôler les activités de l'exécutif. Pour ce faire, il dispose de divers moyens d'action. Ces moyens, tout comme leur efficacité d'ailleurs, varient selon les types de régimes politiques.

Figure 16.3
Le processus législatif dans le régime semi-présidentiel français

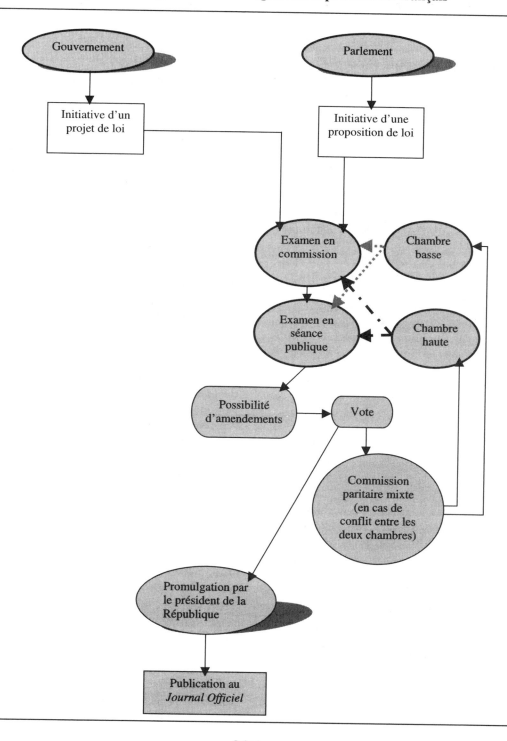

3.3.1. LE CONTRÔLE DE L'EXÉCUTIF PAR LE CONGRÈS DANS LE RÉGIME DE TYPE PRÉSIDENTIEL AMÉRICAIN

La séparation des pouvoirs dans le régime présidentiel américain est assortie de poids et contrepoids. L'exécutif dispose d'une parcelle de pouvoir du législatif, tandis que ce dernier a aussi des moyens de contrôler les actions et les décisions de l'exécutif.

Les diverses commissions du Congrès exercent un contrôle minutieux, tatillon diront certains, des actions et des décisions de l'exécutif, de la façon d'appliquer les lois et du fonctionnement de l'Administration. Le Congrès prend ce rôle très au sérieux et, par le moyen de nombreuses mesures législatives, s'assure de pouvoir établir un tel contrôle de façon permanente. Il ne se passe pas un jour à Washington sans que des dirigeants d'agences gouvernementales, de départements administratifs ou des secrétaires du Cabinet présidentiel viennent témoigner devant les diverses commissions du Congrès[43]. Lorsqu'un projet de loi est soumis au Congrès, une commission peut décider de tenir des audiences publiques à l'occasion desquelles des témoins seront appelés à comparaître. Ces personnes peuvent alors se présenter de leur propre chef ou faire l'objet d'une citation à comparaître.

Les commissions du Congrès disposent d'un grand pouvoir d'investigation qui leur permet d'obtenir les informations nécessaires pour mieux effectuer leur travail. L'origine de ce pouvoir remonte à 1792, année où le Congrès a tenté de comprendre pourquoi une expédition militaire contre les Wabash avait tourné au désastre. Depuis lors, les investigations n'ont jamais cessé. Elles se tiennent à diverses occasions, par exemple, à la suite des assassinats du président John F. Kennedy, du pasteur Martin Luther King et des révélations de l'Irangate. Certaines de ces commissions ont connu des dérapages. C'est le cas, au début des années 1950, avec la commission que dirige le sénateur Joseph McCarthy sur les « activités antiaméricaines ». Dans le contexte de la guerre froide, les audiences de cette commission, retransmises par la télévision, ont vite pris l'allure d'une chasse aux sorcières. Ainsi, quiconque refusait de se présenter devant la commission était soupçonné d'activités communistes.

Les nominations présidentielles sont aussi scrutées à la loupe par le Sénat. Ce dernier n'accepte pas automatiquement les candidatures proposées par le président. Parfois, certains candidats pressentis font face à un véritable interrogatoire inquisitorial. En acceptant ou en rejetant une candidature, le Sénat est donc en mesure d'influencer la composition de l'équipe présidentielle, celle de l'administration publique américaine et, dans une certaine mesure, celle de la Cour suprême.

En outre, le Congrès surveille étroitement toute action présidentielle en matière de réorganisation administrative. Il peut également recourir à une loi pour bloquer une décision présidentielle. C'est notamment le cas lorsque l'Administration se propose de fermer des bases militaires. Le Congrès dispose ainsi d'un droit de veto législatif.

Par ailleurs, le Congrès dispose d'un autre moyen efficace de contrôle avec le vote du budget et des crédits. De nombreux présidents ont dû affronter un Congrès réticent à accepter leur budget. Diverses commissions, dont la Commission des voies et moyens de la Chambre des représentants, les commissions d'appropriations, la Commission des finances du Sénat, se penchent sur ces grands dossiers. Elles ne se montrent généralement guère complaisantes. L'exécutif est souvent forcé de faire marche arrière et de faire des compromis avec le Congrès. L'obstination du Congrès est parfois telle qu'elle embarrasse le gouvernement américain. En 1997, les crédits n'ayant pas encore été votés, le gouvernement a dû mettre à pied les fonctionnaires pendant une très courte période de temps, en attendant de trouver un compromis avec le Congrès.

Le Congrès peut enfin recourir à la procédure de destitution (*impeachment*) à l'égard des membres de l'exécutif et des fonctionnaires fédéraux. C'est une procédure de type judiciaire qui, dans un premier temps, permet à la Chambre des représentants de procéder à la mise en accusation d'une personne pour corruption, trahison ou tout autre délit grave et qui, dans un second temps, reconnaît au Sénat le droit de la juger. La décision du Sénat doit se prendre à la majorité des deux tiers. Cette procédure a été utilisée une douzaine de fois dans l'histoire des États-Unis. Généralement, les personnes concernées préfèrent démissionner plutôt que d'être traduites devant le Congrès. C'est ce que le président Richard Nixon a fait en 1974 à la suite du scandale du Watergate. Par contre, le président Clinton, accusé de parjure dans l'affaire Monica Lewinsky, n'a pas pris cette voie. Son procès en destitution a eu lieu en janvier 1999, mais il a pu échapper à la sanction.

L'efficacité du contrôle de l'exécutif par le Congrès a fait l'objet de critiques. On fait souvent observer que les représentants et les sénateurs ont surtout des préoccupations d'ordre législatif du fait que l'examen et le vote des lois constituent une partie importante de leur tâche. Cependant, le Congrès dispose d'un pouvoir de contrôle qui peut se révéler efficace dans la mesure où celui-ci est susceptible d'être brandi comme une épée de Damoclès et d'être utilisé parfois même pour s'opposer à l'exécutif ou pour l'embarrasser.

3.3.2. LE CONTRÔLE DE L'EXÉCUTIF PAR LE PARLEMENT DANS LE RÉGIME PARLEMENTAIRE DE TYPE BRITANNIQUE

La séparation floue des pouvoirs au sein du régime parlementaire de type britannique a pour effet de faire du contrôle de l'action et de la politique du gouvernement un processus plus complexe que celui que l'on trouve dans le régime présidentiel américain.

Rappelons, tout d'abord, un principe cardinal dans le régime parlementaire : la responsabilité gouvernementale. En vertu de ce principe, un gouvernement ne peut gouverner que s'il a la confiance de la Chambre basse. S'il ne jouit pas de cette confiance, il doit démissionner ou déclencher des élections. C'est donc dans le cadre de ce principe que s'inscrit le contrôle de l'exécutif par le législatif.

En théorie, la fonction de contrôle est dévolue au Parlement. Dans la pratique, étant donné la position de faiblesse dans laquelle se trouve la Chambre haute pour les raisons que nous avons déjà mentionnées, cette fonction est surtout assurée par la Chambre basse. En outre, en raison de la discipline de parti, fondamentale dans le régime parlementaire, la marge de manœuvre dont disposent les députés du parti gouvernemental en matière de contrôle de l'exécutif

est fort réduite. Par conséquent, l'exercice de la fonction de contrôle permet alors de mettre en lumière le rôle joué par l'opposition.

Dans une démocratie parlementaire, l'opposition a pour raison d'être, comme son nom l'indique, de s'opposer aux politiques, aux actions et aux décisions du gouvernement. En proposant des politiques différentes, elle doit convaincre l'opinion publique qu'elle constitue la meilleure solution de remplacement au gouvernement. Cette opposition doit donc avoir des moyens d'action qui lui permettent de remplir son rôle. En assumant ce dernier, elle est amenée à exercer un contrôle des activités gouvernementales. Parmi les divers partis d'opposition, l'un d'entre eux constitue l'opposition officielle ou plus précisément la loyale opposition de Sa Majesté parce qu'à la suite des élections il est arrivé en seconde position. À titre d'opposition officielle, ce parti jouit de certains privilèges en Chambre et d'avantages matériels[44]. Il forme aussi un cabinet fantôme afin de mieux remplir son rôle. Les autres partis d'opposition, s'ils disposent d'un nombre suffisant de députés, font de même. Le cabinet fantôme est composé de députés qui sont chargés de critiquer l'action et les décisions d'un ministre en particulier. On trouve ainsi un critique en matière de santé, un autre en matière de finances, etc.

L'opposition dispose de plusieurs moyens d'action pour effectuer le contrôle de l'exécutif. Elle a un droit de réponse au discours du Trône, lequel constitue un énoncé des intentions politiques du gouvernement durant la session parlementaire. Elle dispose aussi d'un droit de réponse au discours du budget du ministre des Finances. Parmi tous les projets de loi à caractère financier déposés par le gouvernement, celui portant sur le budget revêt une importance particulière en raison des implications qu'il entraîne pour le pays. Aussi, dans un régime parlementaire, le vote du budget est crucial pour le gouvernement. Contrairement à ce qui se passe aux États-Unis, si la Chambre rejette le budget, le gouvernement doit démissionner ou déclencher des élections. C'est donc l'occasion pour l'opposition de faire valoir les faiblesses de la politique gouvernementale et de mettre en valeur les solutions qu'elle propose. C'est aussi, pour elle, une occasion de renverser le gouvernement, comme cela a été le cas, en 1979 au Canada, avec le gouvernement de Joe Clark.

L'opposition peut aussi recourir à une motion de censure. Un parti d'opposition dépose une telle motion afin de blâmer le gouvernement sur une question en particulier ou, d'une façon générale, pour les décisions qu'il a prises. Un gouvernement censuré ou blâmé démissionne ou dissout la Chambre puisqu'il ne jouit plus de la confiance de cette dernière.

La question de confiance fait aussi partie de l'arsenal de moyens qui permettent au législatif de contrôler l'exécutif dans le régime parlementaire. Contrairement à la motion de censure déposée par l'opposition, la question de confiance est posée par le gouvernement[45]. Un vote favorable est alors interprété comme un vote par lequel la Chambre basse accorde sa confiance au gouvernement. Inversement, un vote négatif signifie que le gouvernement a perdu cette confiance et doit donc démissionner ou en appeler au peuple.

La période des questions constitue également un moyen de contrôle de l'exécutif par le législatif. Une telle période est réservée quotidiennement à la Chambre des communes britannique ou canadienne. Tous les députés, ceux du parti gouvernemental comme ceux des partis d'opposition, peuvent en profiter pour poser des questions écrites ou orales au gouvernement. Mais, en règle générale, c'est surtout l'opposition qui y recourt pour soutirer des informations aux ministres et au premier ministre, informations qu'elle ne peut obtenir autrement. Dans certains cas, une opposition particulièrement tenace peut placer le gouvernement dans l'embarras. Elle peut aussi forcer un ministre à démissionner. La période des questions offre aussi à l'opposition le moyen de convaincre l'opinion publique qu'elle constitue une solution de rechange au gouvernement. Cela est d'autant plus important que les débats sont généralement retransmis à la télévision.

Enfin, le contrôle de l'exécutif par le législatif est aussi effectué grâce au système de comités de la Chambre basse. Nous avons déjà souligné le rôle de ces comités dans le processus législatif. Mentionnons ici qu'ils disposent aussi d'un certain pouvoir d'enquête. Ils peuvent faire appel à des experts, à des témoins ou à des hauts fonctionnaires. Depuis 1979 en Grande-Bretagne et depuis 1986 au Canada, les comités parlementaires ont vu leur rôle en la matière être renforcé. S'ils représentent, à certains

égards, une volonté d'améliorer le contrôle de l'exécutif par le législatif, ils ne peuvent cependant pas se comparer aux commissions du Congrès des États-Unis. En effet, ces dernières jouissent d'une grande indépendance vis-à-vis de l'exécutif, alors que les comités parlementaires britanniques ou canadiens sont moulés dans le carcan de la discipline de parti.

Il existe donc divers moyens à la disposition du législatif pour contrôler l'exécutif. L'efficacité de ces moyens est parfois faible et est souvent critiquée. Par exemple, les députés de l'opposition peuvent poser des questions au gouvernement, mais encore faut-il que le premier ministre ou les ministres y répondent réellement. Donner l'impression de répondre à une question tout en répondant le moins possible constitue un art que maîtrisent parfaitement un grand nombre d'hommes et de femmes politiques. En outre, ces moyens de contrôle sont atténués, d'une part, par le fait que le gouvernement s'appuie sur une majorité parlementaire pour diriger et, d'autre part, par le recours à la discipline de parti. Il en va autrement pour les situations de gouvernement minoritaire, où l'opposition peut espérer mieux contrôler l'exécutif et tirer avantage de ce contrôle. Cela a été le cas, par exemple, au Canada, de 1972 à 1974, avec le gouvernement minoritaire de Pierre Elliott Trudeau, alors que le NPD était en mesure de faire accepter certaines de ses politiques.

3.3.3. LE CONTRÔLE DE L'EXÉCUTIF PAR LE PARLEMENT DANS LE RÉGIME SEMI-PRÉSIDENTIEL FRANÇAIS

Nous avons vu déjà que le Parlement était dans une position de faiblesse dans le régime hybride français. Cette faiblesse se retrouve donc inévitablement dans les relations entre l'organe parlementaire et l'exécutif.

En France, le principe de la responsabilité gouvernementale s'applique, ainsi que nous l'avons indiqué dans le précédent chapitre. Le législatif dispose, pour contrôler l'exécutif, de divers moyens d'action qui ressemblent à ceux qui existent dans le régime parlementaire britannique ou canadien. Cependant, parce que, dans le régime de la Ve République, le législatif a été volontairement affaibli par rapport à l'exécutif, ses moyens d'action sont étroitement définis, comme nous l'avons déjà précisé.

C'est la raison pour laquelle on dit du parlementarisme français qu'il est « rationalisé ».

Pour exercer son contrôle sur le gouvernement, le législatif peut recourir aux commissions parlementaires afin d'obtenir les informations nécessaires. Outre l'examen des projets ou des propositions de loi, ces commissions peuvent demander à des ministres ou à des fonctionnaires de comparaître devant elles. La comparution peut aussi se faire à la demande du gouvernement si cela est, bien sûr, dans l'intérêt de ce dernier. Généralement, l'exécutif est assez réticent à comparaître. Les commissions législatives ne peuvent cependant contraindre une personne à se présenter devant elles.

Le législatif peut aussi mettre sur pied des commissions d'enquête et de contrôle. Celles-ci ont pour but de recueillir des informations dans des domaines déterminés et de faire rapport à la Chambre. À cette fin, elles ont le pouvoir de tenir des auditions en demandant le dépôt de documents. Elles peuvent également faire comparaître des témoins. Le refus de comparaître ou même de coopérer peut entraîner des sanctions graves.

Ces commissions sont utilisées notamment pour tenter de faire la lumière sur des questions qui font l'objet de grandes controverses politiques, comme cela a été le cas à l'occasion du scandale du sang contaminé qui a secoué la France dans les années 1990. Cependant, elles ne sont pas aussi puissantes que les commissions américaines. Leur fonction de contrôle est, en effet, beaucoup plus limitée. Leur existence dépend de la bonne volonté du gouvernement. Les activités ne peuvent durer plus de six mois et doivent, en outre, cesser si les faits examinés font l'objet de poursuites judiciaires.

Les questions ou interpellations constituent aussi un moyen d'action dont disposent les parlementaires français, tant ceux de la majorité gouvernementale que ceux de l'opposition. Mais, là encore, l'encadrement dont fait l'objet cette pratique tend à réduire son efficacité comme moyen de contrôle sur l'exécutif. Ainsi, un ministre dispose d'un délai de deux mois pour répondre à une question écrite. Les questions orales doivent être déposées par écrit avant d'être inscrites à l'ordre du jour de la Chambre. La lourdeur d'une telle procédure et l'absence de spontanéité dans la réponse du ministre concerné amènent les parlementaires à privilégier plutôt les questions au gouvernement. Retransmises à la télévision, elles peuvent être posées une fois par semaine. N'étant pas régies par des règles strictes de procédure, elles suscitent des réponses spontanées de la part des membres du gouvernement et donnent à l'opposition la possibilité d'exercer une certaine pression sur l'exécutif.

Enfin, on retrouve, parmi les éléments empruntés au régime parlementaire traditionnel, la motion de censure et la question de confiance, qui servent à mettre en jeu la responsabilité gouvernementale. Mais, là encore, l'efficacité de ces moyens est atténuée par les règles de procédure parlementaire. Ainsi, le dépôt d'une motion de censure est assujetti à des conditions précises afin de décourager un recours fréquent par l'opposition. La question de confiance, quant à elle, est posée par le gouvernement, qui peut toujours compter sur l'appui de la majorité parlementaire renforcée par la discipline de parti.

Le pouvoir législatif représente l'un des éléments importants dans tout système politique à caractère démocratique. Toutefois, certains prétendent qu'il ne cesse de s'éroder. L'organe dans lequel il s'incarne fait l'objet de critiques fréquentes. Son efficacité soulève des interrogations à un moment où il doit affronter des questions de plus en plus complexes. Il doit donc pouvoir s'adapter afin de répondre aux défis du XXIe siècle.

Lectures suggérées

Arscott, Jane et Linda Trimble (1997), *In the Presence of Women. Representation in Canadian Governments*, Toronto, Harcourt Brace and Company, Canada.

Englefield, Dermot (dir.) (1991), *Workings of Westminster*, Aldershot, Dartmouth Publishing.

Gouvernement du Canada, « Internet parlementaire », http://www.parl.gc.ca/36/rm-f., 10 février 1999.

Johnson, Charles W., US House of Representatives, « How Our Laws Are Made », http://thomas.loc.gov/home/lawsmade.toc.html, 12 novembre 1997.

Laundy, Philip (1989), *Les Parlements dans le monde contemporain*, Lausanne, Payot.

Mann, Thomas E. et Norman J. Ornstein (1993), *Renewing Congress*, 2 vol., Washington (D.C.), The American Enterprise Institute and The Brookings Institution.

Maus, Dominique (1988), *Le Parlement sous la Ve République*, Paris, PUF, collection « Que sais-je? ».

Tremblay, Manon et Marcel Pelletier (dir.) (1996), *Le système parlementaire canadien*, Sainte-Foy, Les Presses de l'Université Laval.

Notes

1 Henri VII (1485–1509), par exemple, ne convoque le Parlement que sept fois en 24 ans de règne.

2 Entre novembre 1529 et mai 1532, le Parlement a tenu quatre sessions de durée variée. Par exemple, les deux sessions tenues en 1532 ont duré plus de 100 jours.

3 Sous Henri VIII, le Parlement anglais a voté plus de 130 lois, ce qui n'a pas manqué de créer un précédent important.

4 En 1621, le Parlement s'octroie un droit de regard sur la politique extérieure du roi. En 1628, il obtient de Charles Ier la *Pétition des droits*, qui rappelle au souverain le droit du Parlement de voter tout projet de loi avant que celui-ci ne soit approuvé par le roi.

5 Le dernier Stuart, le roi Jacques II (1685–1688), ne réussit pas à soumettre le Parlement. L'histoire retiendra sa fuite vers la France le soir de Noël 1688. La petite histoire, quant à elle, retiendra le geste symbolique de ce roi en fuite qui jette, dans la Tamise, le grand sceau royal avec lequel le Parlement pouvait être convoqué!

6 Voir « Bill des droits (13 février 1689) », dans Stéphane Rials, *Textes constitutionnels étrangers*, Paris, PUF, « collection Que sais-je? », 1982, p. 11–13.

7 Les expressions « chambre haute » et « chambre basse » sont encore utilisées aujourd'hui. Elles font partie du vocabulaire politique mais n'ont plus la même signification que dans le passé.

8 La première mention officielle de sessions séparées des deux chambres du Parlement britannique remonte à 1332 (Georges Lamoine, *Histoire constitutionnelle anglaise*, Paris, PUF, collection « Que sais-je? », 1995, p. 20).

9 Il ne fait pas de doute que l'instauration d'un système fédéral aux États-Unis permet d'expliquer le recours au bicaméralisme. Cependant, il faut aussi tenir compte de l'expérience bicamérale des colonies américaines.

10 Mentionnons ici que le district de Columbia, les îles Vierges, Guam et Porto Rico envoient un délégué chacun à la Chambre des représentants. Ces délégués (et non « représentants ») peuvent siéger dans les divers comités de la Chambre. Ils ne possèdent cependant pas le droit de voter à la Chambre des représentants.

11 Les cantons sont les entités fédérées suisses. Trois cantons (Bâle, Unterwald et Appenzell) sont cependant divisés en demi-cantons.

12 Par exemple, outre la nécessité d'avoir 30 ans révolus et de résider dans la province, il fallait posséder des terres ou autres biens meubles ou immeubles d'une valeur de 4 000 $. Cette dernière condition illustre le caractère élitiste que les Pères de la Confédération ont voulu donner à la Chambre haute en 1867.

13 L'article 26 de la Constitution prévoit la possibilité d'ajouter de quatre à huit sièges supplémentaires au Sénat, soit un ou deux pour chacune des quatre régions. Le nombre total de sénateurs ne doit cependant pas dépasser 112. Cette disposition a été utilisée, pour la première fois, en 1990, alors que le gouvernement Mulroney faisait face à l'opposition des sénateurs libéraux au projet de loi instituant la TPS. Huit nouveaux sénateurs conservateurs sont ainsi venus s'ajouter aux 104 sénateurs déjà en place.

14 L'Ontario n'a jamais eu de seconde chambre. C'est aussi le cas de la Saskatchewan, de l'Alberta et de la Colombie-Britannique, qui sont entrés dans la Confédération avec un système unicaméral.

15 Edmond Orban, *Le Conseil législatif de Québec, 1867–1967*, Montréal, Bellarmin, 1967.

16 Sur la réforme du Sénat, voir, par exemple, Réjean Pelletier, « La réforme du Sénat canadien à la lumière d'expériences étrangères », *Les Cahiers du Droit,* 25, 1, 1984, p. 209–226.

17 À l'origine, les provinces constitutives se méfiaient de l'importance de l'Ontario au sein de la Confédération. Pour contrebalancer le poids de l'Ontario à la Chambre des communes, le Québec et les Maritimes privilégiaient une représentation régionale au Sénat.

18 Sous la pression des provinces de l'Ouest et de Terre-Neuve, le gouvernement Mulroney a nommé des sénateurs proposés par les gouvernements provinciaux comme dans le cas de Terre-Neuve. En 1990, il a également « nommé un sénateur élu » représentant l'Alberta. Les accords constitutionnels du lac Meech (1987) et de Charlottetown (1992) ont tenté de répondre aux inquiétudes régionales et provinciales quant à la représentation au Sénat. Leur échec a cependant retardé la solution à cette question.

19 Michael S. Whittington et Richard J. Van Loon, *Canadian Government and Politics. Institutions and Processes,* Toronto, McGraw-Hill Ryerson, 1996, p. 498–499. Les deux auteurs parlent de la fonction d'« ombudsman » remplie par les députés.

20 Rappelons, ici, le rôle joué par le caucus noir (Congressional Black Caucus) pour influencer la position du Parti démocrate, pour orienter la décision politique ou pour pouvoir contrôler certaines positions clés à l'intérieur du système législatif américain, comme les comités permanents de la Chambre des représentants par exemple.

21 Voir, à ce sujet, Graham White, *The Ontario Legislature. A Political Analysis,* Toronto, University of Toronto Press, 1989, chapitre 2 : « The Participants », p. 21–68.

22 Voir le *Guide parlementaire canadien.* Consulter également Chantal Maillé, « Women and Political Representation », dans James P. Bickerton et Alain-G. Gagnon (dir.), *Canadian Politics,* 2nd ed., Peterborough (Ont.), Broadview Press, 1994, p. 156–172.

23 Pour le Canada, consulter, à ce sujet, le *Guide parlementaire canadien*, qui constitue une excellente source d'information à cet égard. On pourra, par exemple, constater la forte représentation constante des avocats et du monde des affaires parmi les membres de la Chambre des communes au fil des élections. L'étude comparative de Robert J. Fleming, *Canadian Legislatures : The 1981 Comparative Study*, Toronto, Office of the Assembly, Queen's Park, 1981, offre un profil statistique comparé des députés de la Chambre des communes et des 10 assemblées législatives et des territoires. Pour la Grande-Bretagne, voir Anthony H. Birch, *The British System of Government*, 7th ed., London, Allen and Urwin, 1986, p. 118.

24 En ce qui concerne la réticence des partis politiques, il faut préciser qu'il existe, de nos jours, au sein de certains partis politiques, une certaine prise de conscience de la question de la représentativité. Deux exemples en témoignent : en France, le chef du Parti socialiste, Lionel Jospin, a manifesté, en 1996, son désir de voir, dans l'avenir électoral, 50 % des candidatures socialistes être accordées aux femmes. Au Canada, en prévision des élections de 1997, le chef du Parti libéral, Jean Chrétien, souhaitant que les candidatures libérales soient « plus représentatives de la société canadienne », a préféré nommer plusieurs candidats plutôt que de laisser les membres des associations libérales, dans certaines circonscriptions, procéder à la désignation par élection (*Globe and Mail,* 24 février 1997, p. A4).

25 Sur la question de la représentation sociologique, il convient de souligner, ici, le projet de loi privé déposé par un député de Terre-Neuve, en 1992, projet de loi qui visait à modifier la représentation à l'assemblée législative de cette province. Se fondant sur le fait que, dans chaque circonscription, la représentation est déjà double afin de maintenir un équilibre religieux, le député proposait une représentation visant à faire élire un homme et une femme par circonscription. Le projet de loi n'a pas reçu l'approbation nécessaire de l'Assemblée législative. Quelques années plus tard, en 1996, s'inspirant de cette proposition, la Commission de mise en œuvre du Nunavut a recommandé la mise en place d'un système de double représentation à l'assemblée du nouveau territoire, permettant ainsi, dans chaque circonscription, l'élection d'un député et d'une députée à partir de deux listes de candidats : une liste féminine et une liste masculine. La recommandation a été accueillie avec des sentiments partagés et a donné lieu à un débat sur la question.

26 Ainsi, en 1819, dans la cause *McCulloch* c. *Maryland,* la Cour suprême interprète de façon exhaustive l'article 1.8.18 de la Constitution en reconnaissant au Congrès le pouvoir de faire toutes les lois « nécessaires et propres » à assurer la mise en œuvre des pouvoirs énumérés. En 1937, elle statue que le pouvoir législatif du Congrès ne peut être délégué, même partiellement, comme cela pouvait être le cas jusque-là.

27 Marie-France Toinet, *Le système politique des États-Unis,* Paris, PUF, collection « Thémis », 1987, p. 373-364.

28 Richard E. Cohen, *Washington at Work : Back Rooms and Clean Air,* New York, Macmillan, 1992, p. 154-156.

29 M.-F. Toinet rapporte, par exemple, que lors du 97e Congrès (1981-1982), 11 490 projets de loi ont été présentés devant les chambres. Seulement 473 d'entre eux ont été adoptés. Cela est considéré comme une période d'activité parlementaire assez faible (*op. cit.,* p. 323).

30 À ce sujet, voir M.-A. Toinet, *op. cit.,* p. 133-134, ainsi qu'Yves Mény, *Politique comparée. Les démocraties : États-Unis, France, Grande-Bretagne, Italie, R.F.A.,* 2e éd., Paris, Montchrestien, 1988, p. 264-266.

31 Il fut un temps où un sénateur pouvait bloquer indéfiniment les débats du Sénat en lisant la Bible ou l'annuaire du téléphone. Démocrates comme républicains utilisent encore fréquemment l'obstruction. Cependant, la procédure de la double voie a été introduite afin de concilier la possibilité pour un sénateur de recourir à l'obstruction avec la nécessité pour le Sénat de poursuivre son travail. En vertu de cette procédure, un projet de loi qui fait l'objet d'une obstruction est simplement mis de côté, ce qui permet aux sénateurs de se pencher sur les autres propositions de loi.

32 En février 1997, un député conservateur propose à l'Assemblée législative de l'Ontario une résolution demandant au gouvernement conservateur de cette province d'interdire l'usage des boîtes vocales au sein des institutions gouvernementales en raison des inconvénients qu'elles causent aux utilisateurs. Les députés l'ont approuvée à la majorité. Cependant, elle n'a aucun effet contraignant à l'égard du gouvernement. Le même mois, toujours en Ontario, une autre résolution, présentée par une députée de l'opposition libérale et dénonçant la politique de restructuration des hôpitaux entreprise par le gouvernement Harris, a mis le gouvernement conservateur en minorité, des députés conservateurs ayant, à cette occasion, voté avec l'opposition. Le résultat du vote étant à égalité, le président de l'assemblée, un député conservateur, a donc dû voter et il s'est prononcé en faveur de la résolution. Cette situation a certainement embarrassé le gouvernement conservateur de l'Ontario, mais elle ne l'a pas forcé à modifier sa politique, car la résolution n'est qu'un vœu pieux.

33 La législation déléguée est aussi désignée sous le nom de pouvoir réglementaire. À ce sujet, voir Denys C. Holland et John P. McGowan, *Delegated Legislation in Canada,* Toronto, Carswell, 1989 ; Yves Mény, *op. cit.,* p. 247, et J. A. Jolowicz (dir.), *Droit anglais,* 2e éd., Paris, Dalloz, p. 76-77, en ce qui concerne la Grande-Bretagne.

34 Voir Graham White, *The Ontario Legislature. A Political Analysis,* Toronto, The University of Toronto Press, 1989, p. 220-222. L'auteur souligne le volume de plus en plus important de règlements qui a été observé à partir du début des années 1980, et ce alors que celui de la législation gouvernementale déclinait (p. 118-119).

35 À l'origine de l'idée d'un projet de loi, on peut trouver des groupes d'intérêt, des décisions émanant de tribunaux, la volonté du caucus gouvernemental, des événements particuliers qui se sont produits dans le pays, la pression d'événements internationaux, etc.

36 Le processus est identique au sein des assemblées provinciales. La seule différence réside dans le fait que, dans un système monocaméral, le projet de loi ne peut être présenté qu'à l'assemblée législative. Pour les assemblées provinciales, voir Gary Levy et Graham White, *Provincial and Territorial Legislatures in Canada,* Toronto, University of Toronto Press, 1989, ainsi que Gary Levy, « Les assemblées législatives dans le fédéra-

lisme canadien », dans Manon Tremblay et Marcel R. Pelletier (dir.), *Le système parlementaire canadien,* Québec, Les Presses de l'Université Laval, 1996, p. 45–59.

37 La tenue de votes libres est rare. Elle porte généralement sur des grandes questions morales qui font l'objet de controverses et sur lesquelles il est difficile d'imposer une façon de voter. Les projets de loi concernant, par exemple, l'avortement ou encore la peine de mort ont été soumis à des votes libres de façon à laisser chaque député voter en son âme et conscience.

38 Cela a été le cas, en 1996, de John Nunziata, député fédéral libéral expulsé du caucus libéral pour avoir, entre autres choses, voté contre le budget du gouvernement libéral qui n'abolissait pas la TPS. Selon lui, cela constituait une violation d'une promesse faite par Jean Chrétien durant la campagne électorale fédérale de 1993.

39 S'il est vrai que, grâce à la discipline de parti, la plupart des projets de loi gouvernementaux ou appuyés par le gouvernement qui ont fait l'objet d'un vote favorable en deuxième lecture ont de grandes chances de passer l'étape de la troisième lecture, il faut se garder d'en faire une règle générale, comme le confirme l'exemple ontarien suivant : en 1978, Albert Roy, député de l'opposition libérale, a déposé, devant l'assemblée de Queen's Park, le projet de loi 89, visant à assurer des services publics en français en Ontario. Ce projet de loi a franchi les deux premières lectures sans difficulté. Pourtant, il n'a pu aller plus loin, car le Premier ministre Bill Davis a utilisé son droit de veto pour en interdire la troisième lecture.

40 Si le désaccord persiste, le projet de loi tombe à la fin de la session. En Grande-Bretagne, par exemple, les Communes peuvent invoquer les dispositions des lois sur le Parlement de 1911 et de 1949, qui restreignent le droit de veto de la Chambre haute pour présenter, un an plus tard, le même projet de loi pour obtenir la sanction royale, et ce sans le consentement de la Chambre des lords.

41 Les groupes parlementaires constituent, dans le système parlementaire français, l'organe de base du fonctionnement de chacune des chambres. Ils rassemblent les députés et les sénateurs de divers partis politiques.

42 Voir, à ce sujet, B. Foucher, « Le dernier mot à l'Assemblée nationale », *Revue de Droit public,* 1981, p. 1200.

43 Par exemple, en avril 1998, la Commission du Sénat sur les finances se penchait sur les allégations d'abus commis par les agents de l'Internal Revenue Service (IRS). À cette occasion, plusieurs officiels du Département du Trésor, dont l'inspecteur général adjoint, ont dû se présenter et témoigner devant elle.

44 Parmi les avantages matériels, mentionnons l'octroi d'une résidence officielle et d'une limousine de fonctions au chef de l'opposition officielle. Le parti dispose aussi d'un budget plus grand que celui octroyé aux autres partis d'opposition, ce qui lui permet d'avoir accès à un grand nombre de recherchistes, par exemple.

45 Au Canada, en avril 1998, le gouvernement libéral de Jean Chrétien, critiqué en Chambre pour sa politique d'indemnisation des victimes de l'hépatite C, a transformé en question de confiance une simple motion, déposée par le Parti réformiste, demandant que toutes les victimes et non quelques-unes seulement soient indemnisées.

17

Le pouvoir judiciaire

Le pouvoir judiciaire constitue l'un des éléments importants de tout système politique. Il concerne la justice, l'ordre et le respect des lois.

Le pouvoir judiciaire remplit une fonction d'application du droit et d'arbitrage. Dès lors, il a pour but de régler les différends résultant de l'application de la loi et qui opposent, d'une part, les individus et les groupes d'individus entre eux et, d'autre part, les gouvernants et les gouvernés. Il a aussi pour objectif de juger les violations de la loi commises par les citoyens. Dans un grand nombre d'États, le pouvoir judiciaire veille à la constitutionnalité des lois. Dans les États fédéraux, il est appelé à trancher les conflits de juridiction qui peuvent opposer les entités fédérées au gouvernement central.

L'étude du pouvoir judiciaire peut être abordée de diverses façons. En mettant l'accent sur les cas de l'Angleterre[1], des États-Unis, du Canada et de la France, nous nous proposons, dans ce chapitre, de tracer un portrait des différents régimes juridiques sur lesquels s'appuie le pouvoir judiciaire. Nous envisagerons également l'organisation de l'appareil judiciaire qui constitue l'une des composantes importantes du pouvoir judiciaire. Nous nous pencherons aussi sur la question de l'indépendance de ce pouvoir.

1. LES RÉGIMES JURIDIQUES : ORIGINE ET DÉVELOPPEMENT

Avec l'effondrement de l'Empire romain, le système juridique complexe qui avait été mis sur pied cède la place à une justice féodale, de nature locale. Les seigneurs s'érigent en juges. Ils s'entourent de cours qui se fondent soit sur des codes écrits, vestiges des époques passées[2], soit sur des coutumes orales. Ce morcellement de la justice est alors générateur d'une multitude de pouvoirs judiciaires.

La fin du régime féodal entraîne, à son tour, de profonds changements dans l'ensemble des sociétés européennes. La Grande-Bretagne et la France se différencient l'une de l'autre dans les domaines du droit et de la justice. Cela ne manquera pas, par la suite, d'avoir des répercussions dans leurs anciennes colonies comme le Canada ou les États-Unis.

1.1. LE CAS DE L'ANGLETERRE

En Angleterre, les cours royales, qui sont d'abord des cours d'exception, étendent progressivement leur domaine de juridiction au détriment des cours de comtés. Sous l'impulsion d'Henri II (1154–1189), les coutumes locales sont unifiées. La *common law* prédomine alors.

La *common law* est basée sur le précédent[3] et se présente comme «un conglomérat de procédures propres à assurer, dans des cas de plus en plus nombreux, la solution des litiges[4]». Les excès qu'elle connaît la conduisent à un trop grand formalisme. Cela favorise l'avènement de la procédure d'équité, notamment à partir du XIVe siècle, procédure qui considère chaque cas comme un cas d'espèce. Les

Judicature Acts de 1873 et 1875 permettent l'administration conjointe de la *common law* et de l'équité par les tribunaux britanniques. Ainsi, contrairement à ce qui se produit sur le continent européen, l'Angleterre connaît deux systèmes de règles de droit et une seule juridiction compétente[5]. L'Écosse, quant à elle, possède, en vertu de l'*Acte d'Union* de 1707, un système de droit de nature hybride qui emprunte des éléments à la *common law* et au droit romano-germanique.

1.2. LE CAS DES ÉTATS-UNIS

Les Britanniques qui s'installent dans les colonies américaines amènent avec eux la *common law*. L'accession des colonies à l'indépendance, en 1776, ne parvient pas à éroder l'implantation de la *common law*. D'ailleurs, les nouveaux États qui adhèrent à l'Union en 1787 l'adoptent naturellement. Une seule exception, cependant, à cette règle : la Louisiane. Ancienne colonie de l'Espagne et de la France, elle a été régie par les droits espagnol et français, qui sont d'origine romano-germanique. Elle a donc préféré adopter le Code civil en 1808, bien que son droit ait subi, malgré tout, une forte influence de la *common law*.

Transposée en sol américain, la *common law* s'adapte aux conditions de son nouvel environnement, acquérant des caractéristiques particulières. Contrairement à la tendance anglaise, un mouvement en faveur de la codification du droit est apparu aux États-Unis dès le XIXᵉ siècle[6]. Cette codification se distingue de celle adoptée par les pays de tradition romano-germanique. Elle procède d'une volonté de réorganisation et de simplification du droit existant afin de « mieux encadrer la *common law* [...] avec la loi dans une forme unique[7] ». Elle permet aussi d'abolir plus rapidement qu'en Angleterre la distinction entre les juridictions de la *common law* et la juridiction de l'équité.

De plus, la *common law* a dû s'accommoder de l'existence d'une constitution écrite et de la mise en place du système fédéral de gouvernement. À cet égard, il convient de noter que, nonobstant certains cas particuliers, la *common law* relève de la compétence des États[8]. Le droit varie donc selon les États. Cette diversité ne compromet pas l'unité du droit américain. Cette unité se trouve même, dans une certaine mesure, favorisée par l'existence de la *Mise au point du droit* (*Restatement of the Law*), qui, depuis 1923, sous l'égide de l'American Law Institute, met l'accent sur les principes juridiques qui se dégagent des diverses opinions majoritaires émises dans les États[9]. En outre, les règles et les concepts peuvent aussi avoir un caractère plus souple que celui de leurs homologues anglais. C'est le cas de la règle du *stare decisis*, qui comporte une exception importante : la Cour suprême fédérale et les cours suprêmes des États peuvent renverser les précédents. Elles peuvent opérer ainsi des revirements importants de jurisprudence, comme cela a été le cas dans l'interprétation du 14ᵉ amendement dans des causes relatives à la ségrégation raciale[10] ou dans celle du 1ᵉʳ amendement dans des causes relatives, notamment, aux rapports entre la religion et l'État[11]. Au total, entre 1810 et 1914, la Cour suprême a renversé ses propres précédents 105 fois[12].

1.3. LE CAS DU CANADA

Lorsque les Français s'établissent en Nouvelle-France, ils amènent avec eux non seulement leur langue et leur religion, mais également les coutumes, lois et usages de la Coutume de Paris. Ces coutumes, lois et usages étaient écrits, mais ils n'avaient pas encore fait l'objet d'une codification. Le peuplement de la colonie accentue aussi le besoin d'organiser la justice. La conquête britannique modifie considérablement la situation, d'autant que l'Acadie, désormais possession britannique, est déjà soumise à la *common law* en vertu d'un décret édicté en 1758.

Avec la conquête de 1760, l'administration militaire en place durant les premières années organise le système de justice et introduit le droit anglais en matière criminelle. Cependant, sur le plan civil, la Coutume de Paris, continue d'être appliquée. Le Traité de Paris, signé en février 1763, est silencieux quant à la nature du système de droit en vigueur dans la colonie devenue *province de Québec*. Il en va différemment avec la Proclamation royale d'octobre 1763, qui soumet les Canadiens « à la loi et à l'équité ». La confusion et le mécontentement de la population canadienne obligent les autorités à adopter une attitude plus conciliante. L'*Acte de Québec* de 1774 abroge la Proclamation de 1763, garantit la libre pratique de la religion catholique et rétablit les lois civiles françaises. Le droit criminel demeure anglais.

À partir de 1776, les loyalistes qui s'installent dans l'ouest de la province de Québec remettent de plus en plus en question le mode de tenure seigneuriale et les lois civiles françaises. L'*Acte constitutionnel de 1791* établit alors deux provinces, le Bas-Canada (Québec) et le Haut-Canada (Ontario), chacune dotée d'un gouvernement et d'une assemblée. Le libre exercice de la religion catholique est reconnu au Bas-Canada. Le gouvernement de ce dernier n'apporte aucune modification au régime de droit; d'ailleurs, ce droit est, par la suite, codifié en 1866 dans la foulée du grand mouvement de codification qui a lieu dans le courant du XIXe siècle[13]. Au Haut-Canada, le mode de tenure seigneuriale est aboli, et la première assemblée législative abroge, dès octobre 1792, la disposition de l'*Acte de Québec* relative au droit civil français. Plusieurs lois sont alors votées. L'une d'elles remplace le système de droit civil par le système de droit anglais. La *common law* devient donc applicable aux affaires civiles comme aux affaires criminelles. D'autres mesures sont également adoptées, et elles concernent l'introduction d'un jury, le droit de la preuve ainsi que la mise sur pied d'une organisation judiciaire copiée sur le modèle anglais.

Au XIXe siècle, *common law* et équité fusionnent en un seul système de règles. En 1867, la création de la Confédération ne remet pas en cause le caractère dualiste du système de droit. Le Québec jouit toujours de son propre système de droit civil alors que les autres provinces relèvent de la *common law*. Les deux régimes de droit ont cependant dû s'adapter à l'instauration du système fédéral de gouvernement[14].

Enfin, le droit civil québécois subit l'influence de la *common law* au point que le régime de droit du Québec est qualifié de régime mixte. Alors que la *common law* est un droit créé par les juges, c'est le législateur qui établit le Code civil. En théorie donc, les juges québécois jouissent d'une moins grande flexibilité que ceux d'une province soumise à la *common law*. Cependant, ils jouent un rôle important en matière d'interprétation du Code civil. De

plus, même s'ils « ne sont pas tenus de suivre la décision rendue par un tribunal hiérarchiquement supérieur, en pratique ils s'y sentent liés pour éviter que leurs décisions soient infirmées par la Cour suprême du Canada, qui est l'instance ultime de l'interprétation du *Code civil du Québec*[15] ».

1.4. LE CAS DE LA FRANCE

En France, dès le XIIIe siècle, alors que la justice royale supplante peu à peu la justice féodale, la distinction entre les hautes cours et les basses cours de justice se précise pour mieux s'affirmer. Le Conseil du roi, quant à lui, exerce un contrôle des décisions rendues et constitue la juridiction suprême du royaume. La justice est toujours exercée au nom du souverain par des officiers ou des juges professionnels qui relèvent directement du souverain. À cette justice déléguée s'ajoute la justice retenue, qui est rendue soit par le monarque lui-même en de très rares occasions, soit, plus fréquemment, par le Conseil du roi ou par un parlement.

Vestige de l'époque féodale, le droit est coutumier. Mais à partir du XIIe siècle, il subit de plus en plus l'influence du droit romain. Comme celui-ci est un droit écrit, codifié, il peut servir d'exemple et susciter la rédaction des coutumes. D'ailleurs, plusieurs tentatives visant à compiler, à rédiger, à mettre à jour et à réformer les nombreuses coutumes sont faites[16]. De cette longue entreprise émerge un « droit commun coutumier » qui ne fait pas obstacle au droit romain[17]. À cela, il convient d'ajouter les grandes ordonnances royales qui, du XVIe au XVIIIe siècle, constituent des tentatives d'unification juridique et donnent naissance à une série de codes juridiques.

Le droit romain, le droit commun coutumier et les codes issus des ordonnances royales subsistent en France jusqu'à la révolution de 1789. Cette révolution provoque de nombreux bouleversements sur le plan judiciaire et dans le domaine du droit. Ainsi, une nouvelle organisation judiciaire est mise sur pied à partir de 1790. Complétée en 1810, elle demeurera en place jusqu'en 1958. Par ailleurs, en affirmant la liberté et l'égalité des individus, la Révolution ouvre la voie à l'unification et à la codification du droit. Sous l'impulsion de Napoléon

Bonaparte, en mars 1804, une loi abroge l'Ancien Droit et promulgue le Code civil des Français. Cette période s'achève en 1810 avec la promulgation du Code pénal.

La tradition juridique française est donc fort différente de celle des pays de *common law*. Ainsi, les juges français ne sont pas tenus par la règle *stare decisis*. Les codes constituent, en quelque sorte, des livres de référence qui apportent une solution à un problème donné. Est-ce à dire qu'un code a réponse à tout et que le juge français ne dispose d'aucune marge d'interprétation ? Est-il un juge passif ? Les textes juridiques ont été pensés, conçus et écrits au début du XIXe siècle dans une société surtout rurale. Ils ne conviennent pas vraiment à la société contemporaine. Dans le cas du code civil, par exemple, le Parlement a dû légiférer, au fil des décennies, pour modifier des articles ou préciser des dispositions. Dans cette optique, un code doit être considéré comme un instrument qui fixe les grands principes de base régissant les rapports sociaux. Le juge possède donc un point de départ sur lequel il peut raisonner et à partir duquel il peut élaborer des règles capables de répondre à un besoin particulier. Il peut aussi se tourner vers la jurisprudence pour y trouver une réponse. Au-delà des apparences, le juge de droit civil possède donc, dans une certaine mesure et dans certaines conditions, quelques caractéristiques pourtant propres au juge de *common law*.

2. L'ORGANISATION DE LA JUSTICE

L'organisation de la justice varie selon les États.

2.1. L'ORGANISATION DE LA JUSTICE EN ANGLETERRE

L'organisation judiciaire anglaise est fondée sur les deux branches du droit que sont le droit pénal et le droit civil. La structure des juridictions civiles et pénales est pyramidale et centralisée. Elle est donc composée de juridictions inférieures et supérieures. Il convient aussi de mentionner qu'il existe une seule cour d'appel et une seule haute cour, toutes deux situées à Londres (figure 17.1).

L'organisation judiciaire civile est le produit des grandes réformes du XIXe siècle visant à simplifier et à moderniser la structure des cours. Les cours inférieures sont ainsi réorganisées en 1846. Sont alors instituées les cours de comté [18]. Composées de juges itinérants, ou juges de circuit, qui tiennent des audiences à intervalles réguliers, ces cours s'occupent de litiges civils d'importance moyenne et remplissent également le rôle de cours de petites créances. Elles sont compétentes aussi en matière de droit de la famille, par exemple, dans les cas de divorce ou de violence familiale. Leurs décisions peuvent, à certaines conditions, être portées en appel devant la division civile de la Cour d'appel. Mentionnons que les cours de magistrats, surtout compétentes au criminel, peuvent aussi intervenir dans certains cas comme le recouvrement de dettes ou de pensions alimentaires. Leurs décisions sont susceptibles d'appel devant la division de la famille de la Haute Cour.

Les cours supérieures ont été réorganisées par l'adoption des *Judicature Acts* en 1873 et en 1875. La Cour suprême de magistrature est alors créée. Elle est composée, au civil, de deux chambres, la Haute Cour et la Cour d'appel. La Haute Cour comprend trois chambres ou divisions au sein desquelles prévaut la règle de l'unicité de juge. La division du Banc de la Reine est la plus importante et entend, en première instance, les causes civiles d'importance ainsi que les affaires commerciales, bancaires et maritimes ; la division de la Chancellerie est compétente notamment en matière de droit des sociétés, de brevets et, depuis 1921, de faillite ; la division de la Famille, créée en 1970, s'occupe des questions de divorce et de garde d'enfants. La Haute Cour étant située à Londres, les justiciables qui ne résident pas dans la capitale peuvent faire entendre leurs causes lors d'audiences tenues dans plus d'une vingtaine de villes du pays. La Cour d'appel, quant à elle, est composée depuis 1966 de deux chambres, l'une civile et l'autre criminelle, régies par la règle de la pluralité de juges. La chambre civile entend les appels de décisions rendues par les cours de comté. Elle se penche aussi, après autorisation, sur les décisions de la Haute Cour.

Les cours de magistrats constituent la base de l'organisation des juridictions criminelles. Elles jugent les délits mineurs et ont recours aux juges de paix qui agissent comme bénévoles. Ces juges

Figure 17.1
La structure des juridictions anglaises

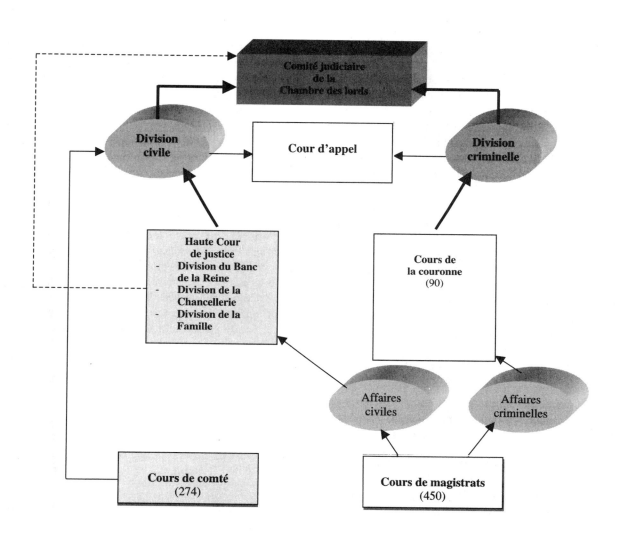

- - - ▶ Procédure d'appel exceptionnelle (saut de mouton)
━━━▶ Appel après autorisation

siègent en formation collégiale. Dans les grands centres urbains, les causes peuvent être entendues par un juge professionnel. Ce système relativement souple permet de traiter plus rapidement les affaires criminelles simples. Les condamnations prononcées par les cours de magistrats peuvent être portées en appel devant la Cour de la couronne, créée en 1971 et qui constitue la composante criminelle de la Cour suprême de la magistrature.

Outre les appels, la Cour de la couronne a compétence pour juger, en première instance, les crimes graves. Le procès a lieu devant un jury composé de 12 membres et un juge de la Haute Cour, un juge de circuit ou un juge à temps partiel. Les décisions de la Cour de la couronne peuvent, après autorisation, être portées en appel devant la chambre criminelle de la Cour d'appel.

Le comité judiciaire de la Chambre des lords entend, en appel et devant une pluralité de juges, les décisions des chambres civile et criminelle de la Cour d'appel. Pour ce faire, il faut, au préalable, avoir reçu l'autorisation de la Cour d'appel ou de la Chambre des lords. Depuis 1969, le recours à une procédure exceptionnelle d'appel est possible. Une décision de la Haute Cour peut être portée directement en appel devant le comité judiciaire de la Chambre des lords si la question soulevée est d'intérêt public et général. C'est la procédure du « saut de mouton ».

Le comité judiciaire de la Chambre des lords décide en dernier recours. Cependant, le Royaume-Uni étant membre de l'Union européenne, il est possible que des questions relatives, par exemple, aux droits fondamentaux soient portées devant la Commission européenne des droits de l'homme. Il arrive également que le comité judiciaire de la Chambre des lords, tout comme la Cour d'appel d'ailleurs, consulte la Cour européenne de justice avant de rendre une décision.

On ne peut parler de la juridiction suprême sans mentionner le comité judiciaire du Conseil privé. Créé en 1833, il entend les appels de décisions des cours ecclésiastiques et des cours de l'Amirauté. Il peut également être saisi de décisions de comités disciplinaires d'ordres professionnels comme l'Ordre des médecins. En outre, il entend aussi, en dernier recours, les appels des cours coloniales, des cours de l'île de Man, des îles Anglo-Normandes et de tout État membre du Commonwealth qui reconnaît sa compétence[19].

Pour conclure, signalons l'existence d'une variété d'organes dotés de compétences judiciaires ou quasi judiciaires : les tribunaux. Institués par la loi, ils sont compétents en matière de contentieux administratifs et traitent de diverses questions (éducation, assurance sociale, immigration, contrôle des loyers, assurance-chômage, etc.). Ils constituent un moyen efficace, rapide et peu coûteux de régler des différends d'ordre administratif.

2.2. L'ORGANISATION DE LA JUSTICE AUX ÉTATS-UNIS

Reflet du système fédéral, l'organisation judiciaire américaine se caractérise par une double structure. La structure fédérale est formée de la Cour suprême des États-Unis et du système de cours fédérales créées, en vertu de la Constitution, par le Congrès. La structure judiciaire étatique est, quant à elle, composée des cours d'État établies sous l'autorité des gouvernements des entités fédérées. Chaque structure a le pouvoir de décider en matière criminelle et civile. Les cours des États sont appelées à juger des affaires criminelles, commerciales, civiles, familiales, etc. Les cours fédérales interviennent dans des causes qui impliquent le gouvernement des États-Unis, ses agences ou ses représentants. Elles sont également compétentes lorsque le recours à une cour étatique est susceptible d'entraîner des problèmes d'impartialité de la justice. C'est notamment le cas lorsqu'un État en poursuit un autre.

Une autre caractéristique de l'organisation judiciaire américaine réside dans le fait que les deux types de structures sont pyramidales et fortement hiérarchisées. Dès lors, on peut distinguer trois niveaux de cours : les cours inférieures, les cours intermédiaires et, au sommet de chacune des deux pyramides judiciaires, la Cour suprême fédérale et les cours suprêmes étatiques.

Dans la structure judiciaire américaine, l'organisation pyramidale revêt une grande importance. Elle permet aux cours intermédiaires de corriger les erreurs qui pourraient être commises par les cours inférieures. Par ailleurs, les cours suprêmes s'assurent de l'uniformité des décisions. À cet égard, la Cour suprême des États-Unis joue un rôle capital. Elle peut entendre une décision d'une cour fédérale intermédiaire et aussi se pencher sur des décisions rendues par les cours suprêmes étatiques, en particulier lorsque des questions constitutionnelles sont en jeu. Ainsi, les structures hiérarchisées tant au niveau fédéral qu'étatique font en quelque sorte leur jonction au sommet de la pyramide par l'intermédiaire de la Cour suprême des États-Unis.

Mis à part la Cour suprême, dont l'existence est prévue dans la Constitution, la structure des juridictions fédérales (figure 17.2) est le produit de la volonté du Congrès. Elle résulte donc de la loi et elle a fluctué au fil des décennies. Le Congrès peut, en effet, abolir ou créer des cours fédérales s'il le juge nécessaire. L'organe législatif a ainsi institué, par exemple, plusieurs cours spécialisées telles que la Cour de l'impôt en 1924 ou la Cour du commerce international en 1980. Ces diverses cours spécialisées ainsi que les cours de district constituent le niveau inférieur de juridiction. Les cours de district sont réparties dans les 50 États, le district de Columbia et Puerto Rico. Également présentes à Guam, dans les îles Vierges américaines et dans les îles Marianne du Nord, elles y portent plutôt le nom de cours territoriales. Dans les cours de district, les procès ont lieu devant un juge ou devant un jury.

Figure 17.2
La structure des juridictions fédérales américaines

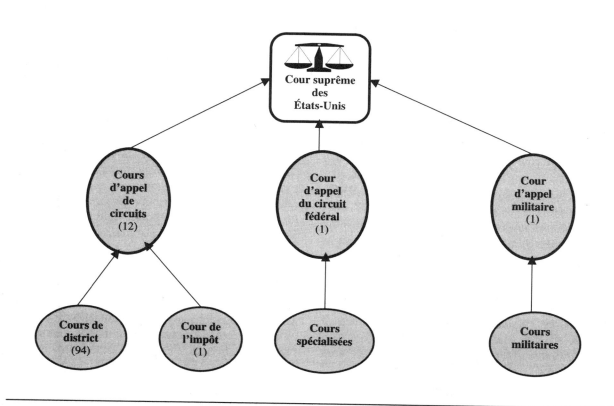

Le niveau intermédiaire de juridiction est constitué par les cours d'appel. L'une d'elles, la Cour d'appel militaire, créée en 1951, plus spécialisée et formée de cinq juges civils, entend les appels de décisions des cours militaires. La Cour d'appel du circuit fédéral, instaurée en 1982, est compétente sur le plan national pour se prononcer sur les décisions rendues par les cours spécialisées ou de district en matière de commerce, d'importations, de droits de douane et de brevets. Les autres cours d'appel ont une compétence régionale et traitent les appels de décisions émanant des cours de district ou de la Cour de l'impôt. Les causes sont généralement entendues devant trois juges.

La Cour suprême des États-Unis représente le dernier niveau de juridiction fédérale. Siégeant à Washington d'octobre à juin, elle est composée de neuf juges dont l'un est juge en chef. Chaque année, parmi les milliers de cas qui lui sont soumis en dernier recours, la Cour suprême retient uniquement ceux qui sont d'importance nationale ou qui ont des conséquences sur le plan constitutionnel. Les décisions sont rendues par l'ensemble des juges.

La structure judiciaire des États (figure 17.3) comprend, au niveau inférieur, des cours de juridiction générale et des cours de juridiction limitée. Les premières sont constituées, par exemple, par les cours municipales, les cours de comté et les cours de district. Les secondes s'occupent, entre autres, des petites créances, de la famille, des infractions au Code de la route, de la délinquance juvénile.

Figure 17.3
La structure des juridictions étatiques américaines

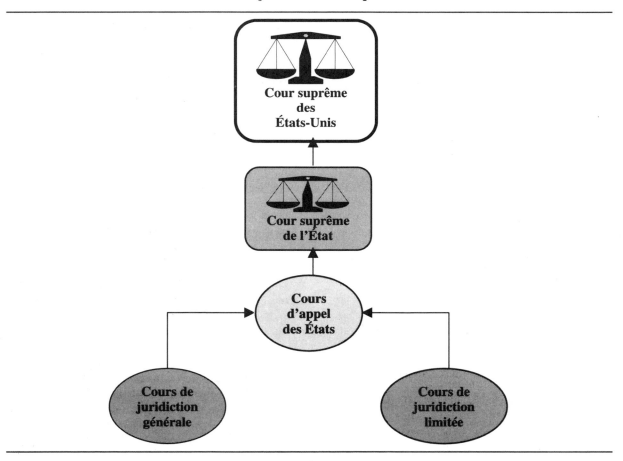

Les décisions des cours inférieures peuvent être portées en appel devant une cour d'appel de l'État et, le cas échéant, devant la Cour suprême de l'État. Dans les affaires complexes mettant en jeu des questions d'ordre constitutionnel, la décision de la Cour suprême de l'État peut être déférée à la Cour suprême des États-Unis qui juge alors en dernier recours.

2.3. L'ORGANISATION DE LA JUSTICE AU CANADA

Comme dans les deux cas précédents, la structure judiciaire canadienne est hiérarchique. C'est là un des traits communs aux pays de *common law*. Ainsi, on retrouve au Canada des juridictions inférieures et supérieures. Cependant, l'organisation de la justice s'inscrit entre le modèle anglais et celui des États-Unis.

Alors que la structure judiciaire anglaise est unitaire, celle du Canada reflète, comme dans le cas américain, le caractère fédéral du régime politique. Les pouvoirs judiciaires sont donc répartis entre les deux domaines de juridiction. Cette répartition est inscrite dans la *Loi constitutionnelle de 1867*. Le Parlement fédéral possède la compétence exclusive pour nommer et rémunérer les juges des cours supérieures dans chaque province. Il peut, en outre, créer une cour générale d'appel ainsi que toute cour nécessaire à la bonne administration des lois. Le Parlement dispose ainsi d'une compétence exclusive en matière de procédure criminelle. Les provinces, quant à elles, se voient confier expressément la responsabilité de l'administration de la justice sur leurs territoires respectifs. Elles peuvent donc mettre sur pied et maintenir les cours qu'elles jugent nécessaires. Les cours provinciales sont compétentes en matière civile et pénale. Cette division des pouvoirs ne conduit pas à l'élaboration d'une dualité structurelle de type américain. En effet, même s'il existe un petit nombre de cours fédérales, la vaste majorité des cours sont provinciales. Les affaires sont donc généralement entendues devant les cours provinciales. Contrairement à ce qui se produit aux États-Unis, ces affaires peuvent mettre en cause des lois non seulement provinciales mais aussi fédérales (figure 17.4).

Le bilinguisme constitue une caractéristique propre à l'organisation judiciaire canadienne. Les cours du Québec, du Nouveau-Brunswick ainsi que celles de niveau fédéral sont tenues, par la Constitution, à des exigences de bilinguisme. Dans d'autres provinces, la situation varie. Certaines provinces telles que Terre-Neuve ou la Colombie-Britannique ne reconnaissent pas le français dans le domaine judiciaire. En Ontario, la *Loi sur les tribunaux judiciaires*, depuis 1984, fait du français une langue officielle des tribunaux. Au Manitoba, après bien des vicissitudes, le français a été de nouveau reconnu en 1985, en vertu de l'article 23 de la *Loi de 1870 sur le Manitoba*[20].

Le système de cours provinciales varie selon les provinces. En dépit des formes diverses qu'il peut prendre, on peut cependant distinguer deux niveaux de cours : les cours inférieures et les cours supérieures.

Les cours inférieures provinciales sont créées par les provinces en vertu de l'article 92.14 de la *Loi constitutionnelle de 1867*. Elles sont présidées par des juges provinciaux qui sont nommés et rémunérés par les gouvernements provinciaux. Elles ont généralement juridiction en matière pénale, excepté pour certains crimes tels que les meurtres qui doivent être entendus devant une cour supérieure. Elles sont aussi compétentes au civil, en matière de petites créances. Elles ont aussi juridiction dans le domaine de la garde d'enfants, de l'adoption, des pensions alimentaires et de la délinquance juvénile.

Les cours supérieures provinciales relèvent, quant à elles, de l'article 96 de la *Loi constitutionnelle de 1867*. Elles sont créées par les provinces, mais les juges sont nommés et rémunérés par le gouvernement fédéral. Elles agissent comme cours de première instance en matière criminelle, notamment pour les crimes graves. Les procès ont lieu devant un juge ou devant un juge et un jury. Ces cours traitent aussi les divorces et autres litiges familiaux ainsi que les questions de succession ou des questions administratives. Elles sont également compétentes pour juger les appels de certaines décisions des cours inférieures. Dans tous les cas, leurs décisions sont susceptibles d'être portées devant les cours d'appel. Les cours d'appel sont les plus hautes cours de justice des provinces. Leurs décisions s'imposent aux cours inférieures. Un appel peut cependant être interjeté auprès de la Cour suprême du Canada. Les

Figure 17.4
La structure des juridictions au Canada

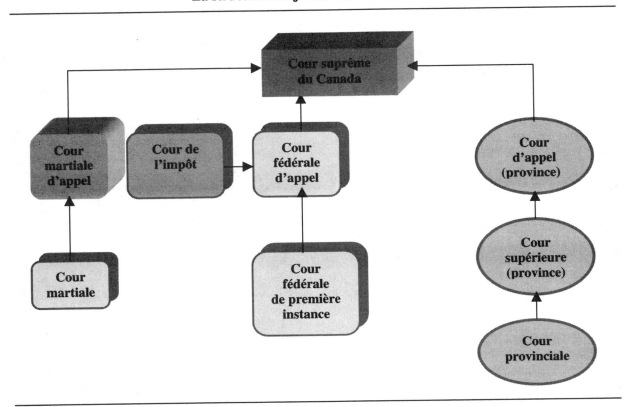

cours d'appel peuvent aussi donner des avis à la demande des gouvernements provinciaux, en particulier sur des questions d'ordre constitutionnel ou sur la légalité d'un projet de loi.

Au niveau fédéral, on distingue plusieurs types de cours : la Cour suprême du Canada, la Cour fédérale, la Cour de l'impôt et la Cour martiale.

À la différence de la plus haute juridiction des États-Unis, dont la création est prévue par la Constitution, la Cour suprême du Canada résulte d'une loi votée en 1875 par le Parlement en vertu de l'article 101 de la *Loi constitutionnelle de 1867*. Depuis lors, son rôle a évolué. Lors de sa création, la Cour suprême du Canada ne jugeait pas en dernier recours. Ses décisions, tout comme celles des cours d'appel provinciales d'ailleurs, peuvent être portées en appel devant le Comité judiciaire du Conseil pri-

vé de Londres. Ce n'est qu'en 1949 que ce dernier a cessé d'avoir compétence pour recevoir les appels des cours canadiennes.

Jugeant désormais en dernier recours, la Cour suprême du Canada entend les appels de décisions rendues par les cours d'appel, la Cour fédérale, la Cour de l'impôt et la Cour martiale. Elle est compétente en matière de droit privé et de droit public ainsi que pour les questions d'ordre constitutionnel. D'une façon générale, les appels ne peuvent être interjetés devant la plus haute cour du pays qu'avec l'autorisation de celle-ci. Les causes qu'elle accepte d'entendre soulèvent des questions d'importance pour la société canadienne ou portent sur un litige d'ordre constitutionnel. Par ailleurs, la Cour suprême du Canada possède une compétence particulière en matière de *renvoi*. À cet effet, à la demande du gouvernement, elle peut émettre un avis sur des questions juridiques ou constitutionnelles[21].

Siégeant à Ottawa à raison de trois sessions par an, la Cour suprême du Canada est composée d'un juge en chef et de huit juges puînés nommés par le gouvernement fédéral parmi les juges des cours supérieures ou les avocats inscrits au barreau depuis au moins 10 ans. Trois juges viennent du barreau du Québec afin d'assurer la présence de juges compétents en droit civil québécois. Les six autres juges sont donc de *common law*. Par convention, trois d'entre eux viennent de l'Ontario, deux de l'Ouest et un des provinces atlantiques. Le quorum nécessaire pour rendre une décision est de cinq juges. Dans les causes relevant du droit civil, les trois juges du Québec doivent faire partie du quorum.

La Cour fédérale a été créée en 1971. Elle est établie par une loi du Parlement en vertu de l'article 101 de la *Loi constitutionnelle de 1867* pour remplacer l'ancienne cour de l'Échiquier. Elle est constituée par la Cour fédérale de première instance et la Cour fédérale d'appel. Cour itinérante comprenant environ une trentaine de juges nommés par le gouvernement fédéral, elle entend les affaires concernant des demandes de réparation de la part du gouvernement fédéral ou des appels de décisions émanant de la Cour canadienne de l'impôt, de tribunaux administratifs, d'agences ou de commissions fédérales. Elle est compétente dans des matières telles que les impôts, la citoyenneté, l'immigration, le droit maritime, les brevets, les droits d'auteur et les communications.

La Cour canadienne de l'impôt, composée d'une quinzaine de juges, est une cour spécialisée établie en 1980 pour remplacer la Commission de révision de l'impôt. Sa compétence se limite donc aux litiges concernant l'impôt sur le revenu, les droits de douane, l'assurance-emploi et le régime de pensions du Canada.

La Cour martiale, quant à elle, est une cour militaire. Elle se compose d'une section jugeant en première instance et dont les décisions peuvent être portées devant une section d'appel. Mentionnons enfin l'existence d'une multitude de tribunaux administratifs tels que la Commission canadienne des droits de la personne, la Commission des relations de travail dans la fonction publique et le Tribunal de la concurrence[22].

2.4. L'ORGANISATION DE LA JUSTICE EN FRANCE

Amorcée à l'époque de la Révolution, l'organisation de la justice, en France, est fixée, dans ses grandes lignes, par Napoléon dès 1800. En 1958, une réorganisation est entreprise sans toutefois bouleverser les institutions judiciaires héritées de la période napoléonienne.

L'organisation judiciaire, en France, est de type hiérarchique. Cependant, à la différence de ce que nous avons observé dans les cas précédents, on ne trouve pas une cour placée au sommet de la hiérarchie. L'organisation de la justice est désagrégée. Elle se caractérise par l'existence de deux ordres de juridiction, l'un judiciaire, l'autre administratif.

Les juridictions judiciaires statuent tant dans le domaine civil que pénal. C'est pourquoi on retrouve au sein de ces juridictions des tribunaux composés de plusieurs chambres qui jugent au civil ou au pénal (figure 17.5). Les magistrats, quant à eux, exercent alternativement leurs fonctions de juges de droit civil et de juges de droit pénal. Les tribunaux judiciaires fonctionnent selon le principe de la collégialité des juges : un jugement doit être rendu par plusieurs juges. Cependant, l'application plus souple de ce principe permet le recours à un juge unique, par exemple, dans les cas de divorce, de séparation, d'expropriation.

L'existence de tribunaux spécialisés, au sein de ce premier ordre judiciaire, constitue une autre caractéristique de l'organisation de la justice en France. Les conflits d'ordre commercial relèvent des tribunaux de commerce. Les conseils de prud'hommes sont compétents pour entendre des affaires opposant salariés et employeurs. Les litiges portant sur les baux ruraux sont entendus par les tribunaux paritaires des baux ruraux tandis que ceux dérivant de l'application de la loi sur la sécurité sociale relèvent des tribunaux des affaires de sécurité sociale. Tous les appels de décisions rendues par ces tribunaux spécialisés sont entendus par les chambres sociales des cours d'appel.

Il existe deux degrés de juridiction dans le domaine de la justice judiciaire. Les décisions des tribunaux d'instance et de grande instance comme

**Figure 17.5
La structure du système des tribunaux judiciaires
en France**

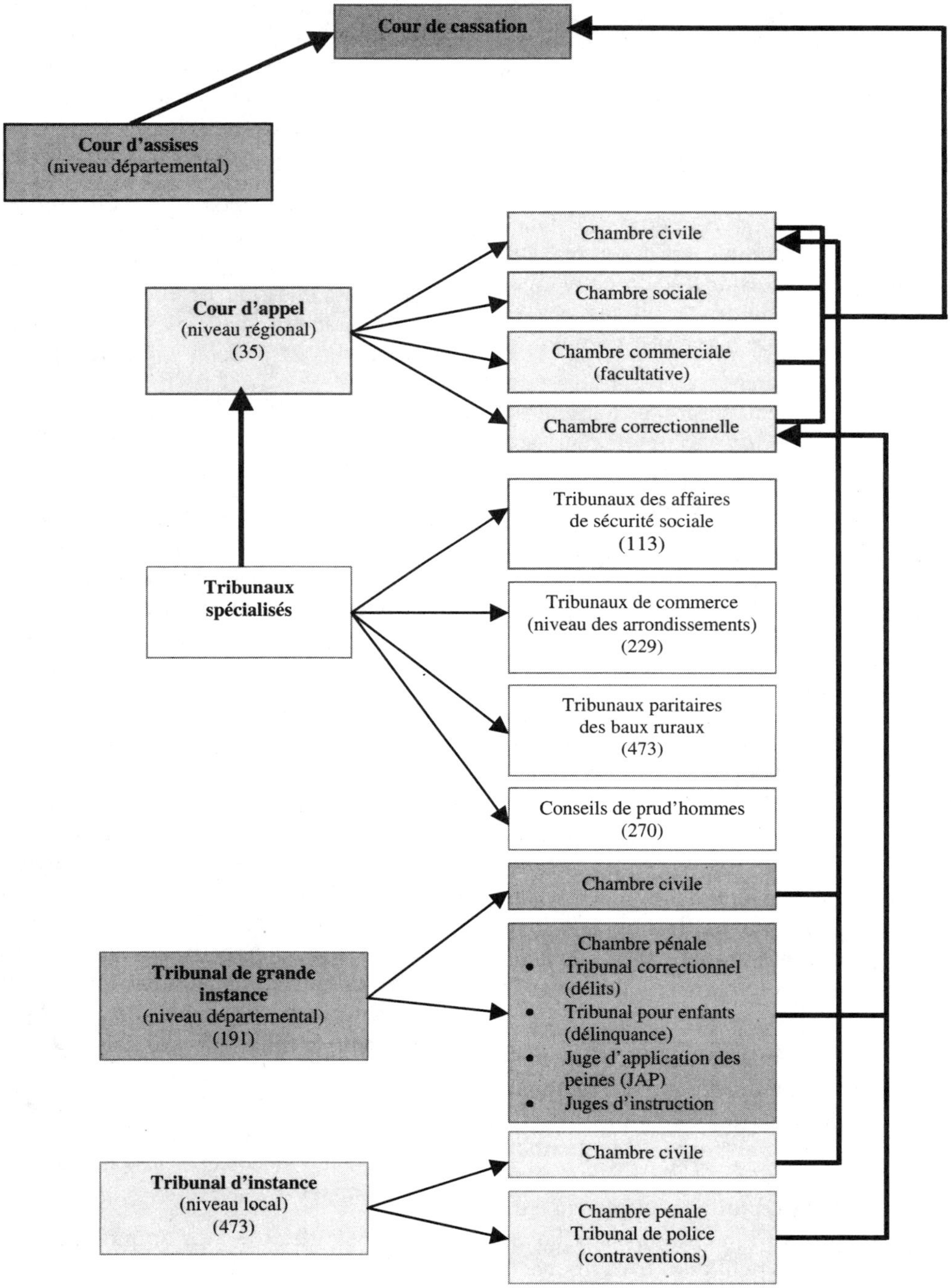

celles des tribunaux spécialisés peuvent être portées en appel devant la Cour d'appel. Après réexamen de l'affaire déjà jugée, la Cour d'appel rend sa décision, laquelle peut être portée devant la Cour de cassation. Cette cour ne constitue pas un troisième degré de justice, mais est considérée comme faisant partie du second palier de juridiction. Elle ne procède pas à un réexamen de l'affaire, mais elle vérifie plutôt la légalité de la décision rendue par les tribunaux et par la Cour d'appel. Aucun recours n'est en principe permis à l'égard de la décision de la Cour de cassation[23]. Cependant, le non-respect des droits fondamentaux peut constituer une exception à la règle et justifier le recours à la Commission européenne des droits de l'homme.

Il convient également de mentionner l'existence de tribunaux d'exception qui peuvent être mis sur pied par le pouvoir politique lorsque le besoin se fait sentir[24]. Ces tribunaux entendent généralement des affaires qui intéressent la sécurité de l'État. La Cour d'assises en matière de sécurité de l'État est compétente pour entendre de telles causes. Contrairement aux cours d'assises traditionnelles, qui jugent des affaires pénales graves et qui comportent un jury, celle-ci agit sans jury à cause justement du caractère « sensible » des faits ou des informations qui sont examinés. Mentionnons aussi la Haute Cour de justice et la Cour de justice de la République. Prévue aux articles 67 et 68 de la Constitution de la Ve République, la Haute Cour de justice est composée essentiellement de membres du Parlement et elle n'est compétente qu'à l'égard du président de la République. Quant à la Cour de justice de la République, dont l'existence constitutionnelle découle des articles 68.1 et 68.2, elle est formée de 12 parlementaires et de trois magistrats de siège à la Cour de cassation; elle entend les plaintes portées par des personnes contre des ministres.

Le second ordre de juridiction est administratif (figure 17.6). Les causes portées devant les tribunaux administratifs sont relatives à des conflits qui opposent les individus aux institutions de l'État (ministères, administrations publiques, entreprises publiques). Tout comme dans le cas des juridictions judiciaires, il existe, là aussi, deux degrés de juridictions administratives.

Figure 17.6
La structure du système des tribunaux administratifs en France

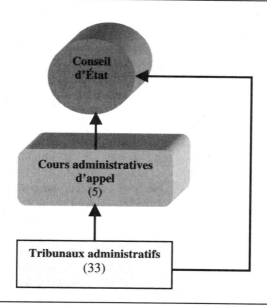

Aux simples tribunaux administratifs se sont ajoutées, depuis 1987, des cours administratives d'appel. Juridictions du second degré, elles ont été établies afin d'alléger la tâche du Conseil d'État. Elles ont pour fonction de réexaminer des causes déjà entendues par les tribunaux administratifs. Les décisions des cours administratives d'appel peuvent être portées devant le Conseil d'État. Le Conseil d'État peut aussi entendre des causes jugées par les simples tribunaux administratifs. Quoi qu'il en soit, le Conseil d'État est à l'ordre de juridiction administrative ce que la Cour de cassation est à l'ordre judiciaire. Il se prononce sur la légalité des actes administratifs. Ses décisions sont sans recours, sauf si elles sont portées devant la Commission européenne des droits de l'homme par une personne qui estime que ses droits fondamentaux ont été violés.

Pour conclure, rappelons que les cours françaises ne se prononcent pas sur la constitutionnalité des lois et des règlements. Ce genre de questions relève, comme nous l'avons vu dans le chapitre 14, du Conseil constitutionnel.

3. L'INDÉPENDANCE DU POUVOIR JUDICIAIRE

Au XVIIIe siècle, Montesquieu affirmait qu'il n'y a pas de liberté quand « la puissance de juger » n'est pas séparée des pouvoirs législatif et exécutif[25]. De nos jours, il est difficile d'imaginer, dans nos sociétés occidentales, un pouvoir judiciaire inféodé au pouvoir politique comme c'est le cas, par exemple, dans les régimes dictatoriaux. L'indépendance du pouvoir judiciaire constitue donc un principe important dans un système politique démocratique.

3.1. L'INDÉPENDANCE DU POUVOIR JUDICIAIRE EN GRANDE-BRETAGNE

En Grande-Bretagne, l'avènement de l'indépendance du pouvoir judiciaire s'inscrit dans le lent processus de définition des relations entre le pouvoir royal et le Parlement.

C'est, en effet, à l'ombre de la montée du pouvoir législatif que le pouvoir judiciaire s'affirme peu à

peu. Pour contrer l'ingérence croissante du pouvoir royal dans le domaine judiciaire, le Parlement se voit forcé d'intervenir en votant, en 1679, l'*Habeas Corpus Amendement Act*[26]. En 1688, la Glorieuse Révolution précise les rapports entre les pouvoirs exécutif, législatif et judiciaire.

Dans la foulée de cette révolution, plusieurs mesures sont prises qui limitent le pouvoir royal et affirment les pouvoirs législatif et judiciaire. Ainsi, l'*Acte d'établissement de 1701* fonde le principe de l'indépendance du judiciaire. Il prévoit, à cet égard, des garanties contre toute ingérence de l'exécutif. La fonction de juge présente un caractère inamovible. En effet, comme nous l'avons mentionné au chapitre 14, les juges des cours supérieures sont nommés *quamdiu se bene gesserint*, c'est-à-dire « aussi longtemps qu'ils se conduisent bien ». Ils sont donc assurés d'une nomination à vie s'ils rendent la justice de façon impartiale. De plus, leurs traitements sont désormais fixés par le Parlement. Soustraits à l'autorité royale, ils peuvent cependant être relevés de leurs fonctions par les deux chambres de l'organe législatif.

De nos jours, l'*Acte d'établissement de 1701* n'est plus en vigueur. De nouvelles lois sont intervenues dans le domaine de l'administration de la justice sans toutefois modifier le principe de l'indépendance du pouvoir judiciaire. Les juges sont toujours nommés « aussi longtemps qu'ils se conduisent bien ». Cependant, ils doivent prendre leur retraite à l'âge de 70 ans[27]. De plus, les juges des cours supérieures ne peuvent être révoqués par les monarques qu'à la demande conjointe des deux chambres du Parlement, qui auront tenu, au préalable, un vote sur la question. Il n'en est pas de même pour les juges des cours inférieures, qui, eux, peuvent être révoqués par le lord Chancelier. Afin de diminuer le contrôle exercé par le Parlement, les traitements des juges sont désormais versés par un fonds de consolidation.

Les juges britanniques bénéficient également de l'immunité judiciaire. De ce fait, ils ne peuvent être poursuivis pour les propos qu'ils ont tenus ou pour les décisions qu'ils ont rendues dans l'exercice de leurs fonctions. Leur autorité est ainsi garantie par les règles de l'offense au tribunal[28].

Les juges britanniques ont également des obligations liées à leurs fonctions. Ils sont tenus de remplir leurs fonctions en toute impartialité. Ils ne peuvent être membres du Parlement ou prendre part à des activités de nature politique[29]. Par ailleurs, ils doivent avoir une conduite digne de leur état. Ils ne peuvent donc commettre d'actes répréhensibles[30]. Pendant longtemps, ils ont dû s'abstenir de tenir des propos à la radio ou à la télévision[31]. Depuis la fin des années 1980, cette interdiction n'est plus aussi absolue.

Le principe de l'indépendance judiciaire et la mise en place des diverses mesures destinées à garantir son application soulèvent quelques observations.

Tout d'abord, il convient de noter que l'indépendance du pouvoir judiciaire a été accordée par le Parlement. En théorie, ce que le Parlement a donné peut être repris par lui. Il est difficile d'imaginer, dans la pratique, un événement semblable, car il provoquerait une grave crise politique et constitutionnelle. Cela est par ailleurs impensable puisque le gouvernement ne peut exercer son pouvoir que dans le cadre de la loi. C'est le principe du règne de la loi, qui renforce l'indépendance du pouvoir judiciaire.

Des craintes ont aussi été formulées à l'égard du processus de nomination des juges. Les juges des cours supérieures sont nommés par la reine sur avis du premier ministre après consultation du lord Chancelier, tandis que ceux des cours inférieures le sont directement par ce dernier. L'exécutif peut-il remettre en cause l'indépendance du pouvoir judiciaire ? Nous verrons que, dans d'autres États, la même question se pose aussi. De plus, le processus de nomination des juges s'apparente plutôt à un « processus de cooptation » selon des critères toujours tenus secrets[32]. Pour apaiser les craintes et les critiques de plus en plus nombreuses à ce sujet, le lord Chancelier a modifié la procédure de nomination pour la rendre un peu plus transparente[33].

La neutralité des juges a également été mise en cause. Il est parfois reproché aux juges de défendre des valeurs normalement associées à celles du Parti conservateur[34]. Cela expliquerait des décisions judiciaires qui n'ont pas toujours favorisé des groupes tels que les syndicats[35].

Enfin, signalons que, du fait de la suprématie parlementaire, les lois ne peuvent faire l'objet d'un contrôle judiciaire[36]. Les juges peuvent donc interpréter la loi mais ne peuvent en contester la validité. Cependant, en vertu de la doctrine de l'*ultra vires*[37],

ils peuvent déclarer que l'action d'un fonctionnaire excède les limites permises dans le cadre de la loi. De plus, l'adhésion à l'Union européenne a permis aux juges de jouer un nouveau rôle constitutionnel puisqu'ils ont de plus en plus à statuer sur la validité des lois nationales. Cet activisme judiciaire croissant a provoqué des tensions entre le pouvoir politique et le pouvoir judiciaire[38].

3.2. L'INDÉPENDANCE DU POUVOIR JUDICIAIRE AUX ÉTATS-UNIS

Fortement influencés par les idées de Locke et de Montesquieu, les Pères fondateurs ont tenu à consacrer l'indépendance du pouvoir judiciaire dans la Constitution américaine.

En vertu de la Constitution des États-Unis, les juges des cours fédérales sont d'abord nommés par le président puis confirmés par le Sénat (art. 2.2)[39]. En faisant intervenir le pouvoir exécutif et le pouvoir législatif, ce processus permet d'éviter, en principe, que l'un de ces pouvoirs exerce sa domination sur la nomination des juges fédéraux. Il constitue ainsi l'une des garanties de l'indépendance du pouvoir judiciaire. De plus, les juges conservent leur charge « aussi longtemps qu'ils en seront dignes » (art. 3.1). Ils sont donc nommés à vie. Paradoxalement, alors que la Constitution établit certains critères régissant les fonctions de président ou de législateur, elle est muette sur les qualifications requises pour remplir la fonction de juge fédéral[40]. En outre, il est prévu que, pendant toute la durée de leurs fonctions, les juges ne pourront voir leurs indemnités réduites.

Dans les États américains, la nomination des juges se fait différemment. Elle résulte, en fait, d'une variété de procédés qui vont de la simple nomination à l'élection par la population. Plusieurs États comme le Massachussetts et le New Jersey ont opté pour la nomination par le gouverneur. Dans d'autres États, tels que le Connecticut ou la Virginie, les juges sont nommés par l'Assemblée législative. L'élection des juges est également un procédé fréquent. Ceux-ci peuvent être élus pour des périodes qui varient selon les États. L'élection peut se faire sur une base partisane, comme l'illustrent les cas de New York ou du Texas, ou sur une base non partisane, comme au Michigan. Enfin, il convient de mentionner la procédure dite du plan du Missouri, qui combine la nomination par le gouverneur et la confirmation, après quelques années de pratique, au moyen d'un référendum dans l'État[41]. La Californie et la Floride, entre autres, ont adopté cette procédure d'abord établie au Missouri.

Tous les juges jouissent aussi de l'immunité judiciaire dans l'exercice de leurs fonctions[42]. Seule l'« absence manifeste de toute compétence » peut entraîner la perte de cette immunité[43].

Les juges américains ont aussi des obligations. Ils doivent respecter les règles d'éthique et avoir une conduite irréprochable. Les juges fédéraux qui commettent une action répréhensible peuvent être soumis à la procédure de destitution (*impeachment*). Dans les États, les procédures disciplinaires varient. Ils peuvent recourir à la procédure de destitution ou à une commission étatique.

La garantie de l'indépendance du pouvoir judiciaire soulève cependant quelques observations. La procédure de désignation des juges est-elle libre de toute ingérence politique? En théorie, par exemple, une telle garantie peut être obtenue par l'élection d'un juge. En pratique, comme nous l'avons souligné, dans le cadre de plusieurs élections, les candidats à la fonction de juge se présentent sur une base partisane. Même dans le cas du recours au plan du Missouri, les décisions ou les opinions émises par un juge peuvent empêcher ce dernier d'être réélu[44]. En outre, de nombreux juges ont fait, dans le passé, carrière dans la politique. C'est souvent le cas dans les États mais aussi au niveau fédéral[45].

Par ailleurs, le processus de nomination des juges fédéraux, bien que complexe, n'est pas exempt de partisanerie. Le Sénat n'approuve pas toujours les candidats présentés par les présidents[46]. C'est particulièrement le cas des nominations à la Cour suprême. Les nominations dans les autres cours fédérales sont plutôt régies par le principe non écrit de la courtoisie sénatoriale. En vertu de ce principe, toute nomination présidentielle à un poste de juge fédéral dans une cour autre que la Cour suprême se fait après consultation et recommandation d'un sénateur de l'État où le juge exercera ses fonctions. Cependant, le Sénat est appelé à jouer un rôle clé à l'occasion de la création de nouveaux postes de juges afin de désengorger les cours fédérales.

Enfin, les présidents américains ont tendance à nommer des juges dont l'idéologie est compatible avec la leur. Cette pratique qui remonte à l'époque de la lutte acharnée que se livraient les partisans de Thomas Jefferson et ceux de John Adams est très fréquente. On estime, à cet égard, que plus de 90 % de tous les juges fédéraux appartiennent au parti du président qui les a nommés. Certes, plusieurs facteurs interviennent au moment de la nomination de ces juges. La capacité des candidats à remplir leurs fonctions est certainement un élément dont doivent tenir compte les présidents. Ces derniers doivent aussi être guidés par certaines considérations d'ordre religieux, ethnique, racial ou sexuel. Ainsi, Thurgood Marshall, le premier juge noir à siéger au plus haut tribunal du pays, a été nommé en 1967 par le président Johnson à l'époque d'un débat important sur les droits civils. Sandra Day O'Connor est devenue, en 1981, la première femme à siéger à la Cour suprême après de nombreuses revendications des mouvements féministes. En 1988, Antonio Scalia est le premier juge d'origine italo-américaine à la Cour suprême. Mais ces diverses considérations semblent cependant être dominées par l'affiliation politique des juges. Les présidents, par le choix des juges qu'ils nomment, peuvent donner aux cours un caractère « progressiste » ou « libéral », voire « conservateur ». Cette pratique peut contribuer à orienter les décisions des cours. Les décisions des juges nommés par les présidents démocrates ont tendance à être « plus libérales » que celles des juges nommés par les présidents républicains[47]. Mais, des exceptions viennent confirmer la règle. Parmi ces exceptions, mentionnons la position de Sandra Day O'Connor sur la question de l'avortement. Républicaine, d'allégeance conservatrice, elle a plutôt aidé à maintenir, en 1992, la décision relative au droit à l'avortement rendue par une cour suprême précédente plus libérale. Harry Blackmun, nommé par le président Nixon en 1970, n'a pas soutenu, en 1994, contre toute attente, le point de vue conservateur sur la peine de mort.

À cause de la politisation au sein du pouvoir judiciaire, des réformes s'avèrent nécessaires. Les suggestions ne manquent pas, comme celle qui consiste à nommer des juges fédéraux pour un mandat limité. Mais les partis politiques américains sont-ils prêts à se priver d'une source importante de favoritisme?

3.3. L'INDÉPENDANCE DU POUVOIR JUDICIAIRE AU CANADA

L'héritage britannique constitue la principale source du principe de l'indépendance du pouvoir judiciaire au Canada. À ce chapitre, la Cour suprême a déduit que cet élément important de la Constitution britannique « a été transféré au Canada par le texte constitutionnel du préambule[48] », qui stipule que la Constitution du Canada repose « sur les mêmes principes que celle du Royaume-Uni ». Plusieurs garanties visant à assurer cette indépendance se dégagent de certaines dispositions constitutionnelles.

La *Loi constitutionnelle de 1867* consacre expressément à l'article 99 (1) le principe de l'inamovibilité des juges des cours supérieures[49]. Comme dans les cas britannique ou américain, ces juges conservent donc leurs charges pour bonne conduite. Par ailleurs, la Cour suprême considère aussi que ce principe essentiel à l'indépendance judiciaire se trouve implicitement contenu à l'article 11 (d) de la *Charte canadienne des droits et libertés*[50]. Cependant, les juges des cours supérieures doivent prendre leur retraite à 75 ans[51]. En ce qui concerne les juges des cours provinciales, la situation varie selon les provinces. L'inaptitude pour cause de maladie constitue une autre raison qui pousse les juges à quitter leurs fonctions[52].

En outre, l'article 100 de la *Loi constitutionnelle de 1867* prévoit qu'il revient au Parlement fédéral de fixer les traitements, allocations et pensions des juges des cours supérieures. Les provinces, quant à elles, ne sont pas constitutionnellement tenues de fixer les salaires des juges par voie de législation.

Les juges sont aussi protégés par l'immunité judiciaire, l'« élément le plus sacro-saint de l'indépendance judiciaire », comme en fait foi l'arrêt *MacKeigan* c. *Hickman*[53]. Ils peuvent donc, dans l'exercice de leurs fonctions, agir et décider librement, sans crainte de devoir faire l'objet de poursuites ou d'avoir à se justifier.

Outre les garanties dont ils bénéficient, les juges ont aussi des obligations. Ils sont soumis à l'impartialité[54]. De plus, parce qu'ils tiennent leur charge pour « bonne conduite », ils ne doivent donc pas commettre d'actes répréhensibles[55]. Les juges des cours supérieures trouvés coupables de tels actes peuvent être révoqués, en vertu de l'article 99 (1) de la *Loi constitutionnelle de 1867*. Cette révocation est faite par le gouverneur général sur une adresse du Sénat et de la Chambre des communes. Depuis 1971, le Conseil canadien de la magistrature étudie les plaintes portées contre ces juges. Il peut réprimander ces derniers ou, dans les cas de faute grave, il peut recommander que soit enclenchée la procédure officielle de destitution par le Parlement. Dans les provinces, un processus identique fait intervenir un conseil provincial de la magistrature et l'assemblée législative de la province. Généralement, un juge contre lequel une telle procédure est engagée préfère démissionner plutôt que de risquer d'être destitué[56].

Si l'indépendance du pouvoir judiciaire n'est pas clairement et expressément affirmée[57], elle est toutefois consacrée de diverses façons sur le plan constitutionnel[58]. Cependant, de nombreuses questions subsistent. Le gouvernement, par exemple, peut-il réduire ou geler le traitement des juges comme il le ferait pour les fonctionnaires du secteur public ? Priée de se pencher sur cette question, la Cour suprême a établi, en 1997, qu'une province ne peut diminuer le traitement des juges, car ceux-ci ne peuvent être assimilés à des fonctionnaires provinciaux. Afin de ne pas compromettre le principe de l'indépendance judiciaire, seul un organisme indépendant peut recommander à la province de diminuer le traitement des juges.

La nomination des juges soulève également la controverse. Les juges, qui tiennent leur nomination du gouvernement fédéral ou des gouvernements provinciaux, sont d'une grande intégrité et s'acquittent de leurs fonctions avec sérieux et compétence. Les critères de sélection des juges sont fixés par la loi fédérale ou la loi provinciale selon l'ordre de juridiction[59]. Cependant, la partisanerie politique a souvent entaché le processus de nomination des juges[60]. De nombreuses mesures ont été proposées pour remédier à ce problème. Certaines n'ont jamais été appliquées, d'autres ont échoué.

En 1988, un nouveau système de nomination de la magistrature fédérale, à l'exception des juges de la Cour suprême, est mis sur pied afin, notamment, de rendre le processus plus transparent que par le passé[61]. Des comités permanents provinciaux et territoriaux sont établis et incluent des représentants du public[62]. Ils évaluent les candidatures figurant dans les listes fournies par le bureau du Commissaire à la magistrature fédérale et font des recommandations au ministre de la Justice. Si ce processus constitue une amélioration par rapport à ce qui existait auparavant, il n'est pas exempt de lacunes et continue de soulever des critiques[63].

Mise également sur le compte du calcul politique, la nomination de femmes ou de membres des groupes ethniques à la magistrature a aussi retenu l'attention. Pendant longtemps, le milieu des juges a surtout été dominé par des hommes d'origine anglo-saxonne ou canadienne-française. Progressivement, la volonté politique aidant, les candidatures féminines ou ethniques ont été retenues dans les juridictions fédérales et provinciales[64]. De telles nominations ont pour but de redresser une situation perçue comme ayant été longtemps défavorable à ces groupes. Des voix se sont élevées pour dénoncer ces nominations dues, selon elles, au favoritisme politique. Pour ces opposants, le sexe ou l'ethnie constituent maintenant un critère de sélection plus important que la compétence[65], bien que certaines études tendent à prouver le contraire[66].

La nomination des juges de la Cour suprême et le rôle du Cabinet à cet égard suscitent également des inquiétudes[67]. Pendant longtemps, ces nominations ont porté la trace du favoritisme politique[68]. De nos jours, le processus de nomination fait toujours l'objet de critiques. Cela a été le cas, par exemple, en 1997, avec la nomination du juge Michel Bastarache par le gouvernement libéral de Jean Chrétien. Certains ont fait état des allégeances libérales du nouveau juge de la Cour suprême. De leur côté, les provinces s'inquiètent de ce que le gouvernement fédéral a, seul, le pouvoir de nommer des juges qui sont appelés à trancher, en dernier ressort, les conflits entre les deux ordres de gouvernement. Elles souhaitent jouer un rôle actif dans le processus de nomination. Des ententes à ce sujet ont été conclues dans le cadre de l'Accord du lac Meech en 1987 et de l'Accord de Charlottetown en 1992. L'échec de ces deux accords a rendu les ententes caduques.

3.4. L'INDÉPENDANCE DU POUVOIR JUDICIAIRE EN FRANCE

En Grande-Bretagne, il s'est développé un véritable pouvoir judiciaire qui, très tôt, ainsi que nous l'avons déjà vu, a acquis son indépendance à la suite de la lutte entre la couronne et le Parlement. En France, l'histoire en a décidé autrement.

Sous l'Ancien Régime, la monarchie, obligée de chercher des fonds pour remplir les coffres de l'État, s'emploie à faire le commerce des fonctions de justice. C'est alors que prend naissance le système de la vénalité des offices, qui amène la multiplication des offices de justice et la transmission de ces derniers en vertu du principe de l'hérédité. Un tel système permet aux juges de jouir d'une grande indépendance puisque, en raison de la multiplication des offices, le pouvoir royal ne peut plus exercer de contrôle réel sur la magistrature. Aussi, les abus de pouvoir des juges sont nombreux et contribuent à alimenter le mécontentement populaire.

La révolution de 1789 abolit la vénalité des offices. Les révolutionnaires s'inspirent de Montesquieu et proclament la séparation des pouvoirs sans toutefois établir un véritable pouvoir judiciaire indépendant. La haine de tout ce qui peut évoquer l'Ancien Régime les pousse à vider le pouvoir judiciaire de son sens. En fait, ce pouvoir n'est que nominal : c'est un « pouvoir refusé[69] ». L'État, né de la Révolution française, est régi par la primauté de la loi. Dès lors, le pouvoir judiciaire est soumis à la loi souveraine. Le pouvoir exécutif ne veut pas rétablir un système dans lequel les juges sont puissants. Il choisit délibérément de les affaiblir. Par la suite, la justice en France évolue au gré des circonstances et des changements de régimes politiques. Les magistrats doivent faire preuve de loyauté envers le régime du moment, quitte à être emportés par l'épuration qui sera déclenchée par le prochain régime politique[70].

Aussi n'est-il pas étonnant que la Constitution de la Ve République ne consacre pas le pouvoir judiciaire. Elle établit seulement l'existence d'une autorité judiciaire[71]. Le président de la République, considéré comme un arbitre placé au-dessus des pouvoirs, est, en vertu de l'article 64, garant de l'indépendance de l'autorité judiciaire. Il est assisté dans sa fonction par le Conseil supérieur de la magistrature. Par ailleurs, le statut des magistrats est fixé par une loi organique. Celle-ci spécifie les droits (tels que le droit de parole et le droit à la protection contre tout outrage ou toutes menaces) et les obligations (impartialité, par exemple) des juges. Enfin, l'inamovibilité fait l'objet d'une garantie constitutionnelle pour les magistrats de siège seulement et non pour les magistrats du parquet[72].

La garantie constitutionnelle de l'indépendance du pouvoir judiciaire est cependant l'objet de critiques. Tout d'abord, l'autorité judiciaire manque de force. Elle ne peut se prononcer sur la constitutionnalité des lois et règlements émanant du pouvoir exécutif à cause de l'imprécision qui caractérise la séparation des pouvoirs. De plus, l'indépendance du pouvoir judiciaire est toute relative. En effet, le rôle confié au président de la République témoigne d'un certain état de dépendance dans lequel se trouve placé le domaine judiciaire. « Comment celui qui dirige l'Exécutif peut protéger le judiciaire des empiètements que le premier a tendance, par la nature des choses, à exercer sur le second[73] ? » Par ailleurs, l'inamovibilité des juges ne concerne pas l'ensemble des magistrats car ceux du parquet ne peuvent en bénéficier[74]. Enfin, la gestion des carrières des magistrats relève du Conseil supérieur de la magistrature. Certes, cet organe se veut indépendant du

gouvernement. Cependant, il est placé sous la présidence du chef de l'État et sous la vice-présidence du ministre de la Justice. La carrière des juges semble donc, en dernier ressort, dépendre du pouvoir exécutif.

La question de l'indépendance du judiciaire en France est fort complexe. Elle a même conduit à un mouvement de révolte de certains juges. En 1968, dans la foulée des revendications sociales qui se multiplient dans la société française, des magistrats « contestataires » ont mis sur pied le Syndicat de la magistrature. Composé de « juges rouges », sympathiques aux idées de gauche et procédant à une analyse de la justice française en termes socio-économiques, ce syndicat a dénoncé la justice de classes et la dépendance des juges vis-à-vis du pouvoir. Les « juges rouges » ont contribué à la mise en accusation de plusieurs personnalités du monde politique ou du milieu économique impliquées dans des scandales[75]. Mais leur point de vue n'est pas partagé par l'ensemble des magistrats français. Enfin, il est ironique de constater que, pour dénoncer la nature politique des rapports entre le pouvoir dit de droite et les juges, les « juges rouges » ont dû, eux aussi, se politiser en s'appuyant sur une idéologie dite de gauche ! En somme, la justice française n'en finit pas d'entretenir des liens complexes avec le pouvoir[76].

Lectures suggérées

Beaulieu, Christian (1995), *L'application de la Charte canadienne des droits et libertés au pouvoir judiciaire*, Montréal, Éditions Thémis.

Farnworth, E. Allan (1986), *Introduction au système juridique des États-Unis*, Paris, LGDJ.

Friedland, Martin L. (1995), *Une place à part : l'indépendance et la responsabilité de la magistrature au Canada*, rapport préparé pour le Conseil, Ottawa, Conseil canadien de la magistrature.

Jolowicz, J. A. (dir.) (1992), *Droit anglais*, 2e éd., Paris, Dalloz.

Levasseur, Alain A. (1994), *Droit des États-Unis*, 2e éd., Paris, Dalloz.

Rassat, Michèle-Laure (1994), *La justice en France*, Paris, PUF, collection « Que sais-je ? ».

Renoux, Thierry S. et André Roux (1994), *L'administration de la justice en France*, Paris, PUF, collection « Que sais-je ? ».

Schmeiser, Douglas A. et W. Howard McConnell (1996), *L'indépendance des juges des cours provinciales. Un gage commun*, rapport préparé à l'intention de l'Association canadienne des juges de cours provinciales.

Notes

1 En matière de droit et d'organisation judiciaire, l'Angleterre et le pays de Galles sont considérés comme étant « unifiés ». Ils partagent le même droit, le « droit anglais », et la même structure judiciaire, les « cours anglaises ». L'Écosse, l'Irlande du Nord, l'île de Man et les îles Anglo-Normandes possèdent, quant à elles, soit un droit différent, soit des cours différentes ou dotées de compétences différentes de celles des cours anglaises. Pour

cette raison, nous mettons l'accent, dans ce chapitre, sur le droit anglais et les juridictions anglaises, d'où le recours au terme « Angleterre » plutôt qu'à celui de « Royaume-Uni ».

2 Il existait plusieurs documents à cet effet. Mentionnons, par exemple, en Orient et dans certaines parties de l'Italie, le *Code de Justinien*, publié de 529 à 534, ou encore, en France et en Espagne, le *Bréviaire d'Alaric*, publié en 506, auxquelles s'ajoutaient les *Lois barbares* pour les peuples germaniques et slaves.

3 La règle du précédent impose aux juges, dans des conditions données, de s'en tenir aux règles de droit dégagées par les cours de niveau supérieur à l'occasion de précédents. Le principe du respect des décisions rendues porte aussi le nom de principe du *stare decisis*.

4 René David, *Les grands systèmes de droit contemporains*, 8e éd. mise à jour par Camille Jauffret-Spinosi, Paris, Dalloz, 1982, p. 326.

5 Mentionnons à titre d'information l'opinion, en 1978, de certains juges de la Chambre des lords dans *United Scientific Holdings Ltd.* c. *Burnley Borough-Council*, selon laquelle la *common law* et l'*equity* ont, en réalité, fait l'objet d'une fusion.

6 Soulignons, à ce sujet, l'influence du juriste américain David Dudley Field, qui tenta, avec des succès divers, de codifier les diverses branches du droit américain. Il est surtout resté célèbre pour avoir rédigé le *Code de procédure civile*, adopté par l'État de New York en 1848 et, par la suite, par 24 autres États.

7 John H. Crabb, *Le système juridique anglo-américain*, Louvain, Nauwelaerts, 1972, p. 101.

8 La compétence des États en la matière a été reconnue par la Cour suprême en 1938 dans la cause *Erie Railroad Corporation* c. *Tompkins*. La plus haute cour du pays renversait ainsi une décision qu'elle avait rendue en 1842 dans *Swift* c. *Tyson*.

9 Sur ce point, voir John H. Crabb, *ibid.*, p. 151–153.

10 Dans *Plessy* c. *Ferguson*, la Cour suprême décide, en 1896, en faveur de la ségrégation raciale dans les trains en mettant en avant la clause de la « séparation dans l'égalité » (*separate but equal*). Elle adopte une position identique en matière d'éducation, en 1899, dans *Cummings* c. *Richmond County Board of Education*. Par la suite, elle interprète le 14e amendement de façon différente. Dans une série de décisions, notamment dans *Missouri ex rel. Gaines* c. *Canada* (1938) ou encore dans *Sweatt* c. *Painter* (1950), la Cour suprême renverse sa position et déclare plusieurs mesures inconstitutionnelles en vertu du 14e amendement. Finalement, en 1954, dans *Brown* c. *Board of Education of Topeka*, elle rejette la doctrine de la « séparation dans l'égalité » parce que l'inégalité est inhérente à un établissement d'éducation séparé.

11 En témoigne la décision, en 1984, en faveur de l'érection, à l'occasion de Noël, d'une crèche dans un parc public de Pawtucket (Rhode Island) (*Lynch* c. *Donelly*) et, en 1989, contre une telle érection à Pittsburgh tout en acceptant celle d'une menorah (symbole juif érigé à l'occasion de Hanuka) à côté d'un arbre de Noël (*Allegheny* c. *ACLU*).

12 Selon une étude de la *Michigan Law Review* citée par Marie-France Toinet, *Le système politique des États-Unis*, Paris, PUF, 1987, p. 280.

13 Cela donne naissance au Code de droit civil du Bas-Canada. En 1955, le processus de sa révision est enclen-

ché. Le rapport final est remis au gouvernement québécois en 1978. En 1981, le Code de droit civil du Bas-Canada devient le Code civil du Québec.

14 Cette question a fait l'objet d'une étude approfondie dans Gérald-A. Beaudoin, *La Constitution du Canada. Institutions, partage des pouvoirs, droits et libertés*, Montréal, Wilson et Lafleur, 1990, chapitre IX : « Propriété et droits civils », p. 331–366.

15 Donald Poirier, *Introduction générale à la common law*, Cowansville, Éditions Yvon Blais, 1995, p. 57.

16 Par exemple, la Coutume de Paris est rédigée en 1510 et réformée en 1580. Elle devient la référence en la matière pour les autres coutumes.

17 Sur ce point, voir René David, *op. cit.,* p. 54–61.

18 Contrairement à ce que leur nom indique, les cours de comté ne sont pas basées sur la division administrative du comté mais plutôt sur celle du district.

19 Actuellement, des États comme Trinidad et Tobago, la Dominique ou le Kiribati ont encore recours à lui. Rappelons que, jusqu'en 1949, il a agi comme tribunal de dernier recours pour le Canada avant d'être remplacé par la Cour suprême du Canada. À ce titre, il s'est prononcé dans divers domaines, y compris en matière constitutionnelle, ce qui n'a pu être le cas au Royaume-Uni puisque, comme nous l'avons vu dans la note 14, les cours n'y ont pu, pendant longtemps, remettre en cause la validité des lois.

20 Sur la question du bilinguisme judiciaire au Canada, voir Michel Bastarache (dir.), *Les droits linguistiques au Canada*, Montréal, Éditions Yvon Blais, 1986, chapitre 3, p. 125–179, ainsi que Jacqueline Blay, *L'article 23. Les péripéties législatives et juridiques du fait français au Manitoba, 1870–1986*, Saint-Boniface, Éditions du blé, 1986, et Peter Annis, *Le bilinguisme judiciaire en Ontario*, La clef, 1985.

21 Ce fut le cas, par exemple, en 1975 avec le renvoi sur la Loi anti-inflation ou encore, en 1981, avec celui portant sur la résolution pour modifier la Constitution.

22 La Commission canadienne des droits de la personne se penche sur les cas présumés de violation de droits individuels alors que la Commission des relations de travail dans la fonction publique s'occupe des plaintes émanant de fonctionnaires.

23 Sur la Cour de cassation, voir Georges Picca et Liane Cobert, *La Cour de cassation*, Paris, PUF, collection « Que sais-je ? », 1986.

24 Ces tribunaux d'exception ne sont pas mentionnés dans la figure 17.5 afin d'alléger cette dernière.

25 On ne peut passer sous silence les idées de Sir Edward Coke qui ont exercé une grande influence sur le développement de la *common law* ainsi que sur l'avènement d'un pouvoir judiciaire indépendant. À ce titre, il est un précurseur de Montesquieu. À ce sujet, voir Jean Beauté, *Un grand juriste anglais : Sir Edward Coke, 1552–1634. Ses idées politiques et constitutionnelles*, Paris, PUF, 1975.

26 Parmi les dispositions que l'on trouve dans cet acte, mentionnons, par exemple, celle qui confirme l'institution du jury.

27 En vertu du *Judicial Pensions and Retirement Act* de 1993, l'âge de la retraite à 70 ans peut être repoussé à 75 ans avec la permission du lord Chancelier.

28 Sur la notion d'offense au tribunal, voir J. A. Jalowicz, « Vue générale du droit anglais » dans J. A. Jalowicz (dir.), *Droit anglais*, 2e éd., Paris, Dalloz, p. 89–90.

29 Généralement, les juges s'abstiennent de participer à de telles activités. En 1977, cependant, un juge écossais a été démis de ses fonctions pour avoir ouvertement appuyé la campagne référendaire en faveur de l'autonomie de l'Écosse.

30 Il est rare qu'un juge commette de tels actes. L'un des rares cas s'est produit en 1983 alors qu'un juge anglais se livrait à la contrebande de cigarettes et de whisky. Il a été démis de ses fonctions par le lord Chancelier.

31 Cette interdiction a été spécifiée en 1955 par les règles établies par le lord Chancelier Kilmuir. Sur cette question, voir Patricia Kinder-Gest, *Droit anglais*. I : *Institutions politiques et judiciaires*, Paris, LGDJ, 1989, p. 362–363.

32 Voir la description de ce processus dans Patricia Kinder-Gest, *Les institutions britanniques*, Paris, PUF, collection « Que sais-je ? », 1995, p. 112–113. La seule condition connue étant l'ancienneté, l'auteure souligne qu'il n'est guère étonnant, dès lors, que les juges soient principalement de sexe masculin et que leur moyenne d'âge soit élevée.

33 Les postes vacants sont désormais annoncés dans la presse et les qualités requises précisées. Les candidats passent une entrevue devant un comité formé à cet effet. La décision finale repose toujours entre les mains du lord Chancelier. De plus, ce dernier n'est pas tenu de suivre les recommandations du comité.

34 J. A. G. Griffith, *The Politics of the Judiciary*, 3rd ed., London, Fontana, 1985.

35 Lors de la grève des mineurs de 1984–1985, le syndicat national des mineurs a été déclaré coupable d'avoir déclenché une grève illégale. La cour le condamna à payer une lourde amende. Le refus, par le syndicat, d'obtempérer aux ordres de la cour conduisit celle-ci à faire saisir tous les avoirs de cette organisation.

36 Ce principe a été reconnu par les juges dans l'affaire *Lee c. Bude and Torrington Junction Railway Company*, LR, 6 CP, 576 (1871). Sur cette affaire, voir John Wiedhofft Gough, *L'idée de loi fondamentale dans l'histoire constitutionnelle anglaise*, Paris, PUF, collection « Léviathan », 1992, p. 218–224.

37 Doctrine relative à l'excès de pouvoir.

38 Diana Woodhouse, « Politicians and the Judiciary : A Changing Relationship », *Parliamentary Affairs*, 48, 3, juillet 1995, p. 406. Voir également Diana Woodhouse, « Politicians and the Judges : A Conflict of Interest », *Parliamentary Affairs*, 49, 3, juillet 1996, p. 423–440.

39 Il convient de noter que la Constitution ne mentionne que les juges de la Cour suprême. C'est aussi le cas de l'article 3. Les autres cours fédérales sont créées par le Congrès.

40 De nombreux juges fédéraux n'ont eu aucune expérience judiciaire avant leur nomination. C'est, par exemple, le cas de deux juges en chef de la Cour suprême des États-Unis, Harlan Stone et Earl Warren.

41 Pour une description, voir Marie-France Toinet, *op. cit.*, p. 261.

42 *Bradley c. Fisher*, [1872].

43 *Stump c. Sparkman*, [1977].

44 La chose n'est pas fréquente. Elle se produit cependant, comme en 1986, en Californie, alors qu'une juge en chef n'a pas été réélue en raison de ses opinions sur la peine de mort.

45 Par exemple, Sandra Day O'Connor avait occupé les fonctions de leader de la majorité républicaine au Sénat de l'Arizona avant d'être élue juge à la Cour supérieure, d'être appelée, en 1979, à siéger à la Cour d'appel de cet État et d'être nommée en 1981 à la Cour suprême des États-Unis.

46 En 1987, par exemple, le Sénat rejeta la nomination, par le président Reagan, de Robert Bork à la Cour suprême. Voir Phillip Cooper et Howard Ball, *The United States Supreme Court. From the Inside Out*, Upper Saddle River (N.J.), Prentice Hall, 1996, chapitre 3 : « Getting There : Appointment to the Court », p. 31–74.

47 Sheldon Goldman, « Voting Behavior on the United States Courts of Appeals Revisited », *The American Political Science Review*, LXIX, 2, juin 1975, p. 491–506. Pour la Cour suprême, voir C. Neal Tate, « Personal Attribute Models of the Voting Behavior of United States Supreme Court Justices : Liberalism in Civil Liberties and Economic Decisions, 1946–1978 », *The American Political Science Review*, 75, 2, juin 1981, p. 355–367 ; David Kairys, *With Liberty and Justice for Some : A Critique of the Conservative Supreme Court*, New York, New Press, 1993, ainsi que Herman Schwartz, *Packing the Courts*, New York, Charles Scribner & Sons, 1988.

48 *R. c. Beauregard*, [1986] 2 RCS 56, p. 72.

49 Mentionnons ici que la Cour suprême ayant été créée après 1867, son indépendance n'est protégée que par une simple loi. À ce sujet, voir Gérald-A. Beaudoin, *op. cit.*, p. 174. Le constitutionnaliste souligne cependant que, dans l'affaire *Addy c. R.*, un juge de la Cour fédérale a conclu que les juges de la Cour suprême et ceux de la Cour fédérale sont des juges des cours supérieures au sens de l'article 99, alinéa 2, de la *Loi constitutionnelle de 1867*.

50 *R. c. Valente* [1985], 2 RCS 673.

51 Article 99 (2), *Loi constitutionnelle de 1867*, modifiée par la *Loi constitutionnelle de 1960*.

52 En 1993, Fernand L. Gratton, juge de la Cour de l'Ontario, a refusé de démissionner alors qu'il avait subi une grave attaque d'apoplexie. Un comité d'enquête du Conseil canadien de la magistrature et la Cour fédérale ont statué qu'un juge frappé d'invalidité permanente est inapte à remplir ses fonctions. La démission du juge Gratton est intervenue, mettant ainsi fin à l'affaire. Sur cette affaire, voir Martin L. Friedland, *Une place à part : l'indépendance et la responsabilité de la magistrature au Canada*, rapport préparé pour le Conseil canadien de la magistrature, Ottawa, Conseil canadien de la magistrature, 1995, p. 89–90.

53 *MacKeigan c. Hickman*, [1989] 2 RCS 796, p. 831.

54 *R. c. Valente*, p. 689. Sur la question de l'impartialité, voir Christian Beaulieu, *L'application de la Charte canadienne des droits et libertés au pouvoir judiciaire*, Montréal, Thémis, 1995, p. 118–120.

55 À ce sujet et pour une perspective historique, consulter Martin L. Friedland, *op. cit.*, p. 89–110.

56 C'est le cas, au Québec, en 1996, du juge Jean Bienvenue, qui, à l'occasion d'un procès, a tenu des propos jugés offensants à l'égard des femmes et des Juifs. À la suite des plaintes portées auprès du Conseil de la magistrature et à l'enquête de ce dernier, le juge Bienvenue a préféré démissionner.

57 Il faut noter ici que ce besoin a été dénoncé par le juge Jules Deschênes, alors juge en chef de la Cour supérieure

du Québec, dans une étude commandée par le Conseil canadien de la magistrature en collaboration avec la Conférence canadienne des juges et l'Institut canadien d'administration de la justice. Le juge Deschênes recommandait, à cette occasion, que « la constitution canadienne proclame, aux niveaux fédéral et provincial, le principe de l'indépendance individuelle et collective du pouvoir judiciaire » (Jules Deschênes en collaboration avec Carl Baar, *Maître chez eux – Masters in Their Own House — Une étude sur l'administration judiciaire autonome des tribunaux*, septembre 1981, Ottawa, Conseil canadien de la magistrature, 1981).

58 Pour une discussion des garanties constitutionnelles en matière d'indépendance du pouvoir judiciaire, voir Christian Beaulieu, *op. cit.*, section 1 : « Les fondements constitutionnels de l'indépendance judiciaire », p. 93–106.

59 Pour un aperçu de ces critères, consulter Donald Poirier, *op. cit.*, p. 187–189.

60 Entre 1945 et 1965, par exemple, à quelques exceptions près, tous les juges nommés durant cette période avaient des liens avec le parti au pouvoir qui procédait à leur nomination ou avaient été actifs en politique selon une étude citée dans Martin L. Friedland, *op. cit.*, p. 262. Mentionnons aussi à ce sujet le cas du dernier gouvernement de Pierre Elliott Trudeau, qui, en 1984, à la veille du déclenchement des élections fédérales, élève six partisans libéraux, dont trois de ses ministres, au rang de la magistrature. En ce qui concerne le premier gouvernement conservateur de Brian Mulroney, voir l'étude de Peter H. Russell et Jacob S. Ziegel, « Federal Judicial Appointments : An Appraisal of the First Mulroney Government's Appointments and the New Judicial Advisory Committees », *University of Toronto Law Journal*, XLI, 1, hiver 1991, p. 4–37. Par ailleurs, il convient aussi de noter les interventions ministérielles auprès de juges, qui ne manquent pas de susciter la critique.

61 Ministère de la Justice du Canada, Direction des communications et affaires publiques, *Le nouveau régime de nomination des juges*, Ottawa, Ministère des Approvisionnements et Services Canada, 1988, p. iii.

62 *Ibid.*, p. 12. Les comités sont composés de cinq membres nommés pour un mandat renouvelable de deux ans. Les membres sont issus de la magistrature, du barreau et du grand public.

63 Selon Donald Poirier, par exemple, « il est encore et toujours confidentiel, relativement secret et dirigé par quelques avocats » (Donald Poirier, *op. cit.*, p. 189–190). Pour Peter H. Russell et Jacob S. Ziegel, la mise sur pied de ces comités ne change rien à la façon dont sont choisis les juges et constitue surtout un exercice de relations publiques destiné à rassurer d'abord l'opinion publique canadienne (Peter H. Russell et Jacob S. Ziegel, *op. cit.*, p. 26–36).

64 Par exemple, en 1982, pour la première fois dans l'histoire de la Cour suprême, une femme est nommée juge. Entre 1984 et 1988, le gouvernement procède à la nomination de 228 juges, dont 40 femmes. Les années 1980 sont aussi témoins de la nomination de Frank Iacobucci,

premier juge italo-canadien à la Cour suprême. Auparavant, un juge de confession juive, Bora Laskin, avait aussi été appelé à siéger au plus haut tribunal du pays. En Ontario, le gouvernement néo-démocrate, arrivé au pouvoir en 1990, décide aussi d'élever un plus grand nombre de femmes à la magistrature.

65 À ce sujet, voir T. G. Zuber, *Rapport de l'enquête sur le fonctionnement des tribunaux de l'Ontario*, Ministère du Procureur général de l'Ontario, Toronto, Imprimeur de la Reine pour l'Ontario, 1987, p. 253–254, ainsi que Rob Martin, « A "Gender Patronage" For Judges ? », dans F. L. Morton (dir.), *Law, Politics and the Judicial Process in Canada*, 2nd ed., Calgary, University of Calgary Press, 1992, p. 97–99.

66 C'est le cas notamment de l'étude de Peter H. Russell et Jacob S. Ziegel, *op. cit.*, p. 14, qui souligne qu'entre 1984 et 1988, parmi les 13 candidatures classées dans les catégories « passable » ou « faible » et qui pourtant fait l'objet de nominations, 12 concernaient des hommes.

67 Le premier ministre joue un rôle important et est directement impliqué dans ces nominations. Pour le reste de la magistrature fédérale, il intervient directement dans la nomination des juges en chef seulement, laissant au ministre de la Justice celles des juges.

68 Jeffrey Simpson, « Patronage in Judicial Appointments », dans F. L. Morton, *op. cit.*, p. 84–85.

69 Jean Foyer « La justice : histoire d'un pouvoir refusé », *Pouvoirs*, 16, 1981, p. 17–29.

70 Pour un bref survol historique de la dépendance des juges, voir *ibid.*, p. 19–25.

71 Titre VIII, Constitution de la Ve République. Sur ce point, voir, par exemple, Michel Troper, « Fonction juridictionnelle ou pouvoir judiciaire ? », *Pouvoirs*, 16, 1981, p. 5–15.

72 Pour une description et une analyse de ces diverses questions, voir Thierry S. Renoux et André Roux, *L'administration de la justice en France*, Paris, PUF, collection « Que sais-je ? », 1994, p. 3–99.

73 Pierre Lyon-Caen, « L'expérience du Syndicat de la Magistrature – Témoignage », *Pouvoirs*, 16, 1981, p. 59. Dans le même ordre d'idées, on peut aussi consulter Bernard Bacou, « L'État de Droit vu par le "juge judiciaire" », dans Dominique Colas (dir.), *L'État de Droit*, Paris, PUF, 1987, p. 125–132.

74 Pour une définition et une analyse du rôle des magistrats de siège et de ceux du parquet, voir Georges Boyer Chammard, *Les magistrats*, Paris, PUF, collection « Que sais-je ? », 1985, p. 66–95.

75 Sur cet aspect, voir Laurent Greilsamer et Daniel Schneidermann, *Les juges parlent*, Paris, Fayard, 1992.

76 Les autorités politiques sont conscientes de cette situation. C'est dans ce sens qu'il faut interpréter la modification constitutionnelle de 1993 relative au Conseil supérieur de la magistrature, le *Rapport Truche* de 1997 et l'objectif gouvernemental fixé en 1998 visant à couper la relation entre le politique et le judiciaire.

18

Le pouvoir administratif et le leadership politique

Pour terminer l'étude du système politique dans son environnement interne, il faut considérer le pouvoir administratif et le leadership politique essentiels au fonctionnement du centre décisionnel et, en général, au processus politique. Ce leadership se trouve également dans les différentes parties du système politique, tels la culture politique, les médias, les partis politiques ou les groupes de pression.

1. LE POUVOIR ADMINISTRATIF

Le pouvoir administratif s'exerce avec un grand nombre de variantes dans l'administration publique qu'il faut, avec les principes généraux sur lesquels elle s'appuie, tout d'abord définir, pour ensuite examiner ses caractères et le pouvoir dont elle dispose.

1.1. L'ADMINISTRATION PUBLIQUE : CARACTÈRES, ORIGINE ET ÉVOLUTION

L'administration publique se distingue de l'administration privée par ses sources de financement, qui sont, pour la majorité de ses institutions, les impôts et les taxes, et par son but, qui est de servir les décideurs et la population, et non de rechercher des bénéfices pécuniaires. Vu les services qu'elle rend, elle doit comporter un plus grand éventail de métiers et de professions qu'une administration privée.

Une deuxième considération générale concerne l'influence du milieu culturel, politique et histori-que sur le développement et les caractères de l'administration publique. En effet, les caractères principaux des structures et du personnel de l'administration publique d'un pays varient selon les époques, les régimes et la culture politique d'une société. Ainsi, à un régime autoritaire centré sur la personne d'un dictateur correspond une administration qui lui est toute dévouée. À un régime totalitaire qui comporte un État dominé par un parti unique correspond une administration dont les critères d'engagement et de promotion ne sont plus la fidélité à une personne, mais son importance dans le parti. Les États des pays en développement attendent également de leurs fonctionnaires non pas la neutralité et l'objectivité, comme c'est le cas pour les États de démocratie libérale, mais un appui, par exemple, au plan économique ou à l'idéologie du gouvernement en place.

Dans les régimes démocratiques des pays développés, la structure et le rôle de l'administration publique ont évolué au même rythme que ceux de l'État. L'administration publique est née de la différenciation entre la fonction gouvernementale et la fonction administrative, entre le pouvoir exécutif, composé de décideurs politiques, et le pouvoir administratif, chargé de la mise en œuvre des décisions. À travers les siècles, les tâches de l'administration publique se sont accrues, celle-ci participant, à l'époque moderne, à l'élaboration, à la formulation et à l'application des politiques et programmes. Par souci de se conformer aux normes légales et rationnelles de la démocratie, les privilèges, la corruption et le favoritisme rattachés à l'embauche et à la promotion de ses effectifs ont dû être partiellement abandonnés. En outre, au XXe siècle, la transformation de l'État libéral en État-providence a nécessité un élargissement considérable de l'administration publique pour répondre aux demandes croissantes en services et en réglementation. Elle est devenue une vaste organisation qui touche tous les aspects de la vie d'une société. Plus récemment, depuis les années 1980, et, avec une accélération à partir des années 1990, un mouvement contraire s'effectue vers la décentralisation, la déréglementation et la sous-traitance, contribuant à la réduction des effectifs des administrations publiques des pays occidentaux. Le contexte politique international de la mondialisation, les incitations du Fonds monétaire international à diminuer les dettes nationales, la chute du modèle soviétique et le déplacement général de l'axe idéologique vers le conservatisme ont contribué à cette nouvelle tendance. L'administration publique est ainsi une partie essentielle du centre décisionnel moderne. Elle se définit, selon la perspective de Iain Gow et de ses collaborateurs, par ses différentes composantes : les institutions, le personnel et les fonctions de celui-ci[1].

1.1.1. LES INSTITUTIONS DE L'ADMINISTRATION PUBLIQUE

Les institutions de l'administration publique varient selon les États, les régimes et les cultures politiques. De façon générale, elles comprennent habituellement un noyau central composé de ministères ou de départements d'État sous le contrôle du pouvoir exécutif. À ce noyau central, il faut ajouter des organismes ayant plus ou moins d'autonomie : régies, agences, industries nationalisées, entreprises publiques, etc.[2]. Dans les États fédéraux, comme le Canada et les États-Unis, les unités membres possèdent également leur propre administration. Enfin, un palier d'administration locale, avec ses différentes divisions, dépend, dans les États unitaires, du gouvernement central, et, dans les États fédéraux, habituellement de celui des unités membres. Par contre, en France, État unitaire, il existe une distinction supplémentaire, car la fonction publique se divise en trois grandes catégories possédant chacune leur propre hiérarchie : la fonction publique de l'État, la fonction publique territoriale et la fonction publique hospitalière.

Au sein de l'État, les ministères ou départements se distinguent les uns des autres par leurs fonctions principales, illustrées ici par des exemples pris dans le gouvernement de Jean Chrétien durant l'année 1997 :

- des fonctions de coordination des activités avec l'extérieur (exemples : ministère des Affaires intergouvernementales, ministère des Affaires étrangères) ;

- des fonctions sectorielles, s'occupant d'un domaine spécifique d'activités (exemples : ministère de la Justice, ministère de la Santé) ;

- des fonctions de gestion, de contrôle et de coordination interne (exemples : Conseil du Trésor et ministère responsable de l'infrastructure) ;

- des fonctions de soutien de l'exécutif (exemple : Conseil privé) ;

- des fonctions de services de planification ou financiers au gouvernement et à l'Administration (exemple : ministère des Finances).

Chaque ministre à la tête d'un ministère ou chaque secrétaire à la tête d'un département a sous ses ordres, comme chef administratif, un haut fonctionnaire qui fait le lien entre le ministre ou le secrétaire responsable de la décision politique et l'administration publique responsable de la mise en œuvre de cette politique. Au Canada, il s'agit d'un sous-ministre, aux États-Unis d'un sous-secrétaire d'État, au Royaume-Uni d'un secrétaire permanent et en France d'un directeur de cabinet ministériel. Dans ce noyau de l'administration publique, chaque ministre ou chaque secrétaire, y compris le chef de l'exécutif, possède également son cabinet ministériel, « bureau politique », ou secrétariat, composé de conseillers politiques, choisis habituellement, mais pas nécessairement, hors de la fonction publique. Leur statut est souvent contractuel et temporaire. Leurs fonctions sont notamment de faire le lien avec le parti et les partisans, de préparer la prochaine élection, de fournir des conseils d'un autre point de vue que celui de l'Administration sur les politiques et les programmes, de faire la liaison avec les médias et de préparer les discours et l'emploi du temps des ministres. Au Royaume-Uni, par contre, chaque ministre choisit, parmi les hauts fonctionnaires, un *principal private secretary* qui accomplit certaines de ces tâches. Le Premier ministre travailliste Tony Blair s'est écarté de cette tradition non seulement en élargissant les effectifs du bureau du premier ministre, mais aussi en y ajoutant des conseillers partisans. Aux États-Unis, l'*executive office* du président comprend à la fois des conseillers politiques et des fonctionnaires politiques qu'il nomme lui-même. En France, les cabinets ministériels, y compris celui du premier ministre, incluent des hauts fonctionnaires, souvent membres des grands corps de l'État, et des conseillers politiques nommés à la discrétion des ministres. Ces grands corps se rapportent à des secteurs techniques, comme le Corps des mines, et à des secteurs non techniques, comme le Conseil d'État et l'Inspection des Finances.

Dans les ministères et les départements qui forment le noyau de la fonction publique, et dont le nombre varie selon les gouvernements au pouvoir au Royaume-Uni, au Canada, en France mais non aux États-Unis, il existe une structure verticale de responsabilité qui suit une hiérarchie de hauts fonctionnaires portant des titres différents selon les États. Celle-ci peut être *déconcentrée*, basée sur une *délégation de pouvoir* (se rapportant à une fonction ou à un territoire) à un fonctionnaire ou une unité territoriale dans, par exemple, des « directions », tout en maintenant sa subordination à l'autorité centrale. Cet arrangement organisationnel préserve ainsi la hiérarchie du pouvoir. Elle peut aussi être *décentralisée* avec, par exemple, sur le même pied que le sous-ministre, des commissaires spécialisés. La décentralisation consiste en un transfert de pouvoir du centre vers une administration autonome et distincte. Elle peut aussi être *fonctionnelle* ou *territoriale*.

Afin d'affirmer la présence du pouvoir central et de se rapprocher des citoyens, les structures de l'administration centrale, dans les États unitaires comme dans les États fédéraux, sont aussi habituellement disséminées dans les diverses régions du territoire. Ainsi, bien que chaque département de l'administration fédérale américaine ait sa direction à Washington, ses bureaux sont dispersés dans tout le pays et seulement 11 % des effectifs de l'administration publique fédérale vivent dans le district de Columbia et les environs[3]. De même, 80 % des effectifs de la fonction publique du Royaume-Uni

sont installés à l'extérieur de Londres, en province, ou au pays de Galles et en Écosse dans des ministères décentralisés[4]. L'administration publique française est aussi géographiquement déconcentrée, 95 % de la fonction publique ayant ses bureaux à l'extérieur de Paris[5].

Dans les États unitaires et fédéraux, il existe en outre une décentralisation du pouvoir administratif par la délégation de pouvoir, par le gouvernement central ou celui des unités, à des autorités locales, souvent élues par leur communauté, toujours subordonnées au pouvoir supérieur, mais relativement autonomes sur un territoire défini par ce pouvoir. Ces autorités, telles celles des conseils municipaux, régionaux ou des conseils ou commissions scolaires, au Canada, jouissent souvent de pouvoirs de gestion, de réglementation et de taxation foncière sur leur localité. Au Royaume-Uni, État unitaire, le gouvernement central a affermi son pouvoir sur le palier local en transférant certaines compétences des collectivités locales aux ministères. Ce transfert a été accompli en donnant aux *quangos*, ou *quasi non-governmental organizations*, plusieurs fonctions des conseils élus dans certains secteurs, tels ceux de l'éducation ou de la santé, ainsi que le contrôle de leurs activités. En France, la déconcentration et la décentralisation se traduisent par le partage des fonctions entre l'administration centrale, habituellement concentrée à Paris, la fonction publique territoriale et la fonction publique hospitalière. Mis à part les attributions de la fonction publique hospitalière, qui sont évidentes, celles de la fonction publique d'État sont relatives à la conception et à la coordination des actions de l'État au niveau national tandis que celles de la fonction publique territoriale concernent les actions de l'État dans les régions et départements. Cette dernière administration comprend le personnel enseignant des établissements publics, universités, lycées et collèges. La fonction publique territoriale, créée en 1984, a confié aux autorités locales la responsabilité des services d'intérêts locaux. Elle se divise en unités hiérarchisées qui, en 1998, vont des régions (26), aux départements (100) et aux communes (37 000). À ces collectivités s'ajoutent les territoires d'outre-mer et les collectivités territoriales à statut particulier[6]. Aux États-Unis, l'administration des unités membres, donc des États, ainsi que celle des unités locales, c'est-à-dire les comtés ou paroisses (en Louisiane), les *townships* ou *towns*, les districts scolaires et les districts spéciaux qui dépendent des États, a un caractère particulier. En effet, vestige du principe démocratique de la souveraineté du peuple, certains membres de ces administrations sont élus[7] par la population.

Plusieurs types d'institutions sont issues de la décentralisation fonctionnelle. Sont attachés au noyau de l'Administration, mais jouissent d'un statut quasi autonome, les régies, les offices, les tribunaux administratifs et les commissions ou autres organismes chargés de réglementer, de surveiller ou de contrôler un secteur d'activité de la société. Un autre type d'institutions décentralisées sont les agences de prestation et de gestion de services, qui se sont multipliées depuis les années 1980. Elles ont une certaine autonomie et certains pouvoirs dans leur domaine bien que souvent elles dépendent encore d'un ministère ou d'un département auquel elles doivent rendre des comptes par l'intermédiaire de leur direction. Enfin, il existe aussi des entreprises entièrement ou partiellement nationalisées, qui peuvent être culturelles, commerciales, productives ou financières, et agissent comme des entreprises privées sous le contrôle de l'État. Elles possèdent un encore plus grand degré d'autonomie par rapport au pouvoir exécutif. Au Royaume-Uni, les entreprises nationalisées et les entreprises publiques sont placées hors du cadre ministériel. Au Canada, elles sont habituellement rattachées à un ministère. En France, elles sont sous la tutelle d'un conseil d'administration visant à représenter l'État, le personnel et les usagers; toutefois, leur directeur, nommé par le pouvoir exécutif, a pris plus récemment une importance accrue[8]. À ces diverses institutions, il faut ajouter l'administration militaire, qui joue un rôle direct et plus important dans la formulation générale des politiques de certains pays, comme ceux, par exemple, d'Amérique latine, tandis que dans d'autres, son influence, comme aux États-Unis, ne s'exerce que sur certains secteurs de la politique. La composition officielle de la fonction publique, du reste, varie avec les pays et les époques, ce qui influence évidemment les statistiques sur ses effectifs. Par exemple, le *civil service* du Royaume-Uni n'inclut pas, entre autres, le personnel enseignant, les membres de la magistrature, les membres des forces armées et des forces de police, ni les agents des collectivités locales, les employés des sociétés nationales et le personnel des services de santé, alors que ceux-ci font partie de l'administration publique en France[9].

Au Royaume-Uni et au Canada, la multiplication d'agences, notamment de services, est un phénomène récent qui exprime une volonté de délégation et de décentralisation du pouvoir de la fonction publique. Au Royaume-Uni, la création de nouvelles agences exécutives nommées *Next Steps* a débuté sous le gouvernement conservateur Thatcher. En 1979, le gouvernement Thatcher avait inauguré un programme de transformation de la fonction publique, sous la direction de l'*Efficiency Unit* du premier ministre, qui visait à éliminer les sources d'inefficacité. Le rapport présenté par ce bureau, *Improving Management in Government: The Next Steps*, ou rapport Ibbs, a proposé de séparer les fonctions d'élaboration des politiques d'avec les fonctions de prestation des services et de créer des agences pour assumer ces dernières responsabilités. À la fin de 1995, suivant les recommandations du rapport acceptées en 1988[10], 109 nouvelles agences avaient ainsi été créées, employant 69 % du *home civil service*. Sous l'autorité d'un chef de la direction, ces agences demeurent sous la responsabilité d'un ministre tout en gardant une certaine autonomie[11]. Elles sont des corps semi-autonomes qui fonctionnent selon leurs propres règlements et d'après les objectifs du statut qui les a créées[12].

Au Canada, des organismes de service spécial (OSS), inspirés du secteur public et des agences *Next Steps* anglaises, ont été intégrés à partir de 1989 dans la structure de la fonction publique fédérale pour améliorer le service et la responsabilisation tout en réduisant les coûts. Soumis à un accord cadre approuvé par le Conseil du Trésor, ils doivent se conformer à des normes de rendement, de services et de coûts[13]. Leur hiérarchie diffère de celle des agences britanniques, étant habituellement dirigés par un administrateur en chef qui relève du sous-ministre du ministère d'attache. Plusieurs gouvernements provinciaux ont tenté, en général avec peu de succès, de suivre l'exemple fédéral pour améliorer la prestation et la qualité des services[14].

Aux États-Unis, le mot « agence » peut prêter à confusion. En effet, on se réfère au Bureau du président comme à une *agency*. Les départements au niveau du Cabinet portent aussi le nom d'agences. Enfin, il existe aussi une variété d'agences indépendantes, de commissions régulatoires et de corporations publiques et, enfin, des agences de soutien administratif des branches législative et judiciaire. Plusieurs « bureaux » jouent un rôle important, tel l'Office of Management and Budget (OMB), qui aide le président dans la préparation, la présentation et l'application du budget [15]. Certaines agences indépendantes, dont la direction est nommée par le président avec l'approbation du Sénat, ne font pas partie des départements au niveau du Cabinet, telles l'Environmental Protection Agency ou la Veterans Administration.

1.1.2. LES FONCTIONS

L'administration publique se définit aussi par ses fonctions. Le personnel des ministères a pour fonctions d'offrir aux ministres ou à la direction des départements des conseils d'experts, de rechercher et de formuler des projets de politiques, de lois et de programmes et de les appliquer, une fois qu'ils sont adoptés par le gouvernement. La fonction des régies ou commissions est de réglementer ou de contrôler un secteur d'activité pour le bien public. Celle des agences est principalement d'offrir des services au public. Celle des entreprises publiques est de fournir des services et des produits qui peuvent être de nature culturelle, productive, industrielle ou financière. Les fonctions des institutions administratives sont habituellement spécifiées dans les décrets ou les lois qui les ont créées.

1.1.3. LA FONCTION PUBLIQUE

L'administration publique se définit aussi par son personnel, celui des ministères, départements, agences ou autres organismes administratifs qui assistent le pouvoir exécutif et lui sont subordonnés. Ce personnel peut former une force, un groupe d'intérêt au centre décisionnel, ayant, donc, son propre pouvoir, ses propres traditions et ses propres intérêts par rapport au pouvoir exécutif et aux citoyens. Il faut noter cependant que, quand certains auteurs se réfèrent à la fonction publique, ils n'incluent que le personnel civil employé dans les administrations centrales et rémunéré par les fonds votés par le Parlement [16]. Ce personnel se divise habituellement en une élite de hauts fonctionnaires occupant des postes comblés par nomination politique à l'extérieur ou à l'intérieur de la fonction publique et en une majorité de fonctionnaires au-dessous de cette élite qui ont habituellement un statut permanent dans leur administration. À ce personnel s'ajoutent un personnel temporaire et un personnel contractuel dont les effectifs se sont accrus depuis les années 1980 dans certains pays comme le Royaume-Uni, le Canada et les États-Unis. Les fonctionnaires permanents situés aux plus hauts échelons sont divisés en corps professionnels selon les diplômes exigés, tandis qu'aux plus bas échelons, ils sont divisés par types d'activités, telles que techniciens, ouvriers, employés de bureau. Les grandes divisions utilisées au Canada depuis 1996 sont illustrées au tableau 18.1.

L'administration publique est ainsi née à la suite de l'évolution des divisions des fonctions au centre décisionnel. Elle se distingue du secteur privé bien qu'elle l'ait pris récemment comme modèle. Elle se définit par une structure, des effectifs et des tâches qui lui sont particuliers ainsi que par son processus, qui constitue une discipline en elle-même [17]. Quels sont ses caractères dans les démocraties modernes et quels débats soulèvent-ils ? Détient-elle un pouvoir elle-même et dans quelle mesure celui-ci est-il limité par les autres pouvoirs ?

Tableau 18.1
Les catégories de l'administration publique fédérale canadienne

Le groupe de direction.

La catégorie scientifique et professionnelle.

La catégorie administrative et de service extérieur.

La catégorie technique.

La catégorie de l'exploitation.

(Note : Chaque catégorie se subdivise en groupes d'occupations.)

1.2. LES CARACTÈRES GÉNÉRAUX DE LA FONCTION PUBLIQUE DANS LES DÉMOCRATIES CONTEMPORAINES ET LES DÉBATS QU'ILS SOULÈVENT

Les caractères de l'administration publique, avec des variantes, se retrouvent non seulement au niveau national, mais aussi dans les unités des États fédéraux et aux paliers régionaux, municipaux et locaux. Dans chacun des systèmes et sous-systèmes politiques, l'Administration, par ses caractères, exerce une influence importante sur la production et la qualité des extrants et, dans ses relations avec le public, sur la qualité et la nature de la rétroaction.

En principe, dans les démocraties contemporaines, l'administration publique est la servante désintéressée et neutre des gouvernements et de l'intérêt général. Ce sont les membres des corps exécutif, législatif et parfois même judiciaire qui prennent les décisions politiques, guidés par une idéologie politique et des considérations à la fois publiques et personnelles, tout en étant soumis à la loi. Les fonctionnaires de l'administration publique sont chargés de conduire les affaires de l'État pour le bien commun et conformément à leurs décisions et à leurs directives. Le gouvernement, en effet, représente la volonté du peuple et l'administration publique doit s'assurer que celle-ci est formulée et appliquée.

Selon le principe de la représentativité administrative, selon son rôle dans le processus de formulation et d'application de la volonté du peuple et selon ses fonctions de service, la démocratie exigerait que l'administration publique ne soit pas l'apanage d'une élite mais représente équitablement les différentes composantes de la société dans tous ses secteurs et à tous ses échelons afin d'être consciente des intérêts de chacune. Ce n'est, cependant, qu'à la fin du XXe siècle que le pouvoir exécutif commence à prendre des mesures pour que l'administration publique reconnaisse certains aspects du pluralisme qui existe dans la société. Ce principe de la *représentativité administrative* est toutefois attaqué par ceux qui avancent que, contrairement à l'opinion de ses partisans, elle ne donnerait pas une plus grande stabilité au système politique. Elle aviverait plutôt les conflits entre les divers groupes, chacun poursuivant ses propres intérêts, et irait à l'encontre du principe de la neutralité administrative et de l'objectif administratif de travailler pour le bien commun. D'autres soulignent que l'appartenance plutôt que la compétence comme critère d'engagement et de promotion contredit le principe du mérite.

L'ouverture au principe de la représentativité des groupes dans l'administration publique a accompagné habituellement les textes de loi interdisant la discrimination dans l'emploi et les mesures d'égalité dans l'emploi, sans toutefois cibler également toutes les composantes de la société. Cette ouverture, dont les progrès sont lents, vise principalement les femmes, les minorités ethniques et linguistiques, les personnes handicapées et la représentation des régions.

La représentativité de l'Administration peut aussi se manifester par la représentation des intérêts, grâce aux contacts entre l'Administration et les groupes d'intérêt et les lobbies. Ces contacts sont utiles pour permettre à l'Administration d'obtenir des avis d'experts du secteur privé sur des programmes proposés susceptibles de concerner directement certains groupes. Ce processus de consultation aléatoire ou régulière avec des groupes d'intérêt facilite aussi le processus d'élaboration des politiques. Quand une consultation plus élargie est nécessaire, un livre blanc sur une politique proposée peut être, par exemple, présenté au public pour recevoir les avis des individus et des groupes moins importants.

Les liens qu'elle cultive avec les groupes d'intérêt donnent à l'Administration un certain poids par rapport au pouvoir exécutif, notamment quand ces groupes appuient des politiques qui leur conviennent. Toutefois, ces liens ne devraient pas, en principe, nuire à l'objectivité et à la neutralité des administrateurs. Parfois, c'est le pouvoir exécutif qui, soucieux de l'appui, notamment financier, de ces groupes pour sa réélection, soutient leur influence sur l'administration publique concernant certaines options de programmes ou de politiques. Ces liens varient d'intensité selon les États, étant, par exemple, plus transparents et serrés aux États-Unis qu'au Royaume-Uni. Dans certains pays, en effet, l'Administration est davantage la cible des pressions des groupes d'intérêt dont les activités, comme aux États-Unis, font l'objet de réglementations.

Tableau 18.2
Les caractères généraux de l'administration publique

Caractères structurels :

- Une haute spécialisation et une forte différenciation des fonctions.
- Une hiérarchie bien définie d'autorité et de tâches.
- La méritocratie comme base d'engagement et de promotion.
- La spécialisation professionnelle du personnel.
- L'emploi d'un mode rationnel de prise de décision.
- Un système de procédures concernant le travail et les relations de travail.
- Un système de règlements concernant les droits et les devoirs de chaque employé selon ses fonctions.

Types de comportement :

- L'objectivité politique.
- L'efficacité.
- La discrétion.
- L'obéissance aux règlements.

À ces principes d'obéissance au gouvernement, de service du bien commun et de représentativité démocratique s'ajoutent ceux de la doctrine administrative traditionnelle. Ceux-ci sont énoncés par les théories sur la bureaucratie et l'administration bureaucratique, notamment celle de Max Weber[18]. Ils sont modifiés par l'évolution et le processus des administrations publiques modernes et sont plus ou moins observés par celles-ci. Selon ces principes, les caractères généraux des administrations publiques des régimes démocratiques contemporains, indiqués au tableau 18.2, se rapportent non seulement à la structure, mais aussi à la composition et au comportement de leurs membres.

Expliquons brièvement ces caractères. *Une haute spécialisation et une forte différenciation des fonctions* sont nécessaires à une administration publique moderne. Les décideurs politiques, qui, souvent, ne sont pas des spécialistes, doivent recourir aux conseils d'experts pour les aider à formuler leurs politiques et leurs programmes. Par exemple, un ministère ou un département de l'Environnement nécessite, dans sa branche technique, la présence de chimistes pour déterminer les taux acceptables de pollution. Chaque ministère ou département comporte souvent une branche légale composée d'ex-perts en droit chargés de la formulation légale des projets de loi émanant des décideurs politiques. Cette spécialisation demande ainsi de la part des fonctionnaires une expertise qui varie avec les postes, donc une spécialisation et une différenciation de leurs fonctions.

L'existence d'experts dans la fonction publique n'entraîne pas leur engagement à tous ses échelons et pour tous les postes. Dans certains pays, à certaines époques, et pour des fonctions particulières, il peut exister également une préférence pour l'engagement de généralistes. À la fin du XXe siècle, le recours accru aux experts a cependant soulevé la crainte d'un nouveau pouvoir technocratique dans l'administration publique. Cette *technocratisation* de l'Administration se refléterait dans la nouvelle importance donnée à des valeurs telles que la compétence, l'efficacité et, dans le cas de certaines agences et entreprises nationalisées, la rentabilité.

Le *principe hiérarchique* de l'organisation de l'administration publique se présente habituellement dans les ministères et les départements sous la forme d'un échelon supérieur d'élite de hauts fonctionnaires auquel sont subordonnés un ou plusieurs autres échelons de techniciens, d'experts, d'ouvriers et de commis. Les directives émises par les membres du pouvoir exécutif sont communiquées par l'échelon supérieur aux échelons inférieurs, tandis que la responsabilité se transmet par le bas, chaque fonctionnaire étant responsable devant ses supérieurs et ceux-ci, devant leurs propres supérieurs jusqu'aux hauts fonctionnaires en contact avec le dirigeant ou la dirigeante politique en charge de ce ministère ou de ce département. Le secteur parapublic, agences, régies et entreprises nationalisées, jouit d'un plus grand degré de liberté quant à sa structure interne bien que ses directeurs doivent rendre compte des activités de leurs institutions au pouvoir exécutif. Comme Gow et ses collaborateurs le font remarquer, le principe hiérarchique vise à la fois à contrôler l'ensemble des activités et à éviter l'arbitraire dans ce qui est appelé les « relations de commandement »[19]. Les diverses critiques de ce principe soulignent les risques du trop grand pouvoir de la direction politique, qui peut favoriser les échelons supérieurs et renforcer une tendance de résistance aux changements présentée par l'administration publique des pays occidentaux. Les hauts fonctionnaires peuvent ainsi tirer des privilèges indus de ces contacts privilégiés, tandis que les élus, soucieux de préparer leur prochaine élection ou nomination, peuvent préférer des décisions « prudentes » qui accentuent le caractère conservateur de l'administration publique. D'un autre côté, le principe d'obéissance aux supérieurs et aux règlements offre une certaine protection aux fonctionnaires en leur ôtant, dans une certaine mesure, la responsabilité de leurs actions. Mais ces règlements donnent trop souvent des normes minimales de travail qui, avec la sécurité d'emploi, découragent l'initiative et un plus grand rendement. Les négociations syndicales qui visent à préciser les rapports d'autorité tendent à aggraver la situation en multipliant les règles et normes.

La composition de l'élite de la fonction publique varie selon les pays, les politiques adoptées pour la rendre plus représentative et les modes de recrutement employés[20]. Le recrutement peut se faire par promotion interne, par concours, par sélection de diplômés d'une ou de plusieurs écoles supérieures spécialisées, donc, selon le principe du mérite, et par la nomination politique de certains membres. Les critiques de l'élitisme de la fonction publique remarquent que celle-ci a parfois tendance à se re-produire, à ne recruter que des personnes qui lui ressemblent sur certains points, tels que la culture ou la formation scolaire, si bien qu'elle peut devenir le monopole d'un groupe qui en rend l'accès plus difficile aux autres groupes. En conséquence, l'étendue de sa vision de l'intérêt public et de sa sensibilité aux autres groupes peut en être rétrécie.

Une critique majeure de l'administration publique française est ainsi dirigée contre l'élitisme de l'École nationale d'administration (ENA) et ses ramifications politiques[21]. Les énarques déjà présents parmi les hauts fonctionnaires et les politiciens dirigent aussi la plupart des industries et des institutions nationalisées et souvent, à mi-chemin de leurs carrières, optent pour des postes de gestion dans le secteur privé. Les secteurs politique, administratif, économique et financier en France sont donc dominés par une élite qui partage la même formation et des liens entre ses membres, d'autant plus, que dans le sens inverse, certains énarques, cadres dans le secteur privé, passent à la direction d'entreprises nationalisées. Ces liens entre secteur privé et administration publique semblent aller à l'encontre de la supposée neutralité de l'État[22], en favorisant une perspective non seulement élitiste mais aussi trop uniforme dans les affaires politiques et économiques du pays. La pratique relativement récente de la nomination politique de certains hauts fonctionnaires, habituellement parmi les diplômés des grandes écoles, ne modifie donc pas cette situation. La compétence et la continuité de formation des membres de la haute fonction publique ont, selon certains, contrebalancé, par le passé, l'instabilité de l'ordre politique[23]. Toutefois l'élitisme et la perspective technocratique des hauts fonctionnaires leur rendraient plus difficile d'arriver à des décisions adéquates pour protéger l'intérêt général et le service public, du fait qu'ils sont trop éloignés du reste de la population. Les rivalités internes entre les membres de cette élite dotée d'une même formation diminueraient également leur capacité d'innover et de s'adapter aux changements[24].

Aux États-Unis, le principe hiérarchique de l'administration publique est compliqué par l'usage plus répandu des nominations politiques. La hiérarchie de fonctionnaires directement sous les secrétaires[25] se compose de sous-secrétaires et de secrétaires adjoints dont la nomination est souvent politique et le mandat relativement court, tandis que d'autres sous-secrétaires sont permanents et chargés de la gestion du département. Dans les unités administratives inférieures, divisées habituellement, mais pas nécessairement, en bureaux, services, administrations, branches, divisions ou sections, on trouve des fonctionnaires de carrière, mais ce n'est pas toujours le cas. Ils peuvent côtoyer des fonctionnaires dont la nomination est politique. Donc, à cause des nominations politiques, il n'est pas possible d'assurer à quelqu'un la permanence à un poste ou une progression de carrière régulière. À cause de ce chevauchement administratif entre les fonctionnaires de carrière et ceux nommés politiquement, le caractère de l'élite administrative américaine est beaucoup moins uniforme et solidaire, tout en présentant un point commun dans sa tendance à effectuer de fréquents sauts de carrière entre les domaines administratif, politique et privé.

Au Royaume-Uni et au Canada, la hiérarchie administrative suit le modèle de Whitehall. Dans chaque ministère, le ministre, assisté d'un sous-ministre, est responsable d'un portefeuille d'organisations liées entre elles : ministères, agences de services, sociétés d'État et tribunaux. Au Canada, le sous-ministre est désigné par les lois comme l'administrateur général, responsable de la gestion des ressources financières et humaines du ministère. Il en rend compte au ministre ainsi que des conseils donnés et des gestes posés par les employés du ministère[26]. Dans certains ministères, on trouve ensuite un sous-ministre délégué, puis plusieurs sous-ministres adjoints, et ensuite des directeurs généraux, selon les tâches spécifiques de chaque ministère et le degré de décentralisation de celui-ci. Le gouvernement du Premier ministre Mulroney avait introduit un poste partisan à la tête des ministères, celui de chef de cabinet (*chief of staff*) — aboli par le gouvernement suivant —, dont la tâche consistait à surveiller l'influence des fonctionnaires permanents sur l'élaboration des politiques[27].

Le principe du *mérite*, en Amérique du Nord, comme base habituelle de l'engagement et de l'avancement des fonctionnaires, les *normes et les règles impersonnelles* auxquelles ils sont soumis ainsi que le processus rationnel de prise de décision

et leur statut permanent ont pour objectif de garantir la *neutralité* politique. En effet, cette neutralité se rattache à leur rôle d'instruments du pouvoir politique, fidèles à l'exécution de la volonté du peuple, un rôle qui doit perdurer à travers les changements de partis politiques au pouvoir. Gow et ses collaborateurs mentionnent trois règles de cette neutralité :

- le soutien au régime démocratique et au système politique ;
- l'absence de prise de position partisane ;
- l'obéissance aux supérieurs et aux décisions politiques dans les limites de ses fonctions et de ses rôles[28].

Cependant, dans certains pays, les principes de l'absence de prise de position partisane et du mérite comme critère de recrutement et d'avancement ne sont pas entièrement observés. Aux États-Unis, le favoritisme politique, qui était au XIXe siècle, dans les démocraties occidentales, le mode principal de sélection des fonctionnaires, est encore présent dans la *pratique des dépouilles* (*spoils system*), inaugurée par le président Jackson. Cette pratique consiste à renouveler une partie des échelons supérieurs de l'Administration, limitée à 10 % des hauts fonctionnaires depuis le gouvernement Carter, à chaque changement de l'exécutif. Elle est soutenue par ceux qui avancent que le pouvoir exécutif a besoin de s'entourer de personnes loyales et de disposer d'un moyen de remercier les fidèles partisans. Ceux qui critiquent cette pratique doutent de la compétence de telles personnes, donc de leur capacité de remplir les fonctions qu'on leur confie. Le recrutement au niveau des États et du gouvernement local est aussi marqué par une tradition démocratique populiste. Certains des hauts fonctionnaires, des autorités administratives officielles et même des membres des commissions et bureaux des États sont souvent élus par la population, alors que, dans d'autres pays, ces postes sont occupés par des fonctionnaires de carrière.

Aux États-Unis, au Canada, au Royaume-Uni et en France, l'observation du principe du mérite pour l'engagement et l'avancement dans l'administration publique, par le moyen de concours, est la responsabilité d'organismes autonomes. Aux États-Unis, depuis les réformes de 1978, cette responsabilité est divisée, pour les autres postes que ceux dont les titulaires sont élus par la population ou désignés par nomination politique, entre l'Office of Personnel Management et le Merit Systems Protection Board. Ces organismes recherchaient plus récemment des généralistes de préférence aux spécialistes, ce qui témoigne d'un changement dans l'évaluation du sens du mérite lui-même[29]. Une exception est faite pour environ un tiers des agents fédéraux dont les concours suivent des procédures et des méthodes adaptées aux besoins particuliers d'administrations telles que le Federal Bureau of Investigation (FBI)[30]. Enfin, le cheminement de carrière des fonctionnaires américains est beaucoup moins clair que celui des fonctionnaires britanniques. L'avancement linéaire basé sur le mérite est brisé par les nombreux recroisements de carrières qui existent entre les effectifs du secteur public et du secteur privé et par l'absence d'une nette séparation entre les conseillers politiques et les fonctionnaires de carrière de la haute fonction publique, compliquée en outre par la mobilité fréquente et facile entre les deux[31].

Aux États-Unis, le principe de la neutralité politique des fonctionnaires est également moins observé parce qu'ils ne peuvent s'abriter, comme dans le système parlementaire britannique, en ce qui concerne leur participation au processus politique, derrière le secret et le principe de la responsabilité ministérielle. Ils doivent donc agir avec une certaine prudence, d'autant plus qu'ils peuvent être forcés à témoigner devant des commissions du Congrès pour expliquer et défendre la politique du département. Ils sont ainsi personnellement responsables devant l'organe législatif et devant le public. Ils jouissent toutefois d'une protection que n'ont pas leurs collègues britanniques. En effet, ils sont protégés par la loi contre des poursuites administratives ou judiciaires s'ils décident de dénoncer publiquement les erreurs ou les irrégularités commises par leur administration. Ils ont aussi le droit d'exprimer publiquement une opinion politique.

La politisation des fonctionnaires américains peut provenir également d'une érosion de leur neutralité par les liens plus serrés et plus fréquents par rapport à leurs collègues britanniques, qu'ils entretiennent avec les groupes de pression, et en particulier avec les lobbyistes. Ces groupes et ces lobbyistes s'adressent aux fonctionnaires pour faire connaître leurs intérêts et préférences et influencer leurs actions. Cette influence est d'autant plus puissante que ces groupes constituent les sources principales du financement électoral des partis politiques américains. Ils peuvent ainsi chercher à exploiter les divisions qui pourraient exister entre les branches exécutives, législatives et bureaucratiques. Et pourtant, les fonctionnaires ont souvent besoin de ces groupes pour les aider à défendre les politiques ou les programmes dont ils s'occupent.

Les particularités de l'administration américaine sont critiquées sur plusieurs points. Les recroisements fréquents de son personnel entre les secteurs public et privé nuiraient à sa stabilité, à sa continuité et à son expertise en profondeur[32], et le côté « amateur » et temporaire des recrues politiques de l'extérieur affecterait son efficacité et son unité[33]. Les moyens de contrôle trop nombreux dont les fonctionnaires font l'objet, les risques inhérents à leur responsabilité et l'attitude du public à leur égard ne les inciteraient pas non plus à faire des innovations de grande envergure.

Au Royaume-Uni, depuis la fin des années 1970, une certaine politisation de la fonction publique s'est développée, visant à assurer l'obéissance et la fidélité au gouvernement au pouvoir, tout en interdisant toute expression publique de désaccord avec celui-ci, et imposant, donc, en même temps, une dépolitisation. En effet, bien que le British Treasury ait la responsabilité de la fonction publique, le recrutement et l'avancement y sont devenus plus politisés durant le gouvernement Thatcher, passant sous la direction de la première ministre. Le gouvernement a alors pris des mesures pour contrôler davantage l'avancement des hauts fonctionnaires aux postes les plus élevés sur les bases de leur loyauté, pour réduire leur rôle dans la formulation des politiques et pour accentuer leur fonction de gestionnaires. Le gouvernement a exercé son droit d'intervention dans le choix des nominations aux postes de la haute fonction publique. Il a eu recours à des mesures disciplinaires sévères contre les fonctionnaires responsables de fuites et a encouragé le départ de ceux qui ne semblaient pas soutenir suffisamment les objectifs politiques du gouvernement[34]. Depuis 1991, la plupart des fonctions de la Civil Service Commission, l'agence autonome chargée du recrutement par concours, ont été transmises à une agence appelée Recrutment and Assessment Services, qui donne des contrats au secteur privé pour s'occuper du recrutement dans les divers départements[35]. Il n'existe ainsi plus de standards communs concernant le recrutement ou les conditions de service, ce qui contribue à brouiller considérablement l'ancien principe du mérite.

Au Canada, c'est la Commission de la fonction publique qui est responsable de la gestion des ressources humaines au sein de la fonction publique fédérale, donc des questions de recrutement, d'avancement et de représentation. C'est à elle, donc, qu'il revient d'observer les principes du mérite et de la neutralité des fonctionnaires dans ces questions et d'assurer aussi que la fonction publique est démocratique dans sa représentation. En 1996, elle dirige ses efforts vers la relève dont la fonction publique a besoin et aura besoin à l'avenir[36] en établissant des programmes spéciaux de recrutement. Sur le plan de la promotion, des programmes sont offerts pour les nominations internes et externes à des postes du groupe de la direction. Les nominations se font par concours publics, par concours internes ou sans concours de façon interne, suivant des normes de compétence ou des modes de sélection fondés sur le mérite relatif.

En France, la sélection des autres hauts fonctionnaires se faisait, avant la Deuxième Guerre mondiale, principalement par les ministres et était donc essentiellement politisée. Cependant, l'accès aux grands corps était ouvert par concours aux diplômés de l'École libre des sciences politiques, fondée en 1848, et à ceux des grandes écoles. Après la guerre, la principale source de recrutement du haut fonctionnariat devint l'ENA, créée en 1946. Les diplômés classés dans les premiers 20 % sont placés dans les grands corps, et le reste dans les secteurs ministériels moins prestigieux. Des mesures pour démocratiser cette élite en ouvrant les portes de l'ENA, par concours, à un certain nombre de fonctionnaires, à des professionnels du secteur privé et à des élus à une assemblée territoriale n'ont pas eu grand succès. Cette élite se sent menacée par la pratique de la nomination politique commencée dans les années 1970 aux postes administratifs de haut niveau et aux postes de direction des grandes entreprises publiques, pratique qui apporte des changements suivant l'alternance des partis au pouvoir. Cette pratique a même évolué pour toucher des emplois qui ne sont pas discrétionnaires, tout en n'adoptant pas la transparence du sys-

tème américain[37]. Les changements dans la fonction publique qui ont suivi les alternances de 1981, de 1986 et de 1988 illustrent cette baisse de l'utilisation du principe du mérite[38].

Pour les autres postes, chaque catégorie de fonctions et de places dans la hiérarchie administrative française fait l'objet de concours externes selon le niveau de diplôme requis pour les emplois de direction, de conception et d'encadrement (catégorie A) ou d'application et de rédaction (catégorie B). Les concours de la catégorie C (emplois d'exécution) ne requièrent qu'un brevet ou même aucun diplôme. Des concours internes basés principalement sur l'ancienneté permettent un certain degré de mobilité et de promotion.

La pratique de concours dirigée par un organisme autonome pour choisir les fonctionnaires selon le mérite est cependant critiquée. On lui reproche d'être trop rigide et discriminatoire envers certains groupes et de faire passer des examens ne permettant pas toujours de révéler les aptitudes nécessaires des candidats. La discrimination peut provenir de modes de sélection qui ne tiennent pas compte des formations scolaires et des cultures différentes, de l'expérience pratique comme celle du bénévolat, notamment dans le cas des femmes, ou de l'origine socio-économique des candidats. En réponse à ces critiques, plusieurs pays ont adopté des mesures pour redresser les inégalités de représentation : quotas, lois ou statuts sur l'égalité en matière d'emploi, ou mesures d'avantages absolus ou relatifs[39]. Le Canada, depuis le début des années 1970, a aussi adopté une nouvelle approche qui permet de donner aux ministères et organismes certains pouvoirs de nomination et de promotion de fonctionnaires[40]. Il faut remarquer qu'en période de compressions budgétaires, toute mesure de redressement d'inégalités de représentation est plus difficile à appliquer.

1.3. LES DROITS ET LE POUVOIR DE L'ADMINISTRATION PUBLIQUE FACE AUX POUVOIRS DE L'ÉTAT ET AUX CITOYENS

L'administration publique est une force politique par la simple importance numérique de ses employés et par la part qu'elle prend dans les dépenses publiques. Par exemple, aux États-Unis, la fonction publique fédérale à elle seule, au début des années 1990, employait 3,1 millions de civils et 1,9 million de personnel militaire en uniforme[41]. Le nombre total de fonctionnaires en France s'élevait en 1998 à près de 5 millions[42]. Cette force numérique représente une partie importante de l'électorat que tout gouvernement doit prendre en compte. En outre, le budget de la fonction publique occupe une place considérable dans l'allocation des ressources par le centre décisionnel.

Plusieurs lois, statuts et autres documents officiels spécifient les droits et obligations des fonctionnaires, délimitant ainsi leur pouvoir. Leurs droits concernent l'exercice de leur profession : sécurité d'emploi garantie par une loi ou des statuts avec certaines limites, après une période de probation, protection contre l'ingérence partisane ou arbitraire. Ceux qui sont engagés sur une base contractuelle ont un pouvoir plus faible et leur sécurité d'emploi est sujette à des exceptions. La sécurité d'emploi, en France, est abolie dans les cas de suppression de poste ou de condamnation par un tribunal disciplinaire et, aux États-Unis, pour des raisons d'économie ou de manquement aux obligations légales ou contractuelles[43]. Les droits des fonctionnaires qui affectent leur pouvoir face aux autres pouvoirs de l'État s'adressent aussi à leur capacité de se syndiquer et de participer à des activités politiques. La réconciliation de ces deux types de droits avec la notion de leur neutralité politique se fait différemment selon les États. Enfin, les droits des fonctionnaires incluent leurs modes de recours contre des mesures injustes, arbitraires ou illégales, par l'entremise du syndicat s'ils sont syndiqués ou, s'ils ne le sont pas, par celle d'un tribunal administratif habituellement sous l'égide de l'organisme autonome chargé de la fonction publique.

La force politique de l'administration publique est réduite par les règlements qui limitent ou interdisent les déclarations politiques des fonctionnaires et leur participation active en politique. L'imposition de telles limites est habituellement considérée nécessaire à l'observation du principe de la neutralité partisane des fonctionnaires. Toutefois, la nature et la culture du système politique influencent les mesures prises à cet égard.

Au Royaume-Uni et au Canada, où le système politique est basé sur les principes de la responsabilité ministérielle et de la neutralité des fonctionnaires, les possibilités d'activités politiques individuelles de ceux-ci sont évidemment restreintes. Au Royaume-Uni, une personne du *civil service* doit démissionner si elle veut se porter candidate aux élections législatives. Les autres activités politiques interdites ou restreintes varient selon les niveaux supérieurs, intermédiaires ou inférieurs occupés par les fonctionnaires et selon les types et niveaux d'activités politiques. Les restrictions diminuent à mesure que l'on descend les échelons de la hiérarchie administrative.

Dans ce modèle de Whitehall, les hauts fonctionnaires ont un rôle important dans la formulation des politiques, selon les limites d'une convention qui impose au fonctionnaire et au ministre des obligations mutuelles reposant sur les principes d'impartialité et de secret. Exprimer une opinion politique et, en particulier, s'opposer publiquement, même de façon détournée, aux agissements, aux comportements ou aux décisions du gouvernement leur est interdit. Sous le gouvernement Thatcher, des fonctionnaires ont été poursuivis selon l'*Official Secrets Act* et accusés d'être responsables de fuites qui exposaient la conduite non éthique de ministres[44]. Le *Civil Service Pay and Conditions of Service Code* donne les modalités de cette obligation de confidentialité qui, si elle n'est pas observée, peut entraîner non seulement des sanctions administratives, mais aussi des poursuites au criminel et au civil[45]. Cette menace de poursuite, combinée à l'existence de nouvelles agences, à la prolifération d'emplois et de service contractuels, au nouvel *ethos* de gestion[46] et aux cibles de performances liées aux rémunérations, contribue à diminuer le potentiel politique des fonctionnaires britanniques.

Au Canada, le principe de la neutralité politique des fonctionnaires fédéraux et provinciaux réduit leur droit à l'expression politique, leur interdisant de critiquer des politiques et des programmes gouvernementaux. Ils peuvent cependant faire des commentaires publics, y compris aux médias, uniquement de nature informative et factuelle. Dans l'incertitude, ils doivent demander l'approbation de leurs supérieurs. Ils suivent, en principe et avec des

376

variantes, le modèle théorique de Whitehall concernant la neutralité politique, qui comprend le principe du mérite, la non-partisanerie, l'absence de commentaires publics sur les politiques du gouvernement, l'anonymat et la loyauté[47].

Leurs préférences politiques peuvent s'exprimer, une fois qu'ils sont officiellement sortis de la fonction publique. La plupart des fonctionnaires ont le droit de prendre un congé temporaire pour se porter candidats à une campagne d'investiture et à une élection. Plus récemment, le débat selon lequel cette neutralité nuirait à leurs droits politiques garantis par la *Charte canadienne des droits et libertés* n'a pas été clairement tranché.

Dans les régimes présidentiels plus politisés des États-Unis et de la France, les administrateurs publics ont davantage de droits politiques, entre autres celui à l'expression publique de leurs opinions politiques et à la participation politique active. Aux États-Unis, les fonctionnaires doivent rendre compte à des commissions de la politique de leur administration. Ils peuvent dénoncer publiquement les agissements et les abus de cette administration. Vu la nomination politique de certains fonctionnaires, leurs liens politiques sont permis ; cependant plusieurs lois leur interdisent, à tous les niveaux de l'administration, de participer aux campagnes électorales et de briguer la direction de partis politiques[48].

En France, la question de l'objectivité politique des fonctionnaires a été récemment éclaircie. La plupart des fonctionnaires sont libres d'appartenir à un parti politique et d'être actifs en politique, ils peuvent même se porter candidats à des postes électifs et servir à des postes locaux sans abandonner leurs fonctions, sauf s'ils se présentent à l'Assemblée nationale et y sont élus. Le cumul des fonctions est permis. Dans ce cas, leur statut est inactif durant cette période de service et ils peuvent retourner à leur emploi une fois leur mandat politique terminé.

Une autre avenue de pouvoir que possèdent les fonctionnaires réside dans leur représentation syndicale et dans leur droit potentiel de recourir à la grève, qu'elle soit légale ou illégale. Cependant, les catégories de fonctionnaires qui protègent la sécurité de l'État, comme la police et l'armée, n'habituellement pas le droit de faire la grève. Dans tous les pays, même le droit de grève est soumis à certaines limites déterminées dans les conventions collectives, les textes de loi ou les traditions.

Au Canada, les fonctionnaires permanents ont le droit d'être membres d'un syndicat, de participer à ses activités et de négocier des conventions collectives de travail. La Commission des relations de travail de la fonction publique, composée de représentants des employés et de l'employeur, réglemente ces questions d'association et de négociation, fait enquête sur les plaintes et sert de tribunal d'appel « sur les questions de droit et de compétence à l'égard des conseils d'arbitrage et arbitres ». En outre, la plupart des fonctionnaires possèdent le droit de grève dans certaines conditions[49].

Au Royaume-Uni, à l'exception d'un petit groupe dont les fonctions sont liées à la sécurité nationale, les fonctionnaires sont libres d'appartenir à un syndicat[50] et, de cette façon, ils forment un groupe d'intérêt. Le processus d'« agencification » en aurait cependant affecté quelque peu l'esprit de corps, avec sa division en unités spécialisées dont chacune possède ses propres règlements, ses modes de financement et de gestion[51]. La privatisation de plusieurs secteurs d'activité a fait également baisser les effectifs des fonctionnaires et donc ceux de leurs syndicats, ce qui diminue ainsi leur force.

Les fonctionnaires américains ont le droit de s'affilier à un syndicat. Toutefois, le droit de grève n'est pas accordé aux agents fédéraux[52]. Le pouvoir des syndicats s'est affaibli aux États-Unis depuis les années 1980, marquées par une baisse notable de leurs effectifs, à la suite des réactions du pouvoir exécutif à la crise fiscale et à plusieurs grèves[53]. De plus, les fonctionnaires ne sont pas obligés de devenir membres des syndicats qui les représentent[54]. Le mouvement accru de privatisation a aussi joué un rôle dans la diminution de la popularité et des effectifs des syndicats américains.

En France, depuis les réformes de 1946, les fonctionnaires ont le droit officiel de se syndiquer, mais ces réformes n'ont pas indiqué clairement s'ils ont le droit de grève. Les décisions du Conseil d'État suggèrent qu'on ne peut les condamner parce qu'ils sont en grève à condition qu'ils maintiennent les services essentiels. Les hauts fonctionnaires, eux, n'ont pas le droit de grève.

Le pouvoir de l'administration publique peut aussi découler du statut permanent de la majorité de son personnel, qui lui donne une sécurité, ainsi que des connaissances et de l'expertise des affaires de son domaine que les ministres ou secrétaires qui se succèdent à leur direction ne possèdent habituellement pas. Si un gouvernement reste en place trop longtemps, un exemple de ce pouvoir est que les fonctionnaires peuvent s'identifier à ses idées et à ses programmes et rendre plus difficiles les changements de politiques voulus par le gouvernement qui lui succède. En général, ce pouvoir s'exprime donc par une certaine résistance aux changements de politiques et de programmes. En outre, la complexité des problèmes et le niveau de spécialisation nécessaire à leur compréhension et à la formulation de solutions pour y remédier donnent aux experts, parmi les fonctionnaires, un pouvoir supplémentaire dans l'élaboration et la mise en œuvre des politiques et des programmes.

Les hauts fonctionnaires, par leur compétence et leur expertise, peuvent jouir d'un certain pouvoir par rapport aux ministres qui ne possèdent ni le temps, ni la formation, ni l'expérience, ni même, souvent, une vision suffisamment claire pour comprendre les dossiers de leurs ministères. Ils disposent également de réseaux qui les relient entre eux et avec des groupes et individus et qui contribuent à établir leur importance dans l'appareil administratif et dans leurs relations avec le pouvoir exécutif. Leur rôle et leur influence varient selon le type de ministre ou de secrétaire qu'ils doivent servir, certains leur donnant une grande liberté et une importance majeure dans la formulation des politiques, d'autres ne s'en servant que comme instruments de collecte de renseignements.

Le pouvoir des hauts fonctionnaires est aussi limité par le bon plaisir de l'exécutif, celui-ci étant responsable de leur nomination et pouvant les empêcher d'acquérir un trop grand pouvoir en les mutant assez souvent de ministères ou de départements ou en les transférant à d'autres postes dans l'Administration. Dans certains pays, ces hauts fonctionnaires ont acquis, cependant, un tel pouvoir et une telle image publique qu'ils peuvent faire avec succès le saut en politique[55]. Il faut également noter que les hauts fonctionnaires des organismes parapublics (agences, régies, etc.) ont une plus grande marge de manœuvre, ayant des liens moins serrés avec le pouvoir exécutif[56].

Par rapport à l'électorat, l'administration publique exerce une certaine influence sur le secteur privé en lui présentant des innovations à faire dans ses politiques envers les employés, telles celles d'équité en matière d'emploi et en matière salariale. En outre, l'image que le public se fait du gouvernement, en particulier de son efficacité et de son caractère démocratique, dépend en grande partie du comportement du personnel administratif dans ses nombreux contacts avec lui. Toutefois, l'obéissance à des règles impersonnelles limite la marge de manœuvre du fonctionnaire dans ses relations avec le public, ce qui peut être pour lui une source de mécontentement, sauf s'il peut découvrir des « zones d'incertitude »[57] dans les règles pour s'adapter aux besoins individuels.

1.4. LES POUVOIRS ET LES CONTRÔLES DU GOUVERNEMENT ET DES CITOYENS SUR L'ADMINISTRATION PUBLIQUE

Le pouvoir de l'administration publique est toutefois limité et contrôlé par les pouvoirs judiciaire, exécutif, législatif, par le pouvoir lié à la hiérarchie interne de l'Administration et par le pouvoir du public lui-même à son égard.

Les contrôles judiciaires sur l'Administration diffèrent selon que le pays est sous le régime de la *common law*, comme au Royaume-Uni, au Canada et aux États-Unis, ou sous un autre régime, comme en France. Sous le régime de la *common law*, l'Administration doit suivre les mêmes procédures que celles qui servent dans les différends entre individus. Les poursuites civiles peuvent demander des réparations de la part de l'État. Des tribunaux administratifs ont aussi été créés dans ces pays pour traiter des litiges concernant certaines administrations. En France, pays ayant un régime de droit public, c'est le juge administratif qui considère les moyens utilisés par le service et les aspects de ses activités[58]. Dans ces quatre pays, la bureaucratie est soumise au contrôle des tribunaux, et le public peut avoir recours aux tribunaux soit administratifs, soit civils, pour obtenir gain de cause.

Le pouvoir de l'exécutif sur l'administration publique s'exerce non seulement par les ministres ou secrétaires en charge de ministères, département ou agences, mais souvent aussi par un ministre responsable spécifiquement de la fonction publique et, comme nous l'avons vu précédemment, par un organisme autonome spécialement désigné pour superviser son personnel et ses activités. C'est le pouvoir exécutif qui décide de la création et de l'abolition de ministères, départements et autres organismes gouvernementaux. Les compressions des effectifs de la fonction publique et le récent processus d'« agencification » illustrent l'étendue de ce pouvoir. C'est le pouvoir exécutif qui définit les politiques et les programmes à suivre, qui oriente les activités de l'Administration vers certains objectifs et qui, en fin de compte, prend les décisions. C'est de lui que dépend la hiérarchie de l'Administration et c'est à lui que celle-ci doit rendre compte. C'est lui aussi qui, dans le budget qu'il présente, décide, par exemple, des compressions qui nécessitent la mise à pied de fonctionnaires, ou un gel salarial, et, en général, de la gestion financière et des politiques de cette gestion. Évidemment, le contrôle de l'exécutif sur les activités de l'administration publique s'effectue habituellement par l'entremise des hauts fonctionnaires, ce qui peut l'atténuer. Mais c'est l'exécutif qui détient le pouvoir de nommer et de muter ces hauts fonctionnaires qui servent de liens avec les ministères, les départements et les organismes semi-indépendants. Dans le cas des institutions décentralisées, comme les agences et les tribunaux administratifs, bien que l'exécutif nomme et révoque aussi les membres de la direction, leur contrôle ou tutelle administrative par l'exécutif s'exerce de façon limitée selon le statut qui les a créées. Un autre contrôle qu'exerce le pouvoir exécutif sur de telles institutions est celui du ministre des Finances pour leur gestion financière[59].

Le pouvoir de l'exécutif sur l'administration publique peut aussi être de nature politique, par l'idéologie qu'il impose pour orienter la doctrine administrative vers sa façon de gérer le bien public. Cette perspective idéologique peut influer sur le rôle, le statut et les devoirs des fonctionnaires, le degré d'intervention de l'État dans les domaines économique et social, son attitude envers les changements administratifs, le degré de centralisation ou de décentralisation de l'Administration, les principes qui la guident et les pouvoirs discrétionnaires ou soumis à la loi du gouvernement et de l'administration publique[60].

Ainsi les changements survenus dans l'administration publique du Royaume-Uni depuis la fin des années 1970 portent l'empreinte de l'idéologie néoconservatrice introduite par le gouvernement Thatcher. Les actions du pouvoir exécutif ont amené sa décentralisation et ont affecté sa hiérarchie, ses effectifs (abaissés au niveau de 1939)[61], son recrutement et sa sélection ainsi que la perspective, le mode de conduite et le rôle des fonctionnaires. La réduction des effectifs de l'administration publique du Canada à tous les paliers de l'État s'inspire aussi d'une idéologie néoconservatrice contenue dans le document *Fonction publique 2000*. L'administration publique américaine est basée sur une idéologie reposant sur le principe du contrepoids (*checks and balances*) et des valeurs libérales, en particulier celle de la souveraineté du peuple. Une telle perspective exerce une influence profonde sur sa composition, ses droits et son pouvoir. En France, ce sont les valeurs de l'élitisme et de la conformité aux règles qui sont centrales dans l'administration publique, tandis que les alternances au pouvoir exécutif conduisent à des revirements idéologiques exprimés, par exemple, par la privatisation ou la nationalisation des entreprises.

L'administration publique est dépendante du pouvoir législatif par les lois adoptées par le Parlement qui peuvent la concerner, telles celles sur ses objectifs, ses structures, ses pouvoirs et ses normes, sur les dépenses et les règles budgétaires, et sur sa centralisation ou sa décentralisation. C'est aussi au pouvoir législatif d'adopter le budget présenté par l'exécutif. Les ministres doivent répondre aux questions des parlementaires concernant les actions et les activités de leurs administrations, leurs rapports annuels ou des plaintes provenant de citoyens. Dans certains pays, les hauts fonctionnaires doivent aussi comparaître, le cas échéant, devant des comités parlementaires pour répondre de certains aspects ou de certaines actions de leur département ou ministère, alors que dans d'autres, ce contrôle se fait par l'intermédiaire des ministres responsables au Parlement.

Aux États-Unis, les contrôles et les pouvoirs auxquels les administrations sont soumises sont compliqués par des entrecroisements d'autorités, conformément au principe du contrepoids. Par exemple, au niveau central, les décisions concernant la réorganisation, l'abolition ou la création des départements exécutifs de l'administration publique sont prises par le Congrès et dépendent donc d'actions législatives. Les changements moins importants sont laissés à la tête de l'exécutif et, donc, au président[62]. Le président peut utiliser des *executive orders* qui ont force de loi concernant les actions des autorités gouvernementales et des agences gouvernementales. Le président Bill Clinton, par exemple, en 1993, s'est servi d'un tel ordre exécutif pour détailler les devoirs de chaque haut fonctionnaire nommé à son administration[63]. Dans les États, les gouverneurs n'ont pas le pouvoir de réorganiser l'administration publique, la réorganisation nécessitant une action statutaire ou même constitutionnelle. Enfin, l'administration américaine est soumise aussi au contrôle des tribunaux.

Un dernier pouvoir s'exerce cette fois-ci, de façon interne, sur les activités de l'Administration, par la hiérarchie administrative, selon le principe de l'*imputabilité*. En effet, l'imputabilité est l'obligation des gestionnaires de rendre compte à la société ou à ses représentants de la direction de leurs institutions, c'est-à-dire des activités et des comportements des administrateurs[64]. Cette imputabilité doit être évaluée par un spécialiste ou un organisme spécialisé dans la vérification. Dans certains pays, il existe une commission indépendante (au Canada, le Bureau du vérificateur général du Canada) chargée d'évaluer aussi bien les programmes gouvernementaux que leurs coûts, leurs rendements et leur performance[65]. Aux États-Unis, des organismes d'évaluation qui font rapport au Congrès servent à apprécier les décisions législatives ou les règlements pour assurer une certaine cohérence de l'action publique et surveiller l'allocation et l'utilisation des fonds publics par l'administration. En France, l'Office parlementaire d'évaluation des choix scientifiques et technologiques auprès du Parlement est critiqué pour ses activités limitées à un petit nombre de programmes d'importance mineure du point de vue politique, pour la qualité variable de cette évaluation et pour le manque de débats que ses rapports suscitent[66].

L'Administration doit donc rendre compte de ses activités non seulement à ses supérieurs, mais aussi au public, directement ou par l'entremise d'un ministre ou d'un secrétaire. Ce dernier aspect du principe d'imputabilité soulève la question de la po-

litisation de l'administration publique. En effet, particulièrement dans un régime parlementaire de type britannique comme au Royaume-Uni et au Canada, le principe de la responsabilité au Parlement par l'entremise des ministres et de la neutralité administrative semblent contredits quand les fonctionnaires doivent répondre en personne de leurs activités administratives devant des commissions parlementaires, une pratique pourtant de plus en plus courante dans ces deux pays[67].

De quel pouvoir le public dispose-t-il face à l'administration publique? Son pouvoir réside principalement dans les moyens auxquels il peut avoir recours contre les abus et les erreurs de celle-ci. Le public peut se faire entendre par l'intermédiaire des députés qui rapportent les plaintes qu'ils ont reçues et les abus dont on les a informés au Parlement et à l'exécutif. Parfois, un organisme spécialisé disposant de pouvoirs assez restreints et qui varient selon les États — ombudsman (pour les provinces et certains des États des États-Unis), protecteur du citoyen, médiateur (en France) ou *British Parliamentary Commissioner for Administration* au Royaume-Uni — est chargé de recevoir les plaintes du public, de faire enquête à leur sujet et de formuler des recommandations pour redresser les torts. Si la constitution du pays comporte une charte ou un code des droits de la personne, le public peut aussi porter plainte pour discrimination de la part de l'Administration à une commission chargée de surveiller l'application de ce document. Si on lui refuse l'accès à l'information et qu'il existe un tel organisme au pays, le public peut également déposer une plainte devant une commission d'accès à l'information. Enfin, il peut aussi avoir recours, selon les États et les organismes concernés, à des poursuites devant les tribunaux soit administratifs ou de droit commun, dont les appels, dans des pays comme le Canada, peuvent être entendus jusqu'à la plus haute cour de l'État.

1.5. LA BUREAUCRATIE ET LA DÉMOCRATIE À L'ÉPOQUE ACTUELLE

Max Weber, suivant John Stuart Mill, a indiqué que le problème auquel fait face le monde actuel n'est pas celui d'un choix entre le capitalisme et le socialisme, mais plutôt celui des rapports entre le bureaucratisme et la démocratie[68]. On a constaté que la fonction publique, comme bureaucratie, n'est pas très représentative de la population, malgré de récents progrès, et qu'elle dispose de moyens pour échapper à sa responsabilité envers le public. Son importance est pourtant d'autant plus grande à une époque où les problèmes que connaît le système politique sont d'une complexité accrue et où les dirigeants doivent donc s'appuyer davantage sur les conseils et l'efficacité de l'administration publique. Dans certains pays, la haute fonction publique constitue un groupe élitiste d'une certaine homogénéité, partageant des liens avec le secteur privé et la possibilité, même, de passer facilement à la politique active. Un autre aspect qui nuit à la démocratie est que, dans plusieurs pays, le public n'est pas toujours conscient du pouvoir que possède la fonction publique ni des quelques recours dont il peut disposer contre ses abus. La faiblesse de ces moyens de recours est un autre défaut. La nouvelle idéologie appliquée en administration, qui prend modèle sur le secteur privé, a peine à concilier les valeurs de l'entrepreneurship et celles de la démocratie. Le bien public ne correspond pas toujours à ce que dictent les lois du marché, de l'efficacité et de la rentabilité. À l'opposé, la trop grande accessibilité des fonctionnaires au public et, en particulier, aux groupes d'intérêt, pourrait leur faire perdre leur impartialité.

Une faiblesse de toute bureaucratie, selon Max Weber et Robert Michels[69], est sa tendance continue à l'expansion. La conjoncture financière et idéologique actuelle, notamment au Royaume-Uni et au Canada, a contribué à arrêter cette tendance. Mais les moyens pour y arriver se font, semble-t-il, aux dépens du public, car il s'agit d'un démantèlement partiel de l'État-providence. On ne peut encore dire de façon certaine si, à long terme, la privatisation, le recours à une main-d'œuvre contractuelle et l'adoption des principes du clientélisme et de l'entrepreneurship améliorent vraiment la qualité et la prestation des services ou s'ils ne sont qu'un moyen de réduire les coûts et les effectifs, et, en fin de compte, les services eux-mêmes. Quoi qu'il en soit, rendre le pouvoir administratif plus transparent, efficace, représentatif, responsable devant le public, donc, plus démocratique, est une question qui est toujours d'actualité, car ce pouvoir n'est pas en voie de disparaître. La bureaucratie étant, comme le remarque Robert Michels, une partie indispensable de la structure de toute organisation, aucun État moderne ne peut s'en passer[70].

2. LE LEADERSHIP POLITIQUE

Michels soutient également que toute organisation a besoin de leadership pour survivre et atteindre ses objectifs, bien que lui-même perçoive le leadership comme un système d'élites. Selon lui, les décisions importantes, dans les démocraties, sont prises par une oligarchie puissante, composée de politiciens et de bureaucrates, dont l'existence et le pouvoir découlent de la nature et de la structure de l'organisation de leur régime politique[71].

Or, le leadership politique est un concept qui se distingue de celui des classes dominantes ou de celui des élites. En effet, dans l'approche marxiste, les leaders ne sont qu'une partie infime de la classe socio-économique dominante dont ils sont les instruments. Dans ce schème, ce ne sont pas les actions des leaders qui font avancer l'histoire, mais les conflits des grandes forces sociales et économiques et, principalement, les luttes entre classes sociales. Quant à l'approche des élites, elle ne formule que des généralisations sur leurs caractéristiques en tant que groupes dotés de pouvoir et dont la nature peut être sociale, économique ou politique ou les trois à la fois. L'approche des élites examine non seulement leur statut socio-économique, comme l'approche marxiste, mais aussi leurs caractères communs, leurs qualités, leurs comportements et leurs styles. Pareto, par exemple, divise l'élite en « renards » et en « lions », les renards étant intelligents, imaginatifs et rusés, les lions, dotés de force, de stabilité et d'intégrité[72]. Cette approche étudie aussi les conflits internes des élites ainsi que, dans l'analyse de Mosca, leur « circulation », c'est-à-dire les façons dont elles se renouvellent en incorporant des éléments de la strate sociale directement en-dessous d'elles[73]. Plus récemment, C. Wright Mills considère que ce qu'il appelle l'« élite du pouvoir » est un produit de la conjoncture institutionnelle d'une société et, dans le cas des États-Unis, des institutions militaires, des grandes entreprises et des dirigeants politiques de la branche exécutive. Cette élite pluraliste se compose des personnes situées aux postes les plus élevés des principales hiérarchies institutionnelles. Son degré de cohésion et d'unité dépend des liens existant entre ces institutions, des contacts des personnes à leur sommet et des possibilités d'échanges de postes entre elles. Enfin, l'approche des élites tend à diviser également, comme le fait Mills, la société entre l'élite et la masse. Cette dernière est décrite comme étant généralement apathique et dénuée de pouvoir, de moyens de réaction aux décisions de l'élite et de la pleine liberté de former des opinions, sa pensée étant profondément influencée par des agents institutionnels qui soutiennent le pouvoir de l'élite[74].

2.1. LE LEADERSHIP : UN PROCESSUS DYNAMIQUE

Contrairement aux deux cadres d'analyse précédents, le leadership politique adopte une approche individualiste. Il se rapporte aux personnes qui occupent des postes dans les centres décisionnels du système politique et les considère comme des individus qui jouent un rôle important dans la marche de l'histoire. Tout leader est placé dans le contexte non pas de la masse, mais de sa « suite » (*followers*). En effet, tout leadership, y compris le leadership politique, comprend plusieurs éléments. Localisé dans une ou plusieurs personnes, le leadership ne peut s'exercer que sur un groupe, sa « suite », qui reconnaît la légitimité d'un leader, lequel, à son tour, guide ou dirige ces suivants et exerce sur eux un certain contrôle[75]. Ce processus dynamique inclut ainsi la reconnaissance par cette « suite » du leadership et de son autorité sur le groupe ainsi que l'existence d'une direction donnée au groupe par le leader (figure 18.1). Dans ce processus, la communication dans les deux sens est donc importante. La direction donnée au groupe est habituellement le résultat de décisions prises par le leader. Toutefois, l'environnement politique, les circonstances et les structures institutionnelles apportent des contraintes particulières à l'exercice du leadership politique. De même, la personnalité du leader et son style de leadership influent sur cet exercice.

Figure 18.1
Les éléments principaux du leadership politique

Reconnaissance de l'autorité et de la légitimité.	**Mode de prise de décision en temps ordinaire et en temps de crise.**

LES SUIVANTS ◄─────► LEADERSHIP POLITIQUE ─────► DIRECTION

Communication dans les deux sens – médias.

Environnement social, politique et économique. Valeurs centrales et normes de la culture politique.

Un ou plusieurs leaders. Rôle de la personnalité, du style, de l'entourage.

Contraintes du mode de sélection, du rôle et des structures institutionnelles. Place dans le système politique.

382

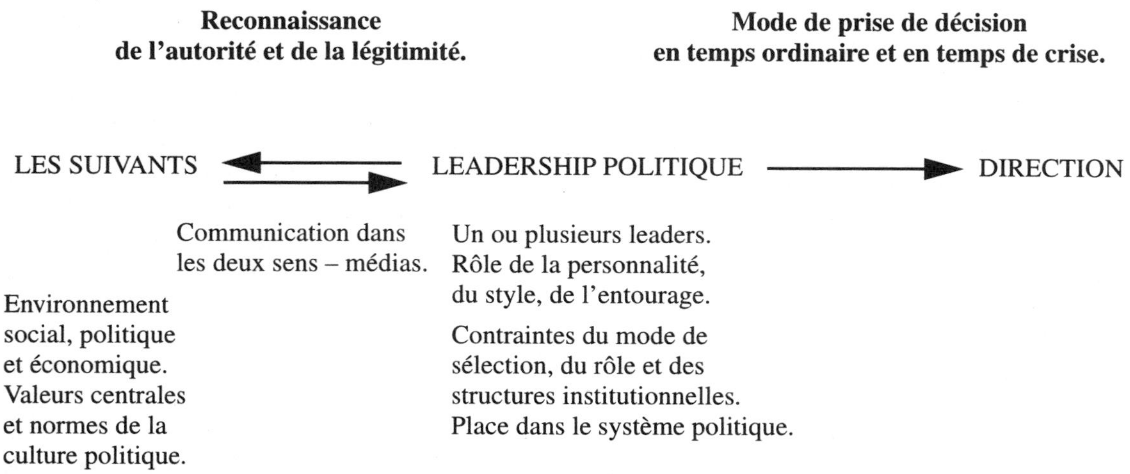

2.2. LA DIVERSITÉ DU LEADERSHIP POLITIQUE

À différents points du système politique, le leadership s'exerce à divers niveaux et sur des groupes variés. Les chefs d'État, les premiers ministres, les dirigeants d'unités fédérales et d'unités municipales, les chefs des groupes d'intérêt ou de communautés minoritaires ainsi que les chefs de partis politiques ou de groupes révolutionnaires et de résistance sont des leaders politiques. Dans des pays comme les États-Unis et le Canada qui possèdent une forme de charte de droits insérée dans la Constitution, les juges de la Cour suprême, par leurs interprétations de ces droits par rapport aux lois et par leurs opinions sur les questions qui leur sont transmises, sont aussi perçus comme des leaders politiques dont les décisions et les opinions influencent la direction de la société[76].

2.3. LA LÉGITIMITÉ DES LEADERS POLITIQUES ET LES LIMITES À LEUR POUVOIR

La reconnaissance des leaders politiques par leur suite s'identifie à celle de leur légitimité. Max Weber a abordé de façon sociologique cette question des bases de l'autorité et, donc, de la légitimité des leaders politiques. Son point de vue est qu'il existe une correspondance entre le stade de développement d'une société et la base de légitimité de son leader politique. Ainsi, à une société traditionnelle primitive correspond un leader dont la légitimité et l'autorité se basent sur les traditions, les rituels, la religion ou la magie. L'autorité traditionnelle suit les précédents et est ainsi ancrée dans certains règlements. L'obéissance des suivants se fonde sur leurs relations de loyauté personnelle avec le leader. À une société en transition, principalement vers la modernisation, il faut un leader ayant le « don de grâce » ou charisme, donc des qualités qui semblent surnaturelles, pour lui permettre de convaincre la population de remplacer les anciennes valeurs et les vieux rituels au centre de la culture politique de la société. Le leader charismatique bouleverse les traditions et obtient de ses suivants une obéissance aveugle. Il est entouré de disciples. L'autorité charismatique est irrationnelle dans le sens qu'elle échappe à tout règle-ment. Enfin, Weber avance qu'à une société moderne basée sur le rationalisme, la spécialisation des tâches, la routine, les règlements, la loi, correspond un leadership bureaucratique qui s'appuie sur ces principes soutenus et appliqués par une large fonction publique à organisation hiérarchique. Le leadership bureaucratique est habituellement l'aboutissement de la routinisation de l'autorité charismatique; quand la rationalité l'emporte sur l'irrationalité, les disciples se transforment en bureaucrates et les directives personnelles du leader deviennent des lois et des règlements. L'autorité, quand la question de la succession des leaders charismatiques est soulevée, se rattache alors au poste plutôt qu'aux qualités personnelles du leader[77].

Le concept de charisme a changé de sens à l'époque moderne. Les leaders charismatiques modernes ne sont plus conformes au modèle intrinsèquement « bon » de Max Weber, modèle représenté par Jésus-Christ, mais pourraient suivre celui de Hitler. Maintenant, on parle plutôt de pseudo-charisme, « fabriqué » par les conseillers en relations médiatiques et en marketing politique. Ceux-ci veillent à ce que les leaders politiques aient des qualités qui attirent le public ou répondent à ses attentes ou qu'ils apparaissent comme des sauveurs dans des situations critiques. Les nouvelles techniques ne peuvent créer du charisme politique là où il ne possède guère de base, comme en témoignent les anciens premiers ministres Joe Clark, au Canada, et John Major, au Royaume-Uni.

Le charisme, pour certains analystes, est lié à la fois à la personnalité du leader et aux perceptions et aux réactions émotionnelles des suivants[78]. Une société moderne anxieuse et en période de crise, comme au temps de la dépression économique des années 1930, serait, par exemple, un terrain fertile à l'ascension d'un leader charismatique, étant prête à oublier ses valeurs et même son système démocratique et les partis politiques traditionnels et à croire qu'un tel leader peut la tirer de la crise. En général, dans les sociétés démocratiques modernes, l'autorité des leaders politiques a cependant des bases légales et rationnelles, et leur charisme n'est qu'un fondement additionnel de cette autorité. Néanmoins, le charisme d'un leader démocratique provoque chez sa suite une foi tout aussi irrationnelle en ses pouvoirs, ses décisions et ses déclarations. Il peut ainsi être perçu comme un être quasi-divin, un sauveur, possédant des pouvoirs magiques ou la capacité de prédire l'avenir[79]. Ainsi, aux États-Unis, le président John F. Kennedy avait un tel charisme que ses conseillers n'osaient parfois pas critiquer ses idées[80]. Au Canada, le charisme de Trudeau a causé la trudeaumanie, un de ses biographes comparant même ce dernier à un magicien[81]. Le charisme de De Gaulle était tel qu'il a été rappelé en 1958 en politique active par le président français René Coty, qui le considérait comme la seule personne capable de rétablir l'ordre et la stabilité dans le pays. Le charisme du Premier ministre Tony Blair, au Royaume-Uni, semble capable, à la fin du XXe siècle, d'effacer le vieux clivage politique gauche-droite en ralliant non seulement les jeunes, mais aussi une grande partie du reste de l'électorat à sa politique du « milieu ». Dans certaines cultures, le charisme peut être lié au nom porté par la fille (comme Benazir Bhutto, au Pakistan) ou la veuve (comme Corazon Aquino, aux Philippines) d'un leader charismatique disparu.

La légitimité du leader politique démocratique moderne se rattache aux règles qui concernent son mode de sélection et les fonctions de son poste. Ainsi les congrès au leadership des grands partis canadiens et américains suivent des règles démocratiques et recherchent la transparence en exposant le déroulement de cette sélection aux médias. Au Royaume-Uni, ce processus est plus élitiste, donnant, dans le cas du Parti conservateur, au caucus seul la tâche d'élire son prochain chef. Le choix d'un chef d'État au suffrage universel, comme celui du président français depuis 1958, peut servir à garantir la légitimité du leader aux yeux du public. Cependant, l'étude des moyens d'accès au leadership, donc du processus de sélection des leaders révèle un manque pratique d'esprit démocratique par les obstacles qu'on présente habituellement aux femmes et aux représentants des groupes minoritaires ethniques, linguistiques, religieux ou socio-économiquement faibles[82].

La légitimité du leader existe dans le contexte des contraintes de son environnement. Certaines cultures politiques ont des attentes particulières vis-à-vis de leurs leaders. Au Canada, la culture politique de l'Ontario veut que son premier ministre soit un bon administrateur des richesses de la province, ce qui garantit sa réélection, comme en témoigne la période ininterrompue de premiers ministres conservateurs gouvernant comme des présidents de conseil d'administration, Leslie Frost (1949–61), John Robarts (1961–1971) et Bill Davis (1971–1985). Au Québec, la culture politique majoritaire demande que son premier ministre soit le chef d'un peuple, comme Maurice Duplessis (1936–1939 et 1944–1959) et René Lévesque (1976–1985)[83], l'un défendant son autonomie, l'autre demandant son indépendance. Dans les provinces atlantiques, la culture politique exigerait des premiers ministres une distribution de largesses à ses loyaux partisans[84]. Dans les provinces où il existe une population relativement importante de langue française, celle-ci a exercé des pressions auprès des leaders politiques, dans la seconde moitié du XXe siècle, afin de faire reconnaître ses droits. Ainsi au Nouveau-Brunswick, qui comporte une importante population acadienne, le Premier ministre Robichaud a lutté pour faire adopter, en 1968, la Loi sur les langues officielles du Nouveau-Brunswick. En Ontario, les efforts déployés depuis longtemps ont finalement abouti à l'adoption, en 1986, par le gouvernement de David Peterson de la *Loi sur les services en français*. Dans le cas du Manitoba, ce sont les juges de la Cour suprême du Canada qui ont fait preuve de leadership en reconnaissant les droits du français au Parlement et dans les tribunaux. Le pouvoir exercé par le leader ne doit pas non plus faire fi des normes de la culture politique, car sa légitimité risque d'être mise en cause. Ainsi, en 1917, une crise politique a été créée par la décision du Premier ministre fédéral Borden d'adopter une loi sur le service militaire obligatoire qui était contraire aux vœux de la majorité de l'électorat québécois. Le leadership politique basé sur les compromis et l'accommodation des élites est donc un modèle particulièrement approprié aux sociétés culturellement et régionalement pluralistes comme les Pays-Bas et le Canada. Deux des premiers ministres fédéraux canadiens qui sont restés le plus longtemps au pouvoir, Sir Wilfrid Laurier (1896–1911) et William Lyon Mackenzie King (1921–1926 et 1935–1948), ont adopté cette manière de gouverner[85].

L'environnement du système politique sous ses divers aspects internes aussi bien qu'externes offre aussi des limites structurelles à ce que le leader aimerait accomplir. Par exemple, dans les années 1990, on a pu constater que la majorité des chefs d'État de l'Occident ont été persuadés par des organismes financiers internationaux de donner, dans leurs objectifs, la priorité à la réduction de leurs déficits budgétaires. Leur pouvoir légitime de décision a ainsi été tronqué par une influence externe. Ce pouvoir est également limité par le cadre institutionnel du poste de leader tel qu'il est établi par la Constitution, les lois, les règlements ou les traditions et, dans toutes les instances, par les ressources à la disposition du leader[86]. Aux États-Unis et en France, par exemple, les présidents peuvent voir leurs pouvoirs limités par une cohabition forcée avec un Congrès ou un Parlement majoritairement du parti opposé. Certains leaders réussissent néanmoins à changer en leur faveur certaines institutions et leurs traditions, comme l'a fait la Première ministre Margaret Thatcher dans le cas de la fonction publique britannique.

2.4. LA PERSONNALITÉ ET LE STYLE DES LEADERS

La façon dont les leaders vont contourner les diverses contraintes auxquelles ils font face dans l'exercice de leur pouvoir et la façon dont ils vont en général utiliser leur pouvoir dépend également de leur personnalité, de leur motivation et de leur style de leadership. Ces trois éléments sont souvent, en pratique et dans les cadres d'analyse, intimement liés.

On peut distinguer deux groupes d'études portant sur la personnalité des leaders politiques. Le premier est de nature psycho-biographique et vise à expliquer les particularités du caractère et du comportement de leaders « hors de l'ordinaire », c'est-à-dire révolutionnaires, rebelles, autoritaires ou même innovant un style de résistance passive. Des leaders comme Hitler, Lénine et Gandhi ont fait l'objet de telles études[87]. Le deuxième groupe d'études est de nature psychanalytique et, s'appuyant aussi sur des données biographiques, cherche l'origine des névroses chez des leaders. Sigmund Freud et William Bullitt ont lancé ce type d'étude en attribuant, par exemple, la recherche du pouvoir et le comportement au pouvoir du président américain Woodrow Wilson à une névrose. Cette quête du pouvoir et ce comportement particulier constitueraient un phénomène de compensation que l'on trouve chez des individus dont l'estime de soi est peu développée et dont le superego est insatiable[88].

L'analyse plus focalisée de la motivation qui pousse un individu à rechercher le pouvoir et ce que devient cette motivation lorsqu'il est parvenu au pouvoir, suscite des interprétations souvent teintées d'une dimension morale. Platon, par exemple, dans l'allégorie de la caverne de *La République*, soutient que le philosophe qui a vu la lumière, qui s'est donc approché de la vérité, a le devoir de revenir dans la caverne pour éclairer les prisonniers. Le philosophe qui a abouti à ce degré de connaissance suivant un long cheminement éducatif a ainsi un devoir moral — devoir qui constitue pour lui ou elle[89] un sacrifice — de diriger la société qui, elle, n'est pas « éclairée », vers ce qu'il croit être le bien. Le leadership politique constitue donc un devoir pour les personnes qui se pensent douées de certaines qualités supérieures ou indispensables pour diriger une société vers ce qu'elles pensent être le bien commun. Platon précise que le rôle d'un bon leader est non seulement de rédiger une constitution et de formuler de bonnes lois, mais aussi d'élever l'âme du peuple vers la vérité et la justice[90]. Certains leaders voués à une cause pour le bien de leur communauté, comme Louis Riel lors des rébellions du Nord-Ouest ou Martin Luther King dans sa lutte pour les droits civils, perdent même leur vie dans la poursuite de ce devoir. Une perspective contraire est celle de Machiavel. Ici, ni la moralité ni le bien du peuple ne comptent en politique, l'unique motivation du prince étant le pouvoir : le gagner, s'y maintenir par tous les moyens et en jouir. Son but est de rester au pouvoir, de maintenir l'ordre parmi un peuple peu fiable en employant amour et surtout crainte et en accomplissant parfois des actes extraordinaires dont le peuple se souvient, en oubliant les moyens utilisés pour y arriver[91]. Cette dernière stratégie serait employée notamment par des maires de grandes villes friands de grands projets et d'événements internationaux, trop souvent aux frais des contribuables. Plus récemment, James McGregor Burns réintroduit un jugement moral dans sa typologie des leaders. Il sépare les leaders entre ceux qui ne recherchent que leur intérêt personnel, étant toujours prêts à faire des marchés avec d'autres pour poursuivre cet intérêt, les leaders « transactionnels » et les leaders « transformationnels », c'est-à-dire ceux qui sont au pouvoir pour atteindre certains buts et rechercher le bien commun et dont les décisions ne sont donc pas uniquement basées sur leur intérêt dans leurs relations avec les autres[92].

Un modèle d'analyse du leadership politique qui combine les éléments de la personnalité et la vision du leader avec les attentes de l'environnement à un certain moment est celui de James David Barber. Il cherche notamment à expliquer et à prédire le comportement d'un futur leader[93], en divisant les présidents américains en quatre types suivant leur personnalité et en examinant la correspondance entre ce comportement et les attentes de l'électorat national. Il distingue dans la personnalité trois éléments formés à différents moments de la vie : 1) le *caractère*, qui se forme dès l'enfance, principalement dans la famille, et qui détermine la façon dont l'individu s'oriente dans la vie, envisage son expérience et soi-même avec, comme ressource personnelle, son estime de soi; 2) la *vision du monde*, qui guide l'action et qui se développe durant l'adolescence, comprenant les croyances politiques de base, en particulier la conception de la nature humaine, de la causalité sociale et des principaux conflits moraux de l'époque; 3) le *style*, qui est la façon d'accomplir et d'équilibrer les trois rôles politiques de communication, de relations personnelles et de travail du leader, et qui se cristallise habituellement lors du premier succès politique. Quant au climat d'attentes de l'électorat, il varie de façon cyclique entre : 1) une demande d'être réassuré, d'être pris en charge par le président; 2) une demande au président d'agir, d'accomplir certains progrès; et 3) une demande d'inspirer un sens de légitimité. Ce modèle multidimensionnel a le défaut de s'appuyer sur des données biographiques qui peuvent porter à des interprétations diverses. En outre, ayant été élaboré à partir d'exemples de présidents américains, il présente des problèmes quand on tente de l'appliquer à des leaders d'autres régimes, comme à un premier ministre canadien[94].

2.5. LA COMMUNICATION ET LE RÔLE DES MÉDIAS

Le modèle de leadership politique présenté dans le graphique 18.3 illustre l'importance de la communication dans les deux sens entre leaders et suivants. À l'époque moderne, cette communication se fait principalement par l'intermédiaire des médias. Les leaders politiques les utilisent pour persuader les suivants de leur légitimité, de leur pouvoir ou du bien-fondé de leurs décisions. Ainsi, Hitler et Mussolini ont employé la radio pour diffuser leurs discours ainsi que les clameurs et les slogans des foules pour illustrer leur pouvoir et soulever les émotions de la population. Dans les années 1930, le président américain Franklin D. Roosevelt et le Premier ministre canadien R. B. Bennett ont choisi le genre de « conversations au coin du feu » diffusées à la radio pour convaincre les gens, dans leurs foyers, d'accepter les mesures qu'ils proposaient pour remédier à la crise économique, mesures révolutionnaires pour l'époque et l'idéologie libérale de leurs cultures politiques[95].

La télévision a présenté aux leaders une nouvelle contrainte : celle d'apprendre à apprivoiser et à bien passer le petit écran afin de bien communiquer avec les suivants et d'affirmer leur légitimité et leur contrôle sur ceux-ci. L'importance pour les leaders politiques de bien passer le petit écran a été ainsi révélée lors du premier débat télévisé entre Nixon et Kennedy en 1960[96]. Depuis, les débats des candidats aux postes de leadership nationaux, à l'occasion des congrès à la chefferie et d'élections générales, sont presque devenus des rituels en Amérique du Nord et dans certains autres pays occidentaux. La télévision exige aussi des leaders politiques de savoir résumer leurs points de vue en quelques mots frappants pour s'assurer qu'ils figureront pendant quelques secondes aux nouvelles et, donc, que leur message atteindra le plus grand public. Le leadership des chefs parlementaires est aussi exposé à la population par la télédiffusion des débats dans les assemblées nationales. Les leaders sont cependant à même d'exercer un plus grand contrôle sur la communication de leurs messages par l'entremise de conférences de presse radiodiffusées et télédiffusées. À cette occasion, les médias dépendent d'eux pour leur information. Enfin, les leaders peuvent se servir de la télévision pour atteindre le public directement et tenter ainsi de le convaincre, sans passer par les débats parlementaires, du bien-fondé de leurs décisions, en télédiffusant leurs discours à une heure de pointe pour expliquer, par exemple, un changement radical de politique[97]. Certains leaders, qui ne siègent pas au Parlement de leur pays, comme le président des

États-Unis, ont davantage recours à ce moyen pour communiquer avec la population.

Pour maîtriser les médias, les leaders politiques, à un échelon assez élevé du système politique, ont besoin de conseillers médiatiques et, même, de fabricants d'images[98]. Dans le sens inverse, pour rester en contact avec les suivants, répondre à leurs attentes et rester au pouvoir, donc, être ouvert à leurs communications, un leader politique moderne doit aussi avoir recours aux services des spécialistes des sondages. Le nombre et l'influence de ces nouveaux conseillers ont ainsi augmenté considérablement depuis les années 1960, gonflant l'importance du bureau personnel des leaders politiques[99].

2.6. LES MODES DE PRISE DE DÉCISION

Le leader doit donner une direction aux suivants, et ce habituellement par les décisions qu'il prend. Plusieurs études considèrent ainsi l'exercice du leadership sous cet aspect des décisions prises par les leaders. Elles examinent les contraintes exercées sur ces décisions par les situations et les institutions. Elles se penchent sur les modes de prise de décision utilisés en temps ordinaire et en temps de crise. Elles évaluent l'influence des contraintes existantes sur les décisions. La conjoncture peut ainsi influer sur une décision de différentes façons. Par exemple, le type de décisions prises après une élection peut différer du type de décisions prises avant celle-ci, et une situation de gouvernement minoritaire ou majoritaire peut influer sur le nombre et le type de décisions prises par le leader; enfin, le moment d'une décision dans la carrière d'un leader, en particulier au début ou à la fin, peut aussi jouer un rôle dans celle-ci.

Suivant cette dimension temporelle, il existe une typologie qui distingue entre:

- les décisions routinières ou déjà programmées; parmi ces dernières, mentionnons celle du budget pour un premier ministre canadien, qui permet au leader une marge de manœuvre et d'innovation assez limitée;
- les décisions anticipatrices; elles sont prises pour éviter des difficultés qui pourraient se présenter à l'avenir. Les mesures sociales et économiques adoptées après la grande dépression économique de 1929 l'ont été ainsi pour empêcher une nouvelle crise;
- les décisions en temps de crise; elles forment un groupe à part à cause du télescopage des étapes ordinaires de prise de décision, forcé par le manque de temps, le petit nombre participant à ces décisions et habituellement l'atmosphère de secret qui les entoure.

Les décisions publiques sont en effet censées suivre, dans les pays démocratiques, certaines étapes au cours desquelles les facteurs temporels et institutionnels peuvent intervenir. Ces étapes sont les suivantes:

1) La reconnaissance d'une situation qui demande une action. Les leaders peuvent être conscients de l'existence d'un problème, mais ne pas vouloir agir. Ils doivent reconnaître le moment où il sera nécessaire et opportun de le faire. Dans cette reconnaissance se pose aussi la question de la priorité à accorder à un problème. Entrent en jeu également le rôle des médias et de l'opinion publique ainsi que l'étendue du contrôle exercé par le centre décisionnel sur l'information.

2) Le processus de préparation de la décision. Il comprend l'élaboration des règles de la prise de décision, une concertation avec des groupes et des individus (conseillers, ministres, fonctionnaires, groupes de pression, etc.), l'évaluation de la situation, la collecte des données sur celle-ci.

3) La prise de décision. Elle comporte l'évaluation des choix et de leurs conséquences et celle des stratégies pour arriver à l'objectif visé dans un contexte plus général, ainsi que la formulation et la présentation de cette décision.

4) La mise en œuvre de la décision. Elle consiste dans une évaluation des mesures et des moyens nécessaires, y compris financiers et en ressources humaines, pour appliquer cette décision afin d'en obtenir les résultats attendus et dans la communication de ces informations au public et aux personnes chargées de l'exécution de ces mesures[100].

Les deux premières étapes se conforment, en théorie, au *modèle rationnel de prise de décision*. En pratique, les critiques de ce modèle suggèrent que des contraintes de plusieurs types et les intérêts personnels des décideurs entrent en jeu et diminuent ce caractère rationnel (tableau 18.3).

Tableau 18.3
Principes et critiques du modèle rationnel de prise de décision

PRINCIPES	CRITIQUES
• Connaissance et compréhension des diverses options pour l'action.	• Une limite s'impose au nombre d'options qu'on peut considérer, sur le plan de l'information et de la computation. L'information fournie peut être fausse ou incomplète.
• Connaissance des conséquences de chaque option ou des probabilités des conséquences.	• Il n'existe aucune certitude quant aux conséquences des actions futures et quant aux préférences concernant ces conséquences.
• Établissement d'un ordre de préférence selon les conséquences objectives et leur valeur subjective.	• Les préférences des décideurs peuvent entrer en conflit. On peut changer de préférence à mesure que les décisions sont prises et suivant le déroulement des conséquences. Les décisions sont souvent le résultat de compromis afin d'obtenir un soutien de personnes engagées.
• Établissement ou création de règles pour arriver aux décisions afin de choisir une option selon ses conséquences et les préférences.	• Les règles du jeu peuvent changer en cours de route et peuvent ne pas être les meilleures. En outre, le leader doit aussi contrôler l'application de la décision pour s'assurer qu'elle atteint les objectifs fixés.

Enfin, le rôle joué par le leader politique dans la prise de décision varie. La décision peut être prise par le leader seul après des consultations verticales (de ses subordonnés) ou horizontales (de ses collègues). Un processus extensif de consultations indiquerait que le leader cherche à construire un consensus derrière sa décision. Un leader peut aussi choisir un mode collégial de prise de décision en réunissant quelques-uns de ses collègues ou la totalité d'entre eux, en partageant avec eux le problème à résoudre et en cherchant une solution avec ses collègues, sur un pied de quasi-égalité. Le leader peut aussi déléguer une grande partie de son autorité et laisser les experts décider de la question, étant alors ce qu'on appelle un *absentee leader*. Enfin, si la décision prévue n'est pas populaire, le leader peut charger un de ses collègues, un ministre par exemple dans le système canadien, de la prendre et de l'annoncer au public.

Comme l'illustre le modèle systémique, la décision, comme extrant, peut être un geste symbolique. Par exemple, un leader peut décider d'aller visiter les lieux d'un désastre, visite dont rendront compte les médias, sans toutefois offrir aux sinistrés rien de plus qu'un réconfort moral. Les décisions, en tant qu'extrants, peuvent aussi consister en actes obligatoires tels que règlements, ordonnances, arrêtés ministériels, décrets et projets de loi qui impliquent un degré varié d'allocations de ressources. Enfin, un leader politique doit savoir redéfinir les problèmes pour canaliser les ressources et les énergies vers les objectifs de politique publique qu'il veut atteindre. À cette fin, il a recours à des slogans assez généraux pour rallier la population derrière ses priorités, tels que « Une société juste », slogan utilisé par Pierre Elliott Trudeau aux élections fédérales de 1968, et « Maîtres chez nous », slogan employé par le Premier ministre Jean Lesage durant la campagne électorale de 1962 au Québec dont le thème principal était la nationalisation de l'électricité.

2.7. LE LEADERSHIP POLITIQUE AU XXIᵉ SIÈCLE

Dans le système politique du XXIᵉ siècle, le leadership politique fera face à de nombreux défis.

Dans son environnement interne, il devra composer avec le réveil des nationalismes et des conflits ethniques, les contraintes des institutions financières internationales sur ses allocations de ressources, les pressions de la mondialisation sur l'économie, la société et la culture nationales, le besoin d'adapter rapidement la société aux changements et aux nouvelles technologies, et la nécessité de trouver des solutions aux inégalités économiques nationales et mondiales. Les leaders doivent gouverner dans un contexte de « turbulence » de l'environnement du système politique caractérisé, actuellement, par un haut degré de complexité et de dynamisme[101], et par la naissance de nouveaux paradigmes, notamment celui qui demande la parité de représentation politique entre les hommes et les femmes et celui de la nouvelle société de l'information[102]. Cette révolution de l'information et la scolarisation plus élevée de la population, ainsi que la personnalisation accrue du pouvoir, pourraient susciter une crise de confiance dans leur leadership[103], par une prise de conscience de l'écart qui existe entre le langage politique qui donne l'illusion de la démocratie et la réalité[104], entre les demandes de l'environnement politique et les extrants.

À l'échelle internationale pointent d'autres problèmes. Les leaders doivent trouver des solutions — et ceci avec une préparation inégale selon les nations, ce qui constitue un problème en lui-même — aux défis de l'inévitabilité des tendances démographiques et des changements, sinon de la détérioration, de l'environnement[105]. Trouveront-ils aussi une autre option que de déclarer leur impuissance devant les exigences des marchés financiers internationaux et des institutions financières internationales qui leur demandent de mettre les droits du capital avant les besoins essentiels de la population[106]? Pouvons-nous espérer que l'accession des femmes à la parité de représentation et de leadership dans les institutions politiques conduira les nations à l'abandon de la culture de violence tant domestique qu'internationale et qu'elle donnera naissance à une culture pacifique qui proposera d'autres avenues pour régler les nombreux conflits, ethniques ou autres, qui risquent d'éclater à divers endroits de la planète ?

Lectures suggérées

1. Le pouvoir administratif

Barberis, Peter (dir.) (1997), *The Civil Service in an Era of Change*, Aldershot, Dartmouth.

Birnbaum, Pierre, Charles Barucq, Michel Bellaiche et Alain Marié (1978), *La classe dirigeante française*, Paris, PUF.

Bourgault, Jacques, Maurice Demers et Cynthia Williams (dir.) (1997), *Administration publique et management public. Expériences canadiennes*, Sainte-Foy, Les Publications du Québec.

Busino, Giovanni (1993), *Les théories de la bureaucratie*, Paris, PUF, collection « Que sais-je ? ».

Commission de la fonction publique du Canada, *Rapports annuels*, 1992, 1993, 1994, 1995, 1996.

Forges, Jean-Michel de (1989), *L'École nationale d'administration*, Paris, PUF, collection « Que sais-je ? ».

Garant, Patrice, avec la collaboration de Marcel Morin (1973), *La fonction publique canadienne et québécoise*, Québec, Les Presses de l'Université Laval.

Gow, James Iain, Michel Barrette, Stéphane Dion et Michel Fortmann (dir.) (1993), *Introduction à l'administration publique. Une approche politique*, Boucherville, Gaëtan Morin.

Kinder-Gest, Patricia (1995), *Les institutions britanniques*, Paris, PUF, collection « Que sais-je ? ».

Mercier, Jean, « L'administration publique », dans Edmond Orban et Michel Fortmann (dir.) (1994), *Le système américain*, 2e éd., Montréal, Les Presses de l'Université de Montréal, p. 277–298.

Morgan, Nicole (1986), *Implosion : An Analysis of the Growth of the Federal Public Service in Canada (1945–1985)*, Montréal, The Institute for Research on Public Policy / L'Institut de recherches politiques.

Morgan, Nicole (1988), *Jouer à l'égalité. Les femmes et la fonction publique fédérale (1908–1987)*, Ottawa, Conseil consultatif canadien sur la situation de la femme.

O'Neal, Brian (1994), *Réorganiser le gouvernement : nouvelles conceptions de la réforme de la fonction publique,* Ottawa, Bibliothèque du Parlement, Service de recherche.

Purchase, Bryne (dir.) (1993), *Compétitivité et coût des services publics,* Kingston, École des études en politiques publiques.

Schmitz, Gerald (1994), *La réorganisation du gouvernement : le débat sur la réforme mise en contexte,* Ottawa, Bibliothèque du Parlement, Service de recherche.

Thuillier, Guy (1988), *Les femmes dans l'administration depuis 1900,* Paris, PUF.

Thuillier, Guy et Jean Tulard (1984), *Histoire de l'administration française,* Paris, PUF, collection « Que sais-je ? ».

2. Le leadership politique

Barber, James David (1985), *The Presidential Character,* 3rd ed., Englewood Cliffs (N.J.), Prentice Hall.

Benjamin, Jacques (1975), *Comment on fabrique un premier ministre québécois,* Montréal, L'Aurore.

Bernier, Robert (1991), *Gérer la Victoire ? Organisation, communication, stratégie,* Boucherville, Gaëtan Morin.

Blondel, Jean (1987), *Political Leadership. Towards a General Analysis,* London, Sage.

Hockin, Thomas A. (dir.) (1971), *Apex of Power, The Prime Minister and Political Leadership in Canada,* Scarborough (Ont.), Prentice Hall.

Kellerman, Barbara (1984), *Leadership : Multidisciplinary Perspectives,* Englewood Cliffs (N.J.), Prentice Hall.

Lacasse, François (1995), *Mythes, savoirs et décisions politiques,* Paris, PUF.

MacGregor Burns, James (1979), *Leadership,* New York, Harper & Row.

Mancuso, Maureen, Richard G. Price et Ronald Wagenberg (dir.) (1994), *Leaders and Leadership in Canada,* Toronto, Oxford University Press.

Newman, Bruce I. (1994), *The Marketing of the President,* Thousand Oaks (Calif.), Sage.

Noir, Michel (1977), *Réussir une campagne électorale ; suivre l'exemple américain,* Paris, Les Éditions d'Organisation.

Pal, Leslie A. et David Taras (dir.) (1988), *Prime Ministers and Premiers. Political Leadership and Public Policy in Canada,* Scarborough (Ont.), Prentice Hall.

Rosell, Steven A. (dir.) (1995), *Refaire le monde. Gouverner dans un monde en transformation rapide,* Ottawa, Les Presses de l'Université d'Ottawa.

Notes

1 James Iain Gow *et al., Introduction à l'administration publique. Une approche politique,* Boucherville, Gaëtan Morin, 1993, p. 12. La première partie de ce chapitre s'inspire des divisions, des définitions et de l'approche politique concernant l'étude de l'administration publique présentées dans cet ouvrage.

2 Au Canada, en 1996, l'administration publique fédérale comprenait 24 ministères, 37 sociétés d'État, 26 organismes quasi judiciaires et environ 48 agences de services (voir Jocelyne Bourgon, greffier au Conseil privé et secrétaire du Cabinet, *Quatrième rapport annuel au premier ministre sur la fonction publique du Canada,* Ottawa, 1997, p. 17).

3 Robert B. Denhardt, *Public Administration. An Action Orientation,* 2nd ed., Belmont, Wadsworth Publishing, 1995, p. 40-41.

4 Patricia Kinder-Gest, *Les institutions britanniques,* Paris, PUF, 1995, p. 62.

5 Ferrel Heady, *Public Administration. A Comparative Perspective,* 5th ed., New York, Marcel Dekker, 1996, p. 208.

6 Il s'agit de Paris, Marseille et Lyon, la Corse, Mayotte et Saint-Pierre-et-Miquelon (Heady, *ibid.,* p. 208).

7 Denhardt, *op. cit.,* p. 42-43.

8 Jacques Chevallier, *Le service public,* Paris, PUF, collection « Que sais-je ? », 1994, p. 87-88.

9 Kinder-Gest, *op. cit.,* p. 61.

10 Brian O'Neal, *Réorganiser le gouvernement : nouvelles conceptions de la réforme de la fonction publique,* Ottawa, Service de recherche, Bibliothèque du Parlement, janvier 1994, p. 19-20.

11 Peter Barberis, « An Era of Change », dans Peter Barberis (dir.), *The Civil Service in an Era of Change,* Aldershot, Dartmouth, 1997, p. 7.

12 De différents types, certaines, par exemple, sont essentielles à la formulation des politiques, tandis que la majorité d'entre elles, d'après leur expertise, fournissent des services aux autres agences ou départements ou au public et que d'autres, encore, sont liées à un objectif particulier d'un département.

13 O'Neal, *op. cit.,* p. 24.

14 Ainsi la Colombie-Britannique a adopté le programme Service Quality B.C. (1990), suivi de Delivering Quality Services to the Public (1993), l'Ontario, le Tomorrow Project (1989), suivi de Customer Task Force (1991). Voir F. Leslie Seidle, *Rethinking the Delivery of Public Services to Citizens,* Montreal, The Institute for Research in Public Policy, 1995, p. 99-114, et Evert A. Lindquist

et Karen B. Murray, « A Reconnaissance of Canadian Administrative Reform During the Early 1990s », dans Christopher Dunn (dir.), *Provinces. Canadian Provincial Politics,* Peterborough (Ont.), Broadview Press, 1996, p. 277–296.

15 Un autre exemple est le Council of Economic Advisers. Voir Denhardt, *op. cit.*, p. 39.

16 Gow *et al.*, *op. cit.*, p. 127.

17 L'enseignement de l'administration publique diffère selon les États, s'inspirant principalement, depuis la Deuxième Guerre mondiale, au Canada et aux États-Unis, des ouvrages sur l'organisation et la gestion du secteur privé, alors qu'en Europe, et notamment en France, il s'appuie principalement sur le droit administratif.

18 Voir, par exemple, Max Weber, *Économie et société*, tome 1, traduit par Julien Freund *et al.*, Paris, Plon, 1971, p. 229–231.

19 Gow *et al.*, *op. cit.*, p. 177.

20 *Ibid.*, p. 141.

21 Ses diplômés envahissent non seulement les plus hauts postes administratifs de l'État, mais, entre 1958 et 1984, les hauts fonctionnaires formaient également la majorité des présidents et des premiers ministres de la Ve République. Après la victoire socialiste de 1981, 49,9 % des députés étaient issus de la fonction publique et ce chiffre n'est tombé qu'à 41,9 % en 1986. Ces données viennent de Heady, *op. cit.*, p. 216, et de Pierre Ducasset, « Du bon usage des fonctionnaires », Paris, PUF, 1990, p. 129.

22 Pierre Birnbaum *et al.*, *La classe dirigeante française*, Paris, PUF, 1978, p. 80.

23 Heady, *op. cit.*, p. 217.

24 Heady, *ibid.*, p. 212, citant la critique de Michel Crozier.

25 Sous la présidence de Clinton, il y avait 13 départements qui, selon leur importance en effectifs, concernaient la Défense, la Santé et les Services humains, le Trésor, l'Agriculture, l'Intérieur, le Transport, la Justice, le Commerce, l'État, le Travail, l'Énergie, le Logement et le Développement urbain et l'Éducation (voir Denhardt, *op. cit.*, p. 40).

26 Bourgon, *op. cit.*, p. 18.

27 Donald J. Savoie, *Thatcher, Reagan, Mulroney. In Search of a New Bureaucracy*, Toronto, University of Toronto Press, 1994, p. 224.

28 Gow *et al.*, *op. cit.*, p. 133.

29 Heady, *op. cit.*, p. 249–250.

30 Yves Mény, *Politique comparée*, 3e éd., Paris, Montchrestien, 1991, p. 341.

31 Heady, *op. cit.*, p. 252.

32 *Ibid.*, p. 250.

33 Mény, *op. cit.*, p. 341.

34 Heady, *op. cit.*, p. 245.

35 Chapman, *op. cit.*, p. 36.

36 Voir les *Rapports annuels de la Commission de la fonction publique du Canada, 1995–1996* et *1996–1997*, Ottawa, Ministère des Travaux publics et des Services gouvernementaux, 1996 et 1997, p. 4 et 5.

37 Luc Rouban, *La fin des technocrates ?*, Paris, Les Presses de la fondation nationale des sciences politiques, 1998, p. 37–40.

38 Ducasset, *op. cit.*, p. 121.

39 Les mesures d'avantages absolues consistent à mettre certains groupes en premier lors des concours et les mesures relatives à augmenter leurs notes selon un certain pourcentage fixe.

40 Gow *et al.*, *op. cit.*, p. 135.

41 Denhardt, *op. cit.*, p. 38.

42 Voir la page d'accueil de la Fonction publique française.

43 Mény, *op. cit.*, p. 345.

44 Barberis, *op. cit.*, p. 6.

45 Kinder-Gest, *op. cit.*, p. 65.

46 Dans deux rapports, le Treasury and Civil Service Committee accepte l'idée que le *new managerialism* est compatible avec les valeurs traditionnelles de la fonction publique (Barberis, *op. cit.*, p. 9).

47 Un exemple de variante provinciale est qu'en Alberta les fonctionnaires, sauf ceux des plus hauts échelons, peuvent participer aux activités politiques, tandis que toute forme d'activité politique est interdite aux fonctionnaires de Terre-Neuve. Des variantes existent aussi à l'échelle interne au palier fédéral, selon les règlements qui régissent chaque département (Kenneth Kernaghan et John W. Langford, *The Responsible Public Servant*, Halifax, Institut de recherche politique, 1990, p. 57).

48 Mény, *op. cit.*, p. 346.

49 Kernaghan et Langford, *op. cit.*, p. 99–126.

50 Pour les renseignements donnés dans ce paragraphe, voir Kinder-Gest, *op. cit.*, p. 64.

51 De plus, les directives de ces agences mettent l'accent sur l'esprit d'entreprise et d'initiative, une gestion proche de celle du monde des affaires, et recommandent des salaires liés au rendement. Les intérêts personnels des fonctionnaires entrent donc maintenant en jeu dans la manière dont ils accomplissent leurs tâches, ce qui nuit à l'unité de perspective de la fonction publique, chez ses membres, et aux anciens principes d'objectivité, d'incorruptibilité et d'impartialité politique. Voir Chapman, *op. cit.*, p. 26–27.

52 Mény, *op. cit.*, p. 346.

53 En 1981, le gouvernement Reagan a ainsi licencié 13 000 contrôleurs aériens en grève illégale (*ibid.*, p. 345).

54 Ainsi, les membres du syndicat le plus important au palier fédéral, l'American Federation of Government Employees (AFGE), ne forment qu'environ un tiers du personnel qu'il représente.

55 Citons les exemples du Premier ministre canadien Lester B. Pearson et du Premier ministre québécois Jacques Parizeau.

56 Gow *et al.*, *op. cit.*, p. 254.

57 *Ibid.*, p. 181.

58 Mény, *op. cit.*, p. 365, et Chevallier, *op. cit.*, p. 75-77.

59 Gow *et al.*, *op. cit.*, p. 229–230.

60 *Ibid.*, p. 173 et 280.

61 Les effectifs du *civil service* sont passés de 732 000 fonctionnaires permanents en 1979 à 494 300 au 1er avril 1996. Voir Kinder-Gest, *op. cit.*, p. 62. Le nombre de contractuels est passé de 7 600 à 20 000 entre 1995 et 1996, et celui des temps partiels a triplé de 1979 à 1996. Voir *Civil Service Statistics 1996*, site Internet.

62 Jusqu'en 1983, ces changements pouvaient faire l'objet d'une révision de la part du Congrès et d'un veto législatif.

Ce n'est plus le cas depuis que la Cour suprême des États-Unis a déclaré que cela était une violation de la séparation constitutionnelle des branches législative et exécutive.Voir Denhardt, *op. cit.*, p. 248.

63 Denhardt, *op. cit.*, p. 37.

64 Ceci est une combinaison des définitions de Kernaghan et de Ouellet, citées dans Gow *et al.*, *op. cit.*, p. 234.

65 S.L. Sutherland et J.R. Mitchell, « L'administration et le Parlement » dans Jacques Bourgault *et al.* (dir.), *Administration publique et management public. Expériences canadiennes*, Sainte-Foy, Les Publications du Québec, 1997, p. 36.

66 Rouban, *op. cit.*, p. 113–114.

67 Selon le livre blanc *The Civil Service : Taking Forward Continuity and Change,* 1995, cité dans Barberis, *op. cit.*, p. 8.

68 Giovanni Busino, *Les théories de la bureaucratie*, Paris, PUF, collection « Que sais-je? », 1993, p. 23.

69 *Ibid.*, p. 35. Robert Michels (1876–1940), Max Weber (1864–1920).

70 Voir Robert Michels, *Les partis politiques : essai sur les tendances oligarchiques des démocraties,* traduit par S. Jankelevitch, Paris, Flammarion, 1971.

71 Michels, *ibid.*, p. 33.

72 Voir Vilfrid Pareto, *The Mind and Society*, New York, Harcourt-Brace, 1935, et Vilfrid Pareto, introduction par Hans L. Zetterberg, *The Rise and Fall of the Elites*, Salem (N.H.), Ayer, 1986.

73 Gaetano Mosca, *The Ruling Class*, New York, McGraw-Hill, 1939.

74 C. Wright Mills, *The Power Elite*, London, Oxford University Press, 1956, p. 304.

75 Voir Léon Dion, « The Concept of Political Leadership : An Analysis », *Revue canadienne de science politique,* I, 1, 1968, p. 2–17.

76 Sur la variété des leaders politiques au Canada, voir Maureen Mancuso, Richard G. Price, Ronald Wagenberg (dir.), *Leaders and Leadership in Canada*, Toronto, Oxford University Press, 1994.

77 Voir S. N. Eisenstadt (dir.), *Max Weber. On Charisma and Institution Building*, Chicago, The University of Chicago Press, 1968, chapitres 6 et 7, p. 48–77.

78 Tel Irvine Schiffer, *Charisma. A Psychoanalytic Look at Mass Society*, Toronto, University of Toronto Press, 1973.

79 Voir Ann Ruth Willner, *The Spellbinders. Charismatic Political Leadership*, New Haven (Conn.), Yale University Press, 1984, p. 11, 13, 16–17, 20, 25. Willner indique que certains percevaient Franklin D. Roosevelt comme un dieu.

80 Ce qui a abouti, par exemple, au désastre de la baie des Cochons à Cuba. Voir Irving L. Janis, « Groupthink », dans Barbara Kellerman (dir.), *Political Leadership. A Source Book*, Pittsburgh (Penn.), The University of Pittsburgh Press, 1986, p. 327–346.

81 Au Canada, le Premier ministre Pierre Elliott Trudeau a été décrit par Richard Gwyn comme un magicien dans *The Northern Magus. Pierre Trudeau and the Canadians*, Markham (Ont.), Paperjacks, 1981 ; étrangement, le titre de sa traduction française est *Le Prince*.

82 En ce qui concerne la représentation des femmes, voir, pour les États-Unis, Lois Lovelace Duke (dir.), *Women in Politics, Outsiders or Insiders ?*, Englewood Cliffs (N.J.), Prentice Hall, 1993 ; pour le Canada, Chantal Maillé, *Vers un nouveau pouvoir : les femmes en politique au Canada*, Ottawa, Conseil consultatif canadien sur la situation de la femme, 1990 ; Jane Arscott et Linda Trimble (dir.), *In the Presence of Women. Representation in Canadian Governments*, Toronto, Harcourt Brace & Company, 1997, et pour la Grande-Bretagne, Joni Lovenduski et Vicki Randall, *Contemporary Feminist Politics. Women and Political Power in Britain*, Oxford University Press, 1993.

83 Daniel Latouche, « From Premier to Prime Minister : An Essay on Leadership, State and Société in Quebec », dans Leslie A. Pal et Davis Taras (dir.), *Prime Ministers and Premiers*, Scarborough (Ont.), Prentice Hall, 1988, p. 137–157.

84 Jennifer Smith, « Ruling Small Worlds : Political Leadership in Atlantic Canada », dans Pal et Taras, *ibid.*, p. 126–136.

85 Ce modèle a été développé par Arend Lijphart dans « Consociational Democracy », dans Kenneth D. McRae (dir.), *Consociational Democracy,* Toronto, McClelland & Stewart, 1974, p. 70–89.

86 Jean Blondel, *Political Leadership : Towards a General Analysis*, London, Sage, 1987, p. 28–29.

87 Voir, par exemple, Helm Stierlin, *Adolf Hitler. Étude psychologique*, traduction de Jeanne Etore, Paris, PUF, 1975, et Erik H. Erikson, *Gandhi's Truth*, New York, W.W. Norton & Company, 1969.

88 Sigmund Freud et William C. Bullitt, *Le président Thomas Woodrow Wilson. Portrait psychologique*, traduction de Marie Tradié, Paris, Albin Michel, 1967.

89 Platon, ici, était avant-gardiste, déclarant clairement que le leader philosophe pouvait être aussi bien une femme qu'un homme.

90 Voir le livre VII, dans Platon, *La République*, introduction d'Auguste Diès, Paris, Gonthier, 1966.

91 Voir Nicolas Machiavel, *Le Prince et autres écrits politiques*, traduction par J. V. Périès, revue par Philippe Ranger, présentation, chronologie et notes par Philippe Ranger, Paris, L'Hexagone/Minerve, 1982.

92 James MacGregor Burns, *Leadership*, New York, Harper & Row, 1979.

93 James David Barber, *The Presidential Character : Predicting Performance in the White House,* Englewood Cliffs (N.J.), Prentice Hall, 1992.

94 Voir John C. Courtney, « Prime Ministerial Character : An Examination of Mackenzie King's Political Leadership », et J. E. Esberey, « Prime Ministerial Character : An Alternate View », dans *Revue canadienne de science politique*, IX, 1, 1976, p. 77–100 et p. 101–106.

95 Voir Donald Foster et Colin Read, « The Politics of Opportunism : The New Deal Broadcasts », *Canadian Historical Review*, LX, 3, 1979, p. 324–349.

96 Voir T. H. White, *The Making of the President*, New York, Atheneum House, 1960. Pour les techniques utilisées lors de la campagne électorale de Bill Clinton en 1992, voir Bruce I. Newman, *The Marketing of the President*, Thousand Oaks (Calif.), Sage, 1994.

97 Tel le discours télévisé d'octobre 1975 du Premier ministre canadien Trudeau annonçant son adoption d'une politique de contrôle des salaires qu'il avait attaquée chez ses adversaires lors de la campagne électorale précédente.

98 Sur les nouveaux conseillers en marketing politique et leurs techniques, voir, pour la campagne électorale fédérale canadienne de 1988, Robert Bernier, *Gérer la Victoire? Organisation, communication, stratégie*, Boucherville, Gaëtan Morin, 1991; pour la France, voir Michel Noir, *Réussir une campagne électorale; suivre l'exemple américain*, Paris, Les Éditions d'Organisation, 1977. Pour le Québec, voir Jacques Benjamin, *Comment on fabrique un premier ministre québécois*, Montréal, L'Aurore, 1975.

99 Pour le rôle des divers types de conseillers au Québec, voir Pierre O'Neill et Jacques Benjamin, *Les mandarins du pouvoir*, Montréal, Québec/Amérique, 1978.

100 Ces étapes sont inspirées en partie par celles développées dans Jean-Charles Savignac et Serge Salon, *Guide de la décision publique*, Paris, Papyrus, 1987.

101 Paul J. Best et Kul B. Rai, *Governing Through Turbulence. Leadership and Change in the Late Twentieth Century*, Westport (Conn.), Prager, 1995.

102 Steven A. Rosell (dir.), *Refaire le monde. Gouverner dans un monde en transformation rapide*, Ottawa, Les Presses de l'Université d'Ottawa, 1995.

103 Stephen C. Craig, *The Malevolent Leaders. Population Discontent in America*, Boulder (Colo.), Westview Press, 1993.

104 John Ralston Saul, *The Unconscious Civilization*, Concord (Ont.), Anansi Press, 1995.

105 Paul Kennedy, *Preparing for the 21st Century*, Toronto, Harper-Collins, 1993.

106 Linda McQuaig, *The Cult of Impotence. Selling the Myth of Powerlessness in the Global Economy*, Toronto, Viking-Penguin, 1998.

Troisième partie

L'environnement externe du système politique

19

L'évolution des relations internationales

Il est difficile de donner une définition précise des relations internationales. Il est peut-être possible d'avancer, comme on l'a fait jadis pour la science politique, l'idée selon laquelle les relations internationales constituent un carrefour où toutes les disciplines sociales et humaines se retrouvent.

Si l'on se base sur l'aspect purement sémantique, les relations internationales peuvent se définir comme l'étude des rapports entre les nations. Cette définition a été rejetée à cause de la confusion à laquelle prête le concept de nation. Pour de nombreuses écoles de pensée, les relations internationales analysent uniquement les relations entre États considérés comme les seuls acteurs du système international[1]. Cette définition est cependant trop étroite dans la mesure où des acteurs nouveaux, de plus en plus nombreux, ont fait sentir leur poids sur la scène internationale au cours des dernières décennies. C'est le cas, par exemple, des organisations internationales et des entreprises multinationales.

Le concept d'« acteur » est communément admis en relations internationales. Toute analyse doit donc tenir compte de l'action et de l'interaction des acteurs. Étant donné que ceux-ci ne vivent pas en vase clos, il faut prendre en considération les situations qui sont à l'origine de leurs actions, situations qu'ils ne contrôlent pas toujours à cause des circonstances. Par exemple, Hitler avait pris la décision d'envahir l'URSS bien avant le mois de juin 1941. Il a été obligé de retarder l'application de cette décision à cause de l'échec de Mussolini en Grèce. Un autre exemple illustre bien la notion de situation. La guerre d'octobre 1973 entre Israël et les pays arabes et la crise qui s'en est suivi ont fait grimper les prix du pétrole sur le marché international. L'Alberta a saisi l'occasion pour développer et rentabiliser les gisements pétroliers sur son territoire. La politique pétrolière albertaine a donné lieu à des conflits entre la province et le gouvernement fédéral.

Il n'est donc pas facile d'analyser les événements internationaux. L'objet des relations internationales est encore moins facile à définir. Une définition ne peut jamais tout expliquer. Elle permet cependant de dégager les éléments nécessaires pour une meilleure compréhension de l'évolution des relations internationales.

Nous proposons donc de considérer les relations internationales comme l'étude des relations entre les différents acteurs de la vie internationale sous l'influence des divers facteurs qui déterminent leurs décisions, décisions qui sont prises en fonction de la situation. La mise en application de ces décisions est susceptible soit d'encourager la coopération entre les acteurs, soit de provoquer ou d'envenimer des conflits entre eux. Dans ce chapitre, nous examinerons les rapports internationaux résultant de la Seconde Guerre mondiale. Nous mettrons également l'accent sur l'effondrement de l'ancienne URSS ainsi que sur les conséquences qui en découlent. Mais, pour mettre en lumière les nouveaux rapports de force issus de la nouvelle configuration mondiale, un bref aperçu historique s'impose.

1. L'ÉVOLUTION DES RELATIONS INTERNATIONALES : APERÇU HISTORIQUE

Les relations internationales au cours de ces dernières années ont pris une ampleur considérable. Pourtant, l'origine de cette discipline remonte à la nuit des temps. Thucydide, en décrivant la guerre du Péloponnèse qui oppose Athènes à Sparte, peut être considéré comme l'un des premiers historiens des relations internationales[2].

Avec l'Empire romain, les relations internationales se traduisent surtout par les rapports que Rome entretient avec ses voisins, voisins qu'elle finit par conquérir. Au Moyen Âge, et notamment à partir du XIe siècle, l'Église joue un rôle important sur le plan spirituel comme sur le plan temporel. Elle entretient même l'illusion d'un monde uni par la foi chrétienne et dominé par l'autorité pontificale. Cette unité est rompue au XVIe siècle. De grands événements comme la Réforme, les guerres de religion, les grandes découvertes commencées déjà au siècle précédent bouleversent le monde. Mais le XVIe siècle est aussi le siècle de la consolidation des États, lesquels mettent désormais l'accent sur le principe de souveraineté, refusant ainsi toute autorité qui n'émane pas d'eux-mêmes. Les traités de Westphalie, en prônant les principes de souveraineté, d'égalité des États, de liberté religieuse, régissent la société internationale jusqu'à la fin du XIXe siècle et même jusqu'au début du XXe siècle[3].

Dans un monde dominé par l'Europe, la recherche de l'équilibre constitue la base de la politique du système européen. Cependant, l'indépendance des États-Unis en 1776 modifie complètement l'environnement international. En effet, rapidement, ce nouvel État se fraie la voie qui lui permettra de devenir la plus grande puissance du monde. En 1823, la doctrine Monroe constitue un avertissement lancé par les États-Unis aux puissances européennes qui doivent comprendre que, désormais, elles n'ont plus à intervenir dans les affaires du continent américain[4]. Quoi qu'il en soit, en dépit des guerres et des conflits de toutes sortes qui sévissent, le XIXe siècle est marqué par la création de nombreuses unions administratives[5]. En outre, de nombreuses conférences internationales ont lieu[6]. Toutes ces activités favorisent la coopération internationale. Cependant, il faut attendre la fin de la Première Guerre mondiale pour voir apparaître la Société des Nations (SDN), c'est-à-dire une véritable organisation internationale à caractère politique.

À la fin de la Première Guerre mondiale, le système international est profondément modifié. De façon imperceptible, deux puissances commencent à émerger. L'une vient de connaître une révolution qui tend vers l'universalisme. Il s'agit de l'Union soviétique. L'autre entend sortir de son isolationnisme en dépit de nombreuses réticences. Il s'agit des États-Unis. Les signes précurseurs du monde bipolaire commencent déjà à faire leur apparition.

La SDN n'a pas pu empêcher le déclenchement de la Seconde Guerre mondiale et les bouleversements qui en ont découlé[7]. L'humanité fait l'expérience de nouvelles armes, nucléaires d'abord, puis thermonucléaires. En outre, une compétition effrénée s'établit entre les États-Unis et l'URSS. La rivalité entre ces deux puissances domine alors le système international.

2. LES RAPPORTS INTERNATIONAUX ISSUS DE LA SECONDE GUERRE MONDIALE

Depuis la fin de la Seconde Guerre mondiale, les relations internationales sont analysées à travers le prisme des deux grandes puissances émergentes dont les rapports sont dominés par une alternance de conflits larvés et de paix forcée.

2.1. LA GUERRE FROIDE ET LA MISE EN PLACE DU SYSTÈME BIPOLAIRE

La Seconde Guerre mondiale à peine terminée, les relations entre les vainqueurs se détériorent rapidement. Nombreuses sont les craintes de voir les États-Unis et l'URSS s'affronter militairement à cause de la tension permanente qui existe entre ces deux puissances. Mais cet état de tension n'aboutit jamais à une guerre réelle. C'est la guerre froide, qui ne met pas en contact direct les deux antagonistes. S'il y a guerre, elle se fait plutôt par États interposés. Les premiers signes tangibles de la guerre froide apparaissent au sujet de l'Iran, puis de la Grèce et de la Turquie[8]. Mais c'est surtout quand il s'agit de définir le statut de l'Allemagne sur la base de l'Accord de Postdam, signé en 1945, qu'une entente entre les deux grands s'avère impossible à trouver.

À la suite du discours du secrétaire d'État américain, le général Marshall, le 5 juin 1947, le plan Marshall est lancé pour des raisons économiques et politiques[9]. Il consiste à apporter une aide matérielle à l'Europe pour lui permettre de se reconstruire économiquement. En effet, l'Europe connaît des tensions sociales de plus en plus grandes. En outre, l'industrie américaine a besoin de nouveaux débouchés. Les États-Unis préfèrent une Europe stable et solvable plutôt qu'une Europe en proie à des difficultés politico-économiques.

L'URSS, craignant la domination des États-Unis en Europe, rejette le plan Marshall, entraînant avec elle les États d'Europe orientale. Quelques mois après la déclaration du général Marshall, le Kominform est constitué et prétend, entre autres, démontrer l'unité du monde communiste[10]. La Conférence de Londres, qui réunit les ministres des Affaires étrangères des États-Unis, de Grande-Bretagne, de France et d'URSS à la fin de 1947, montre qu'il est illusoire de penser qu'un accord est encore possible entre l'URSS et les Occidentaux au sujet de l'Allemagne. Dès lors, la cassure est nette. Deux blocs se forment : le bloc de l'Ouest, conduit par les États-Unis, et le bloc de l'Est, conduit par l'URSS. Avec la naissance de ces deux blocs, la guerre froide s'installe et constitue la principale caractéristique des relations entre les deux superpuissances[11].

La guerre froide peut être définie comme un combat prolongé entre deux adversaires. Chacun évalue la force de l'autre, raffine sa stratégie, utilise tour à tour la ruse, la menace de la force et parfois même la force sans jamais dépasser, cependant, certaines limites. Dans le cadre de cette politique de confrontation, Berlin devient, par la force des choses, le symbole de la guerre froide.

Dans l'impossibilité de trouver une solution au problème allemand, l'URSS procède au blocus de Berlin[12]. Les Occidentaux ne cèdent pas sans pour autant utiliser la force. Ils répondent par l'établissement d'un pont aérien afin d'assurer le ravitaillement de la ville. Les Soviétiques, de leur côté, ne lancent pas d'attaques (figure 19.1). Ils comprennent qu'en Europe ils ne pourront plus faire de gains. Désormais, le champ d'action va se déplacer de l'Europe vers l'Asie.

La guerre de Corée, qui éclate en 1950, met à rude épreuve le système international. Lorsque la Corée du Sud est attaquée par la Corée du Nord, la question est de savoir si la guerre froide, commencée depuis longtemps, est susceptible de se transformer en guerre chaude. La guerre se termine sans vainqueurs ni vaincus, les belligérants revenant au *statu quo ante*. À cette occasion, les Nations unies, à cause de la résolution 377 V (union pour le maintien de la paix), sont mises à l'épreuve puisque c'est sous leur égide que cette guerre est menée[13]. Même si le gros de l'effort a été fait par les États-Unis, des contingents venus de différents pays comme le Canada, par exemple, y ont participé[14].

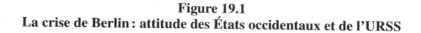

Figure 19.1
La crise de Berlin : attitude des États occidentaux et de l'URSS

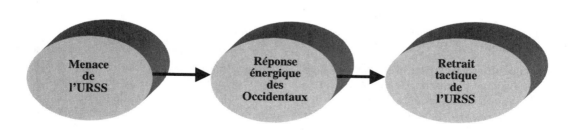

La crise coréenne entraîne une mobilisation générale aux États-Unis sur les plans militaire, économique et psychologique[15]. Cependant, qu'il s'agisse de la crise de Berlin ou de celle de Corée, en dépit de certaines tendances d'aller aux extrêmes, les dirigeants des deux superpuissances ont su gérer ces crises. L'URSS est de plus en plus consciente que toute tentative d'expansion de sa part ne peut que contribuer à renforcer la détermination des États-Unis.

Les États-Unis cherchent à contenir les visées expansionnistes de l'URSS. À cette fin, la politique d'endiguement est élaborée[16]. Cette politique permet de « recourir à la force si nécessaire, pour défendre le *statu quo*, tout en s'abstenant soi-même de chercher à le modifier par la force[17] ». En outre, en vertu de la théorie des dominos, Washington cherche à protéger des positions stratégiques. La perte d'une position dans une région donnée peut entraîner la perte de l'ensemble de la région, qui risquerait de passer sous le contrôle soviétique. Il faut donc établir un réseau d'alliances à l'échelle mondiale pour qu'aucun État ne tombe sous l'influence communiste. L'Organisation du traité de l'Atlantique Nord (OTAN), qui associe l'Europe occidentale à l'Amérique du Nord sur le plan de la défense, voit le jour en avril 1949. Par la suite, d'autres alliances sont aussi établies[18]. C'est une tentative d'encerclement du monde communiste. En outre, de nombreux accords bilatéraux sont signés avec notamment les Philippines en 1951, la Corée du Sud en 1953, le Pakistan et Taïwan en 1954.

Du côté communiste, une attitude identique prévaut. De nombreux accords sont conclus soit entre l'URSS et les États d'Europe orientale, soit entre ces derniers. Le COMECOM, organisme de coopération économique placé sous l'obédience de Moscou, est créé en janvier 1949. De plus, en réaction contre la participation de la République fédérale d'Allemagne au traité de l'OTAN, le Pacte de Varsovie est mis sur pied en 1955[19].

Avec la constitution des deux blocs, c'est la mise en place du système bipolaire. Cependant, ce système n'est pas aussi rigide qu'on aurait pu le croire. En effet, des signes de changement apparaissent. L'armistice est signé en Corée en 1953. Soviétiques et Américains se retrouvent à la Conférence de Genève de 1955. En outre, les deux dirigeants, Truman et Staline, qui symbolisent la guerre froide, disparaissent de la scène politique. En dépit de cela, la guerre froide se poursuit. C'est la continuité qui l'emporte, mais il s'agit d'une continuité pleine de ruptures. L'état d'esprit créé par la guerre froide demeure. La paix totale n'est plus possible, mais la guerre opposant ouvertement les deux géants est de plus en plus improbable. Cependant, la logique de la guerre froide ne peut reposer que sur les moyens dont les deux superpuissances disposent. La course aux armements est donc inévitable.

2.2. LA PAIX FORCÉE

Avant que la Seconde Guerre mondiale ne se termine, des discussions ont lieu pour l'instauration d'une véritable paix. Cependant, après la guerre, la paix établie est plutôt basée sur l'équilibre de la terreur. C'est une paix forcée, axée sur la course aux armements.

2.2.1. LA COURSE AUX ARMEMENTS

En lançant, en août 1945, deux bombes atomiques, l'une sur Hiroshima, l'autre sur Nagasaki, afin de faire plier le Japon, les États-Unis pensaient que la possession de la bombe atomique faisait d'eux la nation la plus puissante du monde sur le plan militaire. Cependant, la puissance ne donne à un État ni la possibilité d'agir comme il l'entend ni la solution à tous les problèmes qui se posent. En fait, avec la bombe atomique, c'est une nouvelle ère qui commence. Le monde possède désormais des moyens de destruction considérables. Et dès lors, les problèmes politiques et militaires ne se posent plus de la même façon.

L'une des conséquences de cette percée technologique est le déclenchement et l'accélération de la course aux armements nucléaires, course qui aboutit, quelques années plus tard, à un équilibre entre les deux superpuissances. Dès le mois de juillet 1948, le monde apprend l'explosion de la première bombe soviétique. On passe alors du monopole au « duopole » nucléaire. En dépit de nombreuses questions éthiques qui se posent aux États-Unis, la première bombe thermonucléaire américaine explose en novembre 1952. En août 1953, c'est au tour de l'Union soviétique d'expérimenter sa première bombe thermonucléaire. La course est désormais lancée sur le plan quantitatif comme sur le plan qualitatif. Après la bombe thermonucléaire, l'accent est mis sur la construction d'ogives thermonucléaires et de sous-marins à propulsion nucléaire. Puis commencent les essais de missiles intercontinentaux sol-sol, puis mer-sol. Mentionnons aussi, parmi la panoplie d'armements, la mise en place des ogives multiples non guidées puis guidées, les missiles de croisière, les armes antisatellites, etc. Enfin, une importance de plus en plus grande est accordée aux véhicules porteurs, qui ne sont plus des bombardiers lourds, mais des missiles balistiques à moyenne et à longue portée, dont la vitesse, la portée et la précision ne font que s'améliorer. Dans cette course, l'avantage va, dans un premier temps, aux États-Unis. Mais l'Union soviétique fait des progrès spectaculaires.

L'une des premières conséquences de cette course aux armements est la crainte d'une prolifération des armes nucléaires. À partir du moment où cet armement constitue un élément de puissance et procure un certain prestige, d'autres États essaient de s'en doter à tout prix. C'est le cas de la Grande-Bretagne et de la France dans un premier temps, puis de la Chine, de l'Inde et du Pakistan[20]. Le club s'est élargi et on peut craindre qu'il ne s'élargisse davantage. Il y a d'autres États qui ont certainement la capacité de fabriquer de telles armes. C'est le cas notamment de la Corée du Nord, d'Israël, de l'Iran, de l'Argentine, du Brésil et de l'Afrique du Sud[21]. Si ces États ne les ont pas tous encore, leur fabrication ne représente pas pour eux un grand obstacle. L'Irak envisageait aussi cette option. Mais la guerre du Golfe, sa défaite cuisante, le contrôle effectué par les inspecteurs de l'Agence internationale de l'énergie atomique (AIEA) enlèvent, pour le moment, à ce pays la possibilité de concrétiser cette idée qui a toujours fait peur à Israël.

L'autre point à souligner est le fait que, pendant longtemps, cette course a favorisé, chez les deux superpuissances, le développement d'un complexe militaro-industriel[22]. Le président Dwight Eisenhower, à la fin de son mandat, mettait d'ailleurs le peuple américain en garde contre un tel complexe. En Union soviétique, le poids de l'armée était aussi considérable dans la définition de la politique militaire et étrangère du pays[23].

Enfin, la capacité d'autodestruction détenue par les grandes puissances force les dirigeants à réfléchir sur les moyens d'éviter le conflit nucléaire qui pourrait être fatal pour l'humanité. Cependant, ils n'ont jamais pu arrêter la course aux armements. Et, dans l'impossibilité de l'arrêter, ils nourrissent l'espoir de n'avoir pas à utiliser les armes produites. La dissuasion est le résultat de cette analyse des stratèges.

2.2.2. LA DISSUASION ET L'ABSENCE DE GUERRE ENTRE LES GRANDES PUISSANCES

Dans les relations interétatiques, la dissuasion constitue une stratégie maintes fois utilisée pour éviter la guerre. Elle s'inspire de la vieille maxime latine : *Si vis pacem para bellum*[24]. Il s'agit donc de se doter de moyens politiques ou militaires en vue de décourager tout éventuel agresseur. L'objectif final de la dissuasion est donc d'éviter la guerre entre belligérants potentiels. La dissuasion s'appuie donc sur la menace, qui provoque la peur, laquelle, à son tour, neutralise tout candidat agresseur (figure 19.2).

Figure 19.2
La stratégie de la dissuasion

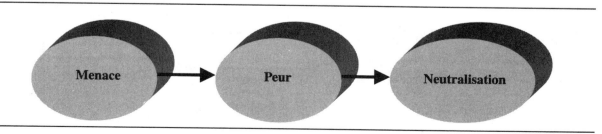

La peur nucléaire est donc partagée par l'ensemble des États. Personne ne veut une guerre nucléaire, mais, en même temps, se développe une logique implacable qui consiste à fabriquer de plus en plus d'armements perfectionnés sur le plan technologique avec l'espoir de ne pas y avoir recours. Ainsi, la dissuasion est une stratégie de non-guerre tout en se préparant à la guerre. C'est une stratégie de menace d'action et non d'action. Il convient donc de souligner également l'aspect psychologique de la dissuasion. Pour être efficace, une certaine crédibilité s'impose. Il faut que l'éventuel agresseur soit convaincu que l'autre État ou les autres États menacés sont capables de passer à l'action et qu'ils ont, en outre, la volonté de le faire. C'est cette situation qui a prévalu lors du blocus de Berlin en 1949 et lors de la crise des missiles de Cuba en 1963. Dans chacun de ces cas, les États-Unis ont répondu en menaçant de passer à l'acte si l'URSS persistait à vouloir remettre en question le *statu quo*. L'Union soviétique a compris le sérieux de la menace américaine et, chaque fois, un compromis a pu être trouvé pour empêcher que la situation ne dégénère.

Bien sûr, la dissuasion reste un jeu risqué. Cependant, elle a pu éviter une confrontation directe entre les États-Unis et l'Union soviétique. Elle repose donc sur la prévention des conflits non seulement entre des États de même puissance, mais aussi entre un État puissant et un État faible. En effet, si les stratégies sont élaborées en fonction des gains et des pertes ou en tenant compte des coûts et des bénéfi-

ces, un État faible possède, en disposant de telles armes, une certaine garantie de protection contre toute agression dans la mesure où il peut infliger des pertes considérables à l'ennemi. La force de frappe française a été conçue en partie en fonction de ce raisonnement. Donc, on peut dire que l'atome a un certain « pouvoir égalisateur ».

Tout en entraînant une croissance exponentielle des armements, la dissuasion a conduit à l'élaboration d'une politique de stabilisation et de contrôle et aussi de réduction et de destruction des armements. Il serait souhaitable qu'une politique de destruction s'accompagne d'une politique de non-production généralisée. Mais s'il y a parfois accord sur la non-production de certains types d'armements, cette politique est souvent compensée par une production de nouvelles armes de plus en plus sophistiquées (figure 19.3).

La dissuasion peut prendre différentes formes. On est ainsi passé de la stratégie des représailles massives à celle de la riposte flexible puis à celle des ciblages. La stratégie anti-cités a été alors privilégiée et a été remplacée ensuite par la stratégie anti-forces[25]. Chacune de ces stratégies a fait l'objet de discussions approfondies pour être ensuite abandonnée ou être l'objet de nombreuses modifications.

La dissuasion soulève aussi des questions d'ordre économique et social. Ainsi, en URSS, les dirigeants ont poursuivi la course aux armements, mais cela s'est fait au prix du développement économi-

Figure 19.3
La dissuasion et la course aux armements

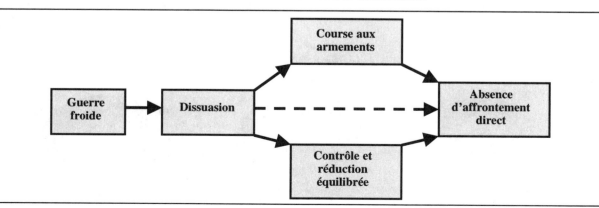

que et social. La question se pose en termes plus nuancés pour les États-Unis, qui sont souvent accusés de consacrer plus d'efforts aux questions d'armements qu'aux questions sociales.

On peut donc dire que « les deux puissances, par la dissuasion, sont arrivées à régulariser leur rivalité[26] ». Cependant, les choses se mettent à changer quand le président Ronald Reagan lance le programme IDS[27] en 1983. Ce programme qui a pour but de déployer au-dessus des États-Unis un bouclier spatial de défense antimissile place l'URSS dans une position difficile à un moment où cet État fait face à des problèmes économiques aigus.

À la fin du XXᵉ siècle, la situation a considérablement évolué. L'Union soviétique a disparu. Les États occidentaux ont réduit leurs budgets de défense. Mais il ne faut pas sous-estimer les nouveaux problèmes que représente la prolifération d'armes non nucléaires (bactériologiques et chimiques) et nucléaires. Dans le passé, il y avait la stratégie du fort au fort (URSS-USA), puis la stratégie du faible au fort (France-URSS-Chine-USA). Aujourd'hui, en tenant compte des États qui ont déjà ou qui sont susceptibles d'avoir des armes nucléaires, on peut parler de la stratégie du faible au faible (Inde-Pakistan). Dès lors, avec plusieurs États dans le club nucléaire, avec le passage de la dissuasion bilatérale à la dissuasion éventuellement multilatérale, la situation peut devenir beaucoup plus complexe.

Devant les possibilités de guerre qui se multiplient, certains affirment que la seule façon d'assurer la paix réside dans le désarmement. Mais le véritable désarmement peut-il se réaliser ? Le but est noble, mais sa réalisation est peu sûre. Pour d'autres, il convient de lier désarmement et sécurité, et, dans l'impossibilité d'arrêter la course aux armements, l'accent doit être mis sur le contrôle ou la limitation des armements.

2.3. LA PAIX SOUHAITÉE

L'absence d'affrontement direct entre les deux puissances n'est pas synonyme de paix réelle, d'autant plus que les conflits régionaux ne cessent de se multiplier. La paix souhaitée est celle qui permet de dégager les conditions qui favorisent des relations harmonieuses entre tous les États. Elle doit être basée sur des éléments positifs tels que l'en-

tente ou la coopération. Mais la réalisation complète de tels objectifs est difficile. Aussi, pour y parvenir, l'accent est plutôt mis sur des moyens comme le désarmement et la coexistence pacifique.

2.3.1. LE DÉSARMEMENT ET LA POURSUITE DE LA PAIX

La question du désarmement a toujours attiré l'attention du monde politique. Après la Première Guerre mondiale, de nombreuses discussions ont lieu à ce sujet. D'ailleurs, le Pacte de la Société des Nations de 1918 contient des dispositions concernant le désarmement, la limitation des armements « au minimum compatible avec la sécurité nationale et avec l'exigence des obligations internationales[28] ».

Mais, à partir de la Deuxième Guerre mondiale et surtout avec l'utilisation de l'armement nucléaire et de son développement spectaculaire, de nouvelles questions se posent au sujet du désarmement. Cependant, les difficultés de toutes sortes n'ont pas empêché l'ONU de se pencher sur ces questions.

D'ailleurs, c'est au sein de cette organisation que l'un des premiers plans pour le désarmement est présenté. Il s'agit du plan Baruch, proposé par les États-Unis en 1946[29]. Ce plan est refusé tout comme celui présenté par l'URSS[30]. Les négociations en vue d'un véritable désarmement ne peuvent aboutir, d'autant plus qu'entre-temps des recherches se poursuivent et permettent de faire des progrès sur le plan qualitatif comme sur le plan quantitatif.

Il apparaît donc nécessaire de revoir la philosophie même du désarmement, car celle-ci ne correspond plus à la nouvelle réalité. L'accent est plutôt mis sur le contrôle des armements ou la maîtrise des armements. Ces nouveaux concepts tiennent beaucoup plus compte de la notion de compétition, de parité et de sécurité.

Les négociations directes s'engagent entre les États-Unis et l'Union soviétique, négociations qui mènent à la conclusion d'accords bilatéraux ou multilatéraux[31]. Le premier accord est signé à Moscou en 1963. Cet accord interdit les essais nucléaires dans l'atmosphère, dans l'espace extra-atmosphérique et sous l'eau. C'est un premier pas qui est suivi de la conclusion d'autres accords comme celui, par exemple, sur la non-prolifération des armes nucléaires, signé en juillet 1968. Il y a lieu de faire une remarque au sujet de ces deux accords. L'accord sur la non-prolifération a pour « vocation de figer un *statu quo* inégalitaire[32] ». C'est pourquoi des États comme la France et la Chine ne l'ont pas signé. L'Accord de Moscou, par contre, comporte la même obligation pour tous, qui est de s'abstenir de faire certains essais nucléaires. D'autres accords méritent d'être cités : Accord sur l'Antarctique en 1959, Traité sur l'espace extra-atmosphérique en 1967, Accord sur le fond des mers et des océans en 1971, Accord de Tlatéloco en 1967, concernant uniquement les États d'Amérique latine, Accord de Rarotonga en 1985, sur la dénucléarisation du Pacifique Sud.

Outre ces accords multilatéraux, les États-Unis et l'URSS engagent des pourparlers qui se déroulent alternativement à Helsinki et à Vienne à partir de 1971 et qui mènent à la conclusion des deux accords SALT[33]. L'accord SALT 1 est ratifié, mais non SALT 2, dont la ratification est remise *sine die*. Quant aux négociations sur la réduction mutuelle et équilibrée des forces en Europe, elles sont longues et ardues et n'aboutissent pas, pendant de longues années, à des résultats concrets.

L'arrivée au pouvoir du président Ronald Reagan aux États-Unis et de Mikhaïl Gorbatchev en URSS marque un tournant en ce qui concerne la politique de désarmement. Les hommes politiques changent-ils ou sont-ils obligés de s'adapter aux circonstances ? Le président Reagan, l'homme qui déteste les communistes, est celui qui a conclu avec eux un des accords les plus importants en ce qui concerne la limitation des armements. À la suite du Sommet de Reykjavik en octobre 1986, les prémisses d'un désarmement nucléaire se dessinent. L'Accord de Washington est signé en 1987[34]. Il porte sur l'élimination des euro-missiles ou Forces nucléaires intermédiaires, c'est-à-dire d'une portée comprise entre 1 000 et 5 500 kilomètres et de plus courte portée (500 à 1 000 kilomètres). Les traités START 1 et START 2 sont respectivement signés en juillet 1991 et janvier 1993[35]. Il s'agit non pas de limitation, mais plutôt de réduction des armements nucléaires. De nombreux autres traités portant sur des domaines différents ont été négociés : l'accord de 1990 sur la réduction des forces conventionnelles en Europe, la prorogation de l'ac-cord sur la non-prolifération des armes nucléaires de New York de 1995, l'Accord d'Ottawa sur les mines anti-personnel, conclu en 1997[36].

Même si des progrès sont réalisés, le désarmement complet demeure un vœu pieux. De nouveaux dangers subsistent. Certains États du tiers monde se lancent dans une course effrénée aux armements. De nouveaux États (Ukraine, Biélorussie, Kazakhstan) issus de la décomposition de l'ancien empire soviétique pensent pouvoir obtenir des gains, surtout sur le plan économique, du fait qu'ils ont hérité d'une partie des armements nucléaires de l'ancienne URSS.

2.3.2. LA COEXISTENCE PACIFIQUE

Il est normal de mettre l'accent sur la coexistence pacifique après la partie consacrée à la guerre froide, celle-ci ayant précédé celle-là. Cependant, si les deux phénomènes sont liés, ils ne le sont pas de façon chronologique, c'est-à-dire que la guerre froide n'a pas disparu à un moment déterminé pour faire place à la coexistence pacifique. Bien au contraire, il y a des situations où l'on trouve en même temps des éléments de guerre froide et de coexistence pacifique. Ainsi, en 1968, l'URSS a envahi de façon brutale la Tchécoslovaquie. Cette intervention rappelle les pires moments de la guerre froide. Bien que décrié, notamment aux États-Unis, cet événement n'a cependant pas remis en question les relations entre l'URSS et les États occidentaux.

La coexistence pacifique doit favoriser non seulement la détente, mais aussi la coopération entre les adversaires. Cependant, ces derniers ne renoncent pas pour autant à leur objectif final, qui est pour tous les deux la destruction de l'autre. La coexistence pacifique a donc un aspect positif, car elle permet de tisser des liens entre des États ayant des idéologies différentes. Mais elle a aussi un aspect négatif puisqu'elle n'implique nullement une renonciation, étant donné que chaque adversaire pense que l'autre va disparaître.

Plusieurs hypothèses sont mises de l'avant pour expliquer les origines de la coexistence pacifique (tableau 19.1).

Certains prétendent même que la coexistence pacifique commence avec Lénine. Persuadé que la révolution soviétique ne pouvait survivre que si

404

Tableau 19.1
Synthèse des hypothèses sur l'origine de la coexistence pacifique

Années	Événements	Manifestations
1962	Crise des missiles de Cuba.	• Installation du téléphone rouge entre Moscou et Washington pour faciliter les contacts entre les deux superpuissances en cas de danger.
1956	XXe Congrès du Parti communiste de l'URSS[a].	• Remise en question du stalinisme par Nikita Kroutchev. • Affirmation des trois principes suivants : - non-inévitabilité des guerres, - triomphe possible de la révolution socialiste sans recours à la force, - diversité des voies menant au socialisme.
1954	Traité sino-indien.	• Utilisation pour la première fois de l'expression « coexistence pacifique ».
1951	Négociations sur la Corée.	• Armistice de Panmunjong de 1953.

a. Sur le XXe Congrès du Parti communiste soviétique, voir Jacques Lévesque et Luc Duhamel, *L'URSS et sa politique internationale de Lénine à Gorbatchev*, deuxième édition refondue, Paris, Armand Colin, 1987, chapitre 13, p. 170–182.

l'URSS se développait, Lénine a donc préconisé l'établissement de relations économiques et commerciales avec l'Occident[37].

Il existe donc de nombreuses divergences au sujet de la coexistence pacifique : divergences sur le *dies a quo*, comme nous venons de le voir, mais aussi sur le sens que les acteurs les plus importants attribuent à ce concept.

Aux yeux des Soviétiques, une politique d'affrontement continuel avec les Occidentaux ne peut mener nulle part. Ils optent donc pour la coexistence pacifique sans pour autant renoncer à l'idéologie socialiste et au principe de la lutte des classes.

La conception américaine de la coexistence pacifique, quant à elle, n'est pas uniforme. Un courant de pensée favorise le développement des relations économiques, commerciales et industrielles avec l'URSS[38]. De cette façon, des changements profonds pourront s'opérer dans ce pays. Un autre courant affirme que les capitaux investis en URSS et toute aide accordée à cet État ne font que renforcer un système qui sera toujours hostile aux démocraties libérales.

Quant à la Chine, sa conception de la coexistence pacifique a connu une très nette évolution. D'abord, la Chine condamne formellement une telle politique, notamment par la voix de Deng Xiao Ping lors de la Conférence mondiale des partis communistes tenue à Moscou en 1960. Par la suite, c'est ce même Deng Xiao Ping qui, à l'occasion de sa visite aux États-Unis en 1979, met l'accent sur la nécessité de renforcer la coopération industrielle et commerciale entre les deux États, coopération amorcée lors de la visite du président Nixon en Chine en 1971. Est-ce à dire qu'en politique le réalisme finit toujours par l'emporter ? Quoi qu'il en soit, des relations de toutes sortes se sont nouées entre Chinois et Américains. C'est notamment le cas dans le domaine commercial. En 1991, le déficit commercial des États-Unis avec la Chine atteignait 12,7 milliards de dollars. Il passait en 1996 à plus de 40 milliards et, en 1997, à plus de 50 milliards de dollars[39].

405

Pour les pays en voie de développement, la coexistence pacifique contribue, certes, à renforcer la paix. Cependant, elle ne peut être établie uniquement dans le cadre des relations entre États de l'Ouest et États de l'Est. La coexistence pacifique doit tenir compte de l'axe Nord-Sud. La paix n'est pas seulement absence de guerre ; c'est aussi la réunion de conditions qui permettent aux plus démunis d'avoir une vie décente.

La coexistence pacifique tend à sauvegarder le *statu quo*. Les États occidentaux, pour maintenir ce dernier, vont jusqu'à accepter le principe de souveraineté limitée préconisé par Leonid Brejnev, secrétaire général du Parti communiste de l'URSS, après l'invasion de la Tchécoslovaquie en 1968. Il est vrai que la « souveraineté limitée » n'est que l'officialisation d'une politique pratiquée par les deux super-puissances depuis déjà longtemps. La Hongrie, en 1956, et la République dominicaine, en 1965, en avaient fait l'expérience avant la Tchécoslovaquie.

La coexistence pacifique ne signifie pas non plus absence de crise. C'est la façon de gérer les conflits qui est différente. Le comportement des acteurs est tout aussi différent. On peut constater, par exemple, une violence dans le verbe, mais une retenue dans l'action. Ainsi, en dépit de l'anticommunisme manifesté pendant la guerre du Vietnam, il n'y a pas eu de troupes chinoises sur le terrain comme cela a été le cas lors de la guerre de Corée. D'autres faits peuvent être mis sur le compte de la coexistence pacifique : la gestion des crises israélo-arabes, l'*Ostpolitik*[40] et la fin de la guerre du Vietnam[41].

Les aspects positifs de la coexistence pacifique se sont, à la longue, fait sentir, à tel point qu'en 1973 Leonid Brejnev déclarait que la guerre froide était bel et bien finie. Pourtant, en 1979, avec l'invasion de l'Afghanistan, c'est une nouvelle guerre froide ou, pour certains, une « guerre fraîche » qui commence et qui ne se terminera qu'avec la disparition de l'Union soviétique[42]. Par contre, la coexistence pacifique avec la Chine se poursuit. En dépit des événements de la place Tien An Men, aucun État occidental n'entend vraiment remettre en question ses relations avec la Chine, dont le régime peut être considéré comme conservateur sur le plan politique, mais plus libéral sur le plan économique. Quoi qu'il en soit, une nouvelle ère commence à partir de la fin

des années 1980, avec la réunification de l'Allemagne, la disparition de l'URSS et la fin de la satellisation des États de l'Europe de l'Est. Cependant, avant de se pencher sur le nouvel ordre mondial, on ne peut passer sous silence l'un des événements qui a marqué la période d'après-guerre : l'émergence des États du tiers monde.

3. L'ÉMERGENCE DES ÉTATS DU TIERS MONDE ET LEUR INFLUENCE SUR LE PLAN INTERNATIONAL

L'une des questions importantes qu'il convient d'analyser est l'émergence des États du tiers monde depuis la fin de la Seconde Guerre mondiale.

De nombreux critères sont utilisés pour définir ces États : revenu par tête d'habitant, taux d'alphabétisation, taux de croissance démographique, etc. Cependant, il convient de souligner que ces États sont loin de constituer un groupe monolithique. Mais presque tous ont connu la colonisation, et une fois devenus indépendants, ils essaient de se regrouper afin de constituer une force. Ils insistent fortement sur la nécessité d'instaurer un nouvel ordre économique afin d'influencer en leur faveur le système international.

3.1. LA DÉCOLONISATION

À partir du XVe siècle jusqu'au XIXe siècle, de grandes puissances européennes telles que l'Espagne, le Portugal, la Hollande, la Grande-Bretagne et la France ont étendu leur influence pour des raisons stratégiques et économiques sur de nombreux points du globe. La colonisation est le résultat de cette extension des puissances européennes au nord comme au sud du continent américain ainsi qu'en Asie, au Moyen-Orient et en Afrique. Mais, si des siècles ont été nécessaires pour bâtir des empires coloniaux, quelques décennies seulement ont suffi pour les faire disparaître.

La décolonisation permet aux entités qui étaient jusque-là placées sous la domination coloniale d'accéder à l'indépendance politique et juridique. Ainsi, les colonies, une fois indépendantes, deviennent des sujets de droit international ayant des droits et aussi des obligations.

La décolonisation a commencé au XVIIIᵉ siècle avec l'indépendance des États-Unis en 1776. Elle s'est poursuivie au XIXᵉ siècle avec l'indépendance d'Haïti et, par la suite, avec celle des autres États latino-américains[43]. Dans la première moitié du XXᵉ siècle, les dominions britanniques acquièrent progressivement leur autonomie. Par exemple, la Grande Bretagne déclare la guerre au nom du Canada en 1914. Mais, dans les années subséquentes, le Canada obtient l'autonomie en matière de relations extérieures[44], notamment lors de la Conférence impériale de 1923, et, en 1931, le *Statut de Westminster* consacre sa souveraineté. Ainsi, le Canada déclare la guerre à l'Allemagne le 10 septembre 1939 en tant que nation souveraine. Après le second conflit mondial, la décolonisation se poursuit.

Les deux puissances issues de la Seconde Guerre mondiale, les États-Unis et l'URSS, dénoncent avec force, mais pour des raisons différentes, le colonialisme. Les États-Unis invoquent le respect du principe du droit des peuples à disposer d'eux-mêmes, principe qu'ils sacrifient pourtant, dans certaines circonstances, sur l'autel de l'anticommunisme. La position de l'URSS est fondée à la fois sur des raisons doctrinales et sur des raisons pragmatiques. L'URSS compte se faire des alliés dans le tiers monde afin d'élargir sa zone d'influence. Les Nations unies ont aussi joué un rôle non négligeable dans le processus de la décolonisation, bien que cela ne semble pas être un point essentiel de la *Charte de San Francisco* signée en 1945. Par contre, l'arrivée des premiers États indépendants au sein de cette organisation contribue à sensibiliser le monde à ce problème. Le vrai tournant se situe en 1960 avec le vote de l'Assemblée générale des Nations unies sur la décolonisation. Enfin, celle-ci a été possible aussi en raison du pragmatisme de la plupart des puissances coloniales. Soucieuses d'éviter des conflits coûteux, certaines d'entre elles ont préféré octroyer l'indépendance politique et juridique à leurs colonies de manière à pouvoir mieux les contrôler sur le plan économique.

La décolonisation revêt diverses formes. Elle s'est déroulée le plus souvent de façon pacifique. La puissance coloniale se retire de la colonie et remet le pouvoir au gouvernement du nouvel État. La majeure partie des colonies asiatiques et africaines de la Grande-Bretagne ont accédé de cette façon à l'indépendance. C'est aussi le cas, en particulier, des colonies françaises de l'Afrique subsaharienne. Par contre, la voie de la violence a été prise par certains territoires colonisés pour obtenir la souveraineté. À cet égard, il faut noter que la méthode violente a surtout été utilisée dans les colonies de peuplement comme l'Algérie, l'Angola, le Mozambique ou la Rhodésie. La violence a été aggravée, dans certains cas, par des facteurs exogènes (rivalité entre les États-Unis et l'URSS) qui faisaient de ces futurs États un enjeu de la guerre froide.

Dans le cadre de la décolonisation, quand la lutte est menée contre une puissance européenne colonisatrice, une attitude manichéenne est adoptée : il y a, d'une part, les dominants et, d'autre part, les dominés. Mais quand il faut mener la lutte contre ceux qui ont eux-mêmes connu la colonisation et qui se trouvent, par la suite, dans une situation de domination, les points de vue diffèrent et les hésitations persistent. C'est le cas du Timor oriental, qui cherche à se séparer de l'Indonésie, et du Sahara occidental, qui veut s'affranchir de la tutelle du Maroc. C'est aussi le cas du Tibet, envahi et colonisé par la Chine depuis 1952, et de l'Érythrée, qui a mené un long combat armé contre l'Éthiopie avant d'obtenir son indépendance en 1993.

3.2. LE NON-ALIGNEMENT ET LES REVENDICATIONS ÉCONOMIQUES

Les nouveaux États issus de la décolonisation constituent des acteurs qui essaient de s'affirmer et d'influencer le système international d'une façon ou d'une autre. Leur affirmation se traduit par la tentative de constituer un mouvement à l'abri de l'influence des grandes puissances.

3.2.1. LE NON-ALIGNEMENT

L'une des conséquences de la vague de décolonisation qui déferle sur le monde à partir de 1945 est la Conférence de Bandoëng d'avril 1955. Vingt-quatre pays d'Asie et d'Afrique répondent à l'appel lancé par le groupe de Colombo[45]. Même si cette conférence ne donne pas naissance à un mouvement structuré, son influence restera grande, et les principes qui y ont été formulés restent valables.

Le non-alignement est une tentative de regroupement d'États qui essaient d'élaborer une position permettant d'être à l'abri des conflits qui opposent les deux superpuissances. Ils refusent donc de choisir ou plutôt ils ont fait le choix de ne pas choisir entre l'URSS et les États-Unis. Mais c'est une position difficile, voire intenable dans la mesure où ils sont influencés par des courants idéologiques opposés. Dès lors, il est difficile d'éviter les tiraillements de plus en plus fréquents au sein du mouvement. Quoi qu'il en soit, un nouveau groupe s'est constitué, un groupe aux contours mal définis mais décidé à faire passer un message.

La conférence a mis l'accent sur la décolonisation qui devait être achevée le plus rapidement possible. Le mouvement prône également la coopération économique, politique et le refus de toute hégémonie capitaliste ou socialiste. Mais comment atteindre ces objectifs ? Pour ces États, la non-alliance est le moyen qui permettrait d'entretenir des relations internationales non conflictuelles et d'assurer ainsi la paix. Aussi, pour devenir membres, les États ne doivent pas faire partie d'une alliance militaire ni accepter sur leur territoire des bases militaires. Il va sans dire que ces conditions ne sont pas toujours respectées. En somme, c'est une nouvelle morale qui est dégagée et qui, si elle est observée, contribuerait à apporter des modifications au système international.

Après cette première conférence, le mouvement prend une extension rapide. Au début, il était seulement afro-asiatique. Il s'étend ensuite à l'Europe et à l'Amérique latine[46]. Lors des diverses conférences périodiques[47], des thèmes traditionnels sont abordés : sécurité, désarmement, règlement pacifique des différends, non-ingérence, développement. Ce mouvement tient aussi compte des réalités nouvelles et de l'évolution des relations internationales. C'est pourquoi l'attention se porte aussi sur des thèmes nouveaux tels que l'environnement, les droits de la personne, le renforcement du rôle de l'ONU.

Le mouvement des non-alignés est aujourd'hui à la croisée des chemins. Né de la décolonisation, il a acquis sa maturité dans le cadre d'une bipolarisation qui n'existe plus. La question cruciale est celle du développement. L'indépendance politique est loin d'être une panacée. Après l'euphorie des premiers moments, on se rend compte que d'autres problèmes beaucoup plus difficiles doivent être résolus. Après avoir voulu être, ils veulent désormais avoir. Ils veulent une nouvelle distribution des richesses à l'échelle mondiale, estimant que le système économique international est injuste à leur égard.

3.2.2. LES REVENDICATIONS ÉCONOMIQUES DES ÉTATS DU TIERS MONDE

Après la Seconde Guerre mondiale, le plan Marshall, l'OECE[48], la Banque mondiale, le Fonds monétaire international ont eu comme objectif la reconstruction de l'Europe occidentale. Certes, des dispositions de la *Charte des Nations unies* mettent l'accent sur la nécessité de relever les niveaux de vie des peuples. Cependant, il faut attendre la vague de décolonisation de la fin des années 1950 et du début des années 1960 pour que l'ampleur du phénomène du développement puisse être évaluée.

Après la création de la CNUCED[49], les revendications des pays en voie de développement se précisent. Cette organisation devient même l'instrument sur lequel ils se basent pour promouvoir, entre autres, leurs intérêts commerciaux. Les trois premières conférences de la CNUCED, à Genève en 1964, à New Delhi en 1968 et à Santiago du Chili en 1972, ont eu un grand impact. L'accent fut mis sur les revendications commerciales, la détérioration des termes de l'échange, la fluctuation des prix des matières premières, la nécessité d'élaborer une charte des droits et des devoirs économiques des États. L'année 1973 marque un tournant. Le prix du pétrole augmente considérablement à la suite de la guerre d'octobre 1973 entre Israël et les pays arabes. L'instauration d'un nouvel ordre international est de plus en plus réclamé. Mais s'il est facile de remettre en question le système économique international existant, il est beaucoup plus difficile de prendre des mesures concrètes pour le remplacer.

Les nombreuses conférences internationales, les divers sommets et les sessions extraordinaires des Nations unies n'ont pas amené de changements profonds, mais ils constituent des tribunes pour les pays en voie de développement. Des progrès sont malgré tout réalisés, notamment dans le cadre des accords de Lomé[50]. Malgré cela, la situation se détériore dans certaines régions du monde puisqu'au début de la décennie 1990 plus d'un milliard de personnes ont un revenu inférieur à 370 dollars américains par année.

Avec la disparition de la guerre froide et le triomphe du néolibéralisme, l'aide aux pays en voie de développement diminue. Les pays occidentaux sont surtout préoccupées par des questions telles que celle du chômage. Il faut, en outre, aider à la reconstruction de l'économie des pays de l'Europe de l'Est. De plus, des questions sont soulevées au sujet du type de gestion de certains États en voie de développement qui connaissent des niveaux de développement différents.

Le dialogue Nord-Sud n'est pas interrompu pour autant. Cependant, les pays du tiers monde doivent tenir compte du fait qu'il existe des facteurs endogènes qui constituent des freins ou des obstacles au développement. De leur côté, les États industrialisés ont intérêt à prendre en considération certaines demandes des pays en voie de développement afin d'éviter une dégradation de la situation socio-économique à l'échelle mondiale. Qui peut empêcher les populations affamées du tiers monde de déferler sur les pays industrialisés ? Ce ne sera certainement ni l'armée, ni les frontières électrifiées. L'expérience américaine avec l'immigration clandestine mexicaine le prouve.

4. LE DÉMANTÈLEMENT DE L'URSS ET L'ÉMERGENCE DU « NOUVEL ORDRE MONDIAL »

L'histoire s'est considérablement accélérée dans les années 1980. L'Union soviétique s'est effondrée[51]. Comment expliquer cette disparition soudaine ? Les causes lointaines additionnées à des événements exogènes et endogènes peuvent contribuer à expliquer le démantèlement de l'URSS.

4.1. LE DÉMANTÈLEMENT DE L'URSS

L'une des causes lointaines de l'effondrement de l'Union soviétique réside dans le système socio-économique qui a été mis en place après la révolution de 1917. Dès cette date, le système s'est montré incapable de satisfaire les besoins élémentaires de la popu-

lation. Par exemple, la production de grains en 1920 s'élève à 51,9 millions de tonnes, soit 26,1 millions de tonnes de moins qu'en 1913[52]. La production industrielle est aussi à la baisse. Au début de 1921, elle ne représente plus que le cinquième de ce qu'elle était en 1913 et elle emploie deux fois moins de travailleurs que durant cette même année[53]. Face à la dégradation de la situation économique, Lénine lance, en 1921, la NEP qui s'achève en 1928[54]. En 1926, la quantité de céréales sur le marché est deux fois moindre que ce qu'elle était en 1913[55]. Jusqu'en 1953, la production de viande demeure stationnaire tandis que la population augmente de 57 %. L'agriculture semble être de plus en plus sacrifiée au profit de l'industrie. En 1928, 61 % de la production industrielle concerne les biens de consommation et 30 % les biens d'équipement. En 1956, 29 % de la production concerne les biens de consommation et 71 % les biens d'équipement. L'URSS devient une grande puissance industrielle. Des progrès considérables sont réalisés, notamment dans le secteur de l'industrie lourde et de l'industrie d'armement. Mais à quel prix ? C'est une économie asymétrique et déséquilibrée. En outre, l'URSS est prise dans un dilemme dont elle ne peut sortir. Faut-il sacrifier l'industrie lourde et l'industrie d'armement sur l'autel des besoins de la population ? Dans ce cas, le danger est extérieur car le pays prend de plus en plus de retard dans la compétition avec les États-Unis. Faut-il sacrifier les besoins de la population sur l'autel de l'industrie lourde ? Le danger est alors intérieur puisque de graves émeutes sont à craindre.

En outre, il est souvent difficile de maintenir une certaine cohésion au sein d'une population qui comporte en elle-même, à cause de son hétérogénéité, des tendances conflictuelles. Cela est d'autant plus difficile que les minorités qui connaissent une grande croissance démographique sont convaincues qu'elles sont brimées par le groupe dominant[56]. Comment concilier, dès lors, une politique d'expansion sur le plan politico-militaire et une politique d'exclusion sur le plan socio-économique ?

Alors que la situation intérieure ne cesse de se dégrader dans le courant des années 1970, l'URSS se fait de plus en plus présente dans certaines régions du monde. Il faut voir dans cette attitude expansionniste de l'URSS un effet imprévu de l'Accord d'Helsinki signé en 1975 entre tous les États européens, l'Union soviétique, les États-Unis et le Canada. Pour Moscou, cet accord constitue surtout une reconnaissance juridique des frontières héritées de la Deuxième Guerre mondiale. Rassurée en Europe, l'Union soviétique sent alors qu'elle a les coudées franches ailleurs dans le monde. Partout où elle le peut, elle défie les Occidentaux, ouvrant ainsi la porte à une nouvelle guerre froide ou à une période de guerre fraîche ou de paix froide.

Telle est la situation lorsque Mikhaïl Gorbatchev arrive au pouvoir en 1985. Il se pose en réformateur et met en place la *glasnost*, basée sur la transparence, et la *perestroïka*, fondée sur les principes de la restructuration économique[57]. Mais les réformateurs ont souvent contre eux ceux qui veulent maintenir le *statu quo*, étant donné que tout changement nuirait à leurs intérêts. Ils doivent aussi affronter ceux qui, pressés par le temps, veulent que les choses changent plus rapidement encore. Gorbatchev n'a pas échappé à cette logique. Le résultat fut donc l'insatisfaction grandissante parmi la population soviétique alors que le pouvoir central ne cessait de vaciller tant en URSS que dans les États socialistes d'Europe de l'Est.

Aussi, en 1991, l'URSS disparaît dans la tourmente et la Russie lui succède. C'est la fin d'un empire basé sur une idéologie qui n'a pu transcender les différences ethniques, religieuses, nationales. Mais la défaite du communisme annonce-t-elle pour autant la victoire du capitalisme ? Se dirige-t-on vers un nouvel ordre politique mondial[58] ?

4.2. L'ÉMERGENCE DU « NOUVEL ORDRE MONDIAL »

Après la guerre du Golfe, en 1991, le président George Bush a déclaré que le « nouvel ordre international » venait de passer son premier examen[59]. À cette occasion, les deux superpuissances ont travaillé ensemble à faire triompher le droit sur la force. Mais l'URSS pouvait-elle agir autrement à une époque où sa puissance était en plein déclin ? Le monde assiste alors à l'avènement d'un « nouvel ordre international », c'est-à-dire un nouvel agencement des rapports internationaux.

Pendant longtemps, nombreux étaient ceux qui pensaient que la disparition de l'URSS et des autres régimes communistes constituait la solution à tous les problèmes. Mais si ces événements ont été annonciateurs de lendemains meilleurs, on oublie souvent que des bouleversements profonds font surgir de nouveaux problèmes ou en font réapparaître d'anciens qui étaient enfouis sous le poids du silence imposé souvent par la force.

Plusieurs éléments positifs ressortent de l'émergence du « nouvel ordre international » : la fin de la compétition effrénée entre les deux superpuissances, la réduction des budgets consacrés à la défense, l'instauration de la démocratie dans certaines des anciennes républiques socialistes d'Europe de l'Est, etc. Cependant, si le conflit Est-Ouest a disparu, le conflit Nord-Sud perdure et revêt de nouvelles formes. Dans les pays du tiers monde, de nombreuses difficultés subsistent. Plusieurs États croulent sous le poids des dettes, alors que d'autres continuent à se développer bien que leur situation demeure fragile, comme le démontre la crise financière asiatique de 1998[60]. À l'intérieur des pays industrialisés subsistent des poches de pauvreté (chômage, sans-abri, malnutrition infantile).

En outre, les conflits d'ordre ethnique (Sri Lanka, ancienne Yougoslavie, Mexique), d'ordre religieux (hindous et musulmans en Inde, fondamentalisme islamique en Égypte et en Algérie) ou les conflits interétatiques, comme celui qui oppose l'Arménie et l'Azerbaïdjan, sont de plus en plus nombreux. Dans le passé, les conflits entre les deux superpuissances se faisaient par États interposés. Mais les États-Unis et l'URSS agissaient comme éléments régulateurs. De nos jours, la situation est différente. Les conflits sont souvent exacerbés par la résurgence du nationalisme. Certains États tentent aussi de s'ériger en puissance régionale, ce qui a pour effet d'amener l'instabilité dans certaines régions du monde.

De plus, l'émergence du « nouvel ordre international » semble consacrer le triomphe du néolibéralisme. La *Charte de Paris* de 1990 précise, à cet égard, que l'économie de marché doit demeurer le point d'ancrage des relations entre États[61]. Cependant, la compétition de plus en plus poussée oblige à une réduction souvent considérable des coûts de production, laquelle entraîne souvent une diminution de la main-d'œuvre avec toutes les conséquences qu'elle comporte. Le néolibéralisme va aussi à l'encontre de l'idée de l'État-providence. Il préconise le retrait de l'État de plusieurs sphères d'activité.

Enfin, le système international fait face à de nombreux autres problèmes. Le phénomène des migrations internes et internationales et les questions environnementales prennent de plus en plus d'importance[62]. La question de la prolifération des armes nucléaires, chimiques et bactériologiques se pose en des termes nouveaux depuis la guerre du Golfe. Le terrorisme est toujours d'actualité, tandis que de nouvelles données sont apparues avec le narco-terrorisme. Certains États sont aussi considérés comme quasi narcotiques[63].

La fin de la guerre froide soulève donc beaucoup d'espoir. De nombreux défis restent cependant à relever. La réduction des inégalités, le respect de l'autre, la coopération entre les acteurs du système international devraient permettre d'instaurer un monde plus pacifique.

Lectures suggérées

Bergeron, Gérard (1992), *Finie la guerre froide*, Sillery, Septentrion.

David, Charles-Philippe (dir.) (1990), *La fin de la guerre froide : ses conséquences pour les relations internationales*, Paris, Fondation pour les Études de Défense Nationale.

Kaminsky, Catherine et Simon Kruk (1993), *Le nouvel ordre international*, Paris, PUF, collection « Que sais-je ? ».

Legault, Albert (dir.) (1991), *Les six mois qui ont ébranlé le monde : Europe de l'Est, 1989–1990*, Sillery, Les Presses de l'Université du Québec.

Legault, Albert et Michel Fortmann (1989), *Une diplomatie de l'espoir. Le Canada et le désarmement, 1945–1988*, Québec, Les Presses de l'Université Laval.

Pascalon, Pierre (dir.) (1996), *Quel avenir pour la dissuasion nucléaire ?*, Bruxelles, Bruylant.

Notes

1 Parmi ceux qui privilégient l'État, mentionnons Hans J. Morgentahau, *Politics Among Nations. The Struggle for Power and Peace*, 5th ed., New York, Alfred A. Knopf, 1973 ; Raymond Aron, *Paix et guerre entre les nations*, 4ᵉ éd., Paris, Calmann-Lévy, 1966.

2 Thucydide (460–395 av. J.-C.) est un des premiers historiens qui met l'accent sur les causes profondes pour expliquer les événements.

3 Les traités de Westphalie constituent un ensemble de traités conclus en 1648 entre l'empereur Ferdinand III, la France, la Suède et leurs alliés respectifs en vue d'essayer de régler des différends territoriaux et confessionnels.

4 Cette doctrine constitue un ensemble de principes en matière de politique étrangère américaine. Elle a été présentée par le président James Monroe dans son message au Congrès, le 2 décembre 1823. Voir Pierre Lagayette, *Les grandes dates de l'histoire américaine*, Paris, Hachette, 1993.

5 Mentionnons, par exemple, l'Union télégraphique (1865), l'Union postale universelle (1874), l'Union pour la protection internationale de la propriété intellectuelle (1883).

6 Parmi les conférences internationales les plus importantes, à cette époque, mentionnons celles de La Haye en 1899 et en 1907. Elles adoptent des conventions sur le droit de la guerre et de la neutralité. Elles portent aussi sur le règlement pacifique des litiges internationaux.

7 De nombreuses raisons expliquent l'échec de la SDN : les conditions de sa création, la non-transcendance d'un dénominateur commun sur les divergences d'intérêts, le manque de solidarité entre les puissances de l'époque. D'ailleurs, les États-Unis, qui n'avaient pas ratifié le Traité de Versailles, n'ont pu se joindre à l'organisation.

8 Bruce Robellet Kuniholm, *The Origins of the Cold War in the Near East : Great Power Conflict and Diplomacy in Iran, Turkey and Greece*, Princeton (N.J.), Princeton University Press, 1980.

9 Sur le plan Marshall, consulter M. Lévy Leboyer et R. Girault (dir.), *Le Plan Marshall et le relèvement économique de l'Europe*, Paris, CHEF, 1993.

10 Sur le Kominform, voir Lilly Marcou, *Le Kominform*, Paris, Presses de la Fondation nationale des sciences politiques, 1977, ainsi que Lilly Marcou, *Le mouvement communiste international depuis 1945*, Paris, PUF, 1980.

11 Sur les origines de la guerre froide, voir Yves Durand, *Naissance de la guerre froide : 1944/1949*, Paris, Messidor/Temps actuels, 1984, ainsi que Lily Marcou, *La guerre froide : l'engrenage*, Bruxelles, Complexe, 1987.

12 Sur la question du blocus de Berlin, voir Cyril Buffet, *Histoire de Berlin : des origines à nos jours*, Paris, PUF, 1994, ainsi que François Guérard, *Berlin depuis 1945*, Paris, La Documentation française, 1994.

13 D'après cette résolution, au cas où le Conseil de sécurité est paralysé par le veto, l'Assemblée générale se reconnaît le droit « de faire aux membres les recommandations

appropriées sur les mesures collectives à prendre, y compris, s'il s'agit d'une rupture de la paix ou d'un acte d'agression, l'emploi de la force armée en cas de besoin ». Cette résolution s'appelle aussi proposition Dean Acheson, du nom de son auteur qui était le représentant américain aux Nations unies.

14 La contribution du Canada à cet effort de guerre mérite d'être soulignée. Lorsque la guerre de Corée prend fin en juillet 1953, 1 557 soldats canadiens auront été tués ou blessés.

15 En 1952 et 1953, les dépenses militaires américaines représentent 67 % du budget des États-Unis et 13 % du PNB (René Girault, Robert Frank, Jacques Thobie, *La loi des géants, 1941–1964*, Paris, Masson, 1993, p. 118). En ce qui concerne la croisade anticommuniste dans les milieux politiques et intellectuels, voir Marie-France Toinet, *La chasse aux sorcières*, Bruxelles, Complexe, 1984.

16 La politique d'endiguement est élaborée par George F. Kennan, diplomate américain et professeur à l'Université de Princeton, dans un article publié en 1947, sous le pseudonyme de X, qui a été reproduit en 1987 : « The Source of Soviet Conduct », *Foreign Affairs*, 65, 4, printemps 1987, p. 852–868. Voir également, à ce sujet, Henry Kissinger, « Reflections on Containment », *Foreign Affairs*, 73, 3, mai-juin 1994, p. 113–131.

17 André Fontaine, *Histoire de la guerre froide*, tome 2 : *De la guerre de Corée à la crise des alliances, 1950–1963*, Paris, Fayard, 1983, p. 22.

18 Mentionnons le Pacte de l'ANZUS en 1951, l'OTASE en 1954 et le Pacte de Bagdad en 1955.

19 Le Pacte de Varsovie est une organisation de défense au sein de laquelle se retrouvent l'URSS et les démocraties populaires telles que la Pologne, la Hongrie, la Bulgarie, la Roumanie, la Tchécoslovaquie et la République démocratique allemande. Le Pacte de Varsovie n'existe plus depuis le 1er juillet 1991.

20 La Grande-Bretagne a expérimenté sa bombe A en octobre 1952, la France en février 1960, la Chine en octobre 1964, l'Inde en mai 1974 et le Pakistan en mai 1998. Ces quatre derniers États n'avaient pas signé l'accord sur la non-prolifération des armes nucléaires en 1968.

21 L'Argentine, le Brésil et l'Afrique du Sud ont manifesté leur intention de ne plus se procurer d'armes nucléaires. En outre, l'Argentine, le Brésil et le Chili ont signé l'Accord de Mendoza du 5 septembre 1991, en vertu duquel ces trois États renoncent à produire, à utiliser et à stocker des armes biologiques ou chimiques.

22 Le complexe militaro-industriel est l'interaction entre les militaires et les industriels, ce qui a pour conséquence d'augmenter les commandes aux entreprises privées. Par ce lien se développe donc l'idée qu'il faut toujours augmenter la capacité militaire des États-Unis pour faire face au danger communiste.

23 Mentionnons, par exemple, le rôle déterminant joué par les militaires dans la décision du gouvernement soviétique d'envahir l'Afghanistan en 1979. Sur cette invasion, voir Jacques Lévesque et Gilles Labelle, *1979–1989. L'URSS en Afghanistan : de l'invasion au retrait*, Bruxelles, Complexe, 1990.

24 « Si tu veux la paix, prépare la guerre. »

25 La stratégie anti-cités consiste à détruire les centres urbains considérés comme vitaux pour l'adversaire. La stratégie anti-forces consiste à détruire les forces militaires de l'adversaire.

26 Zbigniew Brzezinski, *Illusions dans l'équilibre des puissances*, Paris, L'Herne, 1977, p. 191.

27 Initiative de défense stratégique. Ce programme est également connu sous le nom de guerre des étoiles.

28 Article 14 du Pacte de la Société des Nations.

29 Ce plan propose de créer une autorité internationale (International Atomic Development Authority) qui serait dotée de moyens lui permettant, entre autres, de contrôler toutes les activités atomiques, de les inspecter et de les mettre sous licence.

30 Le plan soviétique propose non seulement l'interdiction de la production et de l'emploi des armes atomiques, mais aussi la destruction des stocks existants.

31 Sur cette question, voir Jean Klein, *Maîtrise des armements et désarmement. Les accords conclus depuis 1945*, Paris, La Documentation française, 1991.

32 Pascal Boniface, « Dissuasion et non-prolifération », *Politique étrangère*, n° 3, automne 1995, p. 709.

33 *Strategic Arms Limitations Treaty* (Traité sur la limitation des armements stratégiques).

34 À ce sujet, voir Victor Yves Ghébali, *Le traité de Washington et l'avenir du désarmement*, Paris, La Documentation française, 1988.

35 *Strategic Arms Reduction Treaty* (Traité sur la réduction des armements stratégiques).

36 La Russie, les États-Unis et la Chine ont refusé de signer l'Accord d'Ottawa de 1997. Sur cette question, voir Boutros Boutros Ghali, « The Land Mine Crisis », *Foreign Affairs*, 73, 5, sept.-oct. 1994, p. 8–13, ainsi que Mario Bettati, « La Convention sur l'interdiction de l'emploi, du stockage, de la production et du transfert des mines anti-personnel et sur leur destruction. Ottawa, 18 septembre 1997 », *Annuaire français du droit international*, XLIII, 1997, p. 218–226.

37 Éric Laurent, *La corde pour les pendre. Relations entre milieux d'affaires occidentaux et régimes communistes de 1917 à nos jours*, Paris, Fayard, 1985, p. 61–65.

38 À ce sujet, voir Samuel Pisar, *Coexistence and Commerce*, New York, McGraw-Hill, 1970.

39 U.S. Department of Commerce, International Trade Administration, *Monthly Trade Update,* janvier 1998, U.S. Foreign Trade Department, 19 mars, 1998.

40 L'*Ostpolitik* se traduit par une normalisation progressive des relations entre les deux Allemagnes, normalisation qui aboutit à l'entrée de ces deux entités étatiques à l'ONU.

41 Sur la guerre du Vietnam, voir, par exemple, Jacque Portes, *Les Américains et la guerre du Vietnam*, Bruxelles, Complexe, 1993.

42 Gérard Bergeron, *La guerre froide recommencée*, Montréal, Boréal, 1986.

43 Soulignons ici le rôle joué par Simon Bolivar, dès 1811, dans l'émancipation des colonies latino-américaines de la tutelle espagnole.

44 Par exemple, le Canada devient membre de la Société des Nations et de l'Organisation internationale du travail en 1919.

45 Le groupe de Colombo est composé de la Birmanie, de Ceylan (aujourd'hui Sri Lanka), de l'Inde, de l'Indonésie et du Pakistan.

46 En Europe participent au mouvement des non-alignés la Yougoslavie, Chypre et Malte. Pour l'Amérique latine, trois États (Bolivie, Brésil et Équateur) sont représentés par des observateurs en 1961. En 1964, seul Cuba est devenu membre. De nos jours, les États latino-américains et des Antilles sont présents en grand nombre.

47 Ces conférences se sont tenues à Belgrade en 1961, au Caire en 1964, à Lusaka en 1970, à Alger en 1973, à Colombo en 1976, à La Havane en 1979, à New Delhi en 1983, à Harare en 1986, à Belgrade en 1989, à Djakarta en 1992 et à Carthagène en 1995.

48 Organisation européenne de coopération économique. Elle a précédé l'Organisation de coopération et de développement économique (OCDE).

49 Conférence des Nations unies pour le commerce et le développement.

50 Les accords de Lomé, signés à partir de 1975, sont des accords conclus entre deux groupes d'États, d'une part ceux de la Communauté européenne (devenue depuis lors l'Union européenne) et d'autre part une association d'États africains, des Caraïbes et du Pacifique. Ces accords institutionnalisent la coopération entre les deux groupes d'États.

51 Peu d'observateurs ont prédit l'effondrement de l'URSS. Parmi ceux qui avaient des doutes profonds sur la possibilité de l'Union soviétique de continuer d'exister, mentionnons Hélène Carrère d'Encausse, *La gloire des nations ou la fin de l'Empire soviétique*, Paris, Fayard, 1990.

52 S. G. Wheatcroft, « Soviet Agricultural Production in the 1920s and 1930s », dans Charles Bettelheim (dir.), *L'industrialisation de l'URSS dans les années trente*, Actes de la table ronde organisée par le Centre d'Études des modes d'industrialisation de l'École des Hautes Études en Sciences sociales (10 et 11 décembre 1981), Paris, Éditions de l'École des Hautes Études en Sciences sociales, 1982, p. 80.

53 François Seurot, *Le système économique de l'URSS*, Paris, PUF, 1989, p. 42.

54 *Nouvelle politique économique*. Sur la NEP, voir Nicolas Werth, *Histoire de l'Union soviétique de Lénine à Staline (1917-1953)*, Paris, PUF, collection « Que sais-je ? », 1995, chapitre 2.

55 *Ibid.*, p. 35.

56 Sur ce point, voir Jean Angrand, « Problématique des minorités en situation conflictuelle », dans *Mélanges Pierre Vellas, Recherches et réalisations*, tome 2 : *Droit et relations internationales*, Paris, Pédone, 1995, p. 83- 99.

57 Pascal Lorot, *Histoire de la perestroïka : l'URSS sous Gorbatchev, 1985-1991*, Paris, PUF, collection « Que sais-je ? », 1993.

58 À ce sujet, voir Pierre Binette et Jacques Lévesque, « La Russie à la recherche d'un nouveau système international et d'une nouvelle politique intérieure », *Revue québécoise de science politique*, 24, 1993, p. 45-73.

59 Joseph Nye, Jr., « What New World Order ? », *Foreign Affairs*, 71, 2, printemps 1992, p. 83-96.

60 La crise financière secoue, en 1998, les nouveaux pays industrialisés d'Asie tels que Singapour, la Corée du Sud, l'Indonésie et la Malaisie. En raison des répercussions possibles dans les économies occidentales, les grandes institutions financières internationales ainsi que les dirigeants de l'Union européenne et les États-Unis ont demandé à ces États de restructurer leur économie et au Japon de prendre ses responsabilités pour éviter que la crise ne dégénère.

61 La *Charte de Paris* a été signée le 21 novembre 1990 à la suite du sommet de la Conférence sur la sécurité et la coopération en Europe (CSCE), qui a réuni 35 chefs d'État et de gouvernement.

62 Sur ces diverses questions, voir Demetrios G. Papademetriou, « Les effets des migrations internationales sur les pays d'accueil, les pays d'origine et les immigrants », *Politique étrangère*, 3, automne 1994, p. 635-659, ainsi que Philippe Le Prestre, *Écopolitique internationale*, Montréal, Guérin Universitaire, 1997.

63 À ce sujet, voir Alain Labrousse et Michel Koutouzis, *Géopolitique et géostratégies des drogues*, Paris, Économica, 1996, et Jean-Claude Grimal, *L'économie mondiale de la drogue*, Paris, Le Monde, 1993.

20

Les acteurs en relations internationales

Dans le passé, lorsque l'on se référait au système international, l'accent était mis sur l'action et l'interaction des États. De nos jours, le système international a plutôt un caractère multidimensionnel. Il faut donc tenir compte non seulement des États, mais aussi d'autres acteurs comme les organisations internationales ou les entreprises multinationales. Il faut aussi prendre en considération l'environnement dans lequel évoluent ces acteurs, qui influent tant sur le système international que sur le centre décisionnel des systèmes politiques nationaux.

Le premier point à souligner est le nombre de plus en plus élevé d'acteurs. Dans le passé, en particulier au XIXe siècle, ils n'étaient que quelques dizaines puis quelques centaines. À l'aube de l'an 2000, ils sont des milliers. À San Francisco, les États présents à la signature de la *Charte des Nations unies* en 1945 étaient au nombre de 51. Aujourd'hui, on compte environ 190 États. Il en est de même des organisations internationales qui, en quelques années, ont connu une croissance exponentielle. À peine quelques dizaines dans les années d'après-guerre, elles sont, de nos jours, quelques centaines. Et que dire des organisations non gouvernementales qui se comptent par milliers. Quant aux entreprises multinationales, elles sont devenues de plus en plus nombreuses et de plus en plus puissantes.

L'influence des acteurs varie considérablement selon les époques. Par exemple, au XVe siècle, l'Espagne était l'une des grandes puissances. Plus tard, c'est au tour de la France. Au XIXe siècle, la Grande-Bretagne domine le monde. Après le duopole soviéto-américain commencé à la fin de la Seconde Guerre mondiale et qui a duré jusqu'à la fin des années 1980, les États-Unis deviennent la première puissance politique, économique et militaire du monde.

Les acteurs peuvent faire l'objet de classifications diverses. La plus courante consiste à faire la distinction entre, d'une part, les acteurs étatiques, comme les États et, dans une certaine mesure, les organisations internationales et, d'autre part, les acteurs non étatiques, comme, par exemple, les entreprises multinationales. Peut-on établir une certaine hiérarchisation entre les acteurs ? Sont-ils égaux entre eux ? Si nous considérons les États en tant que tels, leur égalité juridique ne peut faire oublier leurs nombreuses différences économiques, politiques ainsi que leur capacité d'agir sur la scène internationale.

En outre, le nombre et la situation des acteurs changent constamment. Il y a de nouveaux acteurs qui apparaissent sur la scène internationale à la suite de la décolonisation, d'une fusion ou d'une sécession. Mais, s'il y a des États qui apparaissent, il y en a d'autres qui disparaissent. C'est le cas de la Prusse lorsque l'Allemagne réalise son unité en 1871. C'est également le cas de la République démocratique allemande, absorbée par la République fédérale d'Allemagne en 1990 après la chute du mur de Berlin.

Dans ce chapitre, nous nous proposons d'analyser l'État, lequel pendant longtemps, a été l'acteur suprême. Nous traîterons aussi du rôle des organisations internationales, des organisations non gouvernementales et des entreprises multinationales.

1. L'ÉTAT, SUJET DE DROIT INTERNATIONAL

Pour qu'il y ait État, certaines conditions doivent être remplies. Il faut un territoire, une population et un pouvoir organisé. De plus, l'État doit jouir de la souveraineté sur le plan intérieur comme sur le plan extérieur[1]. Quand tous ces éléments sont réunis, l'État doté de la personnalité internationale possède non seulement des droits mais aussi des obligations. Comment cette personnalité internationale s'acquiert-elle ? Comment est-elle perçue par les autres entités étatiques ou interétatiques ? Ces questions renvoient, sur le plan international, au problème de la naissance et de la reconnaissance de l'État.

1.1. LA NAISSANCE DE L'ÉTAT

Certains ont cru qu'au cours de la seconde moitié du XXe siècle de grandes unités multiétatiques feraient leur apparition et que le monde comprendrait à peine une soixantaine d'États[2]. Il n'en est rien. Depuis la Seconde Guerre mondiale, le nombre d'États n'a fait qu'augmenter de diverses façons.

1.1.1. LES NOUVEAUX ÉTATS ISSUS DE LA DÉCOLONISATION

La décolonisation a amené la formation de nombreux États. Les États-Unis, aujourd'hui première puissance du monde, sont issus de la guerre qui leur a permis de se soustraire du joug colonial britannique en 1776. Puis c'est, au XIXe siècle, la vague de décolonisation du continent américain qui entraîne la création d'une vingtaine de nouveaux États. Cette tendance se poursuit entre les deux guerres avec l'accession à l'indépendance, en 1931, de dominions britanniques comme le Canada, l'Australie ou la Nouvelle-Zélande. La deuxième grande vague de décolonisation commence après la Seconde Guerre mondiale avec l'octroi de la souveraineté aux colonies d'Asie et d'Afrique. Depuis la fin de la décolonisation et même avant, il n'existe pratiquement

plus de *terra nullius*[3]. Dès lors, l'apparition de nouveaux États ne peut se faire que par fusion ou par sécession[4].

1.1.2. LES NOUVEAUX ÉTATS CRÉÉS PAR FUSION

Les nouveaux États créés par fusion ont accepté d'aliéner leur propre compétence en vue de la création d'un nouvel État. Les exemples abondent. Les 13 États américains ont fusionné en 1787 pour former un État fédéral. C'est le cas aussi de l'Autriche-Hongrie de 1867 à 1918, de l'Union suédo-norvégienne en 1815, de l'Union dano-islandaise en 1918 ou de la Yougoslavie avec l'union de la Serbie, de la Croatie et de la Slovénie. L'Allemagne et l'Italie, formées de plusieurs entités, ont pu réaliser leur unité, l'une autour de la Prusse et l'autre autour du Piémont. Ajoutons enfin que la fusion peut se faire pacifiquement comme dans le cas de l'Union suédo-norvégienne ou par la violence comme dans le cas de la Suisse[5].

1.1.3. LES NOUVEAUX ÉTATS CRÉÉS PAR SÉCESSION

Quand l'unité d'un État se trouve remise en question par une partie de la population qui veut se séparer de l'État déjà existant, cela peut aboutir à la sécession. Au cours de l'histoire, diverses tentatives de sécession ont eu lieu. Certaines ont échoué, d'autres ont réussi. Nombreuses sont celles qui ont eu recours à la violence. Le Biafra n'a pu se séparer du Nigeria à l'occasion de la guerre civile qui a éclaté en 1967, tout comme le Katanga à l'égard de l'ancien Zaïre, et ce, en dépit d'un conflit armé au début des années 1960. L'idée de balkanisation de l'Afrique faisait réfléchir les dirigeants de l'époque qui craignaient une remise en question des frontières héritées de la colonisation avec toutes les conséquences que cela comporte. Par contre, le Bangladesh a réussi à se séparer du Pakistan à la suite d'une guerre en 1971. Il en est de même pour l'Érythrée, qui, après avoir fait partie de l'Éthiopie, acquiert son indépendance en 1993. Mais la réussite n'est pas toujours liée à l'utilisation de la violence. La Norvège s'est séparée de la Suède en 1905 à la suite d'un plébiscite demandé par l'Assemblée norvégienne. L'Islande s'est séparée du Danemark avec la proclamation de la république en juin 1944. La Tchécoslovaquie s'est scindée pacifiquement en 1993 en deux États, la République tchèque et la Slovaquie[6]. Enfin, le démantèlement d'empires permet l'éclosion de nouveaux États. Cela a été le cas lors de l'éclatement des empires austro-hongrois et ottoman en 1918, qui a entraîné l'apparition de nombreux États dans les Balkans et au Moyen-Orient. Cela a été aussi le cas lors de l'effondrement de l'URSS en 1991.

De nombreuses situations font l'objet de discussions et attirent l'attention des observateurs politiques. C'est le cas du Sud-Soudan, de l'Ogaden en Éthiopie, sans oublier celui du Québec dont la population se trouve divisée sur cette question. Le principe souvent invoqué est celui du droit des peuples à disposer d'eux-mêmes. Ce principe ne fait pas l'unanimité, car il va à l'encontre d'un autre principe reconnu en droit international : celui de l'intangibilité du territoire[7].

Il apparaît donc qu'il n'y a pas de règles spécifiques qui définissent la naissance d'un État. Les conditions à la base de sa création sont diverses et variées. Mais quelle que soit la façon dont l'État est constitué, la reconnaissance demeure un soutien pour le nouvel État dans l'exercice de ses compétences nationales et internationales.

1.2. LA RECONNAISSANCE : LES DIFFÉRENTES FORMES

Il existe deux types de reconnaissance : la reconnaissance d'État et la reconnaissance de gouvernement.

1.2.1. LA RECONNAISSANCE D'ÉTAT

La reconnaissance d'État est un acte unilatéral par lequel un État préexistant constate l'existence d'un nouvel État. En dépit des divergences doctrinales, la pratique et la jurisprudence internationales ont tendance à considérer la reconnaissance comme ayant une valeur plutôt déclaratoire que constitutive. Cela signifie que ce n'est pas la reconnaissance qui crée un nouvel État. Cependant, par la recon-

naissance, le nouvel État devient, pour l'État ou les États qui le reconnaissent, un sujet de droit international avec lequel ils peuvent entretenir de nouveaux rapports juridiques clairement définis.

La reconnaissance peut être *de jure*, c'est-à-dire plénière et définitive, ou *de facto*, c'est-à-dire limitée et provisoire. Après la création d'Israël en 1948, l'Union soviétique a reconnu *de jure* le nouvel État, alors que les États-Unis ne l'ont reconnu, dans un premier temps, que *de facto*. Entre ces deux types de reconnaissance, il existe des formules plus ou moins floues qui sont utilisées selon les circonstances.

Une fois que se trouvent réunis les éléments constitutifs de l'État, la reconnaissance n'est soumise à aucune autre condition. L'exigence de conditions équivaut à une immixtion dans les affaires intérieures du nouvel État. Cependant, avec l'importance de plus en plus grande accordée aux droits de la personne, la garantie des droits des groupes ethniques et des minorités nationales peut être exigée.

Dès lors, la reconnaissance peut-elle être considérée comme un acte complètement libre ou existe-t-il des limites à la reconnaissance ? Aucun État ne peut être contraint de reconnaître un nouvel État. Il y a donc liberté de reconnaissance. Ainsi, en dépit des divergences entre la France et l'Allemagne, l'Union européenne a reconnu les États issus de l'ancienne Yougoslavie. Mais cette liberté se trouve réduite dans la mesure où un État peut être soumis à l'obligation de non-reconnaissance. Par exemple, en 1974, la Turquie envahit le nord de l'île de Chypre, entraînant une partition dont l'aboutissement a été la proclamation de la République turque de Chypre du Nord en novembre 1983. Cette nouvelle entité n'a jamais été reconnue par aucun État, sauf par la Turquie[8].

La reconnaissance est un acte juridique, mais aussi un acte politique. La non-reconnaissance de l'État d'Israël par certains États arabes est basée sur des considérations d'ordre politique. Pendant la guerre froide, des entités étatiques n'étaient pas reconnues par certains États alors qu'elles l'étaient par d'autres. L'obligation de non-reconnaissance a même été érigée en principe par l'ancienne République fédérale d'Allemagne qui applique la doctrine Hallstein[9]. Selon cette doctrine, la RFA considère comme un acte inamical et contraire aux intérêts vitaux du peuple allemand que les gouvernements avec lesquels Bonn entretient des relations diplomatiques reconnaissent la République démocratique allemande. Il va sans dire que cette doctrine fut très critiquée.

Dans le même ordre d'idées, l'admission d'un nouvel État au sein d'une organisation internationale ne signifie nullement la reconnaissance de cet État par les membres de l'organisation. L'admission d'Israël en 1949 à l'ONU n'a pas contribué à modifier l'attitude des États arabes, qui ont, pendant longtemps, persisté à ne pas reconnaître l'État hébreu. La Biélorussie et l'Ukraine étaient membres des Nations unies depuis 1945, mais elles n'ont été reconnues comme États par le monde occidental qu'après l'effondrement de l'Empire soviétique et leur séparation d'avec la Russie.

1.2.2. LA RECONNAISSANCE DE GOUVERNEMENT

À côté de la reconnaissance d'État, il convient de signaler la reconnaissance de gouvernement. La reconnaissance de gouvernement est rendue nécessaire à cause d'un changement de gouvernement à l'intérieur d'un État, changement dû à des circonstances particulières (révolution, coup d'État). La situation peut devenir complexe quand un État se trouve avec deux gouvernements et que les deux prétendent avoir qualité pour agir en son nom comme cela a été le cas avec le Cambodge/Kampuchea et la Chine [10].

La reconnaissance de gouvernement est un acte unilatéral par lequel un État ou un groupe d'États constate l'existence d'une nouvelle autorité politique et décide d'entretenir ou de continuer d'entretenir avec elle des relations normales. Comme la reconnaissance d'État, la reconnaissance de gouvernement est un acte juridique, mais qui obéit à des considérations d'ordre politique.

La pratique au sujet de la reconnaissance des gouvernements n'est pas uniforme. Certains mettent l'accent sur le principe de légitimité démocratique arguant que les seuls gouvernements qui méritent d'être reconnus sont ceux qui ont été élus démocratiquement. D'autres, par contre, font ressortir le principe de l'effectivité selon lequel le contrôle effectif de la situation par le nouveau gouvernement constitue le seul élément qui doit être pris en considération [11]. Ce dernier aspect semble l'emporter dans la pratique. La Grande-Bretagne, par exemple, dès le 6 janvier 1950, reconnaît « le gouvernement central du peuple de la République populaire de Chine » comme le gouvernement *de jure* de la Chine. La France l'a reconnu en 1964 tandis que le Canada ne l'a fait qu'au début des années 1970, mais avant les États-Unis. Mais, mis à part les principes de légitimité et d'effectivité, l'opportunisme politique joue un rôle important dans la reconnaissance de gouvernement.

1.3. LES PRINCIPES RÉGISSANT LES RELATIONS ENTRE ÉTATS

L'État, une fois créé et admis dans la communauté internationale, est soumis à des règles générales reconnues par l'ensemble de cette dernière. Cependant, ces règles font, là encore, l'objet d'interprétations diverses et, en dernier ressort, c'est la politique qui finit par l'emporter.

1.3.1. LE PRINCIPE DE NON-INTERVENTION DANS LES AFFAIRES INTÉRIEURES DE L'ÉTAT

Le principe de non-intervention consiste à ne permettre à aucun État d'intervenir de façon directe ou indirecte dans les affaires intérieures d'un autre État, étant donné que toute ingérence peut être source de conflit. Le « Vive le Québec libre » du général de Gaulle, du haut du balcon de l'hôtel de ville de Montréal en 1967, est interprété de cette façon et a contribué à refroidir pendant de nombreuses années les relations entre la France et le Canada. Par la suite, la politique de la France à l'égard de la question du Québec s'est traduite par le principe de non-indifférence et de non-ingérence.

Le principe de non-intervention est consacré par de nombreux traités internationaux [12]. Cependant, il faut admettre qu'il n'est pas toujours respecté, même par les États qui pourtant y font souvent référence. Les exemples d'intervention sont tellement nombreux que certains observateurs parlent d'accord tacite entre les puissances pour la délimitation de leur zone d'influence [13].

De nos jours, le droit d'ingérence est invoqué[14]. C'est un concept qui a été avancé par le gouvernement français à la suite des événements qui se sont déroulés en Irak en 1991 et en Somalie en 1992. Ce droit d'ingérence va cependant à l'encontre du principe de non-intervention, qui est le corollaire du principe de la souveraineté. Mais doit-on sacrifier les droits de la personne sur l'autel de la souveraineté et réciproquement ? La question s'est posée lors de l'intervention des forces alliées de l'OTAN en Yougoslavie en mars 1999. La réponse entraîne inévitablement de nouvelles interrogations.

1.3.2. LE PRINCIPE DE L'INTERDICTION DU RECOURS À LA FORCE

Le principe de l'interdiction du recours à la force est reconnu par l'ensemble de la communauté internationale. Il n'en a pas été toujours ainsi. Il a fallu le Pacte Briand-Kellogg[15] pour interdire toute situation de fait établie par la force. L'article 2, paragraphe 4, de la *Charte des Nations unies* n'a fait que corroborer ce principe. Pour régler les différends entre États, il faut utiliser les moyens pacifiques, politiques ou juridictionnels.

Il y a quand même des exceptions à ce principe. À titre d'exemple, l'article 51 de la Charte permet le recours à la force en cas de légitime défense. La tentative de *debellatio* (anéantissement) du Koweït par l'Irak en 1990 a échoué à cause de la coalition des forces légitimées par les Nations unies et menées par les États-Unis.

1.3.3. LE PRINCIPE D'ÉGALITÉ SOUVERAINE DES ÉTATS

L'article 2, paragraphe 1, de la *Charte des Nations unies* stipule que « l'organisation est fondée sur le principe de l'égalité souveraine de tous ses membres ». Cette égalité se traduit par le fait que chaque État dispose d'une voix au sein des différents organes onusiens et que tous les États reçoivent un traitement égal.

En dépit de cette égalité proclamée, nombreux sont ceux qui estiment qu'elle n'est que pure fiction. À l'ONU même, il existe des différences entre les cinq grandes puissances qui disposent du droit de veto au Conseil de sécurité et les autres membres.

Certes, à l'Assemblée générale, chaque État dispose d'une voix, mais les résolutions votées par l'Assemblée ne sont pas exécutoires. En outre, au sein des institutions financières comme la Banque mondiale ou le Fonds monétaire international, c'est le vote pondéré qui est adopté, pondération qui tient compte de l'importance économique et financière des États.

Depuis quelques années, un nombre croissant d'États minuscules adhèrent à des organisations internationales. Certains proposent de doter ces micro-États d'un statut particulier, d'autres de les regrouper et de leur allouer un certain nombre de voix. L'île Maurice est souveraine, mais l'est-elle de la même façon que les États-Unis, le Canada ou la Chine ? Le principe de l'égalité des États comporte des zones grises. Si l'égalité réelle entre États n'existe pas, il est plus conforme de parler plutôt d'égale soumission aux règles de droit.

1.3.4. LE PRINCIPE DE LA RESPONSABILITÉ INTERNATIONALE DE L'ÉTAT

L'État doté de la personnalité internationale a des droits mais aussi des obligations. Il ne doit pas causer des préjudices à d'autres sujets de la société internationale. Et s'il le fait, il doit répondre de ses actes. En d'autres termes, il est forcé de réparer les préjudices causés. C'est le principe de la responsabilité internationale de l'État. La mise en œuvre de ce principe doit réunir les conditions suivantes. Il faut qu'il y ait dommage matériel ou moral. Ensuite, le fait dommageable doit être imputable au sujet de droit international qu'est l'État. Enfin, qu'il s'agisse d'un acte positif ou d'une omission, le dommage doit être considéré par le droit international comme exigeant une réparation. Celle-ci peut se faire de différentes façons. Elle peut consister à revenir à la situation existant avant la survenance du fait illicite. Il s'agit de remettre les choses en l'état. C'est le principe *restitutio in integrum*. Une telle réparation soulève des difficultés, en particulier lorsqu'il s'agit de préjudices moraux. Elle peut aussi consister en une indemnisation. C'est le versement d'une indemnité adéquate pour compenser les dommages causés[16].

Si l'État joue un rôle de plus en plus important sur le plan international, il fait aussi l'objet de critiques acerbes. Certains vont même jusqu'à prédire sa disparition. Des groupes au sein de certains États s'emploient à les démembrer. Cependant, s'ils essaient de les démembrer, c'est pour en créer d'autres. C'est dire que l'État n'est pas prêt à disparaître. Il reste la forme d'organisation la plus poussée, même s'il subit des assauts répétés, notamment sous l'effet du néolibéralisme. Il résiste, mais il faut admettre que, sur le plan international, il partage sa suprématie avec de nouveaux acteurs qui prennent de plus en plus d'importance.

2. LA CRÉATION DES ORGANISATIONS INTERNATIONALES

Les organisations internationales prennent une place de plus en plus grande au sein du système international. Elles font aussi l'objet de critiques sévères, mais demeurent des acteurs avec lesquels il faut compter et dont il ne faut pas sous-estimer l'importance[17].

2.1. APERÇU HISTORIQUE

Si, pour certains, l'origine des organisations internationales remonte loin dans le temps[18], il faut attendre le XIXe siècle pour voir apparaître de véritables organisations internationales. Les problèmes soulevés par la navigation sur les fleuves bordant ou traversant le territoire de deux ou plusieurs États sont examinés au Congrès de Vienne en 1815. Il est décidé de mettre sur pied une commission permanente chargée de proposer des mesures que chaque État devait adopter. Ainsi sont créées les commissions fluviales internationales. La toute première est la Commission centrale pour la navigation du Rhin.

Dans la seconde moitié du XIXe siècle, compte tenu des nécessités pratiques et des impératifs économiques, des unions administratives voient le jour. Ainsi, sous la pression des besoins, les États sont obligés de coopérer, et ce dans des domaines variés. Par exemple, en 1865, l'Union télégraphique est née tandis qu'en 1874 c'est l'Union postale universelle. Après la Première Guerre mondiale, la première organisation internationale à caractère politique, la Société des Nations (SDN), est mise sur pied. Elle soulève alors beaucoup d'enthousiasme, mais elle disparaît avec le déclenchement de la Seconde

Guerre mondiale. Elle cesse officiellement d'exister en avril 1946, date du transfert des biens et avoirs de la SDN à l'Organisation des Nations unies. Le Canada a joué un rôle important, non seulement lors de la création de l'ONU, mais aussi dans son fonctionnement. Soulignons, par exemple, l'apport du Canada pour le dénouement de la crise de Suez en 1956.

Avec la décolonisation, l'arrivée massive de nouveaux acteurs sur la scène internationale entraîne la multiplication des organisations internationales. Mais, dans les années 1970, une tendance contraire apparaît. Nombreux sont ceux qui critiquent cette prolifération des organisations internationales qui font face d'ailleurs à des problèmes de plus en plus aigus : problèmes bureaucratiques, problèmes financiers, problèmes politiques. De nos jours, de nombreux défis les attendent. Elles doivent surtout savoir s'adapter aux situations nouvelles et savoir gérer le changement.

2.2. LES CARACTÉRISTIQUES ET LA DÉFINITION DES ORGANISATIONS INTERNATIONALES

L'aspect interétatique constitue l'une des caractéristiques des organisations internationales. Il fait que, très souvent, les organisations internationales ne sont pas considérées comme des acteurs indépendants des États. Certains vont jusqu'à voir dans ces organisations de simples entités qui n'ont de compétences que celles que leur concèdent les États[19]. Il n'en est rien. L'organisation, une fois créée, peut devenir indépendante des États créateurs pour constituer une entité propre, capable d'exercer une grande influence sur le système international[20]. En outre, elle est dotée de la personnalité internationale. Il convient aussi de souligner que certaines organisations ne sont pas uniquement composées d'États. C'est le cas de l'Organisation internationale du travail (OIT), qui comprend des représentants du gouvernement, du patronat et des travailleurs[21].

Les organisations internationales ont souvent un caractère permanent. Elles sont dotées d'un corps de fonctionnaires chargés d'assurer cette permanence. L'allégeance va avant tout à l'organisation envers laquelle il faut faire preuve d'obéissance et de désintéressement. Cela ne veut pas dire que toutes les organisations vivent éternellement. Comme n'importe quelle institution humaine, elles naissent, vieillissent et peuvent aussi disparaître. La SDN n'a pas survécu à la Seconde Guerre mondiale. Un autre exemple d'organisation qui a disparu est la Communauté africaine orientale [22].

Les organisations internationales disposent d'une autonomie relative. Cette autonomie dépend de l'acte constitutif de l'organisation, du dynamisme de son personnel et notamment du directeur général ou du secrétaire général de l'organisation. Une organisation internationale n'est pas la somme des États qui l'ont créée, mais une entité nouvelle née à partir des États qui l'ont créée.

Les organisations internationales poursuivent des buts divers. Elles se caractérisent par la volonté manifeste de trouver ou d'essayer de trouver des solutions à des problèmes communs.

Enfin, ces organisations présentent un caractère dynamique. Leur structure n'est pas figée dans la mesure où des organes peuvent être créés pour répondre aux besoins nouveaux. De même, les buts visés au départ peuvent être modifiés. C'est le cas de l'Organisation européenne de coopération économique (OECE) devenue Organisation de coopération et de développement économique (OCDE) pour tenir compte des changements que connaît le système international [23].

Ainsi donc, l'organisation internationale est une association d'États créée soit par les États eux-mêmes, soit par une organisation déjà existante, disposant d'une certaine autonomie, dotée d'un appareil permanent et assurant la coopération entre ses membres en vue de trouver ou d'essayer de trouver des solutions à des problèmes communs.

2.3. ESSAI DE CLASSIFICATION DES ORGANISATIONS INTERNATIONALES

Étant donné le nombre et la complexité des organisations internationales, il est difficile de les classer de façon rigoureuse. Cependant, en dépit du fait qu'elles sont rebelles à toute classification simplificatrice, des tentatives ont été faites en vue de dégager des éléments qui permettent d'établir des distinctions entre ces organisations internationales.

Une première classification est basée sur le nombre d'États membres de l'organisation. On parle alors de petites organisations formées de 15 membres au maximum, d'organisations de taille moyenne comptant jusqu'à 40 membres et de grandes organisations avec plus de 40 membres. Il est à se demander si le nombre est un critère à retenir. Par exemple, l'Union européenne n'est composée que de 15 États membres, mais elle dispose, par contre, du budget le plus élevé de toutes les organisations internationales. En outre, le nombre n'est pas figé. Une petite organisation peut devenir grande par le nombre tout en gardant la même influence. C'est le cas du Bureau international des poids et mesures (BIPM), qui est passé de 17 membres en 1875 à 46 en 1982 [24].

Une deuxième classification tient compte des compétences et des buts poursuivis. C'est une classification fonctionnelle. Par exemple, il y a des organisations à compétence économique et financière comme la Banque mondiale ou le Fonds monétaire international (FMI) [25], à compétence culturelle comme l'Organisation des Nations unies pour l'éducation, la science et la culture (UNESCO), voire à compétence sociale comme l'Organisation mondiale de la santé (OMS). Cette classification soulève aussi des difficultés, car il existe des organisations qui poursuivent à la fois des buts à caractère économique, politique, social. Il faudrait plutôt parler d'une certaine hiérarchisation dans les buts. La priorité peut être accordée à un domaine sans pour autant négliger l'autre. L'ONU, par exemple, est une organisation à caractère politique, économique et social. À un certain moment, la priorité était politique pour devenir ensuite économique, à cause du mouvement de décolonisation et des problèmes économiques soulevés, sans que les aspects politiques soient mis de côté.

Une distinction est faite entre les organisations à caractère universel comme l'ONU ou l'UNESCO et les organisations à caractère régional comme l'Organisation de l'unité africaine (OUA) ou l'Organisation des États américains (OEA). Le critère retenu ici est l'extension géographique. Là encore, des remarques s'imposent. Où placer l'OCDE ? Ce n'est pas une organisation universelle comme l'ONU, étant donné que tous les États n'y ont pas accès. Ce n'est pas non plus une organisation continentale européenne, même si les États européens sont les plus nombreux au sein de cette organisation qui comprend d'autres États, comme le Canada, les États-Unis, le Japon, l'Australie. Plusieurs autres organisations se trouvent dans ce cas. C'est pourquoi il convient de parler d'organisations qui comprennent des États qui se regroupent par affinités : affinité économique, affinité culturelle. C'est le cas de l'Organisation des pays exportateurs de pétrole (OPEP), qui comprend les États du golfe Arabo-Persique, certains États africains et latino-américains[26]. C'est aussi le cas de la Ligue arabe, qui comprend des États arabes du Moyen-Orient et d'Afrique du Nord. C'est aussi le cas de l'Agence de coopération culturelle et technique (ACCT), dont la charte a été signée en mars 1970 par 21 gouvernements du monde francophone[27]. Pour contourner les difficultés soulevées entre le Canada et le Québec et pour ne pas froisser les susceptibilités, il est spécifié qu'il s'agit d'une « conférence des chefs d'État et de gouvernement ». Dans la même veine, mentionnons aussi le Commonwealth, dont fait aussi partie le Canada. C'est une association volontaire d'États qui comprend la Grande-Bretagne et la plupart de ses anciennes colonies liées entre elles par des traditions communes, par l'utilisation de l'anglais comme langue d'usage et qui acceptent la reine comme chef du Commonwealth[28].

Au point de vue juridique, on divise les organisations en organisations interétatiques, qui respectent la souveraineté des États, et en organisations superétatiques ou supranationales, qui se caractérisent par une aliénation plus ou moins grande de leur souveraineté au profit de l'organisation. Ces dernières disposent d'un certain pouvoir de décision non seulement à l'égard des États, mais aussi à l'égard des personnes privées. Elles visent, contrairement à l'organisation internationale de type classique, à une intégration de plus en plus poussée. L'Union européenne est l'exemple de ce type d'organisations qui vise une intégration à la fois économique et politique. De nombreuses autres distinctions peuvent être faites, par exemple, entre organisations mono-fonctionnelles et multifonctionnelles. Il n'est pas question de discuter de la valeur de toutes ces classifications. Ce qu'il faut retenir ici, c'est qu'il est difficile de couvrir la réalité complexe de l'ensemble des organisations internationales.

2.4. LA STRUCTURE DES ORGANISATIONS INTERNATIONALES

L'organisation internationale dispose donc d'organes propres qui lui permettent d'atteindre les objectifs pour lesquels elle a été créée. La structure de l'organisation est importante, car d'elle dépend en partie l'efficacité ou l'inefficacité de l'organisation. En disant cela, il n'est pas question de privilégier l'organe au détriment de la fonction. Entendons par fonction la poursuite d'objectifs définis qui constituent la raison d'être de l'organisation. Il existe plutôt des liens entre les fonctions de l'organisation et les organes dont elle est dotée. C'est une sorte de lien entre les fins et les moyens, car la fin dépend souvent des moyens, comme il arrive aussi que les moyens sont assujettis aux fins.

Sans pour autant généraliser, une structure plus ou moins identique se retrouve dans presque toutes les grandes organisations internationales. On retrouve soit des organes représentatifs de l'ensemble des États, soit des organes d'intégration. Les organes ont aussi un caractère délibérant ou non délibérant, c'est-à-dire administratif.

Le premier organe qu'il faut souligner est l'organe plénier qui comprend en son sein l'ensemble des États membres de l'organisation. C'est un organe intergouvernemental au sein duquel les États sont représentés par un ou plusieurs membres. Pour l'ONU, cet organe est l'Assemblée générale qui se réunit une fois par an, mais qui peut être aussi convoquée, si les circonstances l'exigent, en session extraordinaire.

Il existe aussi des organes restreints qui comprennent des membres élus par l'organe plénier ou désignés d'une autre façon. Ces organes restreints peuvent avoir un caractère intergouvernemental ou être des organes intégrés dans la mesure où les membres sont des individus qui représentent l'intérêt général de l'organisation. C'est le cas du Conseil de l'OMS ou de la Commission de l'Union européenne. Ces deux organes ont un caractère délibérant. On retrouve aussi le Secrétariat de l'organisation, qui est un organe intégré, chargé d'assurer la bonne marche de l'organisation.

Ces différents organes sont souvent prévus par la charte constitutionnelle. Mais d'autres organes peuvent être créés qui sont des organes subsidiaires. L'article 7, paragraphe 2, de la *Charte des Nations unies* indique que, si besoin est, des organes subsidiaires peuvent être mis en place. C'est en vertu de cette disposition que des organes comme le Programme des Nations unies pour le développement (PNUD) et la Conférence des Nations unies pour le commerce et le développement (CNUCED) ont vu le jour. Enfin, il existe des organes juridictionnels comme la Cour internationale de justice (CIJ), le Tribunal administratif de l'Organisation internationale du travail (TAOIT), le Tribunal administratif des Nations unies (TANU).

L'étude des organisations internationales est très complexe et elle exige qu'on tienne compte de l'environnement dans lequel ces organisations évoluent. Elles sont liées aux relations internationales et les fluctuations du système international se reflètent inévitablement sur leur fonctionnement.

2.5. L'INFLUENCE DES ORGANISATIONS INTERNATIONALES

Les organisations internationales sont présentes dans toutes les sphères de l'activité internationale, et leur influence se fait de plus en plus sentir. En dépit des problèmes aigus qu'elles connaissent, elles semblent être là pour de bon.

Ainsi que nous l'avons dit, les organisations internationales sont reconnues comme des acteurs du système international. Les fluctuations de la vie internationale se reflètent sur elles, dont l'action, en retour, influe sur le système. Elles peuvent être un instrument de coopération (ONU, UNESCO), mais aussi de division (OTAN, ancien Pacte de Varsovie). Les organisations internationales reçoivent des impulsions de l'environnement et, réagissant à ces impulsions, elles convertissent des intrants en extrants. L'admission, en bloc, de 16 États à l'ONU en 1955 peut être considérée comme un exemple de ces liens entre les organisations internationales et d'autres acteurs du système, notamment les États. Cette action qui s'est faite au prix d'une violation de la Charte constituait, à l'époque, un déblocage politique qui a contribué à modifier, dans une certaine mesure, l'atmosphère qui régnait au sein de l'organisation.

Les organisations internationales sont considérées comme sujets de droit international. L'avis de 1949 de la Cour internationale de justice (CIJ) dans l'affaire de la réparation des dommages subis au service des Nations unies, indique que l'organisation est un sujet de droit international, donc titulaire de droits et d'obligations. Elle possède une personnalité juridique internationale, une personnalité qui lui est propre. Cependant, elle n'est pas, comme l'État, un sujet originaire de droit international. Cette tendance qui consiste à vouloir toujours comparer l'organisation internationale et l'État doit être abandonnée, étant donné que celle-ci est le « fruit d'un acte juridique », et celui-là le « produit d'un fait juridique »[29].

L'organisation internationale participe aussi au développement du droit international. Elle tend, en certaines circonstances, à limiter la souveraineté étatique. Elle dispose de compétences parfois étendues (compétences normatives, compétences opérationnelles) et participe à des activités paranormatives qui peuvent contribuer à harmoniser davantage les législations des États dans les domaines les plus divers[30]. Enfin, les décisions des organisations internationales sont de plus en plus considérées, par les juristes, comme de nouvelles sources de droit international.

Les organisations internationales disposent d'un poids politique qui peut être parfois considérable. Cependant, là non plus, il n'y a pas unanimité. C'est une illusion, pour certains politicologues, de croire que les organisations internationales disposent d'une influence quelconque sur le plan politique. L'illusion a pourtant des vertus, surtout quand elle incite à mener une analyse plus approfondie afin de ne pas rester à la surface des choses. Qui peut nier le rôle important joué par certaines organisations comme l'OPEP dans les crises qu'a vécues le système mondial au cours des années 1970 ? L'Union européenne, en dépit de ses difficultés, ne constitue-t-elle pas un acteur de type nouveau qui offre une autre vision en ce qui concerne l'intégration des États ? Quant à l'ONU, elle a contribué à sensibiliser l'opinion publique à des grands problèmes tels que le droit de la mer, la pollution, la question des armements, le respect des droits de la personne. Malgré les erreurs commises, elle reste un forum irremplaçable pour institutionnaliser la « diplomatie multilatérale ». En outre, les organisations à caractère économique ou commercial, comme l'Organisation mondiale du commerce (OMC), le Fonds monétaire international, la Banque mondiale, n'ont-elles pas contribué à façonner ou à régulariser les relations économiques, commerciales et monétaires ? Si ces organisations n'avaient pas un certain poids, pourquoi cette crainte manifestée par de nombreux groupes populaires au sujet des négociations de l'Accord multilatéral sur les investissements (AMI) au sein de l'OCDE ?

3. LES FORCES TRANSNATIONALES

Les acteurs ne sont pas seulement étatiques ou interétatiques. Il existe aussi des acteurs non étatiques, comme, par exemple, les organisations non gouvernementales (ONG) et les entreprises multinationales, qui transcendent les frontières étatiques pour exercer une influence de plus en plus grande sur le système international.

3.1. LES ORGANISATIONS NON GOUVERNEMENTALES (ONG)

3.1.1. LA DÉFINITION DES ONG

Les organisations non gouvernementales touchent à des domaines d'activité de plus en plus nombreux : économique, politique, culturel, scientifique, humanitaire, environnemental. Elles sont souvent sans but lucratif. Elles ne sont pas créées par les États même s'il arrive que les États favorisent indirectement la création de certaines d'entre elles. Sauf exception, elles ne sont pas dotées de la personnalité juridique internationale.

Les ONG sont réparties sur plusieurs territoires étatiques[31]. Cependant, en dépit de cette répartition, elles sont soumises à une stratégie commune en vue d'étendre leur action. Bien qu'elles disposent souvent de structures permanentes qui leur permettent d'atteindre les objectifs pour lesquels elles ont été créées, elles recèlent quand même de nombreuses variations. Certaines disposent de ressources considérables, sont bien pourvues en personnel qualifié et comptent un grand nombre de membres. D'autres font face à de nombreuses difficultés, notamment financières, et ont peine à survivre.

En résumé, les ONG sont des groupements privés, répartis sur les territoires de plusieurs États, disposant de structures et de moyens leur permettant, d'une part, de poursuivre leurs objectifs non lucratifs et, d'autre part, d'étendre leur activité et de préverver leurs intérêts.

3.1.2. LES DIFFÉRENTES CATÉGORIES D'ONG

Les ONG sont en plein essor. Elles se comptent par milliers dans le monde[32]. Il y a des internationales de partis politiques comme l'Internationale socialiste ou l'Union mondiale chrétienne. Signalons qu'au Parlement européen les députés se groupent souvent en fonction de leur affinité idéologique, transcendant ainsi les clivages étatiques. Les ONG ne sont pas à l'abri de tensions que connaît le système international. La Fédération syndicale mondiale ou la Confédération internationale des syndicats libres sont le produit d'une scission survenue en 1947 par suite de la guerre froide. On trouve également des ONG à caractère religieux comme le Conseil œcuménique des Églises, officiellement constitué en 1948. Les croyances religieuses sont souvent la source d'organisations non gouvernementales créées pour faire œuvre de charité tout en œuvrant pour étendre leur idéologie. Mentionnons également les ONG à caractère humanitaire comme Médecins sans frontière ou la Croix-Rouge internationale, créée en 1867. À cause de ses nombreuses activités, le Comité international de la Croix-Rouge (CICR) jouit de la personnalité juridique internationale[33]. Amnesty International, quant à elle, œuvre pour la défense des droits des prisonniers et pour la défense des droits de la personne d'une façon générale. Il existe aussi des ONG à caractère professionnel, comme l'Association internationale des producteurs de betteraves, la Fédération internationale des producteurs agricoles, qui ont pour but de défendre les intérêts de l'association et ceux de leurs membres. Générosité et préservation des intérêts alternent au sein des ONG.

Les ONG peuvent faire l'objet de nombreuses classifications, qui ne sont pas rigides, étant donné que certaines d'entre elles peuvent se retrouver dans plusieurs groupes à la fois.

3.1.3. L'ACTION DES ONG ET LEUR INFLUENCE

La stratégie des ONG est basée sur la recherche de l'efficacité et la réalisation d'objectifs. Pour cela, elles essaient d'agir auprès des décideurs dans leurs domaines respectifs. Elles ne réussissent pas toujours et, dès lors, elles agissent auprès de ceux qui peuvent influencer les décideurs, c'est-à-dire les médias et l'opinion publique nationale et internationale. Leur action se situe donc auprès des États, auprès des organisations internationales et auprès de l'opinion publique.

Elles s'efforcent d'intervenir auprès des différents responsables des États en leur faisant parvenir des documents, des études effectuées par leurs bureaux. Parfois, elles prennent contact directement avec eux. Les effets peuvent être positifs. Cette collaboration permet de saisir les aspects multidimensionnels d'un problème. De leur côté, les États peuvent tenter d'influencer certaines d'entre elles. C'est la raison pour laquelle le Conseil économique et social des Nations unies, en mai 1968, avait fait savoir qu'il retirerait le statut consultatif à une ONG s'il existait des éléments de preuve qu'un gouvernement avait fait pression sur elle, notamment par des moyens financiers, pour qu'elle se livre à des actes contraires aux buts et aux principes de la *Charte des Nations unies*.

Les ONG interviennent aussi auprès soit des hauts fonctionnaires des organisations internationales, soit des délégations des États. L'objectif est le même : il s'agit de participer à la prise de décision ou de faire en sorte que la décision n'aille pas à l'encontre des objectifs de l'ONG. En outre, l'article 71 de la *Charte des Nations unies* définit les rapports des ONG avec les organisations internationales. Il précise que le Conseil économique et social peut prendre toutes les dispositions utiles pour consulter les ONG qui s'occupent des questions relevant de leur compétence.

Les ONG exercent aussi une grande influence sur l'opinion publique en essayant de l'utiliser comme moyen de pression pour forcer les États ou les organisations internationales à bouger. Certaines sont présentes sur toutes les tribunes, n'hésitant pas à organiser des conférences parallèles afin de diffuser leur message, notamment auprès des médias, d'autant plus que, parfois, elles disposent de moyens financiers considérables.

Leur action n'est pas inutile et elle peut même être à l'origine de transformations importantes jusque sur le plan juridique. Le Conseil de sécurité, compte tenu de la situation des Kurdes après la guerre du Golfe en 1991, demandait que les organisations humanitaires internationales aient un accès immédiat à tous ceux qui avaient besoin d'assistance et que l'on mette à leur disposition tous les moyens nécessaires à leur action[34]. Est-ce pour autant la consécration du droit d'ingérence ? Cette question soulève de nombreuses difficultés, surtout pour ceux qui voient une dichotomie entre la notion de souveraineté et la notion d'ingérence.

Depuis ces dernières années, les ONG sont l'objet de critiques de plus en plus sévères. On leur reproche entre autres leur tendance à la politisation ainsi que les moyens extravagants qu'elles utilisent pour sensibiliser l'opinion publique. Les résultats de leur recherche sont aussi remis en question ainsi que leur attitude parfois trop rigide. Malgré tout cela, les ONG, en suppléant les États dans certaines situations difficiles, contribuent au développement de la coopération internationale.

3.2. LES ENTREPRISES MULTINATIONALES OU TRANSNATIONALES

Les entreprises multinationales ou transnationales, dont l'origine remonte au début du XXe siècle et même avant, si l'on tient compte des conditions de l'expansion du capitalisme au XIXe siècle, ont pris une ampleur considérable au cours de ces dernières années[35]. Elles transcendent les frontières étatiques, s'installent sur le territoire de plusieurs États et ont beaucoup de souplesse et une grande capacité d'adaptation. Leur intrusion dans les différents domaines d'activité, leur poids considérable suscitent l'admiration chez les uns et déclenchent les suspicions et des critiques acerbes chez les autres. C'est dire qu'elles présentent des avantages qu'il convient de souligner, mais aussi des inconvénients qu'on ne peut ignorer.

3.2.1. LES AVANTAGES ET LES INCONVÉNIENTS DES ENTREPRISES MULTINATIONALES OU TRANSNATIONALES

Avant de présenter les différents aspects des entreprises multinationales ou transnationales, une définition s'impose. L'entreprise multinationale ou transnationale est une entreprise qui se caractérise par l'internationalisation de ses activités avec une stratégie conçue par un noyau central qui supervise tous les secteurs de l'entreprise et dont les décisions échappent souvent à l'optique nationale. Elles sont d'origines multiples : américaine (Ford, General Electric), japonaise (Mitsubishi, Toyota), canadienne (Bombardier, Inco), suisse (Nestlé, Ciba-Geigy), sud-coréenne (Daewoo, Hyundai), etc. Elles sont présentes dans des domaines aussi divers que l'industrie automobile, le secteur de la haute technologie, l'industrie pharmaceutique, les ressources naturelles. Elles peuvent être à caractère privé (GM, Philips) ou à caractère public (ENI) et peuvent venir des pays développés comme des pays en voie de développement.

Pour les partisans des entreprises multinationales ou transnationales, il n'est pas question de s'accrocher à l'État-nation, car celui-ci fournit un cadre trop étroit à une époque qui se caractérise par la mondialisation de l'économie. Les multinationales créent des emplois dans les pays, les régions ou les villes où elles sont installées [36]. Ces entreprises, ainsi que leurs employés, paient des impôts à la municipalité ou à l'État sur le territoire duquel elles sont établies. Ces ressources fiscales représentent un grand apport, surtout pour les pays en voie de développement, qui ont souvent peu de ressources financières [37]. Les multinationales ou transnationales produisent souvent des effets d'entraînement. Elles contribuent à créer des emplois indirects, favorisant aussi l'arrivée de nouvelles entreprises. Enfin, ces entreprises souvent dynamiques, disposant de techniques, de ressources et du savoir, peuvent, si elles le veulent, faire bénéficier le pays d'accueil de tous ces avantages. Ces aspects positifs ne doivent pas faire passer sous silence les inconvénients.

L'intérêt de l'État d'accueil est souvent sacrifié sur l'autel de la stratégie définie par la firme. Les décisions sont prises par la maison mère avec ou sans consultation des filiales. De nombreuses voix s'élèvent contre cette situation. Herb Gray, devenu vice-premier ministre du Canada en 1997, soulignait, en 1971, à l'époque où il était ministre du Revenu dans le gouvernement libéral de Pierre Elliott Trudeau, que le Canada était « enserré dans un système d'innovation et de développement téléguidé depuis l'étranger [38] ». Ces entreprises sont souvent accusées d'ingérence directe ou indirecte dans les affaires intérieures des pays. Des incompatibilités existent aussi entre leurs programmes de développement et ceux des États. Aussi, les différentes instances nationales et internationales s'inquiètent parfois de l'expansion de leurs opérations qui peuvent, selon elles, conduire à une nouvelle forme abusive de domination dans les domaines social, culturel, politique et économique.

3.2.2. LA LIMITATION DE LA SOUVERAINETÉ ÉTATIQUE PAR LES ENTREPRISES MULTINATIONALES OU TRANSNATIONALES

Les entreprises multinationales ou transnationales peuvent être considérées comme des holdings groupant des activités primaires, secondaires et tertiaires. Leurs capitaux sont considérables et les transactions qu'elles réalisent sont phénoménales. Par exemple, les transactions quotidiennes de devises sont passées de 188 milliards de dollars en 1986 à 623 milliards de dollars en 1992 et à plus de 1 000 milliards de dollars en 1998. Au cours de cette même période, les 10 premiers opérateurs de devises ont accaparé plus de 45 % du marché financier de Londres.

Ainsi, les grandes entreprises, les banques, les autres sociétés financières s'imposent de plus en plus face aux États, qui ont pourtant contribué à leur création. Mais, une fois créées et devenues puissantes, elles ont tendance à surpasser leur créateur, c'est-à-dire l'État, pour s'immiscer dans les activités qui, jusque-là, étaient considérées comme relevant de l'État. Dans le passé, surtout pour des raisons économiques, la politique monétaire, par exemple, était une prérogative de l'État. Depuis longtemps déjà, la souveraineté monétaire lui échappe. Au début de 1998, le dollar canadien valait moins de 70 cents américains, et quand on a demandé au Premier ministre Jean Chrétien de fournir des explications à ce sujet, il n'a pas hésité à répondre que la responsabilité incombait aux grands groupes financiers internationaux. Cela surprend d'autant plus que, pendant des siècles, le seul cadre de référence était l'État.

Nous avons déjà souligné les problèmes auxquels fait face une entité étatique quand une telle entreprise s'installe sur son territoire. Les États d'origine ainsi que les syndicats reprochent à ces entreprises de créer des emplois ailleurs, alors que leur propre pays connaît un taux de chômage élevé, de contribuer parfois au déséquilibre de la balance des paiements et de permettre des transferts de technologie qui ne sont pas toujours opportuns.

L'État d'origine comme l'État d'accueil disposent parfois de marges de manœuvre assez étroites par rapport aux multinationales. Mais il n'y a pas de consensus quant à l'attitude à adopter à leur égard. Certains États ont favorisé et favorisent toujours leur création. Par exemple, ne peut-on pas dire que la firme Bombardier a pu devenir, en partie, ce qu'elle est aujourd'hui grâce aux nombreuses subventions du gouvernement canadien? Certains États peuvent aussi, sous la pression de leurs multinationales, adopter des mesures législatives qui présentent un caractère extraterritorial. La loi Helms-Burton votée par le Congrès des États-Unis en est un exemple. Cette loi vise à sanctionner toute entreprise américaine ou non américaine qui fait affaire avec Cuba. Ainsi, la compagnie canadienne Sherritt, installée à Cuba, a été visée par cette mesure législative et ne peut plus faire d'investissements aux États-Unis[39]. Les entreprises pétrolières américaines installées au Moyen-Orient et, en particulier, en Arabie saoudite ont ouvert la voie à la pénétration politique des États-Unis, qui, à leur tour, les soutiennent lorsqu'elles sont en difficulté. C'est pourquoi certains auteurs estiment que l'État est plutôt un « élément majeur de la multinationalisation des firmes[40] ».

Nombreux sont pourtant ceux qui, face à l'influence grandissante de ces entreprises, souhaitent qu'elles soient soumises à un certain contrôle. Les syndicats, notamment, se trouvent dépourvus devant l'action des multinationales ou transnationales, qui peuvent continuer d'assurer la production d'un bien par l'intermédiaire d'une entreprise située sur un territoire qui n'est pas atteint par une grève. Parmi ceux qui ont attiré l'attention sur cette question, mentionnons, au Canada, Madeleine Parent et Charles Levinson[41].

Mais les choses évoluent. L'image de ces entreprises s'est transformée à la fin des années 1970. En outre, avec le triomphe du néolibéralisme et la chute des États communistes européens, elles sont demandées partout. On leur prête même des vertus qui leur étaient déniées il n'y a pas si longtemps encore[42]. Désormais, il s'agit d'assurer les flux d'investissement venant de divers pays. Ainsi, du Centre international pour le règlement des différends internationaux (CIRDI), on passe à l'Agence multinationale de garantie des investissements (AMGI), qui a pour objectif de promouvoir les investissements en les assurant contre les risques courus[43]. Mentionnons également le projet d'accord multilatéral des investissements (AMI), qui n'a pas abouti durant les années 1990, mais dont l'objectif est de supprimer toute discrimination entre investissements étrangers et nationaux. Les négociations de l'AMI ont soulevé des oppositions de la part de certains groupes au Canada et ailleurs dans le monde. Le Québec et la France ont manifesté des réticences en raison de considérations d'ordre culturel. Déjà, en 1993, sur les 100 films les plus regardés dans le monde, 88 étaient américains[44]. Ainsi, divers agents culturels québécois ou français ont demandé des exceptions dans ce domaine[45].

Les entreprises multinationales ou transnationales sont des acteurs en relations internationales capables d'influencer le système international. Les rapports qu'elles entretiennent avec l'État ne seront plus les mêmes. Elles ont joué un grand rôle dans la diminution de la domination que l'institution étatique a exercée sans partage sur l'être humain durant les trois derniers siècles.

Pour conclure, soulignons qu'outre les États, les organisations internationales, les ONG et les multinationales, il existe d'autres acteurs en relations internationales. C'est le cas, par exemple, des médias et des groupes minoritaires à l'intérieur des États. C'est aussi le cas des groupes de femmes. Longtemps occultées dans les relations internationales[46], les femmes tiennent désormais à ce que l'on prenne en considération leurs préoccupations et leurs besoins, notamment dans des domaines comme l'environnement, les droits de la personne, la population, les rapports entre les hommes et les femmes, la pauvreté ou le développement durable. Diverses conférences mondiales sur la femme ont été organisées sous l'égide des Nations unies (Mexico en 1975, Copenhague en 1980, Nairobi en 1985, Beijing en 1995). En 1976, les Nations unies déclarent la décennie celle de la femme. Les femmes font entendre aussi leurs voix lors de grandes conférences internationales, comme celle sur la population et le développement tenue en septembre 1994 au Caire ou au Sommet de la Terre à Rio en 1992. À cette occasion d'ailleurs, des groupes de femmes ont obtenu qu'un chapitre soit consacré à la question des femmes et du développement durable dans l'Agenda 21. La Commission des Nations unies sur le statut de la femme se penchait, quant à elle, en

mars 1998 sur des thèmes comme la violence envers les femmes, les conflits armés, la petite fille et les droits humains des femmes.

Tous ces acteurs essaient d'apporter des modifications au système international, lui-même soumis à des facteurs d'ordre économique, culturel, géographique, démographique, etc. L'action et l'interaction de ces acteurs, conjuguées à ces facteurs, entraînent une oscillation du système international entre la paix, qui n'est jamais totale, et la guerre, qui est toujours possible.

Lectures suggérées

Beigbeder, Yves (1992), *Le rôle international des organisations non gouvernementales*, Bruxelles, Bruylant.

Cot, Jean-Pierre, Alain Pellet et Paul Tavernier (dir.) (1991), *La Charte des Nations Unies : commentaire, article par article*, 2ᵉ éd., Paris/Bruxelles, Economica/Bruylant.

Hay, Robin (1991), *Aspects civils des opérations de maintien de la paix des Nations-Unies*, Ottawa, Institut canadien pour la paix et la sécurité internationales.

Risse-Kappen, Thomas (1995), *Bringing Transnational Relations Back In : Non-state Actors, Domestic Structures, and International Institutions*, New York, Cambridge University Press.

Smouts, Marie-Claude (1995), *Les organisations internationales*, Paris, Armand Colin.

Smouts, Marie-Claude (dir.) (1994), *L'ONU et la guerre. La diplomatie en kaki*, Bruxelles, Complexe.

Notes

1 Voir chapitre 12.
2 E. H. Carr, *Nationalism and After*, Londres, Macmillan, 1945, p. 51–52.
3 L'expression *terra nullius* signifie littéralement « une terre inhabitée ».
4 Certaines puissances administrent encore des possessions. C'est le cas, entre autres, de la Grande-Bretagne avec Monserrat ou de la France avec la Nouvelle-Calédonie, qui, par les accords de Nouméa de 1997–1998, obtient une plus grande autonomie capable de la mener à l'indépendance d'ici 15 à 20 ans.
5 Il a fallu passer par la répression militaire du Sonderbund en 1847 avant d'arriver à l'adoption de la Constitution de 1848 qui fait de la Suisse un État fédéral.
6 La République fédérale de Tchécoslovaquie a officiellement cessé d'exister le 31 décembre 1992.
7 Sur la question de la sécession du Québec, voir Robert A. Young, *The Secession of Quebec and the Future of Canada*, Montréal/Kingston, McGill-Queen's University Press, 1995, ainsi que Daniel Turp, « Le droit à la sécession : l'expression du principe démocratique », dans Alain-G. Gagnon et François Rocher (dir.), *Répliques aux détracteurs de la souveraineté du Québec*, Montréal, VLB éditeur, 1992. Rappelons ici, à ce sujet, la décision unanime de la Cour suprême du Canada d'août 1998, qui rejette toute sécession unilatérale du Québec. Du même souffle, les juges estiment que les provinces et le gouvernement fédéral doivent négocier de bonne foi une sécession éventuelle à condition qu'une majorité claire des Québécois ait répondu favorablement à une question référendaire qui ne comporte aucune équivoque.
8 Sur la question chypriote, voir Maurice Flory, « La partition de Chypre », *Annuaire français de droit international*, XXX, 1984, p. 177–186.
9 Du nom de l'ancien ministre des Affaires étrangères de la République fédérale d'Allemagne de 1951 à 1957.
10 L'Assemblée générale des Nations unies, devant décider quelle délégation allait représenter le Cambodge/Kampuchea, a choisi en 1978 celle du gouvernement de coalition dominé par les Khmers rouges plutôt que celle du gouvernement de Phnom Penh soutenu par le Vietnam qui avait envahi le pays. Un problème semblable s'est posé avec la Chine dans la mesure où deux gouvernements, celui de la République populaire de Chine et celui de Taïwan, prétendaient représenter l'État chinois.
11 Ces deux doctrines surtout font l'objet de nombreuses discussions. Aux États-Unis, le principe de la légitimité démocratique semble l'emporter pour être rejeté par la suite. Aujourd'hui, les États-Unis adoptent une attitude pragmatique. En Amérique latine, la doctrine Tobar (principe de la légitimité démocratique) et la doctrine Estrada (principe de l'effectivité) ont été, tour à tour, mises de l'avant.
12 Par exemple, l'article 3 de la *Charte de l'OUA* ou encore l'article 2, paragraphe 7, de la *Charte des Nations unies*.

13 Le non-respect de cet accord tacite par l'ex-URSS a failli provoquer un conflit aigu lors de la crise des missiles de Cuba en 1962. Cependant, les zones d'influence peuvent faire l'objet de modifications sous la pression de certaines circonstances. L'Afrique noire a, pendant longtemps, constitué la chasse gardée de la France et de la Grande-Bretagne. À la faveur de la fin de guerre froide, les États-Unis semblent faire des percées sur cette partie du continent africain à partir de la fin des années 1990.

14 À ce sujet, voir « Ingérence : vers un nouveau droit international ? », *Le Débat*, 67, nov.-déc. 1991.

15 Le pacte Briand-Kellogg porte le nom des deux hommes politiques qui sont à l'origine de ce pacte signé en 1928. Il s'agit du Français Aristide Briand et de l'Américain Frank Bilings Kellogg. L'idée à la base est la renonciation définitive à la guerre.

16 Sur la question de la responsabilité internationale, voir David Ruzié, *Droit international public*, 11e éd., Paris, Dalloz, 1994, chapitre IV : « Sanction de l'exercice des compétences étatiques : responsabilité internationale », p. 89–94.

17 Marie-Claude Smouts, « L'organisation internationale : nouvel acteur sur la scène mondiale ? », dans Bahgat Korany *et al.*, *Analyse des relations internationales. Approches, concepts et données*, Montréal, Gaëtan Morin éditeur, 1987, p. 147–166.

18 Considérées comme des instruments au service d'Athènes, la ligue de Délos ou celle de Delphes sont vues par certains comme des organisations internationales à l'état embryonnaire.

19 Voir à ce sujet Marcel Merle, *Sociologie des relations internationales*, Paris, Dalloz, 1974, ainsi que Pierre-Marie Dupuy, *Droit international public*, 2e éd., Paris, Éditions Dalloz, 1993.

20 C'est notamment la thèse soutenue par Michel Virally, *L'organisation mondiale*, Paris, Armand Colin, 1972.

21 Hector G. Bartolomei de la Cruz et Alain Euzéby, *L'Organisation internationale du travail (OIT)*, Paris, PUF, collection « Que sais-je ? », 1997.

22 Victor Umbricht, « Une expérience de médiation : le cas de l'ancienne Communauté africaine orientale », *Annuaire français de droit international*, XXX, 1984, p. 129–159.

23 Henri Chavranski, *L'OCDE au cœur des grands débats économiques*, Paris, La Documentation française, 1997.

24 Nicolas Jéquier (dir.), *Les organisations internationales entre l'innovation et la stagnation*, Lausanne, Presses polytechniques romandes, 1985, p. 27.

25 Ivan Christin, *La Banque mondiale*, Paris, PUF, collection « Que sais-je ? », 1995 ; Michel Lelart, *Le Fonds monétaire international*, Paris, PUF, collection « Que sais-je ? », 1991.

26 Lioubomir Mihailovitch et Jean-Jacques Pluchart, *L'OPEP*, 2e éd., Paris, PUF, collection « Que sais-je ? », 1985.

27 Pierre-François Chatton et Joanna Mazuryk Bapst, *Le défi francophone*, Bruxelles/Paris, Bruylant/LGDJ, 1991.

28 Roland Marx, *De l'Empire au Commonwealth, 1850–1994*, Paris, Ophrys, 1995.

29 Jean Combacau et Serge Sur, *Droit international public*, Paris, Montchrestien, 1993, p. 708.

30 Pierre-Marie Dupuy, *op. cit.*, p. 137.

31 Par contre, une ONG ne peut voir le jour sur le territoire d'un État donné si cet État ne lui donne pas l'autorisation.

32 Voir Thomas G. Weiss et Leon Gordenker (dir.), *NGOs, The UN, and Global Governance*, Boulder, Colo., Lynne Rienner, 1996, p. 7.

33 Au cours des dernières décennies, certaines associations de la Croix-Rouge ont fait l'objet de critiques sévères comme en Irlande, en France et au Canada au sujet du sang contaminé ainsi qu'au Cambodge avec la question des prothèses.

34 Jean Touscoz, *Droit international*, Paris, Thémis, 1993, p. 197.

35 Philippe Faucher et Jorge Niosi, « L'État et les firmes multinationales », dans Bahgat Korany *et al.*, *op. cit.*, p. 167–187.

36 L'implantation de certaines entreprises multinationales peut donner lieu à une compétition entre des régions. C'est le cas au Canada, par exemple, avec les entreprises multinationales dans le secteur de l'automobile qui sont principalement installées en Ontario, ce qui ne manque pas d'attiser la convoitise du Québec.

37 Par exemple, la multinationale canadienne Sherritt est installée à Cuba, et ce en dépit de l'embargo américain. Elle utilise de la main-d'œuvre cubaine qu'elle forme, qu'elle rémunère en dollars américains, contribuant ainsi à procurer des devises étrangères à l'État cubain, qui en a désespérément besoin.

38 Cité dans Charles Zorgbibe, *Relations internationales*, Paris, PUF, 1975, p. 130.

39 La loi Helms-Burton a été critiquée par le Premier ministre Jean Chrétien lors d'un discours prononcé devant l'association des gens d'affaires de New York au mois de mars 1998.

40 Philippe Faucher et Jorge Niosi, *op. cit.*, p. 170–172.

41 Madeleine Parent a dénoncé l'attitude des compagnies multinationales qui recourent à l'utilisation de main-d'œuvre souvent féminine et très mal rémunérée. Charles Levinson a sensibilisé les syndicats à cette force que constituent les multinationales et il préconise la création d'un contre-pouvoir international (Charles Levinson, *Le contre-pouvoir multinational. La riposte syndicale*, Paris, Seuil, 1974).

42 Sur ce point, voir, par exemple, Debora L. Spar, « The Spotlight and the Bottom Line. How Multinationals Export Human Rights », *Foreign Affairs*, 77, 2, mars-avril 1998, p. 7–12.

43 Ces deux organisations ont été créées à l'initiative de la Banque mondiale. Voir Pierre-Marie Dupuy, *op. cit.*, p. 484, ainsi que Jean Touscoz, *op. cit.*, p. 348.

44 Samuel P. Huntington, *Le choc des civilisations*, Paris, Odile Jacob, 1997, p. 60.

45 Jack Ralite, « Vers un droit d'auteur sans auteurs », *Le Monde diplomatique*, mars 1998, p. 5.

46 Sur cette question, voir Fred Halliday, *Rethinking International Relations*, Vancouver, UBC Press, 1994, chapitre 7 : « Hidden From International Relations : Women and the International Arena », p. 147–169 ; Sarah Brown, « Feminism, International Theory, and International Relations of Gender Inequality », *Journal of International Studies*, 17, 3, 1988, p. 461–475.

Conclusion

Dans cet ouvrage, les étudiants et étudiantes ont pu se familiariser avec les divers mécanismes qui leur permettent de procéder à l'analyse du processus politique. Les questions soulevées sont parfois d'une grande complexité et les problèmes posés ne sont pas faciles à résoudre. Il ne s'agit pas de trouver des solutions toutes faites, mais plutôt de dégager des éléments en vue d'une meilleure compréhension ou d'une plus grande prise de conscience des phénomènes politiques qui peuvent, directement ou indirectement, nous toucher.

Les différents points soulevés dans cet ouvrage tiennent compte des diverses composantes du système politique. Les idéologies continuent toujours d'exercer une grande influence et, en dépit des transformations que connaît le monde, elles possèdent encore une capacité certaine de mobilisation. La culture politique est façonnée par le contexte sociopolitique des sociétés, qui sont en constante mutation. Son rôle ne doit pas être sous-estimé à une époque où certaines sociétés connaissent une résurgence des clivages religieux ou ethniques. Les institutions, produit d'une longue évolution, continuent de faire l'objet de modifications pour permettre au système politique de mieux fonctionner. Sur le plan international, les bouleversements sont profonds. Au tournant du nouveau millénaire, l'histoire a tendance à s'accélérer tandis que la force et l'influence des acteurs du système international connaissent de nombreuses variations.

Certes, d'autres aspects auraient pu faire aussi l'objet d'une analyse. Mais il fallait faire un choix en tenant compte des impératifs propres à l'édition et des exigences particulières à la rédaction de cet ouvrage. Néanmoins, certains problèmes auxquels font face les systèmes politiques, tant au niveau national qu'international, ont été pris en compte. Si, à la lecture de ce livre, les étudiants et étudiantes arrivent à une meilleure compréhension du processus politique, l'objectif poursuivi par les auteures peut être considéré comme atteint.

Liste abrégée des références en science politique

1. Périodiques à caractère scientifique

Revue canadienne de science politique

Politique et Sociétés (Revue québécoise de science politique)

La revue parlementaire canadienne

La politique étrangère du Canada
Études internationales
Revue française de science polititque
La Documentation française
Revue internationale de politique comparée
Défense nationale
Revue de Droit International, de Sciences diplomatiques et politiques

431

2. Journaux

Journaux de langue française :

Le Devoir
Le Droit
Le Monde
Le Monde diplomatique

Journaux de langue anglaise :

The Globe and Mail
Manchester Guardian
Washington Post

3. Internet

Bibliothèque nationale du Canada (1999), « Information sur le Canada par matière : 32 Science politique », http://www.nlc-bnc.ca/caninfo/fp032.html#32 (31 mars).
Un site portant sur le gouvernement canadien, les provinces, les élections et les relations internationales.

Gingras, François-Pierre, « CyberSciencesPo – Guide des ressources en sciences humaines et en politique canadienne » (1999), http://aix1.uottawa.ca/;slfgingras/carnet.html#debut (22 mars).
De nombreuses références en politique canadienne.

IPSA, « IPSA Guide to General Politics Resources » (1998), http://www.ucd.ie/;slipsa/genpols.html#Link5 (13 septembre).
Un vaste éventail de références en science politique.

« Le Kiosque de la presse française et francophone » (1999), http://www.richmond.edu/-jpaulsen/journaux.html (9 avril).
Un répertoire américain en français sur les principaux quotidiens et hebdomadaires de la francophonie.

« Société québécoise de science politique » (1996), http://www.unites.uqam.ca/sqsp/repertoire.html (28 octobre).
Un répertoire de recherches par sujet.

Stratnet, « Strategic Studies Network » (1999), http://www.stratnet.ucalgary.ca/(26 avril).
De nombreuses références et divers liens en relations internationales et en études stratégiques.

UK Guide, « All About British Politics », http://www.ukonline.co.uk/ukonline/frame_pols.html (sans date).
Une bonne source d'informations sur la politique britannique.

« The Web 100 : Government and Politics », http://www.web100.com/listings/government.html (mis à jour quotidiennement, heure par heure).
Un site qui donne accès à différentes institutions politiques américaines.

4. CD-ROM

L'Assemblée nationale : histoire et institution (version 3.1), [CD-ROM] (1999), Paris, La Documentation française/Centre national de documentation pédagogique/CRDP de Bourgogne.
Les origines et le développement de l'Assemblée nationale française.

Politique et Société : la France des années Mitterrand (version 3.1), [CD-ROM] (sans date), Paris, La Documentation française.

300 000 documents clés de l'actualité politique française entre 1981 et 1995.

Index

435